高顿教育
GOLDEN EDUCATION

会计专业技术资格考试 **2023**

U0690620

初级知识点全解及真题模拟

初级会计实务

（上）

高顿教育研究院　编著

世界图书出版公司

上海·西安·北京·广州

图书在版编目（CIP）数据

初级知识点全解及真题模拟. 初级会计实务. 上 / 高顿教育研究院编著. — 上海：上海世界图书出版公司，2023.2

ISBN 978-7-5232-0167-1

Ⅰ.①初… Ⅱ.①高… Ⅲ.①会计实务—资格考试—习题集 Ⅳ.①F23-44

中国国家版本馆CIP数据核字（2023）第021557号

书　　名	初级知识点全解及真题模拟·初级会计实务（上）
	Chuji Zhishidian Quanjie ji Zhenti Moni Chuji Kuaiji Shiwu（Shang）
编　　著	高顿教育研究院
责任编辑	邬佳媚
装帧设计	汤惟惟
出版发行	上海世界图书出版公司
地　　址	上海市广中路88号9-10楼
邮　　编	200083
网　　址	http://www.wpcsh.com
经　　销	新华书店
印　　刷	上海四维数字图文有限公司
开　　本	787 mm × 1092 mm　1/16
印　　张	34.25
字　　数	920千字
版　　次	2023 年 2 月第 1 版　　2023 年 2 月第 1 次印刷
书　　号	ISBN 978-7-5232-0167-1 / F·84
定　　价	78.00元（全二册）

前　言

高顿财经精研考试逻辑，深耕应试技巧，特推出《初级知识点全解及真题模拟·初级会计实务》一书，为报考 2023 年初级会计职称考试的考生们保驾护航，成就财经梦想。

1. 本书撰写思路及特点

大家在中小学都写过作文，即使已经过去很多年了，也肯定能依稀记起语文老师传授的小妙招：观点一定要亮在开篇最显眼的地方，一定要选鲜明的而非模棱两可的观点，正文中要列排比句，要引用名人名言（还不能用鲁迅、司马迁等太常见的），要用"因为……所以……"之类的关联词语彰显逻辑，等等。这能展示你真实的行文水平吗？不尽然，但为什么老师们会一遍遍地叮嘱呢？

因为高考语文评分标准明确了"中心突出、语言优美、材料丰富、推理独到"等要求，所以这种"套路"能让判卷老师打出更高的分数。在阅卷老师十几秒的扫视下，就算你貌比潘安才超唐寅，不按套路成文，取得高分的概率也不高。这涉及了一个核心应考思路：**依据考纲备考**。

考试按考纲出题，学生按考纲备考。**想要通过考试，就要吃透考纲，从而明确主次，进而重点突破，最终顺利过关**。而高顿财经研究院要做的，就是为学生搭建起一座考纲与分数之间的桥梁，将考纲要求转化为具体的教学计划与方法，通过指导学生建立知识体系，使其有针对性地对重要知识点进行反复训练，从而达到高效率通过考试的效果。具体来说：

（1）分析考纲：我们认真分析 2023 年的考试大纲，将各考点依据考查角度进行细分，明确其内涵。

（2）研究真题：我们深入研究历年真题，搜集最近 3 年的考试真题以及较为经典的历年考题，分析其出题思路，并与各考点形成一一映射。

（3）重点标星：我们综合考虑知识点与考点的重要性，通过对知识点标注不同的星标来反映其在 2023 年初级会计职称考试中考查的概率，指导同学们有的放矢地备考。

（4）巩固训练：我们根据各考点的重要程度对习题进行了设计——重要考点多设置题目，让考生反复练习，次要考点扩大知识面和覆盖范围；必考题必须拿分，选考题合理拿分，使得备考过程高效轻松。

（5）辅助进阶：我们立足于初级会计职称考试的长期教学，设立"名师说"板块，对知识点进行对比总结，设立"敲黑板"板块，依据考查强度提示掌握程度，辅助同学们更全面地理解知识细节，更准确地把握考试要求。

2. 本书结构框架

本书以应考为最高指导目标，旨在助力考生们稳妥高效地通过考试，决胜考场。本书具体分为三个板块：

第一板块：扎实基础。本板块分章节介绍各章知识内容及考试情况，帮助考生们掌握基础，攻克单选题、多选题及判断题。

第二板块：综合提高。本板块网罗历年真题中的经典不定项选择题，让考生们在掌握基础知识后，提升相关知识点的解答能力，攻克不定项选择题。

第三板块：模拟通关。本板块严格参照 2023 年的考试大纲及官方教材，根据往年真题的考试规则与命题思路，精编两套模拟习题，以供考生们考前练手，查漏补缺。

3. 本书适用人群

本书既可支持初次参加考试的新学员，书中详细的内容讲解及合理的知识拓展可以为会计新人夯实基础，助其全面备考；又可助力重复备考的老学员，书中清晰的板块设置和突出的考点标注可以为会计高手铺设高速通关道路，方便其根据备考时间合理取舍，突破重点。

非常感谢您选择本书，我们在编辑及校对环节已尽力反复核查，但仍恐有百密一疏之处。如您在阅读中发现本书有存在疑问的地方，真诚欢迎您与我们沟通交流。请大家扫描右方二维码，填写勘误信息向我们反馈。再次真挚地感谢您！

扫我纠错

目　　录

第一章 概　述

考情概要

本章作为会计入门知识，理论性较强，主要以单选题、多选题、判断题的形式进行考查。

考纲要求及考查方式

考纲内容	要求	考试题型
会计的概念	了解	近年未涉及
会计基本职能	掌握	单选题、多选题
会计扩展职能	掌握	
会计目标	熟悉	近年未涉及
会计基本假设和会计核算的基础	掌握	单选题、多选题、判断题
会计信息质量要求	掌握	单选题、多选题、判断题
会计职业道德	掌握	单选题、多选题、判断题
内部控制的要素	熟悉	单选题、多选题、判断题

学习建议

本章内容偏理论，建议考生在理解的基础上加以记忆，无需死记硬背。

本章在讲解的过程中精选了一些典型案例，以帮助考生们更好地理解所阐述的会计理论。对案例的深入理解需要借助后续章节知识的积累，学员们如果在学习过程中遇到一时无法理解的案例，请不要着急，不要灰心，认真地坚持下去，定会在学习了相关知识后茅塞顿开。

学习框架

```
                                        ┌─ 会计概念
              ┌─ 会计概念、职能和目标 ──┤─ 会计职能 ★★
              │                         └─ 会计目标
              │
              ├─ 会计基本假设和会计核算的基础 ─┬─ 会计基本假设 ★★
              │                              └─ 会计核算的基础
              │
              ├─ 会计信息质量要求 ──┬─ 会计信息
  概述 ───────┤                    └─ 会计信息质量要求 ★★★
              │
              │                    ┌─ 会计职业及其特征
              ├─ 会计职业道德 ─────┤─ 会计职业道德概述
              │                    │─ 会计职业道德的内容
              │                    └─ 会计职业道德的相关管理规定
              │
              └─ 内部控制基础 ──┬─ 内部控制的概述
                               └─ 内部控制要素
```

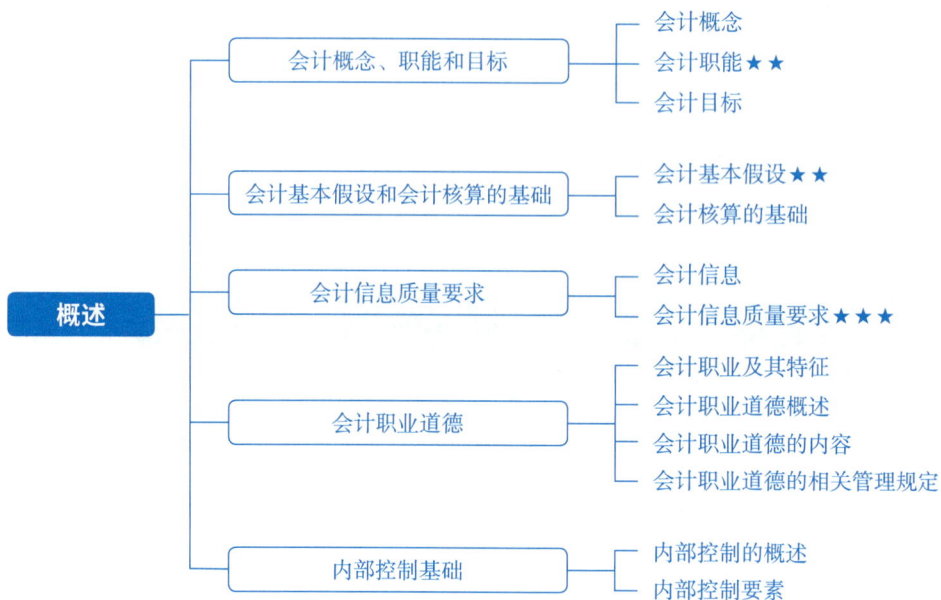

第一节　会计概念、职能和目标

一、会计概念

（一）会计的定义

会计是以货币为主要计量单位，采用专门方法和程序，对企业和行政、事业单位的经济活动过程及其结果进行准确完整、连续系统的核算和监督，以如实反映受托责任履行情况和提供有用经济信息为主要目的的经济管理活动（除特别说明外，本书中的讲解、举例均以企业会计为适用对象）。

（二）会计的基本特征

会计的基本特征表现为以货币为主要计量单位和准确完整性、连续系统性两个方面。

二、会计职能 ★★

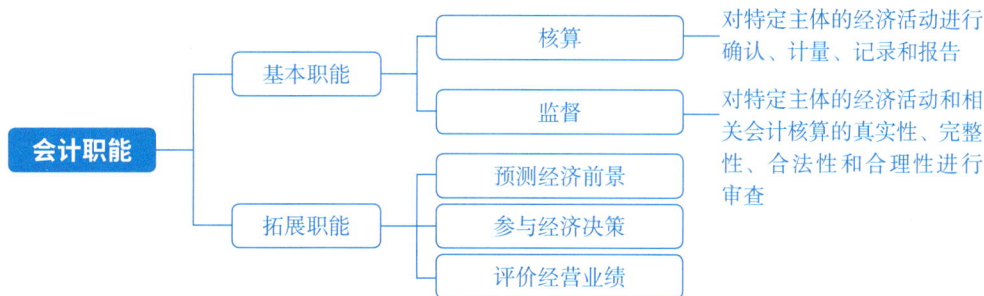

图 1-1 会计职能

> **名师说**
>
> 会计核算贯穿经济活动**全过程**，是**最基本**的职能。
> 会计核算与会计监督相辅相成，辩证统一：①会计核算是会计监督的**基础**，没有会计核算提供的各种信息，会计监督就失去了依据；②会计监督又是会计核算的质量保障，没有会计监督，就难以保证会计核算提供信息的质量。

三、会计目标

会计目标，是要求会计工作完成的任务或达到的标准。会计的**基本目标**是向财务报告使用者（主要包括投资者、债权人、政府及其有关部门、社会公众等）提供企业**财务状况**、**经营成果**和**现金流量**等有关的会计信息，反映企业管理层**受托责任履行情况**，有助于财务报告使用者作出经济决策。从更高层面看，会计的目标还包括规范会计行为，保证会计资料真实、完整，加强经济管理和财务管理，提高经济效益，维护社会主义市场经济秩序，为市场在资源配置中起决定性作用和更好发挥政府作用提供基础性保障作用，实现经济高质量发展。

> **名师说**
>
> **满足投资者的信息需要**是企业财务报告编制的首要出发点，企业编制财务报告、提供会计信息必须与投资者的决策密切相关。

【例 1-1·单选题·2022】会计的（   ）职能，是对特定主体的经济活动进行确认、计量、记录和报告。

A.核算　　　　　　　　　　　B.预测经济前景

C.监督　　　　　　　　　　　D.评价

【答案】A

【解析】会计的核算职能，是指会计以货币为主要计量单位，对特定主体的经济活动进行确认、计量、记录和报告。

【例 1-2·多选题·2021】下列各项中，属于会计核算职能的内容有（   ）。

A.审查各项会计核算是否反映经济业务的真实状况

B.归集并分配产品生产过程中发生的制造费用

C.对财物的收发、增减和使用进行确认和计量

D.审查各项经济业务是否符合国家法律规定

【答案】BC

【解析】选项 A、D 描述的是会计监督职能，不当选。

【例 1-3·单选题·2019】下列各项中，对企业会计核算资料的真实性、合法性和合理性进行审查的会计职能是（   ）。

A.监督职能

B.评价经营业绩职能

C.参与经济决策职能

D.核算职能

【答案】A

【解析】选项 A 正确，会计的监督职能是指对特定主体经济活动和相关会计核算的真实性、合法性和合理性进行审查。

【例 1-4·多选题·2019】下列各项中，关于会计职能的表述正确的有（   ）。

A.监督职能是核算职能的保障

B.核算职能是监督职能的基础

C.预测经济前景、参与经济决策和评价经营业绩是拓展职能

D.核算与监督是基本职能

【答案】ABCD

【解析】选项 A、B、C、D 均正确。会计的基本职能包括核算职能和监督职能。会计核算是会计监督的基础；会计监督是会计核算质量的保障。会计的拓展职能包括预测经济前景、参与经济决策和评价经营业绩等。

【例 1-5·多选题·2018】根据会计法律制度的规定，下列各项中，属于会计核算内容的有（   ）。

A.资本、基金的增减

B.财务成果的计算和处理

C.款项和有价证券的收付

D.债权、债务的发生和结算

【答案】ABCD

【解析】选项 A、B、C、D 均正确。会计的核算职能主要包括：①款项和有价证券的收付（选项 C 正确）；②财物的收发、增减和使用；③债权、债务的发生和结算（选项 D 正确）；④资本、基金的增减（选项 A 正确）；⑤收入、支出、费用、成本的计算；⑥财务成果的计算和处理（选项 B 正确）；⑦需要办理会计手续、进行会计核算的其他事项。

第二节 会计基本假设和会计核算的基础

一、会计基本假设 ★★

（一）会计主体

会计主体是指会计工作服务的特定对象，是企业会计确认、计量、记录和报告的**空间范围**。在会计主体假设下，企业应当对**其本身发生的交易或事项**进行会计确认、计量、记录和报告。

名师说

　　会计主体与法律主体并非对等的概念。一般而言，凡是法律主体必为会计主体，但会计主体不一定是法律主体。例如，企业的分厂、车间或事业部，都可以成为会计主体，但却不一定是法律主体。

　　会计主体与企业所有者是两个不同的概念。如果某项经济交易或事项是属于企业所有者个体所发生的，不应纳入企业会计核算的范围。例如，股东为自用购买的小汽车，不应纳入企业会计核算的范围。

（二）持续经营

　　持续经营是指在可以预见的将来，企业将会按当前的规模和状态继续经营下去，不会停业，也不会大规模削减业务。持续经营是会计分期的前提。

（三）会计分期

　　会计分期是指将一个企业持续经营的生产经营活动期间划分为若干连续的、长短相同的期间。见图1-2。

名师说

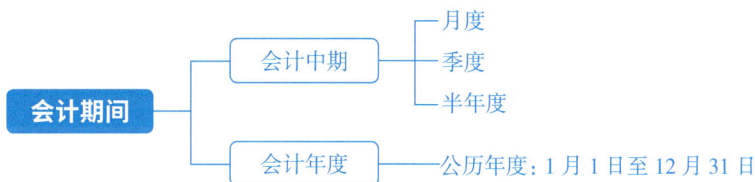

图1-2　会计分期

（四）货币计量

　　货币计量是指会计主体在财务会计确认、计量、记录和报告时以货币计量，来反映会计主体的财务状况、经营成果和现金流量。

名师说

　　其他计量单位（如存货的数量）可以对货币计量单位进行必要的补充和说明。我国通常以人民币为记账本位币。

　　【例1-6·多选题·2020】下列各项中，可确认为会计主体的有（　　）。

　　A.子公司　　　　　　B.销售部门　　　　　　C.集团公司　　　　　　D.母公司

　　【答案】ABCD

　　【解析】会计主体是指会计工作服务的特定对象，是企业会计确认、计量和报告的空间范围。选项A、B、C、D均可以进行独立核算，均属于会计主体。

　　【例1-7·单选题·2019】下列各项中，属于对企业会计核算空间范围所作的合理假设的是（　　）。

A.会计主体 　　　　B.会计分期 　　　　C.货币计量 　　　　D.持续经营

【答案】A

【解析】选项A正确，会计主体是指会计工作服务的特定对象，是企业会计确认、计量和报告的空间范围。

【例1-8·单选题·2019】下列各项中，不属于企业会计基本假设的是（　　）。

A.货币计量 　　　B.会计主体 　　　C.实质重于形式 　　　D.持续经营

【答案】C

【解析】选项C错误，实质重于形式属于会计信息质量要求。

二、会计核算的基础

表1-1　　　　　　　　　　　　　　　　会计核算的基础

项目	概念	标志	适用情形
权责发生制	（1）凡是当期已经实现的收入和已经发生或应当负担的费用，**无论款项是否收付**，都应当作为当期的收入和费用确认；（2）凡是不属于当期的收入和费用，**即使款项已在当期收付**，也不应当作为当期的收入和费用	取得**收取款项的权利**或**支付款项的义务**	企业会计政府会计中的财务会计
收付实现制	以收到或支付的现金作为确认收入或费用的依据	**现金的实际收付**	政府会计中的预算会计

名师说

权责发生制和收付实现制下会计处理结果的差异：

（1）权责发生制和收付实现制是相对应的两种会计核算基础，其会计处理结果存在一定差异。在交易或者事项的发生时间与相关款项收付时间不一致时产生两种会计核算基础下确认的利润差额。

（2）为了真实、公允地反映特定会计期间的账务状况和经营结果，企业应当以权责发生制为基础进行会计确认、计量、记录和报告。

【例1-9·判断题·2022】权责发生制是指以现金的实际收付为标志来确定本期收入和费用的会计核算基础。（　　）

【答案】×

【解析】收付实现制，是指以现金的实际收付为标志来确定本期收入和费用的会计核算基础。

第三节 会计信息质量要求

一、会计信息

（一）会计信息作用

会计信息的主要作用有：（1）解脱企业及其管理者的受托责任，降低企业和外部利益相关者之间的信息不对称；（2）有效约束公司管理层的行为，提高公司治理的效率；（3）帮助投资者甄别其投资的优劣进而作出投资决策；（4）有利于债权人作出授信决策；（5）维护资本市场秩序、提高经济的运行效率等。

（二）会计信息质量

会计信息质量，是指会计信息符合会计法律、会计准则等规定要求的程度，是满足企业利益相关者需要的能力和程度。

二、会计信息质量要求 ★ ★ ★

（一）可靠性

可靠性要求企业应当以**实际发生的**交易或事项为依据进行确认、计量和报告，**如实反映**符合确认和计量要求的各项会计要素及其他相关信息，保证会计信息**真实可靠、内容完整**。

> **名师说**
>
> 可靠性是高质量会计信息的重要基础和关键所在。

（二）相关性

相关性要求企业提供的会计信息应当与投资者等财务报告使用者的**经济决策需要相关**，有助于投资者等财务报告使用者对企业过去、现在或者未来的情况作出**评价或预测**。

（三）可理解性

可理解性要求企业提供的会计信息应当**清晰明了**，便于投资者等财务报告使用者理解和使用。

（四）可比性

可比性要求企业提供的会计信息应当相互可比，主要包括两层含义：
（1）**同一企业不同时期**可比（纵向可比）：企业应采用一致的会计政策，不得**随意**变更。

> **名师说**
>
> 如果按照规定或者在会计政策变更后，企业能够提供**更可靠、更相关的会计信息**，企业可以变更会计政策，并在附注中予以说明，这并**不违背**可比性。

（2）**不同企业相同会计期间**可比（横向可比）：不同企业同一会计期间发生的相同或相似的交易或事项，应当采用同一会计政策，确保会计信息口径一致、相互可比，以使不同企业按照一致的确认、计量、记录和报告要求提供有关会计信息。

（五）实质重于形式

实质重于形式要求企业应当按照交易或者事项的**经济实质**进行会计确认、记录、计量和报告，而不仅仅以交易或者事项的法律形式为依据。

🎯 **敲黑板**

例如，企业应当将租入的资产（短期租赁和低价值资产租赁除外）视为企业自身的资产。虽然从法律形式上看企业并不拥有其所有权，但在经济实质上企业能够控制租入资产所创造的未来经济利益，故根据实质重于形式的要求，应在企业的资产负债表中进行反映。

（六）重要性

重要性要求企业提供的会计信息应当反映与企业财务状况、经营成果和现金流量有关的所有重要交易或者事项。

🎓 **名师说**

会计实务中，如果会计信息的省略或错报会影响投资者等财务报告使用者的决策判断，那么该信息就具有重要性。重要性的应用需要依赖职业判断，企业应当从项目的**功能、性质**和**金额**大小多方面加以判断。

（七）谨慎性

谨慎性要求企业对交易或者事项进行会计确认、计量、记录和报告应当保持应有的谨慎，**不应高估资产或者收益、低估负债或者费用**。

🎯 **敲黑板**

例如，企业对资产可能发生的减值损失提前计提资产减值准备，这种不高估资产和利润的做法，体现了谨慎性要求。

（八）及时性

及时性要求企业对于已经发生的交易或者事项，应当及时进行确认、计量、记录和报告，不得提前或者延后。

【例1-10·多选题·2022】下列各项中，符合谨慎性的会计信息质量要求的有（　　）。

A. 金额较小的低值易耗品分期摊销计入当期损益

B. 在财务报表中对收入和利得、费用和损失进行分类列报

C. 对很可能承担的环保责任确认预计负债

D. 固定资产预期可收回金额按低于其账面价值的差额确认资产减值损失

【答案】CD

【解析】选项 A 体现重要性；选项 B 体现可理解性。

【例 1-11·单选题·2021】下列各项中，企业以实际发生的经济业务为依据，如实进行会计确认和计量，体现的会计信息质量要求是（　　）。

　　A.重要性　　　　　　　B.可靠性　　　　　　　C.可比性　　　　　　　D.及时性

【答案】B

【解析】可靠性要求企业应当以实际发生的交易或者事项为依据进行会计确认、计量和报告，如实反映符合确认和计量要求的会计要素及其他相关信息，保证会计信息真实可靠、内容完整。

【例 1-12·多选题·2022 年改编】下列各项中，体现谨慎性会计信息质量要求的有（　　）。

　　A.固定资产按直线法计提折旧

　　B.低值易耗品金额较小的，在领用时一次性计入成本费用

　　C.对售出商品很可能发生的保修义务确认预计负债

　　D.当存货成本高于可变现净值时，计提存货跌价准备

【答案】CD

【解析】选项 A 错误，固定资产按直线法计提折旧，每年计提金额一致，并不会体现谨慎性，固定资产采用加速折旧法计提折旧时才体现谨慎性；选项 B 错误，它体现的是会计信息质量的重要性要求。

【例 1-13·单选题·2022】在不同会计期间发生的相同或相似的交易或事项，应当采用一致的会计政策，不得随意变更。下列各项中，对这一会计信息质量要求表述正确的是（　　）。

　　A.谨慎性　　　　　B.重要性　　　　　C.可比性　　　　　D.可理解性

【答案】C

【解析】选项 C 正确，可比性要求企业提供的会计信息应当相互可比，主要包括两层含义：①同一企业不同时期可比，即同一企业不同时期发生的相同或相似的交易或者事项，应当采用一致的会计政策，不得随意变更。但是，如果按照规定或者在会计政策变更后能够提供更可靠、更相关的会计信息，企业可以变更会计政策，并在附注中予以说明。②不同企业相同会计期间可比，即不同企业同一会计期间发生的相同或相似的交易或者事项，应当采用规定的会计政策，确保会计信息口径一致、相互可比，以使不同企业按照一致的确认、计量、记录和报告要求提供有关会计信息。

【例 1-14·判断题·2020】实质重于形式要求企业应当按照交易或者事项的经济实质进行会计确认、计量、记录和报告，而不仅仅以交易或者事项的法律形式为依据。（　　）

【答案】√

【例 1-15·多选题·2019】下列各项中，关于企业会计信息质量要求的表述正确的有（　　）。

　　A.重要性要求企业提供的会计信息应当反映与企业财务状况、经营成果和现金流量有关的所有重要交易或者事项

　　B.可理解性要求企业提供的会计信息应当清晰明了，便于投资者等财务报告使用者理解和使用

　　C.谨慎性要求企业对交易或者事项进行会计确认、计量和报告应当保持应有的谨慎，不应高估资产或者收益、低估负债或者费用

　　D.相关性要求企业提供的会计信息应当与投资者等财务报告使用者的经济决策需要相关

【答案】ABCD

【例 1-16·单选题·2018】下列各项中，体现会计信息质量要求中谨慎性要求的是（　　）。

　　A.同一企业在不同时期的相同或相似事项要采用相同的会计政策，不得随意变更

　　B.企业要以实际发生的经济业务或者事项为依据进行会计核算

　　C.计提应收账款坏账准备

D. 便于投资者理解和使用

【答案】C

【解析】选项 A 错误，同一企业在不同时期的相同或相似事项要采用相同的会计政策，不得随意变更体现了可比性要求；选项 B 错误，企业要以实际发生的经济业务或者事项为依据进行会计核算体现了可靠性要求；选项 D 错误，企业提供的会计信息应当清晰明了，便于财务报告使用者理解和使用体现了可理解性要求。

【例 1-17·多选题·2018】下列各项关于企业会计信息质量要求中可靠性要求的表述中，正确的有（　　　）。

A. 企业应当保持应有的谨慎，不高估资产或者收益、低估负债或者费用

B. 企业提供的会计信息应当相互可比

C. 企业应当保证会计信息真实可靠、内容完整

D. 企业应当以实际发生的交易或事项为依据进行确认、计量和报告

【答案】CD

【解析】选项 A 错误，企业不高估资产或者收益、低估负债或者费用属于会计信息质量要求中的谨慎性要求；选项 B 错误，企业提供的会计信息应当相互可比属于会计信息质量要求中的可比性要求。

第四节 会计职业道德

一、会计职业及其特征

会计职业，是指利用会计专门的知识和技能，为经济社会提供会计服务，获取合理报酬的职业。在会计实务中，会计职业主要是指根据会计法律法规等相关规定要求，在国家机关、社会团体、企业、事业单位和其他组织中从事会计核算、实行会计监督的会计工作。

二、会计职业道德概述

（一）会计职业道德的概念

会计职业道德，是指会计人员在会计工作中应当遵循的、体现会计职业特征的、调整会计职业关系的职业行为准则和规范。会计职业道德由会计职业理想、会计职业责任、会计职业技能、会计工作态度、会计工作作风和会计职业纪律等构成。

名师说

会计职业道德由特定的社会生产关系和经济社会发展水平所决定，属于社会意识形态范畴，其核心是诚信。

（二）会计职业道德与会计法律制度的联系与区别

1. 会计职业道德与会计法律制度的联系

会计职业道德与会计法律制度在内容上相互渗透、相互吸收；在作用上相互补充、相互协调。会计职业道德是会计法律制度的重要补充，会计法律制度是会计职业道德的**最低要求**，是会计职业道德的基本制度保障。

2. 会计职业道德与会计法律制度的区别

表 1-2　　　　　　　　　　　　　会计职业道德与会计法律制度的区别

区别	会计职业道德	会计法律制度
性质不同	具有很强的自律性	具有很强的他律性
作用范围不同	不仅调整会计人员的外在行为，还调整会计人员内在的精神世界，作用范围更加广泛	侧重于调整会计人员的外在行为和结果的合法化，具有较强的客观性
表现形式不同	既有成文的规定，也有不成文的规范	具体的、明确的、正式形成文字的成文规定
实施保障机制不同	依靠行业行政管理部门监管执行和职业道德教育、社会舆论、传统习惯和道德评价来实现	依靠国家强制力保证其贯彻执行
评价标准不同	以行业行政管理规范和道德评价为标准	法律规定为评价标准

【例 1-18·判断题·2022】会计法律制度是会计职业道德的重要补充，会计职业道德是会计法律制度的最低要求。（　　）

【答案】×

【解析】会计职业道德是会计法律制度的重要补充，会计法律制度是会计职业道德的最低要求，是会计职业道德的基本制度保障。

三、会计职业道德的内容

（一）爱岗敬业

会计人员在会计工作中应当遵守职业道德，树立良好的职业品质、严谨的工作作风，严守工作纪律，努力提高工作效率和工作质量。

（二）诚实守信

除法律规定和单位领导人同意外，不能私自向外界提供或者泄露单位的会计信息。要求会计人员做老实人，说老实话，办老实事，执业谨慎，不弄虚作假；不为利益所诱惑，保密守信，信誉至上。

【例 1-19·判断题·2022 年改编】不弄虚作假、保密守信属于诚实守信的会计职业道德的要求。（　　）

【答案】√

（三）廉洁自律

要求会计人员树立正确的人生观和价值观；公私分明，清正廉洁，不贪不占，保持清白；遵纪守法，一身正气；坚持职业标准，严格自我约束，自觉抵制不良欲望的侵袭和干扰。

（四）客观公正

会计人员办理会计事务应当实事求是、客观公正。要求会计人员端正态度，以客观事实为依据，依法依规办事；实事求是，不偏不倚；公正处理企业利益相关者和社会公众的利益关系，保持应有的独立性。

【例1-20·多选题·2022】下列各项中，属于遵守客观公正会计职业道德的有（　　　　）。

A. 面对不同的利益相关者始终保持不偏不倚的客观态度

B. 在处理股东和债权人利益时保持独立性

C. 为避免企业发生亏损，不计提固定资产减值准备

D. 坚持以合法有效的原始凭证为依据进行会计核算

【答案】ABD

【解析】根据客观公正的要求，会计人员办理会计事务应当实事求是、客观公正。要求会计人员端正态度，以客观事实为依据，依法依规办事（选项D正确）；实事求是，不偏不倚（选项A正确）；公正处理企业利益相关者和社会公众的利益关系，保持应有的独立性（选项B正确）。

（五）坚持准则

会计人员应当按照会计法律、法规和国家统一会计制度规定的程序和要求开展会计工作，保证所提供的会计信息合法、真实、准确、及时、完整。坚持会计准则发生道德冲突时，应以**客观公正原则**和法律、法规及国家统一的会计制度的要求精神，作出合理公正的职业判断。

（六）提高技能

要求会计人员具有不断提高会计专业技能的意识和愿望，不断增强提高专业技能的自觉性和紧迫感；具有勤学苦练的精神和科学的学习方法，刻苦钻研，不断进取，提高业务技能水平。

（七）参与管理

会计人员应当广泛宣传财经法律、法规、规章和国家统一会计制度。充分发挥会计在企业经营管理中的职能作用。主动提出合理化建议，充分发挥决策支持的功能作用，积极参与管理，促进企业可持续高质量健康发展。

【例1-21·单选题·2022】下列关于会计职业道德内容的表述中，体现参与管理要求的是（　　）。

A. 保守本单位的商业秘密

B. 广泛宣传国家统一的会计制度

C. 客观公正地办理会计事务

D. 树立正确的人生观和价值观

【答案】B

【解析】选项A是诚实守信原则；选项C是客观公正原则；选项D是廉洁自律原则。

（八）强化服务

会计人员应当熟悉本单位的生产经营和业务管理情况，运用掌握的会计信息和会计方法，为改善单位内部管理、提高经济效益服务。

【例1-22·多选题·2022年改编】下列各项企业会计人员行为中，属于遵守客观公正会计职业道德

的有（　　　）。

　　A. 在企业发生严重亏损时坚持按照会计准则要求计提资产减值准备

　　B. 面对众多利益相关者始终保持不偏不倚的客观态度

　　C. 在处理利益相关者关系时保持应有的独立性

　　D. 坚持以合法有效的原始凭证为依据进行会计处理

【答案】ABCD

【解析】客观公正要求会计人员端正态度，以客观事实为依据，依法依规办事；实事求是，不偏不倚；公正处理企业利益相关者和社会公众的利益关系，保持应有的独立性。

【例 1-23·单选题·2022】下列各项中，会计职业道德的核心内容是（　　　）。

　　A. 自律　　　　　　B. 诚信　　　　　　C. 敬业　　　　　　D. 参与管理

【答案】B

【解析】诚信是会计职业道德的核心。

四、会计职业道德的相关管理规定

（一）增强会计人员诚信意识

（1）强化会计职业道德意识。

（2）加强会计诚信教育。采取多种形式，广泛开展会计诚信教育。

（二）建设会计人员信用档案

（1）建立严重失信会计人员"黑名单"制度。

（2）建立会计人员信用信息管理制度。

（3）完善会计人员信用信息管理系统。

（三）会计职业道德管理的组织实施

（1）组织领导。

（2）广泛宣传。

（3）褒奖守信会计人员。

（四）建立健全会计职业联合惩戒机制

建立健全失信会计人员联合惩戒机制，明确联合惩戒对象、信息共享与联合惩戒的实施方式和惩戒措施。

联合惩戒措施主要包括：① 罚款、限制从事会计工作、追究刑事责任等惩戒措施；② 记入会计从业人员信用档案；③ 将会计领域违法失信当事人信息通过财政部网站、"信用中国"网站予以发布，同时协调相关互联网新闻信息服务单位向社会公布；④ 实行行业惩戒；⑤ 限制取得相关从业任职资格，限制获得认证证书；⑥ 依法限制参与评先、评优或取得荣誉称号；⑦ 依法限制担任金融机构董事、监事、高级管理人员；⑧ 依法限制其担任国有企业法定代表人、董事、监事；⑨ 限制登记为事业单位法定代表人；⑩ 作为招录（聘）为公务员或事业单位工作人员以及业绩考核、干部选任的参考。

第五节 内部控制基础

一、内部控制的概述

（一）内部控制的概念

内部控制，指由企业董事会、监事会、经理层和**全体员工**实施的，旨在实现控制目标的过程。控制的过程涵盖三个方面：（1）企业生产经营管理活动全过程的控制；（2）企业风险控制的全过程，包括风险控制目标设定、风险识别、风险分析和风险应对等各环节的控制；（3）信息收集、整理、传递与运用的全过程，包括会计确认、计量、记录和报告等会计信息和生产经营管理活动中非财务信息以及可能对企业产生影响的外部信息的收集整理与传递使用的全面控制。

（二）内部控制的作用

（1）有利于提高**会计信息质量**。
（2）有利于合理保证企业**合法合规**经营管理。
（3）有助于提高企业生产**经营效率和经济效益**。

（三）内部控制的目标

（1）合理保证企业经营管理合法合规。
（2）资产安全完整。
（3）财务报告及相关信息真实完整。
（4）提高经营效率和效果。
（5）促进企业实现发展战略。

【例 1-24·多选题·2022】下列各项中，属于企业内部控制目标的有（　　）。
A. 合理保证经营管理合法合规
B. 资产安全完整
C. 提高经营效率和效果
D. 成本效益
【答案】ABC
【解析】企业内部控制的目标包括合理保证企业经营管理合法合规（选项 A）、资产安全完整（选项 B）、财务报告及相关信息真实完整、提高经营效率和效果（选项 C）、促进企业实现发展战略等相互联系、围绕企业安全和健康发展要求的五个目标。

二、内部控制要素

内部控制要素，是指对内部控制的内容和措施方法的系统的、合理的、简明的划分。建立有效的内部控制一般包括**内部环境**、**风险评估**、**控制活动**、**信息与沟通**和**内部监督**这五项基本要素。内部控制要素间的关系：（1）内部环境作为五要素之首，是整个内部控制体系的**基础**和环境条件；（2）风险评估是实施内部控制的**重要环节**，是实施控制的对象内容；（3）控制活动是实施内部控制的**具体方式方法和手段**；（4）信息与沟通是实施内部控制的**重要条件**，贯穿于风险评估、控制活动和内部监督各要素之间;(5)内部监督是实施内部控制的**重要保证**。

　　企业对在监督检查过程中发现的内部控制缺陷,应当采取适当的形式及时进行报告。内部控制缺陷按其成因分为**设计缺陷**和**运行缺陷**。内部控制缺陷按其对实现内部控制目标的影响程度分为**重大缺陷**、**重要缺陷**和**一般缺陷**。

　　【例 1-25·多选题·2022】下列各项中,属于企业内部控制要素的有(　　　)。

　　A. 廉洁自律　　　　　B. 客观公正　　　　　C. 控制活动　　　　　D. 风险评估

　　【答案】CD

　　【解析】建立有效的内部控制,至少应当考虑内部环境、风险评估、控制活动、信息与沟通,以及内部监督等五项基本要素。

　　【例 1-26·单选题·2022】下列各项中,属于企业内部控制中内部环境要素内容的是(　　　)。

　　A. 人力资源政策　　　B. 系统控制　　　　　C. 风险识别　　　　　D. 自我评价

　　【答案】A

　　【解析】内部环境主要包括治理结构、组织机构设置与权责分配、企业文化、人力资源政策、内部审计机构设置、反舞弊机制等。

　　【例 1-27·判断题·2022】风险评估作为内部控制要素的重要内容,是实施内部控制的基础。
(　　　)

　　【答案】×

　　【解析】内部环境,是实施内部控制的基础;风险评估,是实施内部控制的重要环节。

本章习题精练

一、单项选择题

1. 会计的基本职能是（　　）。
   A. 计划和核算　　　　B. 核算和监督
   C. 预测和监督　　　　D. 决策和监督

2. 下列各项中，有关会计监督职能的表述，正确的是（　　）。
   A. 会计的监督职能是指对特定主体经济活动和相关会计核算的重要性、合法性和及时性进行审查
   B. 会计监督是会计核算的基础，会计核算是会计监督质量的保障
   C. 会计的监督职能是指会计对特定主体的经济活动进行确认、计量和报告
   D. 会计核算与会计监督是相辅相成、辩证统一的

3. 形成权责发生制和收付实现制两种不同的会计基础是基于（　　）假设。
   A. 会计主体　　　　B. 持续经营
   C. 会计分期　　　　D. 货币计量

4. 甲企业于本年年末购入一台不需安装的车床，因计划下年度才开始使用，故截至当年年末并未将其入账，这违背了（　　）要求。
   A. 重要性　　　　B. 客观性
   C. 及时性　　　　D. 明晰性

5. 以实际发生的交易为依据进行确认、计量和报告，是强调会计信息的（　　）。
   A. 相关性　　　　B. 可靠性
   C. 及时性　　　　D. 可理解性

6. 根据权责发生制原则，下列属于本期收入或费用的是（　　）。
   A. 商品在本期销售，但货款尚未收到

   B. 预付下一期的房屋租金
   C. 本期预收的订货款
   D. 当期按照税法规定预缴的税费

7. 甲企业销售产品 100 万元，收到货款 40 万元，存入银行，余款尚未收到。按照权责发生制和收付实现制，甲企业分别应当确认的收入为（　　）万元。
   A. 100　　　40　　　　B. 100　　　0
   C. 0　　　40　　　　D. 40　　　100

8. 下列各项中，不属于会计监督的内容是（　　）。
   A. 财务收支的合理性审查
   B. 不定期进行的财产清查
   C. 经济业务的合法性审查
   D. 经济业务的真实性审查

9. 在会计基本假设中，会计分期是对（　　）的必要补充。
   A. 会计主体　　　　B. 持续经营
   C. 权责发生制　　　D. 收付实现制

10. 下列各项中，属于要求企业提供的会计信息应当反映与企业财务状况、经营成果和现金流量有关的所有重要交易或者事项的会计信息质量要求的是（　　）。
    A. 重要性　　　　B. 及时性
    C. 相关性　　　　D. 可理解性

11. 下列各项中，不属于会计的基本特征的是（　　）。
    A. 以货币为主要计量单位
    B. 准确完整性
    C. 连续系统性
    D. 全面性和综合性

12. 依据一定的标准，核实、辨认经济交易或事项的实质并确定应予以记录的会计对象的要素项目，并进一步确定已记录和加工的会计资料是否应列入财务报告和如何列入财务报告的过程指的是（　　）。

A. 确认 　　　　　　B. 计量

C. 报告 　　　　　　D. 记录

二、多项选择题

13. 下列关于会计的说法中，正确的有（　　）。

A. 会计是一项经济管理活动

B. 会计的基本职能是核算和监督

C. 会计采用专门方法和程序

D. 货币是会计唯一的计量单位

14. 下列各项中，不属于会计信息质量要求中的谨慎性要求的有（　　）。

A. 同一企业在不同时期的相同或者相似事项要采用相同的会计政策，不得随意变更

B. 企业要以实际发生的经济业务或者事项为依据进行会计核算

C. 计提应收账款坏账准备

D. 融资租入的固定资产作为企业的资产处理

15. 下列各项中，属于会计职业特征的有（　　）。

A. 社会属性 　　　　B. 经济性

C. 时代性 　　　　　D. 合理性

16. 下列关于会计职业道德与会计法律制度的联系与区别的表述中，不正确的有（　　）。

A. 会计法律制度是会计职业道德的补充

B. 会计职业道德是会计法律制度的最低要求

C. 会计职业道德仅调整会计人员内在的精神世界

D. 会计职业道德的表现形式既有成文的规范，也有不成文的规范

17. 下列各项中，属于会计职业道德内容的有（　　）。

A. 爱岗敬业 　　　　B. 广泛宣传

C. 客观公正 　　　　D. 提高技能

18. 下列各项中，属于内部控制作用的有（　　）。

A. 有利于提高会计信息质量

B. 促进企业管理发展战略

C. 有助于提高企业生产经营效率和经济效益

D. 财务报告及相关信息真实完整

19. 下列关于内部控制要素间关系的表述中，正确的有（　　）。

A. 内部控制要素共同构成实现内部控制目标的体制机制和方式方法的完整体系

B. 信息与沟通是整个内部控制体系的基础和环境条件

C. 风险评估是实施内部控制的重要环节，是实施控制的对象内容

D. 内部环境是实施内部控制的具体方式方法和手段

三、判断题

20. 企业在资产负债表中单独列示1年内到期的长期负债，体现了会计信息质量的重要性。（　　）

21. 会计核算应按规定的会计处理方法进行，前后各期应当保持一致，不得随意变更，这是会计核算的一贯性原则。（　　）

22. 内部控制的实施主体由企业董事会、监事会、经理层所构成。（　　）

23. 企业财务报告及相关信息，在性质和内容上仅包括财务信息。（　　）

24. 会计职业道德是会计法律制度的基本制度保障。（　　）

25. 坚持会计准则发生道德冲突时，应以客观公正原则作出合理公正的职业判断。（　　）

26. 爱岗敬业要求会计人员热爱本职工作，努力钻研业务，使自己的知识和技能适应所从事工作的要求。（　　）

27. 客观公正要求会计人员坚持职业标准，严格自我约束，自觉抵制不良欲望的侵袭和干扰。（　　）

第二章 会计基础

考情概要

　　本章属于比较重要的章节，多以单选题、多选题或判断题的形式进行考查，考查角度多为对**知识细节的记忆**以及对**基础理论的应用**。2023 年教材新增了产品成本计算的方法、信息化环境下账务处理基本内容，增加了财务共享服务中心的功能与作用、财务机器人和财务大数据的应用等基础知识。

考纲要求及考查方式

考纲内容	要求	考试题型
会计要素及其分类	掌握	单选题、判断题
会计要素计量属性	掌握	单选题、多选题、判断题
会计等式	熟悉	单选题、多选题、判断题
会计科目和账户的分类	了解	单选题、多选题
借贷记账法	掌握	单选题、多选题、判断题
会计凭证、会计账簿和账务处理程序	掌握	单选题、多选题、判断题
财产清查的分类、方法和清查结果的账务处理	掌握	单选题、多选题、判断题
成本会计基础	了解	单选题、多选题、判断题
管理会计基础	掌握	单选题、多选题、判断题
政府会计基础	熟悉	单选题、多选题、判断题
信息化环境下账务处理的基本要求和流程	掌握	近年未涉及
财务共享服务中心的功能与作用	熟悉	近年未涉及
产品成本的计算方法	熟悉	单选题、多选题、判断题
财务机器人和财务大数据的应用	了解	近年未涉及

学习建议

　　本章是会计学的基础，整体难度较大，内容繁多，但考试分值不会太高，包括会计基础实务、成本会计基础、管理会计基础和政府会计基础。各位学员在学习过程中，应在熟悉专业术语、把握知识细节的同时，深刻理解会计要素的确认、计量和借贷记账法的原理，并着重强化对会计理论的理解与应用，为后续章节的学习打下坚实基础。各位学员还需关注新增部分的内容。

学习框架

会计基础

- 会计要素及其确认与计量
  - 会计要素及其确认条件
  - 会计要素计量属性及其应用原则★★
  - 会计等式★★★
- 会计科目和借贷记账法
  - 会计科目与账户★★
  - 借贷记账法★★★
- 会计凭证和会计账簿
  - 会计凭证★★★
  - 会计账簿★★★
- 财产清查
  - 财产清查的种类★★
  - 财产清查的方法★★
- 会计账务处理程序★★
- 会计信息化基础
  - 会计信息化的概念
  - 信息化环境下的会计账务处理
  - 财务机器人和财务大数据的应用★
  - 财务共享中心的功能与作用★★
- 成本与管理会计基础
  - 成本会计基础
  - 管理会计基础
- 政府会计基础
  - 政府会计概述
  - 政府会计实务概要
  - 政府单位会计核算★★

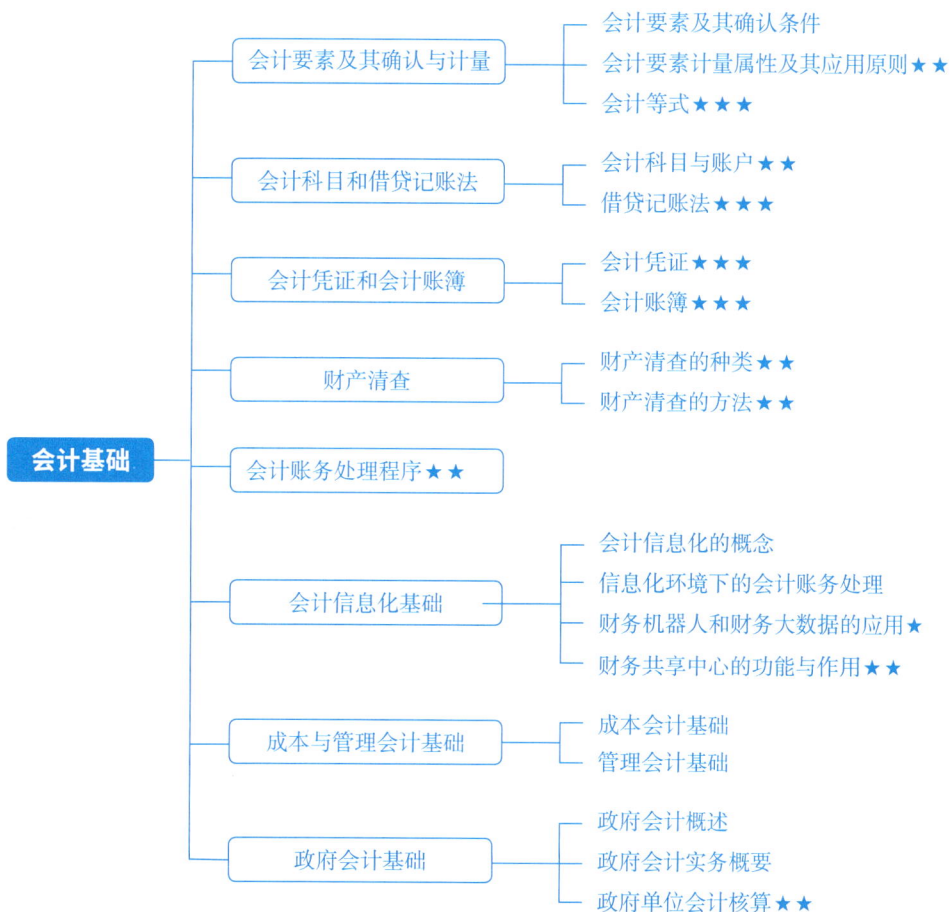

第一节 会计要素及其确认与计量

一、会计要素及其确认条件

会计要素是根据交易或者事项的**经济特征**所确定的财务会计对象和基本分类。按照其性质可分为资产、负债、所有者权益、收入、费用和利润（会计六要素）。其中，资产、负债和所有者权益侧重于反映企业的**财务状况**；收入、费用和利润侧重于反映企业的**经营成果**。具体见表2-1。

表 2-1　　　　　　　　　　会计要素的分类、定义、特征及确认条件

项目	定义	特征（根据定义）	确认条件
资产	企业过去的交易或者事项形成的，由企业拥有或者控制的，预期会给企业带来经济利益的资源	（1）由企业过去的交易或者事项形成的。 （2）企业拥有或者控制的资源。 （3）预期会给企业带来经济利益	符合资产定义，并同时满足条件： （1）与该资源有关的经济利益很可能流入企业。 （2）该资源的成本或价值能够可靠地计量
负债	企业过去的交易或者事项形成的，预期会导致经济利益流出企业的现时义务	（1）企业承担的现时义务。 （2）由企业过去的交易或者事项形成的。 （3）预期会导致经济利益流出企业	符合负债定义，并同时满足条件： （1）与该义务有关的经济利益很可能流出企业。 （2）未来流出的经济利益的金额能够可靠地计量
所有者权益	企业资产扣除负债后，由所有者享有的剩余权益	所有者对企业资产的剩余索取权	主要依赖资产和负债的确认
收入	企业在日常活动中形成的、会导致所有者权益增加的、与所有者投入资本无关的经济利益的总流入	（1）企业在日常活动中形成的。 （2）会导致所有者权益增加。 （3）与所有者投入资本无关的经济利益的总流入	企业应当在客户取得相关商品控制权时确认收入 （1）合同各方已批准该合同并承诺将履行各自义务； （2）该合同明确了合同各方与所转让商品或提供劳务相关的权利和义务； （3）该合同有明确的与所转让商品或提供劳务相关的支付条款； （4）该合同具有商业实质，即履行该合同将改变企业未来现金流量的风险、时间分布或金额； （5）企业因向客户转让商品或提供劳务而有权取得的对价很可能收回
费用	企业在日常活动中发生的、会导致所有者权益减少的、与向所有者分配利润无关的经济利益的总流出	（1）企业在日常活动中形成的。 （2）会导致所有者权益减少。 （3）与向所有者分配利润无关的经济利益的总流出	符合费用定义，并同时满足条件： （1）与费用相关的经济利益很可能流出企业。 （2）经济利益流出企业的结果会导致资产减少或者负债增加。 （3）经济利益的流出额能够可靠计量
利润	企业在一定会计期间的经营成果	利润包括收入减去费用，以及利得减去损失后的净额	利润的确认主要依赖于收入和费用，以及利得和损失的确认

名师说

收入与利得（费用与损失）的辨析（见表 2-2）。

表2-2　　　　　　　　　收入与利得（费用与损失）的辨析

项目	来源	计量	结果
收入（费用）	与企业日常活动相关	经济利益总流入（总流出）	都会导致所有者权益的增加（减少），且与所有者投入资本（分配利润）无关
利得（损失）	与企业日常活动无关	经济利益净流入（净流出）	

【例2-1·单选题·2019】下列各项中，企业应确认为资产的是（　　）。

A.月末发票账单未到按暂估价值入账的已入库原材料

B.自行研发专利技术发生的无法区分研究阶段和开发阶段的支出

C.已签订采购合同尚未购入的生产设备

D.行政管理部门发生的办公设备日常维修费用

【答案】A

【解析】选项B错误，无法区分研究阶段和开发阶段的支出应记入"管理费用"科目，确认为费用；选项C错误，已签订采购合同尚未购入的生产设备无须进行账务处理；选项D错误，行政管理部门发生的办公设备日常维修费用应记入"管理费用"科目，确认为费用。

【例2-2·判断题·2019】某企业将一项符合负债定义的现时义务确认为负债，要满足两个条件，与该义务有关的经济利益很可能流出企业和未来企业流出的经济利益的金额能够可靠计量。（　　）

【答案】√

二、会计要素计量属性及其应用原则 ★★

会计要素计量是为了将符合确认条件的会计要素登记入账并列报于财务报表而确定其金额的过程，其属性主要包括历史成本、重置成本、可变现净值、现值和公允价值等。其属性与应用原则见表2-3。

表2-3　　　　　　　　　会计要素计量属性及其应用原则

项目	定义	举例
历史成本（实际成本）	企业取得或制造某项财产物资时所实际支付的现金或现金等价物的金额	一般原则，如企业购入固定资产的入账金额，例如：2022年9月1日，企业购买设备的成本是3万元，则历史成本为3万元
重置成本（现行成本）	按照当前市场条件，企业重新取得相同资产所需支付的现金或现金等价物金额	如固定资产盘盈，例如：2022年9月10日，企业发现其2021年10月1日购买的设备没有入账，该设备购买时的价格是10万元，但是现在购买同样一台设备的价格是8万元，此时重置成本为8万元，盘盈这台电脑的入账价值是8万元

续表

项目	定义	举例
可变现净值	企业在正常的生产经营过程中，以预计售价减去进一步加工成本和销售所必需的预计税金、费用后的净值	存货期末的账面价值采用成本与可变现净值孰低计量
现值	在考虑了货币时间价值后，企业以恰当的折现率对资产或负债所产生的未来现金流量进行折现后的金额	如企业以分期付款方式取得固定资产的入账价值
公允价值	市场参与者在计量日发生的有序交易中，出售资产所能收到或者转移负债所需支付的价格	如交易性金融资产采用公允价值进行计量

【例 2-3·单选题·2018】下列各项中，企业确认盘盈固定资产的初始入账价值时，所采用的会计计量属性是（　　）。

　　A.可变现净值　　　　B.重置成本　　　　　C.现金　　　　　　　D.公允价值

【答案】B

【解析】选项 B 正确，企业对盘盈的固定资产，应按重置成本确定其入账价值。

【例 2-4·多选题·2018】企业的会计计量属性包括（　　）。

　　A.重置成本　　　　　B.历史成本　　　　　C.公允价值　　　　　D.现值

【答案】ABCD

【解析】选项 ABCD 均正确，会计计量属性主要包括历史成本、重置成本、可变现净值、现值和公允价值等。

【例 2-5·判断题·2018】公允价值是指市场参与者在计量日发生的有序交易中，出售一项资产所能收到或者转移一项负债所需支付的价格。（　　）

【答案】√

【例 2-6·判断题·2018】重置成本是指按照当前市场条件，重新取得同样一项资产所需支付的现金或现金等价物金额。（　　）

【答案】√

三、会计等式★★★

会计等式（会计恒等式、会计方程式或会计平衡公式）是表明会计要素之间基本关系的等式。

（一）会计等式的表现形式

企业的资产最初来源于两个方面：一是由企业所有者投入；二是由企业向债权人借入。所有者和债权人将其拥有的资产提供给企业使用，就相应地对企业的资产享有一种要求权。前者称为所有者权益；后者则称为债权人权益，即负债。因此，资产和负债、所有者权益三者之间在数量上存在恒等关系，用公式表示为：

　　资产 ＝ 负债 ＋ 所有者权益　　　　　　　　　　　　　　　　　　　　　　　　（1）

🎓 名师说

公式（1）反映了企业在某一特定时点的资产、负债和所有者权益之间的平衡关系，故称为财务状况等式或静态会计等式。它是复式记账法的理论基础，也是企业编制资产负债表的依据。

企业进行生产经营活动的目的是获取收入，但是企业在取得收入的同时，也会发生相应的费用。通过收入与费用的比较，才能确定一定期间的利润总额。在不考虑利得和损失的情况下，它们之间的关系用公式表示为：

收入－费用＝利润   （2）

名师说

公式（2）反映了企业在**某一期间利润的实现过程**，故称为经营成果等式或动态会计等式。它是企业**编制利润表的依据**。

（二）交易或事项对会计等式的影响

每一项经济业务的发生，都会引起静态会计等式的一边或两边相互联系的项目发生等额变化，即：①当涉及静态会计等式的一边时，有关项目的金额发生相反方向的等额变动；②当涉及静态会计等式的两边时，有关项目的金额发生相同方向的等额变动，但这两种情形**始终不会影响静态会计等式的平衡关系**。具体见表2-4。

表2-4　　　　　　　　　　　　交易或事项对会计等式的影响

经济业务举例	静态会计等式			影响
	资产 ＝	负债 ＋	所有者权益	
从银行提取现金2万元	一增一减			资产内部变动，会计等式两边金额保持不变
借入短期借款2万元，并存入银行	增加	增加		会计等式两边金额等额增加
收到投资者的追加投资2万元	增加		增加	会计等式两边金额等额增加
将已到期但无力偿还的应付票据2万元转为应付账款		一增一减		负债内部变动，会计等式两边金额保持不变
以银行存款2万元偿还所欠货款	减少	减少		会计等式两边金额等额减少
以银行存款向投资者分配利润2万元	减少		减少	会计等式两边金额等额减少
经批准，公司将资本公积2万元转为实收资本			一增一减	所有者权益内部变动，会计等式两边金额保持不变
经批准，将无力偿还的借款2万元转为实收资本		减少	增加	会计等式两边金额保持不变

敲黑板

会计恒等式是本章最重要的考点之一，考生必须掌握根据会计等式来判断企业发生的各项经济业务对相关会计要素的影响。

【例2-7·判断题·2022】企业股东大会宣告发放现金股利，导致一项负债增加，一项所有者

权益等额减少。(　　)

【答案】√

【解析】企业宣告发放现金股利：

借：利润分配——应付现金股利

　　贷：应付股利

【例 2–8·单选题·2021】下列各项中，同时引起一项资产增加、另一项资产减少的业务是(　　)。

A. 销售商品预收货款　　　　　　　　B. 购买原材料签发商业承兑汇票

C. 预付材料采购款　　　　　　　　　D. 收到存入保证金

【答案】C

【解析】选项 A，资产（银行存款）和负债（合同负债）同时增加，相关会计分录：

借：银行存款

　　贷：合同负债

选项 B，资产（原材料）和负债（应付票据）同时增加，相关会计分录：

借：原材料

　　贷：应付票据

选项 C，一项资产（预付账款）增加、另一项资产（银行存款）减少，相关会计分录：

借：预付账款

　　贷：银行存款

选项 D，资产（银行存款）和负债（其他应付款）同时增加，相关会计分录：

借：银行存款

　　贷：其他应付款

【例 2–9·多选题·2021】下列各项中，会计等式"资产＝负债＋所有者权益"左右两边总额保持不变的交易或事项有(　　)。

A. 股份有限公司宣告发放现金股利

B. 采用会员制经营方式预收会员费入账

C. 上市公司回购本公司股票

D. 收回预付包装物押金

【答案】AD

【解析】选项 A 符合题意，宣告发放现金股利，负债增加，所有者权益减少，等式左右两边总额不变；选项 B，预收会员费，资产增加，负债增加，等式左右两边总额增加；选项 C，回购本公司股票，资产减少，所有者权益减少，等式左右两边总额减少；选项 D 符合题意，收回预付包装物押金，资产内部一增一减，等式左右两边总额不变。

【例 2–10·单选题·2020】下列各项中，引起企业资产和所有者权益同时增加的是(　　)。

A. 经股东大会批准向股东宣告分配现金股利

B. 收到投资者投入一台设备

C. 取得一笔短期借款并存入银行

D. 经股东大会批准以现金回购本企业股票的方式减资

【答案】B

【解析】选项 B 正确，企业收到投资者投入一台设备时，资产和所有者权益同时增加，相关会计分录为：

借：固定资产
　　贷：实收资本（或股本）

【例2-11·单选题·2019】下列各项中，会导致企业资产与负债同时减少的是（　　　）。

A.接受投资者投入机器设备

B.以银行存款购买原材料

C.从银行提取现金

D.以银行存款偿还银行借款

【答案】D

【解析】选项A错误，接受投资者投入机器设备，资产和所有者权益同时增加；选项B错误，以银行存款购买原材料，资产内部的一增一减；选项C错误，从银行提取现金，资产内部一增一减；选项D正确，以银行存款偿还银行借款，会导致资产减少同时负债减少。

第二节 会计科目和借贷记账法

一、会计科目与账户★★

（一）会计科目

会计科目简称科目，是对会计要素具体内容进行分类核算的项目，是进行会计核算和提供会计信息的**基本单元**。具体见表2-5。

表2-5　　　　　　　　　　　　　　　　会计科目的定义及举例

分类方式	类别名称	说明	科目举例
按反映的经济内容	资产类科目	对资产要素的具体内容进行分类核算的项目，按资产的流动性可分为反映流动资产的科目和反映非流动资产的科目	（1）流动资产科目："库存现金""银行存款""应收账款""应收利息""原材料""库存商品"等。（2）非流动资产科目："在建工程""固定资产""无形资产""长期股权投资""长期应收款"等
按反映的经济内容	负债类科目	对负债要素的具体内容进行分类核算的项目，按负债偿还期限的长短可分为反映流动负债的科目和反映非流动负债的科目	（1）流动负债科目："短期借款""应付账款""预收账款""应付利息"等。（2）非流动负债科目："长期借款""应付债券""长期应付款"等
	共同类科目	既有资产性质又有负债性质的科目	"清算资金往来""货币兑换""套期工具""被套期项目"等
	所有者权益类科目	对所有者权益要素的具体内容进行分类核算的项目	"实收资本（或股本）""资本公积""其他综合收益""盈余公积""本年利润""利润分配""库存股"等

续表

分类方式	类别名称	说明	科目举例
	成本类科目	对可归属于产品生产成本、劳务成本等的具体内容进行分类核算的项目	"生产成本""制造费用""劳务成本""研发支出"等
	损益类科目	对收入、费用等要素的具体内容进行分类核算的项目	（1）收入类科目："主营业务收入""营业外收入""投资收益"等。 （2）费用类科目："主营业务成本""营业外支出""管理费用""资产减值损失""信用减值损失"等
按提供信息的详细程度及其统驭关系	总分类科目	对会计要素的具体内容进行总括分类，提供总括信息的会计科目	
	明细分类科目	对总分类科目做进一步分类，提供更为详细和具体的会计信息的科目 🎯 敲黑板　并非所有的总分类科目都有明细科目，如"本年利润"科目。	—

🎯 **敲黑板**

　　名称中包含"费用""支出"的不一定是损益类科目，如"制造费用""研发支出"；名称中包含"成本"的不一定是成本类科目，如"主营业务成本"。

（二）账户

　　账户是根据会计科目设置的，具有一定**格式和结构**，用于分类核算会计要素增减变动情况及其结果的**载体**。

🎓 **名师说**

　　会计科目不能反映企业因交易或事项的发生所引起的会计要素各项目的增减变动情况及结果，故企业在设置会计科目后，还需要开设相应的账户来对交易或事项进行系统、连续的记录。**会计科目是账户的名称，也是设置账户的依据**。

　　账户的分类遵循会计科目的分类：即按照核算的经济内容，分为资产类账户、负债类账户、共同类账户、所有者权益类账户、成本类账户和损益类账户；按照提供信息的详细程度及其统驭关系，分为总分类账户和明细分类账户。

　　账户的期初余额、期末余额、本期增加发生额、本期减少发生额统称为账户的四个金额要素，其关系为：

期末余额＝期初余额＋本期增加发生额－本期减少发生额

【例2-12·单选题·2022】下列各项中，应计入制造业企业产品生产成本的是（　　）。

A. 企业商标权的摊销额　　　　　　　B. 企业行政管理部门发生的水费

C. 因火灾造成在产品发生的非常损失　D. 车间管理人员的薪酬

【答案】D

【解析】选项 AB，计入管理费用；选项 C，计入营业外支出；选项 D，计入制造费用，最终计入产品生产成本，故选项 D 正确。

【例 2-13·单选题·2021】下列各项中，按照会计科目反映的经济内容分类，属于成本类科目的是（   ）。

A.研发支出　　　　　B.其他业务成本　　　　　C.主营业务成本　　　　　D.销售费用

【答案】A

【解析】成本类科目，是对可归属于产品生产成本、劳务成本等的具体内容进行分类核算的项目，主要有"生产成本、制造费用、合同取得成本、合同履约成本、研发支出"等科目。

【例 2-14·多选题·2019】下列资产负债表项目中，属于非流动资产的有（   ）。

A.开发支出　　　　　B.其他应收款　　　　　C.固定资产　　　　　D.在建工程

【答案】ACD

【解析】选项 B 错误，其他应收款属于流动资产。

二、借贷记账法 ★★★

复式记账法是指对于每一笔经济业务，都必须用相等的金额在两个或两个以上相互联系的账户中进行登记，全面、系统地反映会计要素增减变化的一种记账方法。而借贷记账法，是以"借"和"贷"作为标明会计要素增减变动的记账符号（并无明确意义）的一种复式记账法。

《企业会计准则》规定，企业、行政单位和事业单位会计核算采用借贷记账法记账。

（一）借贷记账法的账户结构

借贷记账法下，账户的左方称为借方，右方称为贷方。所有账户的借方和贷方按相反方向记录增加数和减少数，即一方登记增加额，另一方登记减少额。至于"借"表示增加（或减少），还是"贷"表示增加（或减少），则取决于账户的性质与所记录经济内容的性质。

通常情况下，**资产类、成本类和损益类中费用类账户**的增加记"借"方，减少记"贷"方；**负债类、所有者权益类和损益类中收入类账户**的增加记"贷"方，减少记"借"方。具体来说，分为以下几个方面。

1.资产类和成本类账户

借方	资产类和成本类账户		贷方
期初余额	×××		
本期增加额	×××	本期减少额	×××
	×××		×××
	……		……
本期借方发生额合计	×××	本期贷方发生额合计	×××
期末余额	×××		

图 2-1 资产类和成本类账户 T 型结构

资产类、成本类账户的借方登记增加额，贷方登记减少额。期末余额一般在借方，期末借方余额计算公式为：

期末借方余额 = 期初借方余额 + 本期借方发生额 − 本期贷方发生额

　　某些资产的备抵账户（如"累计折旧""累计摊销""固定资产减值准备"账户等）的贷方登记增加额，借方登记减少额；某些成本类账户期末可能无余额（如"制造费用"账户，期末余额一般会转入"生产成本"账户）。

　　2.负债和所有者权益类账户

借方		负债和所有者权益类账户		贷方
		期初余额	×××	
本期减少额	×××	本期增加额	×××	
	×××		×××	
	……		……	
本期借方发生额合计	×××	本期贷方发生额合计	×××	
		期末余额	×××	

图 2-2　负债和所有者权益类账户 T 型结构

　　负债和所有者权益类账户的借方登记减少额，贷方登记增加额。期末余额一般在贷方，期末贷方余额计算公式为：

　　期末贷方余额＝期初贷方余额＋本期贷方发生额－本期借方发生额

　　3.损益类中的收入类账户

借方		收入类账户		贷方
本期减少额	×××	本期增加额	×××	
	……		……	
本期转出额	×××			
本期借方发生额合计	×××	本期贷方发生额合计	×××	

图 2-3　收入类账户 T 型结构

　　收入类账户的借方登记减少额，贷方登记增加额。本期收入净额在期末转入"本年利润"账户，用以计算当期损益，故期末无余额。

　　4.损益类中的费用类账户

借方		费用类账户		贷方
本期增加额	×××	本期减少额	×××	
	……		……	
	×××	本期转出额	×××	
本期借方发生额合计	×××	本期贷方发生额合计	×××	

图 2-4　费用类账户 T 型结构

　　费用类账户的借方登记增加额，贷方登记减少额。本期费用净额在期末转入"本年利润"账户，用以计算当期损益，故期末无余额。

（二）借贷记账法的记账规则

借贷记账法的记账规则是"**有借必有贷，借贷必相等**"，即任何经济业务的发生均会涉及两个或两个以上的相关账户，一方（或几方）记入借方，另一方（或几方）记入贷方，记入借方的合计金额应当等于记入贷方的合计金额。

（三）借贷记账法下的账户对应关系与会计分录

账户的对应关系是指采用借贷记账法对每笔交易或事项进行记录时，相关账户之间形成的应借、应贷的相互关系。存在对应关系的账户称为对应账户。

会计分录是对每项经济业务列示出应借、应贷的账户名称（科目）及其金额的一种记录。会计分录按照所涉及账户的多少，分为简单会计分录（一借一贷）和复合会计分录（一借多贷，多借一贷，多借多贷）。

会计分录由应借应贷**方向**、相互**对应的科目**及其**金额**三个要素构成，即：

借：账户名称（科目）A   金额

    贷：账户名称（科目）B   金额

> **名师说**
>
> 记入账户的借方 / 贷方即代表了增减方向。

【案例 2-1】甲公司从银行提取现金 200 000 元，则：

（1）对应的账户为"库存现金"和"银行存款"。

（2）确定方向："库存现金"（资产类账户）增加记"借"方；"银行存款"（资产类账户）减少记"贷"方。

（3）根据借贷记账法，该项经济业务应在 T 型账户中登记如下：

借方	银行存款	贷方	借方	库存现金	贷方
期初余额 ×××			期初余额 ×××		
		200 000 ──→	200 000		

（4）编写会计分录：

借：库存现金   200 000

    贷：银行存款   200 000

【案例 2-2】甲公司购入一批材料，增值税专用发票上注明价款为 100 000 元，增值税税额为 13 000 元，甲公司用现金支付，该批材料已入库。

（1）对应的账户为"库存现金""原材料"和"应交税费——应交增值税（进项税额）"科目。

（2）确定方向："库存现金"（资产类账户）减少记"贷"方，"原材料"（资产类账户）增加记"借"方；"应交税费——应交增值税（进项税额）"减少记"借"方。

（3）根据借贷记账法，该项经济业务应在 T 型账户中登记如下：

借方	库存现金	贷方		借方	原材料	贷方
期初余额　×××				期初余额　×××		
		100 000	→		100 000	

借方	库存现金	贷方		借方	应交税费——应交增值税（进项税额）	贷方
期初余额　×××				期初余额　×××		
		13 000	→		13 000	

（4）编写会计分录：

借：原材料　　　　　　　　　　　　　　　　　　　100 000
　　应交税费——应交增值税（进项税额）　　　　　 13 000
　　　贷：库存现金　　　　　　　　　　　　　　　　　　　113 000

【案例 2-3】甲公司生产车间领用材料 50 000 元，车间管理部门领用材料 20 000 元，企业行政管理部门领用材料 10 000 元。

（1）对应的账户为"原材料""生产成本""制造费用"和"管理费用"。

（2）确定方向："原材料"（资产类账户）减少记"贷"方，"生产成本"（成本类账户）增加记"借"方；"制造费用"（成本类账户）增加记"借"方；"管理费用"（费用类账户）增加记"借"方。

（3）根据借贷记账法，该项经济业务应在 T 型账户中登记如下：

借方	原材料	贷方		借方	生产成本	贷方
期初余额　×××				期初余额　×××		
		50 000	→		50 000	

借方	原材料	贷方		借方	制造费用	贷方
期初余额　×××						
		20 000	→		20 000	

借方	原材料	贷方		借方	管理费用	贷方
期初余额　×××						
		10 000	→		10 000	

（4）编写会计分录：

借：生产成本　　　　　　　　　　　　　　　　　　50 000
　　制造费用　　　　　　　　　　　　　　　　　　20 000
　　管理费用　　　　　　　　　　　　　　　　　　10 000
　　　贷：原材料　　　　　　　　　　　　　　　　　　　　80 000

【案例2-4】甲公司生产车间当月生产产成品1 000件，验收入库，实际发生成本40 000元。

（1）对应的账户为"生产成本"和"库存商品"。

（2）确定方向："生产成本"（成本类账户）减少记"贷"方；"库存商品"（资产类账户）增加记"借"方。

（3）根据借贷记账法，该项经济业务应在T型账户中登记如下：

借方	生产成本	贷方		借方	库存商品	贷方
期初余额 ×××				期初余额 ×××		
		40 000	→		40 000	

（4）编写会计分录：

借：库存商品　　　　　　　　　　　　　　　　40 000
　　贷：生产成本　　　　　　　　　　　　　　40 000

【例2-15·单选题·2018】2017年8月31日，某企业负债总额为500万元，9月份收回应收账款60万元，以银行存款归还短期借款40万元，预收客户货款20万元。不考虑其他因素，2017年9月30日该企业负债总额为（　　）万元。

A. 440　　　　　　B. 480　　　　　　C. 460　　　　　　D. 380

【答案】B

【解析】选项B正确，①收回应收账款，借记"银行存款"科目60万元，贷记"应收账款"科目60万元，属于资产内部增减，不影响负债；②归还短期借款，借记"短期借款"科目40万元，贷记"银行存款"科目40万元，减少企业的负债40万元；③预收客户货款，借记"银行存款"科目20万元，贷记"预收账款"科目20万元，增加企业的负债20万元，所以，2017年9月30日该企业的负债总额 = 500 - 40 + 20 = 480（万元）。

（四）借贷记账法下的试算平衡

表2-6　　　　　　　　　　　　　借贷记账法下的试算平衡的内涵和依据

分类	内涵	依据
发生额试算平衡	所有账户本期借方发生额合计 = 所有账户本期贷方发生额合计	有借必有贷，借贷必相等
余额试算平衡	所有账户期末（初）借方余额合计 = 所有账户期末（初）贷方余额合计	资产 = 负债 + 所有者权益

试算平衡只是通过借贷金额是否平衡来检查账户记录是否正确的一种方法。当试算不平衡时，表示记账一定有错误；但如果借贷方发生额或余额试算平衡，也不能表明记账一定正确。

试算平衡是通过编制**试算平衡表**来进行的。

> **名师说**
>
> 　　不影响借贷双方平衡关系的**错误**通常有：
> 　　（1）漏记某项经济业务，使本期借贷双方的发生额等额减少，借贷仍然平衡。
> 　　（2）重记某项经济业务，使本期借贷双方的发生额等额虚增，借贷仍然平衡。
> 　　（3）某项经济业务记录的应借、应贷科目正确，但借贷双方金额同时多记或少记，且金额一致，借贷仍然平衡。
> 　　（4）某项经济业务记错有关账户，借贷仍然平衡。
> 　　（5）某项经济业务在账户记录中，颠倒了记账方向，借贷仍然平衡。
> 　　（6）某借方或贷方发生额中，偶然发生多记和少记并相互抵销，借贷仍然平衡。

　　【例 2-16·单选题·2022】下列各项中，关于试算平衡的表述正确的是（　　　）。

　　A. 漏记某项交易、账户借贷余额不平衡

　　B. 余额平衡说明发生额也平衡

　　C. 发生额试算平衡的直接依据是"有借必有贷，借贷必相等"

　　D. 会计分录中借贷记账方向错误，会导致借贷发生额合计金额不平衡

　　【答案】C

　　【解析】选项 AD，并不影响借贷双方平衡关系。选项 B，余额平衡并不代表发生额一定平衡。

　　【例 2-17·判断题·2021】总分类账户试算平衡表的期初余额、本期发生额和期末余额的借贷方合计数相等，表明记账一定正确。（　　　）

　　【答案】×

　　【解析】如果借贷双方发生额或余额相等，表明账户记录基本正确，但有些错误并不影响借贷双方的平衡，因此试算平衡时，不能表明记账一定正确。

　　【例 2-18·判断题·2019】借贷记账法的规则"有借必有贷，借贷必相等"是余额试算的直接依据。（　　　）

　　【答案】×

　　【解析】余额试算平衡的直接依据是财务状况等式，即"资产＝负债＋所有者权益"。

　　【例 2-19·多选题·2018】下列各项中，通过编制试算平衡表无法发现的记账错误的有（　　　）。

　　A. 记录某项经济业务的借、贷方向颠倒　　　B. 某项经济业务借方金额多记、贷方金额少记

　　C. 漏记某项经济业务　　　D. 重记某项经济业务

　　【答案】ACD

　　【解析】选项 B 错误，某项经济业务借方金额多记、贷方金额少记会导致借贷方合计金额不相等，由此可以发现记账错误。

　　【例 2-20·判断题·2018】会计人员误将财务费用确认为制造费用，通过试算平衡表无法查出该差错。（　　　）

　　【答案】√

　　【解析】试算平衡只是通过借贷金额是否平衡来检查账户记录是否正确的一种方法。该经济业务记错有关账户，借贷仍然平衡，所以通过试算平衡表无法查出该差错。

第三节 会计凭证和会计账簿

一、会计凭证★★★

会计凭证是指记录经济业务发生或者完成情况的书面证明，是登记账簿的依据。会计凭证按照填制程序和用途可分为原始凭证和记账凭证。

（一）原始凭证

原始凭证是指在经济业务发生或完成时取得或填制的，用以记录或证明经济业务的发生或完成情况的原始凭据。

1. 原始凭证的分类

表 2-7　　　　　　　　　　　　　　　　　　原始凭证的分类

划分依据	分类	特点	举例
来源	自制原始凭证	本单位制作	领料单、产品入库单、借款单等
	外来原始凭证	从外部其他单位或个人取得	增值税专用发票、飞机票、火车票、餐饮费发票等
格式	通用凭证	由有关部门统一印制	增值税专用发票等
	专用凭证	单位自行印制	领料单、差旅费报销单、折旧计算表、工资费用分配表等
填制手续和内容	一次凭证	只记录一笔经济业务，仅一次有效	收据、收料单、发货票、银行结算凭证等
	累计凭证	连续记录多笔相同性质的经济业务，多次有效	限额领料单
	汇总凭证	汇总同类经济业务	发料凭证汇总表、工资结算汇总表、差旅费报销单

2. 原始凭证的基本内容（原始凭证要素）

凭证的名称；填制凭证的日期；填制凭证的单位名称和填制人姓名；经办人员的签名或者盖章；接受凭证的单位名称；经济业务内容；数量、单价和金额。

3. 原始凭证的填制要求

表 2-8　　　　　　　　　　　　　　　　　　原始凭证的填制要求

填制要求	注意内容
记录真实	—
内容完整	内容不得遗漏或省略，名称不得简化，签章必须齐全
手续完备	必须有负责人签名和单位公章；对外开出或从外取得的电子形式的原始凭证必须附有符合《电子签名法》的电子签名

续表

填制要求	注意内容
书写清楚、规范	（1）**金额**：小写金额用阿拉伯数字；大写金额用汉字"壹、贰、叁、肆、伍、陆、柒、捌、玖、拾、佰、仟、万、亿、元、角、分、零"等。 （2）**金额前**：小写金额前填写人民币符号"¥"，大写金额前加写"人民币"字样；符号、字样和金额之间不得留有空白。 （3）**金额到元**：小写金额角位和分位写"00"或"—"，大写金额后面要写"整"或"正"字。 （4）**金额到角**：小写金额的分位写"0"，不得用"—"；大写金额后面要写"整"或"正"字。 （5）**金额到分**：大写金额后不写"整"或"正"字
编号连续	因错作废的凭证加盖**"作废"**戳记，并妥善保管**不得撕毁**
不得涂改、刮擦、挖补	**金额错误**：必须由出具单位**重开**。 **其他错误**：出具单位**重开**或**更正**，更正处应加盖印章
填制及时	—

4. 原始凭证的审核

会计人员根据要求，审核其真实性、合法性、合理性、完整性和正确性。

（二）记账凭证

记账凭证是指会计人员根据审核无误的原始凭证，按照经济业务的内容加以归类，并据以确定会计分录后所填制的会计凭证，作为**登记账簿**的直接依据。

1. 记账凭证的分类（按照其反映经济业务的内容）

表 2-9　　　　　　　　　　　　　　记账凭证的分类

类型	适用情形	用途
收款凭证	记录库存现金和银行存款**收款业务**	（1）登记库存现金日记账、银行存款日记账以及有关明细分类账和总分类账。 （2）出纳人员**收讫**款项的依据
付款凭证	记录库存现金和银行存款**付款业务**	（1）登记库存现金日记账、银行存款日记账以及有关明细分类账和总分类账。 （2）出纳人员**付讫**款项的依据
转账凭证	记录**不涉及**库存现金和银行存款的业务	登记有关明细分类账和总分类账

名师说

收款凭证的"借方科目"只能是"库存现金"或"银行存款"科目；付款凭证的"贷方科目"只能是"库存现金"或"银行存款"科目。

对于涉及"库存现金"和"银行存款"科目之间的**相互划转业务**，如将现金存入银行或从银行提取现金，为避免重复记账，一般**只填制付款凭证**，不再填制收款凭证。

2. 记账凭证的基本内容

填制凭证的日期；凭证编号；经济业务摘要；应借、应贷会计科目；金额、所附原始凭证张数；填制凭证人员、稽核人员、记账人员、会计机构负责人、会计主管人员的签名或者盖章；收款和付款记账凭证还应当由出纳人员签名或者盖章。

3.记账凭证的填制要求

表 2-10 记账凭证的填制要求

填制要求	注意内容
内容完整，书写清楚、规范	—
填制记账凭证时必须附原始凭证	结账和更正错账时可不附原始凭证
记账凭证可以根据每一张原始凭证填制，或根据若干张同类原始凭证汇总填制，也可根据原始凭证汇总表填制	不得将不同内容和类别的原始凭证汇总填制在一张记账凭证上
记账凭证应连续编号 🎯敲黑板 反映付款业务的会计凭证不得由出纳人员编号（职责分离）。	字号编号法（如银收字 1 号，现付字 2 号等）；分数编号法（如转字 4$\frac{1}{3}$号、4$\frac{2}{3}$号、4$\frac{3}{3}$号）
填制记账凭证时若发生错误，应当重新填制	（1）已经登记入账的记账凭证在当年内发现错误，用红字冲销，用蓝字更正； （2）记账凭证中会计科目正确，但金额错误，则按差额另编一张调整的记账凭证，调增用蓝字，调减用红字； （3）发现以前年度记账凭证有错误，用蓝字填制一张更正的记账凭证
记账凭证填制完成后，如有空行，划线注销	—

【例 2-21·多选题·2022】下列各项中，属于专用原始凭证的有（　　）。

A.取得的增值税专用发票　　　　　B.固定资产折旧计算表

C.差旅费报销单　　　　　　　　　D.车间的工资费用分配表

【答案】BCD

【解析】选项 A，增值税专用发票属于通用原始凭证。

【例 2-22·单选题·2021】下列各项中属于企业外来原始凭证的是（　　）。

A.生产产品完工验收入库填制的产品入库单

B.发出产品填制的产品出库单

C.职工出差报销的火车票

D.生产产品领用材料填制的领料单

【答案】C

【解析】外来原始凭证，是指在经济业务发生或完成时，从其他单位或个人直接取得的原始凭证，如购买原材料取得的增值税专用发票、职工出差报销的飞机票、火车票和餐饮费发票等（选项 C 正确）。

【例 2-23·单选题·2020】下列各项中，属于汇总原始凭证的是（　　）。

A.科目汇总表　　　　　　　　　　B.限额领料单

C.发料凭证汇总表　　　　　　　　D.制造费用分配表

【答案】C

【解析】选项 A 错误，科目汇总表是记账凭证汇总表，不属于原始凭证；选项 B 错误，限额领料单属于累计原始凭证；选项 D 错误，制造费用分配表属于一次填制的原始凭证，不属于汇总原始凭证。

【例 2-24·单选题·2020】下列各项关于记账凭证填制基本要求的表述中，不正确的是（　　）。

A. 登记账簿前，记账凭证填制错误的应重新填制

B. 可以将不同内容和类别的原始凭证合并填制一张记账凭证

C. 除结账和更正错账可以不附原始凭证外，其他记账凭证必须附原始凭证

D. 记账凭证应连续编号

【答案】B

【解析】选项 B 正确，记账凭证的填制除要做到内容完整、书写清楚和规范外，还必须符合下列要求：①除结账和更正错账可以不附原始凭证外，其他记账凭证必须附原始凭证；②记账凭证可以根据每一张原始凭证填制，或根据若干张同类原始凭证汇总填制，也可根据原始凭证汇总表填制；但不得将不同内容和类别的原始凭证汇总填制在一张记账凭证上；③记账凭证应连续编号；④填制记账凭证时若发生错误，应当重新填制；⑤记账凭证填制完成后，如有空行，应当自金额栏最后一笔金额数字下的空行处至合计数上的空行处画线注销。

【例 2-25·多选题·2020】下列各项中，属于原始凭证审核内容的有（　　）。

A. 原始凭证所记录经济业务是否符合国家法律法规

B. 原始凭证业务内容和数据是否真实

C. 原始凭证记载的各项内容是否正确

D. 原始凭证各项基本要素是否齐全

【答案】ABCD

【解析】选项 A 属于审核原始凭证的合法性、合理性；选项 B 属于审核原始凭证的真实性；选项 C 属于审核原始凭证的正确性；选项 D 属于审核原始凭证的完整性。

【例 2-26·单选题·2019】下列各项中，关于销售产品尚未收到货款的业务，企业应填制的记账凭证是（　　）。

A. 汇总凭证　　　　　B. 转账凭证　　　　　C. 付款凭证　　　　　D. 收款凭证

【答案】B

【解析】选项 B 正确，转账凭证是用来记录除现金、银行存款以外的其他经济业务的记账凭证。

【例 2-27·多选题·2019】下列各项中，企业应根据相关业务的原始凭证编制收款凭证的有（　　）。

A. 收取出租包装物的押金　　　　　B. 从银行存款中提取现金

C. 将库存现金送存银行　　　　　　D. 销售产品取得货款并存入银行

【答案】AD

【解析】选项 BC 错误，对于涉及"库存现金"和"银行存款"之间的相互划转业务，如将现金存入银行或从银行提取现金，为了避免重复记账一般只填制付款凭证，不再填制收款凭证。

【例 2-28·单选题·2018】下列各项中，应由会计人员填制的原始凭证是（　　）。

A. 固定资产折旧计算表　　　　　　B. 差旅报销单

C. 产品入库单　　　　　　　　　　D. 领料单

【答案】A

【解析】选项 B 错误，差旅报销单是由报销人员填写的；选项 C 错误，产品入库单是由仓库管理员填写的；选项 D 错误，领料单是由领料人填写的。

【例2-29·多选题·2018】下列各项中，属于原始凭证应当具备的基本内容的有（   ）。

A.记账符号   B.交易或事项的内容

C.经办人员签名或盖章   D.填制凭证的日期

【答案】BCD

【解析】选项A错误，原始凭证的格式和内容因经济业务和经营管理的不同而有所差异，但原始凭证应当具备以下基本内容（也称为原始凭证要素）：①凭证的名称；②填制凭证的日期（选项D）；③填制凭证单位名称和填制人姓名；④经办人员的签名或者盖章（选项C）；⑤接受凭证单位名称；⑥经济业务内容（选项B）；⑦数量、单价和金额。

【例2-30·多选题·2018】下列各项中，属于记账凭证填制要求的内容有（   ）。

A.所有记账凭证都必须附有原始凭证

B.记账凭证应连续编号

C.记账凭证要内容完整，书写清楚和规范

D.填制记账凭证时若发现错误，应当重新填制

【答案】BCD

【解析】选项A错误，结账和更正错账可以不附原始凭证。

（三）会计凭证的保管

会计凭证的保管，是指会计凭证记账后的整理、装订、归档和存查工作。会计凭证的保管要求主要有：

（1）会计机构在依据会计凭证记账以后，应定期（每天、每旬或每月）对各种会计凭证进行分类整理，将各种记账凭证按照编号顺序，连同所附的原始凭证一起加具封面和封底，装订成册，并在装订线上加贴封签，防止抽换凭证。会计凭证封面应注明单位名称、凭证种类、凭证张数、起止号数、年度、月份、会计主管人员和装订人员等有关事项，会计主管人员和保管人员等应在封面上签章。

从外单位取得的原始凭证遗失时，应取得原签发单位盖有公章的证明，并注明原始凭证的号码、金额、内容等，由经办单位会计机构负责人、会计主管人员和单位负责人批准后，才能代作原始凭证。若确实无法取得证明的，则应由当事人写明详细情况，由经办单位会计机构负责人、会计主管人员和单位负责人批准后，代作原始凭证。

（2）原始凭证较多时，可单独装订，但应在凭证封面注明所属记账凭证的日期、编号和种类，同时在所属的记账凭证上应当注明"附件另订"及原始凭证的名称和编号，以便查阅。对各种重要的原始凭证，如押金收据、提货单等，以及各种需要随时查阅和退回的单据，应另编目录，单独保管，并在有关的记账凭证和原始凭证上分别注明日期和编号。

（3）同时满足以下条件的，单位内部形成的属于归档范围的电子会计凭证等电子会计资料可仅以电子形式保存，形成电子会计档案，无须打印电子会计资料纸质件进行归档保存：

① 形成的电子会计资料来源真实有效，由计算机等电子设备形成和传输；

② 使用的会计核算系统能够准确、完整、有效接收和读取电子会计资料，能够输出符合国家标准归档格式的会计凭证、会计账簿、财务会计报表等会计资料，设定了经办、审核、审批等必要的审签程序；

③ 使用的电子档案管理系统能够有效接收、管理、利用电子会计档案，符合电子档案的长期保管要求，并建立了电子会计档案与相关联的其他纸质会计档案的检索关系；

④ 采取有效措施, **防止**电子会计档案**被篡改**;

⑤ 建立电子会计档案备份制度;

⑥ 形成的电子会计资料不属于具有永久保存价值或者其他重要保存价值的会计档案。

在同时满足上述条件的情况下, 单位从外部接收的电子会计资料附有符合《电子签名法》规定的电子签名的, 可仅以电子形式归档保存, 形成电子会计档案, 无须打印电子会计资料纸质件进行归档保存。

单位仅以电子形式保存会计档案的, 原则上应从**一个完整会计年度的年初**开始执行, 以保证其年度会计档案保存形式的一致性。

（4）当年形成的会计档案, 在会计年度终了后, 可由单位会计机构临时**保管一年**, 期满后再移交本单位档案机构统一保管; 因工作需要确需推迟移交的, 应当经单位档案管理机构同意, 且**最长不超过三年**; 单位未设立档案机构的, 应在会计机构等机构内部指定专人保管。**出纳人员不得兼管会计档案**。

（5）单位保存的会计档案一般**不得对外借出**, 确因工作需要且根据国家有关规定必须借出的, 应当严格按照规定办理相关手续; 其他单位如有特殊原因, 确实需要使用单位会计档案时, 经本单位会计机构负责人、会计主管人员**批准**, **可以复制**。向外单位提供的会计档案复制件, 应在专设的登记簿上登记, 并由提供人员和收取人员共同签名或者盖章。

（6）单位应当严格遵守会计档案的保管期限要求, 保管期满前不得任意销毁。会计档案达到保管期限的, 单位应当组织对到期会计档案进行鉴定。经鉴定, 仍需继续保存的会计档案, 应当重新划定保管期限; 对保管期满、确无保存价值的会计档案, 可以销毁; 保管期满但未结清的债权债务会计凭证和涉及其他未了事项的会计凭证不得销毁, 纸质会计档案应当单独抽出立卷, 电子会计档案单独转存, 保管到未了事项完结时为止。

【例 2-31·单选题·2022】 下列关于会计档案销毁的说法中, 不正确的是（　　）。

A. 单位应当定期对已到保管期限的会计档案进行鉴定, 并形成会计档案鉴定意见书

B. 经鉴定, 仍需继续保存的会计档案, 应当重新划定保管期限

C. 对保管期满、确无保存价值的会计档案, 可以销毁

D. 会计档案鉴定工作应当由单位档案管理机构单独进行, 其他机构或人员不能参与

【答案】 D

【解析】 单位应当严格遵守会计档案的保管期限要求, 保管期满前不得任意销毁。会计档案达到保管期限的, 单位应当组织对到期会计档案进行鉴定（选项 A）。经鉴定, 仍需继续保存的会计档案, 应当重新划定保管期限（选项 B）; 对保管期满、确无保存价值的会计档案, 可以销毁（选项 C）; 保管期满但未结清的债权债务会计凭证和涉及其他未了事项的会计凭证不得销毁, 纸质会计档案应当单独抽出立卷, 电子会计档案单独转存, 保管到未了事项完结时为止。会计档案鉴定工作应当由单位档案管理机构牵头, 组织单位会计、审计、纪检监察等机构或人员共同进行（选项 D 错误）。

二、会计账簿 ★★★

（一）会计账簿

1. 会计账簿的概念

会计账簿简称账簿, 是由**一定格式的账页**组成的, 以经过审核的会计凭证为依据, 全面、系

统、连续地记录各项经济业务的簿籍。会计账簿的基本内容包括封面、扉页和账页。

2. 会计账簿的分类与登记

（1）会计账簿若按用途，可分为序时账簿、分类账簿和备查账簿。具体见表 2-11。

表 2-11　　　　　　　　　　　　　　　　按用途分类的会计账簿

划分依据	类型		登记方式	举例	账页格式 / 外形特征	编制人员
用途	序时账簿（日记账）		逐日逐笔登记，**每日终了结出余额**	库存现金日记账、银行存款日记账	多为**三栏式 / 必须采用订本账**	出纳人员
	分类账簿	总分类账簿（总账）	逐笔登记 / 定期登记（根据科目汇总表或汇总记账凭证）	库存现金总账、固定资产总账	三栏式 / 订本账	相关会计人员
		明细分类账簿（明细账）		银行存款明细账、制造费用明细账	三栏式、多栏式、数量金额式 / 活页账	
	备查账簿（辅助登记簿、补充登记簿）		补充登记	租入固定资产登记簿、代管商品物资登记簿	企业根据实际需要设置，无格式要求	相关会计人员

名师说

库存现金日记账的登记依据为与库存现金收付业务有关的记账凭证，即以**库存现金收款凭证（现收）、库存现金付款凭证（现付）和银行存款付款凭证（银付）**，从银行存款中支取现金只填制银行存款付款凭证进行登记。

与之对应的，银行存款日记账应当以银行存款收款凭证（银收）、银行存款付款凭证（银付）和库存现金付款凭证（现付）为依据进行登记。

银行存款日记账应按企业在银行开立的**账户和币种**分别设置。

分类账簿是会计账簿的**主体**，也是编制财务报表的**主要依据**。企业发生的每项经济业务，均要以**相同的方向、一致的期间、相等的金额**，一方面记入有关的总分类账户，另一方面记入所辖明细分类账户（**平行登记**）。

备查账簿是对某些在序时账簿和分类账簿中未能记载或记载不全的经济业务进行补充登记的账簿，其与其他账簿之间**不存在严密的依存和勾稽关系**。

（2）会计账簿若按账页格式，可分为三栏式账簿、多栏式账簿、数量金额式账簿。具体见表 2-12。

表 2-12　　　　　　　　　　　　　　　　按账页格式分类的会计账簿

划分依据	类型	特点	适用范围
账页格式	三栏式账簿	设有**借方**、**贷方**和**余额**三个金额栏目	**日记账、总账以及资本、债权、债务明细账**
	多栏式账簿	在**借方**和（或）**贷方**两个金额栏目中，按需分设若干专栏	**收入、成本、费用明细账**
	数量金额式账簿	在**借方**、**贷方**和**余额**三个金额栏目中，均分设**数量、单价和金额**三小栏	**原材料、库存商品等明细账**

🎯 **敲黑板**

按照账页格式划分的各会计账簿的适用范围需要重点掌握。

（3）会计账簿若按外形特征，可分为订本式账簿、活页式账簿、卡片式账簿。具体见表2-13。

表2-13　　　　　　　　　　　　　　按外形特征分类的会计账簿

划分依据	类型	优缺点	适用范围
外形特征	订本式账簿	优点：能避免账页散失，防止抽换账页； 缺点：不能准确为各账户预留账页	日记账和总分类账
	活页式账簿	优点：可根据需要增减空白账页，便于分工记账； 缺点：可能会造成账页散失或故意抽换账页	明细分类账
	卡片式账簿	—	固定资产核算、材料核算（较少）

🎯 **敲黑板**

本节主要考点为不同类型会计账簿的适用范围。

【例2-32·单选题·2021】下列各项中，关于会计账簿分类的表述正确的是（　　　）。

A.按照用途可分为序时账簿、分类账簿和备查账簿

B.按照外形特征可分为三栏式账簿、多栏式账簿和数量金额式账簿

C.按照账页格式可分为订本式账簿、活页式账簿和卡片式账簿

D.按照填制方法可分为总分类账簿和明细分类账簿

【答案】A

【解析】选项B错误，会计账簿按照账页格式，主要分为三栏式账簿、多栏式账簿、数量金额式账簿。选项C错误，会计账簿按照外形特征，可以分为订本式账簿、活页式账簿、卡片式账簿。选项D错误，分类账簿按其反映经济业务的详略程度，可分为总分类账簿和明细分类账簿。

【例2-33·单选题·2020】下列各项中，适合采用数量金额式账簿的是（　　　）。

A.管理费用明细账　　　　　　　　　　B.库存商品明细账

C.应收账款明细账　　　　　　　　　　D.主营业务收入明细账

【答案】B

【解析】选项B正确，数量金额式账簿，是在账簿的借方、贷方和余额三个栏目内，每个栏目再分设数量、单价和金额三个小栏，以此反映财产物资的实物数量和金额的账簿。原材料、库存商品（选项B）等明细账一般采用数量金额式账簿。

【例2-34·单选题·2019】下列各项中，关于银行存款日记账的表述中，正确的是（　　　）。

A.应按实际发生的经济业务定期汇总登记

B.仅以银行存款付款凭证为记账依据

C.应按企业在银行开立的账户和币种分别设置

D.不得使用多栏式账页格式

【答案】C

【解析】选项A错误，银行存款日记账应逐日逐笔进行登记；选项B错误，银行存款日记账的记账依据有银行存款付款凭证、银行存款收款凭证和库存现金付款凭证；选项D错误，银行存款日记账可以选择多栏式账页格式。

【例2-35·多选题·2019】下列各项中，属于会计账簿的有（　　）。

A.备查簿　　　　　B.日记账　　　　　C.总账　　　　　D.明细账

【答案】ABCD

【解析】选项ABCD均正确，会计账簿按照用途，可分为序时账簿、分类账簿和备查账簿，其中序时账簿又称日记账，分类账簿可分为总分类账簿和明细分类账簿。

【例2-36·多选题·2019】下列各项中，适合采用三栏式明细分类账簿进行明细账核算的有（　　）。

A.向客户赊销商品形成的应收账款　　B.生产车间发生的制造费用
C.购买并验收入库的原材料　　　　　D.向银行借入的短期借款

【答案】AD

【解析】选项AD正确，各种日记账、总账以及资本、债权、债务明细账都可采用三栏式账簿；选项B错误，生产车间发生的制造费用适用多栏式账簿；选项C错误，购买并验收入库的原材料适用数量金额式账簿。

【例2-37·单选题·2018】下列各项中，出纳人员根据会计凭证登记现金日记账的正确做法是（　　）。

A.根据库存现金收付业务凭证逐笔、序时登记
B.根据现金收付款凭证金额相抵的差额登记
C.将现金收款凭证汇总后再登记
D.将现金付款凭证汇总后再登记

【答案】A

【解析】选项A正确，三栏式库存现金日记账由出纳人员根据库存现金收款凭证、库存现金付款凭证和银行存款付款凭证，按照库存现金收、付款业务和银行存款付款业务发生时间的先后顺序逐日逐笔登记。

（二）对账与结账

1.对账

对账（见表2-14）是对账簿记录所进行的核对，也就是**核对账目**。对账工作一般在**记账之后结账之前**，在月末进行。

表2-14　　　　　　　　　　对账的分类及具体内容

分类	具体内容
账证核对	核对账簿记录与会计凭证（时间、凭证字号、内容、金额、记账方向等）
账账核对	总分类账簿之间
	总分类账簿与所辖明细分类账簿之间
	总分类账簿与序时账簿之间
	明细分类账簿之间

续表

分类	具体内容
账实核对	库存现金日记账账面余额与现金实际库存数（**逐日**核对）
	银行存款日记账账面余额与银行对账单余额（**至少逐月**核对）
	各项财产物资明细账账面余额与财产物资实有数额（**定期**核对）
	有关债权债务明细账账面余额与对方单位债权债务账面记录（**定期**核对）

2. 结账

结账是将账簿记录定期结算清楚的会计工作。为编制财务报表，需要企业在一定时期结束时（月末、季末和年末）进行结账（月结、季结和年结）。

> **名师说**
>
> 结账的内容包括两个方面，一是结清各种**损益类账户**，据以计算确定本期利润，编制利润表；二是结出各**资产、负债和所有者权益账户**的本期发生额合计和期末余额，编制资产负债表。

【例 2-38·多选题·2020】下列各项中，属于账账核对内容的有（　　）。

A. 总账期末余额与其所属明细账期末余额之和的核对

B. 债权债务明细账账面余额与对方单位债权债务账面记录的核对

C. 资产、负债、所有者权益各账户总账余额之间平衡关系的核对

D. 总账与序时账期末余额的核对

【答案】ACD

【解析】选项 B 错误，债权债务明细账账面余额与对方单位债权债务账面记录的核对属于账实核对。

【例 2-39·单选题·2018】下列各项中，属于账实核对的是（　　）。

A. 总账和明细账核对

B. 银行存款日记账和银行对账单核对

C. 账簿记录和记账凭证核对

D. 总账和日记账核对

【答案】B

【解析】选项 A 错误，总账和明细账核对属于账账核对；选项 C 错误，账簿记录和记账凭证核对属于账证核对；选项 D 错误，总账和日记账核对属于账账核对。

（三）错账更正方法

账簿记录发生错误时，不得涂改、挖补、刮擦或者用药水消除字迹，不得重新抄写；而应当采用正确、规范的方法更正。具体来说，错账更正的方法一般有划线更正法、红字更正法、补充登记法等（见表 2-15）。

表 2-15　　　　　　　　　　　　　　　　错账更正方法

分类	适用情形		操作方法
划线更正法	**记账凭证正确**，结账前账簿记录有文字或数字错误		在错误处划一条红线，在红线上方进行更正，并在更正处盖章
红字更正法（记账后）	**记账凭证错误**	记账凭证中应借、应贷会计**科目错误**	红字冲销，再用蓝字更正
		记账凭证中应借、应贷会计科目正确，但所记金额**大于**应记金额	红字冲销多记金额部分
补充登记法（记账后）	**记账凭证错误**	记账凭证中应借、应贷会计科目正确，但所记金额**小于**应记金额	蓝字补充少记金额部分

🎯 敲黑板

　　请各位考生记忆不同的错误情形，并能够选出正确的更正方法。同时注意区分原始凭证、记账凭证错账更正方法和此处会计账簿错账更正方法的异同。具体见表 2-16。

表 2-16　　　　　　　　　原始凭证、记账凭证与会计账簿的更正方法

类型	原始凭证	记账凭证	会计账簿
更正方法	金额错误：出具单位重开　其他错误：出具单位重开或更正＋盖章	当年未登记入账：重新填制或划线更正法	—
		当年已登记入账：①科目错误：红字冲销蓝字更正（红字更正法）。②金额错误：按差额另编一张调整的记账凭证，调增用蓝字（补充登记法），调减用红字（红字更正法）	（1）记账凭证正确，但登记错误：划线更正法。（2）记账凭证错误：先更正记账凭证，再更正账簿：①科目错误：红字冲销蓝字更正（红字更正法）。②金额错误：a.所记金额大：红字冲销多记金额部分（红字更正法）。b.所记金额小：蓝字补充少记金额部分（补充登记法）
		以前年度（已登记入账）：蓝字填制一张更正的记账凭证	按照更正的记账凭证对应调整账簿记录

　　【例 2-40·单选题·2022 年改编】会计人员在结账前发现记账凭证填制无误，但登记入账时误将 600 元写成 6000 元，下列更正方法正确的是（　　　）。

　　A.补充登记法　　　　B.划线更正法　　　　C.横线登记法　　　　D.红字更正法

　　【答案】B

　　【解析】在结账前发现账簿记录有文字或数字错误，而记账凭证没有错误，应当采用划线更正法。

　　【例 2-41·单选题·2022 年改编】下列各项中，对于金额有错误的原始凭证处理方法正确的是
（　　　）。

A. 由出具单位在凭证上更正并加盖出具单位印章

B. 由出具单位在凭证上更正并由经办人员签名

C. 由出具单位在凭证上更正并由单位负责人签名

D. 由出具单位重新开具凭证

【答案】D

【解析】选项 D 正确，原始凭证金额有错误的，应当由出具单位重开，不得在原始凭证上更正。

【例 2-42·单选题·2018】2017 年 3 月 15 日，某企业财务人员发现当月月初登记入账的一笔交易出现记账错误，该笔交易的记账凭证和账簿记录中应借、应贷会计科目及记账方向无误，但所记金额小于应记金额。应采用的错账更正方法是（　　　）。

A. 补充登记法

B. 红字更正法

C. 试算平衡法

D. 划线更正法

【答案】A

【解析】选项 A 正确，记账后发现记账凭证中会计科目无误，所记金额小于应记金额，导致账簿记录错误的，应采用补充登记法。

（四）会计账簿的保管

会计账簿是各单位重要的经济资料，必须建立管理制度，妥善保管。

（1）各种账簿要分工明确，指定专人管理。

（2）会计账簿未经领导和会计负责人或者有关人员批准，非经管人员不能随意翻阅查看会计账簿。会计账簿除需要与外单位核对外，一般不能携带外出；对携带外出的账簿，一般应由经管人员或会计主管人员指定专人负责。

（3）会计账簿不能随意交与其他人员管理，以保证账簿安全和防止任意涂改账簿等问题发生。

（4）年度终了更换并启用新账后，对更换下来的旧账要整理装订，造册归档。

（5）实行会计电算化的单位，满足有关规定的，可仅以电子形式保存会计账簿，无须定期打印会计账簿；确需打印的，打印的会计账簿必须连续编号，经审核无误后装订成册，并由记账人员和会计机构负责人、会计主管人员签字或者盖章。

（6）各种账簿同会计凭证和会计报表一样，都是重要的经济档案，必须按照规定的保存年限妥善保管，不得丢失和任意销毁。保管期满后，应当按照规定进行鉴定，经鉴定可以销毁的，方可按照审批程序报经批准后销毁。

第四节　财产清查

财产清查是指通过对货币资金、实物资产和往来款项等财产物资进行盘点或核对，确定其实存数，查明账存数与实存数是否相符的一种专门方法。

一、财产清查的种类 ★★

表 2-17   财产清查的分类

划分依据	分类	说明
清查范围	全面清查	需要全面清查的情形：①年终决算前；②合并、撤销或改变隶属关系前；③中外合资、国内合资前；④股份制改造前；⑤开展全面的资产评估、清产核资前；⑥单位主要领导调离工作前等
	局部清查	局部清查对象及适用的方式或频率：①流动性较大的财产物资（如原材料、产成品），应根据需要轮流盘点或重点调查；②贵重财产物资，每月均需清查盘点；③库存现金，每日终了清点核对；④银行存款，至少每月同银行核对一次；⑤债权债务，每年至少核对一至两次
清查时间	定期清查	一般在年末、季末、月末进行
	不定期清查	不定期清查的情形：①财产物资、库存现金保管人员更换时；②发生自然灾害和意外损失时；③上级主管、财政、审计和银行等部门对本单位进行会计检查时；④开展临时性清产核资时
执行系统	内部清查	由本单位内部自行组织
	外部清查	由上级主管部门、审计机关、司法部门、注册会计师等进行

【例 2-43·判断题·2022】董事长在调离工作岗位前，有关部门应对其所管辖企业的所有资产进行全面盘点和核对。   （   ）

【答案】√

【例 2-44·单选题·2022】下列各项中，需要进行全面财产清查的情形是（   ）。

A.企业年终决算前

B.原材料发生火灾受损时

C.包装物发生毁损时

D.出纳人员离职时

【答案】A

【解析】需要进行全面清查的情况通常有：

（1）年终决算前（选项 A）；

（2）在合并、撤销或改变隶属关系前；

（3）中外合资、国内合资前；

（4）股份制改造前；

（5）开展全面的资产评估、清产核资前；

（6）单位主要领导调离工作前等。

选项 BCD 都属于进行局部清查的情形。

【例 2-45·多选题·2018】下列各项中，企业必须进行财产全面清查的有（   ）。

A.股份制改造   B.单位改变隶属关系

C.单位主要领导人离任交接前   D.清产核资

【答案】ABCD

【解析】选项 ABCD 均正确，企业需要进行全面清查的情况包括：①年终决算前；②合并、撤销或改变隶属关系前（选项 B）；③中外合资、国内合资前；④股份制改造前（选项 A）；⑤开展全面的资产评估、清产核资前（选项 D）；⑥单位主要领导调离工作前（选项 C）等。

二、财产清查的方法 ★ ★

表2-18   财产清查的方法

对象	方法	参与人员	关注重点	形成报告
库存现金	实地盘点法	主管会计或财务负责人和出纳人员	（1）账实是否相符。（2）现金管理制度的遵循情况	库存现金盘点报告表（反映库存现金实存数的重要原始凭证）
银行存款	核对企业的银行存款日记账与银行的对账单	出纳以外的会计人员	（1）记账是否有错误。（2）调节未达账项	银行存款余额调节表 🎯敲黑板 只为核对账目，不能作为调整银行存款账面余额的记账依据。
实物资产（如固定资产、存货等）	实地盘点法或技术推算法	实物保管人员和盘点人员	（1）确定财产物资实存数。（2）确定盘盈或盘亏情况	盘存单（反映财产物资实存数的重要原始凭证）实存账存对比表（调整账簿记录的重要原始凭证）
往来款项（如应收应付或预收预付）	发函询证法	会计人员	是否账实相符	往来款项清查报告单 🎯敲黑板 不能作为调整账簿记录的依据。

🎓 **名师说**

银行存款余额调节表的编制是以企业银行存款日记账余额和银行对账单余额为基础，各自分别加上对方已收款入账而己方未入账的数额，减去对方已付款入账而己方尚未入账的数额，其计算公式如下：

$$企业银行存款日记账余额 + 银行已收企业未收款 - 银行已付企业未付款 = 银行对账单存款余额 + 企业已收银行未收款 - 企业已付银行未付款$$

【例 2-46·单选题·2022】某公司 2021 年 9 月 30 日银行存款日记账余额为 4 800 万元，银行对账单余额为 4 815 万元。经逐笔核对，发现两笔未达账项：（1）公司已开出转账支票并登记银行存款减少 20 万元，银行尚未记账；（2）银行应收取的 5 万元利息已从公司存款账户中扣减，但公司未收到银行付款通知。不考虑其他因素，月末银行存款余额调节表中调节后的存款余额为（   ）万元。

A. 4 780   B.4 795   C. 4 815   D.4 775

【答案】B

【解析】月末银行存款余额调节表中调节后的存款余额 =4 800-5=4 795（万元），或者 4 815-20=4 795（万元）。

【例 2-47·多选题·2021】下列各项中，关于财产清查方法的表述正确的有（   ）。

A.露天堆放煤炭的清查一般采用技术推算的方法

B.库存现金的清查一般采用实地盘点的方法

C.银行存款的清查一般采用与开户行核对账目的方法

D.应收账款的清查一般采用发函询证的方法

【答案】ABCD

【例2-48·单选题·2020】下列各项中，导致银行存款日记账余额大于银行对账单余额的未达账项是（　　）。

A.银行根据协议支付当月电话费并已入账，企业尚未收到付款通知

B.银行已代收货款并入账，企业尚未收到收款通知

C.企业签发现金支票并入账，收款方尚未提现

D.企业签发转账支票并入账，收款方未办理转账

【答案】A

【解析】选项A正确，银行已付企业未付的未达账项，导致银行存款日记账余额大于银行对账单余额；选项B错误，银行已收企业未收的未达账项，导致银行存款日记账余额小于银行对账单余额；选项CD错误，企业已付银行未付的未达账项，导致银行存款日记账余额小于银行对账单余额。

【例2-49·多选题·2019】下列各项关于财产清查的相关表述中，正确的有（　　）。

A.往来款项清查一般采用发函询证方法

B.库存现金清查采用实地盘点法

C.银行存款清查采用与开户行核对账目的方法

D.实物资产清查采用实地盘点法

【答案】ABC

【解析】选项D错误，实物资产的清查方法主要有实地盘点法和技术推算法，并不是所有的实物资产都能用实地盘点法进行清查。

【例2-50·判断题·2019】如果不存在未达账项，银行存款日记账账面余额与银行对账单余额之间有差额，说明企业与银行双方或其中一方存在记账错误。　　　　　　（　　）

【答案】√

【例2-51·判断题·2018】银行存款余额调节表可以作为调整企业银行存款账面余额的记账依据。（　　）

【答案】×

【解析】"银行存款余额调节表"只是为了核对账目，不能作为调整企业银行存款账面余额的记账依据。

第五节　会计账务处理程序 ★★

会计账务处理程序（也称会计核算组织程序或者会计核算形式）是指会计凭证、会计账簿、会计报表相结合的方式。

根据登记总分类账的依据和方法的不同，账务处理程序可以分为记账凭证账务处理程序、汇总记账凭证账务处理程序和科目汇总表账务处理程序三种。

1.账务处理程序的基本步骤

（1）根据原始凭证填制汇总原始凭证。

（2）根据原始凭证或汇总原始凭证，填制收款凭证、付款凭证和转账凭证，也可以填制通用记账凭证。

（3）根据收款凭证和付款凭证逐笔登记库存现金日记账和银行存款日记账。

（4）根据原始凭证、汇总原始凭证和记账凭证，登记各种明细分类账。

（5）根据记账凭证逐笔登记总分类账（记账凭证账务处理程序）；或根据各种记账凭证编制有关汇总记账凭证，再登记总分类账（汇总记账凭证账务处理程序）；或根据各种记账凭证编制科目汇总表，再登记总分类账（科目汇总表账务处理程序）。

（6）期末，将库存现金日记账、银行存款日记账和明细分类账的余额与有关总分类账的余额核对相符。

（7）期末，根据总分类账和明细分类账的记录，编制财务报表。

2. 对应的账务处理程序示意图

（1）记账凭证账务处理程序，见图 2-5。

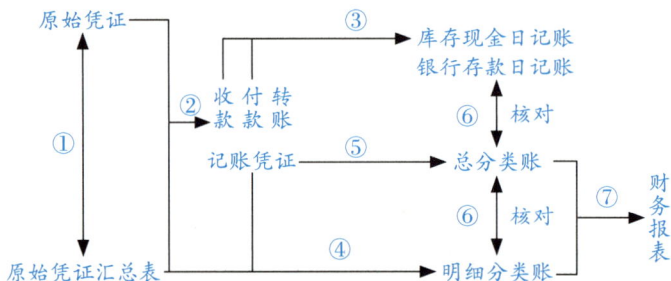

图 2-5　记账凭证账务处理程序

（2）科目汇总表记账凭证账务处理程序，见图 2-6。

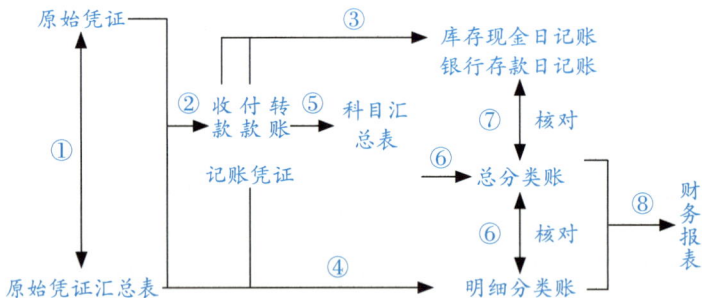

图 2-6　汇总记账凭证账务处理程序

（3）汇总记账凭证账务处理程序，见图 2-7。

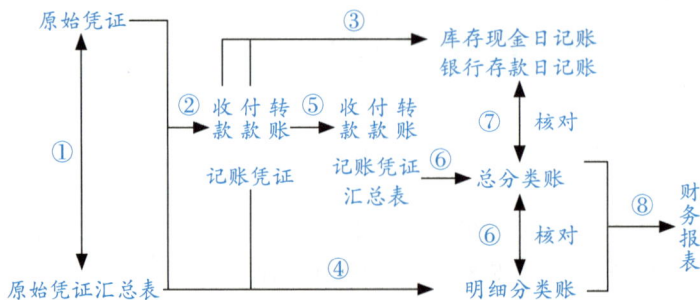

图 2-7　科目汇总表账务处理程序

> **名师说**
>
> 　　三种账务处理程序的基本步骤是一致的，都是先根据原始凭证编制记账凭证，再根据记账凭证登记会计账簿（序时账、分类账和总账），在对账之后再编制财务报表。唯一的区别在于根据记账凭证登记总账的过程不同，导致了三种账务处理程序不同的特点。

　　3. 三种账务处理程序的优缺点

表 2-19　　　　　　　　　　　　　　　三种账务处理程序的优缺点

项目	记账凭证账务处理程序	汇总记账凭证账务处理程序	科目汇总表账务处理程序
优点	简单明了，易于理解；总分类账可以较详细地反映经济业务的发生情况	减轻了登记总分类账的工作量	减轻了登记总分类账的工作量，同时试算平衡
缺点	登记总分类账的工作量较大	当转账凭证较多时，编制汇总转账凭证的工作量较大；并且按每一贷方账户编制汇总转账凭证，不利于会计核算的日常分工	科目汇总表不能反映各个账户之间的对应关系，不利于对账目进行检查
适用范围	规模较小、经济业务较少的单位	规模较大、经济业务较多的企业	经济业务较多的单位

　　【例 2-52·单选题·2022】下列各项中，在记账凭证账务处理程序下，企业登记总分类账的直接依据是（　　）。

　　A. 原始凭证　　　　　　B. 科目汇总表　　　　　C. 汇总记账凭证　　　D. 记账凭证

　　【答案】D

　　【解析】选项 D 正确，记账凭证账务处理程序，是指对发生的经济业务先根据原始凭证或汇总原始凭证填制记账凭证，再根据记账凭证登记总分类账的一种账务处理程序。

　　【例 2-53·判断题·2019】在科目汇总表账务处理程序下，企业应直接根据记账凭证逐笔登记总分类账。　　　　　　　　　　　　　　　　　　　　　　　　　　　　　　　（　　）

　　【答案】×

　　【解析】科目汇总表账务处理程序下，应根据科目汇总表登记总分类账。

　　【例 2-54·多选题·2018】下列各项中，关于科目汇总表账务处理程序的表述中，正确的有（　　）。

　　A. 该账务处理程序不利于单位对账目进行检查

　　B. 该账务处理程序可减轻单位登记总分类账的工作量

　　C. 该账务处理程序下单位应根据记账凭证直接登记总分类账

　　D. 该账务处理程序通常适用于经济业务较多的单位

　　【答案】ABD

　　【解析】选项 C 错误，科目汇总表账务处理程序应根据科目汇总表登记总分类账。

第六节 会计信息化基础

一、会计信息化的概念

会计信息化，是指企业利用计算机、网络通信等现代信息技术手段开展会计核算以及利用上述技术手段将会计核算与其他经营管理活动有机结合的过程。

二、信息化环境下的会计账务处理

信息化环境下的会计账务处理是指企业运用会计软件进行账务处理的过程。

（一）会计软件与会计信息系统

1. 会计软件

会计软件，是指企业使用的，专门用于会计核算和财务管理的计算机软件、软件系统或者其功能模块。会计软件一般具有以下功能：

（1）为会计核算、财务管理直接采集数据。

（2）生成会计凭证、账簿、报表等会计资料。

（3）对会计资料进行转换、输出、分析、利用。

2. 会计信息系统

会计信息系统是指由会计软件及其运行所依赖的软硬件环境组成的集合体。按照发展程度大致可分为三种情况，见表 2-20。

表 2-20   会计信息系统发展

企业所处阶段	信息系统发展的程度
会计核算信息化阶段	财务管理信息化
财务管理信息化阶段	决策支持信息化
分公司、子公司数量多、分布广的大型企业、企业集团	财务共享中心

（二）信息化环境下会计账务处理的基本要求

1. 企业使用的会计软件应当保障企业按照国家统一会计准则制度开展会计核算，设定了经办、审核、审批等必要的审签程序，能够有效防止电子会计凭证重复入账，并不得有违背国家统一会计准则制度的功能设计。

2. 企业使用的会计软件的界面应当使用中文并且提供对中文处理的支持，可以同时提供外国或者少数民族文字界面对照和处理支持。

3. 企业使用的会计软件应当提供符合国家统一会计准则制度的会计科目分类和编码功能。

4. 企业使用的会计软件应当提供符合国家统一会计准则制度的会计凭证、账簿和报表的显示和打印功能。

5. 企业使用的会计软件应当提供不可逆的记账功能，确保对同类已记账凭证的连续编号，不得提供对已记账凭证的删除和插入功能，不得提供对已记账凭证日期、金额、科目和操作人的修改功能。

6. 企业使用的会计软件应当具有符合国家统一标准的数据接口，满足外部会计监督需要。

7. 企业使用的会计软件应当具有会计资料归档功能，提供导出会计档案的接口，在会计档案存储格式、元数据采集、真实性与完整性保障方面，符合国家有关电子文件归档与电子档案管理的要求。

8. 企业使用的会计软件应当记录生成用户操作日志，确保日志的安全、完整，提供按操作人员、操作时间和操作内容查询日志的功能，并能以简单易懂的形式输出。

9. 企业会计信息系统数据服务器的部署应当符合国家有关规定。数据服务器部署在境外的，应当在境内保存会计资料备份，备份频率不得低于每月一次。境内备份的会计资料应当能够在境外服务器不能正常工作时，独立满足企业开展会计工作的需要以及外部会计监督的需要。

10. 企业会计资料中对经济业务事项的描述应当使用中文，可以同时使用外国或者少数民族文字对照。

11. 企业应当建立电子会计资料备份管理制度，确保会计资料的安全、完整和会计信息系统的持续、稳定运行。

12. 企业电子会计档案的归档管理，应当符合《会计档案管理办法》的规定。

13. 实行会计工作集中核算的企业以及企业分支机构，应当为外部会计监督机构及时查询和调阅异地储存的会计资料提供必要条件。

14. 企业不得在非涉密信息系统中存储、处理和传输涉及国家秘密，关系国家经济信息安全的电子会计资料；未经有关主管部门批准，不得将其携带、寄运或者传输至境外。

（三）信息化环境下会计账务处理流程（2023 年新增）★★★

1. 信息化环境下会计账务处理基本流程

信息化环境下账务处理的基本流程如下：

（1）经济业务发生时，业务人员将原始凭证提交会计部门。

（2）凭证编制人员对原始凭证的正确性、合规性、合理性进行审核，然后根据审核无误的原始凭证编制记账凭证。

（3）凭证审核人员从凭证文件中获取记账凭证并进行审核。

（4）在记账人员的记账指令发出后，系统自动对已审核凭证进行记账，更新科目汇总文件等信息，并对相关凭证做记账标记。会计期末，结账人员发出指令进行结账操作。

（5）会计信息系统根据凭证文件和科目汇总文件自动、实时生成日记账、明细账和总账，提供内部和外部使用者需要的内部分析表和财务报表。

【例 2-55·单选题】关于信息化环境下账务处理的基本流程，下列说法中错误的是（　　）。

A. 凭证编制人员根据审核无误的原始凭证编制记账凭证

B. 经济业务发生时，由业务人员将原始凭证提交会计部门

C. 在记账人员的记账指令发出后，系统自动对已审核凭证进行记账，更新科目汇总文件等信息，并对相关凭证做记账标记

D. 内部和外部使用者需要的内部分析表和财务报表，由会计主管编制生成

【答案】D

【解析】在信息化环境下账务处理的基本流程中，会计信息系统根据凭证文件和科目汇总文件自动、实时生成日记账、明细账和总账，提供内部和外部使用者需要的内部分析表和财务报

表，而非会计主管编制。选项 D 错误。

三、财务机器人和财务大数据的应用（2023年新增）★

（一）财务机器人的应用

目前，财务机器人主要应用于财务、税务、会计核算等基础财务会计领域，如会计账务处理、财务报表列报、资金预算与管理、费用报销审核、采购与付款、纳税申报全面预算、信息数据收集等。

此外，财务机器人作为一种新兴人工智能工具，还可应用于财务共享中心各环节，如供应商管理、应收款项管理流程等。

1. 会计核算与会计报表列报

（1）会计记账自动化

首先，对于基础业务的记账处理，财务机器人在电子记账凭证中录入与数据相对应的会计科目，实现由软件机器人代替人工记录会计分录的操作。

其次，在会计期末，财务机器人对在建工程价值及存货金额进行确认和暂估，完成账账、账证、账实之间的核对，并进行函证以确认数量、金额是否相符。

最后，当工作中发生意外事项，财务机器人能及时通知会计人员进行人工干预。

（2）报表列报优化

财务机器人根据事先设定的程序将数据汇总，对于存在的差异，由会计人员进行干预和调整，完成报表的编制工作。

2. 资金预算与管理优化

（1）资金预算。在资金预算监管方面，财务机器人实时监控资金的收取和归集，对信用或质量问题造成的收回资金方面的困难作出合理的应对，对各部门资金不足或过剩及时告知资金管理人员，有利于企业实现资金的合理配置。

（2）资金支付。在资金支付方面，财务机器人首先检索财务系统内的付款信息，自动审核凭证中对应的资金流向和资金流量。如果发现不符，系统将提示审核不通过并提醒会计人员修改；如果审核无误，则进入人工审核阶段。

（3）银企对账自动化。银企对账自动化是财务机器人在资金管理方面的突出亮点。

当银行与企业对账时，财务机器人自动检索相关财务数据和对应的银行存款对账单。如遇未达账项或特殊情况，自动显示异常结果并提醒会计人员手工调整。财务机器人对账后自动生成银行存款余额调节表，保存在固定文件夹中，随时供会计人员查看核对。

3. 费用报账自动化

4. 采购付款业务自动化

5. 纳税申报

6. 全面预算

7. 优化供应商管理

8. 优化应收款项管理

（二）财务大数据的应用

1. 数据采集

数据采集是财务大数据分析应用的形式之一，具体工作步骤如下：

（1）通过大数据库将海量数据进行统一集中管理，把数据信息库作为原始资料进行数据处理，通过对企业业务的数据收集，及时汇总企业的财务与管理信息。

（2）企业通过收集整理大数据库中的诸多业务信息、决策信息和财务信息，分析企业经营管理中存在的弊病，使影响企业发展的各项不利因素凸显出来，数据采集人员需要重点关注所收集数据的真实性和准确性。

（3）企业可以根据实际发展情况追溯到数据终端，对数据进行调整，为企业提供更加可靠的经营管理数据，促进企业可持续发展。

2.数据对比分析。

四、财务共享中心的功能与作用（2023年新增）★★

（一）财务共享中心的概念

财务共享中心是指大型企业或企业集团公司利用信息技术对其会计工作进行集中统一处理的一种新型财务组织管理模式，其目的在于通过一种有效的运作模式来解决大型企业或企业集团公司财务职能建设中的重复投入和效率低下等弊端。

（二）财务共享中心的功能与作用

财务共享中心有助于降低企业运营成本、提高财务运营效率、通过内部资源的优化整合提高企业绩效、支持企业集团的发展战略、向外界提供商业化服务。

财务共享中心的功能定位可划分为三种：集中核算型、集中管控型和价值创造型。

（1）集中核算型财务共享中心，处理业务大多是交易性业务流程、生产流程等，其核心高价值流程还未广泛纳入财务共享中心处理范围。

（2）集中管控型财务共享中心，能够实时生成各分、子公司财务信息，极大提高企业总部财务管控的效率，增强企业风险防范能力。

（3）价值创造型财务共享中心，是指随着"大、智、移、云"等信息技术的不断进步，财务共享服务实现由局部共享、半自动化共享、粗制共享的集中核算型财务共享服务到"全面共享、智能共享、精益共享"的价值创造型财务共享服务的跨越式发展。

【例2-56·判断题】财务共享中心根据功能定位可划分为：集中核算型、集中管控型和集中监督型三种类型。　　　　　　　　　　　　　　　　　　　　　　（　　）

【答案】×

【解析】财务共享中心根据功能定位可划分为：集中核算型、集中管控型和价值创造型。

第七节　成本与管理会计基础

一、成本会计基础

成本会计是基于商品经济条件，为求得产品的总成本和单位成本而核算全部生产成本和费用的会计活动。

产品成本核算是对生产经营过程中实际发生的成本、费用进行计算，并进行相应的账务处理。成本会计核算的对象是产品成本，是对成本计划执行的结果进行的事后反映。

（一）产品成本核算的要求

（1）做好各项相关基础工作，建立健全基础工作制度，收集各项原始数据。

（2）正确划分各种费用支出的界限。

> **名师说**
>
> 费用划分应当遵循**受益原则**（谁受益谁负担，何时受益何时负担，负担费用应当与受益程度成正比）。具体来说，应正确划分以下五个方面的费用界限：①正确划分收益性支出和资本性支出的界限；②正确划分成本费用、期间费用和营业外支出的界限；③正确划分本期成本费用与以后期间成本费用的界限；④正确划分各种产品成本费用的界限；⑤正确划分本期完工产品与期末在产品成本的界限。

（3）根据生产特点和管理要求选择适当的方法计算产品成本。产品成本的计算，**关键**是选择适当的产品成本计算方法。目前，企业常用的产品成本计算方法有品种法、分批法、分步法、分类法、定额法、标准成本法等。

（4）遵守前后一致性原则。

企业产品成本核算采用的**会计政策和会计估计一经确定，不得随意变更**。在成本核算中，各种**处理方法要前后一致**，使前后各项的成本资料相互可比。

（5）编制产品成本报表。

【例 2-57·多选题·2022】下列各项中，企业为正确计算产品成本必须划分的费用界限有（　　）。

A.收益性支出和资本性支出的界限

B.本期完工产品和期末在产品成本的界限

C.各种产品成本费用界限

D.本期成本费用与以后期间成本费用的界限

【答案】ABCD

【解析】为正确计算产品成本，必须正确划分以下五个方面的费用界限：

（1）正确划分收益性支出和资本性支出的界限；

（2）正确划分成本费用、期间费用和营业外支出的界限；

（3）正确划分本期成本费用与以后期间成本费用的界限；

（4）正确划分各种产品成本费用的界限；

（5）正确划分本期完工产品与期末在产品成本的界限。

（二）产品成本核算的一般程序

图 2-8 产品成本核算的一般程序

（三）产品成本核算对象

产品成本核算对象是指确定归集和分配生产费用的具体对象，即**生产费用承担的客体**。

企业可根据**生产经营特点和管理要求**（如产品工艺、生产方式、成本管理等），来确定成本核算对象。

名师说

产品品种不等同于成本核算对象。

（1）大批大量单步骤生产产品，或管理上不要求提供有关生产步骤成本信息的，以产品品种为成本核算对象。

（2）小批单件生产的产品，以每批或每件产品为成本核算对象。

（3）多步骤连续加工的产品且管理上要求提供有关生产步骤成本信息的，以**每种产品及各生产步骤**为成本核算对象。

（4）产品规格繁多的，可将产品结构耗用原材料和工艺过程基本相同的各种产品**适当合并**作为成本核算对象。

【例 2-58·判断题·2019】企业进行成本核算时，应根据生产经营特点和管理要求来确定成本核算对象。 （ ）

【答案】√

【解析】由于产品工艺、生产方式、成本管理等要求不同，产品项目不等同于成本核算对象。企业应当根据生产经营特点和管理要求来确定成本核算对象。

【例 2-59·多选题·2018】下列关于确定成本核算对象的表述中，正确的有（ ）。

A. 成本核算对象确定后，通常不应中途变更

B. 成本核算对象的确定是企业设立成本明细账并正确计算产品成本的前提

C. 多步骤连续加工产品，且管理上要求提供生产步骤成本信息的，以每种产品及各生产步骤为成本核算对象

D. 小批或单件生产产品的以每批或每件产品为成本核算对象

【答案】ABCD

【解析】选项 ABCD 表述均正确。

（四）产品成本项目 ★★

为具体反映计入产品生产成本的生产费用的各种经济用途，企业可根据生产经营特点和管理

要求，按照成本的经济用途和生产要素内容相结合的原则或者成本形态等设置成本项目。例如，对于制造业企业来说，一般会设置"直接材料""燃料及动力""直接人工""制造费用""废品损失"等项目。具体见表2-21。

表2-21   产品成本项目

成本项目	内涵
直接材料	构成产品实体的原料以及有助于产品形成的主要材料和辅助材料。包括原材料、辅助材料、备品配件、外购半成品、包装物、低值易耗品等费用
燃料及动力	直接用于产品生产的外购和自制的燃料和动力
直接人工	直接从事产品生产的工人的职工薪酬
制造费用	企业为生产产品和提供劳务而发生的各项间接费用，如生产车间厂房和设备的折旧费、租赁费、季节性停工损失等。
废品损失	生产过程中发生的和入库后发现的超定额的不可修复废品的生产成本，以及可修复废品的修复费用，扣除回收的废品材料价值和应收赔款以后的损失

【例2-60·判断题·2022】制造业企业车间管理部门发生的办公费，应作为管理费用核算。

(   )

【答案】×

【解析】制造业企业车间管理部门发生的办公费，应作为制造费用核算。

【例2-61·单选题·2018】下列各项中，企业生产产品耗用的外购半成品费用应归类的成本项目是（   ）。

A.直接材料   B.制造费用   C.燃料及动力   D.直接人工

【答案】A

【解析】选项A正确，直接材料是指构成产品实体的原材料以及有助于产品形成的主要材料和辅助材料，包括原材料、辅助材料、备品配件、外购半成品、包装物、低值易耗品等费用。

【例题2-62·多选题·2018】下列各项中，企业应通过"制造费用"科目核算的有（   ）。

A.生产车间管理耗用电费   B.生产车间生产工人工资

C.生产车间管理用具摊销   D.生产车间管理用房屋折旧费

【答案】ACD

【解析】选项B错误，生产车间生产工人工资应通过"生产成本"科目进行核算。

【例2-63·多选题·2017】下列各项中，属于制造企业设置的成本项目有（   ）。

A.制造费用   B.废品损失   C.直接人工   D.直接材料

【答案】ABCD

【解析】对于制造企业而言，一般可设置"直接材料""燃料及动力""直接人工"和"制造费用"等项目。由于生产的特点、各种生产费用支出的比重及成本管理和核算的要求，不同企业可根据具体情况，适当增加一些项目，如"废品损失"等成本项目，选项ABCD均正确。

【例2-64·多选题·2017】某企业为生产多种产品的制造企业，下列各项中，通过"制造费用"科目核算的有（   ）。

A.车间房屋和机器设备的折旧费   B.支付用于产品生产的材料费

C.生产工人的工资和福利费　　　　　　　D.季节性停工损失

【答案】AD

【解析】选项BC错误，应当记入"生产成本"科目。

（五）产品成本的归集和分配

名师说

　　企业不得以计划成本、标准成本、定额成本等代替实际成本。企业采用计划成本、标准成本、定额成本等类似成本进行直接材料日常核算的，期末应将耗用直接材料的计划成本或定额成本等类似成本**调整为实际成本**。

【例2-65·判断题·2019】企业采用标准成本进行直接材料日常核算的，期末应当将耗用直接材料的标准成本调整为实际成本。　　　　　　　　　　（　　　）

【答案】√

【解析】企业采用计划成本、标准成本、定额成本等类似成本进行直接材料日常核算的，期末应当将耗用直接材料的计划成本或定额成本等类似成本调整为实际成本。

（六）产品成本计算方法 ★★★

　　根据生产工艺过程的特点，企业的生产可分为单步骤生产和多步骤生产两种；根据生产组织的特点，工业企业生产可分为大量生产、成批生产和单件生产三种。

　　成本计算对象的确定是区别各种成本计算方法的主要标志。按照不同的成本计算对象，产品成本计算方法主要有以下三种，见表2-22。

表2-22　　　　　　　　　　　　　　　品种法、分批法与分步法

产品成本计算方法	成本计算对象	生产类型		企业举例	特点
		生产组织特点	生产工艺特点		
品种法	产品品种	大量大批生产	单步骤生产；多步骤生产（管理上不要求分步计算产品成本）	发电、供水、采掘	①成本核算对象为产品品种。②一般定期（每月月末）计算产品成本。③月末一般无在产品，如有，则要将生产成本在完工产品和在产品之间进行分配
分批法	产品批别	单件小批生产	单步骤生产；多步骤生产（管理上不要求分步计算产品成本）	造船、重型机器制造、精密仪器制造；或新产品试制、试验生产、在建工程、设备修理等	①成本核算对象为产品批别。②成本计算期与产品生产周期一致，但与财务报告期不一致。③月末不存在完工产品与在产品分配成本的问题

续表

产品成本计算方法	成本计算对象	生产类型		企业举例	特点
		生产组织特点	生产工艺特点		
分步法	生产步骤	大量大批生产	多步骤生产	冶金、纺织、机械制造	①成本核算对象为生产步骤。②月末需要将生产成本在完工产品和在产品之间进行分配。③除了按品种计算和结转产品成本外，还需要计算和结转产品的各步骤成本。④成本计算期是固定的，与产品的生产周期不一致

根据成本管理对各生产步骤成本资料的不同要求（如是否要求计算半成品成本）和简化核算的要求，各生产步骤成本的计算和结转，一般采用逐步结转和平行结转两种方式，分别称为逐步结转分步法和平行结转分步法。

1. 逐步结转分步法

逐步结转分步法主要用于分步计算半成品成本的情形，也称**计算半成品成本分步法**。它是按照产品加工的顺序，**逐步计算并结转半成品成本**，直到最后加工步骤完成才能计算产成品成本的一种方法。该方法需要将生产成本在各步骤完工产品和在产品之间进行分配。

2. 平行结转分步法

平行结转分步法主要用于不需分步计算半成品成本的情形，也称**不计算半成品成本分步法**。它是指在计算各步骤成本时，不计算各步骤所产半成品的成本，也不计算各步骤所耗上一步骤的半成品成本，而**只计算本步骤发生的各项其他成本**，以及**这些成本中应计入产成品的份额**，将相同产品的各步骤成本明细账中的这些份额平行结转、汇总，计算出该种产品产成品成本的一种方法。

【例2-66·多选题·2022】下列选项中，关于产品成本计算方法适用范围的表述中正确的有（　　　）。

A. 品种法适合单步骤、大量生产的企业

B. 平行结转分步法适用于大量大批需要计算各步骤半成品成本的企业

C. 分批法适用于单件、小批生产的企业

D. 逐步结转分步法适用于大量大批需要计算各步骤半成品成本的企业

【答案】ACD

【解析】选项B，分步法适用于大量大批的多步骤生产，平行结转分步法主要用于不需分步计算半成品成本的情形，也称为不计算半成品成本分步法。

【例2-67·多选题·2022】下列关于产品成本计算方法的叙述，正确的有（　　　）。

A. 品种法下一般定期计算产品成本

B. 分批法下成本计算期与产品生产周期基本一致，而与财务报告期不一致

C. 逐步结转分步法下，在产品的成本在最后完成以前，不随实物转出而转出，不能为各生产步骤在产品的实物管理及资金管理提供资料

D. 平行结转分步法下，成本结转工作量较大

【答案】AB

【解析】选项C，逐步结转分步法下，可以提供各个生产步骤的半成品成本资料，为各生产步

骤的在产品实物管理及资金管理提供资料。选项 D，平行结转分步法下能够直接提供按原始成本项目反映的产成品成本资料，不必进行成本还原，能简化和加速成本计算工作。选题 CD 错误。

【例 2-68·单选题·2022】下列各项中，属于企业产品成本计算方法的是（　　）。

A.滚动预算　　　　　　　　　　B.分批法

C.战略地图　　　　　　　　　　D.平衡计分卡

【答案】B

【解析】企业常用的产品成本计算方法有品种法、分批法、分步法、分类法、定额法、标准成本法等。选项 ACD 均属于管理会计工具方法。

【例 2-69·多选题·2021】下列各项中，关于产品成本计算品种法的表述正确的有（　　）。

A.以产品品种作为成本核算对象

B.适用于生产按流水线组织，但管理上不要求按步骤计算产品成本的企业

C.适用于多步骤、小批生产产品的企业

D.适用于单步骤、大量生产产品的企业

【答案】ABD

【解析】选项 C 适用分批法。

【例 2-70·单选题·2019】下列各项关于产品成本计算分批法特点的表述中，正确的是（　　）。

A.一般不需要在完工产品和在产品之间分配生产费用

B.需要按步骤结转产品成本

C.每月需要计算完工产品的成本

D.产品成本计算期与产品生产周期完全不一致

【答案】A

【解析】选项 B 错误，分步法才需要按步骤结转产品成本；选项 C 错误，分批法下，其成本计算期与财务报告期不一致，故无需每月计算完工产品的成本；选项 D 错误，分批法下，其成本计算期与产品的生产周期基本一致。

【例 2-71·单选题·2017】下列各项中，关于产品成本计算品种法的表述正确的是（　　）。

A.成本计算期与财务报告期不一致　　B.以产品品种作为成本计算对象

C.以产品批别作为成本计算对象　　　D.广泛适用于小批或单件生产的企业

【答案】B

【解析】选项 B 错误，品种法，适用于单步骤、大量生产的企业，如发电、供水、采掘等企业，选项 D 错误；品种法计算成本的主要特点有：一是成本核算对象是产品品种，选项 B 正确，选项 C 错误；二是品种法下一般定期（如每月月末）计算产品成本，产品成本计算期与财务报告期一致，选项 A 错误；三是月末一般不需要将生产费用在完工产品与在产品之间进行分配。

（七）产品成本核算（2023 年新增）★★

1.产品成本核算的科目设置

（1）"生产成本"科目

"生产成本"科目应按产品品种等成本核算对象设置基本生产成本和辅助生产成本明细科目。其中，基本生产成本应当分别按照基本生产车间和成本核算对象设置明细账；辅助生产进行的产品生产和劳务供应是为基本生产服务的。

（2）"制造费用"科目

制造费用是指制造业企业为生产产品（或提供劳务）而发生的，应计入产品成本但没有专设成本项目的各项间接生产费用。

2. 材料、燃料、动力费用的归集和分配

表 2-23　　　　　　　　　　　　　　　材料、燃料、动力费用的归集和分配

项目	内容
分配原则	对于直接用于产品生产、构成产品实体的原材料： （1）能够分产品领用的，直接计入相应产品成本的"直接材料"项目。 （2）不能分产品领用的（如几种产品共同耗用某材料），应先分配再计入
分配公式	（1）通用分配公式如下： ① 某产品分配标准 = 该产品实际产量 × 单位产品耗用 ② 费用分配率 = 材料、燃料、动力消耗总金额 / 分配标准之和 ③ 某产品应负担的费用 = 该产品的分配标准 × 分配率 🎓 名师说 分配标准可为产品重量、产品产量、生产工时、定额耗用量等。 （2）材料（燃料）消耗定额比较准确时： ① 某产品材料定额消耗量 = 该产品实际产量 × 单位产品材料消耗量定额 ② 材料消耗量分配率 = 材料实际消耗总数量 / 各产品材料定额消耗量之和 ③ 某产品应分配的材料费 = 该产品的材料定额消耗量 × 材料消耗量分配率 × 材料单价
账务处理	借：生产成本——基本生产成本——A 产品 　　　　　　——辅助生产成本——甲车间 　　制造费用 　贷：原材料 🎯 敲黑板 生产部门直接用于生产的燃料和动力，直接计入生产成本；生产部门间接用于生产（如照明、取暖）的燃料和动力，计入制造费用。

【例 2-72·单选题·2019】某企业按照产品的定额消耗量比例分配材料费用。2018 年 8 月该企业为生产 M、N 两种产品耗用某材料 1 680 千克，每千克 10 元。每月投产 M 产品 100 件，N 产品 200 件。M 产品的材料消耗定额为 6 千克，N 产品的材料消耗定额为 4 千克。不考虑其他因素，本月 M 产品应分配的材料费用为（　　）元。

A. 9 000　　　　　　　B. 5 600　　　　　　　C. 9 600　　　　　　　D. 7 200

【答案】D

【解析】该企业当月耗用材料的总额 =1 680×10=16 800（元），M 产品应分配的材料费用 = 100×6/（100×6+200×4）×16 800=7200（元），选项 D 正确。

【例 2-73·单选题·2015】某企业的燃料费按工时比例分配，本月燃料费为 8 000 元，甲产品生产工时为 300 小时，乙产品的生产工时为 500 小时，则其中甲产品应分配的燃料费为（　　）元。

A. 5 000　　　　　　　B. 8 000　　　　　　　C. 3 000　　　　　　　D. 6 000

【答案】C

【解析】甲产品应分配的燃料费 = 8 000/（300+500）×300 = 3 000（元），选项 C 正确。

3. 职工薪酬的归集和分配

表2-24   职工薪酬的归集和分配

项目	内容
分配原则	（1）直接进行产品生产的生产工人的职工薪酬，直接计入产品成本的"直接人工"成本项目。 （2）不能直接计入产品成本的职工薪酬，按工时、产品产量、产值比例等方式进行合理分配后，计入各有关产品成本的"直接人工"项目
分配公式	（1）通用分配公式： ① 某产品耗用工时 = 该产品投产量 × 单位产品耗用工时 ② 薪酬费用分配率 = 生产职工薪酬总金额 / 各种产品生产工时之和 ③ 某产品应分配的生产职工薪酬 = 该产品耗用工时 × 薪酬费用分配率 （2）各产品的单位工时定额比较准确时： ① 某产品耗用的定额工时 = 该产品投产量 × 单位产品工时定额 ② 薪酬费用分配率 = 生产职工薪酬总金额 / 各种产品定额工时之和 ③ 某产品应分配的生产职工薪酬 = 该产品定额工时 × 薪酬费用分配率
账务处理	借：生产成本——基本生产成本——A产品 　　　　　　——辅助生产成本——甲车间 　　制造费用 　　管理费用 　　销售费用 　　贷：应付职工薪酬

🎯 **敲黑板**

　　职工薪酬与材料、燃料和动力费用的归集分配方式基本相同，各位考生依照材料费用的归集分配对其进行掌握即可。

　　【例2-74·单选题·2018】某企业期初无在产品，本月完工甲产品600件，乙产品400件共耗用直接人工费用12万元，采用定额工时比例法分配甲产品和乙产品直接人工费用。甲产品每件定额工时6小时，乙产品每件定额工时3小时。甲产品负担的直接人工费用是（　　）万元。

　　A. 7.2　　　　　　　　B. 7.3　　　　　　　　C. 4.8　　　　　　　　D. 9

　　【答案】D

　　【解析】甲产品负担的直接人工费用 =12/（6×600+3×400）×600×6=9（万元），选项D正确。

　　4.辅助生产费用的归集和分配

　　辅助生产费用的分配方法通常采用直接分配法、交互分配法、计划成本分配法、顺序分配法和代数分配法等。

　　（1）直接分配法

表2-25   直接分配法

项目	内容
特点	不考虑各辅助生产车间之间相互提供劳务或产品的情况，直接将各辅助生产车间发生的费用分配给辅助生产以外的各受益单位

续表

项目	内容
计算公式	① 辅助生产的单位成本＝辅助生产费用总额／辅助生产的产品或劳务总量（不包括对各辅助生产车间之间提供的产品或劳务量） ② 各受益车间、产品或各部门应分配的费用＝辅助生产的单位成本 × 该辅助生产车间之外的车间、产品或部门的耗用量
优缺点	采用此方法，各辅助生产费用只进行对外分配，且只分配一次，计算简便，但分配结果不够准确
适用范围	此方法适用于辅助生产内部相互提供产品和劳务不多、不进行费用的交互分配、对辅助生产成本和企业产品成本影响不大的情况

【案例 2-5】高顿公司是一家制造业企业，设有供热和供电两个辅助生产车间。2022 年 5 月供热车间发生生产费用 120 万元，供热合计 500 吨，按供热吨数分配费用，其中供电车间耗用 20 吨，生产车间耗用 420 吨，行政管理部门耗用 40 吨，销售部门耗用 20 吨。

供电车间发生生产费用 240 万元，提供供电度数 200 万度，按耗电度数分配费用，其中供热车间耗用 40 万度，生产车间耗用 130 吨，行政管理部门耗用 20 吨，销售部门耗用 10 吨。

已知该企业的辅助生产车间规模较小，制造费用很少且不对外提供产品，其制造费用不通过"制造费用"核算，而是直接记入"生产成本——辅助生产成本"科目。

假设该公司采用直接分配法分配辅助生产费用。

【分析】高顿公司编制的辅助生产费用分配表如下（括号内为计算公式）

辅助生产车间	供热车间		供电车间		合计
	供热吨数（吨）	供热费用（万元）	供电度数（万度）	供电费用（万元）	240
待分配辅助生产费用及劳务数量	480 （500-20）	120	160 （200-40）	240	360
费用分配率	—	0.25 （120/480）	—	1.5 （240/160）	—
生产车间耗用	420	105 （420×0.25）	130	195 （130×1.5）	300
行政管理部门耗用	40	10 （40×0.25）	20	30 （20×1.5）	40
销售部门耗用	20	5 （20×0.25）	10	15 （10×1.5）	20
合计	480	120	160	240	360

高顿公司应作会计分录如下（金额单位为万元）：

借：制造费用　　　　　　　　　　　300
　　管理费用　　　　　　　　　　　40

　　销售费用　　　　　　　　　　　　　　20
　　　贷：生产成——辅助生产成本——供热车间　　120
　　　　　　　　　　　　　　——供电车间　　240

（2）交互分配法

表2-26　　　　　　　　　　　　　　交互分配法

项目	内容
特点	进行两次分配。首先，在各辅助生产车间之间进行一次交互分配；然后将各辅助生产车间交互分配后的实际费用在辅助生产车间以外的各受益单位进行分配
计算公式	① 对内交互分配率＝辅助生产费用总额/辅助生产车间提供的总产品或劳务总量 ② 对外分配率＝（交互分配前的成本费用＋交互分配转入的成本费用-交互分配转出的成本费用）/对辅助生产车间以外的其他部门提供的产品或劳务总量
优缺点	提高了分配的正确性，但同时加大了分配的工作量

【案例2-6】承接【案例2-5】其他情形不变，假设高顿公司采用交互分配法分配辅助生产费用。
【分析】高顿公司编制的辅助生产费用分配表如下（括号内为计算公式）：

辅助生产车间			交互分配（步骤一）			交互分配（步骤二）		
			供热车间	供电车间	合计	供热车间	供电车间	合计
待分配辅助生产费用（万元）			120	240	360	163.2（120+48-4.8）	196.8（240-48+4.8）	360
供应劳务数量			500 吨	200 万度		480 吨（500-20）	160 万度（200-40）	
费用分配率			0.24 万元/吨（120/500）	1.2 万元/万度（240/200）		0.34 万/吨（163.2/480）	1.23 万元/万度（196.8/160）	
辅助生产车间耗用	供热车间	耗用量（万度）		40				
		分配金额（万元）		48（40×1.2）	48			
	供电车间	耗用量（吨）	20					
		分配金额（万元）	4.8（20×0.24）		4.8			
分配金额小计			4.8	48	52.8			

续表

辅助生产车间		交互分配（步骤一）			交互分配（步骤二）		
		供热车间	供电车间	合计	供热车间	供电车间	合计
基本生产车间耗用	耗用量				420 吨	130 万度	
	分配金额（万元）				142.8（420×0.34）	159.9（130×1.23）	302.7
行政部门耗用	耗用量				40 吨	20 万度	
	分配金额（万元）				13.6（40×0.34）	24.6（20×1.23）	38.2
销售部门耗用	耗用量				20 吨	10 万度	
	分配金额（万元）				6.8（20×0.34）	12.3（10×1.23）	19.1
合计							360

高顿公司应作会计分录如下（金额单位为万元）：

交互分配辅助生产费用时：

借：生产成本——辅助生产成本——供热车间　　48

　　　　　　　　　　　　　——供电车间　　4.8

　　贷：生产成本—辅助生产成本——供热车间　　　4.8

　　　　　　　　　　　　　——供电车间　　　48

对外分配辅助生产费用时：

借：制造费用　　　　　　　　302.7

　　管理费用　　　　　　　　38.2

　　销售费用　　　　　　　　19.1

　　贷：生产成本——辅助生产成本——供热车间　　163.2

　　　　　　　　　　　　　——供电车间　　196.8

（3）计划成本分配法

表 2-27　　　　　　　　　　　　　　计划成本分配法

项目	内容
特点	辅助生产为各受益单位提供的劳务或产品，都按劳务或产品的计划单位成本进行分配，辅助生产车间实际发生的费用与按计划单位成本分配转出的费用之间的差额采用简化计算方法全部计入管理费用
计算公式	成本差异＝实际成本-按计划分配率分配转出的费用
优缺点	简化和加速了计算工作便于考核和分析各受益单位的成本经济责任，但成本分配不够准确
适用范围	适用于辅助生产劳务或产品计划单位成本比较准确的企业

【案例 2-7】承接【案例 2-5】其他情形不变，假设高顿公司采用计划成本分配法分配辅助生产费用，且经公司测算，供热车间每吨供热耗费的计划成本为 0.25 万元，供电车间每万度电耗费的计划成本为 1.18 万元。

【分析】高顿公司编制的辅助生产费用分配表如下（括号内为计算公式）：

辅助生产车间			供热车间	供电车间	合计
待分配辅助生产费用（万元）			120	240	360
计划单位成本			0.25 万元 / 吨	1.18 万元 / 万度	
辅助生产车间耗用	供热车间	耗用量（万度）		40	
		分配金额（万元）		47.2（40×1.18）	47.2
	供电车间	耗用量（吨）	20		
		分配金额（万元）	5（20×0.25）		5
	分配金额小计（万元）		5	47.2	52.2
基本生产耗用	耗用量		420 吨	130 万度	
	分配金额（万元）		105（420×0.25）	153.4（130×1.18）	258.4
行政部门耗用	耗用量		40 吨	20 万度	
	分配金额（万元）		10（40×0.25）	23.6（20×1.18）	33.6
销售部门耗用	耗用量		20 吨	10 万度	
	分配金额（万元）		5（20×0.25）	11.8（10×1.18）	16.8
分配金额合计			125（5+105+10+5）	236（47.2+153.4+23.6+11.8）	361
辅助生产成本实际金额			167.2（120+47.2）	245（240+5）	412.2
辅助生产成本差异（万元）			+42.2	+9	+51.2

高顿公司应作会计分录如下（金额单位为万元）：

按计划成本分配辅助生产费用：

借：生产成本——辅助生产成本——供热车间　　47.2
　　　　　　　　——供电车间　　　 5
　　　　　　　　——制造费用　258.4
　　　　　　　　——管理费用　　33.6
　　　　　　　　——销售费用　　16.8
　　贷：生产成本——辅助生产成本——供热车间　　　　125
　　　　　　　　　　——供电车间　　　　236

辅助生产成本差异记入"管理费用"科目：

借：**管理费用**　　　　　　　　　　51.2
　　贷：生产成本——辅助生产成本——供热车间　　　42.2
　　　　　　　　　　——供电车间　　　　 9

【例 2-75·单选题·2020】某企业采用计划成本分配法分配辅助生产费用时，应将生产车间实际发生的费用与按计划单位成本分配转出的费用之间的差额记入的会计科目是（　　）。

　　A.制造费用　　　　　B.管理费用　　　　　C.生产成本　　　　　D.销售费用

【答案】B

【解析】采用计划成本分配法分配辅助生产费用时，应将辅助生产车间实际发生的费用与按计划单位成本分配转出的费用之间的差额全部计入管理费用，选项 B 正确。

【例 2-76·单选题·2018】某企业有甲、乙两个辅助生产车间，采用交互分配法分配辅助生产费用。2017 年 5 月在分配辅助生产费用前，甲车间通过"生产成本—辅助生产成本"科目归集辅助生产费用 21.6 万元；当月交互分配时，甲车间由乙车间分入辅助生产费用 1.4 万元，向乙车间分出辅助生产费用 1.8 万元。不考虑其他因素，由甲车间向其他部门分配的辅助生产费用为（　　）万元。

　　A.21.6　　　　　　　B.21.2　　　　　　　C.22　　　　　　　　D.23

【答案】B

【解析】甲车间向其他部门分配的辅助生产费用 = 21.6+1.4-1.8 = 21.2（万元），选项 B 正确。

【例 2-77·单选题·2015】甲公司有供电和供水两个辅助生产车间，2014 年 1 月供电车间供电 80 000 千瓦时，费用为 120 000 元，供水车间供水 5 000 吨，费用为 36 000 元，供电车间耗用水 200 吨，供水车间耗用电 600 千瓦时，甲公司采用直接分配法进行核算，则 2014 年 1 月供水车间的分配率是（　　）。

　　A. 7.375　　　　　　B. 7.625　　　　　　C. 7.2　　　　　　　D. 7.5

【答案】D

【解析】供水车间的分配率 =36 000/（5 000–200）=7.5（元 / 吨），选项 D 正确。

【例 2-78·单选题·2013】下列各项中，不属于辅助生产费用分配方法的是（　　）。

　　A. 售价法　　　　　B. 计划成本分配法　　　C. 直接分配法　　　　D. 交互分配法

【答案】A

【解析】选项 A 错误，售价法是联产品成本的分配方法。

【例 2-79·多选题·2014】下列关于辅助生产费用分配方法的表述中，正确的有（　　）。

　　A.采用交互分配法，辅助生产费用需要经过两次分配完成

　　B.采用交互分配法，辅助生产费用需进行对外和对内的分配

　　C.采用直接分配法，实际发生的费用与分配转出的计划费用之间的差额计入制造费用

　　D.采用直接分配法，各辅助生产车间的费用只对外分配一次

【答案】ABD

【解析】选项 C 错误，实际发生的费用和计划费用不属于直接分配法，而是属于计划成本分配法，其差额应该记入"管理费用"科目。

【例 2-80·多选题·2012】甲公司有供电、燃气两个辅助生产车间，采用交互分配法分配辅助生产费用。本月供电车间供电 20 万千瓦时，成本费用为 10 万元，其中燃气车间耗电 1 万千瓦时；燃气车间供气 10 万吨，成本费用为 20 万元，其中供电车间耗用 0.5 万吨燃气。下列计算中正确的有（　　）。

　　A.供电车间分配给燃气车间的成本费用为 0.5 万元

　　B.燃气车间分配给供电车间的成本费用为 1 万元

　　C.供电车间对外分配的成本费用为 9.5 万元

D. 燃气车间对外分配的成本费用为 19.5 万元

【答案】ABD

【解析】供电车间交互分配率 = 10/20 = 0.5(万元 / 万千瓦时),燃气车间耗用 = 0.5x1 = 0.5(万元);燃气车间交互分配率 = 20/10 = 2(万元 / 万吨),供电车间耗用 =2x0.5=1(万元);燃气车间待分配费用 = 20-1+ 0.5 = 19.5(万元);供电车间待分配费用 =10-0.5 +1=10.5(万元),选项 ABD 正确。

【例 2-81·判断题·2018】直接分配法不考虑各辅助生产车间之间相互提供劳务或产品的情况,将各种辅助生产费用直接分配给辅助生产车间以外的各受益单位。 (   )

【答案】√

5. 制造费用的归集与分配

表 2-28   制造费用的归集与分配

项目	内容
含义	制造费用,是指工业企业为生产产品(或提供劳务)而发生的,应计入产品成本但没有专设成本项目的各项间接费用
归集	(1)制造费用归集和分配应当通过"制造费用"科目进行。 (2)制造费用的内容包括:物料消耗,车间管理人员的薪酬,车间管理用房屋和设备的折旧费、租赁费和保险费,车间管理用具摊销,车间管理用的照明费、水费、取暖费、劳动保护费、设计制图费、试验检验费、差旅费、办公费以及季节性及修理期间停工损失等
分配公式	(1)制造费用分配率 = 制造费用总额 / 各产品分配标准之和 (2)某种产品应分配的制造费用 = 该种产品分配标准 × 制造费用分配率 【提示】在基本生产车间只生产一种产品的情况下,制造费用可以直接计入该种产品的成本
适用范围	(1)生产工人工时比例法:较为常用方法 (2)生产工人工资比例法:适用于各种产品生产机械化程度相差不多的企业 (3)机器工时比例法:产品生产的机械化程度较高的车间 (4)按年度计划分配率分配法:适用于季节性生产企业

【例 2-82·单选题·2020】某制造业企业采用机器工时比例分配制造费用。2019 年 11 月基本生产车间生产 M、N 两种产品,共发生制造费用 1 000 万元,M 产品机器工时为 1 000 小时,N 产品机器工时为 1 500 小时。不考虑其他因素,M 产品应分配的制造费用金额为(   )万元。

A. 500   B. 1 000   C. 600   D. 400

【答案】D

【解析】M 产品应分配的制造费用金额 =1 000/(1 000+1 500)×1 000=400(万元),选项 D 正确。

【例 2-83·单选题·2016】某企业生产甲、乙两种产品,耗用直接原材料 15 万元,车间管理人员薪酬 3 万元,车间设备计提折旧 9 万元,各项生产费用按照工时在甲、乙之间分配,甲、乙耗费工时分别为 100 小时和 50 小时,则甲产品应分配的生产费用为(   )万元。

A. 4   B. 8   C. 9   D. 18

【答案】D

【解析】甲产品应分配的金额 =(15+3+9)×100/(100+50)=18(万元),选项 D 正确。

【2-84·多选题·2016】下列各项中，属于制造企业制造费用分配方法的有（　　）。

A. 生产工人工时比例法　　　　　　　　B. 交互分配法

C. 机器工时比例法　　　　　　　　　　D. 生产工人工资比例法

【答案】ACD

【解析】制造费用的分配，通常采用生产工人工时比例法、生产工人工资比例法、机器工时比例法和按年度计划分配率分配法等。选项 B 错误，交互分配法属于辅助生产费用的分配方法。

6. 废品损失和停工损失的核算

（1）废品损失

废品损失是指在生产过程中发生的和入库后发现的超定额的不可修复废品的生产成本，以及可修复废品的修复费用，扣除回收的废品材料价值和应收赔款以后的损失。

> **名师说**
>
> 以下三项不包括在废品损失中：
> ① 经质量检验部门鉴定不需要返修、可以降价出售的不合格品；
> ② 产品**入库后**由于保管不善等原因而损坏变质的产品；
> ③ 实行**"三包"**企业在产品**出售后**发现的废品。

表 2-29　　　　　　　　　　　　　　　废品损失的账务处理

情形	处理原则 / 方法	账务处理
不可修复废品损失	① 按废品所耗实际费用计算：采用适当的分配方法将生产费用在合格品与废品之间进行分配。 ② 按废品采用定额费用计算：废品生产成本 = ∑废品数量 × 各项费用定额	将不可修复废品损失从"生产成本"，转入"废品损失"： 借：废品损失 　　贷：生产成本——基本生产成本
可修复废品损失	① 可修复废品的废品损失是指返修时发生的生产费用。 ② 可修复废品返修前发生的生产费用，不属于废品损失，应留在"生产成本—基本生产成本"科目和所属有关产品，成本明细账中，无须转出	① 发生返修费用： 借：废品损失 　　贷：原材料 / 应付职工薪酬 / 制造费用等 ② 回收残料入库： 借：原材料 　　贷：废品损失 ③ 收到责任人赔款： 借：其他应收款 　　贷：废品损失

> **名师说**
>
> ①废品净损失 = 不可修复废品损失 + 可修复废品损失 = 不可修复废品的生产成本 + 可修复废品的修复费用—回收的废品材料价值—应收赔款
>
> ②企业发生的废品损失应由生产的产品共同承担，故期末应将"废品损失"科目的借方

余额重新转回"生产成本"科目，即：

借：生产成本——基本生产成本

贷：废品损失

③废品损失可设置"废品损失"科目来单独核算，也可直接在"生产成本——基本生产成本"科目中进行核算。

（2）停工损失

停工损失是指生产车间或车间内某个班组在停工期间发生的各项生产费用，包括停工期间发生的原材料费用、人工费用和制造费用等。

名师说

不满1个工作日的停工，一般不计算停工损失；应由过失单位或保险公司负担的**赔款**，应从停工损失中**扣除**。

表 2-30   停工损失的账务处理

情形	处理原则	举例	账务处理
正常停工	计入产品成本	季节性停工、正常生产周期内的修理期间的停工、计划内减产停工等	（1）归集停工损失： 借：停工损失 　　贷：原材料／应付职工薪酬／制造费用／累计折旧等 （2）期末结转停工损失： 借：生产成本——基本生产成本（正常停工） 　　营业外支出（非正常停工） 　　其他应收款（赔款） 　　贷：停工损失
非正常停工	计入当期损益	原材料或工具等短缺停工、设备故障停工、电力中断停工、自然灾害停工等	

企业也可以不单独核算停工损失，而将其直接反映在"制造费用"或"营业外支出"等科目中。

季节性生产企业在停工期间发生的制造费用，应当在开工期间进行**合理分摊**，连同开工期间发生的制造费用，一并计入产品的生产成本。

【例 2-85·单选题·2019】下列各项中，属于废品损失的是（　　）。

A. 由于保管不善导致产品损失变质的生产成本

B. 产品生产过程中由于超定额不可修复废品所发生的生产成本

C. 经质检部门鉴定不需要返修可降价出售的不合格品的生产成本

D. 企业实施"三包"措施，出售后发现废品的生产成本

【答案】B

【解析】选项 B 正确，经质量检验部门鉴定不需要返修、可以降价出售的不合格品（选项 C），产品入库后由于保管不善等原因而损坏变质的产品（选项 A）和实行"三包"企业在产品出售后发现的废品（选项 D）均不包括在废品损失内。

【例 2-86·单选题·2018】某企业不可修复废品按定额成本计价。2017 年 10 月，可修复废品的修复费用为 100 元，不可修复废品为 10 件，每件定额材料成本为 200 元；每件工时定额为 10 小时，每小时直接人工为 5 元、制造费用为 6 元；不可修复废品的回收残值为 150 元，并按照辅助产品入库。该企业 10 月的废品净损失是（　　）元。

A. 2 950　　　　　　B. 3 100　　　　　　C. 3 050　　　　　　D. 3 200

【答案】C

【解析】不可修复废品的生产成本 = 10×200+10×10×5+10×10×6 = 3100（元）；

废品净损失 = 可修复废品的修复费用 + 不可修复废品生产成本-回收残值 = 100+3 100－150 = 3 050（元），选项 C 正确。

【例 2-87·单选题·2018】某企业产品入库后发现可修复废品一批，生产成本为 20 万元，返修过程中发生直接材料 2 万元、直接人工 3 万元、制造费用 4 万元，废品残料作价 1 万元已回收入库。不考虑其他因素，该企业可修复废品的净损失为（　　）万元。

A. 28　　　　　　B. 20　　　　　　C. 29　　　　　　D. 8

【答案】D

【解析】可修复废品的净损失 =（2+3+4）－1 = 8（万元），选项 D 正确。

【例 2-88·单选题·2018】下列各项中，应计入废品损失的是（　　）。

A. 可修复废品的修复费用　　　　　　B. 产品入库后因保管不善发生的变质损失
C. 可修复废品返修前发生的生产费用　　D. 实行"三包"企业的产品出售后发现的废品

【答案】A

【解析】经质量检验部门鉴定不需要返修、可以降价出售的不合格品，产品入库后由于保管不善等原因而损坏变质的产品（选项 B）和实行"三包"企业在产品出售后发现的废品（选项 D）均不包括在废品损失内；可修复废品返修前发生的生产费用（选项 C）计入"生产成本"，不计入"废品损失"。选项 A 正确。

【例 2-89·单选题·2014】某公司因持续暴雨导致停工 5 天，停工期间发生的原材料损耗为 7 000 元，应分摊的人工费用为 3 000 元，应分摊的水电费为 500 元，该停工损失应由保险公司赔偿 2 000 元。假定不考虑其他因素，下列关于停工损失的会计处理中，正确的是（　　）。

A. 停工净损失 8 500 元，计入营业外支出

B. 停工净损失 8 500 元，计入生产成本

C. 停工净损失 10 500 元，计入营业外支出

D. 停工净损失 10 500 元，计入生产成本

【答案】A

【解析】停工净损失 = 7 000+3 000+500-2 000=8 500（元），因持续暴雨造成的停工属于非正常停工，应计入营业外支出，故选项 A 正确。

【例 2-90·多选题·2018】下列各项中，应计入废品损失的有（　　）

A. 可修复废品的修复费用，扣除回收废品残料价值和应收赔款以后的损失

B. 产品入库后发现的不可修复废品的生产成本，扣除回收废品残料价值和应收赔款以后的损失

C. 产品入库后因保管不善而损坏变质的产品成本，扣除回收废品残料价值和应收赔款以后的损失

D. 生产过程中发生的不可修复废品的生产成本，扣除回收废品残料价值和应收赔款以后的损失

【答案】ABD

【解析】选项 ABD 正确，废品损失是指在生产过程中发生的和入库后发现的超定额的不可修复

废品的生产成本，以及可修复废品的修复费用，扣除回收的废品残料价值和应收赔款以后的损失。

【例2-91·多选题·2016】下列关于要素费用的归集和分配的说法中，表述正确的有（　　）。

A. 不满一个工作日的停工，一般不计算停工损失

B. 实行"三包"企业在产品出售后发现的废品应包括在废品损失内

C. 辅助生产成本采用计划成本分配，实际发生的费用与按计划成本分配转出的费用之间的差额应当全部计入当期损益

D. 制造费用分配的生产工人工时比例法适用于各种产品机械化程度相差不多的企业

【答案】AC

【解析】选项B错误，实行"三包"企业在产品出售后发现的废品不包括在废品损失内；选项D错误，生产工人工资比例法适用于各种产品生产机械化程度相差不多的企业，只有当生产工人工资是按生产工时比例分配的，按生产工人工资比例分配才等同于按生产工时比例分配。

【例2-92·判断题·2018】企业应将生产车间因原材料短缺造成的停工损失计入产品生产成本。（　　）

【答案】×

【解析】原材料短缺造成的停工损失属于非正常停工的损失应该记入"营业外支出"科目。

【例2-93·判断题·2015年】不单独核算停工损失的企业，应将发生的停工损失直接计入管理费用。（　　）

【答案】×

【解析】不单独核算停工损失的，停工期间发生的费用直接在"制造费用"或"营业外支出"等科目中反映。

（八）生产费用在完工产品和在产品之间的归集和分配（2023年新增）★★

1. 在产品数量的核算

在产品是指没有完成全部生产过程、不能作为商品销售的产品，包括正在车间加工中的在产品（包括正在返修的废品）和已经完成一个或几个生产步骤但还需要继续加工的半成品（包括未经验收入库的产品和等待返修的废品）两部分。但不包括对外销售的自制半成品。在产品清查的账务处理见表2-31。

表2-31　　　　　　　　　　　　　在产品清查的账务处理

在产品清查盘点	账务处理
盘盈	（1）借：生产成本——基本生产成本 　　　贷：待处理财产损溢 （2）借：待处理财产损溢 　　　贷：制造费用
盘亏或毁损	（1）借：待处理财产损溢 　　　贷：生产成本——基本生产成本 （2）借：原材料【残料回收】 　　　其他应收款【过失人或保险公司赔款】 　　　制造费用【车间管理不善造成的损失】 　　　营业外支出【意外或自然灾害造成的损失】 　　　贷：待处理财产损溢

2. 生产费用在完工产品和在产品之间的分配

完工产品、在产品成本之间的关系如下：

本月完工产品成本 = 月初在产品成本 + 本月发生生产成本 - 月末在产品成本生产成本

生产成本在完工产品和在产品之间进行分配的方法很多，如不计算在产品成本法、在产品按固定成本计价法、在产品按所耗直接材料成本计价法、约当产量比例法、在产品按定额成本计价法、在产品按完工产品成本计价法、定额比例法等。

（1）约当产量比例法

① 基本原理

企业将月末在产品数量按其完工程度折算为相当于完工产品的产量（约当产量），然后将产品应负担的全部成本按照完工产品产量与月末在产品约当产量的比例进行分配。

② 适用范围

适用于产品数量较多，各月在产品数量**变化也较大**，且生产成本中直接材料成本和直接人工等加工成本的比重相差不大的产品。

③ 计算公式

在产品约当产量 = 在产品数量 × 完工程度

单位成本 =（月初在产品成本 + 本月发生生产成本）/（完工产品产量 + 在产品约当产量）

完工产品成本 = 完工产品产量 × 单位成本

在产品成本 = 在产品约当产量 × 单位成本

🎓 **名师说**

完工程度的确定是依据产品的生产流程来确定的，具体见表 2-32。

表 2-32　　　　　　　　　　　生产流程特征与完工程度

类型	生产流程特征		完工程度
直接材料费用	生产开始时一次性投入全部所需材料		月末在产品应负担的材料费用与完工产品相同，即在产品的约当产量等于在产品的数量
	原材料在生产过程中，分工序陆续投入	每道工序开始时一次性投入	（前面各工序累计材料消耗 + 本工序累计材料消耗）/ 完工产品材料消耗总额 ×100%
		每道工序随加工进度陆续投入	（前面各工序累计材料消耗 + 本工序累计材料消耗 × 完工程度）/ 完工产品材料消耗总额 ×100%
其他费用	包括人工费用、制造费用、燃料和动力费用等，随加工进度陆续投入		（前面各工序累计消耗工时 + 本工序消耗工时 × 完工程度）/ 完工产品消耗总工时 ×100%

【案例 2-8】高顿公司是一家制造业公司，生产 A、B 两种产品，月初均没有在产品。

A 产品经一道工序制作，本月完工 300 件，在产品 500 件，在产品完工程度为 20%。已知生产 A 产品的材料在开始时一次性投入，本月耗用的直接材料成本为 400 万元，直接人工成本为 100 万元，发生制造费用 160 万元。

B 产品经两道工序制作，原材料在每道工序开始时一次投入。每道工序的原材料消耗定额、工时定额及月末在产品数量的资料如下表。假设每道工序的平均完工程度均为 50%。已知本月完工产品共 1 000 件，本月共耗用直接材料费用 180 万元，直接人工成本 326 万元，发生制造费用 244.5 万元。

工序	原材料消耗定额（千克）	工时定额（小时）	月末在产品产量（件）
第一道工序	100	6	500
第二道工序	150	4	600
合计	250	10	1 100

假设高顿公司采用约当产量比例法在完工产品和在产品之间分配生产费用。

【分析】高顿公司分配 A 产品生产费用的计算过程如下：

分配项目	成本（万元）	约当产量（件）	分配率（万元/件）	完工产品负担费用（万元）	在产品负担费用（万元）
直接材料	400	300+500 = 800	400/800=0.5	300×0.5=150	500×0.5=250
直接人工	100	300+500×20% = 400	100/400=0.25	300×0.25=75	500×20%×0.25=25
制造费用	160	300+500×20%=400	160/400=0.4	300×0.4=120	500×20%×0.4=40
合计	660			345	315

高顿公司分配 B 产品生产费用的计算过程如下：

分配项目	成本（万元）	约当产量（件）		分配率（万元/件）	完工产品负担费用（万元）	在产品负担费用（万元）
直接材料	180	第一道工序 =500×100/250=200	第二道工序 = 600×（100+150）/250=600	180/（1 000+200+600）=0.1	1 000×0.1=100	800×0.1=80
直接人工	326	第一道工序 =500×6×50%/10=150	第二道工序 =600×（6+4×50%）/10 = 480	326/（1 000+150+480）=0.2	1 000×0.2=200	630×0.2=126
制造费用	244.5	第一道工序 =500×6×50%/10=150	第二道工序 =600×（6+4×50%）/10 = 480	244.5/（1 000+150+480）=0.15	1 000×0.15=150	630×0.15=94.5
合计	750.5				450	300.5

高顿公司应作会计分录如下（金额单位为万元）：

借：库存商品——A产品　　　　　345

　　　　　　——B产品　　　　　450

　　贷：生产成本——基本生产成本　　　795

（2）在产品按定额成本计价法

① 基本原理

月末**在产品成本按定额成本计算**；完工产品成本由在产品成本倒推，即全部成本（包括月初在产品成本）减去按定额成本计算的月末在产品成本。

🎯 **敲黑板**

> 每月生产成本脱离定额的节约差异或超支差异全部计入当月完工产品成本。

② 适用范围

适用于各项消耗定额或成本定额比较准确、稳定，而且各月月末在产品数量变化不大的产品。

③ 计算公式

月末在产品成本 = 月末在产品数量 × 在产品单位定额成本

完工产品总成本 =（月初在产品成本 + 本月发生生产成本）– 月末在产品成本

【案例2-9】高顿公司是一家制造业公司，专门生产A产品。本月完工300件，在产品400件。已知A产品在月初没有在产品，在产品单位定额成本为：直接材料4 000元，直接人工1 000元，制造费用1 600元。本月耗用的直接材料成本400万元，直接人工成本100万元，发生制造费用160万元。

假设高顿公司采用在产品按定额成本计价法在完工产品和在产品之间分配生产费用。

【分析】高顿公司分配生产费用的计算过程如下：

项目	在产品定额成本（万元）	完工产成品成本（万元）
直接材料	400×0.4 = 160	400–160 = 240
直接人工	400×0.1 = 40	100–40 = 60
制造费用	400×0.16 = 64	160–64 = 96
合计	264	396

高顿公司应作会计分录为（金额单位为万元）：

借：库存商品——A产品　　　　　396

　　贷：生产成本——基本生产成本　　　396

（3）定额比例法

① **基本原理**

产品的生产成本在完工产品和月末在产品之间按照两者的**定额消耗量、定额成本或定额工时的**比例分配。

② **适用范围**

适用于各项消耗定额或成本定额比较准确、稳定，但各月末在产品数量**变动较大**的产品。

③ **计算公式**

直接材料定额分配率＝（期初在产品直接材料费用＋本期发生的直接材料费用）/（本期完工产品直接材料费用定额＋期末在产品直接材料费用定额）

完工产品应负担的直接材料成本＝完工产品定额材料成本 × 直接材料成本分配率

月末在产品应负担的直接材料成本＝月末在产品定额材料成本 × 直接材料成本分配率

名师说

直接人工和制造费用在产成品和在产品之间的分配与原材料的分配相同。

【案例 2-10】高顿公司是一家制造业企业，专门生产 A 产品。本月完工产品 800 个，在产品数量 400 个。已知该产品每单位消耗定额、期初在产品成本、本期发生成本如下表所示：

项目	直接材料	直接人工	制造费用	合计
完工产品消耗定额	200 千克 / 个	100 小时 / 个	120 小时 / 个	
在产品消耗定额	200 千克 / 个	40 小时 / 个	60 小时 / 个	
期初在产品成本	400 万元	53.6 万元	96 万元	549.6 万元
本期发生成本	800 万元	100 万元	120 万元	1020 万元
合计	1200 万元	153.6 万元	216 万元	1569.6 万元

【分析】

计算料工费的定额成本分配率：

直接材料定额分配率＝ 1 200/（800×200+400×200）= 0.005（万元 / 千克）

直接人工定额分配率＝153.6/（800×100+400×40）= 0.0016（万元 / 小时）

制造费用定额分配率＝216/（800×120+400×60）= 0.0018（万元 / 小时）

计算完工产品的成本：

直接材料成本＝ 800×200×0.005 = 800（万元）

直接人工成本＝ 800×100×0.0016 = 128（万元）

制造费用＝ 800×120×0.0018 = 172.8（万元）

完工产品成本合计＝ 800+128+172.8 = 1 100.8（万元）

计算在产品的成本：

直接材料成本＝ 1 200-800 = 400（万元）

直接人工成本＝153.6-128 = 25.6（万元）

制造费用＝216-172.8 = 43.2（万元）

期末在产品成本（下期期初在产品成本）合计＝400+25.6+43.2 = 468.8（万元）

高顿公司应作如下会计分录（金额单位为万元）：

借：库存商品——A 产品　　　　　1 100.8

　　贷：生产成本——基本生产成本　1 100.8

【例 2-94·单选题·2020】如果企业产品数量较多，各月月末在产品数量变化也较大，产品成本中原材料费用和工资等其他费用所占比重相差不大，月末可采用的在在产品和完工产品之间分配生产成本的方法是（　　　）。

A. 交互分配法　　　　　　　　　　　　B. 约当产量比例法

C.在产品按固定成本计价法　　　　　　D.定额比例法

【答案】B

【解析】交互分配法是辅助生产费用的分配方法，选项 A 错误；在产品按固定成本计价法适用于月末在产品数量较多，但各月变化不大的产品或月末在产品数量很小的产品，选项 C 错误；定额比例法适用于各项消耗定额或成本定额比较准确、稳定，但各月末在产品数量变动较大的产品，选项 D 错误。

【例 2-95·单选题·2019】某企业生产 M 商品的单位工时定额为 500 小时，经过两道工序，各工序单位工时定额如下：第一道工序 200 小时，第二道工序 300 小时。假定各工序内在产品完工程度平均为 50%，第一道工序在产品 1 000 件，则其约当产量为（　　）件。

A.200　　　　　　　B.400　　　　　　　C.600　　　　　　　D.700

【答案】A

【解析】第一道工序的完工程度 ＝ 200×50%/（200+300）×100% ＝ 20%，所以第一道工序的约当产量 ＝ 1 000×20% ＝ 200（件），选项 A 正确。

【例 2-96·单选题·2017】某公司月初及本月的生产费用共计 7200 元，其中直接材料为 4 200 元，直接人工为 1 800 元，制造费用为 1 200 元。本月完工产品为 100 件，月末在产品 40 件，其完工程度为 50%，材料在开始生产时一次性投入。生产费用采用约当产量比例法在完工产品和在产品之间进行分配。不考虑其他因素，本月完工产品成本为（　　）元。

A.6 600　　　　　　B.5 500　　　　　　C.7 200　　　　　　D.6 000

【答案】B

【解析】因为材料在开始生产时一次性投入，即每一件完工产品和在产品耗用的材料一样，所以完工产品应负担的直接材料成本 ＝ 4 200/（100+40）×100 ＝ 3 000（元）；完工产品应负担的直接人工成本 ＝ 1 800/（100+40×50%）×100 ＝ 1 500（元）；完工产品应负担的制造费用 ＝ 1 200/（100+40×50%）×100 ＝ 1 000（元），所以本月完工产品成本 ＝ 3 000+1 500 +1 000 ＝ 5 500（元），选项 B 正确。

【例 2-97·单选题·2014】某企业只生产一种产品，采用约当产量比例法将生产费用在完工产品和在产品之间进行分配，材料在产品投产时一次投入。月初在产品直接材料成本为 10 万元，当月耗用材料成本为 50 万元，当月完工产品为 30 件，月末在产品为 30 件，完工程度为 60%，本月完工产品成本中直接材料成本为（　　）万元。

A.30　　　　　　　B.22.5　　　　　　C.25　　　　　　　D.37.5

【答案】A

【解析】共耗用直接材料 ＝ 10+50 ＝ 60（万元），因材料在产品投产时一次性投入，故原材料进行分配时无需进行约当产量的计算，则分配率 ＝ 60/（30+30）＝ 1（万元 / 件），本月完工产品成本中直接材料成本 ＝ 完工产品数量 × 分配率 ＝ 30×1 ＝ 30（万元），选项 A 正确。

【例 2-98·多选题·2018】下列各项中，可用于将生产费用在完工产品和在产品之间进行分配的方法有（　　）。

A.定额比例法　　　　　　　　　　　　B.不计算在产品成本法

C.约当产量比例法　　　　　　　　　　D.在产品按固定成本计价法

【答案】ABCD

【解析】生产费用在完工产品和在产品之间进行分配常用的方法通常有：不计算在产品成本法、在产品按固定成本计价法、在产品按所耗直接材料成本计价法、约当产量比例法、在产品按定额成本计价法、定额比例法、在产品按完工产品成本计价法等，选项 ABCD 均正确。

【例 2-99·多选题·2017】某企业生产费用在完工产品和在产品之间采用约当产量比例法进行分配。该企业甲产品月初在产品和本月生产费用共计 900 000 元。本月甲产品完工 400 台，在产品 100 台且其平均完工程度为 50%。不考虑其他因素，下列各项中，计算结果正确的有（　　）。

　　A.甲产品的完工产品成本为 800 000 元　　B.甲产品的单位成本为 2 250 元

　　C.甲产品在产品的约当产量为 50 台　　D.甲产品的在产品成本为 112 500 元

【答案】AC

【解析】选项 C 正确，在产品的约当产量 = 100×50% = 50（台）；

选项 B 错误，甲产品的单位成本 = 90 000/（400 + 50）= 2 000（元）；

选项 A 正确，甲产品完工产品的成本 = 2 000×400 = 800 000（元）；

选项 D 错误，在产品成本 = 2 000×50 = 100 000（元）。

【例 2-100·判断题·2019】在产品按定额成本计价的企业，每月生产成本脱离定额的差异应当计入月末在产品成本。　　　　　　　　　　　　　　　　　　　　　　　　　　（　　）

【答案】×

【解析】在产品按定额成本计价的企业，每月生产成本脱离定额的节约差异或超支差异全部计入当月完工产品成本。

　　3.联产品和副产品的成本分配

表 2-33　　　　　　　　　　　　　　　　联产品和副产品的定义及成本计算程序

类别	项目	内容
联产品成本分配	相关定义	联产品：使用同种原料，经过同一生产过程同时生产出来的两种或两种以上的主要产品。 联合成本是指在分离点以前发生的生产成本。
	成本计算程序	（1）分离点前： 将联产品作为成本核算对象，设置成本明细账。 归集联产品成本，计算联合成本。 **名师说** 联产品的在产品一般比较稳定，可不计算期初、期末在产品成本，本期发生的生产成本全部为联产品的完工产品成本。计算各种产品的成本，可采用的分配方法有系数分配法、相对销售价格分配法、实物量分配法（即以确定的系数、销售价格、实物数量或重量为基础进行分配）等。 （2）分离点后： 联产品分离后继续加工的，计算联产品分离后的加工成本
副产品成本分配	相关定义	副产品：在同一生产过程中，使用同种原料，在生产主产品的同时附带生产出来的非主要产品 **名师说** 副产品的产量取决于主产品的产量。
	成本计算程序	（1）先确定副产品的生产成本。 可采用的方法有：不计算副产品成本扣除法、副产品成本按固定价格或计划价格计算法、副产品只负担继续加工成本法、联合成本在主副产品之间分配法以及副产品作价扣除法（从产品售价中扣除继续加工成本、销售费用、销售税金及相应的利润）等。 （2）再确定主产品的生产成本 = 总成本-副产品成本

【例2-101·多选题·2014】联产品的联合成本在分离点后，应按照一定的方法在各联产品之间分配适用的分配方法有（　　）。

A. 相对销售价格分配法　　　　　　B. 工时分配法

C. 分类法　　　　　　　　　　　　D. 实物量分配法

【答案】AD

【解析】选项AD正确，联产品的联合成本在分离点后可按一定分配方法，如相对销售价格分配法、实物量分配法、系数分配法等。

【例2-102·判断题·2019】在分配主产品和副产品的生产成本时，通常先确定副产品的生产成本，然后确定主产品的生产成本。　　　　　　　　　　　　　　　　　　　　　（　　）

【答案】√

二、管理会计基础

（一）管理会计指引

管理会计是会计的重要分支，主要**服务于单位内部管理需要**，是通过利用相关信息，**有机融合财务与业务活动**，在单位**规划、决策、控制和评价**等方面发挥重要作用的管理活动。

管理会计的**目标**是通过运用管理会计工具方法，参与单位规划、决策、控制、评价活动并为之提供有用信息，推动单位实现战略规划。

【例2-103·单选题·2020】下列各项中，属于企业管理会计主要目标的是（　　）。

A. 提供现金流量信息　　　　　　　B. 提供财务状况信息

C. 提供经营成果信息　　　　　　　D. 推动企业实现战略规划

【答案】D

【解析】选项D正确，管理会计的目标是通过运用管理会计工具方法，参与单位规划、决策、控制、评价活动并为之提供有用信息，推动单位实现战略规划。

【例2-104·判断题·2018】管理会计的目标是向财务报告使用者提供与单位财务状况和经营成果有关的会计核算信息。　　　　　　　　　　　　　　　　　　　　　　　　　　（　　）

【答案】×

【解析】管理会计的目标是通过运用管理会计工具方法，参与单位规划、决策、控制、评价活动并为之提供有用信息，推动单位实现战略规划。

管理会计指引体系包括基本指引（统领作用）、应用指引（主体地位）和案例库（实例示范）。

【例2-105·判断题·2020】管理会计指引体系包括基本指引、应用指引和案例库，用以指导单位管理会计实践。　　　　　　　　　　　　　　　　　　　　　　　　　　　　　　（　　）

【答案】√

【例2-106·判断题·2018】在管理会计指引体系中，基本指引发挥着统领作用，是制定应用指引和建设案例库的基础。　　　　　　　　　　　　　　　　　　　　　　　　　　　（　　）

【答案】√

【解析】管理会计指引体系包括基本指引、应用指引和案例库。其中，基本指引其统领作用，是制定应用指引和建设案例库的基础；应用指引居于主体地位，是对单位管理会计工作的具体指导；案例库是对国内外管理会计经验的总结提炼，是对如何运用管理会计应用指引的实例示范。

（二）管理会计要素

管理会计要素包括应用环境、管理会计活动、工具方法、信息与报告。

1.应用环境（**基础**）

表 2-34　　　　　　　　　　　　　　　管理会计的应用环境

项　目	内　容
外部环境	国内外经济、市场、法律、行业等
内部环境	价值创造模式、组织架构、管理模式、资源、信息系统等

2.管理会计活动（**具体开展**）

在了解和分析其应用环境的基础上，单位应将管理会计活动嵌入规划、决策、控制、评价等环节，形成完整的管理会计闭环。

3.工具方法（**具体手段**）

管理会计工具方法包括：战略地图、滚动预算、作业成本法、本量利分析、平衡计分卡等模型、技术、流程。具体见表 2-35。

表 2-35　　　　　　　　　　　　　　　管理会计工具方法

方法	内容	适用范围
战略地图	为描述企业各维度战略目标之间因果关系而绘制的可视化的战略因果关系图	适用于企业全局的、长远的、发展方向、目标、任务和政策，以及资源配置的决策和管理
滚动预算	根据上一期预算执行情况和新的预测结果，按既定的预算编制周期和滚动频率，对原有的预算方案进行调整和补充，逐期滚动持续推进	（滚动预算能够保持预算的持续性，但编制工作量较大）适用于规模较大、时间较长的工程类或大型设备采购项目
作业成本法	以"作业消耗资源、产出消耗作业"为原则，按照资源动因将资源费用追溯或分配至各项作业，计算出作业成本，然后再根据作业动因，将作业成本追溯或分配至各成本对象，完成成本的计算	适用于作业类型较多且作业链较长，同一生产线生产多种产品，企业规模较大且管理层对产品成本准确性要求较高，产品、顾客和生产过程多样化程度较高，以及间接或辅助资源费用所占比重较大等情况的企业
本量利分析	以成本性态分析和变动成本法为基础，运用数学模型和图示，对成本、利润、业务量与单价等因素之间的依存关系进行分析，为企业进行预测、决策、计划和控制等活动提供支持的方法。 基本公式：营业利润＝（单价−单位变动成本）×业务量−固定成本	适用于企业生产决策、成本决策和定价决策，也可以广泛地用于投融资决策，企业营运计划的制定、调整以及营运监控分析等
平衡计分卡	基于企业战略，从财务、客户、内部业务流程、学习与成长四个维度，将战略规划目标逐层分解转化为具体的、相互平衡的业绩指标体系，并据此进行绩效管理	适用于战略规划目标明确、管理制度比较完善、管理水平相对较高的企业。应用对象可为企业、所属单位（部门）和员工

4.信息与报告（**具体呈现**）

> **名师说**
>
> 管理会计信息应当包括管理会计应用过程中的财务信息和非财务信息。

【例 2-107·多选题·2022】下列各项中，属于管理会计要素的有（　　）。

A. 工具方法　　　　B. 管理会计活动　　　　C. 信息与报告　　　　D. 应用环境

【答案】ABCD

【解析】单位应用管理会计，应包括应用环境、管理会计活动、工具方法、信息与报告四项管理会计要素，选项 ABCD 均正确。

【例 2-108·判断题·2019】作业成本法以"作业消耗资源，产出消耗作业"为指导原则，计算作业成本。（　　）

【答案】√

【解析】作业成本法是指以"作业消耗资源、产出消耗作业"为原则，按照资源动因将资源费用追溯或分配至各项作业，计算出作业成本，然后再根据作业动因，将作业成本追溯或分配至各成本对象，最终完成成本计算的过程。

第八节　政府会计基础

一、政府会计概述

（一）政府会计的概念

政府会计是**会计体系的重要分支**，它运用会计专门方法对**政府及其组成主体**（包括政府所属的行政事业单位等）的**财务状况、运行情况（含运行成本，下同）、现金流量、预算执行**等情况进行全面核算、监督和报告。

我国的政府会计标准体系由**政府会计基本准则、政府会计具体准则及应用指南**和**政府会计制度**等组成。

基本准则**指导**具体准则和制度的制定，并为政府会计实务问题**提供处理原则**。

具体准则和会计制度依据基本准则制定。

应用指南是对具体准则的实际应用作出的操作性规定。

政府会计主体主要包括：**各级政府、各部门、各单位**，其中，各部门、各单位是指与本级政府财政部门直接或间接发生预算拨款关系的国家机关、军队、政党组织、社会团体、事业单位和其他单位。

> **名师说**
>
> 军队、已纳入企业财务管理体系的单位和执行《民间非营利组织会计制度》的社会团体，其会计核算不适用政府会计准则制度。

（二）政府会计的特点

表 2-36   政府会计的特点

特点	财务会计	预算会计
双功能	对政府会计主体发生的各项经济业务或者事项进行会计核算，主要反映和监督政府会计主体财务状况、运行情况和现金流量等	对政府会计主体预算执行过程中发生的全部预算收入和全部预算支出进行会计核算，主要反映和监督预算收支执行情况
双基础	权责发生制	收付实现制（国务院另有规定的从其规定）
双要素	资产、负债、净资产、收入和费用	预算收入、预算支出、预算结余
双报告	政府财务报告的编制主要以权责发生制为基础，以财务会计核算生成的数据为准	政府决算报告的编制主要以收付实现制为基础，以预算会计核算生成的数据为准

【例 2-109·判断题·2022】政府预算会计实行权责发生制，财务会计实行收付实现制。（   ）

【答案】×

【解析】政府预算会计采用收付实现制，国务院另有规定的，依照其规定；财务会计采用权责发生制。

二、政府会计实务概要

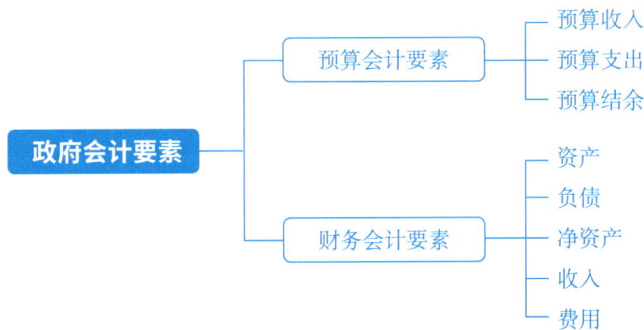

图 2-9 政府会计要素

（一）政府预算会计要素

1. 预算收入

预算收入是指政府会计主体在预算年度内依法取得的并纳入预算管理的现金流入。预算收入一般在实际收到时予以确认，以实际收到的金额计量。

2. 预算支出

预算支出是指政府会计主体在预算年度内依法发生并纳入预算管理的现金流出。预算支出一般在实际支付时予以确认，以实际支付的金额计量。

3. 预算结余

预算结余是指政府会计主体预算年度内预算收入扣除预算支出后的资金余额，以及历年滚存的资金余额。

预算结余包括结余资金和结转资金。其中，结余资金是指年度预算执行终了，预算收入实际完成数扣除预算支出和结转资金后剩余的资金；结转资金是指预算安排项目的支出年终尚未执行完毕或者因故未执行，且下年需要按原用途继续使用的资金。

【例2-110·判断题·2022】政府决算报告主要以收付实现制为基础编制，以预算会计核算生成的数据为准。　　　　　　　　　　　　　　　　　　　　　　　　　　（　　）

【答案】√

【例2-111·多选题·2022年改编】下列各项中，属于政府预算会计要素的有（　　）。

A.预算结余　　　　　B.预算收入　　　　　C.预算支出　　　　　D.净资产

【答案】ABC

【解析】选项D错误，净资产属于政府财务会计要素。

【例2-112·多选题·2022】下列各项中，属于政府财务会计要素的有（　　）。

A.资产　　　　　B.预算收入　　　　　C.净资产　　　　　D.预算支出

【答案】AC

【解析】政府财务会计要素包括资产、负债、净资产、收入和费用；政府预算会计要素包括预算收入、预算支出和预算结余。

【例2-113·判断题·2018】政府预算支出一般在实际支付时予以确认，以实际支付的金额计量。（　　）

【答案】√

【解析】预算支出是指政府会计主体在预算年度内依法发生并纳入预算管理的现金流出。预算支出一般在实际支付时予以确认，以实际支付的金额计量。

（二）政府财务会计要素

1.资产

表2-37　　　　　　　　　　　　　　　　资产

项目		内容
定义		资产是指政府会计主体过去的经济业务或者事项形成的，由政府会计主体控制的，预期能够产生服务潜力或者带来经济利益流入的经济资源
类别	流动资产	包括货币资金、短期投资、应收及预付款项、存货等
	非流动资产	包括固定资产、在建工程、无形资产、长期投资、公共基础设施，政府储备资产、文物文化资产、保障性住房和自然资源资产等
确认条件（同时满足）		①符合政府资产定义。②与该经济资源相关的服务潜力很可能实现或者经济利益很可能流入政府会计主体。③该经济资源的成本或者价值能够可靠地计量
计量属性		历史成本、重置成本、现值、公允价值和名义金额（即人民币1元）　名师说　这里没有可变现净值这种计量属性。政府会计主体对资产进行计量，一般应当采用历史成本。无法采用历史成本、重置成本、现值、公允价值计量属性的，采用名义金额计量。

2.负债

表 2-38 负债

项目			内容
定义			负债是指政府会计主体过去的经济业务或者事项形成的，预期会导致经济资源流出政府会计主体的现时义务
类别	流动性	流动负债	包括短期借款、应付及预收款项、应付短期政府债券、应缴款项等
		非流动负债	包括长期借款、长期应付款、应付长期政府债券等
	偿还时间与金额是否确定	偿还时间与金额基本确定的负债	融资活动形成的举借债务及其应付利息 运营活动形成的应付及预收款项和暂收性负债
		或有事项形成的预计负债	常见的或有事项包括：未决诉讼或未决仲裁、对外国政府或国际经济组织的贷款担保、承诺（补贴、代偿）、自然灾害或公共事件的救助
确认条件（同时满足）			① 符合政府负债定义。 ② 履行该义务很可能导致含有服务潜力或者经济利益的经济资源流出政府会计主体。 ③ 该义务的金额能够可靠地计量
计量属性			历史成本、现值、公允价值 名师说 政府会计主体对负债进行计量，一般应当采用历史成本。

3. 净资产

净资产是指政府会计主体资产扣除负债后的净额，其金额取决于资产和负债的计量。

4. 收入

收入是指报告期内导致政府会计主体净资产增加的、含有服务潜力或者经济利益的经济资源的流入。

确认条件（同时满足）：

（1）与收入相关的含有服务潜力或者经济利益的经济资源很可能流入政府会计主体。

（2）含有服务潜力或者经济利益的经济资源流入会导致政府会计主体资产增加或者负债减少。

（3）流入金额能够可靠地计量。

5. 费用

费用是指报告期内导致政府会计主体净资产减少的、含有服务潜力或者经济利益的经济资源的流出。

确认条件（同时满足）：

（1）与费用相关的含有服务潜力或者经济利益的经济资源很可能流出政府会计主体。

（2）含有服务潜力或者经济利益的经济资源流出会导致政府会计主体资产减少或者负债增加。

（3）流出金额能够可靠地计量。

📌 敲黑板

政府会计要素是比较常见的考点，各位考生需正确区分政府预算会计要素和政府财务会计要素，关注预算收入和预算支出的确认时间、预算结余的构成、资产及负债的分类及计量属性。

【例 2-114·多选题·2021】下列各项中，属于政府负债计量属性的有（　　）。

A 现值　　　　　　　B.重置成本　　　　　　C.历史成本　　　　　　D.公允价值

【答案】ACD

【解析】政府负债的计量属性主要有历史成本、现值和公允价值。

【例 2-115·判断题·2021】政府会计主体的负债包括偿还时间与金额基本确定的负债和由或有事项形成的预计负债。（　　）

【答案】√

【例 2-116·单选题·2020】下列各项中，不属于政府举借债务的是（　　）。

A.向国际经济组织借入的款项　　　　　　B.政府发行的债券

C.对外国政府贷款担保形成的预计负债　　D.向上级政府借入的转贷款

【答案】C

【解析】选项 A、B、D 正确，选项 C 错误，政府举借的债务包括政府发行的政府债券，向外国政府、国际经济组织等借入的款项，以及向上级政府借入转贷资金形成的借入转贷款。

【例 2-117·单选题·2020】下列各项中，属于事业单位非流动负债的是（　　）。

A.应缴款项　　　　　B.长期应付款　　　　　C.预收款项　　　　　　D.短期借款

【答案】B

【解析】政府会计主体的负债按照流动性，分为流动负债和非流动负债。流动负债是指预计在 1 年内（含 1 年）偿还的负债，包括短期借款、应付短期政府债券、应付及预收款项、应缴款项等。非流动负债是指流动负债以外的负债，包括长期借款、长期应付款、应付长期政府债券等，选项 B 正确。

【例 2-118·多选题·2019】下列各项中，属于政府会计资产计量属性的有（　　）。

A.重置成本　　　　　B.历史成本　　　　　C.名义金额　　　　　　D.现值

【答案】ABCD

【解析】选项 ABCD 正确，政府资产的计量属性主要包括历史成本、重置成本、现值、公允价值和名义金额。

【例 2-119·多选题·2018】下列各项中，属于政府主体资产的有（　　）。

A.在建工程　　　　　B.长期投资　　　　　C.保障性住房　　　　　D.自然资源资产

【答案】ABCD

【解析】选项 ABCD 均正确，流动资产包括货币资金、短期投资、应收及预付款项、存货等。非流动资产是指流动资产以外的资产，包括固定资产、在建工程、无形资产、长期投资、公共基础设施、政府储备资产、文物文化资产、保障性住房和自然资源资产等。

【例 2-120·多选题·2022】下列各项中，属于政府非流动资产的有（　　）。

A.公共基础设施　　　B.文物文化资产　　　C.保障性住房　　　　　D.自然资源资产

【答案】ABCD

【解析】选项 ABCD 正确，政府非流动资产是指流动资产以外的资产，包括固定资产、在建工程、无形资产、长期投资、公共基础设施、政府储备资产、文物文化资产、保障性住房和自然资源资产等。

【例 2-121·判断题·2018】公允价值计量下，政府负债应按市场参与者在计量日发生的有序交易中，转移负债所需支付的价格计量。（　　）

【答案】√

【例 2-122·判断题·2018】政府预算收入是指报告期内导致政府会计主体净资产增加的，含有服务潜力或经济利益的经济资源的流入。（　　）

【答案】×

【解析】政府收入是指报告期内导致政府会计主体净资产增加的、含有服务潜力或经济利益的经济资源的流入。

（三）政府会计核算模式

政府会计由预算会计和财务会计构成。政府会计核算模式实现了预算会计与财务会计适度分离并相互衔接，全面、清晰地反映政府财务信息和预算执行信息。

【例 2-123·单选题·2022】下列各项中，关于政府会计"双功能"特点表述正确的是（　　）。

A.政府会计应当实现预算会计和财务会计的双重功能

B.政府会计应当实现预算会计和管理会计的双重功能

C.政府会计应当实现预算会计和成本会计的双重功能

D.政府会计应当实现财务会计和管理会计的双重功能

【答案】A

【解析】政府会计应当实现预算会计和财务会计的双重功能，选项 A 正确。

【例 2-124·单选题·2020】下列关于政府会计核算的表述中，不正确的是（　　）。

A.政府会计应当实现财务会计与预算会计双重功能

B.财务会计核算实行收付实现制，预算会计核算实行权责发生制

C.单位对于纳入部门预算的现金收支业务，在采用财务会计核算的同时应当进行预算会计核算

D.财务会计要素包括资产、负债、净资产、收入和费用，预算会计要素包括预算收入、预算支出和预算结余

【答案】B

【解析】选项 B 错误，财务会计实行权责发生制；预算会计实行收付实现制，国务院另有规定的，从其规定。

【例 2-125·单选题·2018】《政府会计准则——基本准则》确立了"双功能""双基础""双报告"的政府会计核算体系，其中，"双报告"指的是（　　）。

A.预算报告和财务报告

B.决算报告和财务报告

C.绩效报告和预算报告

D.预算报告和决算报告

【答案】B

【解析】选项 B 正确，"双报告"指的是决算报告和财务报告。

三、政府单位会计核算（2023年新增）★★

（一）政府单位会计核算概述

单位对于**纳入部门预算管理的现金收支**业务，**同时采用**财务会计和预算会计核算；对于其他业务，**仅需**进行财务会计核算。

这里的现金，包括库存现金、银行存款、其他货币资金、零余额账户用款额度、财政应返还额度，以及通过财政直接支付方式支付的款项。

> **名师说**
>
> 　　仅需要进行财务会计处理的现金收支业务：①单位受托代理的现金；②不属于本年度部门预算的现金；③应上缴财政的、应转拨的、应退回的现金。

表 2-39　　　　　　　　　　　　　　　　单位会计概述

项目		内容
预算会计	会计要素	预算收入、预算支出、预算结余
	会计等式	预算收入−预算支出＝预算结余
	会计核算基础	收付实现制
	科目设置	"资金结存"科目根据资金支付方式及资金形态，应设置"零余额账户用款额度""货币资金""财政应返还额度"三个明细科目 **名师说** 年末预算收支结转后，"资金结存"科目借方余额与"预算结转结余"科目贷方余额相等。
财务会计	会计要素	资产、负债、净资产、收入、费用
	会计等式	反映单位财务状况：资产−负债＝净资产 反映单位运行情况：收入−费用＝本期盈余 **名师说** 本期盈余经分配后最终转入净资产。
	会计核算基础	权责发生制
	科目设置	（1）收入类科目："财政拨款收入""事业收入""上级补助收入""附属单位上缴收入""经营收入""非同级财政拨款收入""投资收益""捐赠收入""利息收入""租金收入"和"其他收入"。 （2）费用类科目："业务活动费用""单位管理费用""经营费用""上缴上级费用""对附属单位补助费用""所得税费用"和"其他费用" **名师说** "业务活动费用"科目核算单位为实现其职能目标、依法履职或开展专业业务活动及其辅助活动所发生的各项费用。"单位管理费用"科目核算事业单位本级行政及后勤管理部门开展管理活动发生的各项费用，包括单位行政及后勤管理部门发生的人员经费、公用经费、资产折旧（摊销）等费用，以及由单位统一负担的离退休人员经费、工会经费、诉讼费、中介费等。

　　【例 2-126·判断题·2020】行政事业单位应当在预算会计中设置"资金结存"科目，核算纳入年度部门预算管理的资金流入、流出、调整和滚存等情况。　　　　　　　　（　　）

　　【答案】√

　　【解析】为了保证单位预算会计要素单独循环，在日常核算时，单位应当设置"资金结存"科目，核算纳入部门预算管理的资金的流入、流出、调整和滚存等情况。

　　【例 2-127·判断题·2020】对于事业单位受托代理的现金以及应上缴财政的现金所涉及的收

支业务，在采用财务会计处理的同时应当进行预算会计核算。　　　　　　　　　　（　　）

【答案】×

【解析】对于单位受托代理的现金、不属于本年度部门预算的现金，以及应上缴财政的、应转拨的、应退回的现金所涉及的收支业务，仅需要进行财务会计处理，不需要进行预算会计处理。

（二）国库集中支付业务

单位核算国库集中支付业务，应当在进行预算会计核算的同时进行财务会计核算。

实行国库集中支付的单位，财政资金的支付方式包括财政直接支付和财政授权支付。

1.财政直接支付业务

表 2-40　　　　　　　　　　　　　　　　财政直接支付业务

业务	预算会计	财务会计
收到"财政直接支付入账通知书"时	借：行政支出/事业支出等 　贷：财政拨款预算收入	借：库存物品/固定资产/应付职工薪酬/业务活动费用/单位管理费用等 　贷：财政拨款收入
年末，按预算指标数与实际支出数的差额	借：资金结存——财政应返还额度 　贷：财政拨款预算收入	借：财政应返还额度——财政直接支付 　贷：财政拨款收入
下年度恢复财政直接支付额度后，发生实际支出时	借：行政支出/事业支出等 　贷：资金结存——财政应返还额度	借：库存物品/固定资产/应付职工薪酬/业务活动费用/单位管理费用等 　贷：财政应返还额度——财政直接支付

2.财政授权支付业务

表 2-41　　　　　　　　　　　　　　　　财政授权支付业务

业务	预算会计	财务会计
收到"授权支付到账通知书"时	借：资金结存——零余额账户用款额度 　贷：财政拨款预算收入	借：零余额账户用款额度 　贷：财政拨款收入
按规定支用额度时（按照实际支用的额度）	借：行政支出/事业支出等 　贷：资金结存——零余额账户用款额度	借：库存物品/固定资产/应付职工薪酬/业务活动费用/单位管理费用等 　贷：零余额账户用款额度
年末，依据对账单注销额度时	借：资金结存——财政应返还额度 　贷：资金结存——零余额账户用款额度	借：财政应返还额度——财政授权支付 　贷：零余额账户用款额度

续表

业务	预算会计	财务会计
下年年初**恢复额度**时	借：资金结存——零余额账户用款额度 　贷：资金结存——财政应返还额度	借：零余额账户用款额度 　贷：财政应返还额度——财政授权支付
年末，财政授权支付预算**指标数大于零余额账户用款额度下达数**的（根据未下达的用款额度）	借：资金结存——财政应返还额度 　贷：财政拨款预算收入	借：财政应返还额度——财政授权支付 　贷：财政拨款收入
下年度收到财政部门**批复**的上年末**未下达零余额账户用款额度时**	借：资金结存——零余额账户用款额度 　贷：资金结存——财政应返还额度	借：零余额账户用款额度 　贷：财政应返还额度——财政授权支付

【例 2-128·单选题·2020】下列各项中，在财政直接支付方式下，事业单位收到"财政直接支付入账通知书"时，财务会计核算应贷记的会计科目是（　　）。

A. 经营收入　　　　B. 其他收入　　　　C. 事业收入　　　　D. 财政拨款收入

【答案】D

【解析】在财政直接支付方式下，单位在收到"财政直接支付入账通知书"时，按照通知书中直接支付的金额，在财务会计中借记"库存物品"等科目，贷记"财政拨款收入"科目。选项D正确。

【例 2-129·单选题·2020】下列各项中，事业单位采用财政授权支付方式上缴代扣的个人所得税时，财务会计核算应贷记的会计科目是（　　）。

A. 零余额账户用款额度　　　　　　　　B. 银行存款

C. 财政应返还额度　　　　　　　　　　D. 财政拨款收入

【答案】A

【解析】事业单位采用财政授权支付方式上缴代扣的个人所得税时，财务会计的账务处理为：

借：其他应交税费——应交个人所得税

　　贷：零余额账户用款额度

【例 2-130·单选题·2018】2017 年 10 月 9 日，某事业单位为增值税小规模纳税人，购入一台不需要安装的专用设备，用于本单位的专业业务活动，设备价款和增值税款合计为 580 000 元，由财政直接支付。假定不考虑其他因素，该事业单位购入固定资产的账务处理为（　　）。

A. 借：固定资产　　　　　　　　580 000

　　　　贷：财政拨款预算收入　　　　　　580 000

B. 借：事业支出　　　　　　　　580 000

　　　　贷：财政拨款收入　　　　　　　　580 000

C. 借：固定资产　　　　　　　　580 000

　　　　贷：财政拨款收入　　　　　　　　580 000

　　借：事业支出　　　　　　　　580 000

　　　　贷：财政拨款预算收入　　　　　　580 000

D. 借：固定资产　　　　　　　　580 000

$\qquad$ 贷：事业收入 $\qquad$ 580 000

【答案】C

【解析】事业单位购入固定资产，应使用双分录：

借：固定资产 $\qquad$ 580 000

$\qquad$ 贷：财政拨款收入 $\qquad$ 580 000

借：事业支出 $\qquad$ 580 000

$\qquad$ 贷：财政拨款预算收入 $\qquad$ 580 000

【例2-131·单选题·2018】下列各项中，关于政府单位"零余额账户用款额度"科目的表述正确的是（ ）。

A.该科目年末应无余额

B.该科目属于负债科目

C.借方登记收到财政直接支付到账额度

D.贷方登记收到财政授权支付到账额度

【答案】A

【解析】"零余额账户用款额度"科目借方登记收到授权支付到账额度，贷方登记支用的零余额账户用款额度，期末借方余额反映政府单位尚未支用的零余额用款额度。年度终了，政府单位应当依据代理银行提供的对账单作注销额度的相关账务处理，所以"零余额账户用款额度"科目年末应无余额，选项A正确。

【例2-132·单选题·2015】实行国库集中支付的事业单位，对于应收财政下年度返还的资金额度，应当借记的会计科目是（ ）。

A.应缴财政款　　　B.其他应收款　　　C.财政应返还额度　　　D.应收账款

【答案】C

【解析】事业单位年度终了，对于应收财政下年度返还的资金额度，应通过"财政应返还额度"科目核算，选项C正确。

（三）非财政拨款收支业务

单位的收支业务除了国库集中收付业务之外，还包括事业活动、经营活动等形成的收支。这里主要以事业（预算）收入、捐赠（预算）收入和支出为例进行说明。

1.事业（预算）收入

事业收入是指事业单位开展专业业务活动及其辅助活动实现的收入，不包括从同级政府财政部门取得的各类财政拨款。

表2-42　　　　　　　　　　　事业（预算）收入核算科目

拨款来源		核算科目
同级政府财政部门取得的各类财政拨款收入		财政拨款（预算）收入
非同级政府财政部门拨款收入 **名师说** 其包括两大类，一类是从同级财政以外的**同级政府部门**取得的横向转拨财政款，另一类是从**上级或下级**政府取得的各类财政款	开展专业业务活动及其辅助活动取得	事业（预算）收入
	其他方式取得	非同级财政拨款（预算）收入

表 2-43 事业单位开展专业业务活动或辅助活动的财务处理

业务		财务会计	预算会计
采用财政专户返还方式	实际收到或应收应上缴财政专户的事业收入时	借：银行存款 / 应收账款 　贷：应缴财政款	—
	向财政专户上缴款项时	借：应缴财政款 　贷：银行存款	—
	收到从财政专户返还的事业收入时	借：银行存款 　贷：事业收入	借：资金结存——货币资金 　贷：事业预算收入
采用预收款方式	实际收到款项时	借：银行存款 　贷：预收账款	借：资金结存——货币资金 　贷：事业预算收入
	以合同完成进度确认收入时	借：预收账款 　贷：事业收入	—
采用应收款方式	根据合同完成进度计算本期应收的款项	借：应收账款 　贷：事业收入	—
	实际收到款项时	借：银行存款 　贷：应收账款	借：资金结存——货币资金 　贷：事业预算收入
其他方式		借：银行存款 / 库存现金 　贷：事业收入	借：资金结存——货币资金 　贷：事业预算收入

【例 2-133·单选题·2019】下列各项中，事业单位预算会计应通过"事业（预算）收入"科目核算的是（　　）。

A. 从同级政府其他部门取得的横向转拨财政款

B. 开展专业业务活动取得的收入

C. 从上级财政部门取得的经费拨款

D. 从同级政府财政部门取得的各类财政拨款

【答案】B

【解析】根据其取得的原因（开展专业业务活动及其辅助活动取得），确定为非同级财政拨款（预算）收入或者事业（预算）收入的，应通过"事业（预算）收入"核算，选项 AC 中并未说明取得原因，选项 AC 错误；选项 D 错误，属于财政拨款（预算）收入。

【例 2-134·判断题·2019】事业单位从同级政府财政部门取得的经费拨款应通过"财政拨款收入"科目进行核算。　　　　　　　　　　　　　　　　　　　　　　　　　　　　　　　（　　）

【答案】√

【例 2-135·判断题·2019】事业单位从上级政府财政部门取得拨款收入，应当确定为财政拨款收入。　　　　　　　　　　　　　　　　　　　　　　　　　　　　　　　　　　　　　　（　　）

【答案】×

【解析】事业单位从上级政府财政部门取得拨款收入，应当根据其取得的原因确定为非同级财政拨款（预算）收入或者事业（预算）收入。

2.捐赠（预算）收入和支出

（1）捐赠收入是指单位接受其他单位或者个人捐赠取得的收入，包括现金捐赠和非现金捐赠收入。捐赠预算收入是指单位接受的现金资产。

表 2-44　　　　　　　　　　　　　捐赠（预算）收入的账务处理

业务	财务会计	预算会计
现金捐赠	借：银行存款／库存现金 　　贷：捐赠收入	借：资金结存——货币资金 　　贷：其他预算收入——捐赠预算收入
非现金捐赠	借：库存物品／固定资产等【成本】 　　贷：银行存款等【税费】 　　　　捐赠收入【差额】	借：其他支出【税费】 　　贷：资金结存——货币资金

（2）捐赠支出指的是单位对外捐赠现金、库存物品、固定资产等资产。

表 2-45　　　　　　　　　　　　　捐赠支出的账务处理

捐赠支出	财务会计	预算会计
现金捐赠	借：其他费用 　　贷：银行存款／库存现金	借：其他支出 　　贷：资金结存——货币资金
非现金捐赠	借：资产处置费用 　　贷：库存物品／固定资产	如未支付相关费用，预算会计则不作账务处理

【例 2-136·单选题·2020】下列各项中，事业单位对外捐赠现金在财务会计中借记的会计科目是（　　）。

A.其他费用　　　　B.资产处置费用　　　　C.其他支出　　　　D.无偿调拨净资产

【答案】A

【解析】事业单位对外捐赠现金，财务会计分录如下：

借：其他费用
　　贷：库存现金

预算会计分录如下：

借：其他支出
　　贷：资金结存——货币资金

（四）预算结转结余及分配业务

单位应当严格区分财政拨款结转结余和非财政拨款结转结余。

财政拨款结转结余不参与事业单位的结余分配，单独设置"财政拨款结转"和"财政拨款结余"科目核算。

非财政拨款结转结余通过设置"非财政拨款结转""非财政拨款结余""专用结余""经营结余""非财政拨款结余分配"等科目核算。

1.财政拨款结转结余的核算

（1）财政拨款结转的核算。"财政拨款结转"科目核算单位滚存的财政拨款结转资金。

表 2-46　　　　　　　　　　　　　　　　　财政拨款结转的核算

业务	财务会计	预算会计
年末	—	借：财政拨款预算收入【财政拨款收入本年发生额】 　　贷：财政拨款结转——本年收支结转 借：财政拨款结转——本年收支结转【各项支出中的财政拨款支出本年发生额】 　　贷：各项支出【财政拨款支出】
从其他单位调入财政拨款结转资金	借：零余额账户用款额度／财政应返还额度等 　　贷：累计盈余	借：资金结存 　　贷：财政拨款结转——归集调入
按规定上缴（或注销）、调出财政拨款结转资金	借：累计盈余 　　贷：零余额账户用款额度／财政应返还额度等	借：财政拨款结转——归集上缴 　　　　　　　　　　——归集调出 　　贷：资金结存
差错调整	借：零余额账户用款额度 　　银行存款 　　贷：以前年度盈余调整 （或相反分录）	借：资金结存 　　贷：财政拨款结转——年初余额调整 （或相反分录）
年末，冲销有关明细科目余额	—	借：财政拨款结转——本年收支结转 　　　　　　　　　　——年初余额调整 　　　　　　　　　　——归集调入 　　　　　　　　　　——归集调出 　　　　　　　　　　——归集上缴 　　　　　　　　　　——单位内部调剂 　　贷：财政拨款结转——累计结转 （或相反分录） 名师说　"财政拨款结转"科目，年末结转后，除"累计结转"明细科目外，其他明细科目无余额。
年末，将符合财政拨款结余性质的项目余额转入财政拨款结余	—	借：财政拨款结转——累计结转 　　贷：财政拨款结余——结转转入

（2）财政拨款结余的核算。"财政拨款结余"科目核算单位滚存的财政拨款项目支出结余资金，主要账务处理见表 2-47。

表 2-47　　　　　　　　　　　　　　　　　财政拨款结余的核算

业务	财务会计	预算会计
年末，将符合财政拨款结余性质的项目余额转入财政拨款结余	—	借：财政拨款结转——累计结转 　　贷：财政拨款结余—结转转入

续表

业务	财务会计	预算会计
财政拨款结余资金改变用途	—	借：财政拨款结余——单位内部调剂 贷：财政拨款结转——单位内部调剂

上缴或注销	借：累计盈余
	    贷：零余额账户用款额度/财政应返还额度等
		借：财政拨款结余——归集上缴
		    贷：资金结存

差错调整	借：零余额账户用款额度/银行存款
	    贷：以前年度盈余调整
	（或相反分录）
		借：资金结存
		    贷：财政拨款结余——年初余额调整
		（或相反分录）

年末，冲销有关明细科目余额	—	借：财政拨款结余——年初余额调整
		          ——归集上缴
		          ——单位内部调剂
		          ——结转转入
		    贷：财政拨款结余——累计结余
		（或相反分录）

🎯 **敲黑板**

财政拨款结转结余的核算以及相关科目核算的范围在考试中都曾出现，考生可适当关注。

【例 2-137·多选题·2020】下列各项中，属于"财政拨款结余"明细科目的有（   ）。

A. 基本支出结转　　　B. 结转转入　　　　C. 归集上缴　　　　D. 单位内部调制

【答案】BCD

【解析】基本支出结转是"财政拨款结转"科目的明细科目，选项 A 错误。

【例 2-138·单选题·2018】某事业单位年末按规定结转某项目财政拨款结余资金 50 000 元，下列各项中，会计处理正确的是（   ）。

A. 借：财政拨款结转　　　　　　　50 000
      贷：其他结余　　　　　　　　　　　50 000

B. 借：财政拨款结转　　　　　　　50 000
      贷：非财政拨款结余　　　　　　　　50 000

C. 借：财政拨款结转　　　　　　　50 000
      贷：专用结余　　　　　　　　　　　50 000

D. 借：财政拨款结转　　　　　　　50 000
      贷：财政拨款结余　　　　　　　　　50 000

【答案】D

【解析】期末事业单位按照有关规定将符合财政拨款结余性质的项目余额转入财政拨款结余，借记"财政拨款结转——累计结转"科目，贷记"财政拨款结余——结转转入"科目，选项 D 正确。

【例 2-139·单选题·2017】事业单位在期末应将财政拨款预算收入和对应的事业支出——财

政拨款支出进行结转，涉及的会计科目是（　　）。

A. 非财政拨款结转 　　　　　　　　B. 财政拨款结转

C. 累计盈余 　　　　　　　　　　　D. 财政拨款结余

【答案】B

【解析】事业单位在期末应将财政拨款收入和对应的财政拨款支出结转入"财政拨款结转"科目，选项 B 正确。

2. 非财政拨款结转结余的核算

（1）非财政拨款结转的核算。非财政拨款结转资金是指事业单位除财政拨款收支、经营收支以外的各非同级财政拨款专项资金收入与其相关支出相抵后剩余滚存的、须按规定用途使用的结转资金。非财政拨款结转的账务处理见表 2-48。

表 2-48　　　　　　　　　　　　　非财政拨款结转业务的核算

业务	财务会计	预算会计
年末	—	借：事业预算收入/上级补助预算收入/附属单位上缴预算收入/非同级财政拨款预算收入/债务预算收入/其他预算收入【各专项资金收入】 　　贷：非财政拨款结转——本年收支结转 借：非财政拨款结转——本年收支结转 　　贷：行政支出/事业支出/其他支出【各非财政拨款专项资金支出】
从科研项目预算收入中提取项目管理费或间接费时	借：业务活动费用/单位管理费用 　　贷：预提费用——项目间接费或管理费	借：非财政拨款结转——项目间接费用或管理费 　　贷：非财政拨款结余——项目间接费用或管理费
差错更正	借：银行存款等 　　贷：以前年度盈余调整 （或相反分录）	借：资金结存——货币资金 　　贷：非财政拨款结转——年初余额调整 （或相反分录）
按照规定缴回	借：累计盈余 　　贷：银行存款	借：非财政拨款结转——缴回资金 　　贷：资金结存——货币资金
年末，冲销有关明细科目余额	—	借：非财政拨款结转——年初余额调整 　　　　　　　　　　——项目间接费用或管理费 　　　　　　　　　　——缴回资金 　　　　　　　　　　——本年收支结转 　　贷：非财政拨款结转——累计结转 （或相反分录） 🗨 名师说　结转后，"非财政拨款结转"科目除"累计结转"明细科目外，其他明细科目应无余额。

续表

业务	财务会计	预算会计
年末，对专项结转资金各项情况进行分析	—	借：非财政拨款结转——累计结转 　　贷：非财政拨款结余——结转转入 （或相反分录）

（2）非财政拨款结余的核算。非财政拨款结余指单位历年滚存的非限定用途的非同级财政拨款结余资金，主要为非财政拨款结余扣除结余分配后滚存的金额。非财政拨款结余的账务处理见表 2-49。

表 2-49　　　　　　　　　　　　　　　非财政拨款结余业务的核算

业务	财务会计	预算会计
年末，将留归本单位使用的非财政拨款专项（项目已完成）	—	借：非财政拨款结转——累计结转 　　贷：非财政拨款结余——结转转入
实际缴纳企业所得税	借：其他应交税费——单位应交所得税 　　贷：银行存款等	借：非财政拨款结余——累计结余 　　贷：资金结存——货币资金
差错更正	借：银行存款等 　　贷：以前年度盈余调整 （或相反分录）	借：资金结存——货币资金 　　贷：非财政拨款结余——年初余额调整 （或相反分录）
年末，冲销有关明细科目余额	—	借：非财政拨款结余——年初余额调整 　　　　　　　　　　——项目间接费用或管理费 　　　　　　　　　　——结转转入 　　贷：非财政拨款结余——累计结余 （或相反分录） 🎓名师说 结转后，本科目除"累计结余"明细科目外，其他明细科目应无余额。
年末，事业单位将"非财政拨款结余分配"科目余额转入非财政拨款结余	—	借：非财政拨款结余——累计结余 　　贷：非财政拨款结余分配 （或相反分录）
年末，行政单位将"其他结余"科目余额转入非财政拨款结余	—	借：其他结余 　　贷：非财政拨款结余——累计结余 （或相反分录） 🎓名师说 年末，事业单位将"其他结余"转入"非财政拨款结余分配"科目。

【例 2-140·判断题·2019】科学事业单位按照规定从科研项目预算收入中提取项目管理费时，既要进行财务会计核算，又要进行预算会计核算。　　（　　）

【答案】√

【解析】单位按照规定从科研项目预算收入中提取项目管理费或间接费时，按照提取金额，在预算会计中借记"非财政拨款结转——项目间接费用或管理费"科目，贷记"非财政拨款结余——项目间接费用或管理费"科目；同时，在财务会计中借记"单位管理费用"科目，贷记"预提费用——项目间接费用或管理费"科目。

【例 2-141·单选题·2018】年末完成非财政拨款专项资金结转后，留归本单位使用的非财政拨款结转计入（　　）。

A. 本期盈余　　　　　　　　　　　　　B. 银行存款

C. 专用基金　　　　　　　　　　　　　D. 非财政拨款结余——结转转入

【答案】D

【解析】年末，完成非财政拨款专项资金结转后，留归本单位使用的非财政拨款结转借记"非财政拨款结余——累计结转"，贷记"非财政拨款结余——结转转入"，选项 D 正确。

【例 2-142·单选题·2018】在预算会计中，单位期末应将"事业预算收入"科目本期发生额中的专项资金收入结转记入的会计科目是（　　）。

A. 非财政拨款结转　　B. 经营结余　　　　C. 专用基金　　　　D. 专用结余

【答案】A

【解析】根据"事业预算收入"等科目下各专项资金收入明细科目，贷记"非财政拨款结转——本年收支结转"科目，选项 A 正确。

（3）专用结余的核算。专用结余是指事业单位按照规定从非财政拨款结余中提取的具有**专门用途**的资金。专用结余的年末贷方余额，反映事业单位从非同级财政拨款结余中提取的专用基金的累计滚存数额。

专用结余的核算见表 2-50。

表 2-50　　　　　　　　　　　　　　　　专用结余的核算

专用结余业务	财务会计	预算会计
从本年度非财政拨款结余或经营结余中提取基金	—	借：非财政拨款结余分配 　　贷：专用结余
使用提取的专用基金时	—	借：专用结余 　　贷：资金结存——货币资金

【例 2-143·单选题·2019】下列各项中，事业单位预算会计按规定提取专用结余应借记的会计科目是（　　）。

A. 非财政拨款结余　　　　　　　　　　B. 非财政拨款结余分配

C. 非财政拨款结转　　　　　　　　　　D. 财政拨款结余

【答案】B

【解析】根据有关规定从本年度非财政拨款结余或经营结余中提取基金的，按照提取金额，借记"非财政拨款结余分配"科目，贷记"专用结余"科目，选项 B 正确。

（4）经营结余的核算。"经营结余"科目，核算事业单位在本年度经营活动收支相抵后余额弥补以前年度经营亏损后的余额。

经营结余的核算见表 2-51。

表 2-51   经营结余的核算

业务	预算会计
根据经营预算收入本期发生额	借：经营预算收入 　　贷：经营结余
根据经营支出本期发生额	借：经营结余 　　贷：经营支出
年末，将"经营结余"的贷方余额转出	借：经营结余 　　贷：非财政拨款结余分配 **名师说** 如为借方余额，**为经营亏损**，不予结转。

（5）其他结余的核算。其他结余是指单位本年度除财政拨款收支、非同级财政专项资金收支和经营收支以外各项收支相抵后的余额。年末，行政单位将本科目余额转入"非财政拨款结余——累计结余"科目，事业单位将本科目余额转入"非财政拨款结合分配"科目。

（6）非财政拨款结余分配的核算。"非财政拨款结余分配的核算"科目核算事业单位本年度非财政拨款结余分配的情况和结果，财务处理见 2-52。

表 2-52   非财政拨款结余分配的核算

业务	财务会计	预算会计
年末归集	—	借：其他结余 　　经营结余 　　贷：非财政拨款结余分配
根据有关规定提取专用基金	借：本年盈余分配 　　贷：专用基金	借：非财政拨款结余分配 　　贷：专用结余
年末结转	—	借：非财政拨款结余分配 　　贷：非财政拨款结余

（五）净资产业务

单位财务会计中净资产的来源主要包括**累计实现的盈余**和**无偿调拨的净资产**。净资产业务的科目见表 2-53。

表 2-53   净资产业务的科目设置

科目	内容
本期盈余	反映单位本期各项收入、费用相抵后的余额
本年盈余分配	反映单位本年度盈余分配的情况和结果

科目	内容
专用基金	事业单位按照规定提取或设置的具有专门用途的净资产 **名师说** 专用基金主要包括职工福利基金、科技成果转换基金等。
无偿调拨净资产	核算无偿调入或调出非现金资产所引起的净资产变动金额
权益法调整	核算事业单位持有的长期股权投资采用权益法核算时，按照被投资单位除净损益和利润分配以外的所有者权益变动份额调整长期股权投资账面余额而计入净资产的金额
以前年度盈余调整	核算单位本年度发生的调整以前年度盈余的事项，包括本年度发生的重要前期差错更正涉及调整以前年度盈余的事项
累计盈余	核算单位历年实现的盈余扣除盈余分配后滚存的金额，以及因无偿调入调出资产产生的净资产变动额

【例 2-144·单选题·2019】下列各项中，应在事业单位资产负债表中"净资产"部分单独列示的是（　　）。

　　A. 财政拨款结余　　　　B. 其他结余　　　　　C. 累计盈余　　　　　D. 经营结余

【答案】C

【解析】选项 ABD 属于事业单位预算会计科目，不列入事业单位资产负债表中。

【例 2-145·多选题·2017】下列各项中，属于事业单位净资产的有（　　）。

　　A. 权益法调整　　　　B. 专用基金　　　　　C. 无偿调拨净资产　　　D. 长期股权投资

【答案】ABC

【解析】长期股权投资属于资产，选项 D 错误。

　1. 本期盈余及本年盈余分配

　（1）本期盈余的核算见表 2-54。

表 2-54　　　　　　　　　　　　　　本期盈余的核算

业务	分类	财务会计分录
业务期末结转	结转收入	借：财政拨款收入/事业收入/上级补助收入/附属单位上缴收入/经营收入/非同级财政拨款收入/投资收益（或贷方）/捐赠收入/利息收入/租金收入/其他收入 　　贷：本期盈余
期末结转	结转费用	借：本期盈余 　　贷：业务活动费用/单位管理费用/经营费用/资产处置费用/上缴上级费用/对附属单位补助费用/所得税费用/其他费用
年末结转		借：本期盈余 　　贷：本年盈余分配 （或相反分录）

（2）本年盈余分配的核算见表2-55。

表 2-55   本期盈余分配的核算

业务	预算会计
年末结转本期盈余	借：本期盈余 　　贷：本年盈余分配 （或相反分录）
从本年度非财政拨款结余或经营结余中提取专用基金	借：本年盈余分配 　　贷：专用基金
年末结转	借：累计盈余 　　贷：本年盈余分配

2. 专用基金

表 2-56   专用基金的核算

业务	财务会计	预算会计
从本年度非财政拨款结余或经营结余中提取专用基金	借：本年盈余分配 　　贷：专用基金	借：非财政拨款结余分配 　　贷：专用结余

3. 无偿调拨净资产

表 2-57   无偿调拨净资产的核算

业务	财务会计	预算会计
取得无偿调入的非现金资产时	借：库存物品/固定资产/无形资产/长期股权投资/公共基础设施/政府储备物资/保障性住房等 　　贷：无偿调拨净资产 　　零余额账户用款额度/银行存款等【发生的归属于调入方的相关费用】	借：其他支出 　　贷：资金结存
经批准无偿调出非现金资产时	借：无偿调拨净资产 　　固定资产累计折旧/无形资产累计摊销/公共基础设施累计折旧（摊销）/保障性住房累计折旧 　　贷：库存物品/固定资产/无形资产/长期股权投资/公共基础设施/政府储备物资等【账面余额】 借：资产处置费用【发生的归属于调出方的相关费用】 　　贷：银行存款/零余额账户用款额度等	借：其他支出 　　贷：资金结存
年末结转	借：无偿调拨净资产 　　贷：累计盈余 （或相反分录）	—

> **📖 名师说**
>
> 　　无偿调拨净资产业务属于政府间净资产的变化，调入调出方不确认相应的收入和费用（只有发生归属于调入方的相关税费等才需编制预算会计分录）。

4. 权益法调整

表 2-58　　　　　　　　　　　　　　　　权益法调整的核算

业务	财务会计
被投资单位除净损益和利润分配以外的所有者权益变动	借：长期股权投资——其他权益变动 　　贷：权益法调整 （或相反分录）
处置长期股权投资	借：权益法调整 　　贷：投资收益 （或相反分录）

5. 以前年度盈余调整

　　单位对相关事项调整后，应当及时将"以前年度盈余调整"科目余额转入"累计盈余"科目，相关会计处理为：

借：累计盈余
　　贷：以前年度盈余调整
（或相反分录）

表 2-59　　　　　　　　　　　　　　　　累计盈余的会计分录

业务	会计分录
年末，将"本年盈余分配"科目余额转入"累计盈余"科目	借：本年盈余分配 　　贷：累计盈余 （或相反分录）
年末，将"无偿调拨净资产"科目余额转入"累计盈余"科目	借：无偿调拨净资产 　　贷：累计盈余 （或相反分录）

　　按照规定上缴、缴回、单位间调剂结转结余资金产生的净资产变动额，以及对以前年度盈余的调整金额，也通过"累计盈余"科目核算。

> **🎯 敲黑板**
>
> 　　净资产业务的核算是考试中常见的考点，考生应重点关注本期盈余、本年盈余分配、专用基金及无偿调拨净资产几个业务的核算。另外，净资产业务的核算科目也需适当关注。

　　【例 2-146·单选题·2020】 下列各项中，年末事业单位"本年盈余分配"科目的余额应转入的会计科目是（　　）。

A. 本期盈余　　　　　　　　　　　B. 累计盈余

C. 以前年度盈余调整　　　　　　　D. 财政拨款结余

【答案】B

【解析】"本年盈余分配"科目核算单位本年度盈余分配的情况和结果，年末单位应将"本年盈余分配"科目余额转入"累计盈余"科目，选项B正确。

【例 2-147·单选题·2019】下列会计科目中，事业单位应在期末将其发生额结转计入"本期盈余"的是（　　）。

A. 以前年度盈余调整　B. 业务活动费用　　C. 累计盈余　　　　D. 财政拨款预算收入

【答案】B

【解析】期末，单位应当将"业务活动费用"科目本期发生额转入本期盈余，借记"本期盈余"科目，贷记"业务活动费用"科目，选项B正确。

【例 2-148·单选题·2019】2019 年 11 月，某事业单位"财政拨款收入"科目发生额为 40万元，"事业收入"科目发生额为 100 万元，"业务活动费用"科目发生额为 20 万元，"单位管理费用"科目发生额为 30 万元。不考虑其他因素，该单位月末完成所有结转后，"本期盈余"科目余额为（　　）万元。

A. 110　　　　　　　B. 60　　　　　　　C. 80　　　　　　　D. 90

【答案】D

【解析】该单位月末完成所有结转后，"本期盈余"科目余额 = 40 + 100 - 20 - 30 = 90（万元），选项D正确。

【例 2-149·判断题·2019】事业单位年末按照规定从本年度非财政拨款结余中提取专用基金的，按照预算会计下计算的提取金额，应借记"盈余分配"科目。　　　　　　　　（　　）

【答案】×

【解析】事业单位年末按照规定从本年度非财政拨款结余中提取专用基金的，按照预算会计下计算的提取金额，应借记"本年盈余分配"科目，贷记"专用基金"科目。

【例 2-150·判断题·2019】事业单位接受从其他部门无偿调入的固定资产，应当确认为"其他收入"。　　　　　　　　　　　　　　　　　　　　　　　　　　　　　　（　　）

【答案】×

【解析】单位无偿调入的固定资产，按照确定的成本，借记"固定资产"科目或"在建工程"科目，按照发生的相关税费、运输费等，贷记"零余额账户用款额度""银行存款"等科目，按照其差额，贷记"无偿调拨净资产"科目。

【例 2-151·多选题·2018】下列各项中，属于事业单位专用基金的有（　　）。

A. 科技成果转换基金　　　　　　　B. 无偿调拨净资产

C. 累计盈余　　　　　　　　　　　D. 职工福利基金

【答案】AD

【解析】事业单位的专用基金是指事业单位按规定提取或者设置的具有专门用途的净资产，主要包括职工福利基金、科技成果转换基金等，选项AD正确。

（六）资产业务

1. 资产业务的几个共性内容

（1）资产取得。资产取得方式见表2-60。

表2-60　　　　　　　　　　　　　　　　　　资产的取得

取得方式	核算成本
外购	成本＝售价＋税＋费＋资产达到目前场所和状态的费用
自行加工或建造	包括该项资产至验收入库或交付使用前所发生的全部必要支出
接受捐赠	存货、固定资产、无形资产初始成本可选择4个层次进行计量 / 成本的确认划分为如下的4个层次，优先选择级次高的层次。层次①级次最高，层次④级次最低：① 按照有关凭据注明的金额加上相关税费等确定。② 按照评估价值加上相关税费等确定。③ 比照同类或类似资产的市场价格加上相关税费等确定。④ 名义金额（人民币1元）
接受捐赠	投资、公共基础设施、政府储备物资、保障性房、文物文化资产等经管资产，初始成本只能选择前3个层次进行计量	见上
无偿调入	按照调出方账面价值加上相关税费等确定
置换	换出资产的评估价值，加上支付的补价或减去收到的补价，加上为换入资产发生的其他相关支出确定

（2）资产的处置。资产处置的形式包括无偿调拨、出售、出让、转让、置换、对外捐赠、报废、毁损以及货币性资产损失核销等。资产处置的账务处理见表2-61。

表2-61　　　　　　　　　　　　　　　　　资产的处置的账务处理

处置方式	账务处理
一般情况	将资产账面价值转销记入"资产处置费用"科目
盘盈、盘亏、报废或毁损	将资产账面价值转入"待处理财产损溢"科目
无偿调出	转销被处置资产账面价值时冲减"无偿调拨净资产"科目

2.固定资产

（1）分类。固定资产包括：①房屋及构筑物；②专用设备；③通用设备；④文物和陈列品；⑤图书、档案；⑥家具、用具、装具及动植物。

名师说

单位价值虽未达到规定标准，但使用期限超过1年（不含1年）的大批同类物资，如图书、家具、用具、装具及动植物等，应当作为固定资产进行核算和管理。

（2）计提折旧。固定资产应当按月计提折旧，当月增加的固定资产，当月开始计提折旧；当月减少的固定资产，当月不再计提折旧。

固定资产提足折旧后，无论能否继续使用，均不再计提折旧；提前报废的固定资产，也不再补提折旧。

名师说

不计提折旧的固定资产包括：①文物和陈列品；②动植物；③图书、档案；④单独计价入账的土地；⑤以名义金额计量的固定资产。

敲黑板

在资产业务知识点中，考生应重点关注固定资产的核算、计提折旧（包括范围及时间），同时适当关注不同方式下取得的资产成本的确定。

【例 2-152·单选题·2020】下列各项中，事业单位应当计提折旧的固定资产是（　　）。

A.单独计价入账的土地　　　　　　　B.文物和阵列品

C.图书、档案　　　　　　　　　　　D.已交付使用的办公大楼

【答案】D

【解析】单位应当按月对固定资产计提折旧，下列固定资产除外：①文物和陈列品；②动植物；③图书、档案；④单独计价入账的土地；⑤以名义金额计量的固定资产。选项 ABC 错误。

【例 2-153·单选题·2020】下列各项中，属于事业单位资产类科目的是（　　）。

A.财政应返还额度　　B.无偿调拨净资产　　C.应缴财政款　　　　D.专用基金

【答案】A

【解析】无偿调拨净资产和专用基金属于净资产，选项 BD 错误；应缴财政款属于负债，选项 C 错误。

【例 2-154·单选题·2019】下列各项中，政府会计主体采用财务会计核算的同时应当进行预算会计核算的是（　　）。

A.支付应缴财政款　　　　　　　　　B.财政授权支付方式购买办公用品

C.计提固定资产折旧　　　　　　　　D.收到受托代理的现金

【答案】B

【解析】政府会计主体购买办公用品，在财务授权支付方式下，按规定支用额度时，借记"业务活动费用""单位管理费用""库存物品"等科目，贷记"零余额账户用款额度"科目；同时在预算会计中，借记"行政支出""事业支出"等科目，贷记"资金结存——零余额账户用款额度"科目。选项 B 正确。

【例 2-155·多选题·2020】下列各项中，事业单位当月应计提折旧的有（　　）。

A.已提足折旧但仍继续使用的固定资产　　B.当月无偿调入未提足折旧的专用设备

C.以名义金额计量的固定资产　　　　　　D.当月达到预定可使用状态的办公大楼

【答案】BD

【解析】单位应当按月对固定资产计提折旧，下列固定资产除外：①文物和陈列品；②动植物；③图书、档案；④单独计价入账的土地；⑤以名义金额计量的固定资产。故选项 C 错误。固定资产应当按月计提折旧，当月增加的固定资产，当月开始计提折旧；当月减少的固定资产，当月不再计提折旧。固定资产提足折旧后，无论能否继续使用，均不再计提折旧。故选项 A 错误。

【例 2-156·多选题·2020】下列各项中，事业单位应通过"待处理财产损溢"科目核算的有

（　　　）。

　　A.盘盈固定资产　　　B.无偿调入固定资产　　C.盘亏固定资产　　　D.报废固定资产

【答案】ACD

【解析】对于资产盘盈、盘亏、报废或毁损的固定资产，应当在报经批转前将相关资产账面价值转入"待处理财产损溢"科目，待报经批准后再进行资产处置。故选项ACD正确。无偿调入固定资产通过"无偿调拨净资产"科目核算，选项B错误。

【例2-157·多选题·2019】下列各项中，除以名义金额计量的固定资产之外，事业单位应计提折旧的有（　　　）。

　　A.陈列品　　　　　B.动植物　　　　　　C.钢结构的房屋　　　D.电影设备

【答案】CD

【解析】事业单位不计提折旧的范围：文物和陈列品、动植物、图书、档案、单独计价入账的土地、以名义金额计量的固定资产、提足折旧的固定资产、提前报废的固定资产，排除选项AB。

【例2-158·判断题·2020】事业单位占有使用的单位价值虽未达到规定标准，但使用期限超过1年（不含1年）的大批同类办公桌椅，应当作为固定资产进行核算。　　　　（　　　）

【答案】√

（七）负债业务

1.应缴财政款

应缴财政款是指单位取得或应收的按照规定应当上缴财政的款项，包括应交国库的款项和应缴财政专户的款项。应缴财政款的会计处理见表2-62。

表2-62　　　　　　　　　　　　　　　应缴财政款的会计处理

情形	会计处理
取得或应收按照规定应缴财政的款项时	借：银行存款／应收账款等 　　贷：应缴财政款
上缴财政款项时	借：应缴财政款 　　贷：银行存款等

🎓 **名师说**

由于应缴财政的款项不属于纳入部门预算管理的现金收支，因此不进行预算会计处理。

2.应付职工薪酬

单位按有关规定应付给职工（含长期聘用人员）及为职工支付的各种薪酬，包括基本工资、国家统一规定的津贴补贴、规范津贴补贴（绩效工资）、改革性补贴、社会保险费（如职工基本养老保险费、职业年金、基本医疗保险费等）、住房公积金等，相关会计处理见表2-63。

表 2-63 应付职工薪酬的会计处理

业务	财务会计	预算会计
计算确认当前应付职工薪酬	借：业务活动费用等 贷：应付职工薪酬——基本工资	
从职工薪酬中代扣个税	借：应付职工薪酬——基本工资 贷：其他应交税费——应交个人 所得税等	—
向职工支付工资	借：应付职工薪酬 贷：零余额账户用款额度等	借：事业支出等 贷：资金结存
上缴代扣取的个人所得税	借：其他应交税费 贷：零余额账户用款额度	借：事业支出 贷：资金结存——零余额账户 用款额度

【例 2-159·单选题·2019】下列各项中，属于事业单位负债的是（   ）。

A. 应缴财政款

B. 零余额账户用款额度

C. 财政拨款结余

D. 财政应返还额度

【答案】A

【解析】选项 BD 属于事业单位资产类科目，选项 C 属于事业单位预算结余类科目。

本章习题精练

一、单项选择题

1. 将资产类科目分为反映流动资产的科目和反映非流动资产的科目的依据是（　　）。

　　A. 资产的流动性

　　B. 负债的偿还期限

　　C. 所有者权益的形成和性质

　　D. 成本的不同内容和性质

2. 下列关于利润的表述中，正确的是（　　）。

　　A. 利润体现的是企业某一时点的经营成果

　　B. 利润的增加，会引起所有者权益的增加

　　C. 利润的金额是由收入减去费用确认的

　　D. 利润体现的是企业日常经营活动的业绩

3. 资产按照购置时支付现金的金额计量的方法是（　　）。

　　A. 历史成本　　　　B. 重置成本

　　C. 可变现净值　　　D. 现值

4. 下列项目中，属于非流动负债的是（　　）。

　　A. 应付票据　　　　B. 合同负债

　　C. 长期借款　　　　D. 短期借款

5. 根据借贷记账法的账户结构，在账户借方登记的是（　　）。

　　A. 费用增加　　　　B. 收入增加

　　C. 费用减少　　　　D. 所有者权益增加

6. 应收账款账户期初借方余额为 12 300 元，本期借方发生额为 23 400 元，本期贷方发生额为 3 400 元，该账户期末余额为（　　）。

　　A. 借方 32 300 元　　B. 借方 77 000 元

　　C. 贷方 32 300 元　　D. 贷方 77 000 元

7. 会计科目和会计账户的本质区别在于（　　）。

　　A. 反映的经济业务不同

　　B. 记录资产和权益的内容不同

　　C. 记录资产和权益的方法不同

　　D. 会计账户有结构，而会计科目无结构

8. 某企业本月投产甲产品 50 件、乙产品 100 件，生产甲、乙两种产品共耗用材料 4 500 千克，每千克 20 元，每件甲、乙产品材料消耗定额分别为 50 千克、15 千克，按材料定额消耗量比例分配材料费用，则甲产品分配的材料费用为（　　）元。

　　A. 50 000　　　　　B. 30 000

　　C. 33 750　　　　　D. 56 250

9. 在原始凭证上书写阿拉伯数字，下列做法错误的是（　　）。

　　A. 金额数字前要书写货币币种符号

　　B. 以元结尾的，在元后要写"正"或"整"字

　　C. 数字金额一律写到角分，无角分的，写"00"或符号"—"

　　D. 币种符号与金额数字之间要留有空白

10. 下列关于企业从银行提取现金时所需填制凭证的表述中，正确的是（　　）。

　　A. 填制付款凭证

　　B. 填制收款凭证

　　C. 既填制付款凭证，又填制收款凭证

　　D. 填制转账凭证

11. 下列各项中，可以不附原始凭证的记账凭证是（　　）。

　　A. 更正错误的记账凭证

　　B. 材料入库的记账凭证

　　C. 以现金存入银行的记账凭证

　　D. 从银行提取现金的记账凭证

12. 企业债权债务明细账与往来单位账簿记录的核对属于（　　）。

　　A. 账实核对　　　　B. 账账核对

　　C. 账表核对　　　　D. 账证核对

13. 下列说法中，属于订本式账簿优点的是（　　）。

　　A. 可以防止抽换账页

B. 便于记账分工

C. 可以根据需要随时增添账页

D. 账页可多可少，不会造成浪费

14. 下列各项中，应采用数量金额式账簿的是（　　）。

A. 库存商品明细账

B. 销售费用明细账

C. 生产成本明细账

D. 主营业务成本明细账

15. 下列各项中，属于各种账务处理程序之间主要区别的是（　　）。

A. 填制记账凭证的直接依据不同

B. 登记明细分类账的依据和方法不同

C. 编制财务报表的直接依据不同

D. 登记总分类账的依据和方法不同

16. 企业在结账前发现账簿记录有文字或数字错误，而记账凭证没有错误，应当采用（　　）。

A. 划线更正法　　　　B. 补充登记法

C. 红字更正法　　　　D. 重新编制记账凭证

17. 对于规模较小、业务量较少的单位，其适用的账务处理程序是（　　）。

A. 记账凭证账务处理程序

B. 汇总记账凭证账务处理程序

C. 记账凭证汇总表账务处理程序

D. 科目汇总表账务处理程序

18. 企业在发生火灾后，对其受损的财产物资进行的清查，属于（　　）。

A. 局部清查和定期清查

B. 全面清查和定期清查

C. 全面清查和不定期清查

D. 局部清查和不定期清查

19. 甲企业于2×21年10月租用厂房，租金为100万元，用银行存款支付50万元，剩余50万元尚未支付；预订下月用材料一批，用银行存款支付订金5万元。按照权责发生制，该企业10月确认的费用为（　　）万元。

A. 30　　　　　　　　B. 35

C. 100　　　　　　　D. 105

20. 下列项目中，不属于非流动资产要素的是（　　）。

A. 商誉　　　　　　　B. 无形资产

C. 应收票据　　　　　D. 开发支出

21. 某企业采用计划成本法分配辅助生产费用时，应将生产车间实际发生的费用与按计划单位成本分配转出的费用之间的差额记入的会计科目是（　　）。

A. 制造费用　　　　　B. 管理费用

C. 生产费用　　　　　D. 销售费用

22. 企业购进原材料100 000元，款项未付。该笔经济业务应编制的记账凭证是（　　）。

A. 收款凭证　　　　　B. 付款凭证

C. 转账凭证　　　　　D. 以上均可

23. 行政管理部门王某前来报销差旅费3500元（原预借2 000元），财务部门补足其现金。会计人员应当填制的记账凭证是（　　）。

A. 只填制现金收款凭证

B. 只填制转账凭证

C. 除填制现金收款凭证外还要填制转账凭证

D. 除填制现金付款凭证外还要填制转账凭证

24. 下列账簿中，可以采用卡片账的是（　　）。

A. 原材料总分类账

B. 库存现金日记账

C. 固定资产明细分类账

D. 固定资产总分类账

25. 账务处理程序中，不利于会计核算日常分工的是（　　）。

A. 记账凭证账务处理程序

B. 科目汇总表账务处理程序

C. 汇总记账凭证账务处理程序

D. 记账凭证汇总表账务处理程序

26. 下列各项中，应计入废品损失的是（　　）。

A. 可修复废品的修复费用

B. 产品入库后因保管不善发生的变质损失

C. 可修复废品返修前发生的生产费用

D. 实行"三包"企业的产品出售后发现的废品

27. 补充登记法主要适用于（　　）。

A. 记账文字或数字有误，所用科目无误

B. 记账后在年内发现所记金额无误，所用科目有误

C. 记账后在年内发现所记金额大于应记金额，所用科目无误

D. 记账后发现所记金额小于应记金额，所用科目无误

28. 下列各项中，当账簿记录错误，可以采用划线更正法更正的是（　　）。

A. 记账凭证正确，但在登账时发生错误导致账簿记录错误

B. 记账凭证上会计科目或记账方向错误，导致账簿记录错误

C. 记账凭证上会计科目或记账方向正确，但账簿上所记金额大于应记金额

D. 记账凭证上会计科目或记账方向正确，但账簿上所记金额小于应记金额

29. 某企业生产甲、乙两种产品，耗用直接原材料 15 万元，车间管理人员薪酬 3 万元，车间设备计提折旧 9 万元，各项生产费用按照工时在甲、乙之间分配，甲、乙耗费工时分别为 100 小时和 50 小时，则甲产品应分配的生产费用为（　　）万元。

A. 4　　　　　　　　B. 8

C. 9　　　　　　　　D. 18

30. 下列选项中，属于政府主体流动资产的是（　　）。

A. 文物文化资产　　B. 陈列品

C. 公共基础设施　　D. 应收账款

31. 下列关于政府会计主体负债的表述中，错误的是（　　）。

A. 负债是由政府会计主体过去的经济业务或者事项形成

B. 预期会导致经济资源流出政府会计主体

C. 未来发生的经济业务或者事项形成的义务应当确认为负债

D. 按照流动性分类为流动负债和非流动负债

32. 在管理会计指引体系中起统领作用的是（　　）。

A. 基本指引　　　　B. 应用指引

C. 案例库　　　　　D. 理论体系

33. 下列情况中，适用分步法计算产品成本的是（　　）。

A. 单件小批生产

B. 大量大批单步骤生产

C. 大量大批多步骤生产

D. 单步骤生产

34. 下列各项中，关于品种法的表述不正确的是（　　）。

A. 广泛适用于单件小批生产的企业

B. 广泛适用于单步骤、大量大批生产的企业

C. 成本核算对象是产品品种

D. 定期计算产品成本

35. 下列关于分批法计算成本的说法中，不正确的是（　　）。

A. 适用于精密仪器制造

B. 不适用于重型机器制造业

C. 月末一般无需在在产品与完工产品之间分配费用

D. 产品成本计算期与产品生产周期基本一致

二、多项选择题

36. 下列项目中，属于费用要素特点的有（　　）。

A. 与向所有者分配利润无关

B. 日常活动中发生的经济利益的总流入

C. 在日常经济活动中形成

D. 会导致所有者权益减少

37. 下列各项中，引起企业资产和负债要素同时发生增减变动的经济业务有（ ）。

A. 收到股东投资款

B. 以盈余公积转增资本

C. 从银行借入短期借款

D. 以银行存款归还前欠货款

38. 试算平衡法是根据（ ）确定的。

A. 借贷记账法的记账规则

B. 经济业务内容

C. 资产＝负债＋所有者权益

D. 经济业务类型

39. 下列各项中，有关记账凭证的表述正确的有（ ）。

A. 收款凭证的借方科目只能是"库存现金"或"银行存款"

B. 付款凭证的贷方科目只能是"库存现金"或"银行存款"

C. 收款凭证和付款凭证是出纳人员登记库存现金日记账或银行存款日记账的依据

D. 转账凭证中不会涉及"库存现金"或"银行存款"科目

40. 按照账页格式的不同，会计账簿分为（ ）。

A. 活页式账簿　　　B. 三栏式账簿

C. 数量金额式账簿　　D. 多栏式账簿

41. 下列关于试算平衡公式的表述中，正确的有（ ）。

A. 资产类账户借方发生额合计＝资产类账户贷方发生额合计

B. 负债类账户借方发生额合计＝负债类账户贷方发生额合计

C. 全部账户的借方期初余额合计＝全部账户的贷方期初余额合计

D. 全部账户本期借方发生额合计＝全部账户本期贷方发生额合计

42. 下列各项中，企业应当确认为负债的有（ ）。

A. 应收账款　　　　B. 应付账款

C. 预付账款　　　　D. 预收账款

43. "资产＝负债＋所有者权益"这一会计恒等式是（ ）。

A. 复式记账的理论基础

B. 设置账户的理论依据

C. 编制利润表的理论依据

D. 编制资产负债表的理论依据

44. 下列不属于原始凭证的有（ ）。

A. 领料单

B. 银行存款余额调节表

C. 购销合同

D. 生产计划

45. 下列各项中，属于科目汇总表账务处理程序优点的有（ ）。

A. 可起到试算平衡的作用

B. 有利于账目检查

C. 能反映各账户之间的对应关系

D. 减轻了登记总分类账的工作量

46. 下列关于银行存款余额调节表的表述中，正确的有（ ）。

A. 银行存款日记账余额加上银行已收企业未收款

B. 银行存款日记账余额加上银行已付企业未付款

C. 银行对账单余额加上企业已收银行未收款

D. 银行对账单余额加上企业已付银行未付款

47. 对由于记账凭证错误而导致账簿登记错误的，应采用的错账更正方法有（ ）。

A. 划线更正法　　　B. 红字更正法

C. 补充登记法　　　D. 平行登记法

48. 下列应采用红字更正法的有（ ）。

A. 记账凭证无误，但登账时因笔误导致会计账簿出现错误

B. 记账凭证科目有误，导致登账错误

C. 记账凭证金额有误，所记金额比应记金额小

D. 记账凭证金额有误，所记金额比应记金额大

49. 下列关于库存现金清查的说法中，不正确的有（　　）。

A. 库存现金只需要定期清查

B. 库存现金清查时出纳人员应该回避

C. 库存现金清查时出纳人员必须在场

D. 现金清查后，如果存在账实不符也不得调整库存现金日记账

50. 我国的政府会计标准体系由（　　）等组成。

A. 政府会计基本准则

B. 政府会计具体准则

C. 政府会计应用指南

D. 政府会计制度

51. 下列各项中，属于政府会计资产计量属性的有（　　）。

A. 现值　　　　　　B. 公允价值

C. 名义金额　　　　D. 可变现净值

52. 下列各项中，属于政府会计负债计量属性的有（　　）。

A. 现值　　　　　　B. 公允价值

C. 名义金额　　　　D. 历史成本

53. 下列有关管理会计指引体系中的说法中，正确的有（　　）。

A. 基本指引在指引体系中起统领作用，是制定应用指引和建设案例库的基础

B. 基本指引既对管理会计普遍规律和基本认识进行总结升华，也对应用指引中未做出描述的新问题提供处理依据

C. 应用指引居于主体地位，是对单位管理会计工作的具体指导

D. 建立管理会计案例库，是管理会计体系建设区别于企业会计准则体系建设的大特色

54. 管理会计工具方法中的本量利分析可以用于企业的（　　）决策。

A. 风险管理　　　　B. 成本决策

C. 定价决策　　　　D. 投融资决策

55. 下列各项中，关于产品成本计算方法表述正确的有（　　）。

A. 分批法下，同一批次产品同时完工的，月末不需将生产费用在完工产品与产品之间分配

B. 逐步结转分步法需要计算各步骤完工产品成本和在产品成本

C. 平行结转分步法不计算各步骤所产半成品的成本

D. 各种计算方法下，月末存在在产品的，应将生产费用在完工产品和在产品之间进行分配

三、判断题

56. 会计科目按反映的经济内容分类，可分为资产类科目、负债类科目、所有者权益类科目、收入类科目、成本类科目、利润类科目。（　　）

57. 原始凭证金额有错误的，应当由出具单位重开或更正。（　　）

58. 由中国人民银行统一制作的支票、商业汇票等结算凭证属于专用凭证。（　　）

59. 在填制记账凭证时，可将不同内容和类别的原始凭证汇总填制在一张记账凭证上。（　　）

60. 会计凭证按照填制程序和用途可分为收款凭证、付款凭证和转账凭证。（　　）

61. 账证核对是指将账簿记录与记账凭证进行核对。（　　）

62. 企业试算平衡表中全部账户本期借方发生额合计等于全部账户本期贷方发生额合计，表明该企业本期记账正确。（　　）

63. 编制试算平衡表时，也包括只有期初余额而没有本期发生额的账户。（　　）

64. 定期清查和不定期清查均既可以是全面清查，又可以是局部清查。（　　）

65.政府会计制度指导政府会计基本准则和具体准则的制定，并为政府会计实务问题提供处理原则。　　　　　　　　（　　）

66.资产是指政府会计主体过去的经济业务或者事项形成的，由政府会计主体控制的，预期能够带来经济利益流入的经济资源。（　　）

67.政府会计主体对负债进行计量，一般应当采用公允价值。　　　　　　　（　　）

68.收入是指报告期内导致政府会计主体资产增加或者负债减少的、含有服务潜力或者经济利益的经济资源的流入。　　　（　　）

69.在历史成本下，政府负债应按因承担现时义务而实际收到的款项或者资产的金额，或者承担现时义务的合同金额，或者按照为偿还

负债预期需要支付的现金计量。　（　　）

70.案例库是对国内外管理会计经验的总结提炼，是对如何运用管理会计基本指引的实例示范。　　　　　　　　　（　　）

71.直接分配法不考虑各辅助生产车间之间相互提供劳务或产品的情况，将各种辅助生产费用直接分配给辅助生产车间以外的各受益单位。　　　　　　　　　　　（　　）

72.政府单位对于纳入年度部门预算管理的现金收支业务，在采用财务会计核算的同时应当进行预算会计核算。　　　　　（　　）

73.行政事业单位应当在预算会计中设置"资金结存"科目，核算纳入年度部门预算管理的资金流入、流出、调整和滚存等情况。（　　）

第三章 流动资产

考情概要

　　本章是考试中最为重要的章节之一，历年考试中会以单选题、多选题、判断题和不定项选择题各类题型考查，是考生们通过会计初级实务考试的关键一章。而这其中，交易性金融资产、存货的核算是重中之重，考生们必须拿下。本章考点密集，但整体来讲难度适中，单选题、多选题和判断题中大多数考题只考核单个考点，仅有少量题目，特别是不定项选择题会联合本章相关考点，甚至其他章节相关考点进行考查，请考生们高度重视，认真对待。

考纲要求及考查方式

考纲内容	要求	考试题型
流动资产的概念及其主要内容	熟透	单选题、多选题、判断题
现金管理的主要内容和现金核算、现金清查；银行结算制度的主要内容；其他货币资金的核算	掌握	单选题、多选题、判断题
交易性金融资产的核算	掌握	单选题、多选题、判断题、不定项选择题
应收票据、应收账款、预付账款、应收股利、应收利息和其他应收款的核算	掌握	单选题、多选题、判断题、不定项选择题
存货成本的确定、发出存货的计价方法、存货清查、存货跌价准备；原材料、周转材料、委托加工物资、库存商品的核算	掌握	单选题、多选题、判断题
存货成本的确定、发出存货的计价方法、存货清查、存货跌价准备；原材料、周转材料、委托加工物资、库存商品的核算	掌握	单选题、多选题、判断题、不定项选择题
各种流动资产的管理	了解	单选题、多选题、判断题
短期投资的核算	了解	单选题、多选题、判断题
消耗性生物资产的核算	了解	单选题、多选题、判断题

学习建议

资产的核算是初级会计实务中最为重要的内容，知识点多且分散。资产根据其流动性分为流动资产和非流动资产，本章主要讲解资产中流动资产的部分，非流动资产将会在第四章中讲解。流动资产中，交易性金融资产和存货是重点内容。学员们在学习的过程中，要根据知识点的特征来分类把握：对于相对不太重要的单一知识点（如库存现金的管理制度等），做到了解内容，能够应对客观题即可；对于较为重要的单一知识点（如其他货币资金的内容、各类资产的盘点清查等），应做到熟练掌握，遇到考题能够快速反应；对于非常重要的复杂知识点（如各类资产的减值、各类经济业务的会计处理等），应做到准确记忆、明确辨析；对于可能与其他章节关联的知识点（如应收账款与收入的确认计量、资产的入账成本与应交税费、资产负债表上存货项目的填列等），学员们要主动理解，强化练习，慢慢做到融会贯通。

考生们无须有畏难情绪，紧跟教材，认真备考，循序渐进就能拿下本章。

学习框架

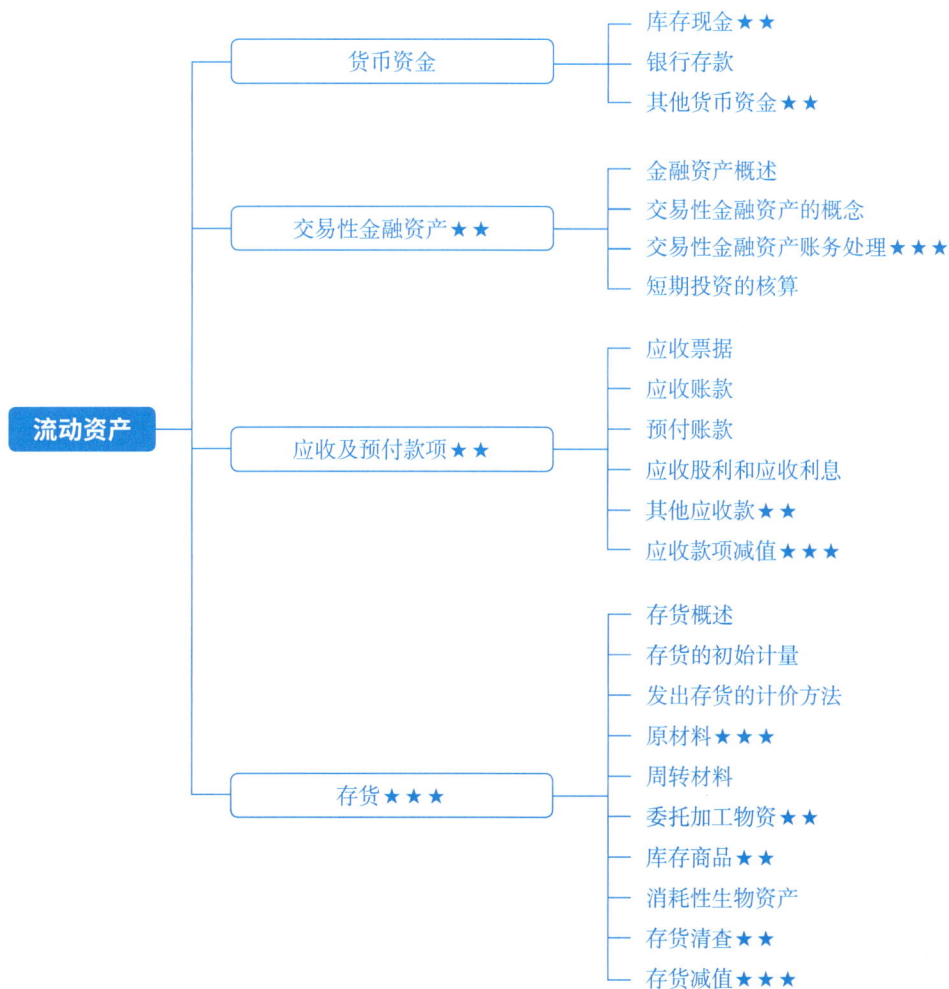

第一节 货币资金

货币资金是指企业生产经营过程中处于货币形态的资产，包括库存现金、银行存款和其他货币资金。

🎯 **敲黑板**

> 流动资产，是指企业拥有或者控制的预计在一个正常营业周期（1 年内）中变现、出售或耗用的资产。本章主要介绍货币资金、交易性金融资产、应收及预付款项、存货、合同资产和其他流动资产的会计处理。

一、库存现金★★

1. 现金管理制度

表 3-1　　　　　　　　　　　　　　　　　现金管理制度

项目	内容
使用范围	① 职工工资、津贴。 ② 个人劳务报酬。 ③ 根据国家规定颁发给个人的科学技术、文化艺术、体育比赛等各种奖金。 ④ 各种劳保、福利费用以及国家规定的对个人的其他支出。 ⑤ 向个人收购农副产品及其他物资的价款。 ⑥ 出差人员必须随身携带的差旅费。 ⑦ 结算起点（1 000 元）以下的零星支出。 ⑧ 中国人民银行确定需要支付现金的其他支出
现金限额	一般单位：3 到 5 天的日常零星开支。 边远地区和交通不便地区的单位：可多于 5 天，但不得超过 15 天的日常零星开支
现金收支规定	现金收入当日送存银行。当日送存确有困难的，由开户银行确定送存时间。 现金支出不得从现金收入中直接支付（即不得"坐支"现金）

2. 账务处理

企业应当设置"库存现金"科目：借方登记库存现金的增加，贷方登记库存现金的减少，期末余额在借方，反映企业实际持有的库存现金金额。

3. 库存现金的清查

表 3-2　　　　　　　　　　　　　　　　　库存现金的清查

情形	批准前	批准后
现金溢余	借：库存现金 　　贷：待处理财产损溢	借：待处理财产损溢 　　贷：其他应付款【应支付给有关人员或单位的部分】 　　　　营业外收入　　【无法查明原因的部分】

续表

情形	批准前	批准后	
现金短缺	借：待处理财产损溢 　　贷：库存现金	借：其他应收款 　　**管理费用** 　　贷：待处理财产损溢	【应由责任人赔偿的部分】 【无法查明原因的部分】

名师说

（1）现金短缺通常是管理不善造成的，属于企业的管理问题，计入管理费用；（2）现金溢余与企业的经营管理没有直接关系，属于偶然所得，计入营业外收入。

【例3-1·单选题·2021】下列各项中，企业经批准转销无法查明原因的现金溢余应记入的会计科目是（　　）。

A.营业外收入　　　　　　　　　　B.管理费用

C.其他业务收入　　　　　　　　　D.财务费用

【答案】A

【解析】现金溢余报经批准后，属于应支付给有关人员或单位的，计入"其他应付款"科目；属于无法查明原因的，计入"营业外收入"。

【例3-2·单选题·2021】下列各项中企业现金清查发现的无法查明原因的短缺经批准后应记入的会计科目是（　　）。

A.管理费用　　　　　　　　　　　B.财务费用

C.其他应收款　　　　　　　　　　D.营业外支出

【答案】A

【解析】企业现金清查无法查明原因的短缺分录为：

报经批准前：

借：待处理财产损溢

　　贷：库存现金

报经批准后：

借：管理费用

　　贷：待处理财产损溢

【例3-3·判断题·2020】企业发生经济业务需要支付现金时，可以从本单位的现金收入中直接安排支付。　　　　　　　　　　　　　　　　　　　　　　　　（　　）

【答案】×

【解析】开户单位支付现金，可以从本单位库存现金限额中支付或从开户银行提取，不得从本单位的现金收入中直接支付（即坐支）。因特殊情况需要坐支现金的，应当事先报经开户银行审查批准，由开户银行核定坐支范围和限额。

【例3-4·单选题·2022】下列各项中，企业不能使用现金进行结算的是（　　）。

A.向科技人员颁发现金限额以内的奖金

B.向外单位支付设备货款

C.向职工发放现金限额以内的福利

D.向个人支付收购农产品价款

【答案】B

【解析】企业可用现金支付的款项有：

（1）职工工资、津贴；

（2）个人劳务报酬；

（3）根据国家规定颁发给个人的科学技术、文化艺术、体育比赛等各种奖金（选项A）；

（4）各种劳保、福利费用以及国家规定的对个人的其他支出（选项C）；

（5）向个人收购农副产品和其他物资的价款（选项D）；

（6）出差人员必须随身携带的差旅费；

（7）结算起点（1000元）以下的零星支出；

（8）中国人民银行确定需要支付现金的其他支出。

【例3-5 · 单选题 · 2019】某企业盘点现金时发现"库存现金"科目短缺351元，经批准需由出纳员赔偿200元，其余短缺无法查明原因。下列各项关于现金短缺相关会计科目的处理中，正确的是（　　）。

A.借记"管理费用"科目151元　　　　B.借记"其他应付款"科目200元

C.借记"营业外支出"科目151元　　　D.借记"财务费用"科目151元

【答案】A

【解析】选项A正确，企业发生现金短缺时，应作会计分录如下：

借：待处理财产损溢　　　　　　　351

　　贷：库存现金　　　　　　　　　　　351

报经批准后，应作会计分录如下：

借：其他应收款　　　　　　　　200

　　管理费用　　　　　　　　　　151

　　贷：待处理财产损溢　　　　　　　351

【例3-6 · 单选题 · 2019】2018年12月31日，某企业进行现金清查，发现"库存现金"科目短缺300元。经批准，由出纳员赔偿180元，其余120元无法查明原因，由企业承担损失。不考虑其他因素，该业务对企业当期营业利润的影响金额为（　　）元。

A.0　　　　　　　B.120　　　　　　　C.180　　　　　　　D.300

【答案】B

【解析】选项B正确，无法查明原因的现金短缺应当记入"管理费用"科目，使企业当期营业利润减少120元。相关会计处理如下：

在报经批准处理前：

借：待处理财产损溢　　　　　　　300

　　贷：库存现金　　　　　　　　　　　300

报经批准处理后：

借：管理费用　　　　　　　　　　120

　　其他应收款　　　　　　　　　180

　　贷：待处理财产损溢　　　　　　　300

【例3-7 · 多选题 · 2022】下列各项中，关于现金清查的会计处理表述正确的有（　　）。

A.无法查明原因的现金短缺，计入营业外支出

B.属于应由出纳人员赔偿的现金短缺，计入其他应收款

C.无法查明原因的现金溢余，计入营业外收入

D.属于应支付给有关单位的现金溢余，计入其他应付款

【答案】BCD

【解析】选项 A，无法查明原因的现金短缺计入管理费用。

二、银行存款

（1）为了反映和监督企业银行存款的收入、支出和结存情况，企业应当设置"银行存款"科目，借方登记企业银行存款的增加，贷方登记企业银行存款的减少，期末借方余额反映期末企业实际持有的银行存款的金额。

（2）银行存款的核对。

企业应当设置银行存款总账和银行存款日记账，分别进行银行存款的总分类核算和序时核算、明细分类核算。

银行存款日记账应定期与银行对账单核对，至少每月核对一次。企业银行存款账面余额与银行对账单余额之间如有差额，应编制"银行存款余额调节表"对此予以调节。银行存款余额调节表见表 3-3。

表 3-3　　　　　　　　　　　　　　　　银行存款余额调节表

项目	金额	项目	金额
企业银行存款日记账余额		银行对账单余额	
加：银行已收企业未收		加：企业已收银行未收	
减：银行已付企业未付		减：企业已付银行未付	
调节后的存款余额		调节后的存款余额	

名师说

银行存款余额调节表的原理是通过补充己方尚未操作的收付款业务，来消除因时间因素导致的未达账项（即表中列式的银行已收企业未收款项、银行已付企业未付款项、企业已收银行未收款项和企业已付银行未付款项）对账簿记录的差异，经调整后的双方账簿记录应当相等，**如仍不相等，则说明有记账错误**。

但考生应当注意，银行存款余额调节表的存在是为了核对账目，而不是调整账目。它**不是**企业银行存款日记账或银行对账单的**调整依据**，不是原始凭证。

【例 3-8 · 判断题 · 2022】企业应当设置银行存款总账和银行存款日记账，分别进行银行存款的总分类核算和序时、明细分类核算。（　　　）

【答案】√

【例 3-9 · 单选题 · 2019】下列各项中，会导致企业银行存款日记账余额大于银行对账单余额的是（　　　）。

A.企业开具支票，对方未到银行兑现

B.银行误将其他公司的存款计入本企业银行存款账户

C.银行代收货款，企业尚未接到收款通知

D.企业收到购货方转账支票一张，送存银行，银行尚未入账

【答案】D

【解析】选项 A 错误，企业开出支票但对方未到银行兑现，使得企业的银行存款日记账的现金减少，但银行对账单的余额不变；选项 B 错误，银行误将其他单位存款计入本企业银行存款账户，使得银行对账单的余额增加，银行存款日记账现金未受影响；选项 C 错误，银行代收货款但企业尚未接到收款通知，使得银行对账单余额增加，但企业银行存款日记账余额不变；选项 D 正确，企业收到转账支票时登记银行存款日记账，若银行尚未入账则会导致企业银行存款日记账余额大于银行对账单余额。

【例 3-10・判断题・2017】企业可以根据银行存款余额调节表直接调整银行存款的账面金额。（　　）

【答案】×

【解析】银行存款余额调节表只是为了消除未达账项的影响，核对银行存款账目有无错误，但并不能作为调整企业银行存款账面金额的凭据。

三、其他货币资金★★

其他货币资金是指企业除库存现金、银行存款以外的其他各种货币资金，主要包括**银行汇票存款、银行本票存款、信用卡存款、信用证保证金存款、存出投资款和外埠存款**等。

🎯 **敲黑板**

> "商业汇票"（包括银行承兑汇票和商业承兑汇票）不是其他货币资金，通过"应收票据"科目进行核算。

其他货币资金业务的相关财务处理见表 3-4。

表 3-4　　　　　　　　　　　　　　其他货币资金的相关会计分录

情形	内容
取得其他货币资金时	借：其他货币资金——银行本票 / 银行汇票 / 信用证保证金 / 信用卡 / 外埠存款 / 存出投资款 　贷：银行存款
使用其他货币资金时	借：原材料 / 交易性金融资产等 　应交税费——应交增值税（进项税额） 　贷：其他货币资金
多余款项退回时	借：银行存款 　贷：其他货币资金

【例 3-11・单选题・2021】下列各项中，企业通过存出投资款专户购买其他公司股票时，应贷记的会计科目是（　　）。

A.其他货币资金　　　B.库存现金　　　　　C.其他应收款　　　　D.银行存款

【答案】A

【解析】其他货币资金是指企业除现金、银行存款以外的其他各种货币资金，主要包括银行汇票存款、银行本票存款、信用卡存款、信用证保证金存款、存出投资款和外埠存款等。

【例3-12·单选题·2020】企业向银行申领信用卡，交存相关款项，收到银行盖章退回的进账单。下列各项中，企业应借记的会计科目是（   ）。

A.应收票据　　　　B.其他应收款　　　　C.其他货币资金　　　　D.银行存款

【答案】C

【解析】选项C正确，企业申领信用卡应填制"信用卡申请表"，连同支票和有关资料一并送存发卡银行，根据银行盖章退回的进账单第一联，借记"其他货币资金——信用卡"科目，贷记"银行存款"科目。

【例3-13·单选题·2019】下列各项中，企业应通过"其他货币资金"科目核算的经济业务是（   ）。

A.销售商品收到银行承兑汇票

B.委托银行代为支付电话费

C.开出转账支票支付购买办公设备款

D.为购买股票将资金存入证券公司指定投资款专户

【答案】D

【解析】选项A，通过"应收票据"科目核算；选项BC，通过"银行存款"科目核算；选项D，通过"其他货币资金——存出投资款"科目核算。

【例3-14·多选题·2019】下列各项中，应当通过"其他货币资金"科目核算的有（   ）。

A.用银行本票支付采购办公用品的款项

B.存入证券公司指定账户的款项

C.汇往异地银行开立采购专户的款项

D.存入银行信用证保证金专户的款项

【答案】ABCD

【解析】"其他货币资金"科目核算银行汇票存款、银行本票存款（选项A）、信用卡存款（选项D）、信用证保证金存款、存出投资款（选项B）和外埠存款（选项C）等。

【例3-15·判断题·2019】企业收到退回的银行汇票多余款项时，记入"其他货币资金"科目的借方。　　　　　　　　　　　　　　　　　　　　　　　　　（   ）

【答案】×

【解析】企业收到退回的银行汇票多余款项时，应贷记"其他货币资金"科目。

【例3-16·单选题·2018】某企业为增值税一般纳税人，购买原材料取得增值税专用发票上注明的价款为10 000元，增值税税额为1300元（增值税专用发票已经税务机关认证可抵扣），款项以银行本票结算。不考虑其他因素，下列各项关于该企业购买原材料会计处理中，正确的是（   ）。

　A.借：原材料　　　　　　　　　　　　　　　　　　10 000
　　　应交税费——应交增值税（进项税额）　　　　　1300
　　　　贷：其他货币资金——银行本票　　　　　　　　　　　　11300

　B.借：原材料　　　　　　　　　　　　　　　　　　11300
　　　　贷：其他货币资金——银行本票　　　　　　　　　　　　11300

　C.借：原材料　　　　　　　　　　　　　　　　　　10 000
　　　应交税费——应交增值税（进项税额）　　　　　1300
　　　　贷：银行存款　　　　　　　　　　　　　　　　　　　　11300

D. 借：原材料　　　　　　　　　　　　　　　　　　10 000

　　　应交税费——应交增值税（进项税额）　　　　1300

　　　　贷：应付票据　　　　　　　　　　　　　　　　　11300

【答案】A

【解析】一般纳税人购买原材料时发生的可抵扣的增值税进项税额，不应当计入原材料成本；银行本票应通过"其他货币资金——银行本票"科目核算。

【例 3-17·多选题·2018】下列各项中，应当通过"其他货币资金"科目核算的有（　　　）。

A. 企业将款项汇往外地开立的采购专用账户　　B. 用银行本票购买办公用品

C. 销售商品收到商业汇票　　　　　　　　　　D. 用银行汇票购入原材料

【答案】ABD

【解析】选项 C 错误，企业收到商业汇票应记入"应收票据"科目。

第二节　交易性金融资产　★★

一、金融资产概述

（一）金融资产的概念

金融资产，是指企业持有的现金、其他方的权益工具以及符合下列条件之一的资产（见表 3-5）。

表 3-5　　　　　　　　　　除现金、其他方的权益工具外的金融资产

条件	举例
从其他方收取现金或其他金融资产的合同权利	银行存款、应收账款、应收票据和贷款等 **名师说** 预付账款不是金融资产，因为其产生的未来经济利益是商品或服务
在潜在有利条件下，与其他方交换金融资产或金融负债的合同权利	看涨期权、看跌期权
将来须用或可用企业自身权益工具进行结算的非衍生工具合同，且企业根据该合同将收到可变数量的自身权益工具	普通债券合同、普通股
将来须用或可用企业自身权益工具进行结算的衍生工具合同，但以固定数量的自身权益工具交换固定金额的现金或其他金融资产的衍生工具合同除外	—

在企业全部资产中，库存现金、银行存款、应收账款、应收票据、贷款、其他应收款、应收利息、债权投资、股权投资、基金投资及衍生金融资产等统称为金融资产。

（二）金融资产的分类

企业应当根据管理金融资产的业务模式和金融资产的合同现金流量特征，对金融资产进行合理

分类。具体见表3-6。

表3-6 金融资产的分类

类别	满足的条件	举例
以摊余成本计量的金融资产	（1）管理该金融资产的业务模式是以收取合同现金流量为目标； （2）该金融资产的合同条款规定，在特定日期产生的现金流量，仅为对本金和以未偿付本金金额为基础的利息的支付	债权投资 贷款 应收账款
以公允价值计量且其变动计入其他综合收益的金融资产	（1）管理该金融资产的业务模式，既以收取合同现金流量为目标又以出售该金融资产为目标； （2）该金融资产的合同条款规定，在特定日期产生的现金流量，仅为对本金和以未偿付本金金额为基础的利息的支付	其他债权投资
以公允价值计量且其变动计入当期损益的金融资产	将除上述两类之外的金融资产分类为以公允价值计量且其变动计入当期损益的金融资产	交易性金融资产

【例3-18·判断题·2022】以摊余成本计量的金融资产，其业务模式是以收取合同现金流量为目标。 （ ）

【答案】√

二、交易性金融资产的概念★

表3-7 交易性金融资产的定义及业务模式

项目	内容
定义	交易性金融资产，是指以公允价值计量且其变动计入当期损益的金融资产。它是企业为了近期内出售而持有的金融资产，如： （1）企业以赚取差价为目的从二级市场购入的股票、债券、基金等； （2）在初始确认时属于集中管理的可辨认金融工具组合的一部分，且有客观证据表明近期实际存在短期获利模式的金融资产等，如企业管理的以公允价值进行业绩考核的某项投资组合
业务模式	企业持有交易性金融资产的业务目标是以"交易"为目的，即频繁地购买和出售，从市场价格的短期波动中赚取买卖差价，而非为收取合同现金流量（即与基本借贷安排相一致，如本金加利息），也非为既以收取合同现金流量为目标又以出售该金融资产为目标而持有 名师说 若某项金融资产持有主要是为了近期出售，在持有期间偶尔收取合同现金流量，其仍应分类为交易性金融资产。

三、交易性金融资产的账务处理★★★

（一）会计科目的设置

（1）"交易性金融资产"科目

本科目属于资产类科目，核算以公允价值计量且其变动计入当期损益的金融资产，分别设置

"成本""公允价值变动"等明细科目进行核算。

（2）"公允价值变动损益"科目

本科目属于损益类科目，核算企业交易性金融资产等公允价值变动而形成的应计入当期损益的利得或损失（借方登记公允价值变动的损失额，贷方登记公允价值变动的收益额）。

（3）"投资收益"科目

本科目属于损益类科目，核算企业持有交易性金融资产等的期间内取得的投资收益以及出售交易性金融资产等实现的投资收益或投资损失（借方登记投资损失，贷方登记投资收益）。

交易性金融资产的账务处理，见表3-8。

表3-8　　　　　　　　　　　　　　　　交易性金融资产的账务处理

情形		账务处理
取得时		借：交易性金融资产——成本　　　　　　　　　　　　【公允价值】 　　应收股利【购买价款中包含的已宣告但尚未发放的现金股利】 　　应收利息【购买价款中包含的已到付息期但尚未领取的利息】 　　投资收益　　　　　　　　　　　　【购入时发生的交易费用】 　　应交税费——应交增值税（进项税额） 　　贷：银行存款／其他货币资金等 🎯**敲黑板**（1）购买价款中包含的已宣告但尚未发放的现金股利或已到付息期尚未领取的债券利息，**不计入交易性金融资产的初始成本**，而应确认为应收项目。 （2）购入时发生的交易费用是指如支付给代理机构、咨询公司、券商、证券交易所、政府有关部门等的手续费、佣金、相关税费等的**增量费用**，不包括债券溢价、折价、融资费用、内部管理成本和持有成本等与交易不直接相关的费用。另外，在考试中请注意题中表述，是"另支付手续费"还是"支付价款中包含手续费"。
持有期间	收到包含在购买价款中的利息或股利	借：银行存款／其他货币资金等 　　贷：应收股利／应收利息
	被投资单位宣告发放现金股利或利息	借：应收股利／应收利息 　　贷：投资收益
	收到现金股利或利息	借：银行存款／其他货币资金等 　　贷：应收股利／应收利息
	资产负债表日公允价值变动	借：交易性金融资产——公允价值变动 　　贷：公允价值变动损益 （公允＜账面，作相反分录）
出售时		借：银行存款／其他货币资金等　　　【实际收到的价款】 　　贷：交易性金融资产——成本　　⎫ 　　　　　　　　　　——公允价值变动⎬【账面价值】 　　　　投资收益　　　　　　　　　　【差额，或借方】

续表

情形	账务处理
与转让金融商品相关的增值税处理	（1）产生转让收益： 借：投资收益【（售价-买价）÷（1+增值税税率6%）×增值税税率6%】 　　贷：应交税费——转让金融商品应交增值税 **【提示】** 计算投资收益的增值税时，公式中的"买价"不得扣除已宣告尚未发放的现金股利或已到付息期未领取的债券利息。 （2）产生转让亏损： 借：应交税费——转让金融商品应交增值税 　　贷：投资收益 亏损可结转至下月，但不得结转至下年度。

【例3-19·判断题·2022】 出售交易性金融资产支付的交易费用应记入"投资收益"科目的贷方。（　　）

【答案】 ×

【解析】 出售交易性金融资产支付的交易费用应贷记"其他货币资金"科目。

【例3-20·单选题·2021】 甲企业为增值税一般纳税人，购入乙上市公司股票并通过"交易性金融资产"科目核算，该股票价款为200万元（其中包含已宣告但尚未发放的现金股利6万元），另支付交易费用0.5万元，取得的增值税专用发票注明的增值税税额为0.03万元。不考虑其他因素，甲公司购入股票的初始入账金额为（　　）万元。

A. 200　　　　　B. 194　　　　　C. 200.5　　　　　D. 194.53

【答案】 B

【解析】 已宣告但尚未发放的现金股利计入应收股利，支付的交易费用计入投资收益，由于甲企业为增值税一般纳税人，相关的增值税计入"应交税费——应交增值税（进项税额）"，所以该股票（交易性金融资产）的初始入账金额=200－6=194（万元）。相关会计处理：

借：交易性金融资产——成本　　　　　　194
　　应收股利　　　　　　　　　　　　　　6
　　投资收益　　　　　　　　　　　　　0.5
　　应交税费——应交增值税（进项税额）　0.03
　　贷：其他货币资金　　　　　　　　　　　　200.53

【例3-21·多选题·2022】 下列各项中，应在企业"投资收益"科目贷方登记的有（　　）。

A. 取得交易性金融资产时支付的相关交易费用

B. 转让交易性金融资产时账面余额低于其公允价值的差额

C. 转让金融资产卖出价低于买入价时确认可结转下月抵扣的增值税额

D. 资产负债表日，交易性金融资产公允价值高于其账面余额的差额

【答案】 BC

【解析】 选项A计入投资收益的借方，选项D计入公允价值变动损益。

【例3-22·单选题·2022】 资产负债表日，交易性金融资产的公允价值高于其账面余额的差额，借记"交易性金融资产"，贷记（　　）。

A. 公允价值变动损益

B. 投资收益

C. 其他业务收入

D. 长期股权投资减值准备

【答案】A

【解析】资产负债表日，交易性金融资产的公允价值高于账面余额的差额借记"交易性金融资产——公允价值变动"，贷记"公允价值变动损益"。

【例 3-23·单选题·2022】企业取得交易性金融资产支付的相关交易费用应记入的会计科目是（　　）。

A. 公允价值变动损益

B. 资产处置损益

C. 投资收益

D. 交易性金融资产

【答案】C

【解析】取得交易性金融资产支付的交易费用计入投资收益。

【例 3-24·判断题·2021】企业取得交易性金融资产所支付价款中包含的已宣告但尚未发放的现金股利，应当作为应收股利单独核算。（　　）

【答案】√

【例 3-25·多选题·2020】下列各项关于交易性金融资产的会计处理表述中，正确的有（　　）。

A. 资产负债表日公允价值与账面余额之间的差额计入当期损益

B. 出售时公允价值与其账面余额的差额计入投资收益

C. 持有期间取得的现金股利计入投资收益

D. 转让时按收益计算应纳的增值税计入投资收益

【答案】ABC

【解析】选项 D 错误，金融商品转让按卖出价扣除买入价（不需要扣除已宣告未发放现金股利和已到付息期未领取的利息）后的余额作为销售额计算增值税。

【例 3-26·判断题·2020】企业金融商品转让收益应交的增值税，冲减投资收益。　　（　　）

【答案】√

【解析】转让金融资产当月月末，如产生转让收益，则按应纳税额，借记"投资收益"等科目，贷记"应交税费——转让金融商品应交增值税"科目。

【例 3-27·单选题·2019】下列各项关于交易性金融资产相关会计处理的表述中，正确的是（　　）。

A. 资产负债表日，其公允价值与账面余额之间的差额计入投资收益

B. 按取得时的公允价值作为初始入账金额

C. 出售时公允价值与账面余额的差额计入公允价值变动损益

D. 取得时发生相关交易费用计入初始入账金额

【答案】B

【解析】选项 A 错误，资产负债表日交易性金融资产应当按照公允价值计量，公允价值与账面余额之间的差额应当计入公允价值变动损益；选项 B 正确，企业取得交易性金融资产时，应当按照该金融资产取得时的公允价值作为其初始入账金额；选项 C 错误，企业出售交易性金融资产时，应当将该金融资产出售时的公允价值与其账面余额之间的差额作为投资收益；选项 D 错误，企业取得交易性金融资产时，相关交易费用应当在发生时计入当期损益，冲减投资收益。

【例 3-28·单选题·2019】2018 年 12 月 1 日，某企业"交易性金融资产——A 上市公司股票"

借方余额为1000000元；12月31日，A上市公司股票的公允价值为1050000元。不考虑其他因素，下列各项关于该企业持有A上市公司股票相关会计处理中，正确的是（　　）。

　　A.贷记"营业外收入"科目50000元

　　B.贷记"资本公积"科目50000元

　　C.贷记"公允价值变动损益"科目50000元

　　D.贷记"投资收益"科目50000元

【答案】C

【解析】选项C正确，交易性金融资产按公允价值计量，12月31日该企业应作会计分录如下：

借：交易性金融资产——公允价值变动　　　　　　　　50000

　　贷：公允价值变动损益　　　　　　　　　　　　　　　　　　50000

【例3-29·判断题·2019】企业持有交易性金融资产期间，对于被投资单位宣告发放的现金股利，应借记"交易性金融资产"科目。　　　　　　　　　　　　　　　　　　（　　）

【答案】×

【解析】交易性金融资产持有期间，被投资单位宣告发放的现金股利，借记"应收股利"科目，贷记"投资收益"科目。

【例3-30·单选题·2018】下列各项中，企业在资产负债表日计算确认所持有交易性金融资产的公允价值低于其账面余额的金额，应借记的会计科目是（　　）。

　　A.营业外支出　　　　　　　　　　　B.投资收益

　　C.公允价值变动损益　　　　　　　　D.其他业务成本

【答案】C

【解析】选项C正确，资产负债表日，该企业计算确认所持有交易性金融资产的公允价值低于其账面余额的，应作会计处理如下：

借：公允价值变动损益

　　贷：交易性金融资产——公允价值变动

【例3-31·多选题·2018】下列各项经济业务中，应通过"投资收益"科目核算交易性金融资产的有（　　）。

　　A.持有期间被投资单位宣告分派的现金股利

　　B.资产负债表日发生的公允价值变动

　　C.取得时支付的交易费用

　　D.出售时公允价值与其账面余额的差额

【答案】ACD

【解析】选项B错误，资产负债表日发生的公允价值变动应借记或贷记"交易性金融资产——公允价值变动"科目，贷记或借记"公允价值变动损益"科目。

【例3-32·判断题·2018】企业出售交易性金融资产时，应将原计入公允价值变动损益的该金融资产的公允价值变动转出，由公允价值变动损益转为投资收益。　　　　　　（　　）

【答案】×

【解析】企业出售交易性金融资产时，原计入公允价值变动损益的该金融资产的公允价值变动无须转出。

【例3-33·判断题·2017】交易性金融资产持有期间，投资单位收到投资前被投资单位已宣告但尚未发放的现金股利时，应贷记"应收股利"科目。　　　　　　　　　　　（　　）

【答案】√

【解析】交易性金融资产持有期间，投资单位收到投资前被投资单位已宣告但尚未发放的现金股利时，应借记"其他货币资金"，贷记"应收股利"。

【例 3-34 · 判断题 · 2017】企业出售交易性金融资产发生的净损失应计入营业外支出。　　（　　　）

【答案】×

【解析】企业出售交易性金融资产的净损益应通过"投资收益"科目核算。

四、短期投资的核算

按照《小企业会计准则》的相关规定，小企业购入的能随时变现并且持有时间不准备超过 1 年（含1 年）的投资应设置"短期投资"科目核算。该科目应按照股票、债券、基金等短期投资种类进行明细核算。该科目为流动资产类科目，小企业取得短期投资记入该科目的借方；出售短期投资记入该科目的贷方；该科目期末借方余额，反映小企业持有的短期投资成本。短期投资的账务处理见表 3-9。

表 3-9　　　　　　　　　　　　　短期投资的账务处理

情形		账务处理
取得时		借：短期投资 　　应收股利【购买价款中包含的已宣告但尚未发放的现金股利】 　　应收利息【购买价款中包含的已到付息期但尚未领取的利息】 　　贷：银行存款 🎯 敲黑板　购买价款中包含的已宣告但尚未发放的现金股利或已到付息期但尚未领取的债券利息，不计入短期投资的初始成本，而应确认为应收项目。
持有期间	被投资单位宣告发放现金股利或利息	借：应收股利 / 应收利息 　　贷：投资收益
	收到现金股利或利息	借：银行存款 　　贷：应收股利 / 应收利息
	出售时	借：银行存款 / 库存现金 　　贷：短期投资 　　　　应收股利 / 应收利息（尚未收到的现金股利或债券利息） 　　　　投资收益（差额）

第三节　应收及预付款项　★★

应收及预付款项是指企业在日常生产经营过程中发生的各项债权，包括应收款项和预付款项。其中，应收款项包括应收票据、应收账款、应收股利、应收利息和其他应收款等；预付款项是指企业按照合同规定预付的款项，如预付账款等。

一、应收票据

（一）应收票据概述

（1）应收票据是指企业因销售商品、提供服务等而收到的商业汇票。

（2）商业汇票的付款期限，最长不得超过 6 个月。

（3）根据承兑人不同，商业汇票分为商业承兑汇票和银行承兑汇票。企业申请使用银行承兑汇票时，应向其承兑银行交纳手续费。

出票人于汇票到期前未能足额交存票款时，承兑银行除凭票向持票人无条件付款外，对出票人尚未支付的汇票金额按照每天万分之五计收利息。

（二）应收票据的账务处理

表 3-10 　　　　　　　　　　　　　　应收票据的相关会计分录

情形	会计分录
企业因销售货物取得应收票据	借：应收票据 　贷：主营业务收入 　　　应交税费——应交增值税（销项税额）
债务人发出商业汇票抵偿前欠货款	借：应收票据 　贷：应收账款
企业将应收票据贴现	借：银行存款【实际收到的款项】 　　财务费用　　　　　【差额】 　贷：应收票据　【票面金额】
企业将应收票据背书转让采购原材料	借：原材料／材料采购等 　　应交税费——应交增值税（进项税额） 　贷：应收票据
应收票据到期收回	借：银行存款 　贷：应收票据
应收票据到期无法收回	借：应收账款 　贷：应收票据

【例 3-35·单选题·2022】下列选项中，应通过"应收票据"科目核算的是（　　　）。

A. 提供服务收到的银行汇票

B. 销售商品收到的转账支票

C. 销售商品收到的银行本票

D. 销售商品收到的商业承兑汇票

【答案】D

【解析】选项 AC 计入"其他货币资金"，选项 B 计入"银行存款"。

【例 3-36·单选题·2021】下列各项中，企业办理银行承兑汇票贴现，实际收到的金额与票面额之间的差额应记入的会计科目是（　　　）。

A. 管理费用　　　　　B. 财务费用　　　　　C. 营业外支出　　　　　D. 其他业务成本

【答案】B

【解析】对于票据贴现，企业通常应按实际收到的金额，借记"银行存款"科目，按应收票据的票面金额，贷记"应收票据"科目，按其差额，借记或贷记"财务费用"科目。

【例3-37·多选题·2020】下列各项中，应记入"应收票据"科目借方的有（　　　）。

A.销售商品收到的银行汇票　　　　　　B.销售原材料收到的商业承兑汇票

C.提供服务收到的银行承兑汇票　　　　D.销售原材料收到的转账支票

【答案】BC

【解析】企业收到的商业承兑汇票和银行承兑汇票应通过"应收票据"科目核算，故选项B、C正确，选项A、D错误。

【例3-38·单选题·2019】下列各项中，应记入"应收票据"科目借方的是（　　　）。

A.提供服务收到的商业承兑汇票　　　　B.提供服务收到的银行本票

C.销售商品收到的银行汇票　　　　　　D.销售原材料收到的转账支票

【答案】A

【解析】选项A正确，企业收到银行承兑汇票应记入"应收票据"科目；收到银行本票、银行汇票记入"其他货币资金"科目，收到转账支票记入"银行存款"科目。

二、应收账款

应收账款是指企业因销售商品、提供服务等经营活动，应向购货单位或接受服务单位收取的款项，主要包括企业销售商品或提供服务等应向有关债务人收取的**价款、增值税销项税额以及代购货单位垫付的包装费、运杂费**等。

应收账款的账务处理见表3-11。

表3-11　　　　　　　　　　　　　　　　应收账款的账务处理

情形	会计处理
企业销售商品或提供服务，款项尚未收到时（确认收入结转成本）	借：应收账款 　　贷：主营业务收入 　　　　应交税费——应交增值税（销项税额） 借：主营业务成本 　　贷：库存商品
实际收到款项时	借：银行存款 　　贷：应收账款
垫付包装费、运杂费等	借：应收账款 　　贷：银行存款
用应收票据结算应收账款	借：应收票据 　　贷：应收账款

🎯 **敲黑板**

不单独设置"预收账款"科目的企业，预收的账款应在"应收账款"科目核算。如果应收账款的期末余额在贷方，则反映为企业预收的账款。

【例 3-39·单选题·2020】甲公司为增值税一般纳税人，向乙公司销售一批商品，商品价款 20 万元、增值税税额为 2.6 万元；以银行存款支付代垫运费 1 万元、增值税税额 0.09 万元，上述业务均已开具增值税专用发票，全部款项尚未收到。不考虑其他因素，甲公司应收账款的入账金额为（　　）万元。

　　A. 21　　　　　　　　B. 22.6　　　　　　　　C. 23.69　　　　　　　　D. 20

【答案】C

【解析】选项 C 正确，应收账款的入账金额 = 20 + 2.6 + 1 + 0.09 = 23.69（万元）。

【例 3-40·单选题·2018】某企业采用托收承付结算方式销售商品，增值税专用发票上注明的价款为 500 万元，增值税税额为 65 万元，代购货方垫付包装费 2 万元、运输费 3 万元（含增值税），已办妥托收手续。不考虑其他因素，该企业应确认的应收账款的金额为（　　）万元。

　　A. 565　　　　　　　　B. 505　　　　　　　　C. 570　　　　　　　　D. 572

【答案】C

【解析】选项 C 正确，该企业应确认的应收账款的金额 = 500 + 65 + 2 + 3 = 570（万元）。

三、预付账款

预付账款是指企业按照合同规定预付的款项，如预付的材料、商品采购款、在建工程价款等。预付账款业务的账务处理见表 3-12。

表 3-12　　　　　　　　　　　　　　　　预付账款业务的账务处理

情形	账务处理
企业向供货单位预付款项时	借：预付账款 　　贷：银行存款
企业收到所购物资时	借：原材料 　　应交税费——应交增值税（进项税额） 　　贷：预付账款
预付账款低于货款，企业需要补付款项时	借：预付账款 　　贷：银行存款
预付账款高于货款，企业收到退回款项时	借：银行存款 　　贷：预付账款

🎓 **名师说**

（1）预付账款是企业因采购业务而产生的债权，属于**资产类**科目。

（2）预付款项情况不多的企业，可以**不设置"预付账款"科目**，而将预付的款项**通过"应付账款"科目**核算。

【例 3-41·判断题·2019】某企业由于预付账款业务不多，不单独设置"预付账款"科目，对于预付的款项应通过"应付账款"科目核算。　　　　　　　　　　　　　　　　（　　）

【答案】√

【例 3-42·判断题·2022】企业"预付账款"科目所属明细科目期末为贷方余额的，应在资产负债表"应付账款"项目填列。（　　）

【答案】√

四、应收股利和应收利息

应收股利是指企业应收取的现金股利或应收取其他单位分配的利润。

（一）应收股利的账务处理

（1）持有期间被投资单位宣告发放现金股利

借：应收股利
　　贷：投资收益

（2）收到现金股利时

借：其他货币资金/银行存款
　　贷：应收股利

（二）应收利息的账务处理

借：应收利息
　　贷：投资收益

五、其他应收款 ★★

其他应收款是指企业除应收票据、应收账款、预付账款、应收股利和应收利息以外的其他各种应收及暂付款项。主要包括：**应收的各种赔款**（如因企业财产等遭受意外损失而应向有关保险公司收取的赔款）、**罚款；应收的出租包装物租金；应向职工收取的各种垫付款项**（如为职工垫付的水电费、应由职工负担的医药费、房租费）；**存出保证金**（如租入包装物支付的押金）；**其他**各种应收、暂付款项。

表 3-13　　　　　　　　　其他应收款项的账务处理

情形	账务处理
存货盘亏时应收保险公司或责任人赔款	借：其他应收款 　　贷：待处理财产损溢
应收的罚款、赔款	借：其他应收款 　　贷：营业外收入
应收的出租包装物租金	借：其他应收款 　　贷：其他业务收入
应向职工收取的各项垫付款项	借：其他应收款 　　贷：银行存款
租入包装物支付的押金	借：其他应收款 　　贷：银行存款

【例3-43·单选题·2022】下列选项中，属于"其他应收款"科目核算内容的是（　　）。

A. 出租包装物应收取的租金　　　　　　B. 应收客户材料款

C. 预收的租金　　　　　　　　　　　　D. 销售商品垫付的运费

【答案】A

【解析】选项 B 计入应收账款，选项 C 计入预收账款，选项 D 计入应收账款。选项 A 正确。

【例3-44·单选题·2021】下列各项中，企业应通过"其他应收款"科目核算的是（　　）。

A. 为职工垫付的水电费　　　　　　　　B. 销售商品应收取的价款

C. 销售商品应收取的增值税　　　　　　D. 为购货单位垫付的运杂费

【答案】A

【解析】选项 A 正确，其他应收款的主要内容包括应收的各种赔款、罚款；应收的出租包装物租金；应向职工收取的各种垫付款项；存出保证金（如租入包装物支付的押金）；其他各种应收、暂付款项等；选项 B、C、D，均通过"应收账款"科目核算。

【例3-45·单选题·2020】下列各项中，企业支付租入包装物的押金时，应借记的会计科目是（　　）。

A. 其他业务成本　　　　　　　　　　　B. 其他应付款

C. 预付账款　　　　　　　　　　　　　D. 其他应收款

【答案】D

【解析】选项 D 正确，其他应收款的主要内容包括应收的各种赔款、罚款；应收的出租包装物租金；应向职工收取的各种垫付款项；存出保证金（如租入包装物支付的押金）；其他各种应收、暂付款项等。

【例3-46·多选题·2020】下列各项中，企业应通过"其他应收款"科目核算的有（　　）。

A. 应向客户收取的租出包装物租金

B. 应向客户收取的赊销商品价款

C. 应向保险公司收取的财产意外损失赔款

D. 应向职工收取代垫的水电费

【答案】ACD

【解析】选项 B 错误，应向客户收取的赊销商品价款应记入"应收账款"科目。

【例3-47·单选题·2018】下列各项中，属于"其他应收款"科目核算内容的是（　　）。

A. 为职工垫付的房租　　　　　　　　　B. 为购货单位垫付的运费

C. 应付的销售商品款　　　　　　　　　D. 应收的服务款

【答案】A

【解析】选项 B、D 错误，垫付运费和应收服务款均应通过"应收账款"科目核算；选项 C 错误，应付销售商品款应通过"应付账款"科目核算。

【例3-48·多选题·2018】下列各项中，属于"其他应收款"科目核算内容的有（　　）。

A. 租入包装物支付的押金

B. 出差人员预借的差旅费

C. 被投资单位已宣告但尚未发放的现金股利

D. 为职工垫付的水电费

【答案】ABD

【解析】选项 C 错误，被投资单位已宣告但尚未发放的现金股利应通过"应收股利"科目核算。

六、应收款项减值 ★★★

企业无法收回的应收款项就是坏账。企业因坏账而遭受的损失为坏账损失或减值损失。应收款项减值有两种核算方法，即直接转销法和备抵法，我国《企业会计准则》规定，应收款项减值的核算**应采用备抵法**。《小企业会计准则》规定，应收款项减值采用**直接转销法**。

（一）直接转销法

采用直接转销法时，日常核算中应收款项可能发生的坏账损失不进行会计处理，只有在实际发生坏账时，才作为坏账损失计入当期损益。

1. 坏账损失确认条件

小企业应收及预付款项符合下列条件之一的，减除可收回的金额后确认的无法收回的应收及预付款项，作为坏账损失：

（1）债务人依法宣告**破产、关闭、解散、被撤销**，或者被依法注销、吊销营业执照，其清算财产不足清偿的；

（2）债务人**死亡**，或者依法被宣告失踪、死亡，其财产或者遗产不足清偿的；

（3）债务人**逾期3年以上未清偿**，且有确凿证据证明已无力清偿债务的；

（4）与债务人达成债务重组协议或法院批准破产重整计划后，无法追偿的；

（5）因自然灾害、战争等**不可抗力**导致无法收回的；

（6）国务院财政、税务主管部门规定的其他条件。

2. 坏账损失的账务处理

借：银行存款等（可收回金额）

　　营业外支出——坏账损失（差额）

　　贷：应收账款（账面余额）

（二）备抵法

备抵法是采用一定的方法按期确定预期信用损失计入当期损益，作为坏账准备，待坏账损失实际发生时，冲销已计提的坏账准备和相应的应收款项。

> **名师说**
>
> 　　企业在确定预期信用损失时需确定信用风险自初始确认后是否显著增加，这时企业应考虑的具体信息包括：（1）债务人**未能按合同到期日支付**款项的情况；（2）已发生的或预期的债务人的外部或内部**信用评级**的严重恶化；（3）已发生的或预期的债务人**经营成果的严重恶化**；（4）现存的或预期的技术、市场、经济或法律环境变化，并将对债务人对本企业的**还款能力产生重大不利影响**。

> **名师说**
>
> 　　直接转销法与备抵法的区别在于直接转销法在**实际发生坏账时**，才作为坏账损失计入当期损益，同时冲销应收款项。

企业应当设置"坏账准备"科目，**贷方登记当期计提的坏账准备、收回已转销应收账款而恢复的坏账准备；借方登记实际发生的坏账损失金额和冲减的坏账准备金额**；期末余额在贷方，反映企业已计提但尚未转销的坏账准备，不同情形下企业应作的与坏账准备相关的账务处理及其对相关科目账面金额的影响见表 3-14。

表 3-14　　　　　　　　　　　坏账准备的账务处理及影响

情形	会计分录	应收账款账面余额	坏账准备账面余额	应收账款账面价值
计提坏账准备	借：信用减值损失 　贷：坏账准备	不变	增加	减少
冲减多计提的坏账准备／转回坏账准备	借：坏账准备 　贷：信用减值损失	不变	减少	增加
实际发生坏账（转销坏账）	借：坏账准备 　贷：应收账款	减少	减少	不变
已确认坏账并转销的应收账款重新收回	借：应收账款 　贷：坏账准备 借：银行存款 　贷：应收账款	不变	增加	减少

名师说

（1）"坏账准备"科目是应收款项（包括应收及预付款项）的备抵科目，即应收款项的账面价值＝应收款项的账面余额－坏账准备账面余额。

（2）当期应当计提的坏账准备金额是倒挤出来的，是根据资产负债表日计算的坏账准备金额（即"坏账准备"科目期末余额）减去"坏账准备"科目期初余额，相关计算公式如下：

$$\text{当期应计提的坏账准备} = \text{当期按应收款项计算的坏账准备金额（期末余额）} - (\text{或}+) \text{"坏账准备"科目贷方（或借方）期初余额}$$

【案例 3-1】已知高顿公司在每个资产负债表日，按应收账款的 5% 计提坏账准备。与高顿公司相关的经济业务如下：

（1）2×17 年 12 月 31 日，高顿公司应收账款余额为 100 万元，期初"坏账准备"科目无余额。

（2）2×18 年 12 月 31 日，高顿公司应收账款余额为 80 万元。

（3）2×19 年 6 月 30 日，因东华公司出现流动性危机，其发行的多项债券已无法按期偿付本息，高顿公司预计东华公司尚未支付的账款 20 万元全额无法收回，经批准后将该笔应收账款作为坏账转销。

（4）2×19 年 12 月 31 日，高顿公司应收账款余额为 140 万元。

（5）2×20 年 8 月 31 日，东华公司经大股东追加投资后流动性恢复，偿还前欠货款 20 万元。

（6）2×20 年 12 月 31 日，高顿公司应收账款余额为 60 万元。

【分析】高顿公司发生的各项经济业务，相关的会计处理如下（金额单位为万元）：

（1）2×17 年 12 月 31 日，高顿公司期末"坏账准备"科目贷方余额＝100×5%＝5（万元），故应计提坏账准备 5 万元，其会计分类如下：

| 借：信用减值损失 | 5 |
| 贷：坏账准备 | 5 |

（2）2×18 年 12 月 31 日，高顿公司期末"坏账准备"科目贷方余额 = 80×5% = 4（万元），故应冲减多计提的坏账准备 = 5 - 4 = 1（万元），其会计分类如下：

| 借：坏账准备 | 1 |
| 贷：信用减值损失 | 1 |

（3）2×19 年 6 月 30 日，应收账款发生坏账损失 20 万元，其会计分类如下：

| 借：坏账准备 | 20 |
| 贷：应收账款 | 20 |

此时"坏账准备"科目余额 = 4 - 20 = -16（万元），即"坏账准备"科目借方余额 16 万元。

（4）2×19 年 12 月 31 日，高顿公司期末"坏账准备"科目贷方余额 = 140×5% = 7（万元），故当期应计提的坏账准备 = 7-（-16）= 23（万元），其会计分类如下：

| 借：信用减值损失 | 23 |
| 贷：坏账准备 | 23 |

（5）2×20 年 8 月 31 日，高顿公司收回已转销的应收账款 20 万元，应恢复坏账准备：

借：应收账款	20
贷：坏账准备	20
借：银行存款	20
贷：应收账款	20

此时"坏账准备"科目期末余额 = 7 + 20 = 27（万元）。

（6）2×20 年 12 月 31 日，高顿公司期末"坏账准备"科目贷方余额 = 60×5% = 3（万元），故应冲减多计提的坏账准备 = 3 - 27 = -24（万元），其会计分类如下：

| 借：坏账准备 | 24 |
| 贷：信用减值损失 | 24 |

2. 备抵法的优缺点

表 3-15　　　　　　　　　　　　　　　　备抵法的优缺点

优点	缺点
（1）财务报表使用者能了解企业应收款项预期可收回的金额和谨慎的财务状况； （2）有利于落实企业管理者的经管责任，有利于企业外部利益相关者如实评价企业的经营业绩，作出谨慎的决策	（1）对会计职业判断的要求较高 （2）可能导致预期信用损失的确定不够准确、客观 （3）存在企业管理者平滑利润进行盈余管理甚至利润操纵与舞弊的可能性，增加会计职业风险，增加注册会计师的审计难度和审计风险，也增加政府和行业的会计监管难度和风险

🎯 **敲黑板**

应收账款减值是考试常见命题点，各位考生应当熟练掌握与坏账相关的各类经济业务应作的账务处理，进而判断应收账款账面余额、账面价值和坏账准备账面余额的增减变动情况，最终要能够正确计算当期应计提的坏账准备金额。

【例 3-49·单选题·2022】2021 年 12 月 1 日，某企业"坏账准备"科目贷方余额为 50 万元。本月发生坏账损失 30 万元。12 月 31 日，确定本期预期信用损失为 80 万元。不考虑其他因素，2021 年 12 月 31 日应计提的坏账准备金额为（　　）万元。

A. 30 　　　　　　B. 60 　　　　　　C. 80 　　　　　　D. 0

【答案】B

【解析】2021 年 12 月 31 日应计提的坏账准备 = 80 -（50 - 30）= 60（万元）。

【例 3-50·单选题·2022】某企业采用备抵法核算应收账款减值损失。2021 年 12 月末按应收账款计算的坏账准备金额为 53 000 元，本月计提坏账准备前"坏账准备"科目的贷方余额为 3 000 元，下列各项中，该企业计提坏账准备会计处理正确的是（　　）。

A. 借：信用减值损失 　　　　　　　　　　50 000

　　贷：坏账准备 　　　　　　　　　　　　　　50 000

B. 借：信用减值损失 　　　　　　　　　　53 000

　　贷：坏账准备 　　　　　　　　　　　　　　53 000

C. 借：信用减值损失 　　　　　　　　　　　3 000

　　贷：坏账准备 　　　　　　　　　　　　　　　3 000

D. 借：资产减值损失 　　　　　　　　　　50 000

　　贷：坏账准备 　　　　　　　　　　　　　　50 000

【答案】A

【解析】该企业应计提的坏账准备 = 53 000 - 3 000 = 50 000（元）。

【例 3-51·单选题·2021】下列各项中，企业计提坏账准备应记入的会计科目是（　　）。

A. 资产减值损失 　　B. 管理费用 　　　C. 营业外支出 　　　D. 信用减值损失

【答案】D

【解析】相关账务处理为：

借：信用减值损失

　　贷：坏账准备

【例 3-52·单选题·2020】2019 年年初，某企业"坏账准备"科目贷方余额为 10 万元，当期实际发生坏账损失 5 万元。经减值测试，2019 年年末"坏账准备"科目的贷方余额应为 16 万元。不考虑其他因素，2019 年年末该企业应计提坏账备的金额为（　　）万元。

A. 11 　　　　　　B. 6 　　　　　　　C. 16 　　　　　　D. 1

【答案】A

【解析】实际发生坏账损失时（金额单位为万元）：

借：坏账准备 　　　　　　　　　　　　5

　　贷：应收账款 　　　　　　　　　　　　　5

计提坏账准备前，"坏账准备"科目的贷方余额 = 10 - 5 = 5（万元）。所以，该企业期末应计提的坏账准备 = "坏账准备"科目期末应有余额 - 计提坏账准备前"坏账准备"科目的贷方余额 = 16-5=11（万元），选项 A 正确。

【例 3-53·单选题·2020】2019 年 12 月末，某公司确定本月应计提坏账准备金额 6 000 元，不考虑其他因素，下列各项关于企业计提坏账准备的会计处理中，正确的是（　　）。

A. 借：信用减值损失 　　　　　　　　　　6 000

　　贷：应收账款 　　　　　　　　　　　　　　6 000

B. 借：信用减值损失　　　　　　　　　6 000
　　　贷：坏账准备　　　　　　　　　　　　6 000
C. 借：坏账准备　　　　　　　　　　　6 000
　　　贷：信用减值损失　　　　　　　　　　6 000
D. 借：资产减资损失　　　　　　　　　6 000
　　　贷：坏账准备　　　　　　　　　　　　6 000

【答案】B

【解析】企业计提坏账准备时，按照应收款项应减记的金额，借记"信用减值损失"科目，贷记"坏账准备"科目，选项 B 正确。

【例 3-54·判断题·2022 年真题改编】在备抵法下，转销无法收回的应收账款，应冲减坏账准备和应收账款。　　　　　　　　　　　　　　　　　　　　　　　　　　　（　　）

【答案】√

【解析】在备抵法下，企业转销无法收回的应收账款时，应作会计分录为：
借：坏账准备
　　贷：应收账款

【例 3-55·多选题·2019】下列各项中，应在"坏账准备"科目借方登记的有（　　）。

A. 冲减已计提的减值准备　　　　　　　B. 收回前期已核销的应收账款
C. 核销实际发生的坏账损失　　　　　　D. 计提坏账准备

【答案】AC

【解析】选项 B、D 错误，收回前期已核销的应收账款和计提坏账准备，均应记入"坏账准备"科目的贷方。

【例 3-56·多选题·2019】某企业采用备抵法核算应收账款的减值损失，下列各项中，该企业应当贷记"坏账准备"科目的有（　　）。

A. 转销坏账损失

B. 计提坏账准备

C. 收回已转销的应收账款而恢复的坏账准备

D. 冲减多计提的坏账准备

【答案】BC

【解析】选项 A、D 错误，转销坏账损失和冲减多计提的坏账准备，均应记入"坏账准备"科目的借方。

【例 3-57·单选题·2018】某企业年初"坏账准备"科目的贷方余额为 20 万元，本年收回上年已确认为坏账的应收账款 5 万元，确定"坏账准备"科目年末贷方余额应为 30 万元，不考虑其他因素，该企业年末应计提的坏账准备为（　　）万元。

A. 5　　　　　　　　　　　　　　　　　B. 10
C. 15　　　　　　　　　　　　　　　　　D. 30

【答案】A

【解析】该企业应计提的坏账准备金额 = 30 - （20 + 5）= 5（万元），选项 A 正确。

【例 3-58·单选题·2018】2017 年 12 月 1 日，某企业"坏账准备——应收账款"科目贷方余额为 1 万元。12 月 25 日，收回已作坏账转销的应收账款 1 万元。12 月 31 日，应收账款余额为 130 万元，预计未来现金流量的现值为 118 万元。不考虑其他因素，12 月 31 日该企业应计提的坏账准备金额为（　　）万元。

A. 10　　　　　　　　B. 12　　　　　　　　C. 11　　　　　　　　D. 13

【答案】A

【解析】12月25日收回已作坏账转销的应收账款时，企业应作会计分录如下（金额单位为万元）：

借：应收账款　　　　　　　　　　　　　1

　　贷：坏账准备　　　　　　　　　　　　　　　　1

借：银行存款　　　　　　　　　　　　　1

　　贷：应收账款　　　　　　　　　　　　　　　　1

此时，坏账准备科目贷方余额＝1＋1＝2（万元）。

12月31日应收账款发生减值，"坏账准备"科目应有贷方余额＝130－118＝12（万元）。故12月31日，应计提的坏账准备＝12－（1＋1）＝10（万元），选项A正确。

【例3-59·单选题·2018】某企业年初"坏账准备"科目贷方余额为2万元。当年将无法收到的应收账款1万元确认为坏账。年末经评估确定"坏账准备"科目贷方应保留的余额为3.5万元，不考虑其他因素，该企业年末应计提的坏账准备为（　　）万元。

A. 1.5　　　　　　　　B. 2　　　　　　　　C. 2.5　　　　　　　　D. 3.5

【答案】C

【解析】该企业年末应计提的坏账准备＝3.5－（2－1）＝2.5（万元），选项C正确。

【例3-60·单选题·2018】下列属于企业"坏账准备"科目贷方核算内容的是（　　）。

A. 计提的坏账准备

B. 按期收回的应收款项

C. 冲减多提的坏账准备

D. 转销无法收回的应收账款

【答案】A

【解析】选项A正确，企业计提坏账准备时，应作会计分录如下：

借：信用减值损失

　　贷：坏账准备

选项B错误，企业按期收回应收款项时，应作会计分录如下：

借：银行存款

　　贷：应收账款

选项C错误，企业冲减多提的坏账准备时，应作会计分录如下：

借：坏账准备

　　贷：信用减值损失

选项D错误，企业转销无法收回的应收账款时，应作会计分录如下：

借：坏账准备

　　贷：应收账款

【例3-61·多选题·2022】某企业采用备抵法核算应收款项减值损失，下列各项中，导致该企业当期应收账款账面价值发生变动的有（　　）。

A. 转销实际发生的应收账款坏账

B. 计提应收账款坏账准备

C. 收回已作为坏账转销的应收账款

D. 冲减多计提的坏账准备

【答案】BCD

【解析】（1）选项 A，转销实际发生的应收账款坏账：

借：坏账准备

　　贷：应收账款

不影响应收账款账面价值。

（2）选项 B，计提应收账款坏账准备：

借：信用减值损失

　　贷：坏账准备

会导致应收账款账面价值的减少。

（3）选项 C，收回已作为坏账转销的应收账款：

借：应收账款

　　贷：坏账准备

借：银行存款

　　贷：应收账款

会导致应收账款账面价值的减少。

（4）选项 D，冲减多计提的坏账准备：

借：坏账准备

　　贷：信用减值损失

会导致应收账款账面价值的增加。

【例 3-62·判断题·2016】企业销售商品已确认收入但货款尚未收到，在资产负债表日得知客户资金周转困难而无法收回货款，该企业应冲减已确认的商品销售收入。　　　　（　　）

【答案】×

【解析】企业的应收账款无法收回，应计提坏账准备而不应冲减已确认的收入。

【例 3-63·判断题·2015】企业在确定应收账款减值的核算方式时，应根据企业实际情况，按照成本效益原则，在备抵法和直接转销法之间合理选择。　　　　　　　　（　　）

【答案】×

【解析】我国《企业会计准则》规定，应收账款的减值只能采用备抵法，不得采用直接转销法。

第四节 存货 ★★★

一、存货概述

存货是指企业在日常活动中持有以备出售的产品或商品、处在生产过程中的在产品、在生产过程或提供劳务过程中储备的材料或物料等，包括各类材料、在产品、半成品、产成品、商品以及周转材料、委托代销商品等。

存货是流动资产中流动性较慢的一项重要资产，具有品种繁多、品质各异、存放方式和地点多样、时效性强、占用资金高、管理难度大要求高等特点。

名师说

工程物资不属于企业的存货，其应在资产负债表"在建工程"项目中核算。

二、存货的初始计量

存货应当按照成本进行初始计量，具体见表3-16。

表 3-16　　　　　　　　　　　存货的初始计量

存货类型	存货初始成本的构成
外购存货（如原材料、商品、低值易耗品等）	包括购买价款、相关税费、运输费、装卸费、保险费以及其他可归属于存货采购成本的费用 **名师说**　存货采购成本具体构成如下： （1）购买价款：指企业购入的材料或商品的发票账单上列明的价款，但不包括可以抵扣的增值税进项税额； （2）相关税费：指企业购买存货发生的进口关税、消费税、资源税和不能抵扣的增值税进项税额以及相应的教育费附加等； （3）运输费、装卸费、保险费； （4）其他可归属于存货的采购成本：如在存货采购过程中发生的仓储费、包装费、运输途中的合理损耗、入库前的挑选整理费用等
自制存货	包括直接材料、直接人工和按照一定方法分配的制造费用等

商品流通企业在采购商品过程中发生的运输费、装卸费、保险费以及其他可归属于存货采购成本的费用等进货费用，应当计入所购商品成本，也可以对这部分成本先进行归集，期末根据所购商品的存、销情况进行分摊。

对于已售商品的进货费用，计入主营业务成本；对于未售商品的进货费用，计入期末存货成本。企业采购商品的进货费用金额较小的，可以在发生时直接计入销售费用。

按照小企业会计准则规定，小企业（批发业、零售业）在购买商品过程中发生的费用（包括运输费、装卸费、包装费、保险费、运输途中的合理损耗和入库前的挑选整理费等），记入"销售费用"科目核算。

名师说

下列费用**不应计入存货成本**，而应在其发生时计入当期损益：

（1）**非正常消耗**的直接材料、直接人工和制造费用。

（2）企业在存货采购入库后发生的储存费用（但在生产过程中为达到下一个生产阶段所必需的仓储费用应计入存货成本）。

（3）不能归属于使存货达到目前场所和状态的其他支出。

三、发出存货的计价方法

对于**性质和用途相同的存货**，企业应当采用**相同的成本计算方法**确定发出存货的成本。成本计算方法**一经确定，不得随意变更**。

在实务中，企业发出的存货可以按实际成本核算，也可以按计划成本核算。如**采用计划成本核算**，会计**期末应调整为实际成本**；在实际成本核算方式下，企业可以采用的发出存货成本的计价方法包括个别计价法、先进先出法、月末一次加权平均法和移动加权平均法等，具体如下：

1. 个别计价法

个别计价法对各批发出存货和期末存货**逐一辨认**，分别按其购入或生产时所确定的单位成本计算各批发出存货和期末存货成本。

2. 先进先出法

先进先出法是以**先购入的存货应先发出**（用于销售或耗用）这样一种存货实物流动假设为前提，对发出存货进行计价的一种方法。

名师说

在运用先进先出法对发出存货进行计量时，由于先取得的存货先发出，因此发出存货的成本将由以前购进的存货成本构成，而存货的**期末成本更接近存货当期的市场价值**。若存货的市场价值持续上升，则发出存货的成本将被低估，企业的当期利润和期末存货价值将被高估；若存货的市场价值持续下降，则发出存货的成本将被高估，企业的当前利润和期末存货价值将被低估。

3. 月末一次加权平均法

月末一次加权平均法以**当月**全部进货成本加上月初存货成本，除以当月全部进货数量与月初存货数量之和，由此得到存货的加权平均单位成本，并以此为基础计算当月发出存货的成本和期末存货的成本。计算公式如下：

$$存货单位成本 = \frac{月初结存存货成本 + \sum（本月各批进货的实际单位成本 \times 本月各批进货数量）}{（月初结存存货数量 + 本月各批进货数量之和）}$$

本月发出存货的成本 = 本月发出存货的数量 × 存货单位成本

本月月末结存存货成本 = 月末结存存货的数量 × 存货单位成本

4. 移动加权平均法

移动加权平均法以**每次**进货的成本加上原有库存存货的成本，除以每次进货数量与原有库存存货的数量之和，作为在下次进货前计算当前发出存货成本的依据。计算公式如下：

$$存货单位成本 = \frac{原有结存存货成本 + 本次进货的实际成本}{原有结存存货数量 + 本次进货数量}$$

本次发出存货的成本 = 本次发出存货数量 × 本次发货前的存货单位成本

本月月末结存存货成本 = 月末结存存货的数量 × 本月月末的存货单位成本

【例 3-64·判断题·2022】企业采用月末一次加权平均法计量发出材料的成本，在本月有材料入库的情况下，物价上涨时，当月月初发出材料的单位成本小于月末发出的材料的单位成本。

（　　　　）

【答案】×

【解析】采用月末一次加权平均法只在月末一次计算加权平均单价和发出存货成本，所以月初与月末单位成本应是相等的。

【例 3-65·判断题·2022】委托加工物资收回后继续加工应税消费品的，相关消费税计入委托加工物资成本。 （ ）

【答案】×

【解析】委托加工物资收回后继续加工应税消费品的，相关消费税计入"应交税费——应交消费税"。

【例 3-66·单选题·2021】某企业为增值税小规模纳税人，购入原材料一批，取得增值税专用发票上注明的价款为 400 000 元，增值税税额为 52 000 元，发生入库前挑选整理费 500 元，材料已经验收入库。该批材料的入账价值为（ ）元。

A. 452 500
B. 452 000
C. 400 000
D. 400 500

【答案】A

【解析】小规模纳税人取得的增值税进项税额按规定不能抵扣，故应计入原材料的初始成本中，该批材料的入账价值＝ 400 000 ＋ 52 000 ＋ 500 ＝ 452 500（元）。

【例 3-67·多选题·2021】下列各项中，应计入产品成本的有（ ）。

A. 产品售出后发生的维修费用
B. 生产产品领用辅助材料的成本
C. 为扩大产品销售发生的广告费
D. 基本生产车间管理用具的摊销费

【答案】BD

【解析】选项 B、D 正确，自制的存货包括直接材料（选项 B）、直接人工和按照一定方法分配的制造费用（选项 D）等；选项 A、C 通过"销售费用"科目核算，不计入产品成本。

【例 3-68·单选题·2020】下列各项中，企业已经发出但不符合收入确认条件的商品成本借记的会计科目是（ ）

A. 主营业务成本
B. 发出商品
C. 销售费用
D. 其他业务成本

【答案】B

【解析】在发出商品时，企业不应确认收入，将发出商品的成本记入"发出商品"科目，借记"发出商品"科目，贷记"库存商品"科目，选项 B 符合题意。

【例 3-69·单选题·2020】某企业为增值税一般纳税人，本期购入一批商品 100 千克，进货价格为 100 万元，增值税进项税额为 13 万元。所购商品到达后验收发现商品短缺 25%，其中合理损失 15%，另 10% 的短缺无法查明原因。该批商品的单位成本为（ ）万元。

A. 1
B. 1.4
C. 1.2
D. 1.25

【答案】C

【解析】采购途中的合理损耗计入成本，无法查明原因的损耗计入当期损益。该批商品的单位成本＝实际成本÷实际入库数＝（100 － 100×10%）÷（100 － 100×25%）＝ 1.2（万元），选项 C 正确。

【例 3-70·单选题·2020】某企业采用先进先出法核算发出存货成本。2019 年 11 月期初结存 M 材料 100 千克，每千克实际成本为 30 元；11 月 11 日购入 M 材料 260 千克，每千克实际成本为 23 元；11 月 21 日发出 M 材料 240 千克。不考虑其他因素，该企业发出 M 材料的成本为

（　　）元。

　A. 5 986.67　　　　　　　B. 7 200　　　　　　　C. 5 520　　　　　　　D. 6 220

【答案】D

【解析】11 月 21 日发出材料的成本＝100×30＋140×23＝6 220（元），选项 D 正确。

【例 3-71·多选题·2020】下列各项中，企业应通过"库存商品"科目核算的有（　　）。

　A. 存放在门市部准备出售的商品

　B. 已完成销售手续但购买方在月末尚未提取的产品

　C. 发出展览的商品

　D. 接受来料加工制造的代制品

【答案】ACD

【解析】库存商品具体包括库存产成品、外购商品、存放在门市部准备出售的商品（选项 A）、发出展览的商品（选项 C）、寄存在外的商品、接受来料加工制造的代制品（选项 D）和为外单位加工修理的代修品等。选项 B 错误，已完成销售手续但购买方尚未提取的产品的控制权已经转移，不属于企业的存货。

【例 3-72·多选题·2020】下列各项中，应计入存货成本的有（　　）。

　A. 委托加工物资收回后用于连续生产应税消费品应交的消费税

　B. 委托加工物资收回后以受托方计税价格直接对外销售，由受托方代收代缴的消费税

　C. 一般纳税人购进原材料可抵扣的增值税进项税额

　D. 进口原材料交纳的关税

【答案】BD

【解析】选项 A 错误，委托加工物资收回后用于连续生产应税消费品应交的消费税应记入"应交税费——应交消费税"科目；选项 C 错误，一般纳税人购进原材料可抵扣的增值税进项税额应记入"应交税费——应交增值税（进项税额）"科目。

【例 3-73·判断题·2020】已验收入库但至月末尚未收到增值税扣税凭证的赊购货物，应按合同协议价格计算增值税进项税额暂估入账。　　　　　　　　　　　　　　　（　　）

【答案】×

【解析】对于材料已到达并已验收入库，但发票账单等结算凭证未到，货款尚未支付的采购业务，应于期末按材料的暂估价值，借记"原材料"科目，贷记"应付账款——暂估应付账款"科目。下月月初，用红字冲销原暂估入账金额，待付款时，借记"原材料""应交税费——应交增值税（进项税额）"科目，贷记"银行存款"等科目。

【例 3-74·单选题·2019】某企业本期购进 5 批存货，发出 2 批存货，在物价持续上升的情况下，与月末一次加权平均法相比，该企业采用先进先出法导致的结果是（　　）。

　A. 当期利润较低　　　　　　　　　　　　B. 库存存货价值较低

　C. 期末存货成本接近市价　　　　　　　　D. 发出存货的成本较高

【答案】C

【解析】企业采用先进先出法计量发出存货，当物价上涨时，发出存货成本偏低，使得当期利润较高，期末存货的成本更接近市价，选项 C 正确。

【例 3-75·多选题·2019】下列各项中，企业应计入存货成本的有（　　）。

　A. 为特定客户设计产品发生的可直接确定的设计费用

　B. 发出委托加工材料负担的运输费用

C. 自制存货发生的直接材料、直接人工和制造费用

D. 购进原料运输途中发生的合理损耗

【答案】ABCD

【解析】选项 A、B、C、D 所述费用均应计入存货成本。

【例 3-76·多选题·2019】下列各项中，企业应计入外购存货采购成本的有（　　）。

A. 入库前的挑选整理费　　　　　　　B. 材料购买价款（不含增值税）

C. 享受的商业折扣　　　　　　　　　D. 采购过程中发生的仓储费

【答案】ABD

【解析】外购存货采购成本包括买价、相关税费、运输费、保险费、装卸费、入库前的挑选整理费以及其他可归属于存货采购成本的费用；选项 C 错误，享受的商业折扣应从存货成本中扣除。

【例 3-77·判断题·2019】月末，企业对已验收入库但发票账单等结算凭证未到并且其货款尚未支付的材料，应按其暂估价值入账。（　　）

【答案】√

【例 3-78·判断题·2022】企业采用先进先出法计算发出存货成本，在物价持续上涨时，期末存货成本接近市价，会高估库存存货价值和企业当期利润。（　　）

【答案】√

【解析】企业采用先进先出法计量发出存货，当物价上涨时，会使得企业计量的发出存货成本偏低，则会高估当期利润，期末存货的成本也会更接近市价。

【例 3-79·判断题·2019】采用月末一次加权平均法核算发出材料成本，企业可以随时通过账簿记录得到发出和结存材料的单价和金额。（　　）

【答案】×

【解析】采用月末一次加权平均法只能在月末一次计算加权平均单价，平时无法从账簿记录中得到发出和结存存货的单价及金额。

【例 3-80·单选题·2018】某小规模纳税人购买原材料，发票上价格为 100 万元，增值税额为 13 万元。另支付保险费 1 万元，则原材料的入账成本为（　　）万元。

A. 100　　　　　　B. 101　　　　　　C. 113　　　　　　D. 114

【答案】D

【解析】小规模纳税人取得的增值税进项税额按规定不能抵扣，故应计入存货的初始成本中，即原材料的入账成本 = 100 + 13 + 1 = 114（万元），选项 D 正确。

【例 3-81·单选题·2018】某企业采用先进先出法对发出存货进行计价。2017 年 12 月 1 日，该企业结存材料为 50 千克，单位成本为 1 000 元；12 月 15 日入库材料 150 千克，单位成本为 1 050 元；12 月 21 日生产产品领用材料 100 千克，12 月发出材料的成本为（　　）元。

A. 100 000　　　　B. 102 500　　　　C. 103 750　　　　D. 105 000

【答案】B

【解析】采用先进先出法核算发出存货，即根据先购入的存货先发出的原则来确定发出存货和期末存货的成本。12 月 21 日发出材料共 100 千克，其中 50 千克是期初结存的，有 50 千克是 12 月 15 日购入的，所以发出材料的成本 = 50 × 1 000 + 50 × 1 050 = 102 500（元），选项 B 正确。

【例 3-82·单选题·2018】某企业采用先进先出法核算原材料，2017 年 3 月 1 日，企业库存甲材料 500 千克，实际成本为 3 000 元，3 月 5 日购入甲材料 1 200 千克，实际成本为 7 440 元；3 月 8 日购入甲材料 300 千克，实际成本为 1 830 元；3 月 10 日发出甲材料 900 千克。不考虑其他

因素，该企业发出的甲材料实际成本为（　　　　）元。

　　A. 5 480　　　　　　　B. 5 521.5　　　　　　C. 5 550　　　　　　　D. 5 580

　　【答案】A

　　【解析】3 月 10 日发出的 900 千克甲材料中，先发出期初结存的 500 千克，然后发出 3 月 5 日购入的 400 千克（900 − 500）。所以，该企业发出的甲材料实际成本 = 3 000 + 7 440 ÷ 1 200 × 400 = 5 480（元），选项 A 正确。

　　【例 3-83·单选题·2018】某企业采用月末一次加权平均法核算发出材料的成本。2017 年 6 月 1 日，企业结存乙材料 200 件、单位成本为 35 元；6 月 10 日购入乙材料 400 件，单位成本为 40 元；6 月 20 日购入乙材料 400 件，单位成本为 45 元。当月发出乙材料 600 件。不考虑其他因素，该企业 6 月发出乙材料的成本为（　　　　）元。

　　A. 23 000　　　　　　　B. 24 600　　　　　　C. 25 000　　　　　　　D. 26 000

　　【答案】B

　　【解析】该企业 6 月乙材料的平均单价 = （200 × 35 + 400 × 40 + 400 × 45）÷（200 + 400 + 400）= 41（元 / 件），发出乙材料的成本 = 41 × 600 = 24 600（元），选项 B 正确。

　　【例 3-84·多选题·2018】下列各项中，属于企业存货的有（　　　　）。

　　A. 委托代销商品　　　B. 工程物资　　　　　C. 在产品　　　　　　D. 低值易耗品

　　【答案】ACD

　　【解析】存货包括各种材料、在产品（选项 C）、半成品、产成品、商品及包装物、低值易耗品（选项 D）、委托代销商品（选项 A）等。选项 B 错误，工程物资不属于企业的存货。

　　【例 3-85·多选题·2018】下列各项中，应计入企业存货成本的有（　　　　）。

　　A. 存货加工过程中发生的直接成本

　　B. 为特定客户设计产品的可直接确定的设计费用

　　C. 购买存货时支付的进口关税

　　D. 存货采购运输途中发生的定额内合理损耗

　　【答案】ABCD

　　【解析】选项 A、B、C、D 所述费用均应计入存货的入账成本。

　　【例 3-86·判断题·2018】企业对于已验收入库但未取得增值税扣税凭证的存货，应在月末按照暂估价值计算进项税额并登记入账。　　　　　　　　　　　　　　　　（　　　）

　　【答案】×

　　【解析】企业对于已验收入库但未取得增值税扣税凭证的存货，应在实际收到发票时，按照实际价款确认进项税额。

　　【例 3-87·单选题·2017】甲企业为增值税小规模纳税人，本月采购原材料 2 060 千克，每千克 50 元（含增值税），运输途中的合理损耗为 60 千克，入库前的挑选整理费为 500 元，则该批原材料的入账价值为（　　　　）元。

　　A. 100 500　　　　　　　B. 103 500　　　　　　C. 103 000　　　　　　　D. 106 500

　　【答案】B

　　【解析】运输途中的合理损耗和入库前的挑选整理费都应计入所购原材料的成本中，故甲企业该批原材料的入账价值 = 2 060 × 50 + 500 = 103 500（元），选项 B 正确。

　　【例 3-88·判断题·2017】月末货到单未到的入库材料应按暂估价值入账，并于下月初用红字冲销原暂估金额。　　　　　　　　　　　　　　　　　　　　　　　　（　　　）

【答案】√

【例 3-89·判断题·2017】采用移动加权平均法不能在月度内随时结转发出存货的成本。（　　）

【答案】×

【解析】企业采用移动加权平均法可以在月度内随时结转发出存货的成本。

【例 3-90·单选题·2022】某企业采用先进先出法核算甲材料。2021 年 2 月初，该企业结存甲材料 400 千克，每千克实际成本 100 元。2 月 15 日，入库甲材料 600 千克，每千克实际成本 110 元。2 月 28 日，发出甲材料 800 千克。不考虑其他因素，该企业 2 月末库存甲材料的实际成本为（　　）元。

A.22 000 　　　　　　　 B.23 000 　　　　　　　 C.20 000 　　　　　　　 D.21 000

【答案】A

【解析】2 月末库存甲材料的实际成本 =（400 + 600 - 800）× 110 = 22 000（元）。

四、原材料★★★

原材料的日常收发及结存可以采用实际成本法，也可以采用计划成本法。

（一）实际成本法

企业采用实际成本法对原材料进行核算时，应按照**实际成本计价**，不存在成本差异的计算与结转问题；但采用实际成本核算日常反映不出材料成本是节约还是超支，从而不便于反映和考核物资采购业务对经营成果的影响。

企业应设置"原材料"科目，用于核算企业**库存的各种材料**的收入、发出与结存情况：借方登记入库材料的实际成本，贷方登记发出材料的实际成本，期末余额在借方，**反映企业库存材料的实际成本**。

同时，企业应设置"在途物资"科目，用于核算**价款已付但尚未验收入库的各种物资**的采购成本：借方登记企业购入的在途物资的实际成本，贷方登记验收入库的在途物资的实际成本，期末余额在借方，**反映企业在途物资的采购成本**。

企业采用实际成本法核算时，对各类经济业务应作的账务处理见表 3-17。

表 3-17　　　　　　　　　　原材料采用实际成本法核算的账务处理

情形		账务处理
购入材料	货款已支付，材料已入库	借：原材料 　　应交税费——应交增值税（进项税额） 　　贷：银行存款等
	货款已支付，材料未入库	（1）购入时： 借：在途物资 　　应交税费——应交增值税（进项税额） 　　贷：银行存款 （2）待材料入库时： 借：原材料 　　贷：在途物资

续表

情形		账务处理
购入材料	货款未支付，材料已入库	（1）账单已收到，可确定原材料实际成本： 借：原材料 　　应交税费——应交增值税（进项税额） 　　　贷：应付账款 （2）账单未收到，无法确定其实际成本。 购入时： 借：原材料 　　　贷：应付账款——暂估应付账款
购入材料	货款已预付，材料未入库	下月初，用红字冲销原暂估入账金额： 借：原材料 　　　贷：应付账款——暂估应付账款 待账单收到后再按照实际金额记账： 借：原材料 　　应交税费——应交增值税（进项税额） 　　　贷：应付账款 预付账款时： 借：预付账款 　　　贷：银行存款 材料入库时： 借：原材料 　　应交税费——应交增值税（进项税额） 　　　贷：预付账款 补付货款时： 借：预付账款 　　　贷：银行存款
发出材料		借：生产成本　　　　　　【生产部门领用】 　　制造费用　　　　　　【车间管理部门领用】 　　销售费用　　　　　　【销售部门领用】 　　管理费用　　　　　　【管理部门领用】 　　其他业务成本　　　　【直接出售材料】 　　委托加工物资【发出委托外单位加工的材料】 　　　贷：原材料 名师说 企业采用实际成本进行原材料日常核算的，发出材料的实际成本可以采用先进先出法、月末一次加权平均法、移动加权平均法或个别计价法计算确定。

（二）计划成本法

企业采用计划成本法对原材料进行核算时，应按照计划成本计价，材料实际成本与计划成本的差异，通过"材料成本差异"科目核算。月末计算本月发出材料应负担的成本差异并进行分摊，根据领用材料的用途计入相关资产的成本或者当期损益，从而将发出材料的计划成本调整为实际成本。

对于材料收发业务较多并且计划成本资料较为健全、准确的企业，一般可以采用计划成本进行材料收入、发出的核算。

1.计划成本法下应设置的会计科目

（1）"原材料"：核算材料的计划成本

（2）"材料采购"，核算材料的实际成本

（3）"材料成本差异"，核算材料实际成本与计划成本的差额。

　　　借方登记入库材料的超支差异及发出材料应负担的节约差异；

　　　贷方登记入库材料的节约差异及发出材料应负担的超支差异；

　　期末如为借方余额，反映库存材料实际成本大于计划成本的超支差异；如为贷方余额，反映库存材料实际成本小于计划成本的节约差异。

名师说

（1）计划成本法下，购入的材料无论是否验收入库，都要先通过"材料采购"科目进行核算，以反映企业所购材料的实际成本。

（2）实际成本法与计划成本法所设科目的区分（见表3-18）。

表3-18　　　　　　　　　　实际成本法与计划成本法所设科目的差异

用途	实际成本法	计划成本法
反映企业在途材料的实际成本/计划成本	"在途物资"科目	"材料采购"科目
反映企业库存材料的实际成本/计划成本	"原材料"科目	"原材料"科目
反映企业计划成本与实际成本的差异	—	"材料成本差异"科目

企业采用计划成本法核算时，对各项经济业务应作的账务处理见表3-19。

表3-19　　　　　　　　　　原材料的账务处理

情形		账务处理
购入材料	单货同到	（1）购入时： 借：材料采购　　　　　　　　　　　　【实际成本】 　　应交税费——应交增值税（进项税额） 　　贷：银行存款、应付账款等 （2）办理入库时： 借：原材料　　　　　　　　　　　　　　【计划成本】 　　材料成本差异【差额，借方为超支差异，若为贷方则为节约差异】 　　贷：材料采购　　　　　　　　　　　　【实际成本】
	单到货未到	（1）单到时： 借：材料采购　　　　　　　　　　　　　【实际成本】 　　应交税费——应交增值税（进项税额） 　　贷：银行存款、应付账款等 （2）材料验收入库时： 借：原材料　　　　　　　　　　　　　　【计划成本】 　　材料成本差异（差额，借方为超支差异，若为贷方则为节约差异） 　　贷：材料采购　　　　　　　　　　　　【实际成本】

情形	账务处理
货到单未到	（1）月末暂估入库，下月初红字冲回 借：原材料　　　　　　　　　　　　　　　　　　【计划成本】 　　贷：应付账款——暂估应付款 （2）下月单到时，同"单货同到"处理
发出材料	（1）逐笔（或月末一次）按计划成本结转发出的材料： 借：生产成本　　　　　　　　　【生产部门领用材料的计划成本】 　　制造费用　　　　　　　　　【车间管理部门领用材料的计划成本】 　　销售费用　　　　　　　　　【销售部门领用材料的计划成本】 　　管理费用　　　　　　　　　【管理部门领用材料的计划成本】 　　其他业务成本　　　　　　　【直接出售材料并按其计划成本结转】 　　委托加工物资　　　　　　　【发出委托外单位加工材料的计划成本】 　　　贷：原材料　　　　　　　　　　　　　　　　　　【计划成本】 （2）计算材料成本差异率，其计算公式如下： 本期材料成本差异率$=\dfrac{月初结存材料的成本差异＋本月验收入库材料的成本差异}{月初结存材料的计划成本＋本月验收入库材料的计划成本}$ ×100% 🎓**名师说** 考生应当注意如下几点： ①材料成本差异率的计算只与期初结存材料和本期验收入库材料有关，而与本期发出材料无关。 ②分子上的月初结存材料和本月验收入库材料的成本差异可正可负，若为节约差异（或"材料成本差异"科目贷方余额）则为负数，若为超支差异（或"材料成本差异"科目借方余额）则为正数。同理，材料成本差异率计算结果若大于零，则为超支差异率；若小于零，则为节约差异率。 （3）计算并结转发出材料的成本差异，将材料的计划成本调整为实际成本： 发出材料应负担的成本差异＝发出材料的计划成本 × 材料成本差异率 同时应作会计分录如下： 　借：生产成本【生产部门领用材料应负担的成本差异金额＝生产部门领用材料的计划成本 × 材料成本差异率】 　　制造费用 　　销售费用 　　管理费用 　　其他业务成本 　　委托加工物资 　　　贷：材料成本差异　　　　　　　【超支差异，若为节约差异则作相反分录】 🎓**名师说** 发出材料应负担的成本差异应当按期（月）分摊，不得在季末或年末一次计算。 （4）计算期末结存材料的实际成本，其公式如下： 期末库存材料的成本差异＝（期初库存材料的计划成本＋本期购入材料的计划成本－本期发出材料的计划成本）× 材料成本差异率 期末库存材料的实际成本＝期末库存材料的计划成本＋期末库存材料的成本差异

【例 3-91·单选题·2021】某企业原材料采用计划成本核算，月初结存材料计划成本为 30 万元，材料成本差异为节约 2 万元。当月购入材料的实际成本为 110 万元，计划成本为 120 万元，

发出材料的计划成本为 100 万元。不考虑其他因素，该企业当月发出材料的实际成本为（   ）万元。

 A. 98   B. 88   C. 100   D. 92

【答案】D

【解析】购入材料的成本差异 =110 — 120= — 10 万元（节约），本月材料成本差异率 =（ — 2 — 10）/（30+120）= — 8%；发出材料的实际成本 =100*（1 — 8%）=92 万元。

【例 3-92·单选题·2020】企业采用计划成本法核算原材料，对于货款已付但尚未验收入库的在途材料，应记入的会计科目是（   ）。

 A. 在途物资   B. 原材料   C. 周转材料   D. 材料采购

【答案】D

【解析】选项 D 正确，企业采用计划成本法核算原材料时，应设置"材料采购"科目，借方登记采购材料的实际成本，贷方登记入库材料的计划成本。

【例 3-93·多选题·2020】某企业采用计划成本进行材料日常核算。下列各项中，应通过"材料成本差异"科目借方核算的有（   ）。

 A. 发出材料应负担的超支差异   B. 发出材料应负担的节约差异

 C. 入库材料的超支差异   D. 入库材料的节约差异

【答案】BC

【解析】选项 BC 正确，"材料成本差异"科目借方登记入库材料的超支差异及发出材料应负担的节约差异，贷方登记入库材料的节约差异及发出材料应负担的超支差异。

【例 3-94·判断题·2020】企业采用计划成本进行材料日常核算时，月末发出材料分摊的超支成本差异，应记入"材料成本差异"科目的借方。   （   ）

【答案】×

【解析】"材料成本差异"科目，借方登记购入材料应负担的超支差异，以及发出材料应负担的节约差异；贷方登记购入材料应负担的节约差异，以及发出材料应负担的超支差异。

【例 3-95·单选题·2019】某企业为增值税一般纳税人，采用计划成本法对材料进行核算。2019 年 8 月 1 日，该企业购入材料一批，取得经税务机关认证的增值税专用发票注明的价款为 300 000 元，增值税税额为 39 000 元，计划成本为 320 000 元。8 月 3 日，材料运达并验收入库。不考虑其他因素，下列各项关于该批材料入库的会计处理中，正确的是（   ）。

 A. 借：原材料   320 000
 　　贷：材料采购   300 000
 　　　　材料成本差异   20 000

 B. 借：原材料   300 000
 　　　材料成本差异   20 000
 　　贷：材料采购   320 000

 C. 借：原材料   300 000
 　　　材料成本差异   20 000
 　　贷：在途物资   320 000

 D. 借：原材料   300 000
 　　贷：在途物资   300 000

【答案】A

【解析】选项 A 正确，企业采用计划成本法核算材料，则应设置"原材料"科目反映入库材料的计划成本。该企业在购入材料时，应作会计分录如下：

借：材料采购　　　　　　　　　　　　　300 000
　　应交税费——应交增值税（进项税额）　　39 000
　　贷：银行存款　　　　　　　　　　　　　　339 000

材料入库时，应作会计分录如下：

借：原材料　　　　　　　　　　　　　　320 000
　　贷：材料采购　　　　　　　　　　　　　　300 000
　　　　材料成本差异　　　　　　　　　　　　 20 000

【例 3-96·单选题·2019】某企业材料采用计划成本法核算，月初结存材料计划成本为 260 万元，材料成本差异为节约 60 万元；当月购入材料一批，实际成本为 150 万元，计划成本为 140 万元，领用材料的计划成本为 200 万元。当月结存材料的实际成本为（　　）万元。

A. 125　　　　　　　B. 175　　　　　　　C. 200　　　　　　　D. 250

【答案】B

【解析】材料成本差异率 =［（-60 + 150-140）/（260 + 140）］×100% = -12.5%；当月领用材料的实际成本 =200×（1 - 12.5%）= 175（万元）；当月结存材料的实际成本 = 260 - 60 + 150 - 175 = 175（万元），选项 B 正确。

【例 3-97·多选题·2019】下列各项中，关于原材料采用计划成本核算的会计处理表述中，正确的有（　　）

A. 入库原材料节约差异记入"材料成本差异"科目的借方

B. 发出原材料应分担的超支差异记入"材料成本差异"科目的贷方

C. 材料的收入、发出及结存均按照计划成本计价

D. 计算发出材料应分担的差异，将计划成本调整为实际成本

【答案】BCD

【解析】选项 A 错误，在采用计划成本核算材料时，"原材料"科目的借方登记入库材料的计划成本，贷方登记发出材料的计划成本，期末余额在借方，反映企业库存材料的计划成本。"材料成本差异"科目反映企业已入库各种材料的实际成本与计划成本的差异，借方登记入库材料的超支差异及发出材料应负担的节约差异，贷方登记入库材料的节约差异及发出材料应负担的超支差异。

【例 3-98·判断题·2019】企业原材料日常核算采用计划成本法，发出材料应负担的成本差异应当在季末或年末一次计算。　　　　　　　　　　　　　　　　　　　　　　　（　　）

【答案】×

【解析】发出材料应负担的成本差异应当按期（月）分摊，不得在季末或年末一次计算。

【例 3-99·判断题·2019】原材料采用计划成本核算时，购入原材料无论是否入库，均按实际成本记入"材料采购"科目。　　　　　　　　　　　　　　　　　　　　　　　　（　　）

【答案】√

【例 3-100·单选题·2018】某企业期初材料的计划成本为 500 万元，超支差异为 90 万元。本月入库材料的计划成本为 1 100 万元，节约差异为 170 万元。本月领用材料的计划成本为 1 200 万元，则领用材料的实际成本为（　　）万元。

A. 1 005　　　　　　B. 1 140　　　　　　C. 1 395　　　　　　D. 1 260

【答案】B

【解析】材料成本差异率 = [(期初材料成本差异 + 本期购入材料成本差异) / (期初材料计划成本 + 本期购入材料计划成本)] × 100% = [(90 − 170) / (500 + 1 100)] × 100% = −5%。故领用材料实际成本 = 领用材料的计划成本 + 领用材料的成本差异 = 领用材料计划成本 + 领用材料的计划成本 × 材料成本差异率 = 领用材料计划成本 × (1 + 材料成本差异率) = 1 200 × (1 − 5%) = 1 140(万元),选项 B 正确。

【例 3-101·单选题·2018】某企业为增值税一般纳税人,增值税税率为 13%,销售一批材料,价税合计为 5 876 元,款项尚未收到。该批材料计划成本为 4 200 元,材料成本差异为 2%。不考虑其他因素,销售材料应确认的损益为( )元。

A. 916 B. 1 084 C. 1 884 D. 1 968

【答案】A

【解析】该企业因销售材料而应确认收入并结转成本的会计处理如下:

借:应收账款　　　　　　　　　　5 876
　　贷:其他业务收入　　　　　　　　5 200〔5 876 ÷ (1+13%)〕
　　　　应交税费——应交增值税(销项税额)　676〔5 876 ÷ (1+13%) × 13%〕
借:其他业务成本　　　　　　　　4 284
　　贷:原材料　　　　　　　　　　4 200
　　　　材料成本差异　　　　　　　　84〔4 200 × 2%〕

故该企业因销售材料而应确认的损益 = 5 200 − 4 284 = 916(元),选项 A 正确。

【例 3-102·单选题·2018】某工业企业为增值税小规模纳税人,原材料采用计划成本核算。已知 A 材料计划成本每吨为 20 元。本期购进 A 材料 6 000 吨,收到的增值税专用发票上注明的价款总额为 102 000 元,增值税税额为 13 260 元。另外支付运杂费 2 400 元,保险费用 559 元。运抵企业后验收入库原材料共 5 995 吨,运输途中合理损耗 5 吨。购进 A 材料发生的成本差异为( )元。

A. 1 681 B. 1 781 C. 14 941 D. 15 041

【答案】A

【解析】该企业为小规模纳税人,故购入材料过程中发生的增值税不可抵扣,应计入原材料的成本中,即购入材料的实际成本 = 102 000 + 13 260 + 2 400 + 559 = 118 219(元);因该公司 A 材料的计划单位成本为 20 元 / 吨,共验收入库 5 995 吨,因此 A 材料的计划成本 = 5 995 × 20 = 119 900(元);对比计划成本和实际成本,可知购进 A 材料的节约差异 = 119 900 − 118 219 = 1 681(元),选项 A 正确。

【例 3-103·单选题·2017】下列各项关于"材料成本差异"科目的表述中,正确的是( )。

A. 期末贷方余额反映库存材料的超支差异　　B. 期末余额应在资产负债表中单独列示
C. 期末贷方余额反映库存材料的节约差异　　D. 借方登记入库材料的节约差异

【答案】C

【解析】选项 A 错误,期末贷方余额反映库存材料的节约差异;选项 B 错误,期末余额在"存货"项目中填列;选项 D 错误,借方登记入库材料的超支差异。

五、周转材料

周转材料是指不符合固定资产定义,企业能够多次使用,逐渐转移其价值但仍保持原有形态的材料物品。企业的周转材料包括包装物和低值易耗品,以及小企业(建筑业)的钢模板、木模板、脚架等。

（一）包装物

1. 包装物的内容

包装物是指为了包装商品而储备的各种包装容器。具体包括：

（1）生产过程中用于包装产品作为产品组成部分的包装物。

（2）随同商品出售而不单独计价的包装物。

（3）随同商品出售单独计价的包装物。

（4）出租或出借给购买单位使用的包装物。

按照小企业会计准则规定，小企业的各种包装材料，如纸、绳、铁丝、铁皮等，应在"原材料"科目内核算；用于储存和保管产品、材料而不对外出售的包装物，应按照价值大小和使用年限长短，分别在"固定资产"科目或"原材料"科目核算。

2. 包装物的账务处理

与"原材料"科目类似，可以按实际成本核算，也可以按计划成本核算。如果按计划成本核算，"周转材料"科目按计划成本结转，同时结转材料成本差异（见表3-20）。

表 3-20　　　　　　　　　　　　　　　包装物的账务处理

情形		账务处理
		实际成本法
生产领用包装物		借：生产成本 　　贷：周转材料——包装物
随同商品出售包装物	包装物不单独计价	借：销售费用 　　贷：周转材料——包装物
	包装物单独计价（确认收入并结转成本）	借：银行存款 　　贷：其他业务收入 　　　　应交税费——应交增值税（销项税额） 借：其他业务成本 　　贷：周转材料——包装物
出租或出借包装物	发出包装物	借：周转材料——包装物——出租包装物（或出借包装物） 　　贷：周转材料——包装物——库存包装物
	收取（退还）押金	（1）收取押金时： 借：库存现金等 　　贷：其他应付款 （2）退还押金时： 借：其他应付款 　　贷：库存现金等
	取得租金收入	借：库存现金等 　　贷：其他业务收入
	包装物的摊销	借：其他业务成本【出租包装物】 　　销售费用　　　【出借包装物】 　　贷：周转材料——包装物——包装物摊销
	发生修理费	借：其他业务成本　　　　【出租包装物】 　　销售费用　　　　　　【出借包装物】 　　贷：库存现金等

（二）低值易耗品

企业应当设置"周转材料——低值易耗品"科目进行核算。低值易耗品的摊销可采用一次摊销法或分次摊销法。

（1）一次摊销法：金额较小的，可在领用时一次计入成本费用，为加强实物管理，应当在备查簿中进行登记。账务处理如下：

借：制造费用等（实际成本）
　　贷：周转材料——低值易耗品（计划成本）
　　　　材料成本差异（或借方）

（2）分次摊销法：低值易耗品等企业的周转材料符合存货定义和条件的，按照使用次数分次计入成本费用。相关账务处理见表3-21。

表 3-21　　　　　　　　　　　　　　　　低值易耗品的账务处理

情形	账务处理（以实际成本法为例）
购入低值易耗品	借：周转材料——低值易耗品——在库 　　贷：银行存款等
领用低值易耗品	借：周转材料——低值易耗品——在用 　　贷：周转材料——低值易耗品——在库
第一次领用时进行摊销	借：制造费用 　　贷：周转材料——低值易耗品——摊销
最后一次领用时进行摊销，同时结平余额（"摊销"明细科目的贷方余额抵销"在用"明细科目的借方余额）	借：制造费用 　　贷：周转材料——低值易耗品——摊销 借：周转材料——低值易耗品——摊销 　　贷：周转材料——低值易耗品——在用

【例 3-104·单选题·2022】某企业为增值税一般纳税人，2021 年 11 月该企业使用银行汇票购买一批包装物，取得增值税专用发票上注明价款 2 000 元，增值税税额 260 元。不考虑其他因素，下列关于购买包装物应记入的相关科目的表述正确的是（　　）。

A. 借记"周转材料"科目 2 260 元
B. 借记"管理费用"科目 2 260 元
C. 贷记"应付票据"科目 2 260 元
D. 贷记"其他货币资金"科目 2 260 元

【答案】D

【解析】相关账务处理为：

借：周转材料——包装物　　　　　　　　　2 000
　　应交税费——应交增值税（进项税额）　　260
　　贷：其他货币资金　　　　　　　　　　　2 260

【例 3-105·判断题·2021】企业销售商品领用单独计价包装物的实际成本应计入销售费用。

（　　）

【答案】×

【解析】企业销售商品领用单独计价包装物的实际成本应计入其他业务成本。

【例 3-106·单选题·2020】下列各项中，企业发出的随同商品出售不单独计价包装物的实际成本应计入（　　）。

A. 主营业务成本　　　　　　　　　　B. 其他业务成本

C. 销售费用　　　　　　　　　　　　D. 管理费用

【答案】C

【解析】选项C正确，随同商品出售不单独计价包装物的成本计入销售费用。

【例3-107·多选题·2022年改编】下列各项中，属于制造业企业"其他业务成本"科目核算内容的有（　　）。

A. 随同商品出售不单独计价的包装物成本

B. 出借包装物的摊销额

C. 随同商品出售单独计价的包装物成本

D. 出租包装物的摊销额

【答案】CD

【解析】选项A、B错误，随同商品出售不单独计价的包装物成本和出借包装物的摊销额应计入销售费用。

【例3-108·多选题·2022】下列各项关于包装物的会计处理表述中，正确的有（　　）。

A. 随同商品出售不单独计价的包装物，按实际成本计入其他业务成本

B. 随同商品出售单独计价的包装物，按实际成本计入销售费用

C. 生产产品领用的包装物，按实际成本计入生产成本

D. 出租的包装物发生的修理费用，按实际支出计入其他业务成本

【答案】CD

【解析】选项A错误，随同商品出售不单独计价的包装物，按实际成本计入销售费用；选项B错误，随同商品出售单独计价的包装物，按实际成本计入其他业务成本。

【例3-109·多选题·2020】下列各项中，企业应通过"周转材料"科目核算的有（　　）。

A. 购入用于出租出借的包装物

B. 为维修设备采购的价值较低的专用工具

C. 为行政管理部门购买的低值易耗品

D. 在建工程购入的专项材料

【答案】ABC

【解析】选项D错误，在建工程购入的专项材料应记入"工程物资"科目。

【例3-110·判断题·2019】低值易耗品金额较小的，可在领用时一次计入成本费用。（　　）

【答案】√

【例3-111·多选题·2018】某企业周转材料采用实际成本核算，生产车间领用低值易耗品一批，实际成本为10 000元，估计使用次数为2次，采用分次摊销法进行摊销。下列各项有关该批低值易耗品第二次摊销时的会计处理中，正确的有（　　）。

A. 借：周转材料——低值易耗品——在用　　　　　　　　　　10 000

　　　贷：周转材料——低值易耗品——在库　　　　　　　　　　　　10 000

B. 借：制造费用　　　　　　　　　　　　　　　　　　　　　10 000

　　　贷：周转材料——低值易耗品——在库　　　　　　　　　　　　10 000

C. 借：制造费用　　　　　　　　　　　　　　　　　　　　　5 000

　　　贷：周转材料——低值易耗品——摊销　　　　　　　　　　　　5 000

D. 借：周转材料——低值易耗品——摊销　　　　　　　　　　　　10 000

　　　贷：周转材料——低值易耗品——在用　　　　　　　　　　　　　10 000

【答案】CD

【解析】选项 C、D 正确，该企业在领用低值易耗品时，应作会计分录如下：

借：周转材料——低值易耗品——在用　　　　　　　　　　　　　10 000

　　贷：周转材料——低值易耗品——在库　　　　　　　　　　　　　　10 000

第一次领用时摊销其价值的一半，同时结平余额，即作会计分录如下：

借：制造费用　　　　　　　　　　　　　　　　　　　　　　　　　5 000

　　贷：周转材料——低值易耗品——摊销　　　　　　　　　　　　　　5 000

第二次领用时摊销其价值的另一半，同时结平余额，即作会计分录如下：

借：制造费用　　　　　　　　　　　　　　　　　　　　　　　　　5 000

　　贷：周转材料——低值易耗品——摊销　　　　　　　　　　　　　　5 000

借：周转材料——低值易耗品——摊销　　　　　　　　　　　　　10 000

　　贷：周转材料——低值易耗品——在用　　　　　　　　　　　　　　10 000

【例 3-112·单选题·2017】2×16 年 7 月 1 日，某企业销售商品领用不单独计价包装物的计划成本为 60 000 元，材料成本差异率为-5%。下列各项关于该包装物的会计处理中，正确的是（　　　）。

A. 借：销售费用　　　　　　　　　　　　　　　63 000

　　　贷：周转材料——包装物　　　　　　　　　　　　　60 000

　　　　　材料成本差异　　　　　　　　　　　　　　　　3 000

B. 借：销售费用　　　　　　　　　　　　　　　57 000

　　　材料成本差异　　　　　　　　　　　　　　3 000

　　　贷：周转材料——包装物　　　　　　　　　　　　　60 000

C. 借：其他业务成本　　　　　　　　　　　　　63 000

　　　贷：周转材料——包装物　　　　　　　　　　　　　60 000

　　　　　材料成本差异　　　　　　　　　　　　　　　　3 000

D. 借：其他业务成本　　　　　　　　　　　　　57 000

　　　材料成本差异　　　　　　　　　　　　　　3 000

　　　贷：周转材料——包装物　　　　　　　　　　　　　60 000

【答案】B

【解析】选项 B 正确，企业销售商品时随同商品出售的不单独计价的包装物，应按实际成本记入"销售费用"科目。因为该包装物的计划成本为 60 000 元，所以实际成本为 60 000×（1－5%）= 57 000（元），结转的材料成本差异为 60 000×5% = 3 000（元）。相关会计处理如下：

借：销售费用　　　　　　　　　　　　　　　57 000

　　材料成本差异　　　　　　　　　　　　　3 000

　　贷：周转材料——包装物　　　　　　　　　　　　60 000

【例 3-113·多选题·2012】下列各项关于周转材料的会计处理表述中，正确的有（　　　）。

A. 多次使用的包装物应根据使用次数分次进行摊销

B. 低值易耗品金额较小的可在领用时一次计入成本费用

C. 随同商品销售出借的包装物的摊销额应计入管理费用

D. 随同商品出售单独计价的包装物取得的收入应计入其他业务收入

【答案】ABD

【解析】选项 C 错误，随同商品销售出借的包装物的摊销额应记入"销售费用"科目。

六、委托加工物资 ★★

委托加工物资是指企业委托外单位加工的各种材料、商品等物资。其成本包括加工中实际耗用物资的成本、支付的加工费用及应负担的运杂费、支付的税费（如消费税、不能抵扣的增值税）等。委托加工物资的账务处理见表 3-22。

表 3-22 委托加工物资的账务处理

情形	账务处理（以计划成本法为例）
发出物资	借：委托加工物资 　　贷：原材料
支付加工费	借：委托加工物资 【加工费、运杂费等】 　　应交税费——应交增值税（进项税额） 　　贷：银行存款等
加工完成验收入库	借：库存商品 　　贷：委托加工物资
若委托加工物资为消费税应税消费品，需要由受托方代收代缴消费税	（1）收回后用于直接销售： 借：委托加工物资 　　贷：银行存款等 （2）收回后用于再加工应税消费品： 借：应交税费——应交消费税 　　贷：银行存款等

【例 3-114·单选题·2021】某企业为增值税一般纳税人，委托外单位加工一批材料，发出材料的实际成本为 200 万元。支付加工费 10 万元，取得的增值税专用发票上注明的增值税税额为 1.3 万元，受托方代收代缴的可抵扣消费税 30 万元。企业收回这批材料后用于继续加工应税消费品。该批材料加工收回后的入账价值为（　　）万元。

A. 210　　　　　　B. 241.3　　　　　　C. 211.3　　　　　　D. 240

【答案】A

【解析】该批材料加工收回后的入账价值 =200+10=210（万元）。需要交纳消费税的委托加工物资，由受托方代收代缴的消费税，收回后用于继续加工应税消费品的，记入"应交税费——应交消费税"科目。所以本题受托方代收代缴的消费税不计入委托加工物资成本。

【例 3-115·多选题·2022】下列各项中，企业计提应交消费税应计入相关资产成本的有（　　）。

A. 进口应税消费品

B. 对外销售应税消费品

C. 领用自产的应税消费品用于在建工程

D. 领用自产的应税消费品用于财务人员职工薪酬

【答案】AC

【解析】选项 B 计入"税金及附加"，选项 D 计入"管理费用"。

【例 3-116 · 判断题 · 2021】企业委托加工的应税消费品（非金银首饰）收回后可直接用于销售的，由受托方代收代缴的消费税记入"应交税费——应交消费税"科目（   ）。

【答案】×

【解析】委托加工物资收回后以不高于受托方计税价格直接销售的，受托方代收代缴的消费税应计入委托加工物资成本。

【例 3-117 · 多选题 · 2020】甲企业为增值税一般纳税人，委托乙企业加工一批应交消费税的材料，该批材料加工收回后用于连续生产应税消费品。下列各项中，甲企业应计入该批委托加工材料成本的有（   ）。

A. 应负担的不含税运杂费
B. 支付的加工费
C. 支付的可抵扣的增值税
D. 支付的消费税

【答案】AB

【解析】选项 C 错误，支付的可抵扣的增值税应记入"应交税费——应交增值税（进项税额）"科目；选项 D 错误，支付的消费税应记入"应交税费——应交消费税"科目。

【例 3-118 · 单选题 · 2019】某企业为一般纳税人，其委托外单位加工一批应税货物，该批货物收回后用于继续加工应税消费品，则委托加工物资的成本包括（   ）。

A. 受托方代扣代缴的消费税
B. 支付的材料的增值税
C. 支付的物资加工费
D. 支付的代销手续费

【答案】C

【解析】选项 A 错误，应税消费品收回后继续加工的，受托方代扣代缴的消费税应计入"应交税费——应交消费税"科目；选项 B 错误，该企业为增值税一般纳税人，支付的材料增值税应计入"应交税费——应交增值税（进项税额）"科目；选项 D 错误，支付的代销手续费应计入"销售费用"科目。

【例 3-119 · 单选题 · 2015】2×14 年 6 月 5 日，甲公司委托某量具厂加工一批量具，发出材料的计划成本为 80 000 元，材料成本差异率为 5%，以银行存款支付运杂费 2 000 元；6 月 25 日以银行存款支付上述量具的加工费用 20 000 元；6 月 30 日收回委托加工的量具，并以银行存款支付运杂费 3 000 元。假定不考虑其他因素，甲公司收回该批量具的实际成本为（   ）元。

A. 102 000
B. 103 000
C. 105 000
D. 109 000

【答案】D

【解析】甲公司收回该批量具的实际成本 = 耗用材料的实际成本 + 运杂费 + 加工费 = 80 000 × （1 + 5%）+ 2 000 + 20 000 + 3 000 = 109 000（元），选项 D 正确。

七、库存商品 ★★

库存商品是指企业完成全部生产过程并已验收入库、合乎标准规格和技术条件，可以按照合同规定的条件送交订货单位，或可以作为商品对外销售的产品以及外购或委托加工完成验收入库用于销售的各种商品。库存商品的账务处理见表 3-23。

> **名师说**
>
> 　　库存商品包括：库存产成品、外购商品、存放在门市部准备出售的商品、发出展览的商品、寄存在外的商品、接受来料加工制造的代制品和为外单位加工修理的代修品等。已完成销售手续但购买单位在月末未提取的产品（代管商品），不应作为企业的库存商品。

表 3-23　　　　　　　　　　　　　　　　库存商品的账务处理

情形	账务处理（以实际成本法为例）
生产完成，商品验收入库	借：库存商品 　　贷：生产成本
销售商品时结转成本	借：主营业务成本 　　贷：库存商品

　　商品流通企业（如商品批发企业）对发出商品可以采用毛利率法和售价金额核算法等方法进行核算。

　　1. 毛利率法。

　　（1）毛利率＝销售毛利 ÷ 销售净额 ×100%

　　（2）销售净额＝商品销售收入—销售退回与折让

　　（3）销售毛利＝销售净额 × 毛利率

　　（4）销售成本＝销售净额—销售毛利

　　（5）期末存货成本＝期初存货成本＋本期购货成本—本期销售成本

　　2. 售价金额核算法。

　　售价金额核算法是指平时商品的购入、加工收回、销售均**按售价记账**，售价与进价的**差额通过"商品进销差价"科目核算**，期末计算进销差价率和本期已销售商品应分摊的进销差价，并据以调整本期销售成本的一种方法。计算公式如下：

$$商品进销差价率 = \frac{期初库存商品进销差价 + 本期购入商品进销差价}{期初库存商品售价 + 本期购入商品售价} \times 100\%$$

本期销售商品应分摊的商品进销差价 ＝ 本期商品销售收入 × 商品进销差价率

本期销售商品的成本 ＝ 本期商品销售收入 － 本期销售商品应分摊的商品进销差价

期末结存商品成本 ＝ 期初库存商品的进价成本 ＋ 本期购进商品的进价成本 － 本期销售商品的成本

> **名师说**
>
> 　　售价金额核算法与计划成本法的原理相似，各位考生请对比学习。

　　如果企业的商品进销差价率各期之间比较均衡，也可以采用**上期**商品进销差价率分摊本期的商品进销差价。年度终了，应对商品进销差价进行核实调整，相关账务处理见表 3-24。

表 3-24　　　　　　　　　　　　　　售价金额核算法的账务处理

情形	账务处理
购入商品时	借：库存商品　　　　　　　　　　　　　【商品售价】 　贷：银行存款/在途物资/委托加工物资【商品进价】 　　　商品进销差价　　　　　　　　　　【差额】
发出商品时	借：主营业务成本　　　　　　　　　　　【商品售价】 　贷：库存商品
期（月）末分摊已销商品的进销差价	借：商品进销差价 　贷：主营业务成本

【例 3-120·判断题·2022】毛利率法是指根据本期销售净额乘以上期实际（或本期计划）毛利率计算本期销售毛利的一种方法。（　　　）

【答案】√

【例 3-121·多选题·2021】下列各项中，关于库存商品售价金额核算法的表述正确的有（　　　）。

A. 库存商品销售时按进价结转销售成本

B. 库存商品入库时按售价记账

C. 期末需根据已售商品应分摊的进销差价调整本期销售成本

D. 商品售价与进价的差额通过"商品进销差价"科目核算

【答案】BCD

【解析】选项 A 错误，库存商品销售时按售价结转销售成本。

【例 3-122·单选题·2019】某企业采用毛利率法对库存商品进行核算。2018 年 4 月 1 日，"库存商品"科目期初余额为 150 万元，本月购进商品一批，采购成本为 250 万元，本月实现商品销售收入 300 万元。上季度该类商品的实际毛利率为 20%。不考虑其他因素，该企业本月末"库存商品"科目的期末余额为（　　　）万元。

A. 80　　　　　　　　B. 100　　　　　　　　C. 110　　　　　　　　D. 160

【答案】D

【解析】该企业当期销售的毛利 = 300×20% = 60（万元）；故当期结转的商品成本 = 300 − 60 = 240（万元）；因而库存商品的期末成本 = 150 + 250 − 240 = 160（万元），选项 D 正确。

【例 3-123·单选题·2018】某企业采用毛利率法核算库存商品，月初商品成本为 600 万元，购进存货成本 1 400 万元，本月销售收入 1 600 万元，该商品毛利率为 15%，则月末结存商品成本为（　　　）万元。

A. 400　　　　　　　　B. 640　　　　　　　　C. 700　　　　　　　　D. 1 360

【答案】B

【解析】该企业销售毛利 = 销售收入 × 毛利率 = 1 600×15% = 240（万元）；销售成本 = 销售收入 − 销售毛利 = 1 600 − 240 = 1 360（万元）；故期末存货成本 = 期初存货成本 + 本期购进存货成本 − 本期结转存货成本 = 600 + 1 400 − 1 360 = 640（万元），选项 B 正确。

八、消耗性生物资产

生物资产，是指农业活动所涉及的活的动物或植物。生物资产分为消耗性生物资产、生产性生物资产和公益性生物资产。消耗性生物资产，是指企业（农、林、牧、渔业）生长中的大田作物、蔬菜、用材林以及存栏待售的牲畜等。

> **名师说**
>
> 消耗性生物资产的成本按照下列规定确定：
>
> （1）自行栽培的大田作物和蔬菜的成本包括：在**收获前**耗用的种子、肥料、农药等材料费、人工费和应分摊的间接费用。
>
> （2）自行营造的林木类消耗性生物资产的成本包括：**郁闭前**发生的造林费、抚育费、营林设施费、良种试验费、调查设计费和应分摊的间接费用。
>
> （3）自行繁殖的育肥畜的成本包括：**出售前**发生的饲料费、人工费和应分摊的间接费用。
>
> （4）水产养殖的动物和植物的成本包括：在**出售或入库前**耗用的苗种、饲料、肥料等材料费、人工费和应分摊的间接费用。

为了核算企业（农、林、牧、渔业）持有的消耗性生物资产的实际成本，企业应当设置"消耗性生物资产"科目，借方登记消耗性生物资产的增加金额，贷方登记销售消耗性生物资产的减少金额，期末借方余额，反映企业消耗性生物资产的实际成本；还应当设置"农产品"科目，用来核算企业消耗性生物资产收获的农产品。相关账务处理见表 3-25。

表 3-25　　　　　　　　　　　　　　消耗性生物资产的账务处理

情形		账务处理（以计划成本法为例）
取得	外购	借：消耗性生物资产 　　贷：银行存款 　　　　应付账款等
	自产	借：消耗性生物资产（收获前、郁闭前、出售前发生的必要支出） 　　贷：银行存款 　　　　生产成本等
后续支出（林木类）		借：管理费用（郁闭后发生的支出） 　　贷：银行存款等
减值	计提	借：资产减值损失 　　贷：消耗性生物资产跌价准备
	转回	借：消耗性生物资产跌价准备 　　贷：资产减值损失
收获时		借：农产品 　　贷：消耗性生物资产
出售时		借：银行存款等（实际收到的金额） 　　贷：主营业务收入等 借：主营业务成本等 　　贷：消耗性生物资产 　　　　农产品

> **名师说**
>
> 企业至少应当于每年年度终了对消耗性生物资产进行减值测试。

【例 3-124·多选题·2022】下列选项中，关于消耗性生物资产账务处理正确的有（　　　）。

A. 外购的消耗性生物资产，按照应计入消耗性生物资产成本的金额，借记"消耗性生物资产"科目，贷记"银行存款""应付账款"等科目

B. 自行栽培的大田作物和蔬菜，应按照收获后发生的必要支出，借记"消耗性生物资产"科目，贷记"银行存款"等科目

C. 林木类消耗性生物资产达到郁闭后发生的管护费用等后续支出，借记"管理费用"科目，贷记"银行存款"等科目

D. 消耗性生物资产收获为农产品时，应按照其账面余额，借记"农产品"科目，贷记"消耗性生物资产"科目

【答案】ACD

【解析】选项 B，自行栽培的大田作物和蔬菜，应按照收获前发生的必要支出，借记"消耗性生物资产"科目，贷记"银行存款"等科目。

【例 3-125·单选题】甲公司为一家林业有限责任公司，其下属森林班统一组织培植管护一片森林。2020 年 3 月，发生森林管护费用共计 40 000 元，其中，本月应付人员薪酬 20 000 元，仓库领用库存肥料 16 000 元，管护设备折旧 4 000 元。管护总面积为 5 000 公顷，其中，作为用材林的杨树林共计 4 000 公顷，已郁闭的占 80%，其余的尚未郁闭；作为水土保持林的马尾松共计 1 000 公顷，全部已郁闭。假设管护费用按照森林面积比例分配。不考虑其他因素，甲公司因该事项应确认的消耗性生物资产的金额为（　　　）元。

A. 6 400　　　　　　B. 14 400　　　　　　C. 40 000　　　　　　D. 8 000

【答案】A

【解析】

未郁闭杨树林应分配共同费用的比例＝4000×（1－80%）/5 000＝0.16

已郁闭杨树林应分配共同费用的比例＝4000 ×80%/5 000＝0.64

已郁闭马尾松应分配共同费用的比例＝1 000 /5 000＝0.2

未郁闭杨树林应分配的共同费用＝40 000×0.16＝6 400（元）

已郁闭杨树林应分配的共同费用＝40 000 ×0.64＝25 600（元）

已郁闭马尾松应分配的共同费用＝40 000×0.2＝8 000（元）

甲公司应编制如下会计分录：

借：消耗性生物资产——用材林（杨树林）　　　　　6 400

　　管理费用　　　　　　　　　　　　　　　　　33 600

　　　贷：应付职工薪酬　　　　　　　　　　　　　　　20 000

　　　　　原材料　　　　　　　　　　　　　　　　　16 000

　　　　　累计折旧　　　　　　　　　　　　　　　　 4 000

九、存货清查 ★★

存货清查是指通过对存货的实地盘点，确定存货的实有数量，并与账面结存数核对，从而**确**

定存货实存数与账面结存数是否相符的一种专门方法。

为了反映和监督企业在财产清查中查明的各种存货的盘盈、盘亏和毁损情况，企业应当设置"待处理财产损溢"科目，借方登记存货的盘亏、毁损金额及盘盈的转销金额，贷方登记存货的盘盈金额及盘亏的转销金额。企业清查的各种存货损溢，应在期末结账前处理完毕，期末处理后，"待处理财产损溢"科目应无余额，相关会计处理见表3-26。

表3-26　　　　　　　　　　　　　　存货清查的会计处理

情形	批准前	按管理权限报经批准后
盘盈	借：原材料/库存商品 　　贷：待处理财产损溢	借：待处理财产损溢 　　贷：管理费用
盘亏	借：待处理财产损溢 　　贷：原材料/库存商品 　　　　应交税费——应交增值税（进项税额转出）	借：原材料　　　　　【入库残料价值】 　　其他应收款【保险公司或过失人赔偿】 　　管理费用　　　　　【经营损失】 　　营业外支出　　　　【非常损失】 　　　贷：待处理财产损溢

小企业存货发生毁损，按取得的处置收入、可收回的责任人赔偿和保险赔款，扣除其成本、相关税费后的净额，应当计入营业外支出或营业外收入。发生的存货盘盈，按实现的收益计入营业外收入；发生的存货盘亏损失应当计入营业外支出。

【例3-126·单选题·2022】下列各项中，与存货相关会计处理正确的是（　　）。

A. 存货的盘盈报经批准计入营业外收入

B. 资产负债表日存货应按成本与可变现净值孰高计量

C. 按管理权限报经批准的盘盈存货价值计入营业外支出

D. 结转商品销售成本的同时转销其已计提的存货跌价准备

【答案】D

【解析】选项AC，冲减管理费用；选项B，资产负债表日存货按照成本与可变现净值中的较低者计量。

【例3-127·单选题·2020】某公司因暴雨毁损原材料一批，该批材料实际成本为1万元。残料变现价值为0.05万元，保险公司按合同约定赔偿0.3万元。不考虑其他因素，该批材料的毁损净损失为（　　）万元。

A. 1　　　　　　　　　B. 0.65　　　　　　　　C. 0.05　　　　　　　　D. 0.7

【答案】B

【解析】该批材料的毁损净损失 = 1 − 0.05 − 0.3 = 0.65（万元），选项B正确。

【例3-128·多选题·2019】关于存货毁损报经批准后应计入的会计科目，下列各项处理中，正确的有（　　）

A. 属于一般经营损失的部分，记入"营业外支出"科目

B. 属于过失人赔偿的部分，记入"其他应收款"科目

C. 按照入库的残料价值，记入"原材料"科目

D. 属于一般经营损失的部分，记入"管理费用"科目

【答案】BCD

【解析】一般经营损失的部分，记入"管理费用"科目；因自然灾害造成的存货净损失，记

入"营业外支出"科目。

【例 3-129·单选题·2017】下列各项关于企业原材料盘亏及毁损的会计处理表述中，正确的是（　　）。

A.因保管员过失造成的净损失，计入营业外支出

B.因台风造成的净损失，计入营业外支出

C.应由保险公司赔偿的部分，计入营业外收入

D.经营活动造成的净损失，计入其他业务成本

【答案】B

【解析】选项B正确，企业发生存货盘亏或毁损时，应作会计处理如下：

借：待处理财产损溢

　　贷：原材料等

按管理权限报经批准后：

借：原材料【收回的残料价值】

　　其他应收款【应由保险公司或过失人赔偿的部分】

　　管理费用【由于保管不善等原因造成的净损失】

　　营业外支出【因自然灾害等原因造成的净损失】

　　贷：待处理财产损溢

【例 3-130·判断题·2022】企业发生的存货盘盈数，按管理权限报经批准后，应计入营业外收入。　　　　　　　　　　　　　　　　　　　　　　　　　　　　（　　）

【答案】×

【解析】企业发生的存货盘盈数，按管理权限报经批准后，应冲减管理费用。

十、存货减值★★★

资产负债表日，存货应当按照**成本与可变现净值孰低**计量。其中，成本是指期末存货的实际成本；可变现净值是指在日常活动中，存货的估计售价减去至完工时估计将要发生的成本、估计的销售费用以及估计的相关税费后的金额。

名师说

资产负债表日，企业应当分情况确定存货的可变现净值，见图3-2。

图 3-2 可变现净值

为了反映和监督存货跌价准备的计提、转回和转销情况，企业应当设置"存货跌价准备"科目，贷方登记计提的存货跌价准备金额；借方登记实际发生的存货跌价损失金额和转回的存货跌价准备金额，期末余额一般在贷方，反映企业已计提但尚未转销的存货跌价准备，相关的账务处理见表3-27。

表 3-27　　　　　　　　　　　　　　存货减值的账务处理

情形	账务处理
发生减值时	借：资产减值损失 　　贷：存货跌价准备
转回已计提的存货跌价准备时	借：存货跌价准备【在原已计提的存货跌价准备金额内予以转回】 　　贷：资产减值损失
出售已计提存货跌价准备的存货，结转该存货的成本时	借：主营业务成本 　　　存货跌价准备 　　贷：库存商品

【例 3-131·单选题·2020】2019 年 12 月 31 日，某企业 E 商品账面余额为 3 000 000 元，由于市场价格下跌，该商品预计可变现净值为 2 500 000 元，"存货跌价准备"科目期初余额为 0。不考虑其他因素，下列各项关于该商品期末计提存货跌价准备的会计处理中，正确的是（　　）。

A. 借：营业外支出　　　　　　　　2 500 000
　　　贷：存货跌价准备　　　　　　　　　2 500 000
B. 借：资产减值损失　　　　　　　　500 000
　　　贷：存货跌价准备　　　　　　　　　500 000
C. 借：管理费用　　　　　　　　　　500 000
　　　贷：存货跌价准备　　　　　　　　　500 000
D. 借：信用减值损失　　　　　　　　500 000
　　　贷：存货跌价准备　　　　　　　　　500 000

【答案】B
【解析】选项 B 正确，期末存货的可变现净值为 2 500 000 元，低于账面余额 3 000 000 元，差额 500 000 元应计提存货跌价准备，其会计分录为：

借：资产减值损失　　　　　　　　500 000
　　贷：存货跌价准备　　　　　　　　　500 000

【例 3-132·单选题·2020】下列各项关于存货期末计量的会计处理表述中，正确的是（　　）。
A. 当存货可变现净值高于存货成本时，应按其可变现净值计价
B. 当存货可变现净值高于存货成本时，应将其差额计入当期损益
C. 已计提的存货跌价准备不得转回
D. 当存货账面价值高于其可变现净值时，应计提存货跌价准备

【答案】D
【解析】选项 AB 错误，当存货可变现净值高于存货成本时，应按其成本计量；选项 C 错误，已计提的存货跌价准备在减值因素消失时可以转回。

【例 3-133·多选题·2019】下列各项关于企业存货减值的相关会计处理表述中，正确的有（　　）。

A. 企业结转存货销售成本时，对于其已计提的存货跌价准备，应当一并结转

B. 资产负债表日，当存货期末账面价值低于其可变现净值时，企业应当按可变现净值计量

C. 资产负债表日，期末存货应当按照成本与可变现净值孰低计量

D. 资产负债表日，当存货期末账面价值高于其可变现净值时，企业应当按账面价值计量

【答案】AC

【解析】期末存货应当按照成本和可变现净值孰低计量，故选项 B、D 错误。

【例 3-134·单选题·2018】2016 年 12 月 31 日，某企业甲商品的账面余额为 100 000 元，由于市场价格下跌，预计其可变现净值为 90 000 元，由此计提存货跌价准备 10 000 元。2017 年 6 月 30 日，由于市场价格有所回升，甲商品预计可变现净值为 96 000 元。不考虑其他因素，2017 年 6 月 30 日，该企业应转回的存货跌价准备金额为（   ）元。

A. 4 000　　　　　B. 6 000　　　　　C. 90 000　　　　　D. 10 000

【答案】B

【解析】选项 B 正确，2017 年 6 月 30 日，该企业应转回的存货跌价准备金额 = 96 000-90 000 = 6 000（元）

【例 3-135·单选题·2017】2017 年 3 月 31 日，某企业乙存货的实际成本为 100 万元，加工该存货至完工产成品估计还将发生的成本为 25 万元，估计销售费用和相关税费为 3 万元，估计该存货生产的产成品售价为 120 万元。假定乙存货月初"存货跌价准备"科目余额为 12 万元，则 2017 年 3 月 31 日应计提的存货跌价准备为（   ）万元。

A. -8　　　　　B. -4　　　　　C. 4　　　　　D. 8

【答案】B

【解析】存货的可变现净值 = 存货的估计售价-进一步加工成本-估计的销售费用和相关税费 = 120-25-3 = 92（万元），当期应计提的存货跌价准备 =（存货成本-可变现净值）-存货跌价准备贷方余额 =（100-92）-12 = -4（万元），即转回 4 万元，选项 B 正确。

【例 3-136·多选题·2017】下列各项中，影响企业资产负债表日存货的可变现净值的有（   ）。

A. 存货的账面价值

B. 销售存货过程中估计的销售费用及相关税费

C. 存货的估计售价

D. 存货至完工估计将要发生的成本

【答案】BCD

【解析】可变现净值 = 存货的估计售价-至完工时估计将要发生的成本-估计的销售费用及相关税费，故选项 B、C、D 正确。

【例 3-137·判断题·2016】存货的可变现净值是指存货的估计售价加上估计销售费用及相关税费后的金额。（   ）

【答案】×

【解析】存货的可变现净值是指存货的估计售价减去至完工时估计将要发生的成本、估计销售费用及相关税费后的金额。

本章习题精练

一、单项选择题

1.（　　）是指企业为购买股票、债权、基金等根据有关规定存入在证券公司指定银行开立的投资款专户的款项。

A. 银行汇票存款　　　B. 银行本票存款

C. 其他货币资金　　　D. 存出投资款

2. 下列各项中，不应确认为其他货币资金的是（　　）。

A. 企业购买的准备随时出售的股票资产

B. 企业为购买股票向证券公司划出的资金

C. 企业汇往外地开立临时采购专户的资金

D. 企业为购买原料向银行申请的银行本票

3. 企业对于现金溢余，待期末或报经批准后，无法查明原因的应计入（　　）。

A. 管理费用　　　　　B. 其他应付款

C. 营业外收入　　　　D. 其他应收款

4. 预付款项情况不多的企业，可以不设置"预付账款"科目，预付货款时，借记的会计科目是（　　）。

A. 应收账款　　　　　B. 预收账款

C. 其他应收款　　　　D. 应付账款

5. 下列不属于企业存货范围的是（　　）。

A. 存放在货架上的商品

B. 已经购入但未存放在本企业的货物

C. 已经运离企业但尚未售出的存货

D. 已经售出但货物尚未运离本企业的存货

6. 甲公司为增值税一般纳税人，本年购入材料一批，共计2 000千克，每千克单价为100元，增值税税率为13%。购入该材料时发生运输费2 000元（不考虑增值税），运输途中发生合理损耗30千克，入库前发生挑选整理费用1 000元。则该批材料的入账价值为（　　）元。

A. 200 000　　　　　B. 203 000

C. 226 000　　　　　D. 229 000

7. 甲公司销售商品一批，增值税专用发票上注明的价款为180万元，销售商品适用的增值税税率为13%，为购买方代垫运杂费6万元，支付运杂费适用的增值税税率为9%，款项尚未收回。则该公司应确认应收账款为（　　）万元。

A. 180　　　　　　　B. 186

C. 203.4　　　　　　D. 209.94

8. 甲公司"坏账准备"科目的年初余额为6 000元，当年不能收回的应收账款3 000元确认为坏账损失。假定该企业年末预期损失为7 500元。该企业年末应提取的坏账准备为（　　）元。

A. 1 500　　　　　　B. 4 500

C. 7 500　　　　　　D. 10 500

9. 甲公司为增值税一般纳税人，购入原材料1 000吨，取得增值税专用发票上注明的价款为6 000万元，增值税税额780万元，发生包装费150万元，保险费250万元，运输途中发生合理损耗2吨。则该批原材料入账的单位成本为（　　）万元/吨。

A. 6　　　　　　　　B. 6.4

C. 6.41　　　　　　 D. 7.19

10. 甲企业采用先进先出法计算发出原材料成本，2×21年6月，A材料结存100千克，每千克实际成本为200元，6月7日购入A材料350千克，每千克实际成本为210元；6月21日购入A材料400千克，每千克实际成本230元，6月28日发出A材料500千克。6月发出A材料成本为（　　）元。

A. 105 000　　　　　B. 145 000

C. 150 000　　　　　D. 155 000

11. 甲公司的原材料采用先进先出法核算。2×21年12月，月初结存材料500千克，每千克10

元；12月5日购入原材料一批，共计250千克，每千克成本为9元；12月15日领用原材料一批，共计600千克；12月25日购入原材料一批，共计500千克，每千克成本为11元。则2×21年12月末，甲公司结存原材料的成本为（　）元。

A. 6 850　　　　　　B. 7 650

C. 8 500　　　　　　D. 8 750

12. 某企业采用月末一次加权平均法计算发出原材料的成本。2×21年2月1日，甲材料结存2 000千克，每千克实际成本为100元；2月10日购入甲材料8 000千克，每千克实际成本为120元；2月25日发出甲材料4 000千克。则2月末甲材料的发出成本为（　）元。

A. 400 000　　　　　B. 460 000

C. 464 000　　　　　D. 480 000

13. 甲公司月初结存材料的计划成本为50万元，材料成本差异为节约6万元；当月入库材料的计划成本为110万元，材料成本差异为超支14万元；当月生产车间领用材料的计划成本为120万元。当月生产车间领用材料的实际成本为（　）万元。

A. 100.5　　　　　　B. 114

C .126　　　　　　　D. 13.5

14. 甲企业对材料采用计划成本核算。2×21年6月1日，结存材料的计划成本为600万元，材料成本差异贷方余额为9万元；本月入库材料的计划成本为3 000万元，材料成本差异借方发生额为18万元；本月发出材料的计划成本为2 400万元。该企业2×21年6月30日结存材料的实际成本为（　）万元。

A. 1 197　　　　　　B. 1 200

C. 1 203　　　　　　D. 1 604

15. 甲商场采用毛利率法计算期末存货成本。

2×21年4月1日，甲商品期初成本为7 000万元，当月购货成本为1 000万元，当月销售收入为9 000万元。已知甲商品第一季度实际毛利率为25%。则2×21年4月30日，甲商品期末成本为（　）万元。

A. 1 000　　　　　　B. 1 250

C. 2 250　　　　　　D. 6 750

16. 企业发生的原材料盘亏或毁损损失中，不应计入管理费用的是（　）。

A. 管理不善造成的盘亏损失

B. 保管中发生的定额内自然损耗

C. 收发计量造成的盘亏损失

D. 自然灾害造成的毁损净损失

17. 甲公司原材料采用实际成本核算，2×21年6月30日，该公司对存货进行全面清查，发现短缺原材料一批，其账面成本为12 000元，已计提存货跌价准备3 000元。经确认，应由保险公司赔款4 000元，由过失人员赔款3 000元。假定不考虑其他因素，此次存货清查应确认的净损失为（　）元。

A. 2 000　　　　　　B. 3 000

C. 6 000　　　　　　D. 9 000

18. 甲公司采用成本与可变现净值孰低法对存货进行期末计价，成本与可变现净值按单项存货进行比较。2×21年12月31日，A、B两种存货的成本与可变现净值分别为：A存货成本600万元，可变现净值400万元；B存货成本1 000万元，可变现净值1 050万元。A、B存货此前未计提存货跌价准备。假定该企业只有这两种存货，2×21年12月31日应计提的存货跌价准备总额为（　）万元。

A. 0　　　　　　　　B. 200

C. 250　　　　　　　D. 400

19. 企业对随同商品出售且单独计价的包装物进行会计处理时，该包装物的实际成本应结转到的会计科目是（　　）。

A. 制造费用　　　　B. 管理费用

C. 销售费用　　　　D. 其他业务成本

20. 委托加工应税消费品如果收回后用于连续生产的应税消费品，委托方对于尚未支付的受托方代收代缴的消费税的会计处理中，正确的是（　　）。

A. 借记"委托加工物资"科目，贷记"银行存款"科目

B. 借记"委托加工物资"科目，贷记"应付账款"科目

C. 借记"原材料"科目，贷记"银行存款"科目

D. 借记"应交税费——应交消费税"科目，贷记"应付账款"科目

21. 下列关于交易性金融资产的表述中，不正确的是（　　）。

A. 取得交易性金融资产发生的交易费用应在发生时计入投资收益

B. 资产负债表日交易性金融资产公允价值与账面余额的差额计入投资收益

C. 取得交易性金融资产时其购买价款中包含的已到付息期但尚未领取的债券利息应当作为应收利息核算

D. 出售交易性金融资产时应将其公允价值与账面余额之间的差额确认为投资收益

22. 甲企业为增值税一般纳税人，于3月31日购入A公司股票8 000股，作为交易性金融资产。A公司已于3月20日宣告分派股利（至3月31日尚未支付），每股0.2元，企业以银行存款支付股票价款96 000元；另支付手续费600元，取得增值税专用发票上注明的增值税进项税额为36元。则该交易性金融资产的入账价值为（　　）元。

A. 94 400　　　　　B. 96 000

C. 96 600　　　　　D. 96 636

23. 甲公司于2×21年6月1日购入股票1 000万股，每股2.1元，其中包含已宣告但尚未发放的现金股利80万元；另支付交易费用60万元，企业将其划分为交易性金融资产，2×21年12月31日，股票的公允价值为2 800万元，则当日其账面价值为（　　）万元。

A. 2 020　　　　　B. 2 100

C. 2 160　　　　　D. 2 800

24. 2×21年6月1日，甲公司购入乙公司股票100万股，支付价款210万元，其中包含已宣告但尚未发放的现金股利20万元，另支付相关交易费用5万元，甲公司将其作为交易性金融资产核算。当年年末，该股票的公允价值为260万元，则2×21年甲公司利润表中"公允价值变动收益"项目的本年金额为（　　）万元。

A. 25　　　　　　　B. 30

C. 65　　　　　　　D. 70

25. 下列关于商品流通企业外购商品过程中发生的相关费用中，表述错误的是（　　）。

A. 在采购商品过程中发生的运输费、装卸费、保险费以及其他可归属于存货采购成本的费用等进货费用，应当计入存货的采购成本

B. 进货费用也可以先进行归集，期末根据所购商品的存销情况分别进行分摊，对于已售商品的进货费用，计入当期损益；对于未售商品的进货费用，计入期末存货成本

C. 采购商品的进货费用金额较小的，也可在发生时直接计入当期损益

D. 在采购商品过程中发生的可归属于存货采购成本的费用，应当计入当期损益

26. 下列各项税金中，不计入存货成本的是（　　）。

A. 由受托方代扣代缴的委托加工物资收回后以不高于受托方的计税价格直接对外销

售的消费税应税消费品所负担的消费税

B. 由受托方代扣代缴的委托加工物资收回后用于继续生产消费税应税消费品所负担的消费税

C. 进口原材料交纳的进口关税

D. 小规模纳税人购入原材料时交纳的增值税

27. 甲企业为增值税小规模纳税人，2×21年9月9日购入材料一批，取得的增值税专用发票上注明的数量为1000千克，单价为22.6元（含税价，增值税税率为13%），另外支付运输费400元，支付与运输费相关的增值税税额36元，保险费500元，材料入库前的挑选整理费为200元，入库后的挑选整理费为300元，材料已验收入库，其他税费暂不考虑。则该材料的入账价值应为（ ）元。

A. 21 100　　　　　B. 21 400

C. 23 736　　　　　D. 24 036

28. 甲公司专门从事煤炭生产，月初结存甲材料13吨，每吨单价8290元，本月购入情况如下：5日购入5吨，单价8800元；12日购入12吨，单价7900元。本月领用情况如下：9日领用10吨；26日领用10吨。甲公司采用移动加权平均法计算发出存货成本，则甲公司期末结存甲材料的成本为（ ）元。

A. 81 126.70　　　B. 78 653.25

C. 85 235.22　　　D. 67 221.33

29. 某企业材料采用计划成本核算，月初材料计划成本为60万元，材料成本差异为节约4万元；当月购入材料的实际成本为220万元，计划成本为240万元；当月领用材料的计划成本为200万元，月末该企业结存材料的实际成本为（ ）万元。

A. 92　　　　　　　B. 96

C. 100　　　　　　　D. 108

30. 甲公司为增值税小规模纳税人，2×21年6

月购入A材料4000千克，增值税专用发票上注明的买价为200000元，增值税税额为26000元，该批材料在运输途中发生3%的合理损耗，材料验收入库后发生挑选整理费用800元。该批入库材料的单位成本为（ ）元／千克。

A. 50　　　　　　　B. 50.2

C. 58.25　　　　　D. 58.45

31. 甲公司为增值税小规模纳税人，原材料采用计划成本核算，A材料计划成本每吨为30元，本期购进A材料5000吨，收到增值税专用发票上注明的价款总额为145000元，增值税税额为18850元，另外发生运杂费4000元，增值税税额为360元。原材料运抵企业后验收入库原材料4995吨，运输途中合理损耗5吨，则购进A材料的成本差异为（ ）元。

A. 节约850　　　　　B. 节约10 000

C. 超支18 210　　　D. 超支18 360

32. 甲商场采用毛利率法对商品的发出和结存进行日常核算。2×21年10月，甲类商品期初库存余额为400万元。该类商品本月购进1200万元，本月销售收入总额为1600万元，发生销售折让80万元；上月该类商品按扣除销售折让后计算的毛利率为30%。假定不考虑相关税费，2×21年10月该类商品月末库存成本为（ ）万元。

A. 80　　　　　　　B. 536

C. 1 120　　　　　D. 1 200

33. 乙商场采用售价金额核算法对库存商品进行核算。本月月初库存商品进价成本总额65万元，售价总额75万元；本月购进商品进价成本总额63万元，售价总额77万元；本月销售商品售价总额79万元。假设不考虑相关税费，该商场本月销售商品的实际成本为（　）万元。

 A. 64.19   B. 66.53

 C. 67.49   D. 74.33

34. 已知甲公司 A 存货的实际成本为 100 万元，加工该存货至完工产成品估计还将发生成本 20 万元，估计销售费用和相关税费为 2 万元，该存货生产的产成品售价为 110 万元。假定 A 存货月初"存货跌价准备"科目余额为 0，则当月月末，甲公司应计提的存货跌价准备为（　）万元。

 A. -10   B. 0

 C. 10   D. 12

35. 甲企业材料采用计划成本核算，月初结存材料计划成本 260 万元，材料成本差异节约 60 万元，当月购入材料一批，实际成本为 150 万元，计划成本为 140 万元，领用材料的计划成本为 200 万元。则当月结存材料的实际成本为（　）万元。

 A. 125   B. 175

 C. 200   D. 250

36. 甲企业销售商品领用不单独计价包装物的计划成本为 80 000 元，材料成本差异率为 5%。下列选项中，关于该包装物会计处理正确的是（　）。

 A. 借：销售费用   84 000

     贷：周转材料——包装物 80 000

       材料成本差异   4 000

 B. 借：销售费用   76 000

      材料成本差异   4 000

     贷：周转材料——包装物 80 000

 C. 借：其他业务成本   84 000

     贷：周转材料——包装物 80 000

       材料成本差异   4 000

 D. 借：其他业务成本   76 000

      材料成本差异   4 000

   贷：周转材料——包装物 80 000

37. 下列关于包装物发出的核算表述中，不正确的是（　）。

 A. 生产过程中用于包装产品的包装物成本应当计入生产成本

 B. 随同商品出售而不单独计价的包装物成本应当计入销售费用

 C. 随同商品出售单独计价的包装物成本应当计入销售费用

 D. 出租给购买单位使用的包装物成本应当计入其他业务成本

38. 甲公司为增值税一般纳税人，委托乙公司加工一批应交消费税的产品，收回后用于继续生产应税消费品。甲公司发出原材料实际成本为 320 万元，支付加工费 12 万元、增值税税额 1.56 万元、消费税税额为 20 万元。假定甲、乙双方均为增值税一般纳税人，不考虑其他相关税费，甲公司收回该批产品的入账价值为（　）万元。

 A. 320   B. 332

 C. 352   D. 353.56

39. 甲公司和乙公司均为增值税一般纳税人，甲公司委托乙公司加工一批消费税应税消费品（该应税消费品只在生产环节缴纳消费税），发出材料的成本为 400 000 元，支付往返运输费为 3 000 元，乙公司收取的加工费为 40 000 元，相关的增值税税额为 5 200 元，代收代缴消费税 75 000 元。甲公司收回该批商品后以不高于受托方的计税价格直接对外销售。则该批委托加工物资的成本为（　）元。

 A. 400 000   B. 443 000

 C. 518 000   D. 523 200

40. 甲公司为增值税一般纳税人，库存商品采用毛利率法进行核算，月初结存库存商品为 2 000 万元，本月购入库存商品为 3 000

万元，本月销售库存商品取得不含税收入为 2 200 万元，上季度该类库存商品的毛利率为 20%，则月末结存库存商品的成本为（　　）万元。

A. 2 240　　　　　B. 2 800

C. 3 240　　　　　D. 3 420

41. 某商贸企业属于增值税一般纳税人，采用售价金额核算法核算库存商品，月初库存商品成本为 1 200 万元，售价总额为 1 500 万元，本月购进商品进价成本为 1 000 万元，售价总额为 1 250 万元，本月销售收入 1 020 万元，本月发生商业折扣 20 万元，则月末结存库存商品的实际成本为（　　）万元。

A. 1 200　　　　　B. 1 220

C. 1 320　　　　　D. 1 400

42. 甲公司 2×21 年 6 月 30 日库存商品成本为 1 200 万元，其可变现净值为 1 170 万元，9 月销售该库存商品结转账面成本 400 万元，10 月完工入库的库存商品成本为 500 万元。当年年末，公司库存商品的可变现净值为 1 290 万元，则甲公司 2×21 年 12 月 31 日需要计提的存货跌价准备为（　　）万元。

A. −20　　　　　B. 0

C. −10　　　　　D. 20

43. 甲公司为增值税一般纳税人，2×21 年 7 月 2 日购入乙公司 2×20 年 1 月 1 日发行的债券，支付价款为 2 080 万元，另支付交易费用 21.2 万元（含增值税税额 1.2 万元）。已知该债券面值为 2 000 万元，票面年利率为 4%（票面利率等于实际利率），每年年末支付当年利息，到期一次还本，甲公司将其划分为交易性金融资产。则 2×21 年甲公司因该项交易性金融资产应确认的投资收益为（　　）万元。

A. −20　　　　　B. 20

C. 60　　　　　D. 80

44. 甲公司适用《小企业会计准则》，于 2×21 年 6 月 1 日购入股票 50 万股，每股 3 元，其中包含已宣告但尚未发放的现金股利 5 万元，另支付相关税费 0.5 万元，甲公司准备持有 6 个月后将其出售，则其入账价值为（　　）万元。

A.145　　　　　B.145.5

C.150　　　　　D.150.5

45. 甲公司适用《小企业会计准则》，于 2×21 年 12 月 5 日以 100 万元出售其作为短期投资核算的股票，其中包含已宣告但尚未发放的现金股利 5 万元，扣除相关费用后取得银行存款 99.2 万元，出售时该短期投资的账面价值为 80 万元，则甲公司因该事项应确认的投资收益的金额为（　　）万元。

A.14.2　　　　　B.15

C.19.2　　　　　D.20

46. 2×21 年 5 月，甲林业有限责任公司（以下简称"甲公司"）对乙林班用材林择伐迹地进行更新造林，应支付临时人员工资 20 000 元，领用材料 40 000 元。则下列甲公司的有关会计处理正确的有（　　）。

A.确认生产成本 60 000 元

B.确认消耗性生物资产 60 000 元

C.确认管理费用 20 000 元，生产成本 40 000 元

D.确认管理费用 60 000 元

二、多项选择题

47. 企业进行现金清查时，对于现金短缺，应先记入"待处理财产损溢"账户，待期末或报经批准后，可转入（　　）等科目。

A.管理费用　　　　B.其他应收款

C.营业外支出　　　D.其他应付款

48. 下列各项应当在"其他应收款"科目进行核算的有（　　）。

A. 应收的罚款收入

B. 应收的出租包装物租金

C. 企业代购货单位垫付的包装费、运杂费

D. 企业为职工垫付的房租费

49. 下列会计科目中，其期末余额应列入资产负债表"存货"项目的有（   ）。

A. 原材料　　　　　B. 低值易耗品

C. 委托代销商品　　D. 委托加工物资

50. 关于存货成本，下列表述中正确的有（   ）。

A. 委托加工物资发生的加工费用应计入委托加工物资成本

B. 企业为特定客户设计的产品直接发生的设计费用应计入产品成本

C. 商品流通企业采购商品的进货费用金额较小的，可以不计入存货成本

D. 商品流通企业发生的进货费用可以先进行归集的，期末未售商品分摊的进货费用计入存货成本

51. 下列各项关于存货计量的相关表述中，正确的有（   ）。

A. 发出原材料可采用先进先出法计价

B. 材料采购过程中发生的保险费应计入材料成本

C. 资产负债表日原材料应当按照成本与可变现净值孰低计量

D. 外购库存商品应当按照实际成本计量

52. 下列关于个别计价法的表述中，正确的有（   ）。

A. 该方法成本计算最为准确

B. 该方法下实物流转与成本流转相一致

C. 采用该方法，存货收发频繁的情况下，其发出成本分辨的工作量较大

D. 按照各种存货逐一辨认各批发出存货和期末存货所属的购进批别或生产批别，分别按其购入或生产时确定的单位成本计算各批发出存货和期末存货成本

53. 下列选项关于出租和出借包装物的说法中，正确的有（   ）。

A. 企业出租、出借包装物时，应借记"周转材料——包装物——出租包装物（或出借包装物）"科目，贷记"周转材料——包装物——库存包装物"科目

B. 归还包装物押金时，借记"其他应付款——存入保证金"科目，贷记"库存现金"等科目

C. 收取包装物租金时，借记"银行存款"等科目，贷记"其他业务收入"科目

D. 对出借包装物进行摊销时，借记"其他业务成本"科目，贷记"周转材料——包装物——包装物摊销"科目

54. "材料成本差异"账户的借方可以用来登记（   ）。

A. 购进材料实际成本大于计划成本的差额

B. 购进材料实际成本小于计划成本的差额

C. 发出材料应负担的超支差异

D. 发出材料应负担的节约差异

55. 存货盘亏或毁损转销时，贷记"待处理财产损溢"科目，借记的科目可能有（   ）。

A. 原材料　　　　　B. 其他应收款

C. 管理费用　　　　D. 营业外支出

56. 下列针对存货毁损的说法中，正确的有（   ）。

A. 存货毁损在批准前应当先通过"待处理财产损溢"科目核算

B. 存货毁损属于非常损失，经批准后，损失应当计入管理费用

C. 自然灾害导致的存货毁损，进项税额不需要转出

D. 如为管理不善导致的存货毁损，企业管理层批准后，应当计入营业外支出

57. 企业取得交易性金融资产时支付的总价款中，不应当计入交易性金融资产入账成本

的有（　　）。

　　A.金融资产的公允价值

　　B.支付价款中包含的已到付息期但尚未领取的债券利息

　　C.支付给咨询公司的佣金

　　D.支付给代理机构的手续费

58.企业发生的下列事项中，影响"投资收益"的有（　　）。

　　A.取得交易性金融资产时支付价款中包含已宣告但尚未发放的现金股利

　　B.取得交易性金融资产时支付的相关税费

　　C.期末交易性金融资产的公允价值小于账面余额

　　D.持有交易性金融资产期间被投资单位宣告发放现金股利

59.下列各项中，使得企业银行存款日记账余额大于银行对账单余额的有（　　）。

　　A.企业送存支票，银行未作收款记录

　　B.企业开出支票，对方未到银行兑现

　　C.银行代扣水电费，企业尚未接到通知

　　D.银行收到委托收款结算的结算款项，企业尚未收到通知

60.下列各项中，应当通过"其他应收款"科目核算的有（　　）。

　　A.应收取的包装物租金

　　B.应收取的各项保险赔款

　　C.已收取的包装物押金

　　D.企业替购货单位代垫的包装费

61.下列各项中，会引起期末应收账款账面价值发生变化的有（　　）。

　　A.计提坏账准备

　　B.坏账损失实际发生

　　C.收回应收账款

　　D.收回已转销的坏账

62.甲公司为增值税小规模纳税人，其销售商品而

确认的应收账款，其入账价值应当包括（　　）。

　　A.销售商品的价款

　　B.增值税普通发票上注明的增值税税额

　　C.代购货单位垫付的包装费

　　D.代购货单位垫付的运杂费

63.在计划成本法下，下列会计处理中，错误的有（　　）。

　　A.购入材料时，借方按照实际成本登记"材料采购""应交税费——应交增值税（进项税额）"，贷方登记"银行存款"等科目

　　B.材料入库时，借方按照实际成本登记"原材料"，贷方按照计划成本冲销"材料采购"，差额记入"材料成本差异"科目

　　C.销售部门领用材料时，应当记入"销售费用"科目

　　D.发出材料期末负担的差异如为节约差异，则在借方增加相关成本费用，贷记"材料成本差异"科目

64.下列各项关于原材料按计划成本核算的会计处理表述中，正确的有（　　）。

　　A.入库原材料的节约差异应借记"材料成本差异"科目

　　B.入库原材料的超支差异应借记"材料成本差异"科目

　　C.发出原材料应负担的节约差异应借记"材料成本差异"科目

　　D.发出原材料应负担的超支差异应贷记"材料成本差异"科目

65.下列各项中，应记入"其他业务成本"科目的有（　　）。

　　A.出借包装物成本的摊销

　　B.出租包装物成本的摊销

　　C.随同产品出售的单独计价包装物的成本

　　D.随同产品出售的不单独计价包装物的成本

66.企业采用分次摊销法对低值易耗品进行摊

销时，可能计入的会计科目有（ 　）。

A.财务费用　　　　B.管理费用

C.销售费用　　　　D.制造费用

67.下列选项中，应通过"其他业务成本"科目核算的有（ 　）。

A.出售不单独计价包装物的成本

B.出租使用寿命有限的无形资产的摊销额

C.经营租出固定资产的折旧额

D.出租包装物的成本

68.下列情形中，小企业应当对应收及预付款项确认坏账损失的有（ 　）。

A.债务人依法宣告解散其清算财产足以清偿的

B.与债务人达成债务重组协议

C.因自然灾害、战争等不可抗力导致无法收回的

D.债务人死亡其财产或者遗产不足清偿的

69.下列选项中，企业在确定信用风险自初始确认后是否显著增加时应当考虑的信息有（ 　）。

A.已发生的债务人经营成果的严重恶化

B.已发生的或预期的债务人的外部或内部信用评级的严重恶化

C.债务人未能按合同到期日支付款项的情况

D.现存的或预期的技术、市场、经济或法律环境变化将对债务人产生的影响并不重大

70.下列选项中，属于采用备抵法核算信用减值损失的优点的有（ 　）。

A.财务报表使用者能了解企业应收款项预期可收回的金额和谨慎的财务状况

B.预期信用损失的确定准确而客观

C.有利于落实企业管理者的经管责任

D.对会计职业判断的要求不高

三、判断题

71.对于银行已经入账而企业尚未入账的未达账项，企业应当根据"银行对账单"编制自制凭证予以入账。　　　　　　（ 　）

72.企业进行票据贴现时，应将实际收到金额与应收票据票面金额之间的差额，借记"财务费用"科目。　　　　　　　　（ 　）

73.企业采购商品采用银行汇票结算的，应通过"应付票据"科目核算。　　　　（ 　）

74.企业在确定应收款项减值的核算方法时，应根据企业实际情况，在备抵法和直接转销法之间选择合理的方法。　　（ 　）

75.收回以前转销的坏账损失，会导致坏账准备的余额增加。　　　　　　（ 　）

76.购入材料在运输途中发生的合理损耗应从材料采购成本中扣除。　　　　（ 　）

77.企业采用先进先出法核算发出存货成本的，在物价持续上升时，期末存货成本接近市价，而发出成本偏低，会高估企业当期利润和库存存货价值。　　　　　　（ 　）

78.采用移动加权平均法计算出的存货平均单位成本以及发出和结存的存货成本比较客观，但是不能使企业管理层及时了解存货的结存情况。　　　　　　（ 　）

79.企业采用计划成本核算原材料，平时收到原材料时应按实际成本借记"材料采购"科目，领用或发出原材料时应按计划成本贷记"原材料"科目，期末再将发出材料和期末结存材料调整为实际成本。　（ 　）

80.计划成本法下，本期发出材料应负担的成本差异应按月结转分摊。　　（ 　）

81.周转材料包括低值易耗品和委托加工物资。　　　　　　　　　　（ 　）

82.企业出租包装物收到的押金应计入其他应收款。　　　　　　　　（ 　）

83.随同商品对外销售单独计价的包装物成本应计入销售费用。　　　　（ 　）

84. 委托加工物资收回后用于连续生产应税消费品的，委托方应将缴纳的消费税计入委托加工物资的成本。　　　（　　）

85. 增值税一般纳税人企业的存货盘亏，应将增值税进项税额转出。　　（　　）

86. 为生产而持有的材料等，其期末通常按成本计量，除非企业用其生产的产成品发生了跌价，并且该跌价是由材料本身的价格下跌所引发的，才需要将该材料的可变现净值与成本进行比较，从而确定材料存货是否发生了跌价问题。　　（　　）

87. 企业取得交易性金融资产时，支付给证券交易所的手续费和佣金应计入当期损益。
　　　　　　　　　　　　　（　　）

88. 企业取得交易性金融资产所支付价款中包含了已宣告但尚未发放的现金股利或已到付息期但尚未领取的债券利息，应当计入交易性金融资产成本。　　（　　）

89. 资产负债表日，交易性金融资产应当按照公允价值计量，公允价值与账面余额之间的差额记入"投资收益"科目。　（　　）

90. 企业出售交易性金融资产时，同时应将原记入"公允价值变动损益"科目的金额转入投资收益。　　　　　（　　）

91. 转让金融商品按盈亏相抵后的余额为销售额，若相抵后出现负差，可结转下一纳税期与下期转让金融商品销售额互抵，年末仍为负差的，继续转入下一会计年度。　（　　）

92. 存货是流动资产中流动性较慢的一项重要资产，人们习惯将减去存货后的流动资产作为速动资产进行管理。　（　　）

四、不定项选择题

93. 甲公司是增值税一般纳税人，2×21年6月，与应收账款有关的资料如下：

（1）6月1日，甲公司"应收账款"账户借方余额为125万元，"坏账准备"账户贷方余额为10万元。

（2）6月5日，向乙公司销售产品1000件，共产生不含税的销售收入1000万元，增值税税率为13%，已知该产品成本为0.8万元/件，款项尚未收到；但由于质量问题，乙公司6月15日退回了之前购买的其中200件产品，甲公司办理了退货手续并开具了增值税专用发票，退货产品已运抵甲公司。

（3）6月20日，甲公司确认坏账损失8万元。

（4）6月25日，甲公司收回前期已经确认的坏账12万元。

（5）6月30日，甲公司估计应收账款的坏账损失为15万元。

要求：根据上述资料，分析回答下列问题：

（1）下列各项业务中，应记入"坏账准备"科目贷方的是（　　）。

A. 收回前期应收账款

B. 确认当期的坏账损失

C. 当期收回已转销的坏账时

D. 冲回多提的坏账准备

（2）根据资料（3），关于确认坏账损失的会计处理中，正确的是（　　）。

A. 借记"坏账准备"科目8万元

B. 贷记"坏账准备"科目8万元

C. 借记"应收账款"科目8万元

D. 贷记"应收账款"科目8万元

（3）2×21年6月30日，甲公司应收账款的账面价值为（　　）万元。

A. 896　　　　　　　B. 917

C. 1 021　　　　　　D. 1 033

（4）2×21年6月30日，计提或转销坏账准备前坏账准备余额为（　　）万元。

A. 借方余额8　　　B. 借方余额4

C. 贷方余额 4　　　　D. 贷方余额 14

（5）2×21 年 6 月 30 日，计提或转销坏账准备（　）万元。

A. 计提坏账准备 1 万元

B. 计提坏账准备 7 万元

C. 计提坏账准备 7 万元

D. 转销坏账准备 1 万元

94. 甲公司为增值税一般纳税人，适用的增值税税率为 13%，生产中所需原材料按计划成本核算。2×21 年 6 月 1 日，原材料结存 3 200 千克，计划成本为每千克 40 元，"材料成本差异"账户为借方余额 1 600 元，未计提存货跌价准备。甲公司当月发生的相关业务如下：

（1）6 月 10 日，甲公司持银行汇票 1 000 000 元购入原材料 10 000 千克，增值税专用发票上注明的货款为 390 000 元，增值税税额 50 700 元，对方代垫包装费和运输费 5 000 元（不考虑增值税），验收入库时发现短缺 100 千克，经查明为途中定额内自然损耗，企业按实收数量验收入库。剩余票款退回并存入银行。

（2）6 月生产车间领用原材料 7 000 千克，车间管理部门领用 600 千克。

（3）6 月 30 日，原材料的可变现净值为 460 000 元。

要求：根据上述资料，不考虑其他因素，分析回答下列问题：

（1）关于原材料的核算，下列说法中正确的是（　）。

A. 原材料可以采用实际成本法核算，也可以采用计划成本法核算

B. 购进原材料过程中的合理损耗应计入当期损益

C. 购进原材料过程中的包装费和运输费计

入原材料成本

D. 原材料期末应按照成本与可变现净值孰低计量

（2）关于 6 月 10 日购入原材料入账价值的说法中，正确的是（　）。

A. 记入"原材料"科目借方 396 000 元

B. 记入"原材料"科目借方 400 000 元

C. 记入"材料成本差异"科目贷方 1 000 元

D. 记入"材料成本差异"科目贷方 5 000 元

（3）该批原材料 6 月材料成本差异率为（　）。

A. −1.36%　　B. −0.11%

C. 0.11%　　D. 1.5%

（4）下列关于原材料核算的说法中，正确的是（　）

A. 因自然灾害毁损的原材料，进项税额无须转出

B. 应收保险公司赔偿款，记入"应收账款"科目

C. 生产车间生产产品耗用的原材料，记入"制造费用"或"生产成本"科目

D. 车间管理部门耗用的原材料，记入"制造费用"科目

（5）原材料在 2×21 年 6 月末的说法中，正确的是（　）。

A. "原材料"科目的期末余额为 496 000 元

B. "材料成本差异"借方余额为 265.6 元

C. 原材料期末记入"存货"项目的金额为 460 000 元

D. 原材料期末需要计提存货跌价准备 36 265.6 元

95. 2×21 年 6 月 1 日，甲公司以 900 万元购入 60 万股乙公司股票，作为交易性金融资产进行核算，另支付交易费用 9 万元，相关的增值税税额为 0.54 万元。

（1）2×21年6月30日，该股票每股市价为18元。

（2）2×21年9月20日，乙公司宣告分派现金股利，每股0.14元。

（3）2×21年10月10日，甲公司收到分派的现金股利。

（4）2×21年12月31日，股票市价为21.2元。

（5）2×22年1月3日，以1350万元出售该交易性金融资产。

要求：根据上述资料，分析回答下列问题：

（1）下列说法中，正确的是（ ）。

A.购入交易性金融资产时支付的交易费用应计入其成本

B.购入交易性金融资产时发生的交易费用计入投资收益

C.交易性金融资产的入账价值是900万元

D.交易性金融资产的入账价值是909万元

（2）关于甲公司2×21年的处理的说法中，正确的是（ ）。

A.2×21年6月30日，借记"公允价值变动损益"180万元

B.2×21年6月30日，贷记"公允价值变动损益"180万元

C.2×21年9月20日，乙公司宣告发放现金股利，甲公司应确认为投资收益

D.2×21年9月20日，乙公司宣告发放现金股利会使得交易性金融资产的账面余额上升

（3）2×21年，与交易性金融资产相关的业务和事项影响甲公司投资收益的金额为（ ）万元。

A.-0.6　　　　　　　B.8.4

C.371.4　　　　　　D.372

（4）2×20年12月31日，甲公司每股市价为21.2元，应作会计处理（ ）（金额单位为万元）。

A.借：公允价值变动损益　　　　192
　　贷：交易性金融资产——公允价值变动
　　　　　　　　　　　　　　　192

B.借：交易性金融资产——公允价值变动
　　　　　　　　　　　　　　　192
　　贷：公允价值变动损益　　　　192

C.借：公允价值变动损益　　　　372
　　贷：交易性金融资产——公允价值变动
　　　　　　　　　　　　　　　372

D.借：交易性金融资产——公允价值变动
　　　　　　　　　　　　　　　372
　　贷：公允价值变动损益　　　　372

（5）2×22年1月3日以1350万元出售该交易性金融资产，对甲公司2022年投资收益的影响额为（ ）万元。

A.35（借方）　　　　B.35（贷方）

C.23（借方）　　　　D.78（贷方）

第四章 非流动资产

考情概要

　　本章是考试中最为重要的章节之一，历年考试以单选题、多选题、判断题和不定项选择题进行考查。往年，本章内容与第三章内容加在一起的考查分值约为 28 分；今年，这两章内容所占分值会提高，是考生们通过会计初级实务考试的关键。而这其中，固定资产和无形资产的核算是历年考查的重点，应当重点关注；今年新增的长期股权投资、投资性房地产等内容，必须拿下。请考生们高度重视，认真对待本章内容。

考纲要求及考查方式

考纲内容	要求	考试题型
非流动资产的核算	熟悉	单选题、多选题、判断题
债权投资	了解	单选题、多选题、判断题、不定项选择题
长期股权投资的核算	掌握	单选题、多选题、判断题、不定项选择题
投资性房地产的核算	掌握	单选题、多选题、判断题
固定资产的核算	掌握	单选题、多选题、判断题、不定项选择题
生产性生物资产	了解	单选题、多选题、判断题
无形资产	熟悉	单选题、多选题、判断题
无形资产的核算	掌握	单选题、多选题、判断题、不定项选择题
长期待摊费用的核算	熟悉	单选题、多选题、判断题

学习建议

　　非流动资产中，长期股权投资、投资性房地产、固定资产和无形资产是本章的重点内容。考生们在学习的过程中，对于今年新增的内容（如长期股权投资等）应熟练掌握，以至能够应对各类考题；对于往年重点考查的内容（如固定资产等）应熟悉历年真题，明确其考查的角度。本章是本书的重难点所在，考生们紧跟教材，认真备考，循序渐进才能拿下。

学习框架

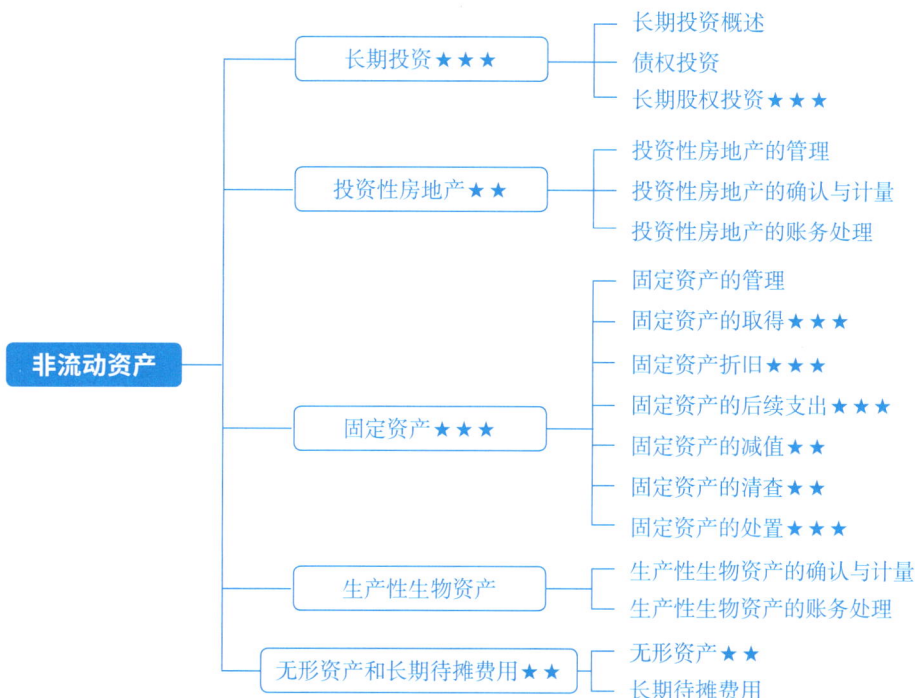

		长期投资概述
非流动资产	长期投资 ★★★	债权投资
		长期股权投资 ★★★
	投资性房地产 ★★	投资性房地产的管理
		投资性房地产的确认与计量
		投资性房地产的账务处理
	固定资产 ★★★	固定资产的管理
		固定资产的取得 ★★
		固定资产折旧 ★★★
		固定资产的后续支出 ★★★
		固定资产的减值 ★★
		固定资产的清查 ★★
		固定资产的处置 ★★★
	生产性生物资产	生产性生物资产的确认与计量
		生产性生物资产的账务处理
	无形资产和长期待摊费用 ★★	无形资产 ★★
		长期待摊费用

第一节 长期投资 ★★★

一、长期投资的概述

（一）长期投资的管理

长期投资，指企业投资期限在 1 年（含 1 年）以上的对外投资。

（二）长期投资的内容

企业的长期投资包括债权投资、其他债权投资、长期股权投资、其他权益工具投资等对外投资。具体见表 4-1。

表 4-1 　　　　　　　　　　　　　长期投资的内容

科目	定义
债权投资	以摊余成本计量的金融资产中的债权投资，以收取合同现金流量为目标
其他债权投资	既以收取合同现金流量为目标又以特定日期出售该金融资产为目标管理的金融资产投资
长期股权投资	根据投资方在获取投资后能够对被投资单位施加控制、共同控制和重大影响的权益性投资
其他权益工具投资	以公允价值计量且其变动计入其他综合收益的权益性投资

二、债权投资

企业取得符合债权投资定义的金融资产应当确认为债权投资。

为了反映和监督企业以摊余成本计量的债权投资业务，企业应当设置"债权投资"科目。该科目下应设置"债权投资——成本""债权投资——利息调整""债权投资——应计利息"等明细科目。相关会计分录见表4-2。

表 4-2　　　　　　　　　　　　　　债权投资会计分录

情形		会计分录
初始确认	分期付息一次还本	借：债权投资——成本【票面金额】 　　　　　　——利息调整【差额，或贷方】 　　应收利息【已到付息期但尚未领取的债券利息】 　　贷：其他货币资金【价款＋初始费用】
	一次还本付息	借：债权投资——成本【票面金额】 　　　　　　——利息调整【差额，或贷方】 　　　　　　——应计利息【期末应计债券利息】 　　贷：其他货币资金【价款＋初始费用】
后续计量		借：应收利息/债权投资——应计利息【面值×票面利率】 　　贷：投资收益【实际利息】 　　　　债权投资——利息调整【差额，或借方】 借：其他货币资金 　　贷：应收利息
处置		借：其他货币资金 　　贷：债权投资——成本 　　　　　　——利息调整【或借方】 　　　　　　——应计利息 　　　　投资收益

小企业应当设置"长期债券投资"科目核算小企业准备长期（在1年以上）持有的债券投资。该科目应按照债券种类和被投资单位，分别设置"面值""溢折价""应计利息"等明细科目进行明细核算。具体见表4-3。

表 4-3　　　　　　　　　　　　"长期债券投资"相关账务处理

情形		会计分录
初始确认	分期付息一次还本	借：长期债券投资——面值【票面金额】 　　　　　　　　——溢折价【差额，或贷方】 　　应收利息【已到付息期但尚未领取的债券利息】 　　贷：银行存款【价款＋初始费用】
	一次还本付息	借：长期债券投资——面值【票面金额】 　　　　　　　　——溢折价【差额，或贷方】 　　　　　　　　——应计利息【期末应计债券利息】 　　贷：银行存款【价款＋初始费用】

续表

情形	会计分录
后续计量	借：应收利息／长期债券投资——应计利息【面值 × 票面利率】 　　贷：投资收益【差额】 　　　　长期债券投资——溢折价【直线法进行摊销的金额】 借：银行存款等 　　贷：应收利息
实际发生投资损失时	借：营业外支出 　　贷：长期债券投资——面值 　　　　　　　　　　——溢折价【或借方】
到期时	借：银行存款等 　　贷：长期债券投资——面值
处置	借：银行存款等 　　贷：长期债券投资——面值 　　　　　　　　　　——溢折价【或借方】 　　　　投资收益

名师说

　　债权投资的后续计量分为**实际利率法**（企业适用）和**直线法**（小企业适用）两种。**实际利率法**是指计算金融资产的摊余成本以及将利息收入分摊计入各会计期间的方法。**直线法**是指债券投资的折价或者溢价在债券存续期间内于确认相关债券利息收入时采用直线法进行摊销。两种方法的优点、缺点见表4-4。

表4-4　　　　　　　　　　　　　　实际利率法与直线法的优点、缺点

方法	优点	缺点
实际利率法	考虑市场实际利率的波动影响； 计量与确认的摊余成本和投资收益比较准确	市场实际利息率计算确定及相应的会计处理较为复杂
直线法	简便易行	不考虑市场实际利率的波动影响； 摊余成本和投资收益的确认与计量不够准确

　　【案例4-1】甲公司为一家小企业。2019年1月1日，从二级市场购入乙公司债券，支付价款合计510 000元（含已宣告但尚未领取的利息10 000元），另支付交易费用10 000元。该债券面值500 000元，剩余期限为2年，票面年利率为4%，每半年付息一次，合同现金流量特征仅为本金和以未偿付本金金额为基础的利息的支付。甲公司准备持有至到期，分类为长期债券投资进行核算与管理。

　　假定不考虑增值税等其他因素，甲公司的账务处理如下。

　　（1）2019年1月1日，购入乙公司债券时

借：长期债券投资——面值　　　　　500 000
　　　　　　　　　——溢折价　　　　10 000
　　应收利息　　　　　　　　　　　　10 000
　　贷：银行存款　　　　　　　　　　　520 000

其中，交易费用 10 000 元在"长期债券投资——溢折价"明细科目进行核算，在以后确认投资收益时采用直线法摊销。

（2）2019 年 1 月 5 日，收到 2018 年下半年利息 10 000 元：

借：银行存款　　　　　　　　　　　10 000
　　贷：应收利息　　　　　　　　　　　　10 000

（3）2019 年 6 月 30 日和 12 月 31 日及 2020 年 6 月 30 日和 12 月 31 日，分别确认投资收益。

每半年应收利息 = 500 000×4%/2 = 10 000（元）；溢折价摊销 = 10 000/4 = 2 500（元）：

借：应收利息　　　　　　　　　　　10 000
　　贷：长期债券投资——溢折价　　　　　2 500
　　　　投资收益　　　　　　　　　　　　7 500

（4）2019 年 7 月 5 日和 2020 年 1 月 5 日及 2020 年 7 月 5 日，分别收到各半年的应收利息

借：银行存款　　　　　　　　　　　10 000
　　贷：应收利息　　　　　　　　　　　　10 000

（5）2021 年 1 月 5 日，收到半年利息及本金合计 510 000 元

借：银行存款　　　　　　　　　　　510 000
　　贷：长期债券投资——面值　　　　　500 000
　　　　应收利息　　　　　　　　　　　10 000

【例 4-1 · 判断题 · 2022】企业对分期付息、一次还本的债券投资计提的利息，应通过"债权投资——应计利息"科目核算。　　　　　　　　　　　　　　　　　　　　（　　）

【答案】×

【解析】"应收利息"科目核算债权投资为分期付息、一次还本债券投资的应按票面利率计算确定的应收未收的利息。分期确认利息收入时，借记"应收利息"科目，借记或贷记"债权投资——利息调整"科目，贷记"投资收益"科目。

【例 4-2 · 单选题 · 2022】下列各项中，关于"债权投资"科目核算内容的表述正确的是（　　）。

A. 以公允价值计量且其变动计入其他综合收益的债券投资

B. 以公允价值计量且其变动计入当期损益的债券投资

C. 以摊余成本计量的债券投资

D. 以公允价值计量且其变动计入其他综合收益的权益投资

【答案】C

【解析】选项 C 正确，债权投资是指以摊余成本计量的金融资产中的债权投资。选项 AD 属于其他权益工具投资，选项 B 属于交易性金融资产。

三、长期股权投资 ★★★

（1）对企业而言，长期股权投资的核算范围如表 4-5 所示。

表 4-5　　　　　　　　　　　　　　　　长期股权投资的核算

投资方式		含义	核算的方法
以合并方式取得	对子公司投资	投资方能够对被投资单位实施控制的权益性投资	长期股权投资的成本法

续表

投资方式		含义	核算的方法
以非合并方式取得	对合营企业投资	投资方与其他合营方一同对被投资单位实施共同控制且对被投资单位净资产享有权利的权益性投资	长期股权投资的权益法
	对联营企业投资	投资方对被投资单位具有重大影响的权益性投资	长期股权投资的权益法

🎓 **名师说**

对被投资单位不具有控制、共同控制或重大影响的权益性投资按照金融工具准则进行核算，具有控制、共同控制或重大影响的权益性投资按照长期股权投资准则进行核算。

合并方式形成长期股权投资的根据合并企业之间的关系可以分为**同一控制下的企业合并**和**非同一控制下企业合并**。

同一控制下的企业合并实质是集团内部资产的重新配置与账面调拨，仅涉及集团内部不同企业间资产和所有者权益的变动，不具有商业实质，不应产生经营性损益和非经营性损益。

非同一控制下的企业合并实质是不同市场主体间的产权交易，购买方如果以转让非现金资产方式作为对价的，实质是转让或处置了非现金资产，具有商业实质性质，产生经营性或非经营性损益。

为了如实反映和监督长期股权投资的取得、持有、处置等业务活动，企业应设置"长期股权投资"科目。借方登记取得股权时的实际投资成本或享有被投资单位权益的增加金额；贷方登记享有被投资单位权益的减少金额或股权投资处置的成本；期末余额在借方，反映企业持有的长期股权投资的价值。权益法下，"长期股权投资"科目还应当分别设置"投资成本""损益调整""其他权益变动"等明细科目进行明细核算。相关会计处理见表4-6。

表4-6　　　　　　　　　　　　　　　长期股权投资的账务处理

情形			会计分录
以合并方式取得（成本法）	初始计量	同一控制	借：长期股权投资【合并日应享有被合并方所有者权益相对最终控制方而言账面价值份额】 　　贷：银行存款 　　　　库存商品 　　　　固定资产清理　　}【放弃资产、承担债务或发行股票的账面价值】 　　　　股本等 借贷不平衡，若为贷方差额计入"资本公积——股本溢价" 若为借方差额先冲"资本公积——股本溢价"，不足部分再依次冲减"盈余公积"和"利润分配——未分配利润"
		非同一控制	借：长期股权投资【放弃资产、承担债务或发行股票的公允价值】 　　累计折旧 　　固定资产减值准备 　　贷：银行存款 　　　　主营业务收入 　　　　固定资产等 　　　　资产处理损益【或借方】 　　　　股本 　　　　资本公积

情形	会计分录
后续计量	被投资单位宣告发放现金股利： 借：应收股利 　　贷：投资收益 收到发放的现金股利： 借：银行存款 　　贷：应收股利
处置	借：银行存款等 　　长期股权投资减值准备 　　贷：长期股权投资 　　　　应收股利【已宣告但尚未发放的现金股利】 　　　　投资收益【差额，或借方】
以非合并方式取得（权益法）　初始计量	借：长期股权投资——投资成本【放弃资产、承担债务或发行股票的公允价值】 　　贷：银行存款等
以非合并方式取得（权益法）　后续计量	（1）初始投资成本的调整 初始投资成本＞应享有可辨认净资产公允价值份额，不调整 初始投资成本＜应享有可辨认净资产公允价值份额，应作会计分录： 借：长期股权投资——投资成本 　　贷：营业外收入【应享有可辨认净资产公允价值份额－初始投资成本】 （2）被投资单位实现盈利或发生亏损的会计处理 实现盈利处理： 借：长期股权投资——损益调整 　　贷：投资收益【被投资单位净利润 × 持股比例】 【注释】被投资单位发生亏损作相反的分录 🎓 **名师说** （1）发生超额亏损时的会计处理 借：投资收益 　　贷：长期股权投资——损益调整①【以长期股权投资所有明细科目之和为限】 　　　　长期应收款　　　　② 　　　　预计负债　　　　　③ 【注释】仍不足弥补的亏损计入"备查簿" （2）扭亏为盈时，先弥补"备查簿"中的亏损，后作会计处理： 借：预计负债　　　　　③ 　　长期应收款　　　　② 　　长期股权投资——损益调整　① 　　贷：投资收益
以非合并方式取得　后续计量	（3）被投资单位分配股利或利润的会计处理 宣告分配现金股利时： 借：应收股利 　　贷：长期股权投资——损益调整 收到现金股利时： 借：银行存款 　　贷：应收股利 【注释】收到被投资单位发放的股票股利，不进行账务处理，但应在"备查簿"中登记

续表

情形	会计分录
	（4）被投资单位其他综合收益增减变动的会计处理 被投资单位其他综合收益增加： 　借：长期股权投资——其他综合收益 　　贷：其他综合收益 【注释】被投资单位其他综合收益减少做相反分录。 （5）被投资单位发生除净损益、利润分配和其他综合收益变动以外的所有者权益的变动的会计处理 被投资单位其他权益变动增加时： 　借：长期股权投资——其他权益变动 　　贷：资本公积——其他资本公积 【注释】被投资单位其他权益变动减少做相反分录
处置	借：银行存款 　　长期股权投资减值准备 　　贷：长期股权投资——投资成本 　　　　　　　　　　——损益调整【或借方】 　　　　　　　　　　——其他综合收益【或借方】 　　　　　　　　　　——其他权益变动【或借方】 　　　　　　投资收益【差额，或借方】 借：资本公积——其他资本公积 　　贷：投资收益 或做相反的分录 借：其他综合收益【可转损益的其他综合收益】 　　贷：投资收益 【注释】或做相反的分录
减值	借：资产减值损失 　　贷：长期股权投资减值准备

【例 4-3·单选题·2022】企业采用权益法核算长期股权投资时，会导致投资收益增加的是（　　）。

A. 被投资单位提取盈余公积　　　　　B. 被投资单位实现净利润

C. 收到被投资单位分配的股票股利　　D. 收到被投资单位分配的现金股利

【答案】B

【解析】权益法下，资产负债表日，企业应按被投资单位实现的净利润中企业享有的份额，借记"长期股权投资——损益调整"科目，贷记"投资收益"科目。选项 AC，投资方无须作账务处理。选项 D，借记"应收股利"科目，贷记"长期股权投资——损益调整"科目。

🎓 **名师说**

　　企业无论以何种方式取得股权投资，也无论将取得的股权投资作为何种金融资产（长期股权投资、交易性金融资产等）核算，取得投资时，对于支付的对价中包含的应享有被投资单位已经宣告但尚未发放的现金股利或利润，均应确认为应收股利。

购买金融资产初始计量涉及直接相关费用（发生的审计、法律服务、评估咨询等中介费用以及其他相关管理费用）的处理。具体见表 4-7。

表 4-7 购买金融资产所涉及直接相关费用的会计处理

金融资产		直接相关费用的处理
交易性金融资产		借：投资收益 贷：其他货币资金
债权投资		借：债权投资 贷：其他货币资金
长期股权投资	共同控制、重大影响	借：长期股权投资——投资成本 贷：银行存款
	控制	借：管理费用 贷：银行存款

发行金融资产初始计量涉及直接相关费用的处理。

① 发行股票。

直接相关税费：冲减溢价收入，不足的部分冲减留存收益

② 发行债券。

直接相关税费：冲减应付债券的账面价值

（2）对小企业而言，长期股权投资是指小企业准备长期持有的权益性投资，小企业长期股权投资应当采用成本法进行会计处理。相关会计处理见表 4-8。

表 4-8 长期股权投资成本法会计处理

	会计分录
初始计量	借：长期股权投资 贷：银行存款等

后续计量	被投资单位宣告发放现金股利：
	借：应收股利
	  贷：投资收益
	收到发放的现金股利：
	借：银行存款
	  贷：应收股利

减值	实际发生的长期股权投资损失时：
	借：银行存款
	  营业外支出【差额】
	  贷：长期股权投资

处置	借：银行存款
	  贷：长期股投资
	    投资收益【差额，或在借方】

【案例 4-2】甲公司和乙公司为同一母公司最终控制下的两家公司。2019 年 6 月 30 日，甲公司向其母公司支付现金 43 400 000 元，取得母公司拥有乙公司 100% 的股权，于当日起能够对乙公司实施控制。合并后乙公司仍维持其独立法人地位继续经营。2019 年 6 月 30 日，母公司合并报表中乙公司的净资产账面价值为 40 000 000 元。在甲、乙公司合并前采用的会计政策相同。假定不考虑

相关税费等其他因素影响。

合并日，甲公司应作账务处理如下：

借：长期股权投资——乙公司　　　　　40 000 000

　　资本公积——股本溢价　　　　　　3 400 000（43 400 000 − 40 000 000）

　　贷：银行存款　　　　　　　　　　　　　　43 400 000

【案例4-3】甲公司和乙公司为同一母公司最终控制下的两家公司。2019年6月30日，假定甲公司向其母公司发行10 000 000股普通股（每股面值为1元，每股公允价值为4.34元），取得母公司拥有乙公司100%的股权，于当日起能够对乙公司实施控制。合并后乙公司仍维持其独立法人地位继续经营。2019年6月30日，母公司合并报表中乙公司的净资产账面价值为40 000 000元。在甲、乙公司合并前采用的会计政策相同。假定不考虑相关税费等其他因素影响。

合并日，甲公司应作账务处理如下：

借：长期股权投资——乙公司　　　　　40 000 000

　　贷：股本　　　　　　　　　　　　　　　　10 000 000

　　　　资本公积——股本溢价　　　　　　　　30 000 000

【案例4-4】甲公司和乙公司为非同一控制下的两家独立公司。2019年6月30日，甲公司以其拥有的固定资产对乙公司投资，取得乙公司60%的股权。该固定资产原值1 500万元，已累计计提折旧400万元，已计提减值准备50万元，投资日该固定资产的公允价值为1 250万元。2019年6月30日，乙公司的可辨认净资产公允价值为2 000万元。假定不考虑相关税费等其他因素影响。

投资日，甲公司应作账务处理如下：

借：长期股权投资——乙公司　　　　　12 500 000

　　累计折旧　　　　　　　　　　　　4 000 000

　　固定资产减值准备　　　　　　　　500 000

　　贷：固定资产　　　　　　　　　　　　　　15 000 000

　　　　资产处置损益　　　　　　　　　　　　2 000 000

【案例4-5】甲公司和乙公司为非同一控制下的两家独立公司。2019年6月30，甲公司以发行普通股9 000万股取得乙公司有表决权的股份60%。该股票面值为每股1元，市场发行价格为每股5元。向证券承销机构支付股票发行相关税费1 350万元。假定不考虑其他因素影响。

购买日，甲公司应作账务处理如下：

借：长期股权投资——乙公司　　　　　450 000 000（90 000 000 × 5）

　　贷：股本　　　　　　　　　　　　　　　　90 000 000（90 000 000 × 1）

　　　　资本公积——股本溢价　　　　　　　　360 000 000（450 000 000 − 90 000 000）

支付发行相关税费：

借：资本公积——股本溢价　　　　　　13 500 000

　　贷：银行存款　　　　　　　　　　　　　　13 500 000

【案例4-6】甲公司和乙公司为非同一控制下的两家独立小型有限责任股份公司。2019年6月30日，甲公司以支付现金200万元取得乙公司有表决权的股份20%。甲公司准备长期持有。假定不考虑其他因素影响。

购买日，甲公司应作账务处理如下：

借：长期股权投资——乙公司　　　　　2 000 000

　　贷：银行存款　　　　　　　　　　　　　　2 000 000

【案例4-7】甲公司持有乙公司60%的股权并对其实施控制。2019年12月31日，乙公司利润表显示当年实现净利润100万元。2020年2月20日，甲公司发布经股东会批准的利润决算报告，决定分配现金股利60万元的利润分配方案，并于2020年3月20日发放了全部股利。

2019年12月31日被投资方乙公司当年实现净利润，甲公司不需要作会计处理。2020年2月20日，甲公司发布利润分配公告，公司应编制如下会计分录：

借：应收股利　　　　　　　　　　　　　360 000
　　贷：投资收益　　　　　　　　　　　　　360 000

2020年3月20日，收到乙公司发放的股利，应编制如下会计分录：

借：银行存款　　　　　　　　　　　　　360 000
　　贷：应收股利　　　　　　　　　　　　　360 000

【案例4-8】2019年12月31日，甲公司持有的丙公司发行在外的普通股为15 000万股，拥有丙公司30%的股份。甲公司经审计的年度利润表中当年实现净利润45 000万元。甲公司应确认投资收益13 500万元（45 000×30%）。甲公司应编制如下会计分录：

借：长期股权投资——丙公司——损益调整　135 000 000
　　贷：投资收益　　　　　　　　　　　　　135 000 000

【案例4-9】甲公司持有的丙公司发行在的外普通股为15 000万股，拥有丙公司30%的股份。2020年3月20日，丙公司经股东大会批准，宣告现金股利分配方案为每10股2元，分配2019年度现金股利。甲公司于2020年4月20日收到丙公司发放的现金股利。不考虑所得税等相关因素影响。

2020年3月20日，甲公司确认应分配的现金股利为3 000万元（15 000×0.2），应编制如下会计分录：

借：应收股利　　　　　　　　　　　　　30 000 000
　　贷：长期股权投资——损益调整　　　　　30 000 000

2020年4月20日，甲公司收到现金股利，应编制如下会计分录：

借：银行存款　　　　　　　　　　　　　30 000 000
　　贷：应收股利　　　　　　　　　　　　　30 000 000

【例4-4·单选题·2022】甲公司和乙公司为同一母公司最终控制下的两家公司。甲公司支付现金5 200万元取得乙公司100%的股权实施控制。合并日，甲公司的资本公积为300万元，母公司合并报表中乙公司的净资产账面价值为5 000万元。不考虑其他因素，甲公司合并日的会计处理正确的是（　　　）。

A. 借：长期股权投资　5 000
　　营业外支出　　　　200
　　　贷：银行存款　　　　5 200

B. 借：长期股权投资　5 000
　　投资收益　　　　　200
　　　贷：银行存款　　　　5 200

C. 借：长期股权投资　5 000
　　资本公积　　　　　200
　　　贷：银行存款　　　　5 200

D. 借：长期股权投资　5 200
　　　贷：银行存款　　　　5 200

【答案】C

【解析】同一控制下的企业合并，合并方以支付现金、转让非现金资产或承担债务方式作为合并对价的，应在合并日按取得被合并方所有者权益在最终控制方合并财务报表中的账面价值的份额，借记"长期股权投资"科目（投资成本），按支付的合并对价的账面价值，贷记或借记有关资产、负债科目，按其差额，贷记"资本公积——资本溢价或股本溢价"科目；如为借方差额，借记"资本公积——资本溢价或股本溢价"科目，资本公积（资本溢价或股本溢价）不足冲减的，应依次借记"盈余公积""利润分配——未分配利润"科目。

第二节 投资性房地产 ★ ★

一、投资性房地产的管理

投资性房地产是指为赚取租金或资本增值，或两者兼有而持有的房地产，包括已出租的土地使用权、持有并准备增值后转让的土地使用权、已出租的建筑物。企业持有投资性房地产的目的主要有赚取租金和资本增值。属于投资性房地产的项目主要有：

（1）已出租的土地使用权。

（2）持有并准备增值后转让的土地使用权。

（3）已出租的建筑物。

名师说

如果某项房地产部分用于赚取租金或资本增值，部分用于生产商品、提供劳务或经营管理，其能够单独计量和出售的、用于赚取租金或资本增值的部分，应当确认为投资性房地产；其不能够单独计量和出售的、用于赚取租金或资本增值的部分，不确认为投资性房地产。

敲黑板

以下情形不能确认为投资性房地产：

（1）对以经营租赁方式租入土地使用权或建筑物再转租给其他单位的；

（2）按照国家有关规定认定的闲置土地。

（3）企业自用房地产和作为存货的房地产不属于投资性房地产。

二、投资性房地产的确认与计量

（一）投资性房地产的确认

（1）投资性房地产在符合其定义的前提下，同时满足下列条件的予以确认。

① 与该投资性房地产有关的经济利益很可能流入企业；

② 该投资性房地产的成本能够可靠地计量。

（2）投资性房地产的确认时点（见表4-9）。

表 4-9 投资性房地产的确认时点

	情形	确认时点
用于出租	已出租的土地使用权、已出租的建筑物	租赁期开始日
	持有以备经营出租的空置建筑物	董事会或类似机构的书面决议日
持有并准备增值后转让的土地使用权		停止自用准备增值后转让的当天

（二）投资性房地产的计量

投资性房地产的计量分为**成本模式**和**公允价值模式**两种。

成本模式是指投资性房地产的初始计量和后续计量均采用实际成本进行核算。

公允价值模式是指投资性房地产初始计量采用实际成本核算，后续计量采用公允价值进行计量。只有存在确凿证据表明投资性房地产的公允价值能够持续可靠取得的情况下，企业才可以采用公允价值模式进行后续计量。

投资性房地产采用公允价值模式需要同时满足两个条件：

（1）投资性房地产所在地有活跃的房地产交易市场；

（2）企业能够从活跃市场的房地产交易市场上取得同类或类似房地产的市场价格及其他相关信息。

> **名师说**
>
> 同一企业只能采用一种模式对所有的投资性房地产进行后续计量，不得同时采用两种计量模式；而且，企业可以从成本模式变更为公允价值模式，已采用公允价值模式不得转为成本模式。

（三）投资性房地产的会计科目设置

表 4-10 投资性房地产以成本模式计量的会计科目设置

成本模式	会计科目设置	核算内容
初始核算	"投资性房地产"	核算其实际成本及其增减变化，按具体项目（如厂房、已出租土地使用权等）设置明细科目
后续核算	"投资性房地产累计折旧"	核算计提折旧
	"投资性房地产累计摊销"	核算计提摊销
	"投资性房地产减值准备"	核算计提的减值准备
处置核算	"其他业务收入""其他业务成本"	核算处置收益和成本

表 4-11 投资性房地产以公允价值模式计量的会计科目设置

公允价值模式	会计科目设置	核算内容
初始核算	"投资性房地产——成本"	核算其实际成本及其增减变化

续表

公允价值模式	会计科目设置	核算内容
后续核算	"投资性房地产——公允价值变动"	核算公允价值增减变动
	"公允价值变动损益"	核算投资性房地产公允价值的波动
	"其他综合收益"	核算非投资性房 地产转换为投资性房地产转换日的公允价值大于账面 价值的差额
处置核算	"其他业务收入" "其他业务成本"	核算处置收益和结转的成本

三、投资性房地产的账务处理

表 4-12   投资性房地产的账务处理

	情形	会计分录
初始计量	外购	借：投资性房地产 / 投资性房地产——成本【买价＋相关税费＋其他支出】 　　贷：银行存款等
	自行建造	借：投资性房地产【土地开发费＋建筑成本＋安装成本＋利息（资本化）＋分摊间接费用等】 　　贷：银行存款等 🎓 名师说 建造过程中发生的非正常损失，直接计入当期损益，不计入投资性房地产。
初始计量	自用房地产或存货转换为采用公允价值模式计量的投资性房地产（以固定资产为例） 按照公允价值转	借：投资性房地产——成本【转换日公允价值】 　　公允价值变动损益【借方差额】 　　累计折旧 ⎫ 　　固定资产减值准备 ⎬【账面价值】 　贷：固定资产 ⎭ 　　其他综合收益【贷方差额】
	自用房地产或存货转换为采用成本模式计量的投资性房地产（以固定资产为例） 按照账面价值转	借：投资性房地产　　　　　　　a 　　累计折旧　　　　　　　　　c 　　固定资产减值准备　　　　　b ⎫【账面价值】 　贷：固定资产　　　　　　　　a 　　投资性房地产累计折旧　　　c 　　投资性房地产减值准备　　　b
后续计量	成本模式	确认租金收入： 借：银行存款 　贷：其他业务收入 同时结转成本： 借：其他业务成本 　贷：投资性房地产累计折旧 提取减值时： 借：资产减值损失 　贷：投资性房地产减值准备

情形		会计分录
处置	公允价值模式	公允价值波动 借：投资性房地产——公允价值变动 　　贷：公允价值变动损益——投资性房地产（或相反会计处理） 确认租金收入： 借：银行存款 　　贷：其他业务收入 📖 **名师说** 采用公允价值模式进行后续核算，投资性房地产不应计提折旧或摊销。
	成本模式	借：银行存款 　　贷：其他业务收入 借：其他业务成本 　　投资性房地产累计折旧/摊销 　　投资性房地产减值准备 　　贷：投资性房地产
	公允价值模式	借：银行存款 　　贷：其他业务收入 借：其他业务成本 　　贷：投资性房地产——成本 　　　　　　——公允价值变动【或借方】 借：其他综合收益 　　贷：其他业务成本

【案例 4-10】2020 年 2 月，甲企业计划购入一栋写字楼用于对外出租。3 月 1 日，甲企业与乙企业签订了经营租赁合同，约定自写字楼购买日起将该栋写字楼出租给乙企业，为期 5 年。4 月 2 日，甲企业实际购入写字楼，支付价款共计 1 200 万元。假设不考虑相关税费及其他因素影响。甲企业应作账务处理如下：

借：投资性房地产——写字楼　　　　　　12 000 000
　　贷：银行存款　　　　　　　　　　　　　12 000 000

【案例 4-11】2020 年 2 月，甲公司从其他单位购入一块使用年限为 50 年的土地，并在此土地上开始自行建造两栋厂房。2020 年 11 月，甲公司预计厂房即将完工，与乙公司签订了经营租赁合同，将其中的一栋厂房租赁给乙公司使用。合同约定于厂房完工交付使用时开始起租，租赁期为 6 年，每年年末支付租金 288 万元。2020 年 12 月 5 日，两栋厂房同时完工达到预定可使用状态并交付使用。该土地所有权的成本为 900 万元，至 2020 年 12 月 5 日，该土地使用权已累计计提摊销 16.50 万元；两栋厂房的实际造价成本均为 1 200 万元，能够单独出售。两栋厂房分别占用土地为这块土地的一半面积。甲公司应作账务处理如下：

借：固定资产——厂房　　　　　　　　　12 000 000
　　投资性房地产——厂房　　　　　　　12 000 000
　　贷：在建工程——厂房　　　　　　　　24 000 000

将出租厂房应分摊的土地使用权转作投资性房地产：

借：投资性房地产——已出租土地使用权 　4 500 000（9 000 000/2）
　　累计摊销 　82500（165 000/2）
　　　贷：无形资产——土地使用权 　4 500 000
　　投资性房地产累计摊销 　82500

【案例4-12（承案例4-11）】甲公司按月计提投资性房地产折旧和摊销。预计出租的厂房使用寿命为20年，预计净残值为0；土地使用权按50年摊销。按照年限平均法计提折旧和摊销。甲公司应作账务处理如下：

（1）每月计提折旧5万元（1 200万元/20/12）和摊销0.75万元（450万元/50/12）：

借：其他业务成本——出租厂房折旧 　50 000
　　　　　　　　　——投资性房地产累计摊销 　7 500
　　　贷：投资性房地产累计折旧 　50 000
　　　　投资性房地产累计摊销 　7 500

（2）每月确认应收租金收入24万元（288万元/12）：

借：其他应收款——应收租金 　240 000
　　　贷：其他业务收入 　240 000

【案例4-13】2020年4月2日，甲企业购入写字楼，支付价款共计1 200万元，与公允价值为相同金额。该写字楼所在区域有活跃的房地产交易市场，而且能够从房地产市场上获得同类房地产的市场报价。假设不考虑相关税费及其他因素影响。甲企业采用公允价值模式对该项出租房地产进行后续核算。2020年12月31日，该写字楼的公允价值为1 320万元。甲公司应作账务处理如下：

（1）2020年4月2日，购入写字楼：

借：投资性房地产——成本 　12 000 000
　　　贷：银行存款 　12 000 000

（2）2020年12月31日，按照公允价值调整其账面价值，公允价值与原账面价值之间的差额计入当期损益：

借：投资性房地产——公允价值变动 　1 200 000（13 200 000 − 12 000 000）
　　　贷：公允价值变动损益——投资性房地产 　1 200 000

【案例4-14】甲公司将一幢出租用房出售，取得收入4 000万元存入银行。甲公司采用成本模式计量，该幢出租房的账面原值为8 600万元，已计提折旧5 160万元，未计提减值准备。假定不考虑相关税费等其他因素。甲公司应作账务处理如下：

借：银行存款 　40 000 000
　　　贷：其他业务收入 　40 000 000
借：其他业务成本 　34 400 000
　　投资性房地产累计折旧 　51 600 000
　　　贷：投资性房地产 　86 000 000

【案例4-15】甲公司将一幢出租用房出售，取得收入8 600万元存入银行。甲公司，采用公允价值模式计量，该幢出租房出售时投资性房地产的成本明细科目借方余额为8 600万元、公允价值变动明细科目贷方余额为200万元。假定不考虑相关税费等其他因素。甲公司应作账务处理如下：

借：银行存款 　86 000 000
　　　贷：其他业务收入 　86 000 000

借：其他业务成本   84 000 000

  投资性房地产——公允价值变动   2 000 000

  贷：投资性房地产——成本   86 000 000

【例 4-5·多选题·2022】 下列各项中，关于投资性房地产会计处理的表述，正确的有（ ）。

A. 采用公允价值模式计量的投资性房地产，可转换为成本模式计量

B. 采用公允价值模式计量的投资性房地产，应计提折旧或摊销

C. 采用成本模式计量的投资性房地产，在满足规定条件的情况下，可转换为公允价值模式计量

D. 采用公允价值模式计量的投资性房地产，其公允价值变动应计入公允价值变动损益

【答案】 CD

【解析】 选项 A 错误，企业可以从成本模式变更为公允价值模式，已采用公允价值模式的不得转为成本模式；选项 B 错误，采用公允价值模式计量的投资性房地产，不应计提折旧或摊销。

【例 4-6·单选题·2022】 下列各项中，关于投资性房地产会计处理的表述正确的是（ ）。

A. 已采用成本模式计量的，应确认公允价值变动损益

B. 成本模式核算下，已确认的减值损失以后会计期间不得转回

C. 同一企业可以同时采用成本模式和公允价值模式进行后续计量

D. 采用公允价值模式计量的，应计提减值准备

【答案】 B

【解析】 选项 A，采用公允价值模式计量的，以资产负债表日发生的公允价值变动确认公允价值变动损益。选项 C，同一企业只能采用一种模式对所有投资性房地产进行后续计量，不得同时采用两种计量模式。选项 D，采用公允价值模式计量的，不应计提减值准备。

【例 4-7·判断题·2022】 自用房地产转换为采用公允价值模式计量的投资性房地产，公允价值大于账面价值的差额计入其他综合收益。（ ）

【答案】 √

【例 4-8·判断题·2022】 企业采用公允价值模式进行后续计量的投资性房地产仍应计提折旧。（ ）

【答案】 ×

【解析】 企业采用公允价值模式进行后续计量的投资性房地产无需计提折旧。

【例 4-9·单选题·2022】 下列关于以公允价值模式进行后续计量的投资性房地产的表述中，正确的是（ ）。

A. 设置"投资性房地产累计折旧"科目

B. 可以由公允价值模式转为成本模式计量

C. 公允价值变动计入公允价值变动损益

D. 自用房地产转为公允价值模式计量的投资性房地产时，公允价值大于账面价值的差额计入当期损益

【答案】 C

【解析】 选项 A，公允价值模式计量的投资性房地产不计提折旧；选项 B，企业对持有的投资性房地产可以从成本模式变更为公允价值模式，但是，已采用公允价值模式不得转为成本模式；选项 D，自用房地产转为公允价值模式计量的投资性房地产时，公允价值大于账面价值的差额计入其他综合收益。

【例 4-10·单选题·2022】某企业处置一项投资性房地产，收取价款 4 000 万元，该投资性房地产原价为 8 000 万元，已计提折旧 5 000 万元。不考虑其他因素，下列关于企业处置投资性房地产的会计处理结果表述正确的是（   ）。

　　A. 影响营业外支出 3 000 万元

　　B. 影响投资收益 1 000 万元

　　C. 影响资产处置收益 1 000 万元

　　D. 增加营业收入 4 000 万元

【答案】D

【解析】本题分录如下：

（1）借：银行存款　　　　　　　　　　4 000

　　　　贷：其他业务收入　　　　　　　　　　4 000

（2）借：其他业务成本　　　　　　　　3 000

　　　　投资性房地产——累计折旧　　　5 000

　　　　贷：投资性房地产　　　　　　　　　　8 000

【例 4-11·判断题·2022】公允价值模式下，期末投资性房地产的公允价值低于其账面价值的差额计入其他综合收益。　　　　　　　　　　　　　　　　　　　（　　）

【答案】×

【解析】公允价值模式下，期末投资性房地产的公允价值不管是低于还是高于其账面价值，其差额均计入公允价值变动损益。

【例 4-12·判断题·2022】自用房地产转为采用公允价值模式计量的投资性房地产，其公允价值小于账面价值的差额，应计入其他综合收益。　　　　　　　　　　（　　）

【答案】×

【解析】自用房地产转为采用公允价值模式计量的投资性房地产，其公允价值小于账面价值的差额，应计入公允价值变动损益。

第三节　固定资产 ★★★

一、固定资产的概念

固定资产是指同时具有以下特征的有形资产：

（1）企业持有固定资产的目的是用于生产商品、提供劳务、出租或经营管理的，而不是直接用于出售。其中，出租是指以经营租赁方式出租的机器设备等。

（2）企业使用固定资产的期限超过一个会计年度。

二、固定资产的取得 ★★★

为了反映和监督固定资产取得、计提折旧和处置等情况，企业一般需要设置"固定资产""累计折旧""在建工程""工程物资""固定资产清理"等科目。

（一）外购固定资产

企业外购的固定资产，应按实际支付的**购买价款、相关税费、使固定资产达到预定可使用状态前所发生的可归属于该项资产的运输费、装卸费、安装费和专业人员服务费**等，作为固定资产的取得成本。企业以不同方式购入固定资产应作会计处理如下：

（1）企业（一般纳税人）购入不需安装的固定资产。

借：固定资产

　　应交税费——应交增值税（进项税额）

　　　贷：银行存款/应付账款等

（2）企业（一般纳税人）购入需要安装的固定资产，见表4-13。

表4-13　　　　　　　　　　企业（一般纳税人）购入需要安装的固定资产

情形	账务处理
购入时	借：在建工程 　　应交税费——应交增值税（进项税额） 　　　贷：银行存款/应付账款等
安装调试时	借：在建工程 　　应交税费——应交增值税（进项税额） 　　　贷：银行存款等
耗用本单位材料或人工	借：在建工程 　　　贷：原材料 　　　　　应付职工薪酬
达到预定可使用状态时	借：固定资产 　　　贷：在建工程

（3）企业（一般纳税人）以一笔款项**购入多项**没有单独标价的固定资产，应将各项资产单独确认为固定资产，并对总成本按各项固定资产**公允价值的比例进行分配**，分别确定各项固定资产的成本。

> **名师说**
>
> 　　一般纳税人取得的增值税专用发票上注明的可以抵扣的增值税进项税额应记入"应交税费——应交增值税（进项税额）"科目，不计入固定资产的成本；而一般纳税人取得增值税普通发票、小规模纳税人取得增值税专用发票或普通发票，增值税进项税额因其不能抵扣，均应计入固定资产成本。

（二）建造固定资产

企业自行建造固定资产，应当按照建造该项资产达到**预定可使用状态前**所发生的必要支出，作为固定资产的成本。

企业自行建造固定资产，应先通过"在建工程"科目核算，工程达到预定可使用状态时，再从"在建工程"科目转入"固定资产"科目。企业自行建造固定资产，主要有自营和出包两种方式，具体如下：

1. 自营工程

自营工程是指**企业自行组织**工程物资采购、自行组织施工人员施工的建筑工程和安装工程。相关会计处理见表 4-14。

表 4-14 　　　　　　　　　　　　　　自营工程的相关会计处理

情形	账务处理
购入工程物资时	借：工程物资 　　应交税费——应交增值税（进项税额） 　　贷：银行存款/应付账款等
领用工程物资时	借：在建工程 　　贷：工程物资
领用本企业的原材料或本企业生产的商品时	借：在建工程 　　贷：原材料/库存商品等【实际成本，而非对外售价】
自营工程发生其他费用时	借：在建工程 　　贷：银行存款/应付职工薪酬等
自营工程达到预定可使用状态时	借：固定资产 　　贷：在建工程

2. 出包工程

出包工程是指**企业通过招标**方式将工程项目发包给建造承包商，由建造承包商组织施工的建筑工程和安装工程。相关会计处理见表 4-15。

表 4-15 　　　　　　　　　　　　　　出包工程的相关会计处理

情形	账务处理
按合同规定向建筑承包商结算进度款	借：在建工程 　　应交税费——应交增值税（进项税额） 　　贷：银行存款等
出包工程达到预定可使用状态时	借：固定资产 　　贷：在建工程

【例 4-13·单选题·2022】甲公司为增值税一般纳税人，2021 年 2 月 2 日购入需安装的生产用机器设备一台，支付价款 100 万元，增值税税额为 13 万元。安装过程中领用本公司自产产品一批，该批产品成本为 5 万元，公允价值为 8 万元。2021 年 2 月 22 日安装结束，固定资产达到预定可使用状态。则该固定资产的入账金额为（　　　）万元。

A.121　　　　　　　　B.108　　　　　　　　C.105　　　　　　　　D.118

【答案】C

【解析】固定资产的入账金额 =100 ＋ 5=105（万元）。

【例 4-14·单选题·2021】某企业为增值税小规模纳税人，2020 年 4 月 1 日购入一台不需要安装即可投入使用的设备，取得的增值税专用发票上注明的价款为 40 000 元。增值税税额为 5 200 元；支付运费 300 元，增值税税额 27 元；全部款项以银行存款支付。该设备的入账价值为（　　　）元。

A. 40 300　　　　　　B. 40 000　　　　　　C. 45 527　　　　　　D. 45 500

【答案】C

【解析】小规模纳税人购入设备支付的增值税需要计入成本，该设备入账价值 = 40 000+5 200

+300+27=45 527（元）。

【例4-15·多选题·2021】某企业为增值税一般纳税人，自营建造一幢厂房。下列各项中，应计入该厂房成本的有（　　）。

A.领用工程物资的成本
B.领用本企业自产产品的成本
C.购买工程物资支付的增值税
D.确认工程人员的薪酬

【答案】ABD

【解析】企业为增值税一般纳税人，其购买工程物资支付的增值税可以抵扣，不计入成本，选项C错误。

【例4-16·判断题·2021】企业以一笔款项购入多项没有单独标价的固定资产时，应按各项固定资产公允价值的比例对总成本进行分配，以确定各项固定资产的成本。（　　）

【答案】√

【解析】一笔款项购入多项没有单独标价的固定资产，如果这些资产均符合固定资产的定义，并满足固定资产的确认条件，则应将各项资产单独确认为固定资产，并按公允价值的比例对总成本进行分配。

【例4-17·单选题·2020】下列各项中，制造业企业应作为固定资产核算的是（　　）。

A.为建造厂房库存的工程物资
B.正在建设中的生产线
C.行政管理部门使用的汽车
D.生产完工准备出售的产品

【答案】C

【解析】选项A错误，为建造厂房库存的工程物资应计入工程物资；选项B错误，正在建设中的生产线应计入在建工程；选项D错误，生产完工准备出售的产品应计入库存商品，均不属于固定资产。

【例4-18·单选题·2017】某企业为增值税一般纳税人，购入一台不需要安装的设备，增值税专用发票上注明的价款为50 000元，增值税税额为6 500元。另支付运输费1 000元，包装费500元（均不考虑增值税）。不考虑其他因素，该设备的入账价值为（　　）元。

A.50 000　　　B.60 000　　　C.56 500　　　D.51 500

【答案】D

【解析】该企业为增值税一般纳税人，其取得的增值税进项税额不应计入固定资产的成本，故该设备的入账价值=50 000+1 000+500=51 500（元），选项D正确。

三、固定资产折旧★★★

1.影响固定资产计提折旧的主要因素

企业应当在固定资产的使用寿命内，按照确定的方法对应计折旧额进行系统分摊。固定资产折旧的影响因素有如下几项，详细见表4-16。

表4-16　　　　　　　　　　　影响固定资产计提折旧的主要因素

项目	含义
固定资产原价	固定资产的成本
预计净残值	假定固定资产预计使用寿命已满并处于使用寿命终了时，企业从处置该项资产中获得的扣除预计处置费用后的金额

续表

项目	含义
固定资产减值准备	固定资产已计提的固定资产减值准备累计金额
固定资产的使用寿命	企业使用固定资产的预计期间，或者该固定资产所能生产产品或提供劳务的数量

影响固定资产计提折旧的因素之间关系如下，以年限平均法为例：

固定资产应计提的折旧额＝固定资产原价－预计净残值－固定资产减值准备

固定资产每年应计提的折旧额＝固定资产应计提的折旧额／固定资产使用寿命

企业至少应当于每年年度终了，对固定资产的使用寿命、预计净残值和折旧方法进行复核；若其与原先估计数有差异的，应作为会计估计变更进行调整。

2. 固定资产的折旧范围

表 4-17   固定资产的折旧范围

折旧范围	内容
空间范围	企业应对所有固定资产计提折旧，但下列情况除外： （1）已提足折旧的固定资产 （2）单独讲价入账的土地 （3）提前报废的固定资产
时间范围	（1）固定资产应当按月计提折旧：当月增加的固定资产，从下月开始计提折旧；当月减少的固定资产，当月仍计提折旧，下月起不计提折旧。 （2）已达到预定可使用状态但尚未办理竣工决算的固定资产，应当按照估计价值确定其成本，并计提折旧；待办理竣工决算后，再按实际成本调整原来的暂估价值，但不需要调整原已计提的折旧额

3. 固定资产的折旧方法

表 4-18   固定资产的折旧方法

方法类型	计算公式	特点
年限平均法	年折旧率 $= \dfrac{1-预计净残值率}{预计使用年限} \times 100\%$ 年折旧额 $= \dfrac{原价-预计净残值}{预计使用年限}$	每期折旧额相等
工作量法	单位工作量折旧额 $= \dfrac{固定资产原价-预计净残值}{预计总工作量}$ 固定资产月折旧额 $=$ 当月工作量 $\times$ 单位工作量折旧额	根据实际工作量进行折旧

续表

方法类型	计算公式	特点
双倍余额递减法	年折旧率 = $\dfrac{2}{预计使用年限} \times 100\%$ **最初几年**的年折旧额 = 每个折旧年度年初固定资产账面净值 × 年折旧率 折旧年限到期前**最后两年**的年折旧额（改按年限平均法计算）= （倒数第二年的账面净值 − 预计净残值）÷ 2	① 前几年折旧额高，后几年折旧额低，但固定资产应计提的折旧总额不变（加速折旧） ② 前几年计算年折旧额时，不考虑预计净残值
年数总和法	年折旧率 = $\dfrac{尚可使用年限}{预计使用年限的年数之和} \times 100\%$ 某年折旧额 = （固定资产原值 − 预计净残值）× 该年折旧率	年折旧率逐年下降，但应计提的折旧总额不变（加速折旧）

🎓 **名师说**

固定资产的账面价值、账面净值和账面价值之间的关系如下：

账面原值 = 账面余额 = 账面原价（取得成本）

账面净值 = 账面原值 − 计提的累计折旧

账面价值 = 账面原值 − 计提的累计折旧 − 计提的减值准备 = 账面净值 − 计提的减值准备

相关的账务处理为：

借：在建工程【自行建造固定资产过程中使用的固定资产】

　　制造费用【基本生产车间使用的固定资产】

　　管理费用【管理部门使用的固定资产、未使用的固定资产】

　　销售费用【销售部门使用的固定资产】

　　其他业务成本【经营租出的固定资产】

　　贷：累计折旧【固定资产的备抵科目】

【案例4-16】高顿公司购入一台芯片生产设备，账面原价为1 000万元，预计使用年限为5年，净残值为100万元，预计各年的生产量分别为30万片、40万片、50万片、60万片和60万片。请利用不同的折旧方法计算该公司每年应计提的折旧额。

【分析】（1）若高顿公司采用年限平均法计提折旧：

$$各年应计提的年折旧额 = \frac{原价 - 预计净残值}{预计使用年限} = \frac{1\,000 - 100}{5} = 180（万元）$$

每年应计提的年折旧额相同，共计提折旧 180 × 5 = 900（万元）。

（2）若高顿公司采用工作量法计提折旧：

$$生产每万片芯片应计提的折旧额 = \frac{固定资产原价 - 预计净残值}{预计总工作量} = \frac{1\,000 - 100}{30 + 40 + 50 + 60 + 60} = 3.75（万元/万片）$$

第一年应计提的折旧额 = 3.75 × 30 = 112.5（万元）

第二年应计提的折旧额 = 3.75 × 40 = 150（万元）

同理，可得出第三至五年分别应计提的折旧额为187.5万元，225万元和225万元。

共计提折旧 = 112.5 + 150 + 187.5 + 225 + 225 = 900（万元）

（3）若高顿公司采用双倍余额递减法计提折旧：

前三年的年折旧率 = 2 / 预计使用年限 × 100% = 2 / 5 × 100% = 40%

第一年应计提的折旧额 = 年初账面净值 × 年折旧率 = 1000 × 40% = 400（万元）

第二年应计提的折旧额 = 第二年年初账面净值 × 年折旧率 =（1 000 − 400）× 40% = 240（万元）

第三年应计提的折旧额 = 第三年年初账面净值 × 年折旧率 =（1 000 − 400 − 240）× 40% = 144（万元）

第四年为倒数第两年，应改为年限平均法计提折旧，故应计提的折旧额 =（第四年年初账面净值 − 预计净残值）/ 2 =（1 000 − 400 − 240 − 144 − 100）/ 2 = 58（万元）。

第五年为最后一年，应计提的折旧额与第四年计算方式相同，亦为58万元。

共计提折旧 = 400 + 240 + 144 + 58 + 58 = 900（万元）

（4）若高顿公司采用年限总和法计提折旧：

第一年的折旧率 $=\dfrac{5}{5+4+3+2+1}=\dfrac{5}{15}$，应计提的折旧额 $=（1\,000-100）\times\dfrac{5}{15}=300$（万元）

第二年的折旧率 $=\dfrac{4}{5+4+3+2+1}=\dfrac{4}{15}$，应计提的折旧额 $=（1\,000-100）\times\dfrac{4}{15}=240$（万元）

第三年的折旧率 $=\dfrac{3}{5+4+3+2+1}=\dfrac{3}{15}$，应计提的折旧额 $=（1\,000-100）\times\dfrac{3}{15}=180$（万元）

第四年的折旧率 $=\dfrac{2}{5+4+3+2+1}=\dfrac{2}{15}$，应计提的折旧额 $=（1\,000-100）\times\dfrac{2}{15}=120$（万元）

第五年的折旧率 $=\dfrac{1}{5+4+3+2+1}=\dfrac{1}{15}$，应计提的折旧额 $=（1\,000-100）\times\dfrac{1}{15}=60$（万元）

共计提折旧 = 300 + 240 + 180 + 120 + 60 = 900（万元）

> **敲黑板**
>
> 固定资产计提折旧是考试重点之一，考查频率较高，考生在备考过程中，应当重点关注固定资产计提折旧的范围，记住不应计提折旧的固定资产的类型；重点关注固定资产计提折旧的方法，尤其是双倍余额递减法和年数总和法的计算一定要掌握；并重点关注计提折旧的账务处理，能做到快速根据用途选择适用科目。

【例4-19·多选题·2022】下列各项中，企业应当在当月计提固定资产折旧的有（　　　）。

A. 当月出售未提足折旧的自用写字楼

B. 当月达到预定可使用状态的仓库

C. 当月经营租出的全新生产设备

D. 上月已提足折旧本月继续使用的电脑

【答案】AC

【解析】选项B，当月增加的固定资产当月不计提折旧；选项D，已提足折旧的固定资产不再计提折旧。

【例 4-20·单选题·2021】下列各项中，关于企业固定资产折旧方法的表述正确的是（　　）。

A. 双倍余额递减法计算的固定资产年折旧额每年相等

B. 年数总和法计算的固定资产年折旧额逐年递增

C. 工作量法不需要考虑固定资产的预计净残值

D. 年限平均法需要考虑固定资产的预计净残值

【答案】D

【解析】选项 A、B 错误，双倍余额递减法和年数总和法属于加速折旧法，计算的固定资产年折旧额逐年递减；选项 C 错误，工作量法需要考虑固定资产的预计净残值。

【例 4-21·单选题·2021】下列各项中，企业本月应计提折旧的固定资产是（　　）。

A. 本月新增的固定资产

B. 已提足折旧仍继续使用的固定资产

C. 季节性停用的固定资产

D. 已提足折旧当月报废的固定资产

【答案】C

【解析】固定资产当月增加当月不计提折旧，从下月起计提折旧（选项 A 错误）。

企业应对所有固定资产计提折旧，但下列情况除外：已提足折旧但仍继续使用的固定资产（选题 B 错误），终止确认的固定资产（选题 D 错误），提前报废的固定资产，处于更新改造过程中的固定资产，持有待售的固定资产，单独计价入账的土地。

【例 4-22·单选题·2021】某企业为增值税一般纳税人，发生生产车间设备维修费 50 000 元，专设销售机构管理用办公设备维修费 30 000 元，增值税专用发票上注明的增值税税额为 10 400 元。不考虑其他因素，下列各项中，该企业发生设备维修费的会计处理结果。正确的是（　　）。

A. 管理费用增加 30 000 元　　　　　　B. 管理费用增加 50 000 元

C. 制造费用增加 50 000 元　　　　　　D. 管理费用增加 90 400 元

【答案】C

【解析】选项 B 正确，相关会计分录：

借：制造费用　　　　　　　　　　　　50 000

　　销售费用　　　　　　　　　　　　30 000

　　应交税费——应交增值税（进项税额）　10 400

　　贷：银行存款等　　　　　　　　　　　90 400

【例 4-23·单选题·2021】2018 年 12 月 31 日，某企业购入一台生产设备并直接投入使用。该设备的入账价值为 121 万元。预计净残值为 1 万元，预计使用寿命为 4 年，采用年数总和法计提折旧。不考虑其他因素，2020 年该设备应计提的折旧金额为（　　）万。

A. 36　　　　　　　B. 48　　　　　　　C. 36.3　　　　　　　D. 30

【答案】A

【解析】该生产设备从 2019 年 1 月开始计提折旧，2020 年为其第二个折旧年度，故 2020 年该设备应计提的折旧金额 =（121 - 1）× 3/（4 + 3 + 2 + 1）= 36（万元）。

【例 4-24·多选题·2021】下列各项中，企业应计提折旧的资产有（　　）。

A. 已达到预定可使用状态但尚未办理竣工决算的办公楼

B. 日常维修停用的设备

C. 单独计价入账的土地

D. 已提足折旧仍继续使用的厂房

【答案】AB

【解析】企业应对所有固定资产计提折旧，但下列情况除外：已提足折旧但仍继续使用的固定资产（选题 D），终止确认的固定资产，提前报废的固定资产，处于更新改造过程中的固定资产，持有待售的固定资产，单独计价入账的土地（选题 C）。

【例 4-25·判断题·2021】企业财务部门使用办公设备计提的折旧费用，应计入财务费用。（　　）

【答案】×

【解析】企业财务部门使用办公设备计提的折旧费用，应该计入管理费用。

【例 4-26·判断题·2021】专设销售机构管理用固定资产的折旧费应计入管理费用。（　　）

【答案】×

【解析】专设销售机构的固定资产折旧应借记"销售费用"科目，贷记"累计折旧"科目。

【例 4-26·单选题·2020】2018 年 12 月 3 日，某企业购入一台不需要安装的生产设备并投入使用，原价为 60 000 元，预计净残值为 3 000 元，预计使用年限为 5 年，按年数总和法计提折旧。不考虑其他因素，2019 年 12 月 31 日该设备的账面价值为（　　）元。

A. 48 600　　　　　　B. 48 000　　　　　　C. 41 000　　　　　　D. 40 000

【答案】C

【解析】2018 年 12 月购入的设备，2019 年 1 月开始计提折旧，所以折旧年度和会计年度一致，由于该企业采用年数总和法，所以 2019 年计提的折旧额 =（60 000 - 3 000）×5/（5 + 4 + 3 + 2 + 1）=19 000（元），该设备的账面价值 = 该设备的账面原值 - 累计折旧 = 60 000 - 19 000 = 41 000（元），选项 C 正确。

【例 4-27·多选题·2020】下列各项中，企业应计提折旧的有（　　）。

A. 日常维修期间停工的生产设备

B. 上月已达到预定可使用状态尚未办理竣工决算的办公大楼

C. 非生产经营用的中央空调设施

D. 已提足折旧继续使用的生产线

【答案】ABC

【解析】选项 D 错误，已提足折旧但仍继续使用的固定资产不计提折旧。

【例 4-28·判断题·2020】已达到预定可使用状态但尚未办理竣工决算的固定资产应计提折旧。

（　　）

【答案】√

【解析】已达到预定可使用状态但尚未办理竣工决算的固定资产，应当按照估计价值确定其成本并计提折旧；待办理竣工决算后，再按实际成本调整原来的暂估价值，但不需要调整原已计提的折旧额。

【例 4-29·单选题·2019】某企业一台生产设备原价为 800 万元，预计净残值为 38.4 万元，预计可使用 5 年，采用双倍余额递减法计提折旧。截至 2017 年 12 月 31 日，该设备已使用 3 年，账面净值为 172.8 万元，未计提固定资产减值准备。不考虑其他因素，该设备 2018 年应计提的折旧额为（　　）万元。

A. 53.76　　　　　　B. 67.2　　　　　　C. 69.12　　　　　　D. 86.4

【答案】B

【解析】该企业对生产设备采用双倍余额递减法，2018 年已经是计提折旧的最后两年，故 2018 年应计提剩余折旧额的平均值，即计提的折旧额 = （172.8 − 38.4）/ 2 = 67.2（万元），选项 B 正确。

【例 4-30·单选题·2019】企业已有固定资产的总原值为 960 万元，已计提折旧 320 万元，其中上月已提足折旧额仍继续使用的设备原值为 60 万元，另一台原值为 20 万元的设备上月已经达到预定可使用状态但尚未投入使用。该企业采用年平均法计提折旧，所有设备的月折旧率均为 1%。不考虑其他因素，该企业当月应计提的折旧额为（　　）万元。

　　A. 9.6　　　　　　　B. 9.4　　　　　　　C. 9　　　　　　　D. 9.2

【答案】C

【解析】已提足折旧但仍继续使用的固定资产不计提折旧，已经达到预定可使用状态但尚未投入使用的固定资产应当计提折旧，故本月需计提折旧的固定资产原值 = 960 − 60 = 900（万元），当月应计提折旧额 = 900 × 1% = 9（万元），选项 C 正确。

【例 4-31·单选题·2018】某企业采用双倍余额递减法计算固定资产折旧。2016 年 12 月购入一项固定资产，原价为 200 000 元，预计使用年限为 5 年，预计净残值为 4 000 元，不考虑其他因素，2017 年该项固定资产应计提的折旧额为（　　）元。

　　A. 39 200　　　　　B. 65 333　　　　　C. 78 400　　　　　D. 80 000

【答案】D

【解析】该企业采用双倍余额法计提固定资产的折旧，2016 年 12 月购入，即应于下月（2017 年 1 月）开始计提折旧，故年折旧率 = 2/5 × 100% = 40%，应计提的折旧额 = 200 000 × 40% = 80 000（元），选项 D 正确。

【例 4-32·单选题·2018】2015 年 12 月某企业购入一台设备，初始入账价值为 400 万元，设备于当月交付使用，预计使用寿命为 5 年，预计净残值为 4 万元，该企业采用年数总和法计提折旧。不考虑其他因素，2017 年该设备应计提的折旧额为（　　）万元。

　　A. 96　　　　　　　B. 105.6　　　　　　C. 160　　　　　　D. 132

【答案】B

【解析】该设备从 2016 年 1 月起计提折旧，2017 年为计提折旧的第二年，故年折旧率 = 4 ÷ （1 + 2 + 3 + 4 + 5）= 4 / 15，2017 年应计提的折旧额 = （固定资产原值 − 预计净残值）× 折旧率 = （400 − 4）× 4 / 15 = 105.6（万元），选项 B 正确。

【例 4-33·多选题·2018】2016 年 12 月 20 日，某企业购入一台设备，其原价为 2 000 万元，预计使用年限 5 年，预计净残值 5 万元，采用双倍余额递减法计提折旧，则下列该企业采用双倍余额递减法计提折旧的结果表述中，正确的有（　　）。

　　A. 2017 年折旧额为 665 万元　　　　　　B. 应计折旧总额为 1 995 万元

　　C. 年折旧率为 33%　　　　　　　　　　D. 2017 年折旧额为 800 万元

【答案】BD

【解析】该企业采用双倍余额递减法计提折旧，预计使用年限为 5 年，则前 3 年的年折旧率 = 2/ 预计使用年限 ×100% = 2/5 × 100% = 40%，选项 C 错误；该设备于 2016 年 12 月购入，故应于次月（2017 年 1 月）计提折旧，故 2017 年应计提的折旧额 = 2 000×40% = 800（万元），选项 A 错误，选项 D 正确；应计提的折旧总额 = 账面原值 − 预计净残值 = 2 000 − 5 = 1 995（万元），选项 B 正确。

【例 4-34·多选题·2018】下列各项关于企业固定资产折旧的会计处理表述中，正确的有（　　）。

　　A. 企业使用自有固定资产建造厂房，固定资产计提的折旧应计入在建工程成本

　　B. 基本生产车间使用自有固定资产，计提的折旧应计入制造费用

　　C. 出租固定资产给其他企业 10 个月，其计提的折旧应计入管理费用

D.专设销售机构使用的自有固定资产，计提的折旧应计入销售费用

【答案】ABD

【解析】选项 C 错误，企业对短期租出的固定资产计提折旧，应计入其他业务成本。

【例 4-35·多选题·2018】下列各项关于企业固定资产折旧范围的表述中，正确的有（　　）。

A.已达到预定可使用状态但尚未办理竣工决算的固定资产不需要计提折旧

B.提前报废的固定资产不再补提折旧

C.当月增加的固定资产从下月起计提折旧

D.已提足折旧继续使用的固定资产不需要计提折旧

【答案】BCD

【解析】选项 A 错误，已达到预定可使用状态但尚未办理竣工决算的固定资产，应当按照估计价值确定其成本，并计提折旧。

【例 4-36·判断题·2017】企业当月新增加的固定资产，当月不计提折旧，自下月起计提折旧；当月减少的固定资产，当月仍然计提折旧。　　　　　　　　　（　　）

【答案】√

【例 4-37·多选题·2015】下列各项关于企业固定资产折旧方法的表述中，正确的有（　　）。

A.按年限平均法计算的各年折旧率和年折旧额都相同

B.按双倍余额递减法计算的各年折旧率相同，但年折旧额逐年增大

C.按年数总和法计算的各年折旧率逐渐变小，年折旧额也逐年变小

D.按年数总和法计算的各年折旧率逐渐变大，年折旧额也逐年变大

【答案】AC

【解析】选项 B 错误，按双倍余额递减法计算的年折旧额逐年减小；选项 D 错误，年数总和法下，由于年折旧率逐年变小，年折旧额也逐渐变小。

【例 4-38·多选题·2012】下列各项中，影响固定资产折旧的因素有（　　）。

A.固定资产原价　　　　　　　　　　B.固定资产的预计使用寿命

C.固定资产预计净残值　　　　　　　D.已计提的固定资产减值准备

【答案】ABCD

【解析】影响固定资产折旧的因素有固定资产原价、预计净残值、使用寿命、已计提的减值准备等，选项 A、B、C、D 均正确。

四、固定资产的后续支出 ★★★

固定资产的后续支出是指固定资产在使用过程中发生的更新改造支出、修理费用等。处理原则见表 4-19。

表 4-19　　　　　　　　　　　　　　固定资产的后续支出

项目	资本化	费用化
目的	很可能为企业带来额外的经济利益的流入	仅为了维护固定资产的正常运转和使用，维持原有的经济利益流入
举例	对固定资产进行改良、改扩建	对固定资产进行日常修理
处理方式	计入在建工程成本（扣除被替换部分账面价值）	通常计入当期损益

续表

项目	资本化	费用化
折旧	不计提折旧	计提折旧
会计处理	（1）进行更新改造时： 借：在建工程 　　累计折旧 　　固定资产减值准备 　　贷：固定资产 （2）发生符合资本化条件的后续支出时： 借：在建工程 　　贷：工程物资 　　　　银行存款 （3）终止被替换部件的**账面价值（账面原值-该部分计提的折旧）**： 借：营业外支出等 　　贷：在建工程 （4）完工并达到预定可使用状态时： 借：固定资产 　　贷：在建工程	借：管理费用【行政管理部门】 　　销售费用【销售部门】 　　贷：银行存款等

⊙ **敲黑板**

　　固定资产的后续支出在考试中，主要考查后续支出对固定资产账面价值的影响。在面对该类题目时，考生要先分清楚后续支出应当资本化（发生更新改造）还是费用化（发生日常修理）；再要注意应当扣除替换部件的账面价值，若题目中给出的是替换部分的账面原值，还应按比例计算出该部分应计提的折旧后再计算其账面价值，不能直接扣除账面原值。

【例 4-39·判断题·2021】符合资本化确认条件的固定资产更新改造支出，应在发生时通过"在建工程"科目核算。　　　　　　　　　　　　　　　　　　　　　　　　　　（　　）

【答案】√

【例 4-40·判断题·2020】企业对固定资产进行更新改造时，应当将该固定资产账面价值转入在建工程，并将被替换部件的变价收入冲减在建工程。　　　　　　　　　　　　（　　）

【答案】×

【解析】被替换部件的账面价值已经从固定资产原账面价值中扣除，冲减营业外支出。

【例 4-41·单选题·2018】A 公司对一栋办公楼进行更新改造，该办公楼原值为 1 000 万元，已计提折旧 500 万元。更新改造过程中发生支出 600 万元，被替换部分账面原值为 100 万元，出售价款为 2 万元。不考虑相关税费，则新办公楼的入账价值为（　　）万元。

　　A. 1 048　　　　　　　B. 1 050　　　　　　　C. 1 052　　　　　　　D. 1 100

【答案】B

【解析】企业对固定资产更新改造的支出应予以资本化，计入固定资产的成本；同时该办公楼已计提折旧 500 万元，占原值 1 000 万元的 50%，故被替换部分的账面价值 = 100×（1 - 50%）= 50（万元）。故新办公楼的入账价值 = 账面原值 - 已计提的折旧 + 更新改造支出 - 被替换部分的账面价值 = 1 000 - 500 + 600 - 50 = 1 050（万元），选项 B 正确。

【例 4-42·单选题·2017】某企业对生产设备进行改良，发生资本化支出共计 45 万元，被替换旧部件的账面价值为 10 万元，该设备原价为 500 万元，已计提折旧 300 万元。不考虑其他因素，该设备改良后的入账价值为（　　　）万元。

A. 190 　　　　　　B. 200 　　　　　　C. 235 　　　　　　D. 245

【答案】C

【解析】该设备改良后的入账价值 = 账面原值 − 已计提的折旧 + 更新改造支出 − 被替换部分的账面价值 = 500 − 300 + 45 − 10 = 235（万元），选项 C 正确。

五、固定资产的减值 ★ ★

在资产负债表日，固定资产存在可能发生减值的迹象时，其可收回金额低于账面价值的，企业应当将该固定资产的账面价值减记至可收回金额，减记的金额确认为减值损失，计入当期损益，相关的账务处理如下：

借：资产减值损失——固定资产减值损失

　　贷：固定资产减值准备【固定资产的备抵科目】

固定资产减值损失一经确认，在以后会计期间**不得转回**。

【例 4-43・多选题・2021】下列各项中，企业对固定资产会计处理表述正确的有（　　　）。

A. 固定资产减值损失一经确认，在以后会计期间不得转回

B. 达到预定可使用状态但尚未办理竣工决算的固定资产按估计价值计提折旧

C. 专设销售机构固定资产的日常维护费用应计入管理费用

D. 盘亏的固定资产当月应计提折旧

【答案】ABD

【解析】选项 C 错误，专设销售机构固定资产的日常维护费用应计入销售费用。

【例 4-44・单选题・2018】下列各项关于企业固定资产的会计处理表述中，正确的是（　　　）。

A. 盘盈的固定资产应计入营业外收入

B. 已提足折旧仍继续使用的固定资产不再计提折旧

C. 固定资产发生的符合资本化条件的后续支出计入当期损益

D. 已确定的固定资产减值损失在以后会计期间可以转回

【答案】B

【解析】选项 A 错误，固定资产盘盈应记入"以前年度损益调整"科目；选项 C 错误，符合资本化条件的后续支出应计入资产成本；选项 D 错误，已确认的固定资产减值损失在以后会计期间不得转回。

【例 4-45・多选题・2022】下列各项资产减值准备中，一经确认在相应资产持有期间内不得转回的有（　　　）。

A. 生产性生物资产减值准备　　　　　B. 无形资产减值准备

C. 坏账准备　　　　　　　　　　　　D. 存货跌价准备

【答案】AB

【解析】坏账准备、存货跌价准备在减值迹象消失时，可以转回。选项 CD 不符合题意。

六、固定资产的清查 ★ ★

企业应当定期或者至少于每年年末对固定资产进行清查盘点，清查固定资产的损溢，应当及

时查明原因，并按规定程序报批处理，相关账务处理见表 4-20。

表 4-20　　　　　　　　　　　　　　　　固定资产盘盈盘亏的账务处理

情形	盘盈	盘亏
批准前	借：固定资产【重置成本】 　　贷：以前年度损益调整	借：待处理财产损溢 　　累计折旧 　　固定资产减值准备 　　贷：固定资产
批准后	借：以前年度损益调整【因固定资产盘盈而相应增加的所得税费用】 　　贷：应交税费——应交所得税 借：以前年度损益调整 　　贷：盈余公积 　　　　利润分配——未分配利润	借：其他应收款【保险赔偿或过失人赔偿】 　　营业外支出【净损失】 　　贷：待处理财产损溢

名师说

下列三类资产盘盈盘亏的净损益，除了**固定资产盘盈**之外，均应通过"待处理财产损溢"科目核算，在批准后计入相关科目（如表 4-21）。

表 4-21　　　　　　　　　　　　　　　不同项目盘盈盘亏的处理对比

项目	盘盈	盘亏
库存现金	计入营业外收入	计入管理费用
存货	冲减管理费用	计入管理费用、营业外支出等
固定资产	最终影响留存收益	计入营业外支出

【例 4-46·多选题·2022】下列各项中，企业在财产清查中盘亏固定资产的会计处理正确的有（　　）。

A. 盘亏固定资产的净损失计入营业外支出

B. 盘亏的固定资产应作为重要的前期差错

C. 盘亏固定资产的账面价值通过"待处理财产损溢"科目核算

D. 盘亏固定资产的账面价值通过"以前年度损益调整"科目核算

【答案】AC

【解析】盘亏固定资产的账面价值通过"待处理财产损溢"科目核算，盘亏固定资产的净损失计入营业外支出；盘盈固定资产作为重要的前期差错，按照重置成本计入以前年度损益调整。

【例 4-47·单选题·2020】下列各项中，企业通过"待处理财产损溢"科目核算的业务是（　　）。

A. 固定资产报废　　　　　　　　　　B. 固定资产减值

C. 固定资产盘盈　　　　　　　　　　D. 固定资产盘亏

【答案】D

【解析】选项 A 通过"固定资产清理"科目进行核算；选项 B 通过"资产减值损失"科目进

行核算；选项 C 通过"以前年度损益调整"科目进行核算。选项 A、B、C 均错误。

【例 4-48·单选题·2022】2021 年 12 月末，某企业盘盈一台生产设备，重置成本 30 000 元，该企业按净利润的 10% 提取盈余公积，不考虑相关税费等因素，该企业盘盈设备增加的留存收益金额为（   ）元。

A.27 000　　　　　　B.33 000　　　　　　C.3 000　　　　　　D.30 000

【答案】D

【解析】相关账务处理为：

（1）借：固定资产　　　　　　　　　　30 000

　　　　　贷：以前年度损益调整　　　　　　　30 000

（2）借：以前年度损益调整　　　　　　30 000

　　　　　贷：盈余公积　　　　　　　　　　　　3 000

　　　　　　　利润分配——未分配利润　　27 000

【例 4-49·判断题·2020】企业固定资产盘盈利得应计入营业外收入。　　　　　　（　　）

【答案】×

【解析】企业在财产清查中盘盈的固定资产，在按管理权限报经批准处理前，应先通过"以前年度损益调整"科目核算；报经批准后，由于以前年度损益调整而增加的所得税费用，借记"以前年度损益调整"科目，贷记"应交税费——应交所得税"科目，将"以前年度损益调整"科目余额转入留存收益。

【例 4-50·判断题·2020】企业财产清查中盘盈的固定资产按管理权限报经批准处理前，应通过"待处理财产损溢"科目核算。　　　　　　　　　　　　　　　　　　　　（　　）

【答案】×

【解析】企业在财产清查中盘盈的固定资产，在按管理权限报经批准处理前，应通过"以前年度损益调整"科目核算。

【例 4-51·多选题·2019】下列各项中，会导致企业固定资产账面价值减少的事项有（   ）。

A. 计提固定资产折旧　　　　　　　　　B. 提前报废固定资产

C. 盘亏固定资产　　　　　　　　　　　D. 确认固定资产减值损失

【答案】ABCD

【解析】固定资产账面价值＝账面原值－累计折旧－固定资产减值准备，选项 A 增加累计折旧，账面价值减少；选项 BC 减少账面原值，账面价值减少；选项 D 增加固定资产减值准备，账面价值减少，选项 ABCD 均正确。

【例 4-52·单选题·2018】下列各项中，按管理权限经批准后计入营业外支出的是（   ）。

A. 因管理不善造成的原材料盘亏　　　　B. 固定资产盘亏净损失

C. 无法查明原因的现金短缺　　　　　　D. 库存商品毁损由过失人赔付的部分

【答案】B

【解析】选项 AC 计入管理费用；选项 D 计入其他应收款。选项 ACD 均错误。

七、固定资产的处置★★★

固定资产处置，即固定资产的终止确认，包括固定资产的出售、报废、毁损、对外投资、非货币性资产交换、债务重组等。企业处置固定资产应通过"固定资产清理"科目核算，具体见表 4-22。

表 4-22　　　　　　　　　　　　　　　　　固定资产的处置

业务	账务处理
固定资产转入清理	借：固定资产清理【固定资产账面价值】 　　累计折旧 　　固定资产减值准备 　贷：固定资产【固定资产账面原价】
发生清理费用和相关税费	借：固定资产清理 　　应交税费——应交增值税（进项税额） 　贷：银行存款
收回出售固定资产的价款、残料价值和变价收入	借：银行存款 　贷：固定资产清理 　　　应交税费——应交增值税（销项税额） 借：原材料等 　贷：固定资产清理
应收保险公司或过失人赔偿的损失	借：其他应收款 　贷：固定资产清理
结转固定资产清理净损益	借：固定资产清理【结转上述计入"固定资产清理"科目的项目，金额＝ 　　　　　　　　处置价款＋残料价值＋应收赔款－清理费用－处置 　　　　　　　　时的账面价值】 　贷：资产处置损益【固定资产正常出售转让的净收益】 　　　营业外支出【固定资产报废毁损的处置净收益】 （若为净损失则作相反分录） 名师说　固定资产清理完毕后，"固定资产清理"科目无余额。

🎯 **敲黑板**

　　考生应当注意在对固定资产进行清理时，应先在"固定资产清理"科目进行归集，最后结算出处置净收益（或净损失）之后，分情形转入不同的科目：若为固定资产出售转让的记入"资产处置损益"科目，若为固定资产报废毁损的记入"营业外支出"科目。其中，对处置净损益的计算是考生必须掌握的内容。

　　【例 4-53·多选题·2022】下列各项中，应通过"固定资产清理"科目核算的有（　　）。
　　A.盘盈办公设备　　　　　　　　　　　B.处置交通事故毁损的运输车辆
　　C.报废技术落后的生产设备　　　　　　D.盘亏办公设备
　　【答案】BC
　　【解析】"固定资产清理"科目核算企业因出售、报废、毁损、对外投资、非货币性资产交换、债务重组等原因转入清理的固定资产价值以及在清理过程中发生的清理费用和清理收益。选项 A 通过"以前年度损益调整"科目核算，选项 D 通过"待处理财产损溢"科目核算。
　　【例 4-54·单选题·2021】下列各项中，企业结转报废固定资产净损失时应借记的会计科目是（　　）。

A.资产处置损益 　　　　　　　　　　B.固定资产清理

C.营业外支出 　　　　　　　　　　　D.管理费用

【答案】C

【解析】结转报废固定资产净损失，相关账务处理为：

借：营业外支出

　　贷：固定资产清理

【例 4-55·单选题·2020】2019 年 9 月，某企业报经批准结转无法查明原因的现金溢余 500
元，收到非股东的现金捐赠 8 000 元，出售管理用设备确认净收益为 6 000 元。不考虑其他因素，
2019 年 9 月，该企业确认的营业外收入为（　　　）元。

A.14 500 　　　　　B.8 500 　　　　　C.6 500 　　　　　D.14 000

【答案】B

【解析】出售管理用设备确认净收益计入资产处置损益；2019 年 9 月该企业确认的营业外收
入 = 500 + 8 000 = 8 500（元），选项 B 正确。

【例 4-56·判断题·2020】企业报废的固定资产清理完毕，应将"固定资产清理"科目的余
额转入"资产处置损益"科目。　　　　　　　　　　　　　　　　　　　　　　　　（　　　）

【答案】×

【解析】企业报废的固定资产清理完毕，应将"固定资产清理"科目的余额转入"营业外支
出"或"营业外收入"科目。

【例 4-57·判断题·2019】企业因经营业务调整出售固定资产而发生的处置净损失，应记入
"营业外支出"科目。　　　　　　　　　　　　　　　　　　　　　　　　　　　　　（　　　）

【答案】×

【解析】企业出售固定资产的净损失，应记入"资产处置损益"科目。

【例 4-58·单选题·2018】某企业出售一台旧设备，原价为 23 万元，已计提折旧 5 万元。出
售该设备开具的增值税专用发票上注明的价款为 20 万元，增值税税额为 2.6 万元，发生的清理费
用为 1.5 万元，不考虑其他因素，该企业出售设备应确认的净收益为（　　　）万元。

A.-2.9 　　　　　B.0.5 　　　　　C.2 　　　　　D.20

【答案】B

【解析】选项 B 正确，该企业出售设备后确认的净收益 = 20 - (23 - 5) - 1.5 = 0.5（万元）。

相关会计分录如下（金额单位为万元）：

借：固定资产清理　　　　　　　　　　　18

　　累计折旧　　　　　　　　　　　　　　5

　　　贷：固定资产　　　　　　　　　　　　　　　23

借：银行存款　　　　　　　　　　　22.6

　　　贷：固定资产清理　　　　　　　　　　　　　20

　　　　应交税费——应交增值税（销项税额）　　2.6

借：固定资产清理　　　　　　　　　　　1.5

　　　贷：银行存款　　　　　　　　　　　　　　　1.5

借：固定资产清理　　　　　　　　　　　0.5

　　　贷：资产处置损益　　　　　　　　　　　　　0.5

【例 4-59·多选题·2018】下列各项中，应通过"固定资产清理"科目核算的有（　　　）。

A.固定资产盘亏的账面价值　　　　　B.固定资产更新改造支出
C.固定资产出售时的账面价值　　　　D.固定资产毁损的净损失

【答案】CD

【解析】选项 A 错误，盘亏固定资产应通过"待处理财产损溢"科目核算；选项 B 错误，固定资产更新改造应通过"在建工程"科目核算。

第四节　生产性生物资产

一、生产性生物资产的确认与计量

生产性生物资产，是指为产出农产品、提供劳务或出租等目的而持有的生物资产，包括经济林、薪炭林、产畜和役畜等。

【例 4-60·多选题·2022】下列各项中，属于生产性生物资产的有（　　　）。

A.经济林　　　　　　B.存栏待售的牲畜　　　　C.薪炭林　　　　　　D.产畜

【答案】ACD

【解析】生产性生物资产，是指为产出农产品、提供劳务或出租等目的而持有的生物资产，包括经济林、薪炭林、产畜和役畜等。选项 B 属于消耗性生物资产。

（一）生产性生物资产的计量

表 4-23　　　　　　　　　　　　　　　生产性生物资产的计量

情形	成本包括
外购	购买价款＋相关税费＋运输费、保险费＋可直接归属于购买该资产的其他支出
自行营造的林木类生产性生物资产	达到预定生产经营目的前发生的造林费、抚育费、营林设施费、良种试验费、调查设计费和应分摊的间接费用等必要支出
自行繁殖的产畜和役畜	达到预定生产经营目的（成龄）前发生的饲料费、人工费和应分摊的间接费用等必要支出　　名师说　达到预定生产经营目的，是指生产性生物资产进入正常生产期，可以多年连续稳定产出农产品、提供劳务或出租。

名师说

因择伐、间伐或抚育更新性质采伐而补植林木类生物资产发生的后续支出，应当计入林木类生物资产的成本。生物资产在郁闭或达到预定生产经营目的后发生的管护、饲养费用等后续支出，应当计入当期损益（管理费用）。

（二）主要会计科目的设置

为了反映和监督生产性生物资产的生产、耗费、产出等情况，企业需要设置"生产性生物资产""生产性生物资产累计折旧"等科目。

"生产性生物资产"科目核算企业（农、林、牧、渔业）持有的生产性生物资产的原价（成本）。借方登记外购、自行营造的林木、自行繁殖产畜和役畜等增加的生产性生物资产成本，贷方登记出售、报废、毁损、对外投资等减少的生产性生物资产原价（成本）。期末借方余额，反映企业（农、林、牧、渔业）生产性生物资产的原价（成本）。本科目应按照"未成熟生产性生物资产"和"成熟生产性生物资产"，进行明细核算。

"生产性生物资产累计折旧"科目核算企业（农、林、牧、渔业）成熟生产性生物资产的累计折旧。贷方登记企业按月计提成熟生产性生物资产的折旧，借方登记处置生产性生物资产结转的生产性生物资产累计折旧。期末贷方余额，反映企业成熟生产性生物资产的累计折旧额。本科目应按照生产性生物资产的种类、群别等进行明细核算。

二、生产性生物资产的账务处理

（一）生产性生物资产增加的账务处理

表 4-24　　　　　　　　　　　生产性生物资产增加的账务处理

情形	会计分录
外购、自行营造的林木类生产性生物资产、自行繁殖的产畜和役畜	借：生产性生物资产 　　应交税费——应交增值税（进项税额） 　贷：原材料 　　　银行存款 　　　应付利息等
未成熟生产性生物资产达到预定生产经营目	借：生产性生物资产——成熟生产性生物资产 　贷：生产性生物资产——未成熟生产性生物资产
育肥畜转为产畜或役畜	借：生产性生物资产 　贷：消耗性生物资产
产畜或役畜转为育肥畜	借：消耗性生物资产 　贷：生产性生物资产
择伐、间伐或抚育更新等生产性采伐而补植林木类生产性生物资产发生的后续支出	借：生产性生物资产 　贷：银行存款等

【例 4-61·多选题·2022】下列各项中，有关生产性生物资产的表述中正确的是（　　　）。

A. 自行繁殖的育肥畜应计入生产性生物资产

B. 达到预定生产经营目的的生产性生物资产应计提折旧

C. 生产性生物资产在郁闭后发生的管护费用应计入管理费用

D. 自行营造的经济林应计入生产性生物资产

【答案】BCD

【解析】选项 A，自行繁殖的育肥畜应计入消耗性生物资产。

【例 4-62·多选题·2022】下列各项中，关于生产性生物资产的会计处理表述正确的有（　　　）。

A 育肥畜转为产畜时，应按转群时育肥畜的公允价值计入产畜的成本

B. 达到预定的生产经营目的时，应当按期计提折旧

C. 资产减值损失一经确认，不得转回

D. 公允价值能够持续可靠取得时，生物资产可采用公允价值计量

【答案】BCD

【解析】育肥畜转为产畜时，应当按照其账面余额计入产畜的成本，而非公允价值。

（二）生产性生物资产折旧的账务处理

企业对达到预定生产经营目的的生产性生物资产，应当按期计提折旧，并根据用途分别计入相关资产的成本或当期损益。

企业应当根据生产性生物资产的性质、使用情况和有关经济利益的预期消耗方式，合理确定其使用寿命、预计净残值和折旧方法。可选用的折旧方法包括年限平均法、工作量法、产量法等。生产性生物资产的使用寿命、预计净残值和折旧方法一经确定，不得随意变更。

> **名师说**
>
> 企业确定生产性生物资产的使用寿命，应当考虑的因素包括：预计的产出能力或实物产量；预计的有形损耗；预计的无形损耗。企业至少应当于每年年度终了对生产性生物资产的使用寿命、预计净残值和折旧方法进行复核。

（三）生产性生物资产减值的账务处理

企业至少应当于每年年度终了对生产性生物资产进行检查，有确凿证据表明生产性生物资产的可收回金额低于其账面价值的，应当按照可收回金额低于账面价值的差额，计提生物资产减值准备，并计入当期损益。

（四）生产性生物资产成本结转

生产性生物资产收获的农产品成本，按照产出或采收过程中发生的材料费、人工费和应分摊的间接费用等必要支出计算确定，并采用加权平均法、个别计价法、蓄积量比例法、轮伐期年限法等方法，将其账面价值结转为农产品成本。

（五）生物资产后续计量的公允价值账务处理

根据规定，生物资产通常按照成本计量，但有确凿证据表明其公允价值能够持续可靠取得的除外。采用公允价值计量的生物资产，应当同时满足下列两个条件：

（1）生物资产有活跃的交易市场。活跃的交易市场，是指同时具有下列特征的市场：

①市场内交易的对象具有同质性。

②可以随时找到自愿交易的买方和卖方。

③市场价格的信息是公开的。

（2）能够从交易市场上取得同类或类似生物资产的市场价格及其他相关信息，从而对生物资产的公允价值作出合理估计。

第五节 无形资产和长期待摊费用 ★★

一、无形资产 ★★

无形资产是指企业拥有或者控制的没有实物形态的可辨认非货币性资产。其主要包括专利权、非专利技术、商标权、著作权、**土地使用权**、特许权等。

> **名师说**
>
> 商誉因其不具有可辨认性，故不属于无形资产。

（一）取得无形资产

企业应当设置"无形资产"科目，核算企业持有的无形资产成本，借方登记取得无形资产的成本，贷方登记处置无形资产转出无形资产的账面余额，期末借方余额，反映企业无形资产的成本。"无形资产"科目应当按照无形资产的项目设置明细科目进行核算。

1. 外购无形资产

外购无形资产的成本包括购买价款、相关税费以及直接归属于使该项资产达到预定用途所发生的其他支出。其账务处理如下：

借：无形资产

应交税费——应交增值税（进项税额）

贷：银行存款等

2. 自行研究开发无形资产

企业内部研究开发项目所发生的支出应区分研究阶段支出和开发阶段支出，相关账务处理见表 4-25。

表 4-25　　　　　　　　　　　　自行研究开发无形资产的账务处理

阶段	条件	账务处理
研究阶段	支出不满足资本化条件，应当费用化计入当期损益	（1）发生时： 借：研发支出——费用化支出 　　应交税费——应交增值税（进项税额） 　　贷：原材料/银行存款/应付职工薪酬等 （2）期末： 借：管理费用 　　贷：研发支出——费用化支出
开发阶段	支出满足资本化条件，应当资本化计入无形资产成本（若支出不满足资本化条件，同"研究阶段"财务处理）	借：研发支出——资本化支出 　　应交税费——应交增值税（进项税额） 　　贷：原材料/银行存款/应付职工薪酬等
项目达到预定用途形成无形资产时		借：无形资产 　　贷：研发支出——资本化支出

名师说

企业**无法可靠区分**研究阶段的支出和开发阶段的支出，应将发生的研发支出全部**费用化**，记入"管理费用"科目。

敲黑板

无形资产的取得成本是考试的常见命题点，尤其是企业研发取得无形资产的入账成本，考生须能够准确分辨哪些费用应当费用化计入当期损益，哪些费用应当资本化计入无形资产成本；在此基础上，考生须能够正确计算无形资产的入账价值。

【例 4-63·判断题·2022】企业无法可靠区分研究阶段的支出和开发阶段的支出的，应将其发生的研发支出全部费用化，计入当期损益。（   ）

【答案】√

【例 4-64·多选题·2022】下列各项中，企业应作为无形资产核算的有（   ）。

A. 投资者投入的土地使用权

B. 自行开发并按法律程序申请取得的专利权

C. 企业自创但尚未注册登记的商标

D. 内部自创的商誉

【答案】AB

【解析】无形资产，是指企业拥有或者控制的没有实物形态的可辨认的非货币性资产，通常包括专利权（选项 B）、非专利技术、商标权、著作权、土地使用权（选项 A）、特许权等。选项 C 错误，尚未注册登记的商标，不满足无形资产的可辨认性标准，不应确认为无形资产；选项 D 错误，企业自创商誉及内部自创的品牌、报刊名等，无法与企业的整体资产分离而存在，不具有可辨认性，按现行会计准则规定不应确认为无形资产。

【例 4-65·多选题·2021】下列各项中，应计入企业自行研究开发专利权入账价值的有（   ）。

A. 满足资本化条件的专利研发支出

B. 无法可靠区分研究阶段和开发阶段的专利研究支出

C. 专利权申请过程中发生的律师费

D. 专利权申请过程中发生的专利登记费

【答案】ACD

【解析】无法可靠区分研究阶段和开发阶段的专利研究支出全部费用化，期末转入管理费用科目。

【例 4-66·多选题·2020】下列各项关于自行研发无形资产业务的会计处理表述中，正确的有（   ）。

A. 满足资本化条件的研发支出达到预定用途，应转入"无形资产"科目的借方

B. 不满足资本化条件的研发支出，期末应当转入"管理费用"科目的借方

C. 满足资本化条件的研发支出，应记入"研发支出——费用化支出"科目的借方

D. 不满足资本化条件的研发支出，应记入"研发支出——资本化支出"科目的借方

【答案】AB

【解析】选项 C 错误，满足资本化条件的研发支出，应记入"研发支出——资本化支出"科目的借方；选项 D 错误，不满足资本化条件的研发支出，应记入"研发支出——费用化支出"科目的借方。

【例 4-67·单选题·2019】某企业为增值税一般纳税人，购入一项专利，取得经税务机构认证的增值税专用发票上注明的价款为 120 万元，增值税税额为 7.2 万元。为宣传该专利权生产的产品，另外发生宣传费 20 万元。不考虑其他因素，该专利的入账价值为（   ）万元。

    A. 120   B. 127.2   C. 140   D. 147.2

【答案】A

【解析】该企业为增值税一般纳税人，取得的增值税专用发票上标注的增值税进项税额可以抵扣，故不计入无形资产的入账成本；同时，发生的宣传费用不计入无形资产的取得成本，而应计入当期销售费用，故该专利的入账价值为 120 万元，选项 A 正确。

【例 4-68·单选题·2019】某公司自行研发非专利技术共发生支出 460 万元，其中，研究阶段共发生支出 160 万元；开发阶段发生支出 300 万元，符合资本化条件的支出为 180 万元。不考虑其他因素，该研发活动应计入当期损益的金额为（   ）万元。

    A. 160   B. 180   C. 280   D. 340

【答案】C

【解析】研究阶段发生的支出以及开发阶段不符合资本化条件的支出，均应计入当期损益，即该公司自行研发非专利技术而应计入管理费用的金额 = 460 - 180 = 280（万元），选项 C 正确。

【例 4-69·单选题·2018】某企业自行研究开发一项技术，共发生研发支出 450 万元，其中，研究阶段发生职工薪酬 100 万元，专用设备折旧费用为 50 万元；开发阶段满足资本化条件支出为 300 万元，取得增值税专用发票上注明的增值税税额为 39 万元；开发阶段结束，研究开发项目达到预定用途形成无形资产。不考虑其他因素，下列各项关于该企业研发支出的会计处理表述中，正确的是（   ）。

    A. 确认管理费用 150 万元，确认无形资产 300 万元

    B. 确认管理费用 150 万元，确认无形资产 339 万元

    C. 确认管理费用 100 万元，确认无形资产 350 万元

    D. 确认管理费用 201 万元，确认无形资产 300 万元

【答案】A

【解析】选项 A 正确，企业在研究阶段应作会计分录如下（金额单位为万元）：

借：研发支出——费用化支出   150

    贷：应付职工薪酬   100

          累计折旧   50

企业在开发阶段应作会计分录如下：

借：研发支出——资本化支出   300

    应交税费——应交增值税（进项税额）   39

    贷：银行存款   339

达到预定用途形成无形资产时，应作会计分录如下：

借：无形资产   300

    贷：研发支出——资本化支出   300

借：管理费用　　　　　　　　　　　　　　　　　150

　　贷：研发支出——费用化支出　　　　　　　　　　　150

【例4-70·多选题·2018】下列各项中，应计入无形资产入账价值的有（　　　）。

A. 无法区分研究阶段和开发阶段的设备折旧费

B. 研究阶段支付的研发人员薪酬

C. 依法取得专利权发生的注册费

D. 开发阶段满足资本化条件的材料支出

【答案】CD

【解析】选项A、B错误，应予以费用化，计入管理费用。

【例4-71·单选题·2017】2016年1月1日，某企业开始自行研究开发一套软件，研究阶段发生支出30万元，开发阶段发生支出125万元。开发阶段的支出均满足资本化条件，4月15日，该软件开发成功并依法申请了专利，支付相关手续费1万元。不考虑其他因素，该项无形资产的入账价值为（　　　）万元。

A. 125　　　　　　　　B. 126　　　　　　　　C. 155　　　　　　　　D. 156

【答案】B

【解析】企业自行研发无形资产，研究阶段发生的费用应费用化计入当期损益，开发阶段满足资本化条件的支出应当资本化计入无形资产的成本，故无形资产的入账价值 = 125 + 1 = 126（万元），选项B正确。

【例4-72·单选题·2017】某企业自行研发一项非专利技术，累计支出680万元，其中240万元属于研究阶段的支出，280万元属于开发阶段符合资本化条件的支出，剩余的160万元无法可靠区分研究阶段和开发阶段。该技术研发完成并形成一项非专利技术。不考虑其他因素，该非专利技术的入账价值为（　　　）万元。

A. 280　　　　　　　　B. 440　　　　　　　　C. 520　　　　　　　　D. 680

【答案】A

【解析】开发阶段符合资本化条件的支出才能计入无形资产成本，对于无法可靠区分研究阶段和开发阶段的支出全部费用化，即该项非专利技术的入账价值为280万元，选项A正确。

（二）摊销无形资产成本

对于使用**寿命有限**的无形资产，自**取得（即其达到预定用途）当月起开始摊销，处置当月不再摊销**。企业应当选择能够反映与该无形资产有关经济利益的预期消耗方式，按月对其进行摊销。无形资产摊销方法有年限平均法（即直线法）、生产总量法等。

使用寿命不确定的无形资产不进行摊销。

无形资产摊销的账务处理：

借：生产成本、制造费用、在建工程等（某项无形资产包含的经济利益通过转入所生产的产
　　品或其他资产实现的）管理费用

　　制造费用【用于产品生产】

　　其他业务成本【经营租出的无形资产】

　　贷：累计摊销

【例4-73·单选题·2022】下列各项中，关于无形资产的会计处理表述正确的是（　　　）。

A. 当月增加的使用寿命有限的无形资产从下月开始摊销

B. 无形资产摊销方法应当反映其消耗方式

C. 使用寿命不确定的无形资产应采用年限平均法摊销

D. 无法可靠确定有关的经济利益的消耗方式的无形资产不应摊销

【答案】B

【解析】选项A错误，无形资产从增加当月开始摊销；选项C错误，使用寿命不确定的无形资产不应摊销；选项D错误，无法可靠确定有关经济利益的预期消耗方式的无形资产采用直线法摊销。

【例4-74·单选题·2020】下列各项关于企业无形资产摊销的表述中，不正确的是（　　）。

A. 行政管理用无形资产的摊销额计入管理费用

B. 使用寿命不确定的无形资产不进行摊销

C. 无形资产摊销方法应反映其经济利益的预期实现方式

D. 使用寿命有限的无形资产处置当月应进行摊销

【答案】D

【解析】选项D错误，无形资产自可供使用（即其达到预定用途）当月起开始摊销，处置当月不再摊销。

【例4-75·多选题·2020】下列各项关于制造业企业计提无形资产摊销的会计处理中，正确的有（　　）。

A. 使用寿命有限的无形资产处置当月不再摊销

B. 财务软件的摊销额计入管理费用

C. 管理用特许权的摊销额计入管理费用

D. 对外出租专利技术的摊销额计入其他业务成本

【答案】ABCD

【解析】选项A、B、C、D表述均正确。

【例4-76·单选题·2022】2021年1月1日，甲公司购买一项管理用特许权，成本为600 000元，合同约定受益年限为10年，采用年限平均法按月进行摊销，则摊销该无形资产对其2021年营业利润的影响金额为（　　）元。

A.55 000　　　　　　B.60 000　　　　　　C.65 000　　　　　　D.75 000

【答案】B

【解析】无形资产当月增加当月开始摊销，管理用无形资产摊销额计入管理费用。2021年摊销该无形资产影响营业利润的金额 =600 000÷10=60 000（元）。

【例4-77·单选题·2018】某企业将其自行开发完成的管理系统软件出租给乙公司，双方约定租赁期限为1年，乙公司支付使用费240 000元（不含增值税），该管理系统软件的总成本为600 000元，预计使用年限为5年，按月计提摊销。在经营租出期间，该企业按月对其计提累计摊销进行的会计处理正确的是（　　）。

A. 借：管理费用　　　　　　　　　　　20 000
　　　贷：累计摊销　　　　　　　　　　　　　　20 000

B. 借：其他业务成本　　　　　　　　　　20 000
　　　贷：累计摊销　　　　　　　　　　　　　　20 000

C. 借：其他业务成本　　　　　　　　　　10 000
　　　贷：累计摊销　　　　　　　　　　　　　　10 000

D. 借：管理费用　　　　　　　　　　　10 000

　　　　　贷：累计摊销　　　　　　　　　　　　　　10 000

【答案】C

【解析】选项 C 正确，企业经营租出的无形资产，收取的租金收入应通过"其他业务收入"科目核算，相应的摊销应通过"其他业务成本"科目核算。该项无形资产每月的摊销额 = 600 000 ÷ 5 ÷ 12 = 10 000（元）。

　　该企业收取租金并计提摊销时，应作会计分录如下：

借：银行存款　　　　　　　　　　　　　　20 000（240 000 ÷ 12）
　　贷：其他业务收入　　　　　　　　　　　　20 000
借：其他业务成本　　　　　　　　　　　　10 000
　　贷：累计摊销　　　　　　　　　　　　　　10 000

【例 4-78·多选题·2018】某公司为增值税一般纳税人，2017 年 1 月 4 日购入一项无形资产，取得的增值税专用发票注明价款为 880 万元，增值税税额为 52.8 万元，该无形资产使用年限为 5 年，采用年限平均法进行摊销，预计净残值为 0。下列关于该项无形资产的会计处理中，正确的有（　　）。

A. 2017 年 1 月 4 日取得该项无形资产的成本为 880 万元

B. 2017 年 12 月 31 日该项无形资产的累计摊销额为 176 万元

C. 该项无形资产自 2017 年 2 月起开始摊销

D. 该无形资产的应计摊销总额为 932.8 万元

【答案】AB

【解析】无形资产按照取得时的成本进行初始计量，故选项 A 正确；对于使用寿命有限的无形资产应当自可供使用当月（2017 年 1 月）起开始摊销，故 2017 年整年的摊销额 = 880 ÷ 5 = 176（万元），故选项 B 正确，选项 C 错误；该无形资产预计净残值为 0，故其摊销总额为无形资产的原值 880 万元，选项 D 错误。

【例 4-79·单选题·2017】下列各项关于无形资产摊销的会计处理表述中，正确的是（　　）。

A. 无形资产摊销额应全部计入管理费用

B. 用于生产产品的无形资产的摊销额应计入其他业务成本

C. 使用寿命不确定的无形资产不进行摊销

D. 使用寿命有限的无形资产，自可供使用的下月起开始摊销

【答案】C

【解析】选项 A 错误，无形资产的摊销应根据无形资产的用途，计入管理费用、其他业务成本、生产成本等科目；选项 B 错误，用于生产产品的无形资产的摊销额应计入生产成本或制造费用；选项 D 错误，使用寿命有限的无形资产自可供使用的当月起开始摊销。

【例 4-80·多选题·2015】下列关于无形资产的表述中，正确的有（　　）。

A. 使用寿命不确定的无形资产不计提减值准备

B. 使用寿命有限的无形资产应进行摊销

C. 使用寿命有限的无形资产应按生产总量法摊销

D. 无形资产已计提的减值在以后期间不得转回

【答案】BD

【解析】选项 A 错误，使用寿命不确定的无形资产不计提摊销，但至少应于每年年末进行减值测试，发生减值的，要计提减值准备；选项 C 错误，无形资产摊销的方法要根据其经济利益的预期实现方式确定，不一定是生产总量法。

（三）无形资产的减值

在资产负债表日，无形资产存在可能发生减值迹象，且其可收回金额低于账面价值的，企业应当将该无形资产的账面价值减记至可收回金额，减记的金额确认为减值损失并计提相应的资产减值准备。相关的账务处理为：

借：资产减值损失——无形资产减值损失

　　贷：无形资产减值准备

企业无形资产减值损失已经确认，在以后会计期间**不得转回**。

【例4-81·判断题·2022】企业固定资产、无形资产已经计提的减值准备，在以后会计期间不得转回。（　　　）

【答案】√

【例4-82·单选题·2022】2021年1月初，企业购入一项专利权供行政管理部门使用，购买价款为100万元，摊销年限为10年，采用年限平均法进行摊销。2021年年末其可收回金额为72万元，则该企业2021年营业利润减少（　　　）万元。

A.10　　　　　　　　B.18　　　　　　　　C.28　　　　　　　　D.38

【答案】C

【解析】（1）2021年应计提的摊销额＝100÷10＝10（万元）

该专利权用于管理部门，分录如下：

借：管理费用　　　10

　　贷：累计摊销　　　　10

（2）2021年末计提减值准备前的账面价值＝100－10＝90（万元）＞可收回金额72万元，计提减值准备金额＝90-72＝18（万元），分录如下：

借：资产减值损失　　　　18

　　贷：无形资产减值准备　　　　18

该企业2021年营业利润减少金额＝10＋18＝28（万元）

（四）无形资产的出售和报废

表4-26　　　　　　　　　　　　　　无形资产的出售和报废的账务处理

情形	处理原则	账务处理
出售	将取得的价款扣除该无形资产账面价值以及出售相关税费后的差额作为资产处置损益	借：银行存款 　　累计摊销 　　无形资产减值准备 　　资产处置损益【差额，或在贷方】 　　贷：无形资产 　　　　应交税费——应交增值税（销项税额）
报废	将无形资产予以转销，将其账面价值转入当期损益	借：累计摊销 　　无形资产减值准备 　　营业外支出【净损失】 　　贷：无形资产

【例 4-83·多选题·2022】下列各项中，会引起无形资产账面价值发生增减变动的有（　　）。

A. 对无形资产计提减值准备

B. 企业内部研究开发项目研究阶段发生的支出

C. 摊销无形资产成本

D. 出售无形资产

【答案】ACD

【解析】选项 A，对无形资产计提减值准备导致无形资产账面价值减少；选项 B，研究阶段的支出计入管理费用，不影响无形资产的账面价值；选项 C，摊销无形资产导致无形资产的账面价值减少；选项 D，出售无形资产导致无形资产的账面价值减少。

【例 4-84·单选题·2021】某企业为增值税一般纳税人，转让一项专利权，开具增值税专用发票上注明价款为 15 万元，增值税税额为 0.9 万元。该专利权初始入账成本为 40 万元，已累计摊销 15 万元。已计提减值准备 4 万元。不考虑其他因素，转让该项专利权应确认的净损失为（　　）万元。

A. 10　　　　　　　B. 5.1　　　　　　　C. 6　　　　　　　D. 6.9

【答案】C

【解析】无形资产账面价值 = 40 − 15 − 4 = 21 万元；转让该项专利权应确认的净损失 = 21 − 15 = 6 万元。相关会计分录：

借：银行存款等　　　　　　　　　　　　　15.9

　　累计摊销　　　　　　　　　　　　　　15

　　无形资产减值准备　　　　　　　　　　4

　　资产处置损益　　　　　　　　　　　　6

　　贷：无形资产　　　　　　　　　　　　　　　40

　　　　应交税费——应交增值税（销项税额）　0.9

【例 4-85·单选题·2020】甲公司为增值税一般纳税人，现将一项专利权转让给乙公司，开具的增值税专用发票上注明的价款为 40 万元，增值税税额为 2.4 万元。该专利权成本为 30 万元，已累计摊销 15 万元。不考虑其他因素，转让该项专利权应确认的处置净损益为（　　）万元。

A. 12.4　　　　　　B. 27.4　　　　　　C. 10　　　　　　D. 25

【答案】D

【解析】选项 D 正确，企业转让该项专利权时，应作会计处理如下（金额单位为万元）：

借：银行存款等　　　　　　　　　　　　　42.4

　　累计摊销　　　　　　　　　　　　　　15

　　贷：无形资产　　　　　　　　　　　　　　　30

　　　　应交税费——应交增值税（销项税额）　2.4

　　　　资产处置损益　　　　　　　　　　　　25

【例 4-86·单选题·2019】下列各项关于制造业企业让渡无形资产使用权的相关会计处理表述中，正确的是（　　）。

A. 转让无形资产使用权的收入计入营业外收入

B. 已转让使用权的无形资产应停止计提摊销

C. 已转让使用权的无形资产计提的摊销额计入管理费用

D. 转让无形资产使用权的收入计入其他业务收入

【答案】D

【解析】选项 A 错误，企业让渡资产使用权的使用费收入，通过"其他业务收入"科目核算；选项 BC 错误，转让资产使用权计提的摊销额，通过"其他业务成本"科目核算。

【例 4-87·单选题·2018】2017 年 7 月，某制造业企业转让一项专利权，开具增值税专用发票上注明的价款为 100 万元，增值税税额为 6 万元，全部款项已存入银行。该专利权成本为 200 万元，已摊销 150 万元。不考虑其他因素，该企业转让专利权对利润总额的影响金额为（   ）万元。

A. -100   B. -94   C. 50   D. 56

【答案】C

【解析】该企业转让专利权对利润总额的影响金额 = 100 -（200 - 150）= 50（万元），其中出售无形资产过程中产生的增值税不影响无形资产的处置损益，选项 C 正确。

二、长期待摊费用

长期待摊费用是指企业已经发生但应由本期和以后各期负担的分摊期限在一年以上的各项费用，如以租赁方式租入的使用权资产发生的改良支出等。

企业应设置"长期待摊费用"科目，反映长期待摊费用的发生和摊销情况：借方登记发生的长期待摊费用，贷方登记摊销的长期待摊费用，期末余额在借方，反映企业尚未摊销完毕的长期待摊费用。相关账务处理见表 4-27。

表 4-27   长期待摊费用的账务处理

情形	账务处理
企业发生长期待摊费用	借：长期待摊费用 应交税费——应交增值税（进项税额） 贷：原材料/银行存款等
摊销长期待摊费用	借：管理费用/销售费用等 贷：长期待摊费用

【例 4-88·单选题·2021】下列各项中，企业应通过"长期待摊费用"科目核算的是（   ）。

A. 行政管理部门电子设备的日常维修费

B. 租入使用权资产的改良支出

C. 生产车间生产线的日常修理费

D. 专设销售机构的房屋装修费

【答案】B

【解析】长期待摊费用是指企业已经发生但应由本期和以后各期负担的分摊期限在一年以上的各项费用，如以租赁方式租入的使用权资产发生的改良支出等。

【例 4-89·判断题·2022】某企业对租入的营业大厅进行重大装修，发生的工程人员工资应计入长期待摊费用。（   ）

【答案】√

【例 4-90·判断题·2020】长期待摊费用是指企业已经发生但应由本期和以后各期负担的分摊期在一年以上的各项费用。

（   ）

【答案】√

【例 4-91·单选题·2019】2018 年 12 月初，甲企业"长期待摊费用"科目借方余额为 4 000 元，当月借方发生额为 3 000 元，贷方发生额为 2 000 元。不考虑其他因素，甲企业 2018 年年末长期待摊费用的科目余额为（　　）。

A. 借方 5 000 元　　　　B. 贷方 5 000 元　　　　C. 借方 3 000 元　　　　D. 贷方 3 000 元

【答案】A

【解析】"长期待摊费用"科目期末余额 = 期初借方余额 + 本期借方发生额 − 本期贷方发生额 = 4 000 + 3 000 − 2 000 = 5 000（元），数值为正，在借方，选项 A 正确。

【例 4-92·单选题·2018】下列各项中，属于长期待摊费用的是（　　）。

A. 以租赁方式租入的使用权资产发生的改良支出

B. 自有固定资产的改良支出

C. 生产车间固定资产的日常修理费

D. 房屋建筑物的折旧费用

【答案】A

【解析】长期待摊费用是指企业已经发生，但应由本期和以后各期负担的，分摊期限在一年以上的各项费用。选项 A 正确，以租赁方式租入的使用权资产发生的改良支出应当计入长期待摊费用；选项 B 错误，自有固定资产的改良支出应计入固定资产成本，先记入"在建工程"科目，待改良完工后转入"固定资产"；选项 C 错误，生产车间固定资产的日常修理费计入管理费用（注意不计入制造费用）；选项 D 错误，房屋建筑物的折旧费用计入制造费用或管理费用。

本章习题精练

一、单项选择题

1. 下列各类资产中不属于长期投资的有（　　）。
   - A. 债权投资
   - B. 长期股权投资
   - C. 固定资产
   - D. 其他权益工具

2. 甲公司为一家小企业。2021年1月1日，从二级市场购入乙公司债券，支付价款合计104.5万元（含已宣告但尚未领取的利息5万元），另支付交易费用1.5万元。该债券面值100万元，符合合同现金流量特征。甲公司将其分类为长期债券投资进行核算。不考虑其他因素，该长期债券投资的入账金额为（　　）万元。
   - A.100
   - B.101
   - C.104.5
   - D.106

3. 甲公司为一家小企业。2021年7月1日，以106万元从二级市场购入乙公司债券，该债券面值100万元，剩余期限为3年，票面年利率为6%，每半年付息一次，该债券符合合同现金流量特征。甲公司将其分类为长期债券投资进行核算。不考虑其他因素，因该事项甲公司在2021年应当确认的投资收益的金额为（　　）万元。
   - A.1
   - B.2
   - C.5
   - D.6

4. 甲公司和乙公司为同一集团中的两家公司。2021年5月25日，甲公司向乙公司的原控股股东支付10 000万元购入乙公司60%的股权，并于当日起能够对乙公司实施控制。合并后乙公司仍维持其独立法人地位继续经营。2021年5月25日，乙公司的净资产公允价值为8 000万元，在集团最终控制方合并报表中乙公司的净资产账面价值为5 000万元。假设甲乙公司合并前采用的会计政策相同，不考虑其他因素影响，甲公司因该事项确认的长期股权投资的金额为（　　）万元。
   - A.3 000
   - B.4 800
   - C.6 000
   - D.10 000

5. A公司有甲公司和乙公司两家子公司。2021年12月20日，甲公司向A公司发行1 000股（每股面值为1元，每股公允价值为5元）换取A公司拥有乙公司80%的股权，并于当日起能够对乙公司实施控制。合并后乙公司仍维持其独立法人地位继续经营。2021年12月20日，乙公司的净资产公允价值为6 000万元，在A公司的合并报表中乙公司的净资产账面价值为8 000万元。假设甲、乙公司合并前采用的会计政策相同，不考虑其他因素影响，甲公司因该事项确认的资本公积的金额为（　　）万元。
   - A.3 800
   - B.4 000
   - C.5 400
   - D.6 400

6. 甲公司和乙公司为非同一控制下的两家独立公司。2021年6月30日，甲公司以其拥有的无形资产对乙公司投资，取得乙公司70%的股权。该无形资产原值2 000万元，已累计计提摊销300万元，已计提减值准备50万元，投资日该无形资产的公允价值为1 500万元。2021年6月30日乙公司的可辨认净资产公允价值为2 000万元。假定不考虑相关税费等其他因素影响，甲公司对乙公司的长期股权投资的初始投资成本为（　　）万元。
   - A.1 400
   - B.1 500
   - C.1 650
   - D.2 000

7. 甲公司和乙公司为非同一控制下的两家独立公司。2021年4月20，甲公司以发行普通股1 000万股取得乙公司有表决权的股份55%。

该股票面值为每股 1 元，市场发行价格为 20 元。向证券承销机构支付股票发行相关税费 1 000 万元。2021 年 4 月 20 日乙公司的可辨认净资产公允价值为 30 000 万元。假定不考虑其他因素影响，甲公司因该事项形成的长期股权投资的入账金额为（　　）万元。

A.17 500　　　　　　　B.16 500

C.21 000　　　　　　　D.20 000

8. 甲公司拥有乙公司 30% 有表决权的股份。2021 年 12 月 31 日，乙公司经审计的年度利润表中当年实现净利润 1 000 万元。不考虑其他因素，甲公司的下列会计处理中，正确的有（　　）

A. 借：长期股权投资——损益调整　　300

　　　贷：投资收益　　　　　　　　　300

B. 借：投资收益　　　　　　　　　　300

　　　贷：长期股权投资——损益调整　300

C. 借：长期股权投资——损益调整 1 000

　　　贷：投资收益　　　　　　　　1 000

D. 不作会计处理

9. 甲公司持有乙公司有表决权的股份 20%，对乙公司具有重大影响。2022 年 3 月 20 日，乙公司经股东大会批准，宣告分配现金股利 100 万元。不考虑其他因素，下列会计处理正确的有（　　）。

A. 借：应收股利　　　　　　　　　　20

　　　贷：投资收益　　　　　　　　　　20

B. 借：应收股利　　　　　　　　　　20

　　　贷：长期股权投资——损益调整　　20

C. 借：长期股权投资——损益调整　　20

　　　贷：应收股利　　　　　　　　　　20

D. 借：投资收益　　　　　　　　　　20

　　　贷：应收股利　　　　　　　　　　20

10. 下列选项中，属于"空置建筑物"确认为投资性房地产的时点的是（　　）。

A. 租赁期开始日

B. 合同签订日

C. 董事会作出书面决议日

D. 建筑物清空可供出租或资本增值日

11. 2021 年 3 月，甲企业计划购入一栋写字楼用于对外出租。4 月 1 日，甲企业与乙企业签订了经营租赁合同，约定自写字楼购买日起将该栋写字楼出租给乙企业，为期 5 年。5 月 1 日，甲企业实际购入写字楼，支付价款 10 000 万元，相关税费 305 万元，另支付中介手续费 200 万元。假设不考其他因素影响，甲企业该栋写字楼的入账价值为（　　）万元。

A.10 000　　　　　　　B.10 305

C.10 200　　　　　　　D.10 505

12. 甲公司为一家制造业企业，采用成本模式对投资性房地产进行后续计量，则其投资性房地产每月计提折旧或摊销时应借记的科目为（　　）。

A. 其他业务成本

B. 管理费用

C. 投资性房地产累计折旧（摊销）

D. 其他收益

13. 甲公司采用成本模式对投资性房地产进行后续计量。2×21 年 1 月 1 日，甲公司出售一项投资性房地产，取得收入 8 000 万元存入银行。该幢出租房的账面原值为 6 000 万元，已计提折旧 1 500 万元，未计减值准备。假定不考虑相关税费等其他因素，出售投资性房地产时，对当期损益的影响金额为（　　）万元。

A.8 000　　　　　　　B.4 500

C.6 500　　　　　　　D.3 500

14. 某企业为增值税一般纳税人，适用增值税税率 13%，2×21 年 1 月开始自行建造管理用办公楼一幢，购入所需各种物资

100 000 元，支付增值税税额 13 000 元；另支付工程人员工资 30 000 元，提取工程人员的福利费 5 600 元，支付其他费用 2 000元，该办公楼于当年末完工并投入使用。则该办公楼的入账价值为（　　）元。

A. 113 000

B. 130 000

C. 135 600

D. 137 600

15. 下列固定资产中，不应当计提折旧的是（　　）。

A. 已经完工但尚未使用的厂房

B. 以经营租赁方式租出的机器

C. 转入更新改造的生产线

D. 公司管理用设备

16. 甲公司购入一项固定资产的原价为 200 万元，预计使用 5 年，预计净残值为 15 万元。按照双倍余额递减法计提折旧，那么第二年的折旧额为（　　）万元。

A. 37

B. 48

C. 50.4

D. 74

17. 某增值税一般纳税人于 2×21 年 12 月购入并投入使用一台不需要安装的生产线，该生产线不含税价值为 1 000 万元，预计使用年限为 5 年，预计净残值为 5 万元，企业采用双倍余额递减法计提折旧，则该企业在 2×22 年应计提的折旧额为（　　）万元。

A. 199

B. 200

C. 385

D. 400

18. 固定资产改扩建工程如果符合资本化条件，应通过（　　）科目核算。

A. 制造费用

B. 管理费用

C. 在建工程

D. 固定资产清理

19. 某企业将一闲置固定资产清理出售，该设备的账面原价为 40 000 元，累计折旧 8 000元，发生清理费用 400 元，出售收入为 39 600 元，不考虑相关税费，该设备的清理净损益是（　　）元。

A. 5 220

B. 7 200

C. 7 600

D. 39 600

20. 下列选项中，不能确认为无形资产的是（　　）。

A. 通过购买方式取得的土地使用权

B. 商誉

C. 外购的专利权

D. 通过购买方式取得的非专利技术

21. 甲公司为增值税小规模纳税人，2×21 年 1月 5 日以 2 700 万元购入一项专利权，另支付相关税费 120 万元。为推广由该专利权生产的产品，甲公司发生广告宣传费 160 万元。该专利权预计使用 5 年，预计净残值为 0，采用直线法摊销。假设不考虑其他因素，2×21 年 12 月 31 日该专利权的账面价值为（　　）万元。

A. 2 160

B. 2 256

C. 2 404

D. 2 820

22. 某企业研发一项非专利技术，共发生研发支出 500 万元，其中研究阶段支出 320 万元，开发阶段支出 180 万元（其中符合资本化条件的支出为 80 万元）。假定研发成功，则该非专利技术的入账价值为（　　）万元。

A. 80

B. 90

C. 180

D. 500

23. 企业自行研发一项非专利技术，累计研究支出为 160 万元，累计开发支出为 500 万元（其中符合资本化条件的支出为 400 万元）。该业务导致企业利润总额减少（　　）万元。

A. 100

B. 160

C. 260

D. 660

24. 2×21 年，甲公司将一项自行研发的非专利技术对外转让，取得转让价款 300 万元，增值税税额为 18 万元，款项已存入银行。已知该非专利技术的成本为 300 万元，已摊销100 万元。下列说法中正确的是（　　）。

A. 计入营业外收入 100 万元

B. 计入资产处置损益 100 万元

C. 计入其他业务收入 100 万元

D. 计入投资收益 100 万元

25. 企业的下列固定资产，不计提折旧的是（   ）。

A. 已达到预定可使用状态但尚未使用的机器设备

B. 已提足折旧但仍在使用的设备

C. 采用经营租赁方式租出的仓库

D. 除短期租赁和低价值租赁方式外租入的设备

26. 甲企业 2×19 年 6 月 30 日购入一台不需要安装的设备，已交付生产使用，原价为 30 000 元，预计使用 5 年，预计净残值为 1 000 元。甲企业采用年数总和法计提折旧，2×22 年对该设备应计提的折旧额为（   ）元。

A. 3 866.67   B. 4 833.33

C. 5 800   D. 6 000

27. 甲公司为增值税一般纳税人，2×21 年 3 月 1 日购入设备一台，实际支付买价 50 万元，增值税进项税额 6.5 万元，支付运杂费 2 万元，途中保险费 5 万元。甲公司估计该设备使用年限为 4 年，预计净残值为 0。甲公司采用年数总和法对固定资产计提折旧。由于操作不当，该设备于当年 12 月月末报废，保险公司赔偿 20 万元，收回变价收入 5 万元，则该设备的报废净损失为（   ）万元。

A. 9.2   B. 14.9

C. 34.2   D. 39.9

28. 甲公司 2×21 年 12 月 1 日购入生产设备一台，入账价值为 200 000 元，采用年数总和法计提折旧，预计净残值为 5 000 元，预计使用年限为 5 年。2×22 年年底，该生产设备的可收回金额为 110 000 元，则 2×22 年 12 月 31 日，该生产设备的账面价值为（   ）元。

A. 110 000   B. 135 000

C. 150 000   D. 160 000

29. 甲公司于 2×21 年 3 月 16 日购入一项专利权，实际支付价款为 360 万元，预计其使用寿命为 10 年，采用直线法摊销。2×22 年年末，该无形资产的可收回金额为 300 万元，则应计提减值准备（   ）万元。

A. 0   B. 6

C. 32   D. 40

30. 下列各项中，不会引起无形资产账面价值发生增减变动的是（   ）。

A. 对无形资产计提减值准备

B. 出租无形资产

C. 摊销无形资产

D. 转让无形资产所有权

31. 下列关于无形资产的会计处理中，不正确的是（   ）。

A. 使用寿命不确定的无形资产按月进行摊销

B. 出售无形资产的净损益计入营业利润

C. 出租无形资产的摊销额计入其他业务成本

D. 报废无形资产损益计入营业外支出

二、多项选择题

32. 下列选项中，属于长期投资优点的有（   ）。

A. 投资期限长

B. 投资种类多种多样

C. 收益性相对较高

D. 资金周转慢

33. 甲公司和乙公司为非同一控制下的两家独立公司，都适用《小企业会计准则》。2021 年 5 月 30 日，甲公司以一项公允价值为 500 万元的固定资产为对价取得乙公司有表决权的股份 30%。甲公司准备长期持有。不考虑其他因素，下列表述中正确的有（   ）。

A. 甲公司确认长期股权投资 500 万元

B.甲公司对该项长期股权投资采用成本法进行会计处理

C.固定资产账面价值与公允价值之间的差额计入"资产处置损益"科目

D.固定资产账面价值与公允价值之间的差额计入营业外收支

34.下列选项中，不能作为投资性房地产核算的有（ ）。

A.出租的土地使用权

B.已出租的建筑物

C.以经营租赁方式租入土地使用权再转租给其他单位

D.闲置土地

35.下列关于投资性房地产计量模式的表述中正确的是（ ）。

A.同一企业只能采用一种模式对所有的投资性房地产进行后续计量

B.已采用的公允价值模式核算的投资房地产可以变更为成本模式

C.已采用的成本模式核算的投资房地产可以变更为公允价值模式

D.公允价值模式下会计核算结果的可靠性和可控性较高、会计处理比较简单、不同会计期间会计资料的可比性较强

36.固定资产是企业生产经营管理过程中重要的劳动资料和物质基础，其具体管理要求包括（ ）。

A.正确预测并确定固定资产的需要量和规模

B.严格划分资本性支出和收益性支出的界限

C.加强固定资产的日常管理

D.正确核算固定资产折旧和减值，及时准确计提固定资产折旧

37.企业确定生产性生物资产的使用寿命，应当考虑的因素包括（ ）。

A.预计的产出能力或实物产量

B.预计的有形损耗

C.预计的无形损耗

D.企业至少应当于每月月末对生产性生物资产的使用寿命进行复核。

38.下列选项中，生产性生物资产成本结转时可以采用的有（ ）。

A.蓄积量比例法 B.个别计价法

C.后进先出法 D.轮伐期年限法

39.2×19年12月20日，甲企业购入一台设备，原价为2000万元，预计使用年限5年，预计净残值10万元，采用双倍余额递减法计提折旧。下列各项表述中，正确的有（ ）。

A.应计提折旧总额为1990万元

B.年折旧率为33%

C.2×22年折旧额为288万元

D.2×23年折旧额为172.8万元

40.下列关于固定资产的表述中，不正确的有（ ）。

A.经营出租的生产设备计提的折旧记入"其他业务成本"科目

B.当月新增固定资产，次月开始计提折旧

C.生产线的日常修理费用记入"在建工程"科目

D.设备报废时的清理费用记入"管理费用"科目

41."固定资产清理"科目借方核算的内容包括（ ）。

A.发生的清理费用

B.结转固定资产清理净收益

C.结转固定资产清理净损失

D.转入清理固定资产的净值

42.下列各项关于无形资产摊销的表述中，正确的有（ ）。

A.使用寿命不确定的无形资产不应摊销

B.出租无形资产的摊销额应计入管理费用

C. 使用寿命有限的无形资产处置当月不再摊销

D. 无形资产的摊销方法主要有直接法和生产总量法

43. 下列关于无形资产的表述中, 正确的有（　　）。

A. 寿命有限的无形资产应进行摊销

B. 寿命有限的无形资产应按生产总量法摊销

C. 寿命不确定的无形资产不计提减值准备

D. 已计提减值的无形资产在以后期间不得转回

44. 下列各项资产计提减值准备后, 在持有期间减值损失可以转回的有（　　）。

A. 固定资产　　　　B. 无形资产

C. 应收款项　　　　D. 存货

45. 下列关于长期待摊费用的表述中, 正确的有（　　）。

A. 长期待摊费用是指企业已经发生但应由本期和以后各期负担的分摊期限在一年以上的各项费用

B. 企业发生的长期待摊费用, 借记"长期待摊费用"科目, 取得可在当期抵扣的增值税进项税额, 借记"应交税费——应交增值税（进项税额）"科目, 贷记"原材料""银行存款"等科目

C. 摊销长期待摊费用, 借记"管理费用""销售费用"等科目, 贷记"长期待摊费用"科目

D. "长期待摊费用"科目期末借方余额, 反映企业尚未摊销完毕的长期待摊费用

三、判断题

46. 企业计算权益法核算的长期股权投资应分得股票股利的部分, 应借记"应收股利"科目, 贷记"长期股权投资"科目（损益调整）。（　　）

47. 企业取得长期股权投资时, 对于支付的对价中包含的应享有被投资单位已经宣告, 但尚未发放的现金股利计入长期股权投资的成本中。（　　）

48. 以发行股票方式取得长期股权投资, 其发生的发行股票的费用计入管理费用。（　　）

49. 企业合并发生的审计、法律服务、评估咨询等中介费用以及其他相关费用计入长期股权投资的成本中。（　　）

50. 公允价值模式是指投资性房地产初始计量和后续计量均采用公允价值进行计量。（　　）

51. 企业购入的房地产, 部分用于出租（或资本增值）、部分自用, 用于出租（或资本增值）的部分应当予以单独确认的, 应按照不同部分的公允价值占公允价值总额的比例将成本在不同部分之间进行分配。（　　）

52. 企业应当根据生产性生物资产的性质、使用情况和有关经济利益的预期消耗方式, 合理确定其使用寿命、预计净残值和折旧方法。（　　）

53. 固定资产在出包工程方式建造下, 在建工程主要反映企业与建造承包商办理工程价款结算的情况。（　　）

54. 一次购入多项没有单独标价的固定资产, 应按各项固定资产账面价值的比例, 对总成本进行分配确定各自入账价值。（　　）

55. 已达到预定可使用状态但尚未办理竣工决算的固定资产, 应当按照估计价值确定其成本, 并计提折旧; 待办理竣工决算后, 再按实际成本调整原来的暂估价值, 同时调整原已计提的折旧额。（　　）

56. 固定资产在日常修理期间仍需计提折旧。（　　）

57. 企业当月新增加的固定资产, 当月不计提折旧, 自下月起计提折旧, 当月减少的固定资产, 当月仍计提折旧。（　　）

58. 固定资产的使用寿命、预计净残值一经确

定，不得变更。　　　　　　（　）

59. 已发生减值的固定资产，其应计提折旧额还应减去已计提的固定资产减值准备。（　）

60. 企业以经营租赁方式租出的固定资产，其发生的日常修理费用应计入长期待摊费用。（　）

61. 固定资产资本化后续支出，如果存在被替换的部分，应按被替换部分的原值终止确认。

　　　　　　　　　　　　　　　（　）

62. 固定资产由于自然灾害等非常原因造成的损失应计入资产处置损益。　（　）

63. 企业取得的土地所有权单独计价入账，应将取得时发生的支出资本化，记入"无形资产"科目核算。　　　　　　（　）

64. 企业通过广告宣传等提高了自创商标的获利能力，因此广告费应作为商标权的成本核算，计入无形资产成本。　（　）

65. 使用寿命确定的无形资产应自可供使用（即其达到预定用途）下月起开始摊销，处置当月照常摊销。　　　（　）

66. 无形资产报废，其净损失计入资产处置损益。　　　　　　　　　（　）

四、不定项选择题

67. 甲公司为增值税一般纳税人，其购置了一套需要安装的生产线，与该生产线有关的业务如下：

（1）2×16年12月12日，以银行存款购入待安装的生产线，增值税专用发票上注明的买价为500 000元，增值税税额为65 000元，另支付运费20 000元，增值税税额为1 800元。

（2）安装过程中，支付安装工程人员工资36 000元，支付其他费用16 000元。

（3）2×16年12月31日，生产线安装完成并投入使用，公司预计该生产线的使用年

限为5年，预计净残值为12 000元，采用双倍余额递减法计提折旧。

（4）2×19年6月30日，因无法满足现有生产需求，甲公司对该生产线进行改良。在改良过程中，甲公司支付包含替换部件在内的工程总价款80 000元，已知原生产线中被更换部件的账面价值为20 000元。工程于当年年底完工，公司预计该生产线的剩余使用年限为4年，预计净残值为0，公司改按年限平均法计提折旧。

（5）2×21年12月31日，甲公司将该生产线出售，出售时支付清理费用30 000元，出售所得价款为200 000元（不含增值税），所得款项全部存入银行。

要求：根据上述资料，分析回答下列问题：

（1）2×16年12月31日生产线安装工程完工并投入使用，其入账价值为（　）元。

A. 520 000　　　　　B. 572 000

C. 586 800　　　　　D. 638 800

（2）2×17和2×18年该生产线应计提的折旧额分别为（　）元。

A. 228 800 和 137 280

B. 228 800 和 132 480

C. 224 000 和 134 400

D. 114 400 和 114 400

（3）改良后的固定资产成本为（　）元。

A. 117 620　　　　　B. 164 736

C. 196 644　　　　　D. 224 736

（4）2×20年12月31日，该生产线的账面价值为（　）元。

A. 56 184　　　　　B. 112 368

C. 168 552　　　　　D. 224 736

（5）出售该生产线的净收益为（　）元。

A. -54 736　　　　　B. -24 736

C. 57 632　　　　　D. 87 632

68. 甲公司无形资产相关业务如下：

（1）2×18 年 1 月 1 日，甲企业外购一项管理用无形资产 A，实际支付的价款为 1 000 万元。A 无形资产的预计使用寿命为 5 年。

（2）2×19 年 12 月 31 日，由于与 A 无形资产相关的经济因素发生不利变化，致使 A 无形资产发生减值。甲企业估计其可收回金额为 480 万元，剩余使用寿命为 3 年。

（3）2×21 年 12 月 31 日，甲企业发现导致 A 无形资产在 2×18 年发生减值损失的不利经济因素已全部消失，且此时估计 A 无形资产的可收回金额为 200 万元。

要求：根据上述资料，不考虑其他因素，分析回答下列问题：

（1）下列关于无形资产摊销说法中，正确的是（　　）。

A. 当月取得的无形资产当月开始摊销

B. 当月取得的无形资产当月不摊销，下月开始摊销

C. 所有的无形资产都需要摊销

D. 无形资产摊销净残值一定为 0

（2）根据资料（1），2×18 年无形资产的摊销额为（　　）万元。

A. 100　　　　　　　　B. 200

C. 250　　　　　　　　D. 300

（3）根据资料（2），2×19 年应计提的减值准备为（　　）万元。

A.120　　　　　　　　B. 180

C. 420　　　　　　　　D. 620

（4）根据资料（1）至（2），2×20 年无形资产的摊销额为（　　）万元。

A. 60　　　　　　　　B. 100

C. 160　　　　　　　　D. 200

（5）根据资料（3），2×21 年 12 月 31 日应计提的无形资产减值准备为（　　）万元。

A. −620　　　　　　　B. −420

C. −200　　　　　　　D. 0

初级知识点全解及真题模拟

初级会计实务

（下）

高顿教育研究院　编著

世界图书出版公司

上海·西安·北京·广州

图书在版编目（CIP）数据

初级知识点全解及真题模拟. 初级会计实务. 下 / 高顿教育研究院编著. — 上海：上海世界图书出版公司，2023.2

ISBN 978-7-5232-0167-1

Ⅰ. ①初… Ⅱ. ①高… Ⅲ. ①会计实务—资格考试—习题集 Ⅳ. ①F23-44

中国国家版本馆CIP数据核字（2023）第 020272 号

书　　名	初级知识点全解及真题模拟·初级会计实务（下）
	Chuji Zhishidian Quanjie ji Zhenti Moni Chuji Kuaiji Shiwu（Xia）
编　　著	高顿教育研究院
责任编辑	邬佳媚
装帧设计	汤惟惟
出版发行	上海世界图书出版公司
地　　址	上海市广中路88号9–10楼
邮　　编	200083
网　　址	http://www.wpcsh.com
经　　销	新华书店
印　　刷	上海四维数字图文有限公司
开　　本	787 mm×1092 mm　1/16
印　　张	34.25
字　　数	920千字
版　　次	2023年2月第1版　2023年2月第1次印刷
书　　号	ISBN 978-7-5232-0167-1 / F·84
定　　价	78.00元（全二册）

目　　录

第五章 负 债

考情概要

本章属于比较重要的一章，难度一般，考试通常以单选题、多选题或判断题的形式进行考查，偶有不定项选择题；分值为 10 分左右。重要的考点包括应付账款、应付职工薪酬和应交税费，请各位考生重点把握。

考纲要求及考查方式

考纲内容	要求	考试题型
短期借款和应付款项的内容	熟悉	单选题、判断题
短期借款、应付票据、应付账款和预收账款的核算	掌握	单选题、多选题、判断题
应付利息、应付股利和其他应付款的核算	熟悉	单选题、多选题、判断题
应付职工薪酬的内容	熟悉	单选题、多选题、判断题
应付职工薪酬的核算	掌握	单选题、多选题、判断题、不定项选择题
应交税费的内容	熟悉	单选题、多选题、判断题
应交增值税、应交消费税的核算	掌握	单选题、多选题、判断题
其他应交税费的核算	熟悉	单选题、多选题、判断题
长期借款的核算	掌握	单选题、判断题
长期借款和长期应付款的内容	熟悉	近年未涉及
职工薪酬分配	了解	近年未涉及
税费的手续制度	了解	近年未涉及
合同负债	了解	单选题、多选题

学习建议

本章内容不多，学习难度不大，主要介绍了除交易性金融负债之外常用的流动负债的核算；重点突出，考生尤其要关注货币性职工薪酬和非货币性职工薪酬的核算以及"应交增值税"各个二级科目在不同情形下的准确应用。考生在备考的过程中，除了要掌握上述必要的知识点外，还应当注意本章知识点与其他章节知识点的结合，如应付账款与采购原材料、购买固定资产等考点的关联；应交增值税是否计入相关资产入账价值的确定；应交消费税影响委托加工物资的计量结果；应付股利与利润分配的联系等等。

学习框架

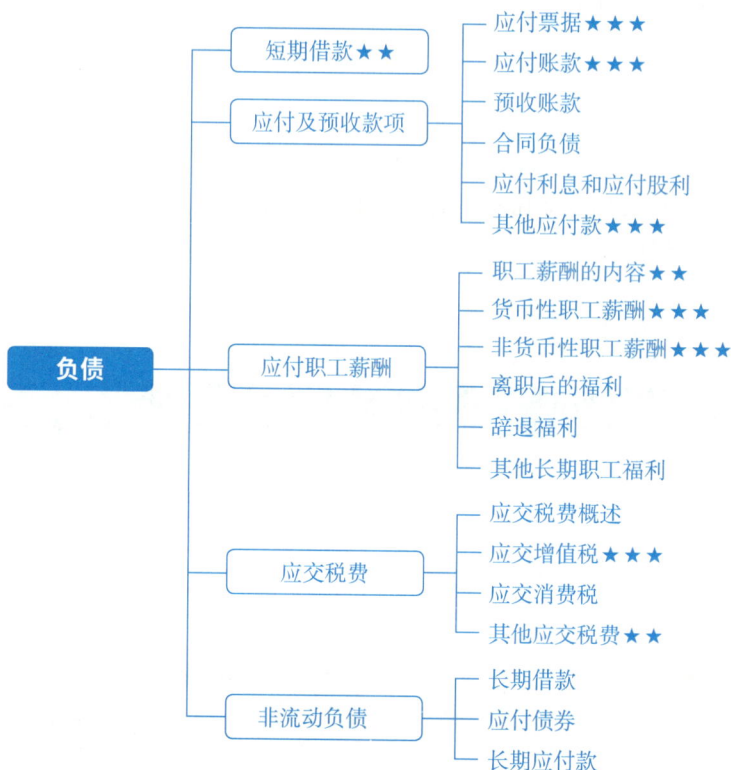

负债按偿还期限的长短可分为流动负债和非流动负债。流动负债是指需要在1年或长于1年的一个营业周期内偿还的负债。非流动负债是指除流动负债以外的其他负债。

第一节　短期借款 ★★

短期借款是指企业向银行或其他金融机构等借入的**期限在1年以下（含1年）**的各种款项。短期借款具有借款金额小、时间短、利息低等特点，对企业资产的流动性要求高。

企业应设置"短期借款"科目核算短期借款的取得、偿还等情况：贷方登记取得短期借款本金的金额，借方登记偿还短期借款的本金金额，期末余额在贷方，反映企业尚未偿还的短期借款，相关账务处理见表5-1。

表5-1　　　　　　　　　　短期借款的账务处理

情形	账务处理
取得本金时	借：银行存款 　　贷：短期借款【本金】

续表

情形	账务处理
确认利息费用	（1）月末预提方式（利息**按期**支付）。 每月末计提利息： 借：财务费用【本金 × 年利率 ×1/12】 　　贷：应付利息 按期实际支付时： 借：应付利息【当月之前预提的利息累计】 　　财务费用【当月计提的利息】 　　贷：银行存款 **名师说**　非实际支付利息的月份，相应的利息费用应在"应付利息"科目中预提累计；而在实际支付当月，利息费用可直接通过"财务费用"核算，无需通过"应付利息"科目。 （2）非预提方式【利息**按月**支付，或其**数额不大时**】。 无需提前计提利息，在实际支付时： 借：财务费用 　　贷：银行存款
偿还本金时	借：短期借款 　　贷：银行存款

【例 5-1·单选题·2022】2021 年 4 月 1 日，某企业向银行借入生产经营用短期借款 1 000 000 元，期限为 6 个月，年利率为 4.5%，本金到期后一次归还，利息按月计提、按季度支付，假定 6 月 30 日收到计息通知。下列各项中，该企业 6 月 30 日支付利息的会计处理正确的是（　　）。

A. 借：财务费用　　　　　　　　　　7 500
　　贷：银行存款　　　　　　　　　　　　　7 500

B. 借：财务费用　　　　　　　　　　3 750
　　应付利息　　　　　　　　　　　7 500
　　贷：银行存款　　　　　　　　　　　　11 250

C. 借：财务费用　　　　　　　　　　3 750
　　短期借款　　　　　　　　　　　7 500
　　贷：银行存款　　　　　　　　　　　　11 250

D. 借：短期借款　　　　　　　　1 000 000
　　贷：银行存款　　　　　　　　　　1 000 000

【答案】B

【解析】4、5 月计提利息时：

借：财务费用　　　　　　　　　　3 750（1 000 000×4.5%/12）
　　贷：应付利息　　　　　　　　　　　　3 750

6 月 30 日支付利息时：

借：财务费用　　　　　　　　　　7 500
　　应付利息　　　　　　　　　　　3 750
　　贷：银行存款　　　　　　　　　　　　11 250

【例 5-2·单选题·2020】企业以银行存款偿还到期的短期借款，关于这笔经济业务，下列说法正确的是（   ）。

A.导致负债内部增减变动，总额不变　　　B.导致资产、负债同时减少

C.导致资产、负债同时增加　　　D.导致所有者权益减少，负债减少

【答案】B

【解析】以银行存款偿还到期的短期借款分录如下：

借：短期借款

　　贷：银行存款

负债减少，资产减少，选项 B 正确。

【例 5-3·单选题·2018】2017 年 9 月 1 日，某企业向银行借入资金 350 万元用于生产经营，借款期限为 3 个月，年利率为 6%，到期一次还本付息，利息按月计提，下列各项关于该借款的会计处理结果中，正确的是（   ）。

A.借入款项时，借记"短期借款"科目 350 万元

B.每月预提借款利息时，贷记"财务费用"科目 5.25 万元

C.每月预提借款利息时，借记"应付利息"科目 1.75 万元

D.借款到期归还本息时，贷记"银行存款"科目 355.25 万元

【答案】D

【解析】选项 D 正确，本题相关分录如下（金额单位为万元）：

借入款项时：

借：银行存款　　　　　　　　　　350

　　贷：短期借款　　　　　　　　　　　350

按月计提利息时：

借：财务费用　　　　　　　　　　1.75（350×6%÷12）

　　贷：应付利息　　　　　　　　　　　1.75

到期偿还本息时：

借：短期借款　　　　　　　　　　350

　　应付利息　　　　　　　　　　3.5【前两个月提前计提的利息1.75×2】

　　财务费用　　　　　　　　　　1.75【最后一个月计提的利息1.75】

　　贷：银行存款　　　　　　　　　　355.25

【例 5-4·单选题·2018】2017 年 7 月 1 日，某企业向银行借入一笔生产用周转资金 200 万元，期限为 6 个月，到期一次归还本金，年利率为 6%，利息按季支付、分月预提。下列各项中，关于 2017 年 9 月 30 日该企业支付借款利息相关科目的会计处理结果正确的是（   ）。

A.借记"财务费用"科目 1 万元　　　B.贷记"应付利息"科目 3 万元

C.借记"财务费用"科目 3 万元　　　D.贷记"银行存款"科目 1 万元

【答案】A

【解析】选项 A 正确，相关会计处理如下（金额单位为万元）：

7 月 1 日：

借：银行存款　　　　　　　　　　200

　　贷：短期借款　　　　　　　　　　　200

7 月 31 日，计提 7 月份利息：

借：财务费用　　　　　　　　　　　　1（200×6%÷12）

　　贷：应付利息　　　　　　　　　1

8月31日，计提8月份利息：

借：财务费用　　　　　　　　　　　　1（200×6%÷12）

　　贷：应付利息　　　　　　　　　1

9月30日支付利息时：

借：应付利息　　　　　　　　2

　　财务费用　　　　　　　　1

　　贷：银行存款　　　　　　　　　3

【例5-5·判断题·2018】企业短期借款利息数额不大的，可以不采用预提的方式，而在实际支付时直接计入当期损益。　　　　　　　　　　　　　　　　　　　　　　　　（　　）

【答案】√

第二节　应付及预收款项

一、应付票据 ★★★

应付票据是指企业购买材料、商品和接受劳务供应等而开出、承兑的商业汇票，包括商业承兑汇票和银行承兑汇票。

名师说

我国商业汇票的付款期限一般不超过6个月，因此通常不考虑货币时间价值，**按其面值入账**；商业汇票也可分为带息票据和不带息票据，初级会计实务考试中一般只考查不带息票据，以下内容也是以不带息票据为例。

应付票据的账务处理见表5-2。

表5-2　　　　　　　　　　　　　　　　　应付票据的账务处理

情形	账务处理
采购开出商业汇票	借：原材料/材料采购/在途物资/库存商品等 　　应交税费——应交增值税（进项税额） 　　贷：应付票据 借：**财务费用**【支付**银行承兑汇票的手续费**】 　　应交税费——应交增值税（进项税额） 　　贷：银行存款
商业汇票到期支付	借：应付票据 　　贷：银行存款

续表

情形	账务处理
商业汇票到期无力支付而将其转销	（1）商业承兑汇票到期： 借：应付票据 　　贷：应付账款 （2）银行承兑汇票到期： 借：应付票据 　　贷：短期借款 **名师说** 二者会计处理不同的原因是商业承兑汇票的付款人是购货方企业，其债权人仍为销货企业；而银行承兑汇票的付款人是银行，银行见票即付，故购货方的债权人为已经付款的银行。银行承担了购货方的违约风险，故开具银行承兑汇票时会收取手续费。

敲黑板

（1）银行承兑汇票和商业承兑汇票通过"应付票据"科目核算；

（2）应付票据的转销中，银行承兑汇票应转入"短期借款"科目，商业承兑汇票应转入"应付账款"科目。

【例 5-6·单选题·2021】下列各项中，关于企业应付票据会计处理的表述正确的是（　　）。

A. 应将到期无力支付的商业承兑汇票的账面余额转作短期借款

B. 申请银行承兑汇票支付的手续费应计入当期管理费用

C. 应将到期无力支付的银行承兑汇票的账面余额转作应付账款

D. 应以商业汇票的票面金额作为应付票据的入账金额

【答案】D

【解析】选项 A 错误，应将到期无力支付的商业承兑汇票的账面余额转作应付账款；选项 B 错误，应该计入财务费用；选项 C 错误，应将到期无力支付的银行承兑汇票的账面余额转作短期借款；选项 D 正确，企业因购买材料、商品和接受劳务供应等而开出、承兑的商业汇票，应当按其票面金额作为应付票据的入账金额。

【例 5-7·单选题·2022】下列各项中，企业为购买材料申请签发银行承兑汇票支付的银行承兑手续费，应记入的会计科目是（　　）。

A. 管理费用　　　　B. 财务费用　　　　C. 在途物资　　　　D. 原材料

【答案】B

【解析】企业为购买材料申请签发银行承兑汇票支付的银行承兑手续费，应记入财务费用。

【例 5-8·单选题·2021】下列各项中，企业无力支付到期商业承兑汇票票款，应将该应付票据的账面余额转入的会计科目是（　　）。

A. 应付账款　　　　B. 其他应付款　　　　C. 短期借款　　　　D. 营业外收入

【答案】A

【解析】企业无力支付到期商业承兑汇票票款，应将该应付票据的账面余额转入应付账款。

【例 5-9·单选题·2021】下列各项中，企业无力支付到期银行承兑汇票票款时，应将该票据的票面额从"应付票据"科目的账面余额转入的会计科目是（　　）。

A. 其他应付款　　　　B. 营业外收入　　　　C. 应付账款　　　　D. 短期借款

【答案】D

【解析】企业无力支付到期银行承兑汇票票款时：

借：应付票据

　　贷：短期借款

【例 5-10·单选题·2019】下列各项中，应通过"应付票据"会计科目核算的是（　　）。

A. 用银行本票购买办公用品　　　　B. 用商业汇票购买原材料

C. 用转账支票购买固定资产　　　　D. 用银行汇票购买周转材料

【答案】B

【解析】选项 AD 错误，应通过"其他货币资金"科目核算；选项 C 错误，应通过"银行存款"科目核算。

【例 5-11·判断题·2019】企业向供货单位采购原材料支付货款开出的银行承兑汇票，应通过"应付账款"科目核算。（　　）

【答案】×

【解析】企业向外单位开出的银行承兑汇票，通过"应付票据"科目核算。

二、应付账款 ★★★

应付账款是指企业因购买材料、商品或接受劳务供应等经营活动而应付给供应单位的款项。账务处理见表 5-3。

表 5-3　　　　　　　　　　　　　　应付账款的账务处理

情形	账务处理
购入物资但款项尚未支付	借：材料采购 / 在途物资 / 原材料等 　　应交税费——应交增值税（进项税额） 　　贷：应付账款 **名师说** 应付账款的入账价值 = 购买价款 + 增值税税额 + 销货方代垫运杂费等。
接受服务但款项尚未支付	借：生产成本 / 管理费用等 　　应交税费——应交增值税（进项税额） 　　贷：应付账款
外购电力、燃气等动力费用	（1）月初暂付： 借：应付账款 　　应交税费——应交增值税（进项税额） 　　贷：银行存款 （2）月末按用途分配动力费用： 借：生产成本 / 制造费用 / 管理费用等 　　贷：应付账款
偿还应付账款	借：应付账款 　　贷：银行存款 / 应付票据等

续表

情形	账务处理
由于债权单位撤销或豁免等原因，转销无需支付的应付账款	借：应付账款 　　贷：营业外收入

【例 5-12 · 单选题 · 2022】2021 年 8 月 1 日，某企业购入一批原材料并验收入库，取得增值税专用发票注明的价款为 600 000 元，增值税税额为 78 000 元。对方代垫的运费为 12 000 元，增值税专用发票上注明的增值税额为 1 080 元，全部款项尚未支付。不考虑其他因素，该企业确认应付账款的金额为（　　）元。

　　A. 600 000　　　　　　　B. 678 000　　　　　　　C. 612 000　　　　　　　D. 691 080

【答案】D

【解析】该企业确认应付账款的金额 = 600 000+78 000+12 000+1 080 = 691 080（元）。

【例 5-13 · 单选题 · 2018】企业因债权人撤销而转销无法支付的应付账款时，应按所转销的应付账款账面余额计入（　　）。

　　A. 资本公积　　　　　　　　　　　　　B. 营业外收入

　　C. 其他应付款　　　　　　　　　　　　D. 管理费用

【答案】B

【解析】选项 B 正确，企业因债权人撤销或其他原因而转销的无法支付的应付账款，应记入"营业外收入"科目。

【例 5-14 · 判断题 · 2022】企业对于确实无法支付的应付账款按其账面余额计入其他业务收入。　　　　　　　　　　　　　　　　　　　　　　　　　　　　（　　）

【答案】×

【解析】企业确实无法支付的应付账款，应借记"应付账款"科目，贷记"营业外收入"科目。

【例 5-15 · 判断题 · 2021】企业应将因债权单位撤销而无法清偿的应付账款的账面余额计入营业外收入。　　　　　　　　　　　　　　　　　　　　　　　　　　（　　）

【答案】√

【解析】确实无法支付的应付账款予以转销时：

　　借：应付账款

　　　　贷：营业外收入

【例 5-16 · 判断题 · 2019】企业转销无法支付的应付账款时，应按其账面余额冲减管理费用。（　　）

【答案】×

【解析】企业对于确实无法支付的应付账款应予以转销，按其账面余额计入营业外收入，借记"应付账款"科目，贷记"营业外收入"科目，而不是冲减管理费用。

三、预收账款

预收账款是指企业按照合同规定预收的款项。账务处理见表 5-4。

表 5-4 预收账款的账务处理

情形	账务处理
预收款项时	借：银行存款 　　贷：预收账款 　　　　应交税费——应交增值税（销项税额）
确认收入时	借：预收账款 　　贷：主营业务收入/其他业务收入
收到补付款项时	借：银行存款 　　贷：预收账款 　　　　应交税费——应交增值税（销项税额）

预收货款业务不多的企业，**可以不单独设置"预收账款"科目**，其所发生的预收货款，**可通过"应收账款"科目核算**。

【例 5-17 · 判断题 · 2019】预收货款业务不多的企业，可以不单独设置"预收账款"科目，所预收的货款可以通过"应收账款"科目核算。　　　　　　　　　　　　　　（　）

【答案】√

四、合同负债

合同负债是指企业已收或应收客户对价而应向客户转让商品的义务。具体账务处理参见第七章内容。

五、应付利息和应付股利

1. 应付利息

应付利息是指企业按照合同约定应支付的利息，包括预提的短期借款利息、分期付息到期还本的长期借款、企业债券等应支付的利息。财务处理见表 5-5。

表 5-5 应付利息的账务处理

情形	账务处理
计提利息费用时	借：财务费用/在建工程/研发支出等 　　贷：应付利息
实际支付利息时	借：应付利息 　　贷：银行存款

2. 应付股利

应付股利是指企业根据**股东大会或类似机构**审议批准的利润分配方案确定分配给投资者的**现金股利或利润**。账务处理见表 5-6。

表 5-6   应付股利的账务处理

情形	账务处理
企业根据股东大会或类似机构批准的方案确认应发放的现金股利或利润时	借：利润分配——应付现金股利或利润 　　贷：应付股利
企业实际发放现金股利或利润时	借：应付股利 　　贷：银行存款

名师说

（1）**董事会或类似机构**通过利润分配方案时，企业**不作账务处理**，仅在附注中进行披露。

（2）企业实际发放的股票股利不通过"应付股利"科目核算，应直接记入"股本"科目，会计分录为：

借：利润分配——转作股本的股利

　　贷：股本

敲黑板

应付利息和应付股利在考试中通常会以与其他考点结合的方式考查，如短期借款利息的计提、交易性金融资产取得或持有期间发放利息或股利的处理等等；考生主要关注应付利息和应付股利的账务处理即可，同时要注意是股东大会而非董事会批准发放的现金股利而非股票股利，才通过"应付股利"科目核算。

【例 5-18·多选题·2021】下列各项中，企业有关现金股利的会计处理表述正确的有（　　）。

A. 分配现金股利时企业所有者权益减少　　　B. 支付现金股利时企业所有者权益减少

C. 支付现金股利时企业资产减少　　　　　　D. 分配现金股利时企业负债增加

【答案】ACD

【解析】相关会计分录：

分配现金股利时，

借：利润分配等

　　贷：应付股利

　　　　支付现金股利时，

借：应付股利

　　贷：银行存款

【例 5-19·多选题·2020】下列各项中，股份有限公司应通过"应付股利"科目核算的有（　　）。

A. 实际发放现金股利　　　　　　　　　　　B. 实际发放股票股利

C. 宣告发放现金股利　　　　　　　　　　　D. 宣告发放股票股利

【答案】AC

【解析】选项 AC 正确，企业在宣告发放现金股利时，应作会计分录为：

借：利润分配

　　贷：应付股利

在实际发放现金股利时，应作会计分录为：

借：应付股利

　　贷：银行存款

企业在宣告发放股票股利不做账务处理，在实际发放股票股利时应作会计分录如下：

借：利润分配

　　贷：股本

【例 5-20·多选题·2018】下列各项关于"应付利息"科目的表述中，正确的有（　　）。

A.企业开出银行承兑汇票支付银行手续费，应记入"应付利息"科目借方

B."应付利息"科目期末贷方余额反映企业应付未付的利息

C.按照短期借款合同约定计算确认的应付利息，应记入"应付利息"科目借方

D.企业支付已经预提的利息，应记入"应付利息"科目借方

【答案】BD

【解析】选项 A 错误，企业因开出银行承兑汇票而支付银行的承兑汇票手续费，借记"财务费用"科目，贷记"银行存款"科目；选项 C 错误，计算确认的短期借款利息费用，借记"财务费用"科目，贷记"应付利息"科目。

【例 5-21·多选题·2018】下列各项中，不应记入"应付股利"科目的有（　　）。

A.董事会通过的利润分配方案中拟分派的现金股利

B.已实际分派的股票股利

C.已宣告分派但尚未支付的现金股利

D.已宣告分派的股票股利

【答案】ABD

【解析】选项 A，董事会通过的利润分配方案中拟分派的现金股利，无需进行账务处理，只需在附注中披露；选项 B，企业已实际分派的股票股利应通过"股本"科目核算；选项 D，已宣告分派的股票股利不需要进行账务处理，故选项 ABD 符合题意。

【例 5-22·判断题·2022】企业购建固定资产发生的长期借款利息符合资本化条件的，应计入在建工程成本。　　　　　　　　　　　　　　　　　　　　（　　）

【答案】√

【例 5-23·判断题·2021】企业计提的分期付息到期还本的长期借款利息，应通过"应付利息"科目核算。　　　　　　　　　　　　　　　　　　　　　　　　（　　）

【答案】√

【解析】应付利息是指企业按照合同约定应支付的利息，包括预提短期借款利息、分期付息到期还本的长期借款、企业债券等应付的利息。

【例 5-24·判断题·2020】企业董事会通过的利润分配方案中拟分配的现金股利，不需要进行账务处理。　　　　　　　　　　　　　　　　　　　　　　　　　（　　）

【答案】√

【解析】企业董事会或类似机构通过的利润分配方案中拟分配的现金股利或利润，不需要进行账务处理，但应在附注中进行披露。

【例 5-25·判断题·2019】企业根据股东大会或类似机构审议批准的利润分配方案中确认分配的股票股利，应通过"应付股利"科目核算。　　　　　　　　　　　（　　）

【答案】×

【解析】应付股利是指企业根据股东大会或类似机构审议批准的利润分配方案，确定分配给

投资者的现金股利或利润。企业分配的股票股利不通过"应付股利"科目核算。

六、其他应付款★★★

其他应付款是指企业除应付票据、应付账款、预收账款、应付职工薪酬、应交税费、应付利息、应付股利等经营活动以外的其他各项应付、暂收的款项，如应付短期租赁固定资产租金、应付低价值资产租赁的租金、应付租入包装物租金、出租或出借包装物向客户收取的押金、存入保证金等。

🎯 **敲黑板**

考试对该考点的考查主要集中于其他应付款的核算内容上，考生必须牢记通过"其他应付款"科目核算的经济业务事项，如应付短期租赁固定资产租金、应付的租入包装物租金、存入保证金（而非存出保证金）、收取的包装物押金、应付未付的罚款赔款等。

【例 5-26 · 多选题 · 2022】下列各项中，属于企业"其他应付款"科目核算的有（　　）。

A. 应付出借包装物收取的保证金　　　　　B. 应付水电费

C. 应付租入包装物的租金　　　　　　　　D. 应付购买的原材料运费

【答案】AC

【解析】选项 BD 记入"应付账款"科目。

【例 5-27 · 多选题 · 2022】下列各项中，工业企业应通过"其他应付款"科目核算的有（　　）。

A. 应付职工的工资　　　　　　　　　　　B. 应交纳的教育费附加

C. 应付以短期租赁方式租入设备的租金　　D. 应付租入包装物的租金

【答案】CD

【解析】选项 A，计入应付职工薪酬；选项 B，计入应交税费。

【例 5-28 · 判断题 · 2022】专设销售机构固定资产发生的修理费应计入管理费用。（　　）

【答案】×

【解析】专设销售机构固定资产发生的修理费应计入销售费用。

【例 5-29 · 单选题 · 2021】下列各项中，应通过"其他应付款"科目核算的是（　　）。

A. 收到租出包装物的押金　　　　　　　　B. 确认应付的职工福利费

C. 应付采购材料的价款　　　　　　　　　D. 确认应交的教育费附加

【答案】A

【解析】选项 B，通过"应付职工薪酬"科目核算；选项 C，通过"应付账款"科目核算；选项 D，通过"应交税费"科目核算。

【例 5-30 · 单选题 · 2020】下列各项中，应通过"其他应付款"科目核算的是（　　）。

A. 应付存入保证金　　　　　　　　　　　B. 应付供货单位货款

C. 应付职工防暑降温费　　　　　　　　　D. 应付股东现金股利

【答案】A

【解析】选项 A 正确，"其他应付款"科目核算的主要内容有：应付短期租赁固定资产的租金、租入包装物的租金、存入保证金等；选项 B 错误，应付供货单位货款应通过"应付账款"科目核算；选项 C 错误，应付职工防暑降温费应通过"应付职工薪酬"科目核算；选项 D 错误，应付股东现金股利应通过"应付股利"科目核算。

【例5-31·单选题·2019】某企业2019年1月1日以短期租赁方式租入管理用办公设备一批，月租金为2 000元，每季度末一次性支付本季度租金。不考虑其他因素，该企业1月31日计提租入设备租金时，相关会计处理正确的是（　　）。

A. 贷记"应付账款"科目2 000元　　　　B. 贷记"预收账款"科目2 000元

C. 贷记"预付账款"科目2 000元　　　　D. 贷记"其他应付款"科目2 000元

【答案】D

【解析】选项D正确，计提租入设备的租金时，应作会计分录如下：

借：管理费用　　　　　　　　　　　　　　　　　2 000

　　贷：其他应付款　　　　　　　　　　　　　　　　　2 000

【例5-32·单选题·2019】下列各项中，应通过"其他应付款"科目核算的是（　　）。

A. 应付股东的现金股利　　　　　　　　B. 应收取的包装物租金

C. 应付外购工程物资款　　　　　　　　D. 收取的包装物押金

【答案】D

【解析】选项A错误，应付现金股利应记入"应付股利"科目；选项B错误，应收取的包装物租金应记入"其他应收款"科目；选项C错误，应付外购工程物资款应记入"应付账款"科目。

【例5-33·单选题·2018】某企业为增值税一般纳税人，2019年7月1日以短期租赁方式为专设销售机构租入汽车1辆，每月租金为10 000元（不含税），按季在季末支付。9月30日，企业以银行存款支付租金，增值税专用发票上注明的价款为30 000元，增值税税额为3 900元。则2019年9月30日，该企业支付租金的会计处理正确的是（　　）。

A. 借：其他应付款　　　　　　　　　　　　　　　20 000

　　　销售费用　　　　　　　　　　　　　　　　　10 000

　　　应交税费——应交增值税（进项税额）　　　　　3 900

　　　　贷：银行存款　　　　　　　　　　　　　　　　33 900

B. 借：应付账款　　　　　　　　　　　　　　　　30 000

　　　应交税费——应交增值税（进项税额）　　　　　3 900

　　　　贷：银行存款　　　　　　　　　　　　　　　　33 900

C. 借：应付账款　　　　　　　　　　　　　　　　20 000

　　　销售费用　　　　　　　　　　　　　　　　　10 000

　　　应交税费——应交增值税（进项税额）　　　　　3 900

　　　　贷：银行存款　　　　　　　　　　　　　　　　33 900

D. 借：销售费用　　　　　　　　　　　　　　　　30 000

　　　应交税费——应交增值税（进项税额）　　　　　3 900

　　　　贷：银行存款　　　　　　　　　　　　　　　　33 900

【答案】A

【解析】选项A正确，2019年7月30日和8月30日，分别计提应付短期租入固定资产的租金时，应作会计处理如下：

借：销售费用　　　　　　　　　　　　　　　　　10 000

　　贷：其他应付款　　　　　　　　　　　　　　　　10 000

9月30日支付租金和税金时，应作会计处理如下：

```
借：其他应付款                                    20 000
    销售费用                                      10 000
    应交税费——应交增值税（进项税额）              3 900
  贷：银行存款                                            33 900
```

【例 5-34 · 多选题 · 2021】下列各项中，应通过"其他应付款"科目核算的有（ ）。

A. 预先收取的出借包装物押金 B. 应付的租入包装物租金

C. 应付的材料采购运费 D. 应付的短期借款利息

【答案】AB

【解析】选项 C 计入应付账款，选项 D 计入应付利息。

【例 5-35 · 多选题 · 2021】下列各项中，企业应通过"其他应付款"科目核算的有（ ）。

A. 应付职工的生活困难补助 B. 应付供货方的代垫运费

C. 出借包装物收取的押金 D. 应付租入包装物租金

【答案】CD

【解析】选项 A 错误，通过"应付职工薪酬"科目核算；选项 B 错误，通过"应付账款"科目核算。

【例 5-36 · 多选题 · 2019】下列各项中，企业应通过"其他应付款"科目核算的有（ ）。

A. 购进商品时发生的供货方代垫运费

B. 应付的合同违约金

C. 代垫职工家属医药费

D. 存入保证金

【答案】BD

【解析】选项 A 错误，购进商品时供货方代垫的运费应记入"应付账款"科目；选项 C 错误，代垫职工家属医药费应记入"其他应收款"科目。

第三节 应付职工薪酬

一、职工薪酬的内容★★

1. 职工的范畴。

（1）与企业订立劳动合同的所有人员，含全职、兼职和临时职工。

（2）未与企业订立劳动合同，但由企业正式任命的企业治理层和管理层人员，如董事会成员、监事会成员等。

（3）在企业的计划和控制下，虽未与企业订立劳动合同或未由其正式任命，但向企业所提供服务与职工所提供服务类似的人员，如通过企业与劳务中介公司签订用工合同而向企业提供服务的人员。

2. 职工薪酬是指企业为获得职工提供的服务或解除劳动关系而给予的各种形式的报酬或补偿。具体内容见表 5-7。

表 5-7　　　　　　　　　　　　　　　　职工薪酬分类及内容

分类		内　容
短期薪酬（12 个月内需要全部支付）		（1）职工工资、奖金、津贴和补贴； （2）职工福利费； （3）医疗保险费、工伤保险费等社会保险费； （4）住房公积金； （5）工会经费和职工教育经费； （6）短期带薪缺勤，包括年休假、病假、婚假、产假、丧假、探亲假等； （7）短期利润分享计划； （8）其他短期薪酬
长期薪酬	离职后福利	（1）设定提存计划，是指向独立的基金缴存固定费用后，企业不再承担进一步支付义务的离职后的福利计划； （2）设定受益计划，是指除设定提存计划以外的离职后福利计划
	辞退福利	在职工劳动合同到期之前解除与职工的劳动关系，或者为鼓励职工自愿接受裁减而给予职工的补偿
	其他长期职工福利	除短期薪酬、离职后福利和辞退福利之外的其他职工薪酬，如长期带薪缺勤、长期残疾福利、长期利润分享计划

名师说

　　企业提供给职工配偶、子女、受赡养人、已故员工遗属及其他受益人等的福利，也属于职工薪酬。

【例 5-37 · 单选题 · 2022】下列各项中，属于长期职工薪酬的是（　　）。

A. 职工教育经费　　　　　　　　　　B. 离职后福利

C. 职工生活困难补助　　　　　　　　D. 工会经费

【答案】B

【解析】选项 ACD 属于短期职工薪酬。

【例 5-38 · 多选题 · 2022】下列各项中，企业通过"应付职工薪酬"科目借方核算的有（　　）。

A. 以自产的产品发放非货币性福利

B. 确认因解除与职工劳动关系应给予的补偿

C. 缴存应由企业负担的职工基本养老保险费

D. 支付应由企业负担的职工继续教育培训费

【答案】ACD

【解析】选项 A：借记"应付职工薪酬"科目，贷记"主营业务收入"等科目；选项 B：借记"管理费用"科目，贷记"应付职工薪酬"科目；选项 CD：借记"应付职工薪酬"科目，贷记"银行存款"等科目。

【例 5-39 · 多选题 · 2021】下列各项中，属于短期薪酬的有（　　）。

A. 提前解除劳动合同给予职工的补偿　　B. 按规定计提的基本养老保险

C. 按规定计提的住房公积金　　　　　　D. 向职工发放的生活困难补助

【答案】CD

【解析】选项 A 错误，属于辞退福利，选项 B 错误，属于离职后福利。

【例 5-40·多选题·2020】下列各项中，属于企业"应付职工薪酬"科目核算内容的有（　　）。

A. 已订立劳动合同的临时职工的工资

B. 正式任命并聘请的董事会成员的薪酬

C. 与劳务中介公司签订合同而向企业提供服务的人员工资

D. 已订立劳动合同的全职职工的奖金

【答案】ABCD

【解析】选项 ABCD 表述均正确，"职工"主要包括三类人员：一是与企业订立劳动合同的所有人员，含全职、兼职和临时工；二是未与企业订立劳动合同，但由企业正式任命的企业治理层和管理层人员，如董事会成员、监事会成员等；三是在企业的计划和控制下，虽未与企业订立劳动合同或未由其正式任命，但向企业所提供服务与职工所提供服务类似的人员，也属于职工的范畴，包括通过企业与劳务中介公司签订用工合同而向企业提供服务的人员。

【例 5-41·多选题·2020】下列各项中，应通过"应付职工薪酬"科目核算的有（　　）。

A. 职工教育经费　　　B. 工会经费　　　C. 职工住房公积金　　　D. 职工医疗保险费

【答案】ABCD

【解析】"应付职工薪酬"科目应按照"工资、奖金、津贴和补贴""职工福利费""非货币性福利""社会保险费"（选项 D）"住房公积金"（选项 C）"工会经费和职工教育经费"（选项 AB）"带薪缺勤""利润分享计划""设定提存计划""设定受益计划""辞退福利"等职工薪酬项目设置明细账进行明细核算。

【例 5-42·多选题·2020】下列各项中，应通过"应付职工薪酬"科目核算的有（　　）。

A. 因解除劳动关系而给予职工的现金补偿　　　B. 向职工提供的异地安家费

C. 按规定计提的职工教育经费　　　D. 支付给临时员工的工资

【答案】ABCD

【解析】选项 ABCD 均正确。

【例 5-43·单选题·2019】下列各项中，不属于企业职工薪酬组成内容的是（　　）。

A. 为职工代扣代缴的个人所得税

B. 根据设定提存计划计提应向单独主体缴存的提存金

C. 为鼓励职工自愿接受裁减而给予职工的补偿

D. 按国家规定标准提取的职工教育经费

【答案】A

【解析】本题建议用排除法解答，选项 BCD 分别属于离职后福利、辞退福利和短期薪酬，均属于企业职工薪酬的组成内容，故选项 A 符合题意。另一方面，企业代扣代缴的个人所得税本质上是员工个人缴纳而非企业承担的部分，故不属于企业职工薪酬的组成内容。

【例 5-44·单选题·2018】下列各项中，不属于企业职工薪酬的是（　　）。

A. 为职工缴纳的医疗保险　　　B. 为职工缴存的住房公积金

C. 为职工报销因公差旅费　　　D. 支付职工技能培训费

【答案】C

【解析】医疗保险归属于社会保险费，职工技能培训费归属于职工教育经费，这两项和住房公积金均属于短期薪酬包括的内容，属于职工薪酬，故选项 ABD 不符合题意。

【例5-45·多选题·2018】下列各项中，属于"应付职工薪酬"科目核算内容的有（　　）。

A. 正式任命并聘请的独立董事津贴　　B. 已订立劳动合同的全职职工的奖金

C. 已订立劳动合同的临时职工的工资　D. 向住房公积金管理机构缴存的住房公积金

【答案】ABCD

【解析】选项ABCD均正确。

【例5-46·多选题·2018】下列各项中，企业应通过"应付职工薪酬"科目核算的有（　　）。

A. 支付给职工的生活困难补助　　　　B. 为职工缴存的养老保险费

C. 为职工支付的业务培训费用　　　　D. 支付为企业高管人员提供免费住房的房租

【答案】ABCD

【解析】选项ABCD均正确。

【例5-47·判断题·2020】因解除与职工的劳动关系给予的补偿，属于企业短期薪酬核算范围。（　　）

【答案】×

【解析】因解除与职工的劳动关系给予的补偿属于辞退福利。

【例5-48·判断题·2022年真题改编】企业提前解除劳动合同给予职工解除劳动关系的补偿，应通过"应付职工薪酬——辞退福利"科目核算。　　　　　　　（　　）

【答案】√

【解析】相关处理如下：

借：管理费用

　　贷：应付职工薪酬——辞退福利

二、货币性职工薪酬★★★

企业应设置"应付职工薪酬"科目，核算应付职工薪酬的计提、结算、使用等情况：贷方登记已分配计入有关成本费用项目的职工薪酬，借方登记实际发放的职工薪酬，包括扣还的款项等；期末余额在贷方，反映企业应付未付的职工薪酬。相关账务处理见表5-8。

表5-8　　　　　　　　　　　　货币性职工薪酬的账务处理

短期薪酬	计提时	实际发放（使用）时
职工工资、奖金、津贴和补贴	借：管理费用/生产成本/制造费用/在建工程等 　　贷：应付职工薪酬——工资	借：应付职工薪酬——工资【应付工资】 　　贷：银行存款【实付工资】 　　　　其他应收款【代垫款项，如企业代垫的职工房租、医药费等】 　　　　应交税费——应交个人所得税【代扣职工的个人所得税】
职工福利费	借：管理费用/生产成本/制造费用/在建工程等 　　贷：应付职工薪酬——职工福利费	借：应付职工薪酬——职工福利费 　　贷：银行存款
工会经费和职工教育经费	借：管理费用/生产成本/制造费用/在建工程等 　　贷：应付职工薪酬——工会经费 　　　　　　　——职工教育经费	借：应付职工薪酬——工会经费 　　　　　　　——职工教育经费 　　贷：银行存款

续表

短期薪酬	计提时	实际发放（使用）时
社会保险费（除基本养老费、失业保险费之外）和住房公积金	（1）企业按照国家规定的标准统一计提： 借：管理费用／生产成本／制造费用／在建工程等 　　贷：应付职工薪酬——社会保险费 　　　　　　　　——住房公积金 （2）代扣代缴职工个人承担部分： 借：应付职工薪酬——社会保险费（或住房公积金） 　　贷：其他应付款——社会保险费（或住房公积金）	借：应付职工薪酬——社会保险费（或住房公积金）【企业承担部分】 　　其他应付款——社会保险费（或住房公积金）【职工承担部分】 　　贷：银行存款
累积带薪缺勤	（1）计提本年度的带薪缺勤权利： 借：管理费用／生产成本／制造费用／在建工程等 　　贷：应付职工薪酬——带薪缺勤——短期带薪缺勤——累积带薪缺勤	借：应付职工薪酬——带薪缺勤——短期带薪缺勤——非累积带薪缺勤 　　贷：银行存款
非累积带薪缺勤（如婚假、产假、丧假、探亲假、病假等）	（1）带薪缺勤权利不能结转下期。 （2）由于职工提供服务本身不能增加其能够享受的福利金额，企业在职工未缺勤时不计提相关费用和负债	（1）在职工实际发生缺勤的会计期间确认与非累积带薪缺勤相关的职工薪酬。 （2）通常情况下，与非累积带薪缺勤相关的职工薪酬已经包括在企业每期向职工发放的工资等薪酬中，因此，不必额外作相应的账务处理

【例 5-49·判断题·2022】专设销售机构固定资产发生的修理费应计入管理费用。（　　）

【答案】×

【解析】专设销售机构固定资产发生的修理费应计入销售费用。

【例 5-50·单选题·2021】下列各项中，企业行政管理部门负担的工会经费应记入的会计科目是（　　）。

A. 制造费用

B. 管理费用

C. 销售费用

D. 财务费用

【答案】B

【解析】企业行政管理部门负担的工会经费应记入管理费用。

【例 5-51·单选题·2020】下列各项中，企业根据本月"工资费用分配汇总表"分配所列财务部门人员薪酬时，应借记的会计科目是（　　）。

A. 主营业务成本

B. 管理费用

C. 其他业务成本

D. 财务费用

【答案】B

【解析】选项 B 正确，企业财务部门人员的薪酬记入"管理费用"科目。

【例 5-52·单选题·2019】下列各项中，企业应记入"应付职工薪酬"科目贷方的是（　　）。

A. 支付职工的培训费

B. 发放职工工资

C. 确认因解除与职工劳动关系而给予的补偿

D. 缴存职工基本养老保险费

【答案】C

【解析】选项 A 错误，支付职工的培训费的会计分录如下：

借：应付职工薪酬

　　　贷：银行存款

选项 BD 错误，发放职工工资和缴存职工基本养老保险费的会计分录如下：

借：应付职工薪酬

　　　贷：银行存款等

选项 C 正确，确认因解除与职工劳动关系而给予补偿的会计分录如下：

借：管理费用

　　　贷：应付职工薪酬

【例 5-53·单选题·2019】2018 年 7 月 31 日，某企业确认本月应发放生产车间职工的降温补贴 11 500 元，其中，车间生产工人 8 500 元，车间管理人员 3 000 元，全部款项将于发放职工工资时支付。下列各项会计处理中，正确的是（　　）。

A. 借：生产成本　　　　　　　　　　　　　　8 500

　　　管理费用　　　　　　　　　　　　　　3 000

　　　　　贷：其他应付款　　　　　　　　　　　　　　11 500

B. 借：生产成本　　　　　　　　　　　　　　8 500

　　　制造费用　　　　　　　　　　　　　　3 000

　　　　　贷：其他应付款　　　　　　　　　　　　　　11 500

C. 借：生产成本　　　　　　　　　　　　　　8 500

　　　管理费用　　　　　　　　　　　　　　3 000

　　　　　贷：应付职工薪酬——职工福利费　　　　　　11 500

D. 借：生产成本　　　　　　　　　　　　　　8 500

　　　制造费用　　　　　　　　　　　　　　3 000

　　　　　贷：应付职工薪酬——职工福利费　　　　　　11 500

【答案】D

【解析】选项 D 正确，对于职工福利费，企业应当在实际发生时根据实际发生额计入当期损益或相关资产成本，车间生产工人补贴借记"生产成本"科目，车间管理人员补贴借记"制造费用"科目，贷记"应付职工薪酬——职工福利费"科目。

【例 5-54·单选题·2022 年真题改编】某企业结算本月的应付职工薪酬，按税法规定应代扣代缴的职工个人所得税为 8 000 元。下列各项关于企业代扣个人所得税的会计处理中，正确的是（　　）。

A. 借：应付职工薪酬　　　　　　　　　　　　8 000

　　　　　贷：应交税费——应交个人所得税　　　　　　8 000

B. 借：应付职工薪酬　　　　　　　　　　　　8 000

　　　　　贷：其他应付款　　　　　　　　　　　　　　8 000

C. 借：其他应付款　　　　　　　　　　　　　8 000

　　　　　贷：应付职工薪酬　　　　　　　　　　　　　8 000

D. 借：应交税费——应交个人所得税 8 000

　　贷：应付职工薪酬 8 000

【答案】A

【解析】选项A正确，企业代扣个人所得税时：

借：应付职工薪酬 8 000

　　贷：应交税费——应交个人所得税 8 000

【例5-55·多选题·2021】下列各项中，企业分配职工薪酬时应计入当期损益的有（　　）

A. 专设销售机构人员薪酬

B. 自营工程施工人员薪酬

C. 行政管理人员薪酬

D. 基本生产车间管理人员薪酬

【答案】AC

【解析】选项A正确，计入销售费用；选项B错误，计入在建工程；选项C正确，计入管理费用；选项D错误，计入制造费用。属于当期损益的是选项A和C。

【例5-56·判断题·2021】职工离职时，其在职期间尚未用完的非累积带薪缺勤权利应获得企业现金补偿。（　　）

【答案】×

【解析】非累积带薪缺勤，是指带薪权利不能结转下期的带薪缺勤，本期尚未用完的带薪缺勤权利将予以取消，并且职工离开企业时也无权获得现金支付。

【例5-57·判断题·2021】企业代扣代缴的个人所得税，应通过"其他应付款"科目核算。

（　　）

【答案】×

【解析】代扣个人所得税：

借：应付职工薪酬

　　贷：应交税费——应交个人所得税

交纳个人所得税：

借：应交税费——应交个人所得税

　　贷：银行存款

【例5-58·判断题·2019】某企业职工张某经批准休探亲假5天，根据企业规定确认为非累积带薪缺勤，该企业应当在其休假期间确认与非累积带薪缺勤相关的职工薪酬。（　　）

【答案】√

【例5-59·判断题·2018】企业应在职工实际发生缺勤的会计期间，确认与非累积带薪缺勤相关的应付职工薪酬。（　　）

【答案】√

【例5-60·判断题·2017】企业在职工提供了服务从而增加了其未来享有的带薪缺勤权利时，确认与非累积带薪缺勤相关的职工薪酬。（　　）

【答案】×

【解析】企业应当在职工提供了服务从而增加了其未来享有的带薪缺勤权利时，确认与累积带薪缺勤相关的职工薪酬。

三、非货币性职工薪酬 ★★★

表 5-9　　　　　　　　　　　　　　　　非货币性职工薪酬的账务处理

情形	账务处理
企业将自产产品发放给职工作为福利	（1）决定发放时： 借：生产成本/管理费用/销售费用等 　　贷：应付职工薪酬——非货币性福利【产品公允价值＋增值税销项税额】 （2）实际发放时确认收入并结转成本： 借：应付职工薪酬——非货币性福利 　　贷：主营业务收入【产品公允价值】 　　　　应交税费——应交增值税（销项税额） 借：主营业务成本【产品账面价值】 　　贷：库存商品
企业将自有房屋无偿提供给职工使用	（1）根据受益对象确认应付职工薪酬： 借：生产成本/管理费用/销售费用等 　　贷：应付职工薪酬——非货币性福利【计提折旧金额】 （2）计提折旧： 借：应付职工薪酬——非货币性福利 　　贷：累计折旧
企业将租赁房屋无偿提供给职工使用	（1）根据受益对象确认应付职工薪酬： 借：生产成本/管理费用/销售费用等 　　贷：应付职工薪酬——非货币性福利【支付的租金】 （2）支付房租时： 借：应付职工薪酬——非货币性福利 　　贷：银行存款

🎯 **敲黑板**

考生熟练掌握企业将自产产品无偿发放给职工时应做的账务处理，该情形下**应视同销售**，按照产品的市场售价（公允价值而非账面价值）及相关的增值税税额记入"应付职工薪酬"科目中，并在实际发放时确认收入并结转成本。

【例 5-61·单选题·2021】某企业将自产的一批产品作为非货币性福利发给车间的生产工人，该批产品不含税售价为 50 000 元，适用的增值税税率为 13%，成本为 35 000 元，下列各项中，发放该项非货币性福利应计入生产成本的金额为（　　）元。

A. 41 500　　　　　　B. 35 000　　　　　　C. 56 500　　　　　　D. 50 000

【答案】C

【解析】选项 C 正确，相关会计分录如下：

借：生产成本　　　　　　　　　　　56 500（50 000＋50 000×13%）

　　贷：应付职工薪酬　　　　　　　　　56 500

【例 5-62·单选题·2019】某家电生产企业，2020 年 1 月以其生产的每台成本为 800 元的微波炉作为非货币性福利发放给职工，发放数量为 100 台，该型号的微波炉不含增值税的市场售价为 1 000 元，适用的增值税税率为 13%。不考虑其他因素，该企业确认职工薪酬的金额应为（　　）元。

A. 90 400   B. 80 000   C. 100 000   D. 113 000

【答案】D

【解析】选项D正确，该事项相关的会计分录如下：

借：生产成本等   113 000
　　贷：应付职工薪酬   113 000
借：应付职工薪酬   113 000
　　贷：主营业务收入   100 000
　　　　应交税费——应交增值税（销项税额）   13 000
借：主营业务成本   80 000
　　贷：库存商品   80 000

【例5-63·单选题·2018】某纺织业企业为增值税一般纳税人，适用的增值税税率为13%。该企业以其生产的服装作为福利发放给100名生产车间管理人员，每人一套，每套服装不含税售价为350元，成本为280元。不考虑其他因素，下列各项关于非货币性福利的会计处理结果中，错误的是（　　）。

A. 确认制造费用39 550元   B. 确认应付职工薪酬39 550元

C. 确认主营业务收入28 000元   D. 确认增值税销项税额4 550元

【答案】C

【解析】选项C表述错误，当选。

相关会计处理如下：

确认时：

借：制造费用   39 550
　　贷：应付职工薪酬——非货币性福利   39 550［350×100×（1+13%）］

实际发放时：

借：应付职工薪酬——非货币性福利   39 550
　　贷：主营业务收入   35 000
　　　　应交税费——应交增值税（销项税额）   4 550
借：主营业务成本   28 000（280×100）
　　贷：库存商品   28 000

【例5-64·单选题·2017】关于企业以自产产品作为福利发放给职工，下列各项会计处理中，不正确的是（　　）。

A. 按产品的账面价值确认主营业务成本

B. 按产品的公允价值确认主营业务收入

C. 按产品的账面价值加上增值税销项税额确认应付职工薪酬

D. 按产品的公允价值加上增值税销项税额确认应付职工薪酬

【答案】C

【解析】选项ABD正确，确认时的会计分录为：

借：管理费用等
　　贷：应付职工薪酬——非货币性福利【公允价值+增值税销项税额】

发放时的会计分录为：

借：应付职工薪酬——非货币性福利

贷：主营业务收入【公允价值】

　　应交税费——应交增值税（销项税额）【公允价值×增值税税率】

借：主营业务成本【账面价值】

　　贷：库存商品

【例 5-65·单选题·2017】企业将自有房屋无偿提供给本企业行政管理人员使用，下列各项关于计提房屋折旧的会计处理表述中，正确的是（　　）。

A. 借记"其他业务成本"科目，贷记"累计折旧"科目

B. 借记"其他应收款"科目，贷记"累计折旧"科目

C. 借记"营业外支出"科目，贷记"累计折旧"科目

D. 借记"管理费用"科目，贷记"应付职工薪酬"科目，同时借记"应付职工薪酬"科目，贷记"累计折旧"科目

【答案】D

【解析】选项 D 正确，企业将自有房屋无偿提供给本企业行政管理人员使用时：

借：管理费用

　　贷：应付职工薪酬

借：应付职工薪酬

　　贷：累计折旧

【例 5-66·多选题·2020】下列各项关于企业非货币性职工薪酬的会计处理中，正确的有（　　）。

A. 难以认定受益对象的非货币性福利，应当直接计入当期损益

B. 企业自有汽车供高级管理人员无偿使用，应当将每期折旧计入管理费用

C. 企业以自产产品作为非货币性福利发放给销售人员，应当按照产品的实际成本计入销售费用

D. 企业将自有房屋无偿提供给生产工人使用，应当按照该住房的公允价值计入生产成本

【答案】AB

【解析】选项 C 错误，企业以其自产产品作为非货币性福利发放给销售人员，应当按照该产品的市场价值加上增值税销项税额计入销售费用；选项 D 错误，企业将拥有的房屋无偿提供给生产工人使用，应当按照该住房每期应计提的折旧额计入生产成本。

【例 5-67·多选题·2019】某企业为增值税一般纳税人，2019 年 12 月该企业将 500 台自产加湿器作为福利发放给基本生产车间工人，每台成本为 100 元，不含税市场售价为 200 元，适用的增值税税率为 13%。不考虑其他因素，下列各项关于该项经济业务的相关会计处理中，正确的有（　　）。

A. 借记"生产成本"科目 113 000 元

B. 借记"主营业务成本"科目 50 000 元

C. 贷记"应付职工薪酬"科目 100 000 元

D. 贷记"应交税费——应交增值税（销项税额）"科目 13 000 元

【答案】ABD

【解析】选项 ABD 正确，企业将自产产品用于职工福利时，确认应付职工薪酬的金额为含税的公允价值，相关会计处理如下：

借：生产成本　　　　　　　　　　　　　　　　　113 000

　　贷：应付职工薪酬　　　　　　　　　　　　　　　113 000

借：应付职工薪酬　　　　　　　　　　　　　　　113 000

	贷：主营业务收入	100 000（200×500）
	应交税费——应交增值税（销项税额）	13 000
借：	主营业务成本	50 000（100×500）
	贷：库存商品	50 000

【例 5-68 · 判断题 · 2020】企业确认非货币性福利时，对于难以认定受益对象的非货币性福利，直接计入当期损益和应付职工薪酬。 （ ）

【答案】√

四、离职后的福利（设定提存计划）

对于设定提存计划（养老保险等），企业应当根据在资产负债表日为换取职工在会计期间提供的服务而应向单独主体缴存的提存金，确认为应付职工薪酬，并计入当期损益或相关资产成本，相关账务处理如下：

借：生产成本 / 制造费用 / 管理费用 / 销售费用

 贷：应付职工薪酬——设定提存计划

【例 5-69 · 单选题 · 2017】某企业计提生产车间管理人员基本养老保险费 120 000 元。下列各项关于该事项的会计处理中，正确的是（ ）。

A. 借：管理费用   120 000
  贷：应付职工薪酬——设定提存计划——基本养老保险费   120 000

B. 借：制造费用   120 000
  贷：应付职工薪酬——设定提存计划——基本养老保险费   120 000

C. 借：制造费用   120 000
  贷：银行存款   120 000

D. 借：制造费用   120 000
  贷：其他应付款   120 000

【答案】B

【解析】选项 B 正确，基本养老保险费属于"应付职工薪酬——设定提存计划"科目的核算内容；生产车间管理人员间接参与产品生产，其发生的养老保险费应记入"制造费用"科目。

五、辞退福利

企业向职工提供辞退福利的，应当在"企业不能单方面撤回因解除劳动关系或裁减所提供的辞退福利时"和"企业确认涉及支付辞退福利的重组相关的成本或费用时"**两者孰早日**，确认辞退福利产生的职工薪酬负债，并计入当期损益，借记"管理费用"科目，贷记"应付职工薪酬——辞退福利"科目。

六、其他长期职工福利

企业向职工提供的其他长期职工福利，符合设定提存计划条件的，应当按照设定提存计划的有关规定进行会计处理；符合设定受益计划条件的，应当按照设定受益计划的有关规定进行会计处理。

长期残疾福利水平取决于职工提供服务期间长短的，企业应在职工提供服务的期间确认应付长期残疾福利义务，计量时应当考虑长期残疾福利支付的可能性和预期支付的期限；与职工提供服务期间长短无关的，企业应当在导致职工长期残疾的事件发生的当期确认应付长期残疾福利。

第四节　应交税费

一、应交税费概述

企业应通过"应交税费"科目，核算各种税费的应交、交纳等情况。

"应交税费"科目核算如增值税、消费税、城市维护建设税、资源税、企业所得税、土地增值税、房产税、车船税、城镇土地使用税、教育费附加等税金，企业代扣代交的个人所得税，也通过"应交税费"科目核算。

名师说

企业交纳的耕地占用税、印花税、车辆购置税、契税、进口关税不通过"应交税费"科目核算。

【例5-70·单选题·2022】企业自产自销应税矿产品应交的资源税，应计入（　　）。

A. 税金及附加　　　　　　　　　B. 生产成本

C. 主营业务成本　　　　　　　　D. 销售费用

【答案】A

【解析】企业对外销售应税矿产品应交纳的资源税应记入"税金及附加"科目，借记"税金及附加"科目，贷记"应交税费——应交资源税"科目。

【例5-71·单选题·2021】下列各项中，应通过"应交税费"科目核算的是（　　）。

A. 一般纳税人进口商品交纳的关税　　B. 占用耕地交纳的耕地占用税

C. 购买印花税票交纳的印花税　　　　D. 销售应税消费品交纳的消费税

【答案】D

【解析】选项A计入进口商品成本，选项B、C不需要预计应交数，不通过"应交税费"科目核算。

【例5-72·单选题·2020】下列各项中，企业按税法规定代扣个人所得税，应借记的会计科目是（　　）。

A. 财务费用　　　　B. 税金及附加　　　　C. 管理费用　　　　D. 应付职工薪酬

【答案】D

【解析】选项D正确，代扣个人所得税时，企业应作会计分录如下：

借：应付职工薪酬

　　贷：应交税费——应交个人所得税

【例5-73·单选题·2018】下列各项中，不通过"应交税费"核算的是（　　）。

A. 应交的城市维护建设税　　　　B. 应交的增值税

C. 应交的房产税　　　　　　　　D. 应交的耕地占用税

【答案】D

【解析】选项 D 正确，耕地占用税直接计入土地成本，不通过"应交税费"科目核算。

【例 5-74·多选题·2021】下列各项中，应通过"应交税费"科目核算的有（　　）。

A. 开立并使用账簿交纳的印花税

B. 开采矿产品应交的资源税

C. 销售应税消费品应交的消费税

D. 发放职工薪酬代扣代缴的个人所得税

【答案】BCD

【解析】印花税不需要预计应交数，不通过"应交税费"科目核算，相关账务处理为：

借：税金及附加

　　贷：银行存款

【例 5-75·多选题·2020】下列各项中，应列入企业资产负债表"应交税费"项目的有（　　）。

A."应交税费——应交消费税"科目期末贷方余额

B."应交税费——应交资源税"科目期末贷方余额

C."应交税费——应交车船税"科目期末贷方余额

D."应交税费——应交个人所得税"科目期末借方余额

【答案】ABCD

【解析】"应交税费"项目，反映企业按照税法规定计算应交纳的各种税费，包括增值税、消费税、城市维护建设税、教育费附加、企业所得税、资源税、土地增值税、房产税、城镇土地使用税、车船税等。企业代扣代缴的个人所得税，也通过本项目列示，故选项 ABCD 表述均正确。

【例 5-76·多选题·2022】下列各项中，通过"应交税费"科目核算的有（　　）。

A. 交纳的印花税

B. 代扣的职工个人所得税

C. 按规定应交纳的土地增值税

D. 按规定应交纳的城市维护建设税

【答案】BCD

【解析】（1）选项 A 的账务处理为：

借：税金及附加

　　贷：银行存款

（2）选项 B 的账务处理为：

借：应付职工薪酬

　　贷：应交税费——应交个人所得税

（3）选项 C 的账务处理为：

借：税金及附加等

　　贷：应交税费——应交土地增值税

（4）选项 D 的账务处理为：

借：税金及附加

　　贷：应交税费——应交城市维护建设税

【例 5-77·多选题·2018】下列关于"应交税费"科目表述中，正确的有（　　）。

A.借方登记实际交纳的税费

B.贷方登记应交纳的税费

C.期末余额一般在贷方，反映企业尚未交纳的税费

D.不可能出现借方余额

【答案】ABC

【解析】选项D错误，"应交税费"科目的借方余额，反映企业多交或尚未抵扣的税费。

二、应交增值税★★★

1.增值税的征税范围

（1）在我国境内销售货物、加工修理修配劳务、服务（交通运输服务、建筑服务、邮政服务、电信服务、金融服务、现代服务和生活服务）、无形资产和不动产以及进口货物的企业、单位和个人为增值税的纳税人。（2）根据经营规模大小及会计核算水平的健全程度，增值税纳税人分为**一般纳税人和小规模纳税人**。

2.增值税的计税方法

（1）一般计税方法。其计算公式如下：

应纳税额 = 当期销项税额 − 当期准予抵扣的进项税额

$$当期销项税额 = 不含增值税的销售额 \times 增值税税率 = \frac{含增值税的销售额}{1+增值税税率} \times 增值税税率$$

其中，**进项税额**是指纳税人**购进**货物、加工修理修配劳务、服务、无形资产或者不动产，支付或者负担的增值税税额。准予抵扣的进项税额有：①从销售方取得的增值税专用发票（含税控机动车销售统一发票）上注明的增值税税额；②从海关取得的海关进口增值税专用缴款书上注明的增值税税额；③购进农产品，按照农产品收购发票或者销售发票上注明的农产品买价和扣除率计算的进项税额；④从境外单位或者个人购进服务、无形资产或者不动产，从税务机关或者扣缴义务人取得的解缴税款的完税凭证上注明的增值税税额；⑤一般纳税人支付的道路、桥、闸通行费，凭取得的通行费发票上注明的收费金额和规定的方法计算的可抵扣的增值税进项税额。

> **名师说**
>
> 当期进项税额高于销项税额，超过部分可以结转下期继续抵扣。

根据销售货物的不同，增值税税率分为13%、9%、6%和零税率。

（2）简易计税方法。其计算公式如下：

$$应纳税额 = 不含增值税的销售额 \times 征收率 = \frac{含增值税的销售额}{1+征收率} \times 征收率$$

采用简易计税方式的增值税征收率为3%，国家另有规定的除外。

3.一般纳税人的账务处理

为了核算企业应交增值税的发生、抵扣、交纳、退税及转出等情况，增值税一般纳税人应当在"应交税费"科目下设置"应交增值税""未交增值税""预交增值税""待抵扣进项税额""待认证进项税额""待转销项税额""增值税留抵税额""简易计税""转让金融商品应交增值税""代扣代交增值税"等明细科目。明细科目的核算内容见表5-10。

表 5-10　　　　　　　　　　　　　　　　　一般纳税人的账务处理

一级科目	二级科目	核算内容
应交税费	应交增值税	具体见表 3-11
	未交增值税	当月应交未交、多交或预交的增值税税额，以及当月交纳以前期间未交的增值税税额
	预交增值税	应当预交的增值税额
	待抵扣进项税额	已取得增值税扣税凭证并经税务机关认证，准予以后期间抵扣的进项税额
	待认证进项税额	未经税务机关认证而不得从当期销项税额中抵扣的进项税额
	待转销项税额	已确认相关收入（或利得）但尚未发生增值税纳税义务，需于以后期间确认为销项税额的增值税税额
	增值税留抵税额	不得从销项税额中抵扣的增值税留抵税额
	简易计税	一般纳税人采用简易计税方法发生的增值税计提、扣减、预缴、缴纳等业务
	转让金融商品应交增值税	转让金融商品发生的增值税税额
	代扣代缴增值税	购进在境内未设经营机构的境外单位或个人在境内的应税行为而代扣代缴的增值税

其中，"应交税费"下设二级科目"应交增值税"科目的核算内容见表 5-11。

表 5-11　　　　　　　　　　　　　　　　　应交增值税的核算内容

一级及二级科目	三级科目	核算内容
应交税费——应交增值税	进项税额	准予从当期销项税额中抵扣的增值税税额
	销项税额抵减	因扣减销售额而减少的销项税额
	已交税金	当月已交纳的应交增值税税额
	转出未交增值税	转出当月应交未交增值税税额
	转出多交增值税	转出当月多交的增值税税额
	减免税款	准予减免的增值税税额
	出口抵减内销产品应纳税额	实行"免、抵、退"办法的一般纳税人按规定计算的出口货物的进项税抵减内销产品的应纳税额
	销项税额	销售货物、加工修理修配劳务、服务、无形资产或不动产应收取的增值税税额
	出口退税	出口货物、加工修理修配劳务、服务、无形资产按规定退回的增值税税额
	进项税额转出	发生非正常损失以及其他原因而不应当从销项税额中抵扣、按规定转出的进项税额

相关的账务处理见表 5-12。

表 5-12　　　　　　　　　　　　　　　　应交增值税的账务处理

情形	账务处理
购进货物、加工修理费修配劳务、服务、无形资产或者不动产	借：原材料 / 固定资产 / 管理费用等 　　应交税费——应交增值税（进项税额）【可抵扣且已认证】 　　应交税费——待认证进项税额【可抵扣但未认证】 　贷：应付账款 / 银行存款等
购进的货物已验收入库，但尚未收到增值税扣税凭证并未付款	（1）当月月末按暂估价值入账： 　　借：原材料等【暂估价值】 　　　贷：应付账款 （2）下月初用红字冲回： 　　借：原材料等 　　　贷：应付账款 （3）待取得相关增值税扣税凭证并经认证后： 　　借：原材料等 　　　应交税费——应交增值税（进项税额） 　　　贷：银行存款等
已单独确认进项税额，但事后改变用途、或发生非正常损失时，应将进项税额转出	将原已计入进项税额、待抵扣进项税额或待认证进项税额，予以转出，不得从销项税额中抵扣 借：待处理财产损溢【发生非正常损失】 　　应付职工薪酬等【转用于集体福利】 　贷：原材料等 　　　应交税费——应交增值税（进项税额转出）
一般纳税人将购进的货物等用于简易计税项目、免征增值税项目、集体福利或个人消费等，增值税进项税额不得从销项税额中抵扣	（1）购入且取得增值税专用发票时： 　　借：应交税费——待认证进项税额 　　　贷：银行存款等 （2）将税务机关认证为不可抵扣的增值税进项税额时： 　　借：应交税费——应交增值税（进项税额） 　　　贷：应交税费——待认证进项税额 （3）将进项税额按受益对象计入资产成本或当期损益： 　　借：原材料 / 固定资产 / 管理费用等 　　　贷：应交税费——应交增值税（进项税额转出）
企业销售货物、加工修理修配劳务、服务、无形资产或不动产	借：应收账款等 　贷：主营业务收入 / 其他业务收入 　　　应交税费——应交增值税（销项税额）
企业将自产或委托加工的货物用于集体福利或个人消费、作为投资提供给其他单位或个体工商户、分配给股东或投资者、对外捐赠等视同销售	确认收入并结转成本： 借：长期股权投资 / 应付职工薪酬 / 利润分配等 　贷：主营业务收入 / 其他业务收入 　　　应交税费——应交增值税（销项税额） 借：主营业务成本 / 其他业务成本 　贷：库存商品 / 原材料

续表

情形	账务处理
交纳增值税	借：应交税费——应交增值税（已交税金）【交纳当月应交的增值税】 　　应交税费——未交增值税【交纳以前期间未交的增值税】 　贷：银行存款
月末转出当月应交未交的增值税	借：应交税费——应交增值税（转出未交增值税） 　贷：应交税费——未交增值税
月末转出当月多交的增值税	借：应交税费——未交增值税 　贷：应交税费——应交增值税（转出多交增值税）

4.小规模纳税人的账务处理

小规模纳税人核算增值税采用简化的方法，即购进货物、应税服务或应税行为，**增值税进项税额，一律不予抵扣，直接计入相关成本费用**；小规模纳税人**销**售货物、应税服务或应税行为时，按照不含税的销售额和规定的增值税征收率计算应交纳的增值税（即应纳税额）。

小规模纳税人应当设置"应交税费——应交增值税"科目，相关账务处理见表5-13。

表5-13　　　　　　　　　　　　　　　　小规模纳税人的账务处理

情形	账务处理
购进货物时	借：材料采购/在途物资【实际支付的包含增值税额的全部款项】 　贷：银行存款等
销售货物时	借：银行存款等 　贷：主营业务收入【不含税销售额=含税销售额÷（1+征收率）】 　　应交税费——应交增值税
缴纳增值税	借：应交税费——应交增值税 　贷：银行存款等

5.差额征税的账务处理

对于企业发生的**无法通过抵扣机制避免重复征税的业务**（如金融商品转让、经纪代理服务、融资租赁和融资性售后回租业务、一般纳税人提供客运场站服务、试点纳税人提供旅游服务、选择简易计税方法提供建筑服务等），应采用差额征税方式计算交纳增值税。相关账务处理见表5-14。

表5-14　　　　　　　　　　　　　　　　差额征税的账务处理

情形	账务处理
企业发生相关成本费用按规定允许扣减销售额的	（1）发生成本费用时： 借：主营业务成本等 　贷：银行存款等 （2）根据增值税扣税凭证抵减销项税额时： 借：应交税费——应交增值税（销项税额抵减）/应交税费——简易计税 　　　　　　　　　　　　　　　　　　　　　　　　　　　　【一般纳税人】 　　应交税费——应交增值税【小规模纳税人】 　贷：主营业务成本

续表

情形	账务处理
企业转让金融商品按规定以盈亏相抵后的余额作为销售额	（1）月末确认并结转损益： 借：投资收益【转让收益】 　　贷：应交税费——转让金融商品应交增值税 （若为转让损失，则按可结转下月的抵扣税额作相反分录） （2）交纳增值税时： 借：应交税费——转让金融商品应交增值税 　　贷：银行存款 （3）年末"应交税费——转让金融商品应交增值税"科目如有借方余额： 借：投资收益 　　贷：应交税费——转让金融商品应交增值税

6. 增值税税控系统专用设备和技术维护费用抵减增值税额的账务处理

企业**初次购买**增值税税控系统专用设备支付的费用以及缴纳的技术维护费允许在增值税应纳税额中**全额抵减**，相关账务处理见表 5-15。

表 5-15　　　　　　　增值税税控系统专用设备和技术维护费用抵减增值税税额的账务处理

情形	账务处理
初次购入增值税税控系统专用设备，并按规定抵减增值税应纳税额时	借：固定资产【实际支付的价款】 　　贷：银行存款等 借：应交税费——应交增值税（减免税款）【一般纳税人】 　　应交税费——应交增值税【小规模纳税人】 　　贷：管理费用
产生增值税税控系统专用设备技术维护费时	借：管理费用 　　贷：银行存款等 借：应交税费——应交增值税（减免税款）【一般纳税人】 　　应交税费——应交增值税【小规模纳税人】 　　贷：管理费用

【例 5-78·单选题·2019】下列各项中，增值税一般纳税人当期发生（增值税专用发票已经税务机关认证）准予以后期间抵扣的进项税额，应记入的会计科目是（　　）。

A. 应交税费——待转销项税额　　　　　　B. 应交税费——未交增值税

C. 应交税费——待抵扣进项税额　　　　　D. 应交税费——应交增值税

【答案】C

【解析】选项 C 正确，"待抵扣进项税额"明细科目核算一般纳税人已取得增值税扣税凭证并经税务机关认证，按照现行增值税制度规定准予以后期间从销项税额中抵扣的进项税额。

【例 5-79·单选题·2019】小规模纳税人应交纳的增值税应记入（　　）科目的贷方。

A. 应交税费——应交增值税　　　　　　　B. 应交税费——应交增值税（已交税金）

C. 应交税费——预交增值税　　　　　　　D. 应交税费——未交增值税

【答案】A

【解析】选项 A 正确，小规模纳税人进行账务处理时，只需在"应交税费"科目下设置"应交增值税"明细科目，"应交税费——应交增值税"科目借方登记已交纳的增值税，贷方登记应交纳的增值税。

【例 5-80·单选题·2019】某企业为增值税小规模纳税人，2019 年 8 月购入原材料取得的增值税专用发票注明价款为 10 000 元，增值税税额为 1 300 元。当月销售产品开具的增值税普通发票注明含税价款为 123 600 元，适用的征收率为 3%。不考虑其他因素，该企业 2019 年 8 月应交纳的增值税税额为（　　）元。

　　A. 3 600　　　　　　　B. 2 408　　　　　　　C. 3 708　　　　　　　D. 2 300

【答案】A

【解析】小规模纳税人核算增值税采用简化的方法，购入材料取得增值税专用发票上注明的增值税一律不予抵扣，直接计入原材料成本；销售时按照不含税的销售额和规定的增值税征收率计算应交纳增值税，所以该企业 2019 年 8 月应交纳的增值税税额 = 123 600 ÷（1+3%）× 3% = 3 600（元），选项 A 正确。

【例 5-81·单选题·2018】某企业为增值税一般纳税人，下列各项关于该企业初次购入增值税税控系统专用设备，按规定抵减增值税应纳税额的会计处理中，正确的是（　　）。

　　A. 借记"累计折旧"科目，贷记"应交税费——应交增值税（减免税款）"科目

　　B. 借记"应交税费——应交增值税（减免税款）"科目，贷记"累计折旧"科目

　　C. 借记"应交税费——应交增值税（减免税款）"科目，贷记"管理费用"科目

　　D. 借记"管理费用"科目，贷记"应交税费——应交增值税（减免税款）"科目

【答案】C

【解析】选项 C 正确，增值税一般纳税人初次购入增值税税控系统专用设备，按规定抵减的增值税应纳税额，应借记"应交税费——应交增值税（减免税款）"科目（小规模纳税人应借记"应交税费——应交增值税"科目），贷记"管理费用"等科目。

【例 5-82·单选题·2018】某增值税一般纳税企业销售商品，商品已发出但不符合销售收入确认条件，增值税专用发票已开出，该企业确认应交增值税时，应贷记的会计科目是（　　）。

　　A. 应交税费——应交增值税（销项税额）

　　B. 应交税费——待转销项税额

　　C. 应交税费——待认证进项税额

　　D. 应交税费——待抵扣进项税额

【答案】A

【解析】选项 A 正确，增值税专用发票已开，说明纳税义务已经发生，应贷记"应交税费——应交增值税（销项税额）"科目。

【例 5-83·单选题·2018】企业缴纳上月应交未交的增值税时，应借记（　　）科目。

　　A. 应交税费——应交增值税（转出未交增值税）

　　B. 应交税费——未交增值税

　　C. 应交税费——应交增值税（转出多交增值税）

　　D. 应交税费——应交增值税（已交税金）

【答案】B

【解析】选项 B 正确，企业交纳以前期间未交的增值税，应借记"应交税费——未交增值税"科目，贷记"银行存款"科目。

【例 5-84·多选题·2021】下列各项中，关于转让金融商品应交增值税会计科目处理表述正确的有（　　）。

A.产生转让收益的，月末按应纳税额，贷记"应交税费——转让金融商品应交增值税"科目

B.产生转让损失的，按可结转下月抵扣税额，借记"应交税费——转让金融商品应交增值税"科目

C.年末"应交税费——转让金融商品应交增值税"科目的借方余额应转入下年度继续抵减转让金融资产收益

D.年末"应交税费——转让金融商品应交增值税"科目的借方余额应予转出冲减当年投资收益

【答案】ABD

【解析】（1）转让金融资产当月月末，如产生转让收益，则按应纳税额，借记"投资收益"等科目，贷记"应交税费——转让金融商品应交增值税"科目；如产生转让损失，则按可结转下月抵扣税额，借记"应交税费——转让金融商品应交增值税"科目，贷记"投资收益"等科目。（2）年末，如果"应交税费——转让金融商品应交增值税"科目有借方余额，说明本年度的金融商品转让损失无法弥补，且本年度的金融资产转让损失不可转入下年度继续抵减转让金融资产的收益，应将"应交税费——转让金融商品应交增值税"科目的借方余额转出。因此，应借记"投资收益"等科目，贷记"应交税费——转让金融商品应交增值税"科目。

【例5-85·多选题·2018】下列各项中，属于增值税一般纳税人在"应交税费"科目下设置的明细科目有（　　）。

A.待抵扣进项税额　　B.预交增值税　　　　C.简易计税　　　　　D.待转销项税额

【答案】ABCD

【解析】增值税一般纳税人可以在"应交税费"科目下设置的明细科目有："应交增值税""未交增值税""预交增值税"（选项B）"待抵扣进项税额"（选项A）"待认证进项税额""待转销项税额"（选项D）"简易计税"（选项C）"转让金融商品应交增值税"等。

【例5-86·多选题·2018】下列各项关于增值税一般纳税人会计处理的表述中，正确的有（　　）。

A.已单独确认进项税额的购进货物用于投资，应当贷记"应交税费——应交增值税（进项税额转出）"科目

B.将委托加工的货物用于对外捐赠，应当贷记"应交税费——应交增值税（销项税额）"科目

C.已单独确认进项税额的购进货物发生非正常损失，应当贷记"应交税费——应交增值税（进项税额转出）"科目

D.企业管理部门领用本企业生产的产品，应当贷记"应交税费——应交增值税（销项税额）"科目

【答案】BC

【解析】选项A错误，外购货物用于投资，应视同销售，确认增值税销项税额；选项B正确，委托加工的货物对外捐赠，应视同销售，确认增值税销项税额；选项C正确，存货发生非正常损失，进项税额不得抵扣，应做进项税额转出；选项D错误，企业领用自己生产的存货，不视同销售，按成本计量。

【例5-87·判断题·2018】小规模纳税人销售货物采用销售额和应纳增值税合并定价的方法向客户结算款项时，应按照不含税销售额确认收入。（　　）

【答案】√

【例5-88·判断题·2018】企业为增值税一般纳税人，对于未经税务机关认证而不得从当期销项税额中抵扣的进项税额，应记入"应交税费——待认证进项税额"科目。（　　）

【答案】√

【解析】"待认证进项税额"明细科目，核算一般纳税人由于未经税务机关认证而不得从当期销项税额中抵扣的进项税额，包括一般纳税人已取得增值税扣税凭证、按照现行增值税制度规定准予从销项税额中抵扣，但尚未经税务机关认证的进项税额；一般纳税义务人已申请稽核但尚未取得稽核相符结果的海关缴款书进项税额。

三、应交消费税

消费税是指在我国境内生产、委托加工和进口**应税消费品**的单位和个人，按其流转额交纳的一种税。

企业应在"应交税费"科目下设置"应交消费税"明细科目，核算应交消费税的发生、交纳情况：贷方登记应交纳的消费税，借方登记已交纳的消费税，期末贷方余额，反映企业尚未交纳的消费税；期末借方余额，反映企业多交纳的消费税。相关账务处理见表5-16。

表5-16　　　　　　　　　　　　　　　应交消费税的账务处理

情形	账务处理
销售应税消费品	借：税金及附加 　　贷：应交税费——应交消费税
自产自用应税消费品	借：在建工程等 　　贷：库存商品 　　　　应交税费——应交消费税
委托加工应税消费品	（1）收回后直接用于对外销售： 借：委托加工物资 　　贷：银行存款 （2）收回后用于连续生产应税消费品： 借：应交税费——应交消费税 　　贷：银行存款
进口应税消费品	借：库存商品等 　　贷：银行存款

🎯 敲黑板

初级会计实务考试不考查消费税的计算，故本处讲解并未涉及；考试对于消费税的考查主要集中在委托方收回委托加工应税消费品，受托方代扣代缴消费税的入账处理上，考生如有遗忘，可返回第二章委托加工物资处进行复习，此处不再赘述。

【例5-89·判断题·2021】企业在建工程领用自产的应税消费品计提的消费税，应记入"税金及附加"科目核算。　　　　　　　　　　　　　　　　　　　　　　　　　　　　（　）

【答案】×

【解析】企业在建工程领用自产的应税消费品计提的消费税，应该计入在建工程。

【例5-90·判断题·2019】企业销售自产的应税消费品确认的消费税，应记入"税金及附加"科目。　　　　　　　　　　　　　　　　　　　　　　　　　　　　　　　　　（　）

【答案】√

四、其他应交税费 ★★

企业应当在"应交税费"科目下设置相应的明细科目进行核算，贷方登记应交纳的有关税费，借方登记已交纳的有关税费，期末余额在贷方，反映企业尚未交纳的有关税费。相关账务处理见表5-17。

表5-17　　　　　　　　　　　　　　　其他应交税费的账务处理

税费种类	情形	账务处理
资源税	对外销售应税产品	借：税金及附加 　　贷：应交税费——应交资源税
	自产自用应税产品	借：生产成本/制造费用等 　　贷：应交税费——应交资源税
城市维护建设税	计提应交的城市维护建设税	借：税金及附加【（**实际缴纳的增值税＋实际缴纳的消费税**）×适用税率】 　　贷：应交税费——应交城市维护建设税
教育费附加	计提应交的教育费附加	借：税金及附加【（**实际缴纳的增值税＋实际缴纳的消费税**）×适用税率】 　　贷：应交税费——应交教育费附加
土地增值税	企业转让的土地使用权连同地上建筑物及其附着物一并在"固定资产"科目核算的	借：固定资产清理 　　贷：应交税费——应交土地增值税
	土地使用权在"无形资产"科目核算的	借：银行存款 　　累计摊销 　　无形资产减值准备 　　营业外支出 　　贷：无形资产 　　　　应交税费——应交土地增值税 　　　　资产处置损益
	房地产开发企业销售房地产	借：税金及附加 　　贷：应交税费——应交土地增值税
房产税、城镇土地使用税和车船税	计提应交税金	借：税金及附加 　　贷：应交税费——应交房产税 　　　　　　——应交城镇土地使用税 　　　　　　——应交车船税

敲黑板

"其他应交税费"主要考查各项税金应计入的会计科目；涉及城建税和教育费附加的计算时，需用实际缴纳的增值税与消费税金额之和的基数计算。

【例5-91·单选题·2021】下列各项中，将应交资源税的自产矿产品用于企业产品的生产，确认应交的资源税应借记的会计科目是（　　）。

A.应交税费——应交资源税　　　　　　B.税金及附加

C.管理费用　　　　　　　　　　　　　D.生产成本

【答案】D

【解析】用于产品生产的自用应税产品应交纳的资源税应记入"生产成本"或"制造费用"科目。

【例5-92·单选题·2019】下列各项中，企业确认当期销售部门使用车辆应交纳的车船税，应借记的会计科目是（　　）。

A.其他业务成本　　　B.税金及附加　　　　C.管理费用　　　　　D.销售费用

【答案】B

【解析】选项B正确，确认车船税时：

借：税金及附加

　　贷：应交税费——应交车船税

【例5-93·单选题·2018】下列各项中，企业依据税法规定计算应交的车船税，应借记的会计科目是（　　）。

A.主营业务成本　　　B.销售费用　　　　　C.税金及附加　　　　D.管理费用

【答案】C

【解析】选项C正确，企业应交的房产税、城镇土地使用税、车船税和矿产资源补偿费均记入"税金及附加"科目。

【例5-94·多选题·2019】2018年12月，某企业当月交纳增值税50万元，销售应税消费品交纳消费税20万元，经营用房屋交纳房产税10万元。该企业适用的城市维护建设税税率为7%，教育费附加为3%，不考虑其他因素。下列各项中，关于该企业12月份应交纳城市维护建设税和教育费附加的相关会计处理中，正确的有（　　）。

A.借记"税金及附加"科目7万元

B.贷记"应交税费——应交教育费附加"科目2.1万元

C.贷记"应交税费——应交城市维护建设税"科目5.6万元

D.借记"管理费用"科目7万元

【答案】AB

【解析】应交城市维护建设税=（50+20）×7%=4.9（万元），选项C错误；应交教育费附加=（50+20）×3%=2.1（万元），选项B正确；企业的城市维护建设税以及教育费附加需要计入税金及附加，所以本月因城市维护建设税和教育费附加而记入"税金及附加"科目的金额=4.9+2.1=7（万元），选项A正确，选项D错误。

【例5-95·判断题·2022】企业因订立买卖合同而交纳的印花税，计入管理费用。　　　（　　）

【答案】×

【解析】企业因订立买卖合同而交纳的印花税，计入税金及附加。

第五节　非流动负债

一、长期借款

长期借款是指企业**向银行或其他金融机构**借入的期限在1年以上（不含1年）的各种借款，一般用于固定资产的购建、改扩建工程、大修理工程、对外投资以及为了保持长期经营能力等方面。

企业应通过"长期借款"科目，核算长期借款的借入、归还等情况。该科目按照贷款单位和贷款种类设置明细账，分"本金""利息调整"等进行明细核算。该科目的贷方登记长期借款本息的增加额，借方登记本息的减少额，期末贷方余额反映企业尚未偿还的长期借款。具体会计处理见下表 5-18。

表 5-18 长期借款的会计处理

情形	会计分录
取得长期借款	借：银行存款【实际收到的金额】 　　长期借款——利息调整【差额】 　　贷：长期借款——本金【合同中记载的金额】
计提长期借款利息	借：管理费用【筹建期间】 　　财务费用【生产经营期间、不符合资本化条件的】 　　在建工程 　　制造费用　【资本化期间】 　　研发支出等 　　贷：应付利息【分期付息】 　　　　长期借款——应计利息【一次还本付息】 【名师说】利息费用应当在资产负债表日按照实际利率法计算确定，实际利率与合同利率差异较小的，也可以采用合同利率计算确定利息费用。
偿还长期借款的利息	借：应付利息 　　长期借款——应计利息 　　贷：银行存款
到期偿还长期借款本金	借：长期借款——本金 　　贷：银行存款

【例 5-96·多选题·2022】下列各项中，发生长期借款利息的账务处理涉及的会计科目有（　　）。

A. 管理费用　　　　　　　　　　　　B. 财务费用

C. 长期借款——应计利息　　　　　　D. 应付利息

【答案】ABCD

【解析】长期借款的利息，属于筹建期间的，计入管理费用；属于生产经营期间的，计入财务费用。如果长期借款用于购建固定资产等符合资本化条件的，在资产尚未达到预定可使用状态前，所发生的利息支出数应当资本化，计入在建工程等相关资产成本。到期一次还本付息的利息计入长期借款——应计利息。分期付息的利息计入应付利息。

二、应付债券（2023年新增）

应付债券，是指企业为筹集长期资金而发行的，期限在 1 年以上的债券。

表 5-19   债券发行三种情况

情形	内容
面值发行	债券按票面金额发行
溢价发行	以高于债券票面金额发行，溢价是企业以后各期多付利息而事先得到的补偿
折价发行	以低于债券票面金额发行，折价是企业以后各期少付利息而预先给投资者的补偿

表 5-20   应付债券的会计处理

情形	会计分录
发行债券	借：银行存款【实际收到的金额】 　　应付债券——利息调整【差额，或贷方】 　　贷：应付债券——面值
期末计息	借：财务费用/在建工程等【实际利率法计算】 　　贷：应付利息【分期付息】 　　　　应付债券——应计利息【到期一次还本付息】 　　　　应付债券——利息调整【差额，或借方】
到期偿还	借：应付债券——面值 　　应付利息【分期付息下，最后一期利息】 　　应付债券——应计利息【到期一次还本付息下的利息】 　　贷：银行存款

三、长期应付款

长期应付款，是指企业除长期借款和应付债券以外的其他各种长期应付款项，如以分期付款方式购入固定资产发生的应付款项等。

企业应设置"长期应付款"科目，用以核算企业应付的款项及偿还情况。该科目可按长期应付款的种类和债权人进行明细核算。该科目的贷方登记发生的长期应付款，借方登记偿还的应付款项，期末贷方余额反映企业尚未偿还的长期应付款。

企业如果延期支付的购买价款超过正常信用条件，所购资产的成本应当以**延期支付购买价款的现值之和**为基础确认。固定资产购买价款的现值，应当按照各期支付的价款选择适当的折现率进行折现后的金额加以确定。折现率是反映当前市场货币时间价值和延期付款债务特定风险的利率。该折现率实质上是供货企业的必要报酬率。各期实际支付的价款之和与其现值之间的差额，应当在信用期间内采用实际利率法进行摊销，计入相关资产成本或当期损益。具体会计处理：

借：固定资产/在建工程等【购买价款的现值】
　　未确认融资费用【差额】
　　贷：长期应付款【应支付的价款总额】

【例 5-97·判断题·2022】在长期应付款中，各期实际支付的价款之和与购买价款的现值之间的差额应当在信用期间内采用实际利率法进行摊销，计入相关资产成本或当期损益。　　（　　）

【答案】√

本章习题精练

一、单项选择题

1. 企业开出并承兑的银行承兑汇票到期无力支付时，应将该应付票据（ ）。
   A. 转作短期借款
   B. 转作应付账款
   C. 转作其他应付款
   D. 转作营业外收入

2. 预收货款不多的企业，可以不设置"预收账款"科目，将预收的货款记入（ ）。
   A. 应付账款的借方
   B. 应付账款的贷方
   C. 应收账款的借方
   D. 应收账款的贷方

3. 下列各项中，不在"应付职工薪酬"科目核算的是（ ）。
   A. 应付退休人员的医疗保险费
   B. 应付总部管理人员的差旅费
   C. 应付临时职工的工资
   D. 应付职工的辞退福利

4. 企业以分期付款方式购入固定资产发生的应付款项的核算科目是（ ）。
   A. 应付账款　　　　　B. 其他应付款
   C. 长期应付款　　　　D. 合同负债

5. 月末，增值税一般纳税企业对本月未抵扣的增值税进项税额，正确的会计处理是（ ）。
   A. 将其转入"未交增值税"明细账户的借方
   B. 将其转入"未交增值税"明细账户的贷方
   C. 保留在"应交增值税"明细账户的借方
   D. 保留在"应交增值税"明细账户的贷方

6. 企业发生的增值税税控系统专用设备技术维护费，按规定抵减的增值税应纳税额，应贷记（ ）科目。
   A. 生产成本　　　　　B. 制造费用
   C. 管理费用　　　　　D. 固定资产

7. 甲公司为增值税一般纳税人，委托外单位加工一批应交消费税的商品，以银行存款支付加工费 20 万元、增值税 2.6 万元、消费税 2 万元，该加工商品收回后将以不高于受托方计税价格直接销售。则甲公司应编制会计分录为（ ）（金额单位为万元）。

   A. 借：委托加工物资　　　　　　　24.6
   　　　贷：银行存款　　　　　　　　24.6

   B. 借：委托加工物资　　　　　　　22
   　　　应交税费——应交增值税（进项税额）　　　　　　　　　　2.6
   　　　贷：银行存款　　　　　　　　24.6

   C. 借：委托加工物资　　　　　　　20
   　　　应交税费——应交增值税（进项税额）　　　　　　　　　　2.6
   　　　　　　　　——应交消费税　　　2
   　　　贷：银行存款　　　　　　　　24.6

   D. 借：委托加工物资　　　　　　　24.6
   　　　贷：银行存款　　　　　　　　20
   　　　应交税费——应交增值税（销项税额）　　　　　　　　　　2.6
   　　　　　　　　——应交消费税　　　2

8. 下列关于消费税核算的表述中，不正确的是（ ）。

   A. 企业销售应税消费品应通过"税金及附加"科目核算

   B. 企业在建工程领用应税消费品时，应当将消费税的金额计入在建工程成本中

   C. 企业进口环节交纳的消费税需要计入进口货物的成本中

   D. 委托加工物资收回后以不高于受托方计税价格直接销售的，受托方代收代缴的消费税应记入"应交税费——应交消费税"科目的借方

9. 甲公司从国外进口一批需要交消费税的材料，材料的价值是 800 万元，进口环节应交的消费税为 100 万元（不考虑增值税），材料已经验收入库，货款用银行存款支付。则甲公司应作会计处理为（ ）。（金额单位为万元）

   A. 借：原材料　　　　　　　　　　800
   　　　贷：银行存款　　　　　　　　800

B. 借：原材料 900
　　贷：银行存款 900

C. 借：原材料 800
　　应交税费——应交消费税 100
　　贷：银行存款 900

D. 借：原材料 900
　　贷：银行存款 800
　　应交税费——应交消费税 100

10. 企业按规定计算缴纳的下列税金，应当计入相关资产成本的是（　　）。
A. 车辆购置税
B. 城镇土地使用税
C. 房产税
D. 城市维护建设税

11. 甲公司为增值税一般纳税人，2×21年实际交纳的税款情况如下：增值税185万元，消费税250万元，城市维护建设税30.45万元，车船税2万元，印花税1.2万元，企业所得税60万元，应通过"应交税费"科目贷方核算的金额为（　　）万元。
A. 465.45　　　　　　B. 467.45
C. 525.45　　　　　　D. 527.45

12. 甲公司适用的城市维护建设税税率为7%。2×21年8月该公司应当缴纳增值税400 000元，实际交纳增值税300 000元、实际缴纳土地增值税30 000元、受托方代扣代缴的消费税50 000元，则8月该公司应记入"应交税费——应交城市维护建设税"科目的金额为（　　）元。
A. 24 500　　　　　　B. 31 500
C. 26 600　　　　　　D. 33 600

13. 下列各项中，不会引起"应付票据"科目余额发生增减变动的是（　　）。
A. 开出商业承兑汇票购买原材料
B. 支付银行承兑汇票手续费
C. 转销已到期无力支付票款的商业承兑汇票
D. 转销已到期无力支付票款的银行承兑汇票

14. 甲公司为增值税一般纳税人，2×21年3月1日购进一批原材料，材料已验收入库，但尚未取得增值税扣税凭证，月末甲公司对该批原材料按暂估价格入账。下列对增值税的处理中，正确的是（　　）。
A. 将预计的增值税记入"应交税费——应交增值税（进项税额）"科目
B. 将预计的增值税记入"应交税费——待认证进项税额"科目
C. 将预计的增值税记入"应交税费——待抵扣进项税额"科目
D. 不预计增值税

15. 根据股东大会审议批准的利润分配方案，甲公司将一批自产产品发放给股东。则下列会计处理中，正确的是（　　）
A. 不作会计处理，在批准时进行披露
B. 不作会计处理，在实际发放时进行披露
C. 借：应付股利
　　贷：利润分配——应付现金股利
D. 借：应付股利
　　贷：主营业务收入
　　应交税费——应交增值税（销项税额）

16. 甲公司累积带薪缺勤制度规定：每个职工每年可享受5个工作日带薪休假，未使用的休假只能向后结转一个日历年度，超过1年未使用的权利作废，不能在职工离开公司时获得现金支付；职工休假时首先从当年可享受的权利中扣除，再从上年结转的带薪休假中扣除。2×21年12月31日，每个职工当年平均未使用带薪休假为2天。甲公司5 000名职工预计2×22年有4 700名职工将享受不超过5天的带薪休假，不需要考虑带薪缺勤。剩余300名职工每人将平均享受6天半休假，假定这些职工全部为管理部门经理，平均每名职工每个工作日工资为600元。则2×21年12月31日甲公司的账务处理是（　　）。
A. 借：管理费用 270 000
　　贷：应付职工薪酬——带薪缺勤——短期带薪缺勤——累积带薪缺勤 270 000
B. 借：管理费用 180 000
　　贷：应付职工薪酬——带薪缺勤——

短期带薪缺勤——累积带薪缺勤
180 000

C. 借：制造费用 270 000
贷：应付职工薪酬——带薪缺勤——
短期带薪缺勤——累积带薪缺勤
270 000

D. 借：制造费用 180 000
贷：应付职工薪酬——带薪缺勤——
短期带薪缺勤——累积带薪缺勤
180 000

17.甲企业为增值税一般纳税人，本月发生进项税额130万元，销项税额540万元，进项税额转出81万元，同时月末以银行存款缴纳增值税100万元，那么本月尚未缴纳的增值税为（ ）万元。

A. 229　　　　　　　　B. 391
C. 589　　　　　　　　D. 670

18.下列各项中，增值税一般纳税人需要进项税额转出的是（ ）。

A. 管理不善造成原材料盘亏
B. 外购的生产用原材料用于对外捐赠
C. 自产产品用于对外投资
D. 销售自产产品

19.甲公司为增值税小规模纳税人，适用的增值税征收率为3%，2×21年9月2日购入原材料一批，材料已验收入库，取得专用发票中注明货款是200 000元，增值税26 000元，款项以银行存款支付。则甲公司应作会计处理为（ ）。

A. 借：原材料 226 000
贷：银行存款 226 000

B. 借：原材料 200 000
应交税费——应交增值税 26 000
贷：银行存款 226 000

C. 借：原材料 200 000
应交税费——应交增值税（进项税额） 26 000
贷：银行存款 226 000

D. 借：原材料 200 000
应交税费——应交增值税 6 000
贷：银行存款 20 600

20.下列各项中，增值税一般纳税人需要转出进项税额的是（ ）。

A. 自制产成品用于职工福利
B. 自制产成品用于对外投资
C. 外购的原材料因管理不善发生非正常损失
D. 外购的生产用原材料改用于自建设备

21.甲公司购进的一批原材料因管理不善而损毁，其成本为10 000元，对应的购进时的增值税进项税额是1300元，则甲公司应作会计处理为（ ）。

A. 借：待处理财产损溢 11300
贷：原材料 10 000
应交税费——应交增值税（进项税额转出） 1300

B. 借：待处理财产损溢 10 000
应交税费——应交增值税（进项税额转出） 1300
贷：原材料 11300

C. 借：应付账款 11300
贷：原材料 10 000
应交税费——应交增值税（销项税额） 1300

D. 借；银行存款 11300
贷：原材料 10 000
应交税费——应交增值税（销项税额） 1300

22.甲公司为增值税小规模纳税人，委托乙公司（一般纳税人）加工一批消费税应税消费品，并计划收回后直接以受托方的计税价格对外出售，已知甲公司发出产品的账面价值为2 000万元，支付乙公司加工费160万元，对应的增值税20.8万元，消费税100万元，假定不考虑其他税费，甲公司收回产品的入账价值为（ ）万元。

A. 2 160　　　　　　　B. 2 180.8
C. 2 260　　　　　　　D. 2 280.8

23.甲公司为增值税一般纳税人，2×21年应交各种税金为：增值税520万元，消费税180万元，城市维护建设税49万元，车辆购置税10万元，耕地占用税55万元，代收代缴职工个人所得税150万元。则该公司当期"应交税费"科目余额为（　　）万元。

A. 749　　　　　　　B. 899

C. 909　　　　　　　D. 964

二、多项选择题

24. 下列关于应付票据会计处理的说法中，正确的有（　　）
   A. 企业开出商业汇票，应当按其票面金额作为应付票据的入账金额
   B. 企业到期无力支付的商业承兑汇票，应按账面余额转入"短期借款"
   C. 企业支付的银行承兑汇票手续费，记入当期"财务费用"
   D. 企业到期无力支付的银行承兑汇票，应按账面余额转入"短期借款"

25. 甲企业为增值税一般纳税人，适用增值税税率为13%。2×21年8月23日与乙公司签订一份商品销售合同，合同中约定使用预收款的方式进行结算，甲企业应在收到货款当日开具增值税专用发票，并于15日内发出商品。甲公司于2×21年8月24日收到货款，2×21年9月5日发出商品。假定不考虑其他因素，则下列表述中正确的有（　　）。
   A. 甲企业应在收到货款当日确认收入
   B. 甲企业在收到货款当日开具增值税专用发票时，发生增值税纳税义务
   C. 甲公司应于发出商品当日确认收入
   D. 甲公司收到货款当日，应作账务处理如下：

   借：银行存款
   　　贷：合同负债
   　　　　应交税费——应交增值税（销项税额）

26. 下列各项中，应记入"其他应付款"科目的有（　　）。
   A. 存入保证金
   B. 存出保证金
   C. 到期无力支付的商业承兑汇票
   D. 应付租入包装物租金

27. 下列各项中，属于职工薪酬中所称的职工的有（　　）。
   A. 与企业订立了无固定期限劳动合同的人员
   B. 与企业订立了以完成一定工作量为期限的劳动合同的人员
   C. 通过企业与劳务中介公司签订用工合同而向企业提供服务的人员
   D. 未与企业订立劳动合同但由企业正式任命的人员

28. 下列项目中，属于短期薪酬的有（　　）。
   A. 职工福利费
   B. 住房公积金
   C. 辞退福利
   D. 离职后福利

29. 企业将自有房屋作为福利无偿提供给管理人员使用。下列会计分录中，错误的有（　　）。
   A. 借：管理费用
   　　　贷：应付职工薪酬——非货币性福利
   B. 借：管理费用
   　　　贷：累计折旧
   C. 借：应付职工薪酬——非货币性福利
   　　　贷：累计折旧
   D. 借：制造费用
   　　　贷：应付职工薪酬——非货币性福利

30. 下列各项职工薪酬中，计提时会影响当期损益的有（　　）。
   A. 在建工程人员的薪酬
   B. 生产人员的薪酬
   C. 销售人员的薪酬
   D. 行政人员的薪酬

31. 下列各项中，应通过"应交税费"科目核算的有（　　）。
   A. 印花税
   B. 代收代缴的个人所得税
   C. 房产税
   D. 教育费附加

32. 一般纳税企业发生的下列各项业务中，属于视同销售行为，要计算增值税销项税额的有（　　）。
   A. 将自产的产品用于建造办公楼
   B. 将自产的产品分配给股东

C. 将外购的材料无偿赠送他人

D. 将自产的产品用于集体福利

33. 按现行增值税制度规定，企业初次购入增值税税控系统专用设备，应编制的会计分录有（　　）。

A. 借：固定资产

应交税费——应交增值税（进项税额）

贷：银行存款

B. 借：固定资产

贷：银行存款

C. 借：应交税费——应交增值税（减免税款）

贷：管理费用

D. 借：应交税费——应交增值税（减免税款）

贷：固定资产

34. 下列各项关于消费税的会计处理表述中，错误的有（　　）。

A. 进口环节应交的消费税计入应交税费

B. 委托加工环节受托方代扣代缴的消费税计入委托加工物资的成本

C. 在建办公楼领用应税消费品应交的消费税计入在建工程

D. 企业销售应税消费品应交纳的消费税计入税金及附加

35. 下列各项中，属于企业流动负债的有（　　）。

A. 预收购货单位的款项

B. 预付商品采购款

C. 应付采购商品货款

D. 购买固定资产开出的商业承兑汇票

36. 下列各项中，应列入资产负债表"应付利息"项目的有（　　）。

A. 预提的短期借款利息

B. 计提的到期一次还本付息的长期借款利息

C. 计提的到期一次还本付息的债券利息

D. 计提的分期付息到期还本的债券利息

37. 下列各项应在"应付职工薪酬"科目核算的有（　　）。

A. 交纳销售部门员工的社会保险费

B. 为总部管理人员购买商业保险

C. 支付给临时员工的高温补贴

D. 向当地税务机关交纳代扣的个人所得税

38. 甲公司当月结算车间管理部门职工工资共计288 000元，其中代垫职工房租80 000元，企业代垫职工家属医药费8 000元，实发工资200 000元。该企业会计处理中，正确的有（　　）。

A. 借：管理费用　　　　　　288 000

贷：应付职工薪酬——工资 288 000

B. 借：应付职工薪酬——工资　80 000

贷：其他应收款——职工房租 80 000

C. 借：应付职工薪酬——工资　　8 000

贷：其他应收款——代垫医药费 8 000

D. 借：应付职工薪酬——工资　200 000

贷：银行存款　　　　　　200 000

39. 下列职工薪酬中，应根据职工提供服务的受益对象计入成本费用的有（　　）。

A. 工资　　　　　　B. 医疗保险费

C. 工会经费　　　　D. 辞退福利

40. 下列关于职工薪酬的处理中，正确的有（　　）。

A. 短期薪酬是指企业在职工提供相关服务的年度开始12个月内需要全部支付的职工薪酬

B. 职工福利费为非货币性福利的，应当按照公允价值计量

C. 在职工提供服务从而增加了其未来享有的带薪缺勤权利时，企业应确认与累积带薪缺勤相关的职工薪酬

D. 企业应当将辞退福利分类为设定提存计划和设定受益计划

41. 下列各项中，属于离职后福利的有（　　）。

A. 辞退福利　　　　B. 失业保险

C. 养老保险　　　　D. 医疗保险

42. 企业缴纳的下列税金，应通过"应交税费"科目核算的有（　　）。

A. 印花税　　　　　B. 耕地占用税

C. 房产税　　　　　D. 土地增值税

43. 下列各项中，属于增值税一般纳税人应在"应交税费"科目下设置的二级明细科目有（　　）。

A. 未交增值税　　　B. 代扣代缴增值税

C. 待转销项税额　　D. 进项税额转出

44. 下列各项中，不应计入相关资产成本的

有（ ）。

A. 小规模纳税人购进原材料而支付的增值税进项税额

B. 企业订立加工承揽合同而交纳的印花税

C. 企业进口商品交纳的进口关税

D. 企业购买商务用车时交纳的车船税

45. 企业自产自用的应税矿产品应交的资源税应计入（ ）。

A. 生产成本　　　　B. 制造费用

C. 税金及附加　　　D. 其他业务成本

46. 在甲公司2019年7月1日按面值发行三年期，到期时一次还本付息、票面年利率8%（不计复利），面值总额为3 000万元的债券，并于当日收到款项。甲公司发行债券所筹资金于当日用于建造固定资产，至年末尚未完工。甲公司2019年账务处理正确的有（ ）。

A. 2019年7月1日

借：银行存款　　　　　　　3 000

　　贷：应付债券——面值　　　　3 000

B. 2019年12月31日

借：财务费用　　　　　　　120

　　贷：应付利息　　　　　　　　120

C. 2019年12月31日

借：在建工程　　　　　　　120

　　贷：应付利息　　　　　　　　120

D. 2019年12月31日

借：在建工程　　　　　　　120

　　贷：应付债券——应计利息　　120

三、判断题

47. 企业因开出银行承兑汇票而支付银行的承兑汇票手续费，应当计入当期财务费用。（ ）

48. 预收账款不多的企业，可以不设置"预收账款"科目。直接将其记入"其他应收款"科目的贷方。（ ）

49. 企业董事会或类似机构通过的利润分配方案中拟分配的现金股利或利润，不应确认为负债，但应在附注中披露。（ ）

50. 企业向银行或其他金融机构借入的各种款项

所发生的利息应当计入财务费用。（ ）

51. 短期借款利息应按照用途不同，归集在"管理费用""财务费用""制造费用"等科目中。（ ）

52. 应付利息是指企业按实际利率计算支付的利息。（ ）

53. 其他应付款是指企业除应付票据、应付账款、预收账款、应付职工薪酬、应交税费、应付股利等经营活动以外的其他各项应付、暂收的款项，包括应付短期租赁固定资产租金、租入包装物租金等，但是不包括存入保证金。（ ）

54. 员工向公司申请的婚假属于短期薪酬的累积带薪缺勤。（ ）

55. 增值税小规模纳税人取得普通发票不可以抵扣进项税额，但若取得增值税专用发票则可以抵扣进项税额。（ ）

56. 企业为获得职工提供的服务而在职工退休或与企业解除劳动关系后，提供的各种形式的报酬和福利为辞退福利。（ ）

57. 非累积带薪缺勤不必额外作相应的账务处理。（ ）

58. 按现行增值税制度规定，企业转让金融商品，月末如果产生转让收益，应纳税额计入投资收益。（ ）

59. 增值税小规模纳税人购进货物支付的增值税直接计入有关货物的成本。（ ）

60. 企业购入材料不能取得增值税专用发票的，应当按适用的增值税税率计算已交纳的增值税额，并通过"应交税费"科目核算。（ ）

61. 房地产开发企业销售房地产应交纳的土地增值税记入"税金及附加"科目。（ ）

62. 合同负债是指企业已收客户对价而应向客户转让商品的义务。（ ）

63. 企业向职工提供辞退福利的，应当在"企业不能单方面撤回因解除劳动关系或裁减所提供的辞退福利时"和"企业确认涉及支付辞退福利的重组相关的成本或费用时"两者孰晚日，确认辞退福利产生的职工薪酬负债。（ ）

64. 长期残疾福利水平取决于职工提供服务期间长

短的，企业应当在导致职工长期残疾的事件发生的当期确认应付长期残疾福利。　（　）

四、不定项选择题

65.甲公司为增值税一般纳税人，销售货物适用的增值税税率为13%，销售不动产、提供不动产租赁服务、提供运输服务适用的增值税税率为9%。2×21年8月发生的经济业务如下：

（1）1日，甲公司外购原材料一批，取得增值税专用发票注明的价款为300万元，增值税税额为39万元，支付运费取得运费增值税专用发票注明的费用为4万元，增值税税额为0.36万元，原材料已验收入库。

（2）4日，甲公司将一批原材料委托乙公司进行加工。已知发出原材料的账面价值为50万元，支付加工费取得增值税专用发票注明的价款为40万元，增值税税额为5.2万元，乙公司按税法规定代收代缴的消费税为10万元。甲公司将其收回后以受托方计税价格直接对外出售，且销售环节不产生消费税纳税义务。

（3）15日，甲公司将办公楼对外出租1个月，取得不含税月租金为60万元。

（4）20日，甲公司将闲置的一条生产线对外出售，取得转让收入400万元。已知该设备的账面原值为1 000万元，已提折旧800万元。

（5）31日，甲公司当月交纳增值税为36.6万元、印花税20万元、城市维护建设税2.56万元、教育费附加1.83万元。

要求：根据上述资料，不考虑其他因素，回答下列问题（答案中金额单位用万元表示）。

（1）根据资料（1），下列会计处理正确的是（　　）。

A. 借：原材料　　　　　　　　300
　　　应交税费——应交增值税（进项税额）　　　　　　　　39.36
　　　销售费用　　　　　　　　4
　　　　贷：银行存款　　　　　343.36

B. 借：原材料　　　　　　　　304
　　　应交税费——应交增值税（进项税

额）　　　　　　　　　　39.36
　　　　贷：银行存款　　　　　343.36

C. 借：原材料　　　　　　　　300
　　　应交税费——应交增值税（进项税额）　　　　　　　　39
　　　　贷：银行存款　　　　　339

D. 借：原材料　　　　　　　　300
　　　应交税费——应交增值税（进项税额）　　　　　　　　39
　　　销售费用　　　　　　　　4.36
　　　　贷：银行存款　　　　　343.36

（2）根据资料（2），计算收回的委托加工物资成本为（　　）万元。

A. 90　　　　　　　　　B. 95.2
C. 100　　　　　　　　 D. 105.2

（3）根据资料（3），下列会计处理表述中正确的是（　　）。

A. 企业将办公楼出租属于非日常行为，应当将租金收入计入营业外收入

B. 企业将办公楼出租属于日常行为，应当将租金收入计入营业收入

C. 取得租金收入应计入其他业务收入

D. 出租所交纳的增值税计入税金及附加

（4）根据资料（4），下列会计处理正确的是（　　）。

A. 借：固定资产清理　　　　　200
　　　累计折旧　　　　　　　　800
　　　　贷：固定资产　　　　 1 000

B. 借：银行存款　　　　　　　452
　　　　贷：固定资产清理　　　400
　　　　　　应交税费——应交增值税（销项税额）　　　　　　52

C. 借：固定资产清理　　　　　200
　　　　贷：营业外收入　　　　200

D. 借：固定资产清理　　　　　200
　　　　贷：资产处置损益　　　200

（5）根据资料（5），甲公司当月计提税金及附加的金额为（　　）万元。

A. 4.39　　　　　　　 B. 24.39
C. 36.6　　　　　　　 D. 60.99

66.甲公司为增值税一般纳税人，适用的增值税

税率为13%，每月初发放上月工资。2×21年10月1日，"应付职工薪酬"科目贷方余额为160万元。该公司2×21年10月发生职工薪酬业务如下：

（1）1日，结算上月应付职工薪酬160万元，其他代扣代交的职工个人所得税20万元，代扣为职工垫付的房租30万元，实际发放职工薪酬110万元。

（2）30日，公司以其生产的产品作为非货币性福利发放给车间生产人员。该批产品不含税的市场售价为200万元，实际生产成本为120万元。

（3）30日，对本月职工工资分配的结果如下：车间生产人员为270万元，车间管理人员为90万元，公司行政管理人员为450万元，专设销售机构人员为120万元。

（4）30日，公司计提本月基本养老保险费、基本医疗保险费等社会保险费共计46万元，计提本月住房公积金100万元。

要求：根据上述资料，不考虑其他因素，分析回答下列小题（答案中的金额单位用万元表示）。

（1）根据期初资料和资料（1），下列各项中，公司结算上月职工薪酬的相关会计处理正确的是（　　）。

A. 代扣为职工垫付的房租时：

借：应付职工薪酬　　　　　　30
　　贷：其他应收款　　　　　　　　30

B. 代扣为职工垫付的房租时：

借：应付职工薪酬　　　　　　30
　　贷：应收账款　　　　　　　　　30

C. 代扣个人所得税时：

借：其他应付款　　　　　　　20
　　贷：应交税费——应交个人所得税　20

D. 代扣个人所得税时：

借：应付职工薪酬　　　　　　　　　20
　　贷：应交税费——应交个人所得税　20

（2）根据资料（2），下列各项中，公司发放非货币性福利会计处理结果正确的是（　　）。

A. 确认非货币性福利时，借记"生产成本"科目120万元

B. 发放非货币性福利时，借记"应付职工薪酬——非货币性福利"科目200万元

C. 发放非货币性福利时结转成本，贷记"主营业务成本"科目120万元

D. 发放非货币性福利时确认收入，贷记"主营业务收入"科目200万元

（3）根据资料（3），下列各项中，公司分配工资的相关会计处理结果正确的是（　　）。

A. 专设销售机构人员工资，借记"销售费用"科目120万元

B. 车间管理人员和车间生产人员工资，借记"制造费用"科目360万元

C. 车间生产人员工资，借记"生产成本"科目270万元

D. 全部人员工资，贷记"应付职工薪酬"科目930万元

（4）根据资料（1）至资料（4），下列各项关于职工薪酬的表述中，错误的是（　　）。

A. 为职工垫付的房租不属于职工薪酬

B. 计提的住房公积金属于短期薪酬

C. 计提的基本医疗保险费属于短期薪酬

D. 计提的基本养老保险费属于短期薪酬

（5）根据期初资料和资料（1）至资料（4），下列各项中，甲公司2×21年10月31日资产负债表中"应付职工薪酬"项目的期末余额是（　　）万元。

A. 930　　　　　　　　B. 1 076

C. 1 320　　　　　　　D. 1 462

第六章 所有者权益

考情概要

本章难度不大，在历年考试中通常以单选题、多选题或判断题的形式进行考查，分值为 8 分左右。同时，由于所有者权益同样是反映企业财务状况的重要会计要素，其与资产和负债的紧密联系使考试中常出现联合出题的情况。本章主要的考点是资本公积和留存收益的核算，需要考生重点关注。其他权益工具和其他综合收益为新增内容，需了解其核算范围。

考纲要求及考查方式

考纲内容	要求	考试题型
实收资本和库存股的核算	掌握	单选题、多选题、判断题
资本公积的核算	掌握	单选题、多选题、判断题
留存收益的核算	掌握	单选题、多选题、判断题
所有者权益的构成内容	熟悉	近年未涉及
留存收益概念及内容	熟悉	已分散在以上考点
所有者权益的管理要求	了解	近年未涉及
企业增资扩股及减资的基本制度要求	了解	近年未涉及

学习建议

本章内容不多，主要介绍了所有者权益各项目的内涵、来源、用途、核算以及相关的账务处理，学习难度不大且重点突出，考生尤其要关注资本公积和留存收益这两个项目的计算及账务处理。考生在备考的过程中，除了要掌握上述必要的知识外，还应当思考所有者权益和资产、负债等静态会计要素之间的勾稽关系，体会留存收益与收入、费用、利润等动态会计要素的联动，树立会计学科的整体框架，培养会计理论的逻辑关联。

学习框架

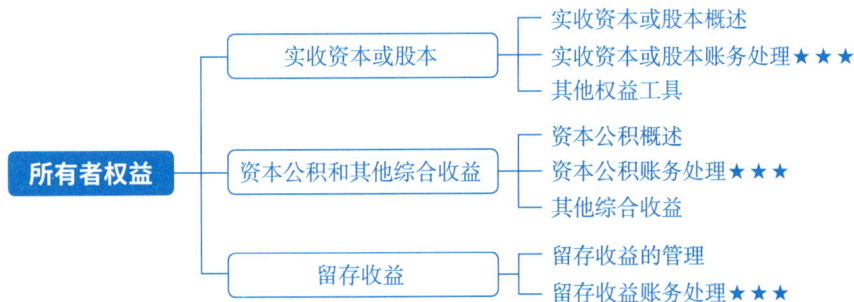

　　所有者权益通常由实收资本（或股本）、其他权益工具（如优先股、永续债等）、资本公积、其他综合收益、专项储备和留存收益构成。

第一节　实收资本或股本

一、实收资本或股本概述

　　实收资本是指企业按照章程规定或合同、协议约定，接受投资者投入企业的资本。对于股份有限公司来说即为股本。

　　实收资本的构成比例或股东的股份比例，是确定所有者在企业所有者权益中份额的基础，是企业进行利润或股利分配的主要依据，也是企业清算时确定所有者对净资产要求权的依据。

二、实收资本或股本账务处理 ★★★

1.科目设置

表 6-1　　　　　　　　　　　　　　实收资本或股本科目设置

公司类型	设置科目	账户性质
股份有限公司	股本	贷方登记已发行的股票面值；借方登记经批准核销的股票面值；期末余额在贷方，反映发行在外的股票面值。
除股份有限公司外的其他企业	实收资本	贷方登记企业收到投资者的出资额；借方登记企业报经批准减少的注册资本额；期末余额在贷方，反映企业实有的资本额。

2.账务处理

表 6-2　　　　　　　　　　　　　　实收资本或股本的账务处理

情形			账务处理
增加	（1）初始设立时接受投资（或接受投资者追加投资）	接受现金资产投资	（1）股份有限公司： 借：银行存款【企业实际收到的金额】 　　贷：股本【股票面值 × 发行股份总数】 　　　　资本公积——股本溢价【差额】 **名师说** 请注意区分股票价格和股票面值的区别：在我国，股票面值均为 1 元；而股票价格是指在一级市场上实际交易的价格，我国目前不允许折价发行，故股票价格可以等于股票面值（平价发行），也可以超过股票面值（溢价发行）。企业发行股票一般会委托证券公司进行，过程中发生的手续费、佣金等交易费用，应当冲减"资本公积——股本溢价"科目，即： 借：资本公积——股本溢价【交易费用】 　　贷：银行存款

续表

情形	账务处理
	（2）股份有限公司外的其他企业： 借：银行存款【企业实际收到的金额】 　贷：实收资本【按投资合同或协议约定的投资者在企业注册资本中所占份额的部分，企业新创立时一般不会产生资本溢价】 **敲黑板** 资产和所有者权益等额增加。
接受非现金资产投资	借：固定资产/原材料/无形资产等【投资合同或协议约定的价值（不公允的除外）】 　应交税费——应交增值税（进项税额） 　贷：实收资本（或股本）【投资者在企业注册资本或股本中所占份额】 　　资本公积——资本溢价（或股本溢价）【差额】
（2）资本公积转增资本	借：资本公积——资本溢价（或股本溢价） 　贷：实收资本（或股本） **敲黑板** 所有者权益内部一增一减，所有者权益总额不变。
（3）盈余公积转增资本	借：盈余公积 　贷：实收资本（或股本） **敲黑板** 所有者权益内部一增一减，所有者权益总额不变。
减少 资本过剩减资 企业发生重大亏损减资 企业调整资本结构	（1）股份有限公司（以回购并注销本公司股票方式减资）： 回购时： 借：库存股 　贷：银行存款【企业回购股票支付的价款】 注销时： 借：股本【股票面值 × 注销股数】 　资本公积——股本溢价【差额，或借方】 　贷：库存股【账面余额】 **名师说** 若注销库存股的账面余额**超过**股票面值，其差额应记入“资本公积——股本溢价”科目的借方（即冲减），“资本公积——股本溢价”科目不足冲减的，应依次计入“盈余公积”“利润分配——未分配利润”科目；若注销库存股的账面余额**低于**股票面值，则其差额应记入“资本公积——股本溢价”科目的贷方（即增加）。 （2）股份有限公司外的其他企业（按法定程序报经批准减资）： 借：实收资本 　资本公积 　贷：银行存款 　　库存现金等

敲黑板

股份有限公司发行股票增资以及回购股票减资是考试重点，考生须掌握发行股票的交易费用冲减“资本公积——股本溢价”科目，能够正确计算在存在交易费用的情况下记入“资本公积——股本溢价”科目的金额，并能够熟练写出相关的会计分录。

三、其他权益工具（2023年新增）

其他权益工具是企业发行的除普通股以外的按照准则规定归类为权益工具的各种金融工具，如优先股，永续债等。

优先股的特点：股东对公司资产、利润分配享有优先权，风险较小；对公司的经营没有参与权，优先股股东不能退股，只能通过优先股的**书柜**条款被公司赎回。

永续债的特点：没有到期日；持有人不能要求清偿本金，但可以按期取得利息。

符合负债条件的优先股、永续债应当分类为金融负债。

表 6-3　　　　　　　　　　　　　　　　　实收资本或股本科目设置

情形	账务处理
发行其他权益工具	借：银行存款 　　贷：其他权益工具
宣告分派股利	借：利润分配——应付优先股股利、应付永续债股利 　　贷：应付股利
赎回其他权益工具	借：库存股——其他权益工具 　　贷：银行存款 借：其他权益工具 　　贷：库存股——其他权益工具

【例 6-1·单选题·2022】甲有限责任公司（简称甲公司）为增值税一般纳税人，收到乙投资方作为资本投入的一台不需要安装的设备，合同约定的设备价值为 1 000 000 元，增值税为 130 000 元（由乙投资方支付税款并开具增值税专用发票）。根据投资合同，以投资方在甲公司注册资本中所占份额为 1 130 000 元。设备的合同约定价值与其公允价值一致，不考虑其他因素，下列各项中，甲公司接受投资的会计处理正确的是（　　）。

A. 借：固定资产　　　　　　　　　　　　　　　　　1 000 000
　　　应交税费——应交增值税（进项税额）　　　　　130 000
　　　　贷：资本公积　　　　　　　　　　　　　　　　　　1 000 000

B. 借：固定资产　　　　　　　　　　　　　　　　　1 130 000
　　　　贷：实收资本　　　　　　　　　　　　　　　　　　1 130 000

C. 借：固定资产　　　　　　　　　　　　　　　　　1 000 000
　　　应交税费——应交增值税（进项税额）　　　　　130 000
　　　　贷：实收资本　　　　　　　　　　　　　　　　　　1 130 000

D. 借：固定资产　　　　　　　　　　　　　　　　　1 000 000
　　　应交税费——应交增值税（进项税额）　　　　　130 000
　　　　贷：股本　　　　　　　　　　　　　　　　　　　　1 130 000

【答案】C

【解析】甲为有限责任公司，所以贷方应该确认实收资本，不是股本。会计分录如下：

借：固定资产　　　　　　　　　　　　　　　　　　1 000 000
　　应交税费——应交增值税（进项税额）　　　　　　130 000
　　　贷：实收资本　　　　　　　　　　　　　　　　　　1 130 000

【例6-2·单选题·2021】2020年8月1日，某上市公司所有者权益相关科目贷方余额为："股本"科目为100 000万元（每股面值为1元），"资本公积（股本溢价）"科目为3 000万元，"盈余公积"科目为30 000万元。经股东大会批准，8月3日该公司以每股3元的价格回购本公司股票2 000万股并注销。不考虑其他因素，该公司注销本公司股份时应冲减的盈余公积为（　　）万元。

A. 6 000　　　　　　B. 1 000　　　　　　C. 2 000　　　　　　D. 3 000

【答案】B

【解析】注销分录如下：

借：股本　　　　　　　　　　　　　　　2 000

　　资本公积　　　　　　　　　　　　　3 000【全部冲减】

　　盈余公积　　　　　　　　　　　　　1 000【资本公积不足部分，冲减留存收益】

　　　贷：库存股　　　　　　　　　　　6 000（2000×3）

【例6-3·多选题·2022】甲公司2021年12月31日的股本为10 000万股，每股面值为1元，资本公积（股本溢价）4 000万元，盈余公积1 500万元。经股东大会批准，甲公司以银行存款回购本公司股票1 500万股并注销，每股回购价为0.9元。下列各项中，会计处理正确的有（　　）。

A. 回购股票时所有者权益减少1 350万元

B. 回购股票不影响资产总额

C. 注销股票时股本减少1 350万元

D. 注销股票时资本公积增加150万元

【答案】AD

【解析】（1）回购股票时：

借：库存股　　　　　　　　　　　　　1 350

　　　贷：银行存款　　　　　　　　　　1 350

库存股增加，所有者权益减少，选项A正确。

（2）注销股票时：

借：股本　　　　　　　　　　　　　　1 500

　　　贷：库存股　　　　　　　　　　　1 350

　　　　　资本公积——股本溢价　　　　150

注销时股本减少1 500万元，资本公积增加150万元，选项D正确。

【例6-4·单选题·2020】甲公司为增值税一般纳税人，收到乙公司作为资本投入的原材料一批，合同约定该批材料不含增值税的价值为100万元，增值税税额为13万元（由乙公司支付），甲公司已取得增值税专用发票。该批材料合同约定的价值与公允价值相符，乙公司享有甲公司注册资本的份额为80万元。不考虑其他因素，下列各项关于甲公司接受乙公司投资的相关会计处理中，正确的是（　　）。

A. 借记"原材料"科目113万元

B. 贷记"实收资本"科目100万元

C. 贷记"应交税费——应交增值税（进项税额）"科目13万元

D. 贷记"资本公积——资本溢价"科目33万元

【答案】D

【解析】选项D正确，甲公司接受乙公司投资时，应作会计处理如下（金额单位为万元）：

借：原材料　　　　　　　　　　　　　　　　　　　　　　100

　　应交税费——应交增值税（进项税额）　　　　　　　　13

　　　贷：实收资本　　　　　　　　　　　　　　　　　　　　　80
　　　　　资本公积——资本溢价　　　　　　　　　　　　　　　33

【例6-5·单选题·2020】下列各项中，股份有限公司回购股票支付的价款低于股票面值总额的差额，在注销股份时应计入的会计科目是（　　）。

　　A. 利润分配——未分配利润　　　　　　　B. 盈余公积
　　C. 资本公积　　　　　　　　　　　　　　D. 营业外收入

【答案】C

【解析】选项C正确，企业回购股票支付的价款低于面值总额的，应按股票面值总额，借记"股本"科目，按所注销的库存股账面余额，贷记"库存股"科目，按其差额，贷记"资本公积——股本溢价"科目。

【例6-6·单选题·2019】甲公司初始设立时收到乙公司作为资本投入的一项非专利技术，合同约定的价值与公允价值相同，均为50 000元，经税务机关认证的增值税进项税额为3 000元（由投资方支付税款，并开具增值税专用发票）。已知乙公司投资额未超过其在甲公司注册资本中所占的份额。不考虑其他因素，甲公司应确认的实收资本金额为（　　）元。

　　A. 47 000　　　　　　B. 53 000　　　　　　C. 50 000　　　　　　D. 3 000

【答案】B

【解析】选项B正确，该笔业务的会计分录为：

借：无形资产　　　　　　　　　　　　　　　　　50 000
　　应交税费——应交增值税（进项税额）　　　　3 000
　　　贷：实收资本　　　　　　　　　　　　　　　　53 000

【例6-7·单选题·2019】某上市公司经股东大会批准以现金回购并注销本公司股票1 000万股，每股面值为1元，回购价为每股1.5元，该公司注销股份时"资本公积——股本溢价"科目余额为1 000万元，"盈余公积"科目余额为500万元。不考虑其他因素，该公司注销股份的会计处理正确的是（　　）。

　　A. 借记"资本公积——股本溢价"科目500万元
　　B. 借记"股本"科目1 500万元
　　C. 借记"盈余公积"科目500万元
　　D. 借记"库存股"科目1 000万元

【答案】A

【解析】选项A正确，回购时应作如下会计分录（金额单位为万元）：

借：库存股　　　　　　　　　　　　　　　　1 500（1 000×1.5）
　　　贷：银行存款　　　　　　　　　　　　　　1 500

注销本公司股份时应作如下会计分录：

借：股本　　　　　　　　　　　　　　　　　1 000（1 000×1）
　　资本公积——股本溢价　　　　　　　　　　500
　　　贷：库存股　　　　　　　　　　　　　　　1 500

【例6-8·单选题·2022】2020年4月1日，甲公司接受投资者投入一台需要安装的设备，该设备市场售价为200万元，与公允价值相符，增值税税额为26万元（由投资方支付税款，并提供增值税专用发票）；发生本公司安装人员工资4万元。2020年4月10日设备达到预定可使用状态。按合同约定，该投资计入实收资本的金额为180万元。不考虑其他因素，该项投资导致资本公积增加的金额为（　　）万元。

A. 20   B. 46   C. 24   D. 50

【答案】B

【解析】该项投资导致资本公积增加的金额 = 200 + 26 - 180 = 46（万元）。

相关账务处理为：

（1）借：在建工程   200

            应交税费——应交增值税（进项税额）   26

                贷：实收资本   180

                    资本公积——资本溢价   46

（2）借：在建工程   4

                贷：应付职工薪酬   4

（3）借：固定资产   204

                贷：在建工程   204

【例 6-9·单选题·2018】甲有限责任公司注册资本为 1 000 000 元，设立时收到乙公司投入的不需要安装的设备一台，合同约定该设备的价值为 200 000 元，增值税进项税额为 26 000 元（由投资方支付税款并提供增值税专用发票）。合同约定的价值与公允价值一致，乙公司占甲公司注册资本 20% 的份额。不考虑其他因素，下列各项中，关于甲公司接受乙公司投资的会计处理正确的是（   ）。

A. 借：固定资产   226 00

            贷：实收资本   200 000

                资本公积   26 000

B. 借：固定资产   200 000

            应交税费——应交增值税（进项税额）   26 000

            贷：实收资本   200 000

                资本公积   26 000

C. 借：固定资产   200 000

            应交税费——应交增值税（进项税额）   26 000

            贷：实收资本   226 000

D. 借：固定资产   226 000

            贷：实收资本   226 000

【答案】B

【解析】选项 B 正确，被投资公司接受固定资产投资时，应作会计分录如下：

借：固定资产   200 000

        应交税费——应交增值税（进项税额）   26 000

         贷：实收资本   200 000（1 000 000×20%）

              资本公积   26 000

【例 6-10·单选题·2018】某股份有限公司采用回购本公司股票方式减资。下列各项中，在回购本公司股份时应借记的会计科目是（   ）。

A. 股本   B. 资本公积   C. 盈余公积   D. 库存股

【答案】D

【解析】选项 D 正确，股份有限公司采用回购本公司股票方式减资的，回购时应作如下会计分录：

借：库存股

贷：银行存款

【例 6-11·多选题·2020】某公司经股东大会批准，按照每股 4 元的价格回购并注销本公司普通股股票 1 000 万股，每股股票面值为 1 元。注销前，该公司资本公积（股本溢价）为 2 000 万元，盈余公积为 3 000 万元。不考虑其他因素，下列各项关于该公司注销已回购股票的相关会计中，正确的有（　　）。

A. 借记"盈余公积"科目 2 000 万元　　　　B. 借记"资本公积"科目 1 000 万元

C. 借记"股本"科目 1 000 万元　　　　　　D. 贷记"库存股"科目 4 000 万元

【答案】CD

【解析】该公司注销股票时，应作会计处理如下（金额单位为万元）：

借：股本　　　　　　　　　　　　　　　　　　　1 000

　　资本公积　　　　　　　　　　　　　　　　　　2 000

　　盈余公积　　　　　　　　　　　　　　　　　　1 000

　　　贷：库存股　　　　　　　　　　　　　　　　　　4 000

【例 6-12·多选题·2022】2021 年 8 月 1 日，某公司资产负债表所有者权益部分项目期初余额如下：股本 10 000 万元，资本公积（股本溢价）1 500 万元，盈余公积 4 000 万元，未分配利润 400 万元。同日，该公司经批准回购并注销库存股 1 000 万股，该库存股的账面余额 3 000 万元、面值总额 1 000 万元。不考虑其他因素，下列各项中，该公司注销库存股的会计处理结果正确的有（　　）。

A. 资本公积减少 2 000 万元　　　　　　　　B. 盈余公积减少 500 万元

C. 股本减少 3 000 万元　　　　　　　　　　D. 资本公积减少 1 500 万元

【答案】BD

【解析】账务处理如下：

（1）回购股票

借：库存股　　　　　　　　　　　3 000

　　　贷：银行存款　　　　　　　　　　3 000

（2）注销股票

借：股本　　　　　　　　　　　　1 000

　　资本公积——股本溢价　　　　　1 500

　　盈余公积　　　　　　　　　　　　500

　　　贷：库存股　　　　　　　　　　　3 000

【例 6-13·多选题·2018】某公司期初的所有者权益为：股本为 5 000 万元（每股面值为 1 元），资本公积为 1 000 万元（其中股本溢价为 800 万元），盈余公积为 500 万元，未分配利润 600 万元。本期经股东大会批准，以每股 7 元的价格回购本公司股票 200 万股并注销。下列各项关于该公司回购并注销股票的会计处理结果中，正确的有（　　）。

A. 注销时，借记"资本公积——股本溢价"科目 800 万元

B. 注销时，借记"盈余公积"科目 400 万元

C. 回购时，借记"库存股"科目 1 400 万元

D. 注销时，借记"股本"科目 1 400 万元

【答案】ABC

【解析】选项 ABC 正确，公司回购股票时，应作如下会计处理（金额单位为万元）：

借：库存股   1 400（7×200）

  贷：银行存款   1 400

公司注销库存股时，应作如下会计分录：

借：股本   200（200×1）

  资本公积——股本溢价   800

  盈余公积   400（200×7−200−800）

  贷：库存股   1 400

【例 6-14·多选题·2018】某有限责任公司由甲、乙投资者分别出资 100 万元设立，为扩大经营规模，该公司的注册资本由 200 万元增加到 250 万元，丙企业以现金出资 100 万元，享有该公司 20% 的注册资本。不考虑其他因素，下列该公司接受丙企业出资的相关会计处理结果中，正确的有（　　）。

A. 贷记"实收资本"科目 100 万元   B. 借记"银行存款"科目 100 万元

C. 贷记"资本公积"科目 50 万元   D. 贷记"盈余公积"科目 100 万元

【答案】BC

【解析】选项 BC 正确，接受丙公司现金投资时，该公司应作如下会计分录（金额单位为万元）：

借：银行存款   100

  贷：实收资本——丙公司   50（250×20%）

    资本公积——资本溢价   50

【例 6-15·多选题·2015】下列各项中，会导致企业实收资本增加的有（　　）。

A. 盈余公积转增资本   B. 接受非流动资产捐赠（非关联方）

C. 资本公积转增资本   D. 接受投资者追加投资

【答案】ACD

【解析】选项 ACD 正确，各交易事项的会计处理分别为：

选项 A，借：盈余公积

      贷：实收资本（或股本）

选项 B，借：固定资产等

      贷：营业外收入

选项 C，借：资本公积

      贷：实收资本（或股本）

选项 D，借：银行存款等

      贷：实收资本（或股本）

        资本公积——资本溢价（或股本溢价）

【例 6-16·判断题·2021】企业接受新投资者投资会导致所有者权益总额增加。 （　　）

【答案】√

【例 6-17·判断题·2020】企业回购并注销股票支付的价款高于股票面值时，其差额应记入财务费用。 （　　）

【答案】×

【解析】减资时，按股票面值和注销股数计算的股票面值总额，借记"股本"科目，按注销库存股的账面余额，贷记"库存股"科目，按其差额，借记"资本公积——股本溢价"科目。股本溢价不足冲减的，应依次借记"盈余公积""利润分配——未分配利润"科目。

【例6-18·判断题·2018】企业接受投资者作价投入的材料物资，按投资合同或协议约定的投资者在企业注册资本或股本中所占份额的部分作为实收资本或股本入账。（ ）

【答案】√

【例6-19·判断题·2017】除投资合同或协议约定价值不公允的以外，企业接受投资者作为资本投入的固定资产，应按投资合同或协议的约定价值确定其入账价值。（ ）

【答案】√

【例6-20·判断题·2017】有限责任公司以资本公积转增资本，应当按照原出资者各出资比例相应增加各出资者的出资金额。（ ）

【答案】√

第二节 资本公积和其他综合收益

一、资本公积概述

资本公积的构成及形成原因见表6-4。

表6-4   资本公积的构成及形成原因

构　成	形成原因
资本溢价（或股本溢价）	企业收到投资者的超出其在企业注册资本（或股本）中所占份额的投资
其他资本公积	除资本溢价（或股本溢价）以外所形成的资本公积

二、资本公积账务处理 ★★★

表6-5   资本公积账务处理

情形	账务处理
资本（股本）溢价的核算	（1）股份有限公司外的其他公司吸收新投资者加入时： 借：银行存款【企业实际收到的投资额】 　　贷：实收资本【企业增资后的注册资本 × 新投资者所占份额】 　　　　资本公积——资本溢价【差额】 （2）股份有限公司发行股票筹资（溢价发行时）： 借：银行存款【企业实际收到的款项】 　　贷：股本【股票面值 × 发行股份总数】 　　　　资本公积——股本溢价【差额】 ⊙ 敲黑板　在股票按面值发行的情况下（平价发行），企业发行股票所取得的收入，应当全部作为股本处理。 　　再次强调，发行股票相关的手续费、佣金等交易费用，应当冲减"资本公积——股本溢价"科目，不足冲减的，依次冲减"盈余公积""利润分配——未分配利润"科目。

续表

情形		账务处理
其他资本公积的核算	采用权益法核算的长期股权投资	企业持有的长期股权投资采用权益法核算的，对被投资单位除净损益、其他综合收益和利润分配以外的所有者权益的其他变动，应按持股比例调整长期股权投资的账面价值和资本公积（其他资本公积）： 借：长期股权投资——其他权益变动 　　贷：资本公积——其他资本公积 （调减作相反分录）
		处置时，应将上述记入"资本公积——其他资本公积"科目的金额转入"投资收益"科目： 借：资本公积——其他资本公积 　　贷：投资收益 （或相反分录）
	以权益结算的股份支付	在等待期的每一个资产负债表日： 借：管理费用 　　贷：资本公积——其他资本公积
		在行权日： 借：资本公积——其他资本公积 贷：股本（或实收资本） 　　资本公积——股本溢价（或资本溢价）【差额】
资本公积转增资本		借：资本公积——资本溢价（或股本溢价） 　　贷：实收资本（或股本） 🎯 敲黑板 所有者权益内部一增一减，所有者权益总额不变。

三、其他综合收益（2023年新增）

其他综合收益，指企业未在当期损益中确认的各项利得或损失。具体见表 6-6。

表 6-6 其他综合收益

分类	情形
以后会计期间不能重分类进损益	重新计量设定受益计划净资产或净负债变动； 指定为以公允价值计量且其变动计入其他综合收益的金融资产（非交易性权益工具投资）的公允价值变动 按权益法核算，因被投资单位重新计量设定受益计划净负债或净资产变动导致的权益变动，投资企业按比例确认的其他综合收益
以后会计期间能重分类进损益	自用房地产或存货转换为投资性房地产（公允价值），产生贷方差额； 分类为以公允价值计量且其变动计入其他综合收益的金融资产的公允价值变动； 金融资产重分类计入的其他综合收益

【例 6-21·单选题·2021】下列各项中，关于有限责任公司资本公积的表述正确的是（　　）。

A. 投资者出资额超过其在注册资本中所占份额的股东权益

B. 可以直接用于企业利润分配

C. 可以作为企业利润分配的依据

D. 可以体现各位投资者在企业所有者权益中所占的比例

【答案】A

【解析】选题 B 错误，资本公积不可以用于企业利润分配，资本公积的用途主要是用来转增资本（或股本）；选题 C、D 错误，实收资本体现各所有者的占有比例，作为所有者参与企业财务经营决策或进行利润分配（或股利分配）的依据。

【例 6-22·单选题·2020】下列各项中，有限责任公司收到投资者投入的出资额，超出其在注册资本中所占份额的部分，应贷记的会计科目是（　　）。

A. 盈余公积　　　　B. 实收资本　　　　C. 其他综合收益　　　　D. 资本公积

【答案】D

【解析】选项 D 正确，有限责任公司收到投资者投入的出资额，按投资合同或协议约定的投资者在企业注册资本中所占份额的部分，贷记"实收资本"科目，超过投资者在企业注册资本中所占份额的部分，贷记"资本公积——资本溢价"科目。

【例 6-23·单选题·2022】某股份有限公司发行普通股股票 10 000 万股，每股面值 1 元，每股发行价 5 元，发生相关的手续费 10 万元。不考虑其他因素，该公司发行普通股导致"资本公积"科目贷方增加的金额为（　　）万元。

A. 10 000　　　　B. 50 000　　　　C. 39 990　　　　D. 40 000

【答案】C

【解析】发行普通股导致"资本公积"科目贷方增加金额 = 10 000 × 5 - 10 000 - 10 = 39 990（万元）。

【例 6-24·单选题·2020】某股份有限公司对外公开发行普通股 2 000 万股，每股面值为 1 元，每股发行价格为 3 元，发行手续费 600 000 元从发行收入中扣除，发行所得款项存入银行。不考虑其他因素，下列各项中，该笔业务会计处理正确的是（　　）。

A 借：银行存款　　　　　　　　59 400 000

　　　财务费用　　　　　　　　　 600 000

　　　　贷：股本　　　　　　　　20 000 000

　　　　　　资本公积　　　　　　40 000 000

B 借：银行存款　　　　　　　　60 000 000

　　　财务费用　　　　　　　　　 600 000

　　　　贷：股本　　　　　　　　20 000 000

　　　　　　资本公积　　　　　　40 600 000

C 借：银行存款　　　　　　　　60 000 000

　　　　贷：股本　　　　　　　　60 000 000

D 借：银行存款　　　　　　　　59 400 000

　　　　贷：股本　　　　　　　　20 000 000

　　　　　　资本公积　　　　　　39 400 000

【答案】D

【解析】股份有限公司发行股票时，股本反映面值总额，其金额为每股股票面值和发行股份总数的乘积，即记入"股本"科目的金额 $= 1 \times 20\,000\,000 = 20\,000\,000$（元），发生的手续费、佣金等交易费用，应从溢价中抵扣，冲减"资本公积——股本溢价"科目，不涉及财务费用，即记入"资本公积——股本溢价"科目的金额 $= 3 \times 20\,000\,000 - 20\,000\,000 - 600\,000 = 39\,400\,000$（元），选项 D 正确。

【例 6-25·单选题·2020】2019 年 8 月 1 日，某股份有限公司委托证券公司发行股票 5\,000 万股，每股面值 1 元，每股发行价格 6 元，向证券公司支付佣金 900 万元，从发行收入中扣除。不考虑其他因素，该公司发行股票记入"资本公积——股本溢价"科目的金额为（　）万元。

　　A. 30\,000　　　　　　B. 5\,000　　　　　　C. 24\,100　　　　　　D. 29\,100

【答案】C

【解析】"资本公积——股本溢价"科目的金额 $= 5\,000 \times 6 - 900 - 5\,000 = 24\,100$（万元），选项 C 正确。

【例 6-26·单选题·2019】下列各项关于股份有限公司溢价发行股票相关会计处理的表述中，正确的是（　）。

　　A. 发行股票发生的交易费用应单独计入当期损益

　　B. 溢价总额不足以抵扣发行股票发生的交易费用的差额应冲减股本

　　C. 溢价总额高于发行股票发生的交易费用的差额作为资本公积入账

　　D. 溢价总额不足以抵扣发行股票发生的交易费用的差额应计入当期损益

【答案】C

【解析】发行股票相关的手续费、佣金等交易费用，如果是溢价发行股票的，应从溢价中抵扣，冲减资本公积（股本溢价），而不是计入当期损益，选项 A 错误；无溢价发行股票或溢价金额不足以抵扣交易费用的，应将不足抵扣的部分依次冲减盈余公积和未分配利润，选项 BD 错误；在溢价发行股票的情况下，企业发行股票取得的收入，等于股票面值部分作为股本处理，超出股票面值的溢价收入应作为股本溢价处理，选项 C 正确。

【例 6-27·单选题·2019】某公司公开发行普通股 100 万股，每股面值 1 元，每股发行价格为 10 元，按发行收入的 3% 向证券公司支付佣金，从发行收入中扣除，收到的款项已存入银行。不考虑其他因素，该公司发行股票应计入资本公积的金额为（　）万元。

　　A. 893　　　　　　B. 970　　　　　　C. 870　　　　　　D. 900

【答案】C

【解析】选项 C 正确，发行股票时，该公司应作如下会计分录（金额单位为万元）：

借：银行存款　　　　　　　　　　　　 970（1\,000 - 100 × 10 × 3%）

　　贷：股本　　　　　　　　　　　　 100

　　　　资本公积　　股本溢价　　　　 870

【例 6-28·单选题·2018】某股份有限公司首次公开发行普通股，股票面值总额为 6\,000 万元，发行收入总额为 36\,000 万元，发行费用按照发行收入总额的 3% 计算。该公司因发行股票记入资本公积的金额为（　）万元。

　　A. 29\,100　　　　　　B. 6\,000　　　　　　C. 28\,920　　　　　　D. 30\,000

【答案】C

【解析】该公司因发行股票计入资本公积的金额 $= 36\,000 - 6\,000 - 36\,000 \times 3\% = 28\,920$（万元），选项 C 正确。

【例 6-29·多选题·2019】下列各项中，企业应通过"资本公积"科目核算的有（　）。

　　A. 投资者实际出资额超出其在企业注册资本的所占份额

B. 盈余公积转增资本

C. 回购股票确认库存股科目的账面价值

D. 股份有限公司溢价发行股票扣除交易费用后的股本溢价

【答案】AD

【解析】选项 A 正确，投资者实际出资额超出其在企业注册资本的所占份额，应作如下会计分录：

借：银行存款

　　贷：实收资本（或股本）

　　　　资本公积——资本溢价（或股本溢价）

选项 B 错误，盈余公积转增资本应作如下会计分录：

借：盈余公积

　　贷：实收资本（或股本）

选项 C 错误，回购股票时应作如下会计分录：

借：库存股

　　贷：银行存款

选项 D 正确，股份有限公司溢价发行股票扣除交易费用后的股本溢价应记入"资本公积——股本溢价"科目中，会计分录如下：

借：银行存款

　　贷：股本

　　　　资本公积——股本溢价

【例 6-30·多选题·2018】下列各项中，关于资本公积的表述正确的有（　　）。

A. 资本公积可以用于转增资本

B. 溢价发行股票发生的相关交易费用冲减资本公积

C. 资本公积可以用于弥补上年度发生的亏损

D. 资本公积可以体现不同所有者的占有比例

【答案】AB

【解析】选项 C 错误，资本公积不可以弥补企业的亏损；选项 D 错误，实收资本（或股本）而非资本公积可以体现不同所有者的占有比例。

【例 6-31·多选题·2015】下列各项中，不会使资本公积发生增减变动的有（　　）。

A. 企业实现净利润

B. 盈余公积转增资本

C. 资本公积转增资本

D. 投资者超过注册资本额的投入资本

【答案】AB

【解析】选项 A 正确，企业实现净利润最终转入未分配利润科目，引起所有者权益增加，与资本公积无关；选项 B 正确，盈余公积转增资本不会使资本公积发生增减变动；选项 C 错误，资本公积转增资本会导致资本公积减少；选项 D 错误，投资者超过注册资本额的投入资本会导致资本公积增加。

【例 6-32·判断题·2019】投资者的出资额超过其在被投资企业注册资本中应享有的份额，多缴的出资额计入其他综合收益。

（　　）

【答案】×

【解析】投资者的出资额超过其在被投资企业注册资本中应享有的份额，多缴的出资额计入资本公积。

【例 6-33 · 判断题 · 2019】企业溢价发行股票发生的相关手续费、佣金等交易费用，应计入财务费用。 （   ）

【答案】×

【解析】发行股票相关的手续费、佣金等交易费用，如果是溢价发行股票的，应从溢价中抵扣，冲减"资本公积——股本溢价"科目；"资本公积——股本溢价"科目不足抵扣的，应依次冲减盈余公积和未分配利润。

【例 6-34 · 判断题 · 2018】资本公积项目在满足一定的条件时可以重新分类确认为损益，成为企业利润的一部分。 （   ）

【答案】√

【解析】在处置长期股权投资时（假设全部处置），要将之前计入"资本公积——其他资本公积"科目的全额结转至"投资收益"科目，从而影响企业利润。

第三节 留存收益

一、留存收益的管理

表 6-7　　　　　　　　　　　　　　　　留存收益的管理

项目	内　　容
概念	企业从历年实现的利润中提取或形成的留存于企业的内部积累
构成	（1）盈余公积：企业按照有关规定从净利润中提取的积累资金，包括： ①法定盈余公积：企业按照**法律规定的比例（10%）**从净利润中提取的盈余公积（法定盈余公积累计额达到注册资本的**50%**时可不再提取）。 ②任意盈余公积：企业按照**股东会或股东大会决议**提取的盈余公积。 **✉ 名师说** 如果以前年度未分配利润有盈余（即年初未分配利润余额为正数），在计算提取盈余公积的基数时，**不包括企业年初未分配利润**；如果以前年度有亏损（即年初未分配利润余额为负数），**应先弥补以前年度亏损**再提取盈余公积。 （2）未分配利润：企业实现的净利润经过弥补亏损、提取盈余公积和向投资者分配利润后留存在企业的、历年结存的利润

二、留存收益账务处理 ★★★

1.盈余公积

为了反映和监督盈余公积的形成和使用情况，企业应设置"盈余公积"科目。该科目贷方登记按规定提取的盈余公积数额；借方登记用盈余公积弥补亏损和转增资本的实际数额；期末贷方余额反映企业的盈余公积金额。相关会计分录见表 6-8。

表 6-8   盈余公积的账务处理

情形		内容	影响
提取	提取盈余公积	借：利润分配——提取法定盈余公积 　　贷：盈余公积——法定盈余公积 借：利润分配——提取任意盈余公积 　　贷：盈余公积——任意盈余公积	所有者权益内部一增一减，所有者权益总额不变
使用	盈余公积补亏	借：盈余公积 　　贷：利润分配——盈余公积补亏	
	盈余公积转增资本	借：盈余公积 　　贷：实收资本（或股本）	
	盈余公积发放现金股利或利润	（1）宣告发放现金股利时： 借：盈余公积 　　贷：应付股利 （2）实际支付时： 借：应付股利 　　贷：银行存款	所有者权益减少

2. 利润分配

企业应设置"利润分配"科目，核算企业利润的分配（或亏损的弥补）和历年分配后的未分配利润（或未弥补亏损）。年度终了，企业应将全年实现的净利润或发生的净亏损，自"本年利润"科目转入"利润分配——未分配利润"科目，并将"利润分配"科目所属其他明细科目的余额，转入"未分配利润"明细科目。结转后，"利润分配——未分配利润"科目如为贷方余额，表示累积未分配的利润金额；如为借方余额，则表示累积未弥补的亏损金额。相关账务处理见表6-9。

表 6-9   利润分配的账务处理

项目		内容
当年度利润分配的顺序		（1）先提取法定盈余公积。 （2）再提取任意盈余公积。 （3）最后向投资者分配利润
（累计年度）可供分配的利润		当年实现的净利润（或净亏损）＋年初未分配利润（或－年初未弥补亏损）＋其他转入
利润分配的核算	结转实现的净利润或净亏损	借：本年利润 　　贷：利润分配——未分配利润 （亏损时作相反分录）
	提取盈余公积	借：利润分配——提取法定盈余公积 　　贷：盈余公积——法定盈余公积 借：利润分配——提取任意盈余公积 　　贷：盈余公积——任意盈余公积

续表

项目	内容
发放现金股利	（1）**股东大会**等类似权力机构宣告发放时： 借：利润分配——应付现金股利或利润 　　贷：应付股利 🎓 **名师说** 董事会宣告发放时不作账务处理，下同。 （2）实际支付时： 借：应付股利 　　贷：银行存款
发放股票股利	借：利润分配——转作股本的股利 　　贷：股本
期末将"利润分配"科目所属其他明细科目的余额转入"未分配利润"明细科目中	借：利润分配——未分配利润 　　贷：利润分配——提取法定盈余公积 　　　　　　　——提取任意盈余公积 　　　　　　　——应付现金股利或利润
用当年实现的利润弥补以前年度亏损	**不作账务处理**

【例6-35 · 判断题 · 2022】企业以盈余公积转增资本会导致企业留存收益减少。（　）

【答案】√

【解析】盈余公积转增资本时，借记"盈余公积"，贷记"实收资本（或股本）"，盈余公积属于留存收益，盈余公积减少，导致企业的留存收益减少。

【例6-36 · 多选题 · 2022】企业采用账结法结转本年利润，期末应将其本期发生额结转至本年利润科目的有（　）。

A. 财务费用　　　　　　　　　　　　B. 制造费用

C. 管理费用　　　　　　　　　　　　D. 销售费用

【答案】ACD

【解析】制造费用应计入产品成本，无须结转至本年利润。

【例6-37 · 单选题 · 2021】下列各项中，关于盈余公积会计处理的表述正确的是（　）。

A. 用盈余公积转增资本时，应借记"盈余公积"科目，贷记"资本公积"科目

B. 用盈余公积弥补亏损时，应借记"盈余公积"科目，贷记"利润分配——盈余公积补亏"科目

C. 提取盈余公积时，应借记"本年利润"科目，贷记"盈余公积"科目

D. 用盈余公积发放现金股利时，应借记"盈余公积"科目，贷记"利润分配——应付现金股利和利润"

【答案】B

【解析】选项A错误，相关会计分录：

借：盈余公积

　　贷：实收资本（股本）

选项 B 正确，相关会计分录：

借：盈余公积

  贷：利润分配——盈余公积补亏

选项 C 错误，相关会计分录：

借：利润分配——提取法定（任意）盈余公积

  贷：盈余公积——法定（任意）盈余公积

选项 D 错误，相关会计分录：

借：盈余公积

  贷：应付股利

【例 6-38·单选题·2020】下列各项中，企业应通过"利润分配"科目核算的是（   ）。

A. 支付已宣告发放的现金股利   B. 以盈余公积转增资本

C. 以股票溢价抵扣股票发行手续费   D. 以盈余公积弥补亏损

【答案】D

【解析】选项 A 错误，其会计分录为：

借：应付股利

  贷：银行存款等

选项 B 错误，其会计分录为：

借：盈余公积

  贷：实收资本等

选项 C 错误，溢价发行股票的手续费应直接冲减"资本公积——股本溢价"科目；

选项 D 正确，其会计分录为：

借：盈余公积

  贷：利润分配——盈余公积补亏

【例 6-39·单选题·2020】经股东大会批准，某公司以法定盈余公积弥补当年亏损 80 000 元。不考虑其他因素，下列各项中，该公司弥补亏损的会计处理正确的是（   ）。

A 借：盈余公积——法定盈余公积   80 000

   贷：本年利润   80 000

B. 借：盈余公积——法定盈余公积   80 000

   贷：利润分配——盈余公积补亏   80 000

C. 借：利润分配——盈余公积补亏   80 000

   贷：盈余公积——法定盈余公积   80 000

D 借：利润分配——未分配利润   80 000

   贷：盈余公积——法定盈余公积   80 000

【答案】B

【解析】以法定盈余公积补亏时，应借记"盈余公积——法定盈余公积"科目，贷记"利润分配"科目，选项 B 正确。

【例 6-40·单选题·2020】A 企业留存收益年初余额为 100 万元，本年利润总额为 800 万元，所得税税率为 25%，按净利润的 10% 提取法定盈余公积，按净利润的 5% 提取任意盈余公积，将盈余公积 20 万元用于转增资本、30 万元发放现金股利。则 A 企业留存收益年末余额为（   ）万元。

A. 650   B. 740   C. 700   D. 790

【答案】A

【解析】本年实现的净利润 = 800 − 800×25% = 600（万元），留存收益增加；提取的法定盈余公积和任意盈余公积金额 = 600×（10% + 5%）= 90（万元），盈余公积增加，同时未分配利润减少，不影响留存收益；将盈余公积转增资本、发放现金股利导致盈余公积减少，从而导致留存收益减少，所以留存收益余额 = 100 + 600 − 20 − 30 = 650（万元），选项A正确。

【例6-41·单选题·2020】下列各项中，不影响留存收益总额的是（　　）。

A.以盈余公积发放现金股利　　　　　　B.以盈余公积转增资本

C.以盈余公积弥补亏损　　　　　　　　D.以实现的净利润分配现金股利

【答案】C

【解析】留存收益包括盈余公积和未分配利润，选项C正确。其会计分录如下：

借：盈余公积

　　贷：利润分配

借贷方均为留存收益科目，不影响留存收益总额。

【例6-42·单选题·2020】下列各项中能导致企业盈余公积减少的是（　　）。

A.股东大会宣告分配股票股利　　　　　B.以资本公积转增资本

C.提取盈余公积　　　　　　　　　　　D.以盈余公积弥补亏损

【答案】D

【解析】选项A，宣告分配股票股利不作账务处理，不影响盈余公积；

选项B不影响盈余公积，其会计分录为：

借：资本公积

　　贷：实收资本（或股本）

选项C增加盈余公积，其会计分录为：

借：利润分配——提取法定（任意）盈余公积

　　贷：盈余公积——提取法定（任意）盈余公积

选项D导致盈余公积减少，其会计分录如下：

借：盈余公积

　　贷：利润分配——盈余公积补亏

【例6-43·单选题·2019】2018年1月1日，某企业"利润分配——未分配利润"科目借方余额为1000万元，"盈余公积"科目贷方余额为1500万元，当年实现净利润6000万元，提取盈余公积500万元。不考虑其他因素，2018年12月31日该企业的留存收益总额为（　　）万元。

A.5 000　　　　　　B.6 000　　　　　　C.6 500　　　　　　D.4 500

【答案】C

【解析】留存收益 = 盈余公积 + 未分配利润；其中，期末盈余公积 = 期初盈余公积 + 本期增加额 − 本期减少额 = 1 500 + 500 = 2 000（万元）；期末未分配利润 = 期初未分配利润 + 本期增加额 − 本期减少额 = −1 000 + 6 000 − 500 = 4 500（万元）；故期末留存收益 = 2 000 + 4 500 = 6 500（万元），选项C正确。

【例6-44·单选题·2019】下列各项中，导致留存收益总额减少的是（　　）。

A.以盈余公积弥补亏损　　　　　　　　B.接受股东非现金资产投资

C.以盈余公积转增资本　　　　　　　　D.以资本公积转增资本

【答案】C

【解析】选项 A 错误，以盈余公积弥补亏损属于留存收益内部一增一减，留存收益总额不变；选项 B 错误，接受股东非现金资产投资不涉及留存收益的变动；选项 C 正确，以盈余公积转增资本使得盈余公积减少，留存收益减少；选项 D 错误，以资本公积转增资本不涉及留存收益的变动。

【例 6-45·单选题·2019】下列各项中，导致企业留存收益总额减少的是（　　）。

A. 股东大会宣告分配现金股利　　　　　　B. 提取法定盈余公积

C. 以净利润弥补亏损　　　　　　　　　　D. 以盈余公积弥补亏损

【答案】A

【解析】选项 A 正确，股东大会宣告分配现金股利会导致留存收益总额减少；选项 B 错误，提取法定盈余公积属于留存收益内部一增一减，留存收益总额不变；选项 C 错误，以净利润弥补亏损，不需进行账务处理，留存收益总额不变；选项 D 错误，以盈余公积弥补亏损属于留存收益内部一增一减，留存收益总额不变。

【例 6-46·多选题·2022】下列各项中，影响可供分配的利润的因素有（　　）。

A. 年初盈余公积　　　　　　　　　　　　B. 提取法定盈余公积

C. 其他转入　　　　　　　　　　　　　　D. 当年实现的净利润

【答案】CD

【解析】可供分配的利润＝当年实现的净利润（或净亏损）＋年初未分配利润（或一年初未弥补亏损）＋其他转入。选项 CD 属于影响可供分配的利润的因素。

【例 6-47·单选题·2019】年终结转后，"利润分配——未分配利润"科目借方余额反映的是（　　）。

A. 历年累计未分配的利润　　　　　　　　B. 历年累计未弥补的亏损

C. 本年实现的净利润　　　　　　　　　　D. 本年发生的净亏损

【答案】B

【解析】选项 B 正确，年终结转后，"利润分配——未分配利润"科目借方余额反映历年累计未弥补的亏损；贷方余额反映历年累计未分配的利润。

【例 6-48·单选题·2018】某企业 2017 年年初盈余公积为 100 万元，当年实现净利润为 200 万元，提取盈余公积 20 万元，用盈余公积转增资本 30 万元，用盈余公积向投资者分配现金股利 10 万元。则 2017 年年末该企业盈余公积为（　　）万元。

A. 70　　　　　　　　B. 80　　　　　　　　C. 90　　　　　　　　D. 60

【答案】B

【解析】2017 年年末该企业盈余公积＝100＋20－30－10＝80（万元），选项 B 正确。

【例 6-49·单选题·2018】2017 年 1 月 1 日，某股份有限公司未分配利润为 100 万元。2017 年度实现净利润 400 万元，按 10% 提取法定盈余公积。不考虑其他因素，下列关于计提盈余公积的账务处理中，正确的是（　　）。（金额单位为万元）

A. 借：利润分配——提取法定盈余公积　　　　40

　　　贷：盈余公积　　　　　　　　　　　　　　　40

B. 借：本年利润——提取法定盈余公积　　　　40

　　　贷：盈余公积　　　　　　　　　　　　　　　40

C. 借：本年利润——提取法定盈余公积　　　　50

　　　贷：盈余公积　　　　　　　　　　　　　　　50

D. 借：利润分配——提取法定盈余公积　　　　50

　　　贷：盈余公积　　　　　　　　　　　　　　　50

【答案】A

【解析】计提盈余公积的基数为当期实现的净利润，故该公司应计提法定盈余公积的金额 ＝ 400×10％＝40（万元），选项 A 正确。

【例 6-50·单选题·2017】某公司年初未分配利润为 1 000 万元，当年实现净利润为 500 万元，按 10％ 提取法定盈余公积，5％ 提取任意盈余公积，宣告发放现金股利 100 万元。不考虑其他因素，该公司年末未分配利润为（　　）万元。

A. 1 450　　　　　B. 1 475　　　　　C. 1 325　　　　　D. 1 400

【答案】C

【解析】该公司年末未分配利润 ＝ 1 000 ＋ 500 － 500×（10％＋5％）－ 100 ＝ 1 325（万元），选项 C 正确。

【例 6-51·多选题·2021】下列各项中，导致企业留存收益变动的有（　　）。

A. 用盈余公积发放现金股利　　　　　B. 接受投资者设备投资

C. 盈余公积转增资本　　　　　D. 资本公积转增资本

【答案】AC

【解析】选项 A，应借记"盈余公积"，贷记"应付股利"，留存收益减少；选项 B，借记"固定资产"等，贷记"实收资本"或"股本"等，不影响留存收益；选项 C，借记"盈余公积"，贷记"实收资本"或"股本"，留存收益减少；选项 D，借记"资本公积"，贷记"实收资本"或"股本"，不影响留存收益。

【例 6-52·多选题·2020】下列各项中，导致企业年末可供分配利润总额发生增减变动的有（　　）。

A. 本年发生净亏损　　　　　B. 支付上年宣告发放的现金股利

C. 用盈余公积转增资本　　　　　D. 本年实现净利润

【答案】AD

【解析】选项 AD 正确，可供分配的利润 ＝ 当年实现的净利润（或净亏损）＋ 年初未分配利润（或年初未弥补亏损）＋ 其他转入（如用盈余公积弥补亏损）。

【例 6-53·多选题·2019】某公司年初"利润分配——未分配利润"科目贷方余额为 700 000 元，本年实现净利润 5 000 000 元，本年提取法定盈余公积 500 000 元，宣告分配现金股利 2 000 000 元。不考虑其他因素，该公司当年结转本年利润及其分配的会计处理正确的有（　　）。

A. 结转本年实现的净利润时：

借：本年利润　　　　　　　　　　　　　　　　　5 000 000

　　贷：利润分配——未分配利润　　　　　　　　　　　　5 000 000

B. 结转本年实现的净利润时：

借：利润分配——未分配利润　　　　　　　　　　5 000 000

　　贷：本年利润　　　　　　　　　　　　　　　　　　5 000 000

C. 结转"利润分配"科目所属明细科目余额时：

借：利润分配——提取法定盈余公积　　　　　　　500 000

　　　　　　——应付现金股利或利润　　　　　　2 000 000

　　贷：利润分配——未分配利润　　　　　　　　　　　2 500 000

D. 结转"利润分配"科目所属明细科目余额时：

借：利润分配——未分配利润　　　　　　　　　　2 500 000

　　贷：利润分配——提取法定盈余公积　　　　　　　　　500 000

——应付现金股利或利润	2 000 000

【答案】AD

【解析】选项 AD 正确，结转本年实现的净利润时：

借：本年利润　　　　　　　　　　　　　　　　　5 000 000

　　贷：利润分配——未分配利润　　　　　　　　　　　　5 000 000

提取法定盈余公积：

借：利润分配——提取法定盈余公积　　　　　　　500 000

　　贷：盈余公积——提取法定盈余公积　　　　　　　　500 000

宣告分配现金股利时：

借：利润分配——应付现金股利或利润　　　　　2 000 000

　　贷：应付股利　　　　　　　　　　　　　　　　　2 000 000

结转"利润分配"科目所属明细科目余额时：

借：利润分配——未分配利润　　　　　　　　　2 500 000

　　贷：利润分配——提取法定盈余公积　　　　　　　500 000

　　　　——应付现金股利或利润　　　　　　　　　2 000 000

【例 6-54·多选题·2019】下列各项中，年度终了需要转入"利润分配——未分配利润"科目的有（　　）

A. 本年利润
B. 利润分配——应付现金股利或利润
C. 利润分配——盈余公积补亏
D. 利润分配——提取法定盈余公积

【答案】ABCD

【解析】选项 ABCD 表述均正确，年度终了，"本年利润"科目需转入"利润分配——未分配利润"科目，同时"利润分配"科目下除"未分配利润"明细科目以外所有的明细科目，都需转入"利润分配——未分配利润"科目。

【例 6-55·多选题·2019】下列各项中，应通过"利润分配"科目核算的有（　　）。

A. 用可分配利润分配现金股利
B. 提取法定盈余公积
C. 用盈余公积弥补亏损
D. 用盈余公积转增资本

【答案】ABC

【解析】选项 D 错误，企业用盈余公积转增资本应作会计分录如下：

借：盈余公积

　　贷：实收资本（或股本）

【例 6-56·多选题·2018】下列各项中，引起企业留存收益总额发生增减变动的有（　　）。

A. 盈余公积转增资本

B. 提取法定盈余公积

C. 向投资者宣告分配现金股利

D. 本年度实现净利润

【答案】ACD

【解析】选项 A 正确，盈余公积转增资本会使得盈余公积减少，留存收益总额减少；选项 B 错误，提取法定盈余公积属于留存收益内部一增一减，总额不变；选项 C 正确，向投资者宣告分配现金股利使得利润分配减少，留存收益总额减少；选项 D 正确，本年度实现净利润使得利润分配增加，留存收益总额增加。

【例 6-57·判断题·2019】企业用当年实现的净利润弥补以前年度亏损，不需要单独进行账务处理。（　）

【答案】√

【解析】年末借记"本年利润"，贷记"利润分配——未分配利润"科目，将本年利润转入"利润分配"科目的贷方，与代表以前年度亏损的"利润分配"科目借方自然抵补，无需单独进行账务处理。

【例 6-58·判断题·2019】企业提取的盈余公积经批准可用于弥补亏损、转增资本、发放现金股利或利润。（　）

【答案】√

【例 6-59·判断题·2018】企业应以年初未分配利润和当年度实现的利润总额为基数计算提取法定盈余公积。（　）

【答案】×

【解析】如果以前年度未分配利润有盈余（即年初未分配利润余额为正数），在计算提取法定盈余公积的基数时，不应包括企业年初未分配利润；如果以前年度有亏损（即年初未分配利润余额为负数），应先弥补以前年度亏损，再提取盈余公积。

🎯 **敲黑板**

> 考试也会将所有者权益各项目结合起来，考查所有者权益整体的内容及核算，难度不大，各位考生学完上述内容后即可轻松应对。

【例 6-60·单选题·2022】2021 年 1 月初，某企业所有者权益总额为 3 950 万元。2021 年度实现净利润 500 万元，提取盈余公积 100 万元，以资本公积转增实收资本 350 万元，不考虑其他因素，2021 年 12 月末该企业所有者权益总额为（　）万元。

A.4 450　　　　　B.4 100　　　　　C.4 350　　　　　D.4 000

【答案】A

【解析】提取盈余公积和以资本公积转增实收资本不影响所有者权益总额。2021 年 12 月末该企业所有者权益总额 =3 950 + 500 = 4 450（万元）。

【例 6-61·单选题·2022】下列各项中，会导致所有者权益总额减少的是（　）。

A.提取法定盈余公积金

B.向投资者分配现金股利

C.资本公积转增资本

D.盈余公积补亏

【答案】B

【解析】选项 ACD 均属于所有者权益内部的增减变动，不影响所有者权益总额。

【例 6-62·单选题·2020】2019 年年初，某企业所有者权益总额为 1 150 万元，当年实现净利润 350 万元，提取盈余公积 35 万元，向投资者分配现金股利 40 万元。不考虑其他因素，该企业 2019 年年末所有者权益总额为（　）万元。

A.1 465　　　　　B.1 460　　　　　C.1 425　　　　　D.1 150

【答案】B

【解析】该企业 2019 年年末所有者权益总额 = 1 150 + 350 - 40 = 1 460（万元），选项 B 正确。

【例 6-63·单选题·2020】某企业年初所有者权益总额为 500 万元，当年以资本公积转增资本 50 万元，实现净利润 300 万元，提取盈余公积 30 万元，向投资者分配现金股利 70 万元。不考虑其他因素，该企业年末所有者权益为（　　）万元。

　　A. 650　　　　　　B. 730　　　　　　C. 680　　　　　　D. 770

【答案】B

【解析】以资本公积转增资本、提取盈余公积属于所有者权益内部的增减变动，不影响所有者权益总额，所以该企业年末所有者权益 = 500 + 300 - 70 = 730（万元），选项 B 正确。

【例 6-64·单选题·2018】下列各项中，不通过所有者权益类科目核算的是（　　）。

　　A. 固定资产毁损的净损失

　　B. 接受投资者投入的货币资金

　　C. 发行股票产生的溢价

　　D. 提取法定盈余公积

【答案】A

【解析】所有者权益类科目主要包括：实收资本、资本公积、盈余公积、利润分配等。选项 A 符合题意，固定资产毁损的净损失应记入"营业外支出"科目，不通过所有者权益类科目核算；选项 B，接受投资者投入的货币资金应借记"银行存款"，贷记"实收资本（或股本）"；选项 C，发行股票产生的溢价应记入"资本公积——股本溢价"；选项 D，提取法定盈余公积应借记"利润分配"，贷记"盈余公积"。

【例 6-65·单选题·2018】下列各项中，会引起企业所有者权益总额增加的是（　　）。

　　A. 当年实现净利润

　　B. 以盈余公积弥补以前年度亏损

　　C. 盈余公积转增资本

　　D. 向投资者宣告发放现金股利

【答案】A

【解析】选项 A 正确，当年实现净利润会引起所有者权益总额增加：

　　借：本年利润

　　　　贷：利润分配——未分配利润

选项 B 错误，以盈余公积弥补以前年度亏损属于所有者权益一增一减，所有者权益总额不变；选项 C 错误，盈余公积转增资本属于所有者权益内部一增一减，所有者权益总额不变；选项 D 错误，向投资者宣告发放现金股利会引起所有者权益总额减少。

【例 6-66·单选题·2010】某公司 2009 年年初所有者权益总额为 1 360 万元，当年实现净利润 450 万元，提取盈余公积 45 万元，向投资者分配现金股利 200 万元，本年内以资本公积转增资本 50 万元，投资者追加现金投资 30 万元。则该公司年末所有者权益总额为（　　）万元。

　　A. 1 565　　　　　　B. 1 595　　　　　　C. 1 640　　　　　　D. 1 795

【答案】C

【解析】以资本公积转增资本 50 万元、提取盈余公积 45 万元是所有者权益内部项目的变化，并不影响所有者权益总额；向投资者分配利润 200 万元减少所有者权益总额；实现净利润 450 万元、接受现金投资 30 万元增加所有者权益，因此该企业年末所有者权益总额 =1 360 + 450 - 200 + 30=1 640（万元），选项 C 正确。

本章习题精练

一、单项选择题

1. 下列各项目中，不属于所有者权益的是（ ）。
   A. 其他权益工具　　　　B. 专项储备
   C. 商誉　　　　　　　　D. 其他综合收益

2. 下列各项中，不属于留存收益的是（ ）。
   A. 资本溢价　　　　　　B. 法定盈余公积
   C. 任意盈余公积　　　　D. 未分配利润

3. 甲股份有限公司委托证券公司发行股票 1 000 万股，每股面值为 1 元，每股发行价格为 7 元，向证券公司支付佣金 600 万元。该公司应记入"股本"科目的金额为（ ）万元。
   A. 400　　　　　　　　B. 1 000
   C. 5 400　　　　　　　D. 6 400

4. 甲公司由乙公司和丙公司共同出资设立，注册资本为 2 000 万元，乙公司以一台设备进行投资，该台设备的原价为 840 万元，已计提折旧 56 万元，投资双方经协商确认的价值为 650 万元，设备投资当日公允价值为 600 万元。投资后，乙公司占甲公司注册资本的 20%。假定不考虑其他相关税费，则甲公司由乙公司设备投资而应确认的实收资本为（ ）万元。
   A. 400　　　　　　　　B. 840
   C. 600　　　　　　　　D. 650

5. 企业溢价发行股票，实收款项大于股票面值的部分，应记入（ ）账户。
   A. 股本　　　　　　　　B. 营业外收入
   C. 资本公积　　　　　　D. 盈余公积

6. 甲公司注册资本为 450 万元，为扩大生产经营，现吸收乙投资人资金 250 万元，将注册资本增加到 600 万元，合同约定乙投资人占注册资本的比例为 25%。则甲公司接受乙投资人的资金时，应计入资本公积的金额为（ ）万元。
   A. 0　　　　　　　　　B. 100
   C. 150　　　　　　　　D. 250

7. 甲股份有限公司委托证券公司发行股票 1 000 万股，每股面值为 1 元，每股发行价格为 6 元，向证券公司支付的佣金为发行总价款的 2.5%。则该公司应记入"资本公积——股本溢价"科目的金额为（ ）万元。
   A. 150　　　　　　　　B. 4 850
   C. 5 000　　　　　　　D. 5 850

8. 股份有限公司采用收购本公司股票方式减资的，按注销股票的面值总额减少股本，回购股票支付的价款超过面值的部分，应依次冲减的会计科目是（ ）。
   A. "盈余公积""资本公积""利润分配——未分配利润"
   B. "盈余公积""利润分配——未分配利润""资本公积"
   C. "资本公积""盈余公积""利润分配——未分配利润"
   D. "资本公积""利润分配——未分配利润""盈余公积"

9. 2×21 年 12 月 31 日，甲公司所有者权益的构成如下：股本 1 000 万元，资本公积（股本溢价）500 万元，盈余公积 300 万元，假定甲公司回购股票 200 万股，回购价格为每股 1.5 元，则注销库存股时冲减资本公积（ ）万元。
   A. 100　　　　　　　　B. 200
   C. 300　　　　　　　　D. 500

10. 甲公司为股份有限公司，2×21 年 12 月 1 日，甲公司以每股 3.6 元的价格回购股票 2 000 万股，股票每股面值为 1 元，共支付回购款 7 200 万元。回购前，甲公司的股本为 30 000 万元，资本公积（股本溢价）为 4 000 万元，盈余公积为 2 000 万元，未分配利润为 4 000 万元。则该公司注销股票后其盈余公积为（ ）万元。
    A. 0　　　　　　　　　B. 800
    C. 1 200　　　　　　　D. 2 000

11. 下列项目中，主要来源于企业实现的利润的是（ ）。
    A. 实收资本　　　　　　B. 库存股
    C. 资本公积　　　　　　D. 留存收益

12. 企业用盈余公积补亏时，应记入贷方科目的是（ ）。

A. 资本公积

B. 盈余公积

C. 利润分配——未分配利润

D. 利润分配——盈余公积补亏

13.甲公司于2×20年设立，2×21年年初甲公司"利润分配——未分配利润"借方余额为300万元，当年实现利润总额1 000万元，已知该公司按10%提取法定盈余公积，所得税税率为25%，则甲公司2×21年应提取的盈余公积为（　　）万元。

A. 45

B. 52.5

C. 70

D. 100

14.某企业盈余公积年初余额为800万元，本年利润总额为8 000万元，所得税税率为25%，按净利润的10%提取法定盈余公积，并以未分配利润转增资本100万元。则该企业盈余公积年末余额为（　　）万元。

A. 600

B. 1 000

C. 1 300

D. 1 400

15.甲公司2×21年年初未分配利润的贷方余额为40万元，盈余公积贷方余额为60万元，当年度实现的净利润为600万元，公司分别按10%和5%提取法定盈余公积和任意盈余公积。假定不考虑其他因素，该公司2×21年年末留存收益的金额为（　　）万元。

A. 100

B. 150

C. 550

D. 700

16.甲公司2×21年年初未分配利润的贷方余额为50万元，当年净利润为200万元，已知该公司按10%的比例提取盈余公积。不考虑其他事项，该公司2×21年年末的未分配利润为（　　）元。

A. 200

B. 225

C. 230

D. 250

17. 甲公司年初未分配利润的借方余额为100万元，当年净利润为200万元，均按10%提取法定盈余公积和任意盈余公积。则该公司年末可供分配的利润为（　　）万元。

A. 80

B. 100

C. 260

D. 300

18.某企业年初未分配利润为100万元，本年实现的净利润为200万元，分别按10%提取法定盈余公积和任意盈余公积，向投资者分配利润150万元，则年末该企业"利润分配——未分配利润"为（　　）万元。

A. 10

B. 90

C. 110

D. 130

19.下列各项中，能够导致企业留存收益减少的是（　　）。

A. 股东大会宣告以盈余公积派发现金股利

B. 以资本公积转增资本

C. 提取盈余公积

D. 以盈余公积弥补亏损

20.下列项目中，能同时引起资产和所有者权益同时发生增减变化的项目是（　　）。

A. 以资本公积转增资本

B. 宣告分派股票股利

C. 投资者以一项无形资产追加投资

D. 提取法定盈余公积

21.甲公司年初所有者权益总额为860万元，当年实现净利润600万元，提取盈余公积共计80万元，向投资者分配利润100万元，同时以资本公积转增资本120万元。则该公司年末所有者权益总额为（　　）万元。

A. 600

B. 1 160

C. 1 360

D. 1 460

22.甲公司2×21年年初所有者权益总额为1 350万元，当年实现净利润450万元，提取盈余公积45万元，向投资者分配现金股利200万元，本年内以资本公积转增资本100万元，投资者追加现金投资1 000万元。该公司年末所有者权益总额为（　　）万元。

A. 2 455

B. 2 500

C. 2 600

D. 2 800

23.甲公司由两位投资者各出资2 000万元成立，两年后为了扩大生产经营，甲公司决定吸收第三位投资者加入，并将注册资本增加到6 000万元。按照协议规定，新投资者需要缴入现金3 000万元，并享有公司1/3的股份，则甲公司吸收第三位投资者投资的会计分录为（　　）。（金额单位为万元）

A. 借：银行存款　　　　　　　　3 000

贷：实收资本   3 000

 B.借：银行存款   3 000

    贷：实收资本   1 000

     资本公积——资本溢价 2 000

 C.借：银行存款   3 000

    贷：实收资本   2 000

     资本公积——资本溢价 1 000

 D.借：银行存款   3 000

    贷：实收资本   2 000

     营业外收入   1 000

24.甲公司为新设立的增值税一般纳税人，收到投资者乙公司投入原材料，合同约定价值为100万元，增值税专用发票注明的增值税税额为13万元。甲公司另支付运杂费2万元，增值税专用发票注明的增值税税额为1.8万元。则下列甲公司收到原材料的会计处理中，正确的是（ ）。（金额单位为万元）

 A.借：原材料   102

   应交税费——应交增值税（进项税额）   14.8

   贷：实收资本   113

    资本公积——资本溢价 3.8

 B.借：原材料   102

   应交税费——应交增值税（进项税额）   14.8

   贷：实收资本   116.8

 C.借：原材料   102

   应交税费——应交增值税（进项税额）   14.8

   贷：实收资本   113

    银行存款   3.8

 D.借：原材料   102

   应交税费——应交增值税（进项税额）   14.8

   贷：实收资本   113

    资本公积——资本溢价 3.8

25.2×21年12月31日，甲公司所有者权益的构成如下：股本1 000万元，资本公积（股本溢价）500万元，盈余公积300万元，假定甲公司回购股票200万股，回购价格为每股6元。则注销库存股时冲减资本公积（ ）万元。

A.200   B.500

C.1 000   D.1 200

26.2×21年12月31日，甲公司所有者权益的构成如下：股本1 000万元，资本公积（股本溢价）300万元，盈余公积100万元，假定甲公司回购本公司股票100万股，以每股2元的价格收回。假定不考虑其他条件，则注销库存股时冲减的盈余公积是（ ）万元。

A.200   B.100

C.50   D.0

27.企业用当年实现的利润弥补亏损时，下列会计处理中，正确的是（ ）。

 A.借记"利润分配——未分配利润"科目，贷记"本年利润"科目

 B.借记"本年利润"科目，贷记"利润分配——未分配利润"科目

 C.无需专门作账务处理

 D.借记"利润分配——未分配利润"科目，同时贷记"利润分配——未分配利润"科目

28.甲公司年初未分配利润的贷方余额为1 000万元，本年实现利润总额600万元，所得税费用为150万元，公司按净利润的10%提取法定盈余公积，并提取任意盈余公积15万元，董事会决定向投资者分配利润100万元，准备在年后提请股东大会表决通过。则该公司年末未分配利润贷方余额为（ ）万元。

A.1 290   B.1 390

C.1 450   D.1 600

29.甲公司2×21年年初未分配利润的借方余额为5 000万元，当年实现利润总额8 000万元，企业所得税税率为25%，假定年初亏损发生在5年之内，根据税法规定可用税前利润弥补。不考虑其他相关因素，甲公司当年年末未分配利润的余额为（ ）万元。

A.3 000   B.2 250

C.2 750   D.7 250

30.2×21年1月1日，甲公司所有者权益的构成如下：实收资本1 800万元，资本公积1 200万元，盈余公积1 000万元，未分配利润500万元。已知2×21年度甲公司实现利润总额为600万元，企业所得税税率为25%。假定不存

在纳税调整事项及其他因素，该公司2×21年12月31日可供分配利润为（　）万元。

A. 600　　　　　　　B. 950

C. 1 000　　　　　　D. 1 100

31. 下列各项会影响所有者权益总额发生增减变动的是（　）。

A. 宣告发放股票股利

B. 股东大会宣告派发现金股利

C. 盈余公积补亏

D. 支付已宣告的现金股利

32. 下列关于甲公司2×21年年初的事项中，能够引起负债和所有者权益项目总额同时发生增减变动的是（　）。

A. 2×21年1月31日，提取盈余公积

B. 2×21年2月1日，以盈余公积弥补以前年度亏损

C. 2×21年3月20日，董事会宣告以盈余公积发放现金股利

D. 2×21年4月10日，经股东大会批准宣告分配现金股利

33. 甲公司2×21年年初所有者权益总额为1 600万元，当年实现净利润800万元，提取法定盈余公积80万元，提取任意盈余公积40万元，向投资者分配现金股利150万元，分配股票股利100万元，本年内以盈余公积转增资本60万元，投资者追加现金投资40万元。不考虑其他因素，该公司年末所有者权益总额为（　）万元。

A. 2 290　　　　　　B. 2 400

C. 2 440　　　　　　D. 2 570

二、多项选择题

34. 下列各项中，会导致企业实收资本增加的有（　）。

A. 资本公积转增资本

B. 盈余公积转增资本

C. 接受投资者追加现金投资

D. 接受非股东固定资产捐赠

35. 甲股份有限公司以收购本企业股票方式减资，可能涉及（　）会计科目。

A. 股本　　　　　　B. 资本公积

C. 财务费用　　　　　D. 盈余公积

36. 下列各项中，资本公积的主要用途不包括（　）。

A. 转增资本　　　　　B. 弥补亏损

C. 发放现金股利　　　D. 扩大生产经营

37. 下列关于甲公司回购股票的说法中，错误的有（　）。

A. 回购股票会使甲公司所有者权益总额发生变动

B. 回购股票不会使甲公司所有者权益总额发生变动

C. 注销股票会使甲公司所有者权益总额发生变动

D. 注销股票不会使甲公司所有者权益总额发生变动

38. 下列各项中，属于企业留存收益的有（　）。

A. 按规定从净利润中提取的法定盈余公积

B. 累积未分配的利润

C. 从净利润中提取的任意盈余公积

D. 发行股票的溢价收入

39. 下列各项中，关于盈余公积的用途表述正确的有（　）。

A. 以盈余公积转增股本

B. 以盈余公积转增资本公积

C. 以盈余公积弥补亏损

D. 以盈余公积发放现金股利

40. 下列项目中，能引起盈余公积发生增减变动的有（　）。

A. 提取盈余公积

B. 以盈余公积弥补亏损

C. 以盈余公积转增资本

D. 以资本公积转增资本

41. 下列各项中，年度终了需要转入"利润分配——未分配利润"科目的有（　）。

A. 本年利润

B. 利润分配——应付现金股利

C. 利润分配——盈余公积补亏

D. 利润分配——提取法定盈余公积

42. 下列各项中，仅引起所有者权益内部结构发生变动而不影响所有者权益总额的有（　）。

A. 盈余公积弥补亏损

B. 资本公积转增资本

C. 股东大会宣告分配现金股利

D. 董事会宣告发放股票股利

43.甲公司和乙公司均为增值税一般纳税人，适用的增值税税率为13%。甲公司接受乙公司投入机器设备一台，增值税税款已由乙公司支付并开具增值税专用发票。已知该设备原价为200万元，已提折旧80万元；合同约定的价值为150万元，其公允价值相符。则甲公司各项会计处理中，正确的有（　　）。

A. 甲公司固定资产入账价值为120万元

B. 甲公司固定资产入账价值为150万元

C. 甲公司实收资本应增加169.5万元

D. 甲公司实收资本应增加140.4万元

44.甲股份有限公司采用回购本公司股票方式减资，则关于注销时的下列说法中，正确的有（　　）。

A. 按股票面值和注销股数计算的股票面值总额减少股本

B. 按股票面值和注销股数计算的股票面值总额减少库存股

C. 按所注销库存股的账面余额减少库存股

D. 回购股票支付的价款低于面值总额的，应按股票面值总额，借记"股本"科目，按所注销库存股的账面余额，贷记"库存股"科目，按其差额贷记"资本公积——股本溢价"科目，"资本公积——股本溢价"科目不足冲减的，应依次冲减"盈余公积"和"利润分配——未分配利润"科目

45.下列各项中，影响甲股份有限公司资本公积的有（　　）。

A. 发行股票的溢价

B. 发行股票支付的手续费

C. 持股比例为20%的被投资单位乙公司发生除净损益、其他综合收益和利润分配以外所有者权益的其他变动

D. 资本公积转增资本

46. 企业弥补亏损的渠道有（　　）。

A. 以资本公积弥补亏损

B. 以盈余公积弥补亏损

C. 用以后5年的税前利润弥补

D. 用5年后的税后利润弥补

47.下列选项中，能够影响可供分配利润增减变动的有（　　）。

A. 以前年度累计未弥补亏损

B. 当年提取法定盈余公积

C. 提取任意盈余公积

D. 当年实现的净利润

48.下列交易或事项中，不影响企业当期损益的有（　　）。

A. 处置长期股权投资时转销资本公积

B. 公司溢价发行股票

C. 盈余公积补亏

D. 资本公积转增资本

49.下列各项是甲企业2×21年发生的经济业务，其中影响年末未分配利润金额的有（　　）。

A. 出售商品实现收入100万元

B. 将盈余公积中的250万元用于转增资本

C. 由于收发计量差错造成存货盘盈50万元

D. 接受股东捐赠一项无形资产，协议约定价值为200万元

50.下列交易或事项中，会引起甲公司所有者权益总额发生增减变动的有（　　）。

A. 股东大会宣告发放股票股利

B. 应付账款获得债权人豁免

C. 回购股票

D. 注销库存股

三、判断题

51.所有者权益是所有者对企业资产的要求权。（　　）

52.企业接受投资者以固定资产投资时，必须按投资合同或协议约定的价值确认资产的入账价值。（　　）

53.企业接受投资者以非现金资产投资时，应将该非现金资产的价值确认为实收资本或股本。（　　）

54.除股份有限公司以外的其他类型企业，在企业创立时，投资者认缴的出资额与注册资本一致，不会产生资本溢价。（　　）

55.股份有限公司发行股票时，按照实际收到的

款项，借记"银行存款"科目，贷记"股本"科目。 （ ）

56.在按面值发行股票的情况下，公司发行股票支付的手续费、佣金等发行费用，直接计入当期财务费用。 （ ）

57.企业回购本公司股票并依法注销时，按注销股票的回购价与其面值的差额调整"资本公积——股本溢价"科目；"资本公积——股本溢价"科目不足冲减的，应依次冲减"盈余公积"和"未分配利润"科目。 （ ）

58.企业回购本公司股票会导致所有者权益减少。 （ ）

59.期初未分配利润有贷方余额，期末获利的情况下，计提法定盈余公积时不包含期初的贷方余额。 （ ）

60.企业应在年末"未分配利润"余额的基础上提取法定盈余公积。 （ ）

61.企业当年只要实现利润，就应按一定比例提取盈余公积。 （ ）

62.未分配利润的金额等于企业当年实现的净利润加上年初未分配利润（或减去年初未弥补亏损），减去已提取的盈余公积。 （ ）

63.企业董事会或类似机构作出拟分配利润方案的，企业应当进行账务处理。 （ ）

64.无论是以税前利润还是以税后利润弥补亏损，在会计上都无需作会计分录，只是两者计算缴纳所得税时的处理不同。 （ ）

四、不定项选择题

65.2×21年年初甲公司所有者权益总额为9 500万元，其中股本为4 000万元，资本公积为1 000万元，盈余公积为500万元，未分配利润为4 000万元，本年发生如下业务：

（1）甲公司发行股票500万股，每股面值为1元，发行价为每股4元，发行手续费为发行总收入的2.5%。

（2）当年实现利润总额5 075万元，其中，国债利息收入为85万元，支付行政罚款10

万元，无其他调整事项。

（3）股东大会批准回购本公司股票100万股并注销，回购价为每股4元。

（4）甲公司拥有乙公司25%股权，采用权益法核算，当年乙公司除净损益、其他综合收益和利润分配以外所有者权益增加200万元。

要求：甲公司适用的所得税税率为25%，不考虑其他因素，回答下列问题（本题金额单位为万元）：

（1）根据资料（1），下列各项中，甲公司会计处理正确的是（ ）。

A.财务费用增加50万元

B.股本增加500万元

C.资本公积增加1 450万元

D.银行存款增加1 950万元

（2）根据资料（2），2×21年甲公司净利润为（ ）万元。

A.3 761.25　　　　　B.3 742.5

C.3 825　　　　　　D.3 806.25

（3）根据资料（3），下列各项中，甲公司股票回购的会计处理正确的是（ ）。

A.增加股本100万元

B.减少库存股100万元

C.银行存款减少400万元

D.资本公积减少300万元

（4）根据资料（4），下列各项关于甲公司长期股权投资业务对财务报表项目的影响中，正确的是（ ）。

A.长期股权投资增加50万元

B.投资收益增加50万元

C.资本公积增加50万元

D.其他综合收益增加50万元

（5）根据资料（1）至资料（4），甲公司2×21年年末各所有者权益项目金额正确的是（ ）。

A.股本4 400万元

B.资本公积2 200万元

C.未分配利润7 825万元

D.所有者权益总额14 925万元

第七章 收入、费用和利润

考情概要

本章属于非常重要的一章，其中，收入的内容在 2020 年按《企业会计准则第 14 号——收入》全新编写，是近两年考试的热点，本章以各种形式题型进行考查，平均分值为 20 分左右。

考纲要求及考查方式

考纲内容	要求	考试题型
收入确认的原则和前提条件	掌握	近年未涉及
收入确认和计量的步骤以及收入核算应设置的账务处理	掌握	单选题、多选题、判断题
在某一时点和某一时段履行履约义务并确认收入的会计科目	掌握	单选题、多选题、判断题
可变对价的账务处理	掌握	单选题、多选题、判断题、不定项选择题
合同取得成本和合同履约成本的内容及账务处理	掌握	单选题、判断题
营业成本的组成、税金及附加的内容	掌握	单选题、多选题
营业成本的账务处理	掌握	单选题
税金及附加的账务处理	掌握	近年未涉及
期间费用的内容及账务处理	掌握	单选题、多选题、判断题
期间费用的内容及账务处理	掌握	单选题、多选题、判断题
营业外收入、营业外支出的核算内容及账务处理	掌握	单选题、多选题、判断题
应交所得税、所得税费用的计算及账务处理	掌握	单选题、判断题
利润的构成、本年利润的结转方法及账务处理	掌握	单选题、多选题、判断题

学习建议

本章内容包括收入、费用和利润三大会计要素。其中，收入要素为历年考查的重要知识点，与包括资产、负债等多个章节联系紧密，考生在学习时可链接到相关章节，做到融会贯通；费用要素侧重于基础知识内容，各位考生在学习时须识记各种费用组成内容；利润要素也具有综合性的特点，与财务报表章节联系尤为紧密，考生学习时可以和利润表结合，熟练背诵利润表，并和相关章节的交易事项结合学习。

学习框架

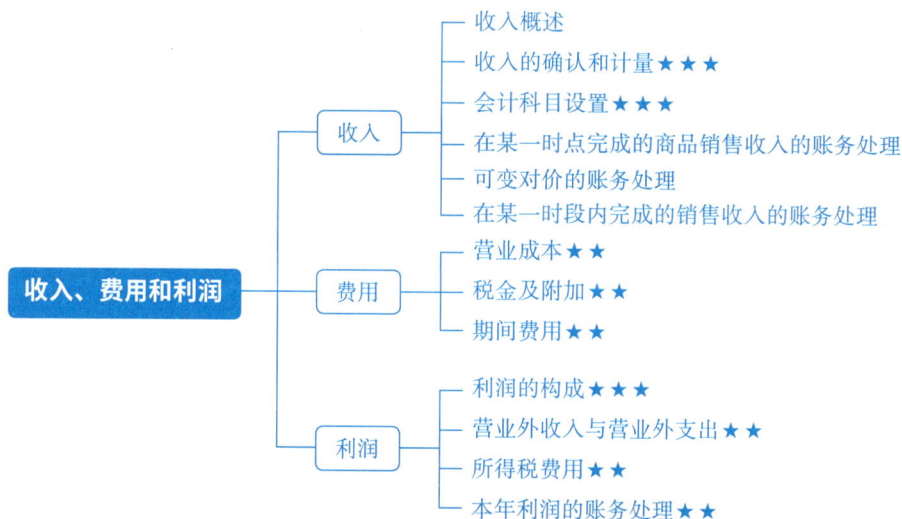

第一节　收入

一、收入概述

（一）收入的概念

收入是指企业在日常活动中形成的、会导致所有者权益增加的、与所有者投入资本无关的经济利益的总流入。

（二）收入的管理

企业加强收入核算与监督的目标是保证收入的真实、完整，保证销售折让、折扣等可变对价的正确合理，保证客户信用管理和货款的及时足额收回，反映企业向客户转让商品的模式及其相应的销售政策和策略等销售决策的科学性、合理性。

收入核算和监督的基本要求是确认收入的方式应当反映其向客户转让商品或提供服务的模式，收入的金额应当反映企业因转让商品或提供服务而预期有权收取的对价金额。

二、收入的确认和计量 ★★★

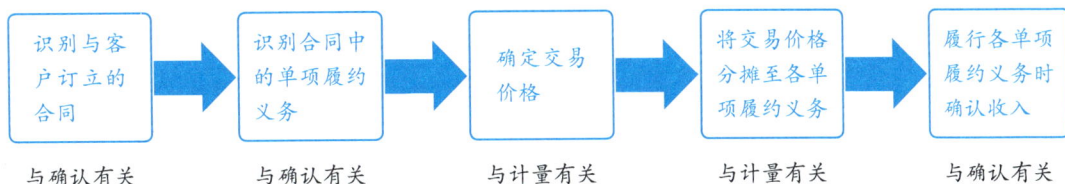

图 7-1　收入的确认和计量

（一）识别与客户订立的合同

合同是指双方或多方之间订立有法律约束力的权利义务的协议，包括**书面形式**、**口头形式**以及**其他形式**。合同的存在是企业确认客户合同收入的前提。

1.收入确认的原则

企业应当在履行了合同中的履约义务，即在**客户取得相关商品控制权时**确认收入。

取得商品控制权包括三个要素：

（1）客户必须**拥有现时权利**，能够主导该商品的使用并从中获得几乎全部经济利益。

（2）客户有能力**主导**该商品的使用。

（3）客户能够**获得商品几乎全部的经济利益**。

> **敲黑板**
>
> 本章所称的客户是指与企业订立合同以向该企业购买其日常活动产出的商品并支付对价的一方；所称的商品包括商品和服务。

> **名师说**
>
> 注意区分《企业会计准则第 14 号——收入》规范的范围与营业收入核算的内容。
>
> 《企业会计准则第 14 号——收入》不涉及企业对外出租资产收取的租金，进行债权投资收取的利息，进行股权投资取得的现金股利以及保费收入等。
>
> 营业收入包括主营业务收入和其他业务收入。

【例 7-1·多选题】下列各项中，应按照收入准则进行确认计量的有（　　）。

A.经营租出固定资产的租金收入

B.债权投资的利息收入

C.提供服务取得的收入

D.出售商品取得的收入

【答案】CD

【解析】选项 CD 正确，收入准则不涉及企业对外出租资产收取的租金，进行债权投资收取的利息，进行股权投资取得的现金股利以及保费收入等。

【例 7-2·多选题】下列各项中，属于工业企业营业收入的有（　　）。

A.经营租出固定资产的租金收入

B. 债权投资的利息收入

C. 提供服务取得的收入

D. 出售商品取得的收入

【答案】ACD

【解析】选项 A 记入"其他业务收入"科目；选项 B 记入"投资收益"科目；选项 CD 记入"主营业务收入"科目；选项 ACD 属于工业企业的营业收入。

2. 收入确认的前提条件

企业与客户之间的合同**同时满足**下列五项条件的，企业应当在客户**取得相关商品控制权**时确认收入：

（1）合同各方**已批准**该合同**并承诺**将履行各自义务。

（2）该合同**明确了**合同各方与所转让的商品相关的**权利和义务**。

（3）该合同有明确的与所转让的商品相关的**支付条款**。

（4）该合同**具有商业实质**，即履行该合同将改变企业未来现金流量的风险、时间分布或金额。

（5）企业因向客户转让商品而有权取得的**对价很可能收回**。

（二）识别合同中的单项履约义务

企业应当将向客户转让**可明确区分**商品（或商品的组合）的承诺以及向客户转让一系列**实质相同且转让模式相同**的、可明确区分商品的承诺作为单项履约义务。

【例 7-3·多选题】下列各项中，作为一项单项履约义务核算的有（　　）。

A. 企业与客户签订合同，向其销售商品并提供安装服务，该安装服务简单，除该企业外其他供应商也可以提供此类安装服务

B. 企业与客户签订合同，向其销售商品并提供安装服务，该安装服务复杂且商品需要按客户定制要求修改

C. 企业与客户签订合同，为客户建造写字楼

D. 企业与客户签订合同，为客户提供酒店管理服务

【答案】BCD

【解析】选项 A 错误，销售商品和提供安装服务可明确区分，该合同中销售商品和提供安装服务为两项单项履约义务；选项 B 正确，由于安装服务复杂且商品需要按客户定制要求修改，销售商品和提供安装服务不可明确区分，合同中销售商品和提供安装服务合并为单项履约义务；选项 C 正确，合同约定为客户建造写字楼为一项组合产出，属于转让可明确区分商品的组合，该合同构成单项履约义务；选项 D 正确，属于向客户转让一系列实质相同且转让模式相同的、可明确区分商品的承诺，构成单项履约义务。

（三）确定交易价格

交易价格是指企业因向客户转让商品而**预期有权收取的对价金额**，实际收到商品对价的金额不一定代表交易价格。

名师说

交易价格不包括企业代第三方收取的款项（如增值税）以及企业预期将退还给客户的款项。

合同条款所承诺的对价，可能是**固定金额**、**可变金额**或**两者兼有**。

【例7-4·单选题·2022】甲公司与客户签订一份装修服务合同，约定的价款为20万元，3个月完工。合同约定，若提前1个月完工，将获得额外奖励1万元。该企业估计工程提前1个月完工的概率为95%。不考虑其他因素，该项装修业务的交易价格为（　　）万元。

A. 19　　　　　　　B. 21　　　　　　　C. 20　　　　　　　D. 20.95

【答案】B

【解析】若合同中存在可变对价，企业应当对计入交易价格的可变对价进行估计。企业应当按照期望值或最可能发生金额确定可变对价的最佳估计数。提前1个月完工的概率为95%，提前完工的奖励应计入交易价格，该项装修业务的交易价格=20+1=21（万元）。

（四）将交易价格分摊至各单项履约义务

当合同中包含两项或多项履约义务时，需要将交易价格分摊至各单项履约义务。

分摊的方法是在合同开始日，按照各单项履约义务所承诺商品的单独售价（企业向客户单独销售商品的价格）的相对比例，将交易价格分摊至各单项履约义务。

【例7-5·单选题·2022】甲企业与客户签订设备销售和安装合同，不含增值税的合同总价款为420万元。该设备不含增值税的销售和安装的单独售价分别为324万元和108万元。下列各项中，甲企业销售设备应分摊的交易价格为（　　）万元。

A. 105　　　　　　　B. 108　　　　　　　C. 315　　　　　　　D. 324

【答案】C

【解析】甲企业销售设备应分摊的交易价格=设备单独售价/（设备单独售价+安装单独售价）×合同总价款=324/（324+108）×420=315（万元）。

【例7-6·单选题】甲公司与客户签订合同，向其销售A、B、C三件产品，不含增值税的合同总价款为80 000元。A、B、C产品的不含增值税单独售价分别为20 000元、30 000元和50 000元。不考虑其他因素，A产品应当分摊的交易价格为（　　）元。

A. 16 000　　　　　　B. 20 000　　　　　　C. 24 000　　　　　　D. 50 000

【答案】A

【解析】选项A正确，A产品应分摊的交易价格=80 000×20 000/（20 000+30 000+50 000）=16 000（元）。

【例7-7·单选题·2020】甲公司与乙公司签订合同，向乙公司销售E、F两种产品，不含增值税的合同总价款为3万元。E、F产品不含增值税的单独售价分别为2.2万元和1.1万元。该合同包含两项可明确区分的履约义务。不考虑其他因素，按照交易价格分摊原则，E产品应分摊的交易价格为（　　）万元。

A. 2　　　　　　　B. 1　　　　　　　C. 2.2　　　　　　　D. 1.1

【答案】A

【解析】E产品应分摊的交易价格=3/（2.2+1.1）×2.2=2（万元），选项A正确。

（五）履行各单项履约义务时确认收入

当企业将商品转移给客户时，客户取得了相关商品的控制权，意味着企业履行了合同履约义务，此时，企业应确认收入。

企业将商品控制权转移给客户，可能是**某一时段内**（即履行履约义务的过程中）发生的，也可能是**某一时点**（即履约义务完成时）发生。

企业应当根据实际情况，首先判断履约义务是否满足在某一时段内履行的条件，如不满足，则该履约义务属于在某一时点履行的履约义务。

【例 7-8·多选题·2021】下列各项中，收入确认和计量表述正确的有（　　）。

A. 企业识别合同中的单项履约义务

B. 企业履行各单项履约义务时确认收入

C. 交易价格不包括企业预期将退还给客户的款项

D. 企业确认客户合同收入应以合同存在为前提

【答案】ABCD

【解析】根据《企业会计准则第 14 号——收入》（2018），收入确认和计量大致分为五步：

第一步，识别与客户订立的合同。合同是指双方或多方之间订立有法律约束力的权利义务的协议。合同有书面形式、口头形式以及其他形式。合同的存在是企业确认客户合同收入的前提（选项 D 正确），企业与客户之间的合同一经签订，企业即享有从客户取得与转移商品和服务对价的权利，同时负有向客户转移商品和服务的履约义务。

第二步，识别合同中的单项履约义务（选项 A 正确）。

第三步，确定交易价格。交易价格是指企业因向客户转让商品而预期有权收取的对价金额，不包括企业代第三方收取的款项（如增值税）以及企业预期将退还给客户的款项（选项 C 正确）。

第四步，将交易价格分摊至各单项履约义务。

第五步，履行各单项履约义务时确认收入（选项 B 正确）。

三、会计科目设置★★★

为了核算企业与客户之间的合同产生的收入及相关的成本费用，一般需要设置如表 7-1 的会计科目。

表 7-1　　　　　　　　　　　　　　　　收入核算设置的会计科目

科目设置	核算内容
主营业务收入	核算企业确认的销售商品、提供服务等主营业务的收入
主营业务成本	核算企业确认销售商品、提供服务等主营业务收入时应结转的成本
其他业务收入	核算企业确认的除主营业务活动以外的其他经营活动实现的收入，包括经营租出固定资产、出租无形资产、出租包装物和商品、销售材料等实现的收入
其他业务成本	核算企业确认的除主营业务活动以外的其他经营活动所形成的成本，包括经营租出固定资产的折旧额、出租无形资产的摊销额、出租包装物成本或摊销额、销售材料的成本等
合同取得成本	核算企业取得合同发生的、预计能够收回的增量成本
合同履约成本	核算企业为履行当期或预期取得的合同所发生的、不属于其他企业会计准则规范范围且按照收入准则应当确认为一项资产的成本
合同资产	核算企业已向客户转让商品而有权收取对价的权利，且该权利取决于时间流逝之外的其他因素

续表

科目设置	核算内容
合同负债	核算企业已收或应收客户对价而向客户转让商品的义务
××减值准备	企业相关资产发生减值的，还应当设置"合同履约成本减值准备""合同取得成本减值准备""合同资产减值准备"等科目进行核算

名师说

"合同资产"与"应收账款"比较相似，二者的区别在于，应收款项仅仅随着时间的流逝即可收款，而合同资产并不是一项无条件收款权，该权利除了时间流逝之外，还取决于其他条件（如履行合同中的其他履约义务）才能收取相应的合同对价。

企业因转让商品收到构成履约义务的预收款时，不再使用"预收账款"科目，而应当使用"合同负债"科目。

敲黑板

"主营业务收入""主营业务成本""其他业务收入""其他业务成本"的核算范围几乎是每年考试出现的考点，考生在学习时还需关注"其他业务收入"的核算范围。

【例 7-9·单选题·2022】企业与客户签订 M、N 两种商品销售合同，合同价款为 108 万元，M、N 商品单独售价分别为 30 万元、90 万元，成本分别为 22 万元、64 万元。合同约定，M 商品和 N 商品分别于合同开始日起 30 天内交付和 50 天内交付，当两种商品全部交付给客户，企业才有权收取全部合同价款。M、N 商品分别构成单项履约义务，其控制权在交付时转移给客户。上述价格均不包含增值税。不考虑其他因素，下列各项中，企业按合同要求交付 M 商品的会计处理结果正确的是（　　）。

A. 应收账款增加 30 万元　　　　B. 发出商品增加 22 万元

C. 营业收入增加 30 万元　　　　D. 合同资产增加 27 万元

【答案】D

【解析】相关账务处理为：

借：合同资产　　　　　　　　27 {108×[30÷（30＋90）]}

　　贷：主营业务收入　　　　27

【例 7-10·单选题】2020 年 3 月 1 日，甲公司与客户签订合同，向其销售 A、B 两项商品，A、B 商品的单独售价分别为 3 750 元和 15 000 元，合同总价款为 15 625 元。合同约定，A 商品于合同开始日交付，B 商品在一个月之后交付，只有当两项商品全部交付之后，甲公司才有权收取 15 625 元的合同对价。假定 A 商品和 B 商品分别构成单项履约义务，其控制权在交付时转移给客户。上述价格均不包含增值税。不考虑其他因素，下列会计处理正确的是（　　）。

A. 在 2×20 年 3 月 1 日，甲公司应确认合同资产 3 750 元

B. 在 2×20 年 3 月 1 日，甲公司应确认应收账款 3 750 元

C. 在 2×20 年 3 月 1 日，甲公司应确认合同资产 3 125 元

D. 在 2×20 年 3 月 1 日，甲公司应确认应收账款 3 125 元

【答案】C

【解析】A 产品应分摊的合同价款 = 15 625 × 3 750 / (3 750 + 15 000) = 3 125 (元),选项 AB 错误。因为只有当两项商品全部交付之后,甲公司才有权收取 15 625 元的合同对价,所以 A 交付时,确认 A 的收入,不能确认"应收账款",而先确认"合同资产"。故选项 C 正确,选项 D 错误。甲公司的账务处理如下:

(1) 甲公司在交付 A 商品时,应作会计处理如下:

借:合同资产　　　　　　　　　　　 3 125

　　贷:主营业务收入　　　　　　　　　　 3 125

(2) 待交付 B 商品后,应作会计处理如下:

借:应收账款　　　　　　　　　　　 15 625

　　贷:合同资产　　　　　　　　　　　　 3 125

　　　　主营业务收入　　　　　　　　　　 12 500

【例 7-11 · 单选题 · 2021】下列各项中制造业企业应通过"其他业务收入"科目核算的是( )。

A. 出租固定资产实现的收入　　　　　　B. 转让交易性金融资产取得的收益

C. 取得的与日常活动无关的政府补助　　D. 接受现金捐赠产生的利得

【答案】A

【解析】选项 B 通过"投资收益"科目核算,选项 C、D 通过"营业外收入"科目核算。

【例 7-12 · 判断题 · 2022】某企业通过竞标获得一项咨询合同,其为投标发生的差旅费应计入合同取得成本。( )

【答案】×

【解析】企业为取得合同发生的、除预期能够收回的增量成本之外的其他支出,如无论是否取得合同均会发生的差旅费、投标费、为准备投标资料发生的相关费用等,应当在发生时计入当期损益,除非这些支出明确由客户承担。

【例 7-13 · 单选题 · 2021】某咨询服务公司本月与客户签订为期半年的咨询服务合同,并已预收全部咨询服务费,该合同于下月开始执行。下列各项中,该公司预收咨询服务费应记入的会计科目是( )。

A. 合同取得成本　　B. 合同负债　　　　C. 主营业务成本　　D. 主营业务收入

【答案】B

【解析】签订咨询服务合同属于在某一时段内履行的履约义务,预收咨询服务费,相关账务处理为:

借:银行存款

　　贷:合同负债

【例 7-14 · 判断题 · 2021】制造业企业出租无形资产取得的租金收入,应计入营业外收入。( )

【答案】×

【解析】出租无形资产取得租金收入:

借:银行存款等

　　贷:其他业务收入

　　　　应交税费——应交增值税(销项税额)

【例 7-15 · 单选题 · 2020】下列各项中,属于制造业企业主营业务收入的是( )。

A. 销售原材料收入　　　　　　　　　　B. 出租包装物的租金收入

C. 出售生产设备的净收益　　　　　　　D. 销售产品收入

【答案】D

【解析】选项 D 正确，"主营业务收入"科目核算企业确认的销售商品、提供服务等主营业务的收入；选项 AB 错误，销售原材料收入和出租包装物的租金收入应记入"其他业务收入"科目；选项 C 错误，出售生产设备的净收益应记入"资产处置损益"科目。

【例 7-16·单选题·2020】下列各项中，制造业企业应通过"其他业务收入"科目核算的是（　　）。

A. 销售原材料取得的收入　　　　　　　B. 处置固定资产净收益

C. 出售无形资产净收益　　　　　　　　D. 接受现金捐赠利得

【答案】A

【解析】选项 A 正确，销售原材料取得的收入应记入"其他业务收入"科目；选项 B 错误，处置固定资产净收益应记入"资产处置损益"科目或"营业外收入"科目；选项 C 错误，出售无形资产净收益应记入"资产处置损益"科目；选项 D 错误，接受现金捐赠利得应记入"营业外收入"科目。

【例 7-17·多选题·2020】下列各项中，应记入制造业企业"其他业务成本"科目的有（　　）。

A. 经营租出固定资产的折旧额　　　　　B. 经营租出无形资产的摊销额

C. 销售原材料的实际成本　　　　　　　D. 出租包装物的摊销额

【答案】ABCD

【解析】其他业务成本的核算内容包括销售材料的成本（选项 C）、经营租出固定资产的折旧额（选项 A）、出租无形资产的摊销额（选项 B）、出租包装物的成本或摊销额（选项 D）等，故选项 ABCD 均正确。

【例 7-18·多选题·2019】下列各项中，制造业企业应确认为其他业务收入的有（　　）。

A. 出售固定资产残料变价收入　　　　　B. 随同产品出售单独计价的包装物收入

C. 经营租出闲置生产设备租金收入　　　D. 转让专利使用权收入

【答案】BCD

【解析】出售固定资产取得残料变价收入，通过"固定资产清理"科目进行核算，最终影响资产处置损益，选项 A 错误；随同产品出售单独计价的包装物收入，通过"其他业务收入"科目核算，选项 B 正确；经营租出闲置生产设备租金收入，通过"其他业务收入"科目核算，选项 C 正确；转让专利使用权收入，通过"其他业务收入"科目核算，选项 D 正确。

【例 7-19·多选题·2019】下列各项中，制造业企业应通过"其他业务收入"科目核算的有（　　）。

A. 对外出租闲置设备取得的租金收入　　B. 出售自产产品取得的销售收入

C. 转让无形资产使用权的收入　　　　　D. 对外提供运输服务取得的劳务收入

【答案】ACD

【解析】选项 B 错误，出售自产产品取得的销售收入属于主营业务收入核算内容。

【例 7-20·判断题·2019】企业将闲置不用的设备出租，出租期间对该设备计提的折旧费应计入营业外支出。　　　　　　　　　　　　　　　　　　　　　　　　　　（　　）

【答案】×

【解析】企业将闲置不用的设备出租，出租期间对该设备计提的折旧费应计入其他业务成本。

【例 7-21·单选题·2018】下列各项中，制造业企业应记入"其他业务成本"科目的是（　　）。

A. 公益性捐赠支出　　　　　　　　　　B. 经营租出固定资产的折旧费

　　C. 存货盘亏净损失　　　　　　　　　　D. 台风造成的财产净损失

【答案】B

【解析】选项 A 错误，记入"营业外支出"科目；选项 C 错误，应根据盘亏原因记入"管理费用"科目或"营业外支出"科目；选项 D 错误，应记入"营业外支出"科目。

【例 7-22·多选题·2018】下列各项中，企业应通过"其他业务成本"科目核算的有（　　）。

　　A. 为行政管理部门租入专用设备所支付的租金

　　B. 经营性出租闲置固定资产计提的折旧费

　　C. 结转随同商品出售单独计价包装物的实际成本

　　D. 行政管理部门发生的固定资产修理费

【答案】BC

【解析】其他业务成本核算企业确认的除主营业务活动以外的其他经营活动所发生的支出，包括销售材料的成本、经营租出固定资产的折旧额、出租无形资产的摊销额、出租包装物的成本或摊销额等。采用成本模式计量投资性房地产的，其投资性房地产计提的折旧额或摊销额，也通过本科目核算。选项 AD 错误，应记入"管理费用"科目。

【例 7-23·多选题·2017】下列各项中，企业应通过"其他业务成本"科目核算的有（　　）。

　　A. 销售原材料所结转的实际成本　　　　B. 预计的产品质量保证损失

　　C. 出租包装物的成本　　　　　　　　　D. 行政管理部门发生的固定资产修理费

【答案】AC

【解析】选项 B 错误，应记入"销售费用"科目；选项 D 错误，应记入"管理费用"科目。

四、某一时点完成的商品销售收入的账务处理

（一）某一时点完成的商品销售收入的账务处理

对于在某一时点履行的履约义务，企业应当在客户取得相关商品控制权时点确认收入。在判断控制权是否转移时，企业应当综合考虑下列迹象：

（1）企业就该商品享有现时收款权利，即客户就该商品负有现时付款义务。

（2）企业已将该商品的法定所有权转移给客户，即客户已拥有该商品的法定所有权。

（3）企业已将该商品实物转移给客户，即客户已实物占有该商品实物。

（4）企业已将该商品所有权上的主要风险和报酬转移给客户。

（5）客户已接受该商品。

（6）其他表明客户已取得商品控制权的迹象。

【例 7-24·多选题】下列交易或事项中，属于判断控制权是否转移时应当考虑的迹象有（　　）。

　　A. 房地产企业向客户销售商品房，客户付款后取得房屋产权证

　　B. 企业与客户签订交款提货合同，在企业销售商品并送货到客户指定地点，客户验收合格并付款

　　C. 甲房地产公司向客户销售商品房办理产权转移手续后，该商品房价格上涨或下跌带来的利益或损失全部属于客户

　　D. 企业向客户销售为其定制生产的节能设备，客户收到并验收合格后办理入库手续。

【答案】ABCD

【解析】选项 A 正确，该交易属于企业已将该商品的法定所有权转移给客户的迹象；选项 B 正确，该交易属于企业已将该商品实物转移给客户，即客户已实物占有该商品实物；选项 C 正

确，该交易属于企业已将该商品所有权上的主要风险和报酬转移给客户；选项 D 正确，该交易属于客户已接受该商品。

销售商品的相关业务的账务处理见表 7-2。

表 7-2　　　　　　　　　　　销售商品的相关业务的账务处理

一般销售商品的业务	账务处理
现金结算方式	客户取得相关商品控制权时点确认收入 借：库存现金/银行存款 　　贷：主营业务收入 　　　　应交税费——应交增值税（销项税额）
委托收款结算方式	（1）办妥委托收款手续且客户取得相关商品控制权时点确认收入 借：应收账款 　　贷：主营业务收入 　　　　应交税费——应交增值税（销项税额） （2）实际收到的款项 借：银行存款 　　贷：应收账款
商业汇票结算方式	（1）收到商业汇票且客户取得相关商品控制权时点确认收入 借：应收票据 　　贷：主营业务收入 　　　　应交税费——应交增值税（销项税额） （2）实际收到的款项 借：银行存款 　　贷：应收票据
赊销方式	（1）在客户取得相关商品控制权时点确认收入 借：应收账款 　　贷：主营业务收入 　　　　应交税费——应交增值税（销项税额） （2）实际收到的款项 借：银行存款 　　贷：应收账款
发出商品业务	（1）在发出商品时，企业不应确认收入，将发出商品的成本记入"发出商品"科目 借：发出商品 　　贷：库存商品 （2）当收到货款或取得收取货款权利时，确认收入 借：银行存款/应收账款 　　贷：主营业务收入 　　　　应交税费——应交增值税（销项税额） 借：主营业务成本 　　贷：发出商品

续表

一般销售商品的业务	账务处理
材料销售业务	收入的确认和计量原则比照商品销售 借：银行存款等 　　贷：其他业务收入 　　　　应交税费——应交增值税（销项税额） 借：其他业务成本 　　贷：原材料等
销售退回业务	（1）尚未确认销售收入的售出商品发生销售退回 借：库存商品 　　贷：发出商品 如果已经发生了纳税义务 借：应交税费——应交增值税（销项税额） 　　贷：银行存款 （2）已确认销售收入的售出商品发生销售退回 借：主营业务收入 　　应交税费——应交增值税（销项税额） 　　贷：银行存款/应收账款/应收票据 借：库存商品 　　贷：主营业务成本

（二）现金结算方式销售业务的账务处理

（三）委托收款结算方式销售业务的账务处理

【例 7-25·单选题】甲企业是增值税一般纳税人，适用的增值税税率为13%，采用托收承付结算方式销售一批商品2 000件，每件商品的单价是100元（不含增值税），每件商品的成本是60元。由于是成批销售，甲企业给予客户10%的优惠（商业折扣），甲公司以银行存款支付代垫运费，增值税专用发票上注明运输费2 000元，增值税税额为180元，所垫运费尚未收到，该项业务属于在某一时点履行的履约义务。甲企业应确认的应收账款金额是（　）元。

　　A. 182 000　　　　　B. 228 180　　　　　C. 202 00　　　　　D. 205 580

【答案】D

【解析】商业折扣在销售前已发生，并不构成最终成交价格的一部分，企业应当按照扣除商业折扣后的金额确定商品销售价格和销售商品收入金额。

甲企业应确认的应收账款 = 2 000×100×（1-10%）×（1+13%）+（2 000+180）= 205 580（元），选项D正确，确认收入时的会计分录为：

借：应收账款　　　　　　　　　　　　　　　203 400
　　贷：主营业务收入　　　　　　　　　　　　180 000
　　　　应交税费——应交增值税（销项税额）　　23 400
借：主营业务成本　　　　　　　　　　　　　120 000
　　贷：库存商品　　　　　　　　　　　　　　120 000
借：应收账款　　　　　　　　　　　　　　　　2 180
　　贷：银行存款　　　　　　　　　　　　　　　2 180

（四）商业汇票结算方式销售业务的账务处理

（五）赊销方式销售业务的账务处理

【案例 7-1】2020 年 4 月 1 日甲公司与客户签订合同，向其共销售 A、B 两种商品，A 商品的单独售价为 6 000 元，B 商品的单独售价为 24 000 元，合同价款为 25 000 元。合同约定，A 商品于合同开始日交付，B 商品在一个月之后交付，当两项商品全部交付之后，甲公司才有权收取 25 000 元的合同对价。上述价格均不包含增值税。A、B 商品的实际成本分别为 4 200 元和 18 000 元。假定 A 商品和 B 商品分别构成单项履约义务，其控制权在交付时转移给客户。2020 年 5 月 1 日，甲公司交付 B 商品，开具的增税专用发票上注明售价为 25 000 元，增值税税额为 3 250 元。2020 年 6 月 1 日，甲公司收到客户支付的货款存入银行。

本例中，甲公司将 A 商品交付给客户之后，与该商品相关的履约义务已经履行，但需要等到后续交付 B 商品时，才具有无条件收取合同对价的权利，因此，甲公司应当将因交付 A 商品而有权收取的对价确认为合同资产，而不是应收账款。

甲公司应先将交易价格 25 000 元分至 A、B 商品两项履约义务：

分摊至 A 商品的合同价款 =［6 000 ÷（6 000 + 24 000）］× 25 000 = 5 000（元）

分摊至 B 商品的合同价款 =［24 000 ÷（6 000 + 24 000）］× 25 000 = 20 000（元）

甲公司应编制如下会计分录。

（1）4 月 1 日，交付 A 商品时：

借：合同资产	5 000	
贷：主营业务收入		5 000
借：主营业务成本	4 200	
贷：库存商品		4 200

（2）5 月 1 日，交付 B 商品时：

借：应收账款	28 250	
贷：合同资产		5 000
主营业务收入		20 000
应交税费——应交增值税（销项税额）		3 250
借：主营业务成本	18 000	
贷：库存商品		18 000

（3）6 月 1 日，收到货款时：

借：银行存款	28 250	
贷：应收账款		28 250

（六）发出商品业务的账务处理

企业向客户转让商品的对价**未达到"很可能收回"**的收入确认条件，在发出商品时，企业**不应确认收入**，企业应增设"发出商品"科目核算已经发出但尚未确认销售收入的商品成本。

【例 7-26·单选题·2022】2021 年 9 月 1 日，甲公司与乙公司签订委托代销商品合同，合同约定甲公司按不含增值税的销售价格的 10% 向乙公司支付手续费。在商品对外销售之前，乙公司没有义务向甲公司支付货款。乙公司不承担包销责任，未售出的商品必须退还给甲公司。不考虑其他因素，下列各项中，关于甲公司对该委托代销业务的会计处理表述正确的是（ ）。

A. 发出委托代销商品时确认销售收入

B. 发出委托代销商品时确认营业成本

C. 支付的代销商品手续费计入营业成本

D. 收到乙公司开出的委托代销商品清单时确认销售收入

【答案】D

【解析】选项 AB 错误：委托代销业务，发出商品时，借记"发出商品"，贷记"库存商品"，不确认收入，也不结转成本，收到代销清单时确认收入，结转成本。选项 C 错误：支付的代销手续费计入销售费用。

【例 7-27·多选题·2022】2021 年 6 月 30 日，甲公司以支付手续费方式受托乙公司销售商品，商品已发出，其实际成本为 100 万元，7 月，乙公司将受托代销商品全部销售，取得收入 150 万元。7 月 31 日，甲公司收到代销清单和代销手续费发票，应支付乙公司代销手续费 15 万元。不考虑增值税等其他因素，下列各项中，关于甲公司委托代销商品的会计处理表述正确的有（　　）。

A. 收到代销清单时，确认主营业务收入 150 万元

B. 收到代销手续费发票时，确认销售费用 15 万元

C. 发出商品时，结转主营业务成本 100 万元

D. 收到代销清单时，结转主营业务成本 100 万元

【答案】ABD

【解析】（1）6 月 30 日，发出商品时：

借：发出商品　　　　　　　　　　　　　　　　　100

　　贷：库存商品　　　　　　　　　　　　　　　　　　　100

（2）7 月 31 日，收到代销清单、代销手续费发票时：

借：应收账款　　　　　　　　　　　　　　　　　150

　　贷：主营业务收入　　　　　　　　　　　　　　　　　150

借：主营业务成本　　　　　　　　　　　　　　　100

　　贷：发出商品　　　　　　　　　　　　　　　　　　　100

借：销售费用　　　　　　　　　　　　　　　　　15

　　贷：应收账款　　　　　　　　　　　　　　　　　　　15

【例 7-28·判断题·2021】在支付手续费委托代销方式下，委托方按合同约定发出商品时应将库存商品转入"发出商品"科目核算。（　　）

【答案】√

【解析】委托方按合同约定发出商品时，借记"发出商品"，贷记"库存商品"。

【例 7-29·单选题·2022】企业按合同向客户发出商品不满足收入确认条件，下列各项中，企业按合同发出商品的成本应计入的会计科目是（　　）。

A. 主营业务成本　　　　　　　　　　B. 发出商品

C. 合同取得成本　　　　　　　　　　D. 合同履约成本

【答案】B

【解析】企业按合同发出商品，合同约定客户只有在商品售出取得价款后才支付货款。企业向客户转让商品的对价未达到很可能收回收入确认条件。在发出商品时，企业不应确认收入，将发出商品的成本记入"发出商品"科目，借记"发出商品"科目，贷记"库存商品"科目。

【例7-30·单选题·2020】支付手续费委托代销方式下，委托方在收到受托方开出的代销清单时，应将支付的代销手续费记入（　　）科目。

A. 财务费用　　　　　　　　　　　B. 其他业务成本

C. 管理费用　　　　　　　　　　　D. 销售费用

【答案】D

【解析】选项D正确，委托方应支付受托方的代销手续费是为了销售商品而发生的，记入"销售费用"科目。

【例7-31·判断题·2019】受托方以收取手续费方式代销商品，应在代销商品销售后按合同约定计算代销手续费并确认收入。　　　　　　　　　　　　　　　　　（　　）

【答案】√

【解析】企业按合同发出商品，合同约定客户只有在商品售出取得价款后才支付货款，企业向客户转让商品的对价只有达到"很可能收回"收入确认条件时才确认收入。

【例7-32·判断题·2019】某企业赊销商品时知晓客户财务困难，不能确定能否收回货款，为了维持与客户的长期合作关系仍将商品发出并开具销售发票，对于该赊销，不需要进行相关的会计处理。（　　）

【答案】×

【解析】如果销售商品不符合收入确认条件，在商品发出时不需要确认收入，但是需要将发出商品的成本记入"发出商品"科目。同时应确认增值税销项税额。

【例7-33·单选题·2018】下列各项中，关于企业采用支付手续费方式委托代销商品会计处理的表述正确的是（　　）。

A. 支付的代销手续费计入主营业务成本

B. 发出委托代销商品时确认相应的主营业务成本

C. 发出委托代销商品时确认销售收入

D. 收到受托方开出的代销清单时确认销售收入

【答案】D

【解析】选项A错误，应计入销售费用；选项B错误，发出委托代销商品应计入发出商品，不需要确认主营业务成本；选项C错误，应在收到受托方开出的代销清单时确认销售商品收入。

（七）材料销售业务的账务处理

企业在日常活动中会发生对外销售不需用的原材料、随同商品对外销售**单独计价**的包装物等业务，确认的收入作为其他业务收入处理，结转的相关成本作为其他业务成本。

（八）销售退回业务的账务处理

销售退回是指企业因售出商品在**质量、规格等方面不符合销售合同规定**条款的要求，客户要求企业予以**退货**。企业销售商品发生退货，表明企业履约义务的减少和客户商品控制权及其相关经济利益的丧失。已确认销售商品收入的售出商品发生销售退回的，除属于资产负债表日后事项的外，一般应在发生时冲减销售商品收入，同时冲减当期销售商品成本。

【例7-34·单选题·2019】下列各项中，已确认销售成本的售出商品被退回，应借记的会计科目是（　　）。

A. 发出商品　　　　　　　　　　　B. 主营业务成本

C. 销售费用　　　　　　　　　　　D. 库存商品

【答案】D

【解析】选项 D 正确，相关会计分录如下：

借：库存商品

　　贷：主营业务成本

【例 7-35·单选题·2017】某企业售出商品发生销售退回，该商品销售尚未确认收入且增值税纳税义务尚未发生，该企业收到退回的商品应贷记的会计科目是（　　）。

A. 应收账款　　　　　　　　　　B. 其他业务成本

C. 发出商品　　　　　　　　　　D. 主营业务成本

【答案】C

【解析】选项 C 正确，相关会计分录如下：

借：库存商品

　　贷：发出商品

【例 7-36·判断题·2017】企业售出商品发生销售退回，对于已确认收入且不属于资产负债表日后事项的，企业收到退回的商品时，应退回货款或冲减应收账款，并冲减销售当期的主营业务收入和增值税销项税额。　　　　　　　　　　　　　　　　　　　　　　（　　）

【答案】×

【解析】已确认销售商品收入的售出商品发生销售退回的，除属于资产负债表日后事项的外，企业收到退回的商品时，应退回货款或冲减应收账款，并冲减退回当期主营业务收入。

五、可变对价的账务处理

（一）可变对价的管理

企业与客户的合同中约定的对价金额可能是固定的，也可能会因折扣、价格折让、返利、退款、奖励积分、激励措施、业绩奖金、索赔等因素而变化。此外，根据一项或多项事项的发生而收取不同对价金额的合同也属于可变对价的情形。

若合同中存在可变对价，企业应当对计入交易价格的可变对价进行估计。企业应当按照期望值或最可能发生金额确定可变对价的最佳估计数。但是，企业不能在两种方法之间随意进行选择。

名师说

期望值是按照各种可能发生的对价金额及相关概率计算确定的金额。

最可能发生金额是一系列可能发生的对价金额中最可能发生的单一金额，即合同最可能产生的单一结果。

敲黑板

企业确定可变对价金额之后，计入交易价格的可变对价金额还应满足限制条件，即包含可变对价的交易价格，应当不超过在相关不确定性消除时，累计已确认的收入极可能不会发生重大转回的金额。

（二）可变对价的账务处理

【案例 7-2】甲公司为增值税一般纳税人，2020 年 9 月 1 日，销售 A 商品 5 000 件并开具增值税专用发票，每件商品的标价为 200 元（不含增值税），A 商品适用的增值税税率为 13%；每件商品的实际成本为 120 元；由于是成批销售，甲公司给予客户 10% 的商业折扣，并在销售合同中规定现金折扣条件为 2/20，N/30，且计算现金折扣时不考虑增值税；当日 A 商品发出，客户收到商品并验收入库。甲公司基于对客户的了解，预计客户 20 内付的概率为 90%，20 大后付款的概率为 10%。2020 年 9 月 18 日，收到客户支付的货款。

本例中，该项销售业务属于在某一时点履行的履约义务。对于商业折扣，甲公司从应确认的商品收入中予以扣除；对于现金折扣，甲公司认为按照最可能发生金额能够更好地预测其有权获取的对价金额。因此，甲公司应确认的售商品收入的金额 = 200 ×（1-10%）× 5 000 ×（1-2%）= 882 000（元）；增值税项税额 = 200 ×（1-10%）× 5 000 × 13% = 117 000（元）。

甲公司应编制如下会计分录：

（1）9 月 1 日，确认收入、结转成本：

借：应收账款 999 000
　　贷：主营业务收入 882 000
　　　　应交税费——应交增值税（销项税额）117 000

借：主营业务成本 600 000
　　贷：库存商品 600 000

（2）9 月 18 日收到货款

借：银行存款 999 000
　　贷：应收账款 999 000

【案例 7-3】甲公司是一家电生产销售企业，销售家电适用的增值税税率为 13%。2020 年 6 月，公司向零售商乙公司售 1 000 台 W 型冰箱，每台价格为 3 000 元，合价款合计 300 万元。每台 W 型冰箱的成本为 2 000 元。乙公司收到 W 型冰箱并验收入库。甲公司向乙公司提供价格保护，同意在未来 6 个月内，如同款冰箱售价下降，则按照合同价格与最低售价之间的差额向乙公司支付差价。甲公司根据以往执行类似合同的经验，预计各种结果发生的概率如右表所示。

本例中该销售业务属于某一时点的履约义务，甲公司认为期望值能够更好地预测其有权获取对价的金额。在该方法下，甲公司估计每台交易金额为 2 800 元。

（3 000×40%+2 800×30%+2 600×20%+2 400×10%）= 2 800 元

冰箱售价下降的概率估计

未来 6 个月内的降价金额	概率（%）
0	40
200	30
400	20
600	10

应确认的销售商品收入金额 = 2 800 × 1 000 = 2 800 000（元）

增值税销项税额 = 3 000 × 1 000 × 13% = 390 000（元）

甲公司应编制如下会计分录：

（1）确认收入时：

借：应收账款 3 190 000
　　贷：主营业务收入 2 800 000
　　　　应交税费——应交增值税（销项税额） 390 000

（2）结转销售商品成本：

借：主营业务成本 2 000 000
　　贷：库存商品 2 000 000

六、在某一时段内完成的商品销售收入的账务处理

满足下列条件之一的，属于某一时段内履行的履约义务：

（1）客户在企业履约的同时即取得并消耗企业履约所带来的经济利益，例如，经常性服务，包括保洁、保安等劳务收入。

（2）客户能够控制企业履约过程中在建的商品，例如，在客户的土地上建造厂房。

（3）企业履约过程中所产出的商品具有不可替代用途，且该企业在整个合同期间内有权就累计至今已完成的履约部分收款项。

对于在某一时段内履行的履约义务，企业应当在资产负债表日，按照合同交易价格总额乘上履约进度扣除以前会计期间累计已确认的收入后的金额确认当期收入。其计算公式如下：

当期确认的收入 = 合同交易价格总额 × 履约进度 – 以前期间已确认的收入

当期确认的成本 = 预计总成本 × 履约进度 – 以前期间已确认的成本

企业在确定履约进度时，应当考虑商品的性质，采用实际测量的完工进度、评估已实现的结果、时间进度、已完工或交付的产品等产出指标，或采用投入的材料数量、花费的人工工时、机器工时、发生的成本和时间进度等投入指标确定恰当的履约进度（即产出法或投入法），并且在确定履约进度时，应当扣除那些控制权尚未转移给客户的商品和服务。

> **名师说**
>
> 当履约进度不能合理确定时，已经发生的成本预计能够得到补偿的，应当按照**已经发生的成本金额确认收入**，直到履约进度能够合理确定为止。

以装修服务业务和健身房会员费业务为例，在某一时段内履行履约义务确认收入的账务处理小结见表 7-3。

表 7-3　　　　　　　　　　　履行履约义务确认收入的账务处理

相关业务	账务处理
装修服务实际发生劳务成本（此时垫入了人、财、物）	借：合同履约成本 　　贷：银行存款 / 应付职工薪酬 / 原材料
确认装修服务收入	借：银行存款等【收到客户的款项】 　　贷：主营业务收入 / 其他业务收入 　　　　　应交税费——应交增值税（销项税额） 借：主营业务成本 / 其他业务成本 　　贷：合同履约成本
收到健身房会员费	借：银行存款 　　贷：合同负债 　　　　　应交税费——待转销项税额
确认健身房收入	借：合同负债 　　银行存款【新收取的增值税税款】 　　贷：主营业务收入 　　　　　应交税费——应交增值税（销项税额）

🎯 **敲黑板**

确认收入时，应当首先判断其是在某一时段内履行履约义务还是在某一时点内履行履约义务。对于在某一时段内履行履约义务，考生在学习时应重点关注确定履约进度的指标以及履约进度不能确定时的会计处理，同时对某一时段内履行履约义务判断条件，以及其基本账务处理也要掌握。

【例 7-37·单选题·2022】2021 年 10 月，甲企业接受一项安装任务，安装期为 3 个月，合同总价款 30 万元。当月实际发生成本 6 万元，预计还将发生成本 18 万元。该安装劳务属于在某一时段内的履约义务，按照实际发生成本占预计总成本的比例确定履约进度。不考虑其他因素，该企业 10 月份应确认的收入为（ ）万元。

A. 6   B. 10   C. 7.5   D. 30

【答案】C

【解析】合同履约进度 = 6 ÷（6+18）×100% = 25%，该企业 10 月份应确认的收入 = 30×25% = 7.5（万元）。

【例 7-38·单选题·2021】2020 年 12 月 1 日，甲公司与乙公司签订一份为期 3 个月的劳务合同，合同总价款为 120 万元（不含增值税）。当日收到乙公司预付合同款 30 万元。截至月末该劳务合同的履约进度为 40%，符合按履约进度确认收入的条件。不考虑其他因素，甲公司 2020 年 12 月应确认的劳务收入为（ ）万元。

A. 30   B. 48   C. 40   D. 12

【答案】B

【解析】甲公司 2020 年 12 月应确认的劳务收入 = 120×40% = 48 万元。

【例 7-39·单选题·2022】2020 年 11 月，某企业接受一项建筑装修工程，合同总价款 140 万元。至 2020 年年末劳务实际发生成本 36 万元，预计还将发生成本 54 万元。2021 年 3 月 31 日，完工并通过验收。该装修劳务属于在某一时段内的履约义务，按照实际发生成本占预计总成本确定履约进度。该企业 2021 年提供该项劳务应确认的收入为（ ）万元。

A. 56   B. 54   C. 140   D. 84

【答案】D

【解析】2020 年末履约进度 = 36 ÷（36+54）×100% = 40%，2020 年度应确认的劳务收入 = 140×40% = 56（万元）。该企业 2021 年提供该项劳务应确认的收入 = 140−56 = 84（万元）

【例 7-40·单选题·2021】某企业为建筑施工单位，2020 年 9 月 1 日与客户签订一份施工合同，属于在某一时段内履行的单项履约义务。合同总金额为 3 500 万元，预计总成本为 2 000 万元。截至 2020 年 12 月 31 日，该企业为履行合同履约义务实际发生成本 800 万元，履约进度不能合理确定，已经发生的成本预计能够得到补偿。不考虑相关税费和其他因素，2020 年该企业应确认的收入为（ ）万元。

A. 2 000   B. 1 400   C. 800   D. 2 100

【答案】C

【解析】当履约进度不能合理确定时，企业已经发生的成本预计能够得到补偿的，应当按照已经发生的成本金额确认收入，直到履约进度能够合理确定为止。所以本题中实际发生成本 800 万元，履约进度不能合理确定，应确认的收入为 800 万元。

【例 7-41·判断题·2021】对于在某一时段内履行的履约义务，当履约进度不能合理确定时，企业已发生的成本预计能够得到补偿的，应当按照已发生的成本金额确认收入。（　　）

【答案】√

【例 7-42·多选题·2020】下列各项中，属于确定合同履约进度的产出指标有（　　）。

A. 评估已实现的结果　　　　　　　　　　B. 已完工或交付的产品

C. 实际测量的完工进度　　　　　　　　　D. 时间进度

【答案】ABCD

【解析】企业应当考虑商品的性质，采用实际测量的完工进度（选项 C）、评估已实现的结果（选项 A）、时间进度（选项 D）、已完工或交付的产品（选项 B）等产出指标，或采用投入的材料数量、花费的人工工时、机器工时、发生的成本和时间进度等投入指标确定恰当的履约进度，故选项 ABCD 均正确。

【例 7-43·判断题·2020】对于在某一时段内履行的履约义务，当履约进度不能合理确定时，即使企业已经发生的成本预计能够得到补偿，也不应确认收入。（　　）

【答案】×

【解析】当履约进度不能合理确定时，企业已经发生的成本预计能够得到补偿的，应当按照已经发生的成本金额确认收入，直到履约进度能够合理确定为止。

【例 7-44·判断题·2020】在某一时段内履行的履约义务，若能合理确定履约进度的，企业应于资产负债表日按照合同的交易价格总额乘以履约进度扣除以前会计期间累计已确认的收入后的金额，确认当期收入。（　　）

【答案】√

【例 7-45·单选题·2018】甲公司为增值税一般纳税人。2017 年 10 月，甲公司接受乙公司的委托签订一项为期 5 个月的培训合同，该合同属于某一时段内履行的履约义务，培训收入总额为 35 万元（不含增值税）。截至 12 月 31 日，已预收培训价款 20 万元，发生劳务成本 18 万元，但履约进度不能合理确定。不考虑其他因素，甲公司因该培训业务应确认的收入金额为（　　）万元。

A. 15　　　　　　　　B. 20　　　　　　　　C. 18　　　　　　　　D. 35

【答案】C

【解析】选项 C 正确，当履约进度不能合理确定时，企业已发生的成本预计能够得到补偿的，应当按照已经发生的成本金额确认收入，直到履约进度能够合理确定为止。

【例 7-46·单选题·2018】2016 年 10 月，某企业签订一项劳务合同，合同收入为 300 万元，预计合同成本为 240 万元，合同价款在签订合同时已收取，该企业采用履约进度确认收入，2016 年已确认收入 80 万元，截至 2017 年年底，累计完工进度为 60%。不考虑其他因素，2017 年企业应确认该项业务的收入为（　　）万元。

A. 64　　　　　　　　B. 144　　　　　　　　C. 100　　　　　　　　D. 180

【答案】C

【解析】2017 年应确认的收入＝收入总额 × 完工进度－已确认的收入＝300×60%－80＝100（万元），选项 C 正确。

【例 7-47·多选题·2017】甲公司为一家培训公司，2016 年 12 月 1 日，甲公司与乙公司签订一项培训合同，期限 3 个月截至 12 月 31 日，劳务履约进度不能合理确定，已实际发生劳务 40 万，预计仅收回 50 万，下列处理正确的有（　　）。

A. 贷记"主营业务收入"科目 50 万元　　　　B. 借记"主营业务成本"科目 40 万元

C. 贷记"主营业务收入"科目 40 万元   D. 借记"劳务成本"科目 50 万元

【答案】BC

【解析】选项 BC 正确，当履约进度不能合理确定时，企业已发生的成本预计能够得到补偿的，应当按照已经发生的成本金额确认收入，直到履约进度能够合理确定为止。

（一）合同取得成本及销售收入的账务处理

企业**取得**合同发生的、预计**能够收回**的**增量成本**，应作为合同取得成本确认为一项资产。

增量成本是指企业不取得合同就不会发生的成本，也就是企业发生的与合同直接相关，但又不是所签订合同的对象或内容（如建造商品或提供服务）本身所直接发生的费用（如销售佣金）。

> 🎯 **敲黑板**
>
> 企业为取得合同发生的、除预期能够收回的**增量成本之外的其他支出**，例如，无论是否取得合同均会发生的差旅费、投标费、为准备投标资料发生的相关费用等应当在**发生时计入当期损益**，除非这些支出明确由客户承担。

合同取得成本应当采用与该资产相关的商品收入相同的基础进行摊销，计入当期损益。为简化实务操作，该资产**摊销期限不超过一年**的，可以在发生时**计入当期损益**。具体见表 7-4。

表 7-4　　　　　　　　　　合同取得成本的账务处理

相关业务	账务处理
为取得合同支付相关费用	借：合同取得成本　　　【销售佣金等】 　　　管理费用【尽职调整、投标差旅费等】 　　　销售费用　　【销售经理年度奖金等】 　　贷：银行存款
每月确认服务收入，摊销销售佣金	借：应收账款／银行存款 　　贷：主营业务收入 　　　　应交税费——应交增值税（销项税额） 借：销售费用 　　贷：合同取得成本

【例 7-48·多选题】甲公司是一家咨询公司，通过竞标赢得一个服务期为 5 年的客户，该客户每年年末支付含税咨询费 1 908 000 元（该业务适用的增值税税率为 6%）。为取得与该客户的合同，甲公司聘请外部律师进行尽职调查支付相关费用 15 000 元，为投标而发生的差旅费为 10 000 元，支付销售人员佣金 50 000 元。甲公司预期这些支出未来均能收回。此外，甲公司根据其年度销售目标、整体盈利情况及个人业绩等，向销售部门经理支付年度奖金 10 000 元。下列各项表述中，正确的有（　　）。

A. 甲公司聘请外部律师进行尽职调查发生的支出、为投标发生的差旅费，应当于发生时直接计入当期损益

B. 甲公司向销售部门经理支付的年度奖金属于为取得合同发生的增量成本，应当将其作为合同取得成本确认为一项资产

C. 甲公司向销售人员支付的佣金属于为取得合同发生的增量成本，应当将其作为合同取得成

本确认为一项资产

D. 甲公司应当将作为合同取得成本确认为一项资产的金额是 60 000 元

【答案】AC

【解析】甲公司聘请外部律师进行尽职调查发生的支出、为投标发生的差旅费，向销售部门经理支付的年度奖金（根据年度销售目标、整体盈利情况及个人业绩等，不能直接归属于可识别的合同），不属于增量成本。因此，应当于发生时直接计入当期损益，选项 A 正确，选项 B 错误；甲公司向销售人员支付的佣金，不取得合同就不会发生，属于为取得合同发生的增量成本，应当将其作为合同取得成本确认为一项资产，选项 C 正确；甲公司应当将作为合同取得成本确认为一项资产仅为向销售人员支付的佣金 50 000 元，选项 D 错误。相关会计分录如下：

（1）支付相关费用：

借：合同取得成本　　　　　　　　　　50 000

　　管理费用　　　　　　　　　　　　25 000（15 000 + 10 000）

　　销售费用　　　　　　　　　　　　10 000

　　　贷：银行存款　　　　　　　　　　　　85 000

（2）每月确认服务收入（结转营业成本略），摊销佣金如下：

服务收入 = 1 908 000 ÷（1 + 6%）÷ 12 = 150 000（元）

销售佣金摊销额 = 50 000 ÷ 5 ÷ 12 = 833.33（元）

借：应收账款　　　　　　　　　　　　159 000

　　贷：主营业务收入　　　　　　　　　　150 000

　　　　应交税费——应交增值税（销项税额）　9 000

借：销售费用　　　　　　　　　　　　833.33

　　贷：合同取得成本　　　　　　　　　　833.33

【例 7-49·单选题·2021】2020 年 9 月 1 日，某企业通过竞标赢得一个服务期为三年的客户，为取得该合同，企业聘请外部律师进行尽职调查支付相关费用 20 000 元，为参加投标支付差旅费 10 000 元；支付销售人员佣金 50 000 元，预期该支出未来能够收回。不考虑相关税费及其他因素，该企业应确认的合同取得成本为（　　）元。

A. 60 000　　　　　B. 50 000　　　　　C. 20 000　　　　　D. 30 000

【答案】B

【解析】该企业应确认的合同取得成本 = 销售人员佣金 50000 元；无论是否取得合同均会发生的差旅费、投标费、为准备投标资料发生的相关费用等，应当在发生时计入当期损益，除非这些支出明确由客户承担。

【例 7-50·判断题·2021】由企业承担的为取得合同发生的投标费，应确认为合同取得成本。　　　　　　　　　　　　　　　　　　　　　　　　　　　　　　（　　）

【答案】×

【解析】企业为取得合同发生的、除预期能够收回的增量成本之外的其他支出，例如，无论是否取得合同均会发生的差旅费、投标费、为准备投标资料发生的相关费用等，应当在发生时计入当期损益，除非这些支出明确由客户承担。

【例 7-51·单选题·2020】甲公司为一家咨询服务提供商，中了一个向新客户提供咨询服务的标。甲公司为取得合同而发生的成本如下：①尽职调查的外部律师费 7 万元；②提交标书的差旅费 8 万元（客户不承担）；③销售人员佣金 4 万元。假定不考虑其他因素，甲公司应确认的合同资产为（　　）万元。

  A. 12   B. 15   C. 4   D. 19

  【答案】C

  【解析】尽职调查的律师费和提交标书的差旅费计入管理费用，确认为当期损益，销售人员佣金属于预期未来能够收回的增量成本，应作为合同取得成本确认为一项资产，所以应确认的合同资产为 4 万元，选项 C 正确。

  【例 7-52·判断题·2020】企业为取得合同发生的增量成本预期能够收回的，应作为合同履约成本确认为一项资产。   （　　）

  【答案】×

  【解析】企业为取得合同发生的增量成本预期能够收回的，应作为合同取得成本确认为一项资产。

（二）合同履约成本及销售收入的账务处理

  企业为履行合同可能会发生各种成本，企业在确认收入的同时应当对这些成本进行分析，属于库存商品、固定资产、无形资产等规范范围的，应当按照相关章节进行会计处理；不属于以上规范范围且**同时满足**下列条件的，应当作为合同履约成本确认为一项资产。

  （1）该成本与一份当前或预期取得的合同直接相关，包括以下方面：

  ① 与合同直接相关的成本（直接人工，直接材料，制造费用或类似费用）。

  ② 明确由客户承担的成本以及仅因该合同而发生的其他成本（如支付给分包商的成本、机械使用费、设计和技术援助费用、施工现场二次搬运费用、生产工具和用具使用费、检验试验费、工程定位复测费、工程点交费用、场地清理费等）。

  （2）该成本增加了企业未来用于履行（或持续履行）履约义务的资源。

  （3）该成本预期能够收回。

> **名师说**
>
>   企业应当在下列支出发生时，将其计入当期损益：
>
>   ① 管理费用，除非这些费用明确由客户承担。
>
>   ② 非正常消耗的直接材料、直接人工和制造费用（或类似费用），这些支出为履行合同发生，但未反映在合同价格中。
>
>   ③ 与履约义务中已履行（包括已全部履行或部分履行）部分相关的支出，即该支出与企业过去的履约活动相关。
>
>   ④ 无法在尚未履行的与已履行（或已部分履行）的履约义务之间区分的相关支出。

  合同履约成本的账务处理见表 7-5。

表 7-5   合同履约成本的账务处理

相关业务	账务处理

企业发生合同履约成本	借：合同履约成本
	  贷：银行存款
	    应付职工薪酬
	    原材料等

续表

相关业务	账务处理
对合同履约成本进行摊销	借：主营业务成本/其他业务成本 　贷：合同履约成本

【例7-53·单选题】甲公司经营一家酒店，适用增值税税率为6%，该酒店是甲公司的自有资产，2×19年12月甲公司计提与酒店经营直接相关的酒店、客房以及客房内的设备家具等折旧12万元、酒店土地使用权摊销费用6.5万元。经计算，当月确认房费、餐饮等服务含税收入42.4万元，全部存入银行。不考虑其他因素，下列各项表述中正确的是（　　）。

A. 确认合同取得成本18.5万元　　　B. 期末合同履约成本的金额为18.5万元

C. 期末合同履约成本的金额为0　　　D. 确认主营业务收入42.4万元

【答案】C

【解析】选项C正确，甲公司应编制如下分录（金额单位为万元）：

① 确认资产的折旧费、摊销费：

借：合同履约成本　　　　　　　　　　18.5

　　贷：累计折旧　　　　　　　　　　　　　12

　　　　累计摊销　　　　　　　　　　　　　6.5

② 12月确认酒店服务收入并摊销合同履约成本：

借：银行存款　　　　　　　　　　　　42.4

　　贷：主营业务收入　　　　　　　　　　　40 $[42.4÷（1+6\%）]$

　　　　应交税费——应交增值税（销项税额）　2.4

借：主营业务成本　　　　　　　　　　18.5

　　贷：合同履约成本　　　　　　　　　　　18.5

【例7-54·单选题·2021】下列各项中，应计入合同履约成本的是（　　）。

A. 与企业过去的履约活动相关的差旅费

B. 非正常消耗的直接材料

C. 企业承担的管理费用

D. 本期发生直接为客户提供承诺服务且预期能够收回的人员工资

【答案】D

【解析】选项A，不属于为履行当前或预期取得的合同发生的成本，不计入合同履约成本。选项BC，计入当期损益，不计入合同履约成本。

【例7-55·多选题·2021】下列各项中，属于合同履约成本的有（　　）。

A. 支付给分包商的成本

B. 与履约义务中已履行部分相关的材料支出

C. 支付给直接为客户提供承诺服务的人员工资

D. 非正常消耗的直接材料

【答案】AC

【解析】选项B、D直接计入当期损益，不计入合同履约成本。

（三）合同负债

合同负债是指企业已收或应收客户对价而应向客户转让商品的义务。需要说明的是，对于尚未向客户履行转让商品的义务而已收或应收客户对价中的增值税部分，因不符合合同负债的定义，不应确认为合同负债。

【例7-56·多选题·2020】某公司经营一家健身俱乐部。2019年1月1日，与客户签订合同，并收取客户会费6 000元。客户可在未来12个月内享受健身服务，且没有次数限制。不考虑其他因素，下列各项关于该公司的相关会计处理表述中，正确的有（ ）。

A.1月1日收到会费确认合同负债6 000元

B.1月1日收到会费确认预计负债6 000元

C.1月31日确认主营业务收入的金额为530元

D.1月31日确认主营业务收入的金额为500元

【答案】AD

【解析】选项AD正确，该公司1月1日收到会员费时，应作会计分录如下：

借：银行存款　　　　　　　　　　　　　　　　6 000

　　贷：合同负债　　　　　　　　　　　　　　　　　6 000

1月31日确认主营业务收入时，应作会计分录如下：

借：合同负债　　　　　　　　　　　　　　　　500（6 000÷12）

　　贷：主营业务收入　　　　　　　　　　　　　　　500

【例7-57·单选题·2017】2016年12月1日，甲企业与乙企业签订为期2个月的软件开发合同，该合同构成单项履约义务，合同总价为60万元（不考虑增值税），当日收到乙企业预付的合同款40万元。截至2016年12月31日，甲企业履行该合同累计发生劳务成本24万元。预计还将发生劳务成本16万元，经测定该合同完工进度为60%。不考虑其他因素，2016年12月甲企业确认的该业务收入为（ ）万元。

A.24　　　　　　　B.40　　　　　　　C.60　　　　　　　D.36

【答案】D

【解析】选项D正确，题干给出经测定该合同完工进度为60%，所以应确认的劳务收入＝60×60%＝36（万元）。相关会计分录如下：

2016年12月1日，甲企业应作会计分录如下：

借：银行存款　　　　　　　40

　　贷：合同负债　　　　　　　40

2016年12月31日，甲企业应作会计分录如下：

借：合同履约成本　　　　　24

　　贷：银行存款等　　　　　　24

借：合同负债　　　　　　　36

　　贷：主营业务收入　　　　　36

借：主营业务成本　　　　　24

　　贷：合同履约成本　　　　　24

第二节　费用

费用指企业日常活动所发生的、会导致所有权益减少的、与向所有者分配利益无关的经济利益的总流出，主要指企业为取得营业收入进行产品销售等营业活动所发生的营业成本、税金及附加和期间费用。期间费用包括**销售费用、管理费用和财务费用**。

一、营业成本★★

营业成本是指企业为生产产品、提供服务等发生的可归属于产品成本、服务成本等的费用，应当在确认销售商品收入、提供服务收入等时，将已销售商品、已提供服务的成本等计入当期损益。营业成本包括主营业务成本和其他业务成本。

（一）主营业务成本

主营业务成本是指企业销售商品、提供服务等经常性活动所发生的成本。

企业应当设置"主营业务成本"科目，按主营业务的种类进行明细核算。期末，将主营业务成本的余额转入"本年利润"科目，结转后，"主营业务成本"科目无余额。具体见表7-6。

表7-6　　　　　　　　　　　　　　　　主营业务成本的账务处理

相关业务	账务处理
确认商品销售收入，结转成本	借：应收账款等 　　贷：主营业务收入 　　　　应交税费——应交增值税（销项税额） 借：主营业务成本 　　贷：库存商品/合同履约成本等
结转已计提存货跌价准备的存货成本	借：主营业务成本 　　存货跌价准备/合同履约成本减值准备 　　贷：库存商品/合同履约成本等
期末结转业务成本	借：本年利润 　　贷：主营业务成本

【例7-58·单选题·2013】销售库存商品，收到价款200万元，该商品成本170万元，已提存货跌价准备35万元，应结转销售成本为（　　）万元。

A. 135　　　　　　　B. 200　　　　　　　C. 170　　　　　　　D. 165

【答案】A

【解析】选项A正确，因为已经计提存货跌价准备35万元，所以应结转销售成本 = 170-35 = 135（万元）。相关会计分录如下：

借：银行存款　　　　　　　　　　　200
　　贷：主营业务收入　　　　　　　　　　200
借：主营业务成本　　　　　　　　　135
　　存货跌价准备　　　　　　　　　 35
　　贷：库存商品　　　　　　　　　　　170

（二）其他业务成本

其他业务成本是指企业确认的除主营业务活动以外的其他日常经营活动所发生的支出。

🎯 **敲黑板**

其他业务成本核算内容包括：①销售材料的成本；②出租包装物的成本或摊销额；③随同商品一起出售而单独计价的包装物的成本；④经营租出固定资产的折旧额、出租无形资产的摊销额；⑤成本模式计量下，投资性房地产计提的折旧额或摊销额。

企业应当设置"其他业务成本"科目，核算企业确认的除主营业务活动以外的其他日常经营活动所发生的支出。本科目按其他业务成本的种类进行明细核算。期末，本科目余额转入"本年利润"科目，结转后本科目无余额。具体见表 7-7。

表 7-7　　　　　　　　　　　　　　　　其他业务成本的账务处理

其他业务成本的相关业务	账务处理
确认原材料销售收入，结转成本时	借：银行存款等 　贷：其他业务收入 　　　应交税费——应交增值税（销项税额） 同时： 借：其他业务成本 　贷：原材料
计提短期租出固定资产的折旧额、出租无形资产的摊销额	借：其他业务成本 　贷：累计折旧／累计摊销
结转随同商品一起出售，单独计价的包装物时	借：银行存款等 　贷：其他业务收入 　　　应交税费——应交增值税（销项税额） 同时： 借：其他业务成本 　贷：周转材料——包装物
期末结转其他业务成本时	借：本年利润 　贷：其他业务成本

【例 7-59·单选题·2022】下列各项中，不应列入利润表"营业成本"项目的是（　　）。

A. 已对外销售的原材料的成本

B. 以经营租赁方式出租的固定资产的折旧额

C. 无形资产出售净损失

D. 成本模式计量的投资性房地产的折旧或摊销额

【答案】C

【解析】营业成本包括主营业务成本与其他业务成本。选项 ABD，均通过"其他业务成本"科目核算；选项 C，通过"资产处置损益"科目核算。

二、税金及附加 ★★

税金及附加是指企业经营活动应负担的相关税费，包括城市维护建设税、教育费附加、房产税、环境保护税、城镇土地使用税、房地产开发企业销售房地产应缴纳的土地增值税、车船税、印花税、出售产品应缴纳的消费税和资源税等。

企业应当设置"税金及附加"科目，核算企业经营活动发生的消费税、城市维护建设税、资源税和教育费附加等相关税费。期末，应将"税金及附加"科目余额转入"本年利润"科目，结转后"税金及附加"科目无余额。

企业交纳的印花税不通过"应交税费"科目核算，于购买印花税票时，直接借记"税金及附加"科目，贷记"银行存款"科目。具体见表7-8。

> **名师说**
>
> "税金及附加"科目核算内容不包括：增值税、企业所得税、个人所得税、关税、耕地占用税、契税、车辆购置税、**自产自用于非应税消费品应缴纳的消费税、自产自用于非资源税应税品应缴纳的资源税、企业（房地产开发企业除外）转让房地产应缴纳的土地增值税**等。

表 7-8   税金及附加的账务处理

相关业务	账务处理
城市维护建设税、教育费附加、房产税、环境保护税、城镇土地使用税、房地产开发企业销售房地产应缴纳的土地增值税、车船税、印花税、出售产品应缴纳的消费税和资源税的计提和上缴	（1）计提城建税和教育费附加等： 借：税金及附加 　　贷：应交税费——应交城市维护建设税 　　　　　　　　——应交教育费附加 　　　　　　　　——应交房产税 　　　　　　　　——应交城镇土地使用税 　　　　　　　　——应交土地增值税 　　　　　　　　——应交车船税 　　　　　　　　——应交资源税 　　　　　　　　——应交消费税 　　　　　　　　——应交环境保护税 （2）缴纳城建税和教育费附加等： 借：应交税费——应交城市维护建设税 　　　　　　　——应交教育费附加 　　　　　　　——应交房产税 　　　　　　　——应交城镇土地使用税 　　　　　　　——应交土地增值税 　　　　　　　——应交车船税 　　　　　　　——应交资源税 　　　　　　　——应交消费税 　　　　　　　——应交环境保护税 　　贷：银行存款

> **敲黑板**
>
> 税金及附加几乎每年必考，主要考查其核算内容，考查形式为选出通过"税金及附加"科目核算的选项及计算"税金及附加"科目的金额，考生需特别关注不通过"税金及附加"科目核算的税种。

【例 7-60·单选题·2022】下列各项中，不通过"税金及附加"科目核算的是（　　）。

A. 增值税　　　　　　　B. 车船税　　　　　　　C. 资源税　　　　　　　D. 印花税

【答案】A

【解析】税金及附加是指企业经营活动应负担的相关税费，包括消费税、城市维护建设税、教育费附加、资源税、土地增值税、房产税、环境保护税、城镇土地使用税、车船税、印花税等。选项 A 不通过税金及附加核算。

【例 7-61·多选题·2022】某企业销售应税消费品应交增值税 150 万元，消费税 90 万元，城市维护建设税 16.8 万元，全部税金尚未交纳。不考虑其他因素，上述税金计入的会计科目正确的是（　　）。

A. "税金及附加"科目 166.8 万元　　　　B. "税金及附加"科目 106.8 万元

C. "应交税费"科目 256.8 万元　　　　　D. "管理费用"科目 90 万元

【答案】BC

【解析】应交增值税，不通过"税金及附加"科目核算。"税金及附加"科目金额 = 90+16.8 = 106.8（万元）。

【例 7-62·多选题·2022】下列各项中，企业应通过"税金及附加"科目核算的有（　　）。

A. 代扣代缴的职工个人所得税　　　　　B. 销售应税消费品应交的消费税

C. 以自产产品对外捐赠应交的增值税　　D. 销售应税矿产品应交的资源税

【答案】BD

【解析】（1）选项 A 的账务处理为：

借：应付职工薪酬

　　贷：应交税费——应交个人所得税

借：应交税费——应交个人所得税

　　贷：银行存款

（2）选项 B 的账务处理为：

借：税金及附加

　　贷：应交税费——应交消费税

（3）选项 C 的账务处理为：

借：营业外支出

　　贷：库存商品

　　　　应交税费——应交增值税（销项税额）

（4）选项 D 的账务处理为：

借：税金及附加

　　贷：应交税费——应交资源税

【例 7-63·单选题·2020】下列各项中，企业应通过"税金及附加"科目核算的是（　　）。

A. 代扣代缴的个人所得税　　　　　　　B. 应缴纳的房产税

C. 应缴纳的企业所得税　　　　　　　　D. 应缴纳的增值税

【答案】B

【解析】选项 B 正确，企业应设置"税金及附加"科目，核算企业经营活动发生的消费税、城市维护建设税、教育费附加、资源税、房产税、城镇土地使用税、车船税、印花税等相关税费。个人所得税、企业所得税、增值税均不通过"税金及附加"科目核算。

【例 7-64·单选题·2020】某企业 2019 年相关税费的发生额如下：增值税的销项税额为 500 万元，进项税额为 450 万元，销售应税消费品的消费税为 50 万元，城市维护建设税为 7 万元，教育费附加为 3 万元。不考虑其他因素，该企业 2019 年"税金及附加"科目借方累计发生额为（　　）万元。

A. 60　　　　　　　　B. 110　　　　　　　　C. 10　　　　　　　　D. 50

【答案】A

【解析】企业的增值税不通过"税金及附加"科目核算。销售应税消费品的消费税、城市维护建设税和教育费附加均通过"税金及附加"科目核算。所以，该企业 2019 年"税金及附加"科目借方累计发生额 = 50 + 3 + 7 = 60（万元），选项 A 正确。

【例 7-65·多选题·2020】下列各项关于企业确认相关税费的会计处理中，正确的有（　　）。

A. 确认应交城镇土地使用税，借记"管理费用"科目

B. 确认应交城市维护建设税，借记"税金及附加"科目

C. 确认应交教育费附加，借记"税金及附加"科目

D. 确认应交车船税，借记"管理费用"科目

【答案】BC

【解析】选项 AD 错误，确认应交的城镇土地使用税和车船税，应记入"税金及附加"科目。

【例 7-66·判断题·2020】企业签订加工承揽合同支付的印花税，应计入加工承揽项目成本中。　　　　　　　　　　　　　　　　　　　　　　　　　　　　　　（　　）

【答案】×

【解析】企业缴纳的印花税不通过"应交税费"科目核算，于购买印花税票时，直接借记"税金及附加"科目，贷记"银行存款"等科目。

【例 7-67·判断题·2020】房地产开发经营企业销售房地产应缴纳的土地增值税记入"税金及附加"科目。　　　　　　　　　　　　　　　　　　　　　　　　　　　　（　　）

【答案】√

【解析】房地产开发经营企业销售房地产应交纳的土地增值税，借记"税金及附加"科目，贷记"应交税费——应交土地增值税"科目。

【例 7-68·单选题·2018】2017 年 12 月，某公司发生相关税金及附加如下：城市维护建设税为 3.5 万元，教育费附加为 1.5 万元，房产税为 20 万元，车船税为 3 万元。不考虑其他因素，2017 年 12 月利润表"税金及附加"项目的本期金额为（　　）万元。

A. 25　　　　　　　　B. 23　　　　　　　　C. 28　　　　　　　　D. 5

【答案】C

【解析】该公司 12 月利润表中"税金及附加"项目的本期金额 = 3.5 + 1.5 + 20 + 3 = 28（万元），选项 C 正确。

【例 7-69·多选题·2016】下列各项中，应记入"税金及附加"科目的有（　　）。

A. 自用办公楼应交的城镇土地使用税　　　B. 销售应税矿产品应交的资源税

C. 销售商品应交的增值税　　　　　　　　D. 工程自用应税消费品应交的消费税

【答案】AB

【解析】选项 C 错误，销售商品应交的增值税是价外税，应记入"应交税费——应交增值税"科目；选项 D 错误，工程自用应税消费品应交的消费税是为取得资产而发生的，应计入工程成本。

【例7-70·单选题·2021】下列各项中，属于企业期间费用的是（　）。

A.采购材料过程中发生的合理损耗　　　　B.计提生产车间固定资产的折旧费

C.宣传推广新产品支付的广告费　　　　　D.销售商品给予客户的商业折扣

【答案】C

【解析】选项A计入材料成本；B计入制造费用；C计入销售费用；D影响收入的确认。

【例7-71·多选题·2021】下列各项中，制造业企业应计入销售费用的有（　）。

A.销售商品过程中承担的保险费　　　　　B.优化产品销售策略发生的咨询费

C.拓展产品销售市场发生的业务招待费　　D.销售商品专设销售机构发生的业务费

【答案】AD

【解析】选项B、C错误，咨询费和业务招待费计入管理费用。

【例7-72·多选题·2021】下列各项中，应通过"销售费用"科目核算的有（　）。

A.销售商品为购货方代垫的保险费　　　　B.销售商品过程中负担的装卸费

C.销售商品过程中发生的广告费　　　　　D.确认专设销售机构人员的薪酬

【答案】BCD

【解析】销售商品为购货方代垫的保险费计入应收账款，选项A错误。

【例7-73·多选题·2015】下列各项中，应记入"税金及附加"科目的有（　）。

A.制造业企业转让自用房产应交纳的土地增值税

B.销售应税消费品应交的消费税

C.天然气企业对外出售天然气应交纳的资源税

D.拥有并使用车船的制造业企业应交纳的车船税

【答案】BCD

【解析】选项A错误，应记入"固定资产清理"科目。

【例7-74·单选题·2013】2016年10月，甲公司销售商品实际应交资源税为38万元、应交消费税为20万元，提供运输劳务实际应交增值税为15万元、土地增值税为3万元；适用的城市维护建设税税率为7%，教育费附加率为3%。假定不考虑其他因素，甲公司当月应列入利润表"税金及附加"项目的金额为（　）万元。

A.58　　　　　　　B.63.8　　　　　　　C.61.5　　　　　　　D.80.3

【答案】C

【解析】"税金及附加"项目金额＝38＋20＋（20＋15）×（7%＋3%）＝61.5（万元），选项C正确。

三、期间费用★★

（一）期间费用概述

期间费用是指企业日常活动发生的**不能计入特定核算对象的成本**，而应计入发生当期损益的费用。

（二）期间费用的账务处理

期间费用包括销售费用、管理费用和财务费用。

1.销售费用

销售费用是指企业在销售商品和材料、提供服务的过程中发生的各项费用，包括：

（1）企业在销售商品过程中发生的保险费、包装费、展览费、广告费、商品维修费、预计产品质量保证损失、运输费、装卸费等；

（2）为销售本企业商品而专设的销售机构（含销售网点、售后服务网点等）的职工薪酬、业务费、折旧费等经营费用；

（3）企业发生的与专设销售机构相关的固定资产修理费用等后续支出。

企业应通过"销售费用"科目，核算销售费用的发生与结转情况。期末转入"本年利润"，结转后"销售费用"科目应无余额。

📧 **名师说**

业务费和业务招待费是两个不同的概念，销售机构发生的业务费通过销售费用核算，而业务招待费通过管理费用核算。

【例 7-75·单选题·2022】下列各项中，应通过"管理费用"科目核算的是（　　）。

A. 支付的财务咨询费　　　　　　　　B. 生产车间机器设备的折旧费

C. 预计产品质量保证损失　　　　　　D. 销售机构人员的薪酬

【答案】A

【解析】选项 B 计入制造费用；选项 CD 计入销售费用。

【例 7-76·多选题·2020】下列各项制造业企业销售商品时发生的支出中，应通过"销售费用"科目核算的有（　　）。

A. 装卸费　　　　　　B. 保险费　　　　　　C. 包装费　　　　　　D. 代垫运费

【答案】ABC

【解析】选项 ABC 正确，销售费用是指企业销售商品和材料、提供服务的过程中发生的各种费用，包括企业在销售商品过程中发生的保险费、包装费、展览费和广告费、商品维修费、预计产品质量保证损失、运输费、装卸费等以及为销售本企业商品而专设的销售机构（含销售网点、售后服务网点等）的职工薪酬、业务费、折旧费等经营费用。选项 D 错误，应记入"应收账款"科目。

【例 7-77·单选题·2019】下列各项中，企业应记入"销售费用"科目的是（　　）。

A. 随同商品出售单独计价的包装物成本

B. 预计产品质量保证损失

C. 因产品质量原因给予客户的销售折让

D. 行政管理部门人员报销的差旅费

【答案】B

【解析】选项 A 错误，计入其他业务成本；选项 C 错误，发生时冲减当期销售商品的收入；选项 D 错误，计入管理费用。

【例 7-78·多选题·2019】下列各项中，企业应记入"销售费用"科目的有（　　）。

A. 随同商品出售不单独计价的包装物成本　　B. 已售商品成本

C. 销售商品过程中发生的保险费　　　　　　D. 专设销售机构的房屋折旧费

【答案】ACD

【解析】选项 B 错误，已售商品成本应记入"主营业务成本"科目。

【例 7-79·多选题·2018】下列各项中，企业应通过"销售费用"科目核算的有（　　）。

A. 专设的售后服务网点的业务费　　　　　　B. 销售商品发生的保险费

　　C. 专设的销售网点的折旧费　　　　　　D. 销售商品发生的运输费

【答案】ABCD

【解析】销售费用包括企业在销售商品过程中发生的保险费、包装费、展览费和广告费、商品维修费、预计产品质量保证损失、运输费、装卸费等以及为销售本企业商品而专设的销售机构的职工薪酬、业务费、折旧费等经营费用，故选项 ABCD 均正确。

【例 7-80·单选题·2017】下列各项中，应记入"销售费用"科目的是（　　）。

　　A. 推广新产品的宣传费　　　　　　　　B. 销售商品发生的商业折扣

　　C. 销售商品发生的销售退回　　　　　　D. 销售产品发生的现金折扣

【答案】A

【解析】选项 B 错误，发生的商业折扣直接从售价中扣减；选项 C 错误，已确认销售商品收入的售出商品发生销售退回，除属于资产负债表日后事项外，应冲减已确认的销售商品收入；选项 D 错误，企业发生的现金折扣在确认收入时应从售价中扣减。

　　2. 管理费用

管理费用是指企业为组织和管理生产经营发生的各种费用，核算内容包括：

　　（1）筹建期间的开办费；

　　（2）行政管理部门发生的费用（如：职工薪酬、物料消耗、低值易耗品摊销、办公费和差旅费、工会经费、固定资产折旧费、修理费等）；

　　（3）董事会费：董事会成员津贴、会议费、差旅费等；

　　（4）聘请中介机构费、咨询费（含顾问费）、诉讼费、业务招待费、技术转让费、研究费用等。

　　企业应设置"管理费用"科目，核算管理费用的发生和结转情况。期末转入"本年利润"科目，结转后"管理费用"科目应无余额。

🎓 **名师说**

　　商品流通企业管理费用不多的，可不设本科目，相关核算内容可并入"销售费用"科目核算。

　　通常不能归入销售费用和财务费用的项目就往管理费用里面放，但有些特殊事项是考试时考生经常容易陷入的误区常考的点：

　　（1）业务招待费属于管理费用，而不是销售费用。

　　（2）研究费用，即自行研发无形资产中的费用化支出。

　　（3）企业在筹建期间内长期借款的利息属于"管理费用"科目，并非"财务费用"科目。

　　（4）企业生产车间发生的固定资产的日常修理费用属于"制造费用"科目，并非"管理费用"科目。

【例 7-81·单选题·2022】下列各项中，应计入企业管理费用的是（　　）。

　　A. 董事会成员的津贴　　　　　　　　　　B. 预计产品质量保证损失

　　C. 销售产品负担的保险费　　　　　　　　D. 银行存款利息收入

【答案】A

【解析】选项 BC 计入销售费用，选项 D 计入财务费用。

【例 7-82·单选题·2022】下列各项中，企业应计入销售费用的是（　　）。

A. 因产品质量原因给予的销售折让

B. 计提存货跌价准备

C. 行政管理人员报销的差旅费

D. 专设销售机构发生的固定资产维修费

【答案】D

【解析】选项 A 冲减当期营业收入，选项 B 计入资产减值损失，选项 C 计入管理费用。

【例 7-83·单选题·2022】下列各项中，企业应计入管理费用科目的是（　　）。

A. 经营活动的借款利息　　　　　　　　B. 发生的税收滞纳金

C. 聘请中介机构的费用　　　　　　　　D. 发生产品广告费

【答案】C

【解析】选项 A 计入财务费用，选项 B 计入营业外支出，选项 D 计入销售费用。

【例 7-84·判断题·2021】管理费用不多的商品流通企业可以不设置"管理费用"科目，相关费用并入"销售费用"科目核算。（　　）

【答案】√

【解析】商品流通企业管理费用不多的，可不设置"管理费用"科目，相关核算内容可并入"销售费用"科目核算。

【例 7-85·单选题·2020】2019 年 12 月，某企业发生经济业务如下：计提行政办公大楼折旧 40 万元，支付会计师事务所审计费 50 万元，发生业务招待费 60 万元。不考虑其他因素，该企业 2019 年 12 月确认的管理费用金额为（　　）万元。

A. 90　　　　　　　B. 100　　　　　　　C. 50　　　　　　　D. 150

【答案】D

【解析】该企业 12 月应确认的管理费用金额 = 40 + 50 + 60 = 150（万元），选项 D 正确。

【例 7-86·多选题·2020】下列各项中，应记入企业"管理费用"科目的有（　　）。

A. 董事会成员的公务差旅费　　　　　　B. 聘请会计师事务所的咨询费

C. 行政管理部门的办公费　　　　　　　D. 预提销售商品的产品质量保证损失

【答案】ABC

【解析】选项 D 错误，预提的产品质量保证损失应记入"销售费用"科目。

【例 7-87·多选题·2019】下列各项中，应记入"管理费用"科目的有（　　）。

A. 合同违约支付的诉讼费　　　　　　　B. 专设销售机构发生的计算机维修费

C. 聘请会计师事务所支付的审计费用　　D. 筹建期间发生的开办费

【答案】ACD

【解析】选项 B 错误，应记入"销售费用"科目。

【例 7-88·单选题·2018】2017 年 4 月，企业发生行政管理部门工资 50 万元，诉讼费 5 万元，销售商品时发生的装卸费价税合计 3 万元，银行承兑汇票手续费 2 万元，则 4 月计入管理费用的金额是（　　）万元。

A. 55　　　　　　　B. 50　　　　　　　C. 60　　　　　　　D. 58

【答案】A

【解析】计入管理费用的金额 = 50 + 5 = 55（万元），选项 A 正确。销售商品发生的装卸费应记入"销售费用"科目，银行承兑汇票手续费应记入"财务费用"科目。

【例 7-89·单选题·2018】下列各项中，不应计入企业管理费用的是（　　）。

A.支付筹建期间的开办费   B.支付的业务招待费

C.支付中介机构的咨询费   D.支付短期租入车间厂房的租金

【答案】D

【解析】选项D错误，应记入"制造费用"科目。

【例7-90·多选题·2018】下列各项中，应通过"管理费用"科目核算的有（   ）。

A.企业专设销售机构的设备折旧费   B.中介机构咨询费

C.生产用机器设备的日常修理费   D.财务人员的薪酬

【答案】BD

【解析】选项A错误，应通过"销售费用"科目核算。选项C，应通过"制造费用"科目核算。

【例7-91·单选题·2017】下列各项中，企业不应记入"管理费用"科目的是（   ）。

A.年度财务报告的审计费用   B.董事会成员的津贴

C.专设销售机构的业务费   D.筹建期间内发生的开办费

【答案】C

【解析】选项C错误，应记入"销售费用"科目。

【例7-92·单选题·2017】下列各项中，筹建期间用于日常管理活动的借款利息应记入的会计科目是（   ）。

A.长期待摊费用   B.销售费用   C.管理费用   D.财务费用

【答案】C

【解析】选项C正确，筹建期间非资本化利息费用应记入"管理费用"科目。

【例7-93·多选题·2017】下列各项中，资产净损失报经批准应计入管理费用的有（   ）。

A.火灾事故造成的库存商品毁损   B.自然灾害造成的包装物毁损

C.属于一般经营损失的原材料毁损   D.无法查明原因的现金短缺

【答案】ACD

【解析】选项B错误，应记入"营业外支出"科目。

3.财务费用

财务费用是指企业为筹集生产经营所需资金等而发生的筹资费用，包括利息支出（减利息收入）、汇兑损益以及相关的手续费。

企业应通过"财务费用"科目，核算财务费用的发生和结转情况。期末转入"本年利润"科目，结转后"财务费用"科目应无余额。

🎯 **敲黑板**

> 财务费用通常是企业向银行或者其他金融机构筹资过程中发生的，企业发生的利息收入需冲减财务费用。

【例7-94·单选题·2022】下列各项中，企业发生短期外币借款的汇兑损益应记入的会计科目是（   ）。

A.财务费用   B.营业外支出   C.管理费用   D.其他收益

【答案】A

【解析】选项A正确，财务费用是指企业为筹集生产经营所需资金等而发生的筹资费用，包括利息支出（减利息收入）、汇兑损益以及相关的手续费等。

【例 7-95·多选题·2022 年改编】下列各项中，属于"财务费用"科目的核算内容有（　　）。

A. 支付公开发行普通股的佣金　　　　　B. 支付银行承兑汇票手续费

C. 确认财务部门的人员薪酬　　　　　　D. 确认生产经营用短期借款的利息费用

【答案】BD

【解析】选项 A 错误，支付公开发行普通股的佣金应冲减资本公积；选项 C 错误，确认财务部门的人员薪酬应记入"管理费用"科目。

【例 7-96·单选题·2019】2018 年度，某企业"财务费用"科目核算内容如下：短期借款利息支出 600 万元，银行存款利息收入 20 万元，银行承兑汇票的手续费支出 10 万元。不考虑其他因素，2018 年度该企业利润表中"财务费用"项目的本年金额为（　　）万元。

A. 580　　　　　　　B. 590　　　　　　　C. 600　　　　　　　D. 610

【答案】B

【解析】短期借款利息支出记入"财务费用"科目的借方；银行存款利息收入记入"财务费用"科目的贷方；银行承兑汇票手续费支出记入"财务费用"科目的借方，所以期末"财务费用"科目的金额 = 600 − 20 + 10 = 590（万元），选项 B 正确。

【例 7-97·多选题·2018 年改编】下列各项中，不属于"财务费用"科目核算内容的是（　　）。

A. 办理银行承兑汇票支付的手续费

B. 发生的业务招待费

C. 销售商品发生的商业折扣

D. 短期借款利息支出

【答案】BC

【解析】选项 B 错误，应通过"管理费用"科目核算。销售商品发生的商业折扣在确认收入时要进行扣除，不通过"财务费用"科目核算，选项 C 不正确。

【例 7-98·多选题·2021】下列各项中，应计入企业期间费用的有（　　）。

A. 预计产品质量保证损失

B. 生产部门机器设备的折旧费

C. 行政管理部门职工的薪酬

D. 计提的无形资产减值准备

【答案】AC

【解析】选项 A 正确，计入销售费用；选项 C 正确，计入管理费用；选项 B 错误，计入制造费用，不属于期间费用；选项 D 错误，计入资产减值损失。

【例 7-99·判断题·2020】期间费用是指企业日常活动发生的不能计入特定核算对象成本而应计入发生当期损益的费用。　　　　　　　　　　　　　　　　　　　　　　　　（　　）

【答案】√

【例 7-100·多选题·2019】下列各项中，导致企业期间费用增加的有（　　）。

A. 确认销售人员的薪酬

B. 计提行政部门固定资产的折旧费

C. 以银行存款支付生产车间的水费

D. 以银行存款偿还银行短期借款的本金

【答案】AB

【解析】选项 A，通过"销售费用"科目核算；选项 B，通过"管理费用"科目核算；选项 C，通过"制造费用"科目核算；选项 D，冲减"短期借款"科目的账面。期间费用包括销售费用、管理费用和财务费用，故选项 AB 正确

【例 7-101 · 多选题 · 2011】下列各项中，应计入期间费用的有（　　）。

A.已确认收入的售出商品发生销售退回

B.销售商品发生的售后服务费

C.销售商品发生的商业折扣

D.委托代销商品支付的手续费

【答案】BD

【解析】期间费用包括销售费用、管理费用和财务费用。选项 A 错误，应冲减主营业务收入；选项 C 错误，在发生时直接抵减主营业务收入；选项 BD 正确，记入"销售费用"科目。

第三节 利润

一、利润的构成 ★★★

利润 = 收入 - 费用 + 直接计入当期利润的利得 - 直接计入当期利润的损失

利得是指由企业**非日常活动**所形成的、会导致所有者权益增加的、与所有者投入资本无关的**经济利益的流入**。

损失是指由企业**非日常活动**所发生的、会导致所有者权益减少的、与向所有者分配利润无关的**经济利益的流出**。

未计入当期利润的利得和损失扣除所得税影响后的净额计入其他综合收益项目。

> 🎓 **名师说**
>
> 此处考点为利得与收入，损失与费用的区别。

【例 7-102 · 判断题 · 2017】损失是指由企业非日常活动所发生的，会导致所有者权益减少的，与向所有者分配利润无关的经济利益的流出。（　　）

【答案】√

（一）营业利润

营业利润 = 营业收入 - 营业成本 - 税金及附加 - 销售费用 - 管理费用 - 研发费用 - 财务费用 - 信用减值损失 - 资产减值损失 + 公允价值变动收益（- 公允价值变动损失）+ 投资收益（- 投资损失）+ 其他收益 + 资产处置收益（- 资产处置损失）+ 净敞口套期收益（- 净敞口套期损失）

其中：

营业收入 = 主营业务收入 + 其他业务收入

营业成本 = 主营业务成本 + 其他业务成本

其他收益：主要是指企业**日常活动相关**，除冲减相关成本费用以外的政府补助，以及计入其他收益的其他内容。

（二）利润总额

利润总额＝营业利润＋营业外收入－营业外支出

（三）净利润

净利润＝利润总额－所得税费用

【例 7-103·单选题·2022】2021 年，某企业发生下列经济业务出售商品确认收入 500 万元，结转已销商品成本 300 万元，出售自用设备实现净收益 50 万元，确认存货跌价损失 30 万元，确认捐赠支出 10 万元。不考虑其他因素，2021 年该企业确认的营业利润为（　）万元。

A. 210　　　　　B.170　　　　　C. 220　　　　　D. 190

【答案】C

【解析】营业利润＝500－300+50－30＝220（万元）。捐赠支出计入营业外支出，不影响营业利润。

【例 7-104·单选题·2021】某企业 2020 年实现营业收入 600 万元，发生营业成本 400 万元，管理费用 20 万元，税金及附加 5 万元，营业外支出 10 万元，不考虑其他因素，该企业 2020 年的营业利润为（　）万元。

A.165　　　　　B.200　　　　　C.190　　　　　D.175

【答案】D

【解析】营业利润＝600－400－20－5＝175 万元；营业外支出影响利润总额的计算。

【例 7-105·单选题·2021】某企业出售原价为 100 万元，已计提折旧 30 万元的生产设备，收取价款 50 万元。发生清理费用 2.5 万元。不考虑相关税费及其他因素，下列各项中，该项业务对企业当期营业利润的影响是（　）。

A. 减少营业利润 20 万元　　　　　B. 减少营业利润 22.5 万元
C. 增加营业利润 50 万元　　　　　D. 减少营业利润 17.5 万元

【答案】B

【解析】固定资产账面价值＝100－30＝70 万元；该项业务对企业当期营业利润的影响＝－70－2.5+50＝－22.5 万元。相关会计分录：

```
借：固定资产清理          70
    累计折旧              30
    贷：固定资产              100
借：固定资产清理          2.5
    贷：银行存款              2.5
借：银行存款              50
    贷：固定资产清理          50
借：资产处置损益          22.5
    贷：固定资产清理          22.5
```

【例 7-106·单选题·2021】某企业适用所得税税率为 25%。2020 年该企业实现营业利润 80 万元，实现营业外收入 10 万元，实现的投资收益中含国债利息收入 6 万元。不考虑其他纳税调整因素。企业当年实现的净利润为（　）万元。

A. 67.5　　　　　B. 69　　　　　C. 63　　　　　D. 66

【答案】B

【解析】企业当年实现的净利润 = 利润总额 − 所得税费用 = 80+10 −（80+10 − 6）×25% = 69 万元。

【例 7-107·单选题·2021】下列各项中，影响当期营业利润的是（　　）。

A. 确认的所得税费用　　　　　　　　　B. 自营工程领用本企业生产的产品成本

C. 计提的存货跌价准备　　　　　　　　D. 结转盘亏固定资产的净损失

【答案】C

【解析】选项 A，计入所得税费用，影响净利润，不影响营业利润和利润总额；选项 B，计入在建工程，不属于损益类科目，不影响营业利润、利润总额和净利润；选项 D，计入营业外支出，影响利润总额和净利润，不影响营业利润。

【例 7-108·多选题·2021】下列各项中，导致企业利润总额减少的有（　　）。

A. 销售商品过程中承担的保险费　　　　B. 确认的当期所得税费用

C. 结转已提供劳务的成本　　　　　　　D. 确认的固定资产减值损失

【答案】ACD

【解析】选项 A 计入销售费用，选项 C 计入主营业务成本，选项 D 计入资产减值损失，均会导致利润总额减少。选项 B 会导致净利润减少。

【例 7-109·多选题·2021】下列各项中，引起当期利润总额增加的有（　　）。

A. 确认存货盘盈的收益　　　　　　　　B. 确认本期出租闲置设备的租金收入

C. 确认银行存款的利息收入　　　　　　D. 出售交易性金融资产取得的净收益

【答案】ABCD

【解析】选项 A 冲减管理费用，选项 B 增加其他业务收入，选项 C 冲减财务费用，选项 D 增加投资收益，均会导致利润总额增加。

【例 7-110·单选题·2022】下列各项中，影响企业营业利润的业务是（　　）。

A. 确认无形资产减值损失　　　　　　　B. 确认所得税费用

C. 捐赠支出　　　　　　　　　　　　　D. 接受捐赠利得

【答案】A

【解析】选项 B 计入所得税费用，影响净利润，不影响营业利润和利润总额；选项 C 计入营业外支出，影响利润总额和净利润，不影响营业利润；选项 D 计入营业外收入，影响利润总额和净利润，不影响营业利润。

【例 7-111·单选题·2020】某公司 2019 年实现利润总额 120 万元，确认所得税费用 30 万元、其他综合收益税后净额 8 万元。不考虑其他因素，该公司 2019 年实现的净利润为（　　）万元。

A. 120　　　　　　B. 128　　　　　　C. 90　　　　　　D. 98

【答案】C

【解析】该公司 2019 年实现的净利润 = 利润总额 − 所得税费用 = 120−30 = 90（万元），选项 C 正确。

【例 7-112·单选题·2019】某企业 2018 年发生的销售商品收入为 1 000 万元，销售商品成本为 600 万元，销售过程中发生广告宣传费用为 20 万元，管理人员工资费用为 50 万元，短期借款利息费用为 10 万元，股票投资收益为 40 万元，资产减值损失为 70 万元，公允价值变动损益为 80 万元（收益），因自然灾害发生固定资产的净损失为 25 万元，因违约支付罚款 15 万元。不考虑其他因素，该企业 2018 年的营业利润为（　　）万元。

A. 370　　　　　　B. 330　　　　　　C. 320　　　　　　D. 390

【答案】A

【解析】营业利润 = 1 000（主营业务收入）－ 600（主营业务成本）－ 20（销售费用）－ 50（管理费用）－ 10（财务费用）＋ 40（投资收益）－ 70（资产减值损失）＋ 80（公允价值变动收益）= 370（万元）。因自然灾害发生固定资产的净损失为 25 万元和因违约支付罚款 15 万元均应记入"营业外支出"科目，不影响企业营业利润，故选项 A 正确。

【例 7-113·单选题·2019】下列各项中，会导致企业当期营业利润增加的是（　　）。

A. 确认无法查明原因的现金溢余

B. 计提固定资产的减值损失

C. 结转出售生产设备收益

D. 分配在建工程人员薪酬

【答案】C

【解析】选项 A，计入营业外收入，导致利润总额增加；选项 B，计入资产减值损失，导致营业利润减少；选项 C，计入资产处置损益，导致营业利润增加；选项 D，计入在建工程，不影响营业利润，故选项 C 正确。

【例 7-114·单选题·2019】下列各项中，会导致企业当期营业利润减少的是（　　）。

A. 出租的非专利技术的摊销额

B. 对外公益性捐赠的商品成本

C. 支付的税收滞纳金

D. 自然灾害导致生产线报废净损失

【答案】A

【解析】选项 A 正确，其他业务成本增加，使得营业利润减少；选项 BCD 错误，应计入营业外支出，不影响营业利润。

【例 7-115·多选题·2017】下列各项中，属于工业企业营业收入的有（　　）。

A. 债权投资的利息收入

B. 出租无形资产的租金收入

C. 销售产品取得的收入

D. 出售无形资产的净收益

【答案】BC

【解析】选项 A，计入投资收益；选项 B，计入其他业务收入；选项 C，计入主营业务收入；选项 D，计入资产处置损益。营业收入 = 主营业务收入 ＋ 其他业务收入，故选项 BC 正确。

二、营业外收入与营业外支出 ★★

（一）营业外收入

营业外收入是指企业确认的与其日常活动无直接关系的各项利得。营业外收入核算的主要内容有：

（1）非流动资产毁损报废收益。

（2）盘盈利得（现金盘盈）。

（3）捐赠利得。

（4）与企业日常活动无关的政府补助。

（二）营业外支出

营业外支出是指企业发生的与其日常活动无直接关系的各项损失。营业外支出核算的主要内容有：

（1）非流动资产毁损报废损失。

（2）罚款支出（行政罚款、税务罚款、违约金赔偿金等）。

（3）盘亏损失（固定资产盘亏净损失）。

（4）捐赠支出。

（5）非常损失（因自然灾害等导致的损失）。

名师说

盘亏损失主要包括固定资产盘亏净损失、由于**非常损失**导致的存货盘亏净损失。不包括：现金的盘亏损失以及**一般经营**导致的存货盘亏损失。

【例7-116·单选题·2021】下列各项中，报经批准后计入营业外支出的是（ ）。

A. 生产车间季节性停工损失　　　　　B. 采购原材料途中发生的合理损耗

C. 台风导致的库存材料盘亏净损失　　D. 出售生产设备产生的处置净损失

【答案】C

【解析】选项A计入制造费用，选项B计入原材料成本，选项D计入资产处置损益。

【例7-117·多选题·2021】下列各项中，应计入营业外支出的有（ ）。

A. 支付的会计事务所审计费　　　　　B. 支付的税收滞纳金

C. 报废无形资产发生的净损失　　　　D. 支付的董事会费

【答案】BC

【解析】选项AD计入管理费用。

【例7-118·单选题·2020】下列各项中，应通过"营业外支出"科目核算的是（ ）。

A. 确认的专利权减值损失　　　　　　B. 原材料因管理不善造成的盘亏净损失

C. 闲置设备出售净损失　　　　　　　D. 仓库因自然灾害毁损净损失

【答案】D

【解析】选项D正确，营业外支出主要包括非流动资产毁损报废损失、捐赠支出、盘亏损失、非常损失、罚款支出等；选项A错误，确认的专利权减值损失应计入资产减值损失；选项B错误，原材料因管理不善造成的盘亏净损失应计入管理费用；选项C错误，闲置设备出售净损失应计入资产处置损益。

【例7-119·单选题·2020】下列各项中，企业应确认为营业外支出的是（ ）。

A. 购进材料时定额内的合理损耗　　　B. 核销确实无法收回的应收款项

C. 对外捐赠发生的支出　　　　　　　D. 支付银行承兑汇票的手续费

【答案】C

【解析】选项C正确，营业外支出是指企业发生的与其日常活动无直接关系的各项损失，主要包括非流动资产毁损报废损失、捐赠支出、盘亏损失、非常损失、罚款支出等；选项A错误，购进材料时定额内的合理损耗应计入购进材料的成本；选项B错误，核销确实无法收回的应收款项应计入信用减值损失；选项D错误，支付银行承兑汇票的手续费应计入财务费用。

【例7-120·单选题·2020】下列各项中，企业应通过"营业外支出"科目核算的是（ ）。

A. 计提的预计产品质量保证　　　　　B. 支付外聘法律顾问的顾问费

C. 结转销售材料的成本　　　　　　　D. 支付的税收滞纳金

【答案】D

【解析】选项A错误，计提的预计产品质量保证应记入"销售费用"科目；选项B错误，支付外聘法律顾问的顾问费应记入"管理费用"科目；选项C错误，结转销售材料的成本应记入

"其他业务成本"科目。

【例 7-121·多选题·2020】下列各项中，应计入营业外收入的有（　　）。

A. 转销无法支付的应付账款　　　　　　B. 收发计量差错造成的原材料盘盈利得

C. 出租包装物的租金收入　　　　　　　D. 无法查明原因的现金溢余

【答案】AD

【解析】选项 B 错误，收发计量差错造成的原材料盘盈利得应冲减管理费用；选项 C 错误，出租包装物的租金收入应确认为其他业务收入。

【例 7-122·单选题·2019】2018 年 9 月，某企业因合同纠纷导致专利权提前失效，该专利权入账价值为 100 万元，累计摊销 80 万元，企业支付合同纠纷诉讼费 10 万元，律师服务费 3 万元。不考虑其他因素，企业当月转销专利权计入营业外支出的金额应为（　　）万元。

A. 33　　　　　　　B. 3　　　　　　　C. 20　　　　　　　D. 13

【答案】C

【解析】专利权提前失效的净损失计入营业外支出；支付的诉讼费和律师费计入管理费用。所以计入营业外支出的金额＝100－80＝20（万元），选项 C 正确。

【例 7-123·多选题·2018】下列各项中，企业应记入"营业外支出"科目的有（　　）。

A. 固定资产盘亏净损失　　　　　　　　B. 行政罚款支出

C. 公益性捐赠支出　　　　　　　　　　D. 财产保险费支出

【答案】ABC

【解析】选项 D 错误，其一般通过"管理费用"科目核算。

【例 7-124·多选题·2022 年真题改编】下列各项中，企业应通过"营业外收入"科目核算的有（　　）。

A. 无法支付的应付账款　　　　　　　　B. 接受固定资产捐赠

C. 固定资产报废清理净收益　　　　　　D. 出租包装物实现的收入

【答案】ABC

【解析】选项 D 错误，应记入"其他业务收入"科目。

【例 7-125·判断题·2018】企业收到与日常经营活动相关的且计入当期损益的政府补助，应列入利润表的"营业外收入"项目。　　　　　　　　　　　　　　　　　　（　　）

【答案】×

【解析】其他收益主要是指与企业日常活动相关，除冲减相关成本费用以外的政府补助。如果是非日常活动的政府补助才列入"营业外收入"项目。

【例 7-126·单选题·2017】下列各项中，属于营业外支出核算内容的是（　　）。

A. 无法查明原因的现金短缺　　　　　　B. 报废固定资产的净损失

C. 因计量误差造成的存货盘亏　　　　　D. 结转售出固定资产的账面价值

【答案】B

【解析】选项 AC，通过"管理费用"核算；选项 D，通过"固定资产清理"核算，选项 B 正确。

【例 7-127·单选题·2015】某公司因雷电造成损失共计 250 万元，其中，流动资产 100 万元，非流动资产 150 万元，获得保险公司赔偿 80 万元。不考虑其他因素，则计入营业外支出的金额为（　　）万元。

A. 250　　　　　　B. 170　　　　　　C. 150　　　　　　D. 100

【答案】B

【解析】自然灾害导致的资产毁损，扣除责任人、保险公司等赔款后剩余的净损失，应记入"营业外支出"科目，所以记入"营业外支出"科目的金额＝250－80＝170（万元），选项 B 正确。

三、所得税费用 ★★

所得税费用包括**当期所得税（即当期应交所得税）**和**递延所得税**两个部分。

（一）应交所得税

应交所得税是指企业按照企业所得税法规定计算确定的针对当期发生的交易和事项，应交纳给税务部门的所得税金额，即当期应交所得税。应纳税所得额是在企业税前会计利润（即利润总额）的基础上确定的，企业当期应交所得税的计算公式为：

应纳税所得额＝税前会计利润＋纳税调整增加额－纳税调整减少额

应交所得税＝应纳税所得额 × 所得税税率

纳税调整相关业务见表 7-9。

表 7-9　　　　　　　　　　　　　　　　　　　纳税调整相关业务

项目	相关业务	举例
纳税调增	企业已计入当期费用但超过税法规定扣除标准的金额	职工福利费 工会经费 职工教育经费 业务招待费 公益性捐赠支出 广告费和业务宣传费等
	企业已计入当期费用但税法规定不允许扣除项目的金额	税收滞纳金 罚金 罚款等
纳税调减	税法规定允许弥补的亏损和准予免税的项目	前 5 年内未弥补亏损 国债利息收入等 符合条件的居民企业之间的股息、红利等权益性投资收益

【例 7-128·单选题·2022】某企业所得税税率为 25%，年度实现利润总额（税前会计利润）2 300 万元，其中，从其投资的居民企业取得现金股利 30 万元、支付违反环保法规罚款 10 万元，假定无递延所得税因素，该企业当期确认的所得税费用为（　　）万元。

A. 547.5　　　　　　　　　　　　　　　B. 527.5
C. 575　　　　　　　　　　　　　　　　D. 570

【答案】D

【解析】该企业当期确认的所得税费用＝（税前会计利润－纳税调整减少额＋纳税调整增加额）×25%＝（2300－30＋10）×25%＝570（万元）。

【例 7-129·多选题·2016】下列各项中，计算应纳税所得额需要进行纳税调整的项目有（　　）。

A. 税收滞纳金

B. 超过税法规定标准的业务招待费

C. 国债利息收入

D. 超过税法规定标准的职工福利费

【答案】ABCD

【解析】选项 ABD 计算应纳税所得额时应该纳税调增；选项 C 计算应纳税所得额时应该纳税调减，故选项 ABCD 均正确。

（二）所得税费用的账务处理

所得税费用的公式如下：

所得税费用 = 当期所得税 + 递延所得税

递延所得税 =（递延所得税负债的期末余额 − 递延所得税负债的期初余额）−（递延所得税资产的期末余额 − 递延所得税资产的期初余额）

"所得税费用"的账务处理如下：

借：所得税费用

递延所得税资产　　　　　　　　　【如减少则为贷方】

贷：应交税费——应交所得税

递延所得税负债　　　　　　　　　【如减少则为借方】

期末，应将"所得税费用"科目的余额转入"本年利润"科目，结转后"所得税费用"科目应无余额。

🎯 **敲黑板**

本知识点的考查方式主要是计算所得税费用的金额，各位考生须重点关注考虑递延所得税时所得税费用的计算方法。

【例 7-130·单选题·2021】某企业 2020 年当期所得税为 650 万元，递延所得税负债年初数为 45 万元、年末数为 58 万元，递延所得税资产年初数为 36 万元，年末数为 32 万元。不考虑其他因素，该企业 2020 年应确认的所得税费用为（　　）万元。

A. 667　　　　　　　B. 663　　　　　　　C. 633　　　　　　　D. 650

【答案】A

【解析】递延所得税负债本期发生额 = 58 − 45 = 13 万元，递延所得税资产本期发生额 = 32 − 36 = −4 万元（转回）。会计分录如下：

借：所得税费用　　　　　　　　　　　　667（650 + 13 + 4）

贷：应交税费——应交所得税　　　　　　650

递延所得税负债　　　　　　　　　　13

递延所得税资产　　　　　　　　　　4

【例 7-131·单选题·2021】某企业 2020 年度利润总额为 500 万元，应纳税所得额为 480 万元；递延所得税资产年初数为 18 万元，年末数为 10 万元；所得税税率为 25%。不考虑其他因素，该企业 2020 年确认的所得税费用为（　　）万元。

A. 125　　　　　　　B. 112　　　　　　　C. 120　　　　　　　D. 128

【答案】D

【解析】递延所得税 =（递延所得税负债的期末余额 − 递延所得税负债的期初余额）−（递延所

得税资产的期末余额－递延所得税资产的期初余额）＝0－（10－18）＝8（万元）

所得税费用＝当期所得税＋递延所得税＝480×25%＋8＝128（万元）。

账务处理如下：

借：所得税费用 128

　　贷：应交税费——应交所得税 120

　　　　递延所得税资产 8

【例7-132·判断题·2021】会计期末，企业应将"所得税费用"科目的余额转入"利润分配——未分配利润"科目。　　　　　　　　　　　　　　　　　　　（　　）

【答案】×

【解析】企业应设置"所得税费用"科目，核算企业所得税费用的确认及其结转情况。期末，应将"所得税费用"科目的余额转入"本年利润"科目，借记"本年利润"科目，贷记"所得税费用"科目，结转后所得税费用"科目应无余额。

【例7-133·单选题·2020】某企业2019年全年利润总额为6 035万元，当年实现国债利息收入45万元，缴纳的税收滞纳金10万元，所得税税率为25%。不考虑其他因素，该企业2019年度所得税费用为（　　）万元。

A. 1 500　　　　　B. 1 517.5　　　　　C. 1 508.75　　　　　D. 1 495

【答案】A

【解析】该企业2019年度的应纳税所得额＝6 035－45＋10＝6 000（万元），所得税费用＝应纳税所得额×所得税税率＝6 000×25%＝1 500（万元），选项A正确。

【例7-134·单选题·2020】A公司2019年度利润总额为300万元，其中，本年度国债利息收入15万元，税收滞纳金5万元，实际发生的业务招待费25万元(税法核定的业务招待费15万元)。适用的企业所得税税率为25%。假定不考虑其他因素，A公司2019年度应纳税所得额为（　　）万元。

A. 299　　　　　B. 300　　　　　C. 295　　　　　D. 294

【答案】B

【解析】应纳税所得额＝税前会计利润＋纳税调整增加额－纳税调整减少额＝300－15＋5＋（25－15）＝300（万元）。故选项B正确。

【例7-135·单选题·2019】甲企业2018年应交所得税100万元，"递延所得税负债"账户年初余额为30万元，年末余额为35万元；"递延所得税资产"账户年初余额为20万元，年末余额为18万元。甲企业2018年的所得税费用为（　　）万元。

A. 27　　　　　B. 97　　　　　C. 107　　　　　D. 105

【答案】C

【解析】所得税费用＝当期应交所得税＋递延所得税＝当期应交所得税＋（递延所得税负债的期末余额－递延所得税负债的期初余额）－（递延所得税资产的期末余额－递延所得税资产的期初余额）＝100＋（35－30）－（18－20）＝107（万元），选项C正确。

【例7-136·判断题·2019】企业计算确定的当期所得税与递延所得税之和，即为应从当期利润总额中扣除的所得税费用。　　　　　　　　　　　　　　　　　　（　　）

【答案】√

【例7-137·单选题·2018】某企业2017年度实现利润总额1 450万元，当年发生的管理费用中按规定不能税前扣除的业务招待费为10万元，企业适用所得税税率为25%。不考虑其他因素，该企业2017年实现的净利润为（　　）万元。

　　A. 1 085　　　　　　　B. 1 087.5　　　　　　　C. 1 095　　　　　　　D. 1 450

　　【答案】A

　　【解析】所得税费用＝（1 450＋10）×25%＝365（万元）；该企业2017年实现的净利润＝1 450－365＝1 085（万元），选项A正确。

　　【例7-138·单选题·2018】某企业适用的所得税税率为25%，2017年实现利润总额1 350万元，其中，取得国债利息收入150万元，发生税收滞纳金3万元。不考虑其他因素，该企业2017年度利润表中所得税费用为（　　）万元。

　　A. 374.25　　　　　　　B. 337.5　　　　　　　C. 338.25　　　　　　　D. 300.75

　　【答案】D

　　【解析】所得税费用＝（1 350－150＋3）×25%＝300.75（万元），选项D正确。

　　【例7-139·单选题·2017】2016年某企业取得债券投资利息收入15万元，其中，国债利息收入5万元，全年税前利润总额为150万元，所得税税率为25%。不考虑其他因素，2016年该企业的净利润为（　　）万元。

　　A. 112.5　　　　　　　B. 113.75　　　　　　　C. 116.75　　　　　　　D. 111.25

　　【答案】B

　　【解析】2016年该企业的净利润＝利润总额－所得税费用＝150－（150－5）×25%＝113.75（万元），选项B正确。

　　【例7-140·单选题·2016】2015年度某企业实现利润总额为1 000万元，当年应纳税所得额为800万元，适用的所得税税率为25%，当年影响所得税费用的递延所得税负债增加50万元。该企业2015年度利润表"所得税费用"项目本期金额为（　　）万元。

　　A. 250　　　　　　　B. 240　　　　　　　C. 150　　　　　　　D. 200

　　【答案】A

　　【解析】2015年度利润表"所得税费用"项目本期金额＝800×25%＋50＝250（万元），选项A正确。

四、本年利润的账务处理★★

（一）结转本年利润的方法

　　会计期末，结转本年利润的方法有表结法和账结法。具体见表7-10。

表7-10　　　　　　　　　　　　　　　　结转本年利润的方法

项目	表结法	账结法
方法	各损益类科目每月末只需结计出本月发生额和月末累计余额，不结转到"本年利润"科目。只有在年末时才将全年累计余额结转入"本年利润"科目	每月末均需编制转账凭证，将在账上结计出的各损益类科目的余额结转入"本年利润"科目
特点	减轻了转账环节和工作量，同时不影响利润表的编制及有关损益指标的利用	在各月均可通过"本年利润"科目提供当月及本年累计的利润（或亏损）额但增加了转账环节和工作量

【例7-141·判断题·2022】企业采用"账结法"结转本年利润的，每月末均需编制转账凭证，将在账上结计出的各损益类科目的余额结转入"本年利润"科目。（　　）

【答案】√

【例7-142·多选题·2020】下列各项关于采用表结法结转本年利润的表述中，正确的有（　　）。

A.每月均可通过"本年利润"科目提供当月利润额

B.每月末将损益类科目的本月发生额合计数填入利润表的本月数栏

C.年末将损益类科目全年累计余额结转入"本年利润"科目

D.每月均可通过"本年利润"科目提供本年累计利润额

【答案】BC

【解析】表结法下，各损益类科目每月末只需结计出本月发生额和月末累计余额，不结转到"本年利润"科目，选项AD错误；只有在年末时才将全年累计余额结转入"本年利润"科目，选项C正确；但每月月末要将损益类科目的本月发生额合计数填入利润表的本月数栏，选项B正确，同时将本月末累计余额填入利润表的本年累计数栏，通过利润表计算反映各期的利润（或亏损）。

【例7-143·单选题·2018】下列各项中，关于企业期末结转本年利润的"表结法"表述正确的是（　　）。

A.每月末需要编制将损益类科目发生额合计结转到本年利润的转账凭证

B.1至11月损益类科目发生额合计无需转入"本年利润"科目

C.月末"本年利润"科目的余额反映当月实现的利润或发生的亏损

D.不需要设置"本年利润"科目

【答案】B

【解析】选项B正确，表结法下，各损益类科目每月月末只需结计出本月发生额和月末累计余额，不结转到"本年利润"科目，只有在年末时才将全年累计余额结转入"本年利润"科目。但每月月末要将损益类科目的本月发生额合计数填入利润表的本月数栏，同时将本月末累计余额填入利润表的本年累计数栏，通过利润表计算反映各期的利润（或亏损）。

【例7-144·多选题·2018】下列各项中，关于"账结法"结转本年利润的表述正确的有（　　）。

A."本年利润"科目可以提供当月及本年累计的利润（或亏损）额

B.每月月末需要编制结转损益的记账凭证

C.每月月末将各损益类科目的余额转入"本年利润"科目

D.与"表结法"相比，减少了转账环节和相应的工作量

【答案】ABC

【解析】账结法下，每月月末均需编制转账凭证，将在账上结计出的各损益类科目的余额结转入"本年利润"科目，选项BC正确。账结法在各月均可通过"本年利润"科目提供当月及本年累计的利润（或亏损）额，但增加了转账环节和工作量，选项A正确，选项D错误。

【例7-145·判断题·2017】会计年度终了，无论是表结法还是账结法，企业都应将各损益类科目的余额结转至"本年利润"科目。（　　）

【答案】√

（二）结转本年利润的账务处理

1.结转收入、利得类账务发生额

借方	贷方
主营业务收入	
其他业务收入	本年利润
…	

2. 结转各项费用、损失类

借方	贷方
	主营业务成本
本年利润	其他业务成本
	…

3. 计提所得税费用

借：所得税费用

　　递延所得税资产（或贷方）

　　贷：应交税费——应交所得税

　　　　递延所得税负债（或借方）

4. 结转所得税费用

借：本年利润

　　贷：所得税费用

5. 结转净利润

借：本年利润

　　贷：利润分配——未分配利润（亏损作相反分录）

【例 7-146·多选题·2021】下列各项中，采用账结法结转本年利润的企业，期末应将科目余额结转"本年利润"科目（　　）。

A. 合同取得成本　　　B. 合同履约成本　　　C. 其他业务成本　　　D. 主营业务成本

【答案】CD

【解析】选项 AB 错误，合同履约成本，合同取得成本为成本类科目，期末不用结转到"本年利润"科目。

【例 7-147·多选题·2019】下列各项中，企业期末应将其本期发生额结转至"本年利润"科目的有（　　）。

A. 营业外收入　　　B. 管理费用　　　C. 财务费用　　　D. 制造费用

【答案】ABC

【解析】企业期末应将损益类科目的本期发生额全部结转至"本年利润"科目。选项 D 错误，其属于成本类科目，不结转至"本年利润"科目。

【例 7-148·判断题·2018】企业年末将损益类科目结转后，"本年利润"科目的借方余额表示实现的净利润，贷方余额表示发生的净亏损。（　　）

【答案】×

【解析】"本年利润"为所有者权益科目，借方表示减少，贷方表示增加，所以贷方表示企业的净利润，借方表示企业的净亏损。

本章习题精练

一、单项选择题

1. 2×22年8月25日，甲公司向乙公司售一批商品，增值税专用发票上注明售价为10000元。增值税税额为1300元，款项尚未收到，该批商品成本为6000元。2×22年9月2日，乙公司在验收过程中发现商品外观上存在瑕疵，但基本上不影响使用，要求甲公司在价格上给予5%（计算基数为不含税价格）的折让。假定甲公司已确认收入。甲公司同意价格折让，并按规定向乙公司开具了增值税专用发票。则下列关于甲公司2×22年9月2日的会计处理正确的有（　　）

   A. 冲减应收账款500元

   B. 冲减应收账款565元

   C. 财务费用增加500元

   D. 收入不作处理

2. 2×22年6月20日，甲公司销售一批商品，不含税售价为200万元，商品适用的增值税税率为13%。由于是成批销售，甲公司给予客户5%的商业折扣，并在销售合同中规定现金折扣条件为2/20，N/30，且计算现金折扣时不考虑增值税。当日商品发出，客户收到商品并验收入库。甲公司基于对客户的了解，预计客户20内付款的概率为90%，20天后付款的概率为10%。则2×22年6月20日甲公司入账的收入金额、增值税金额分别为（　　）

   A.200万元；26万元

   B.190万元；24.7万元

   C.186.2万元；24.7万元

   D.186.2万元；24.206万元

3. 2×22年1月1日，甲公司向客户销售商品，商品对价（不含税）包括两部分：一部分是固定对价500万元，另一部分是根据客户当年业绩表现确定，若客户当年销售额超过10000万元，则甲公司可获得60万元的

奖励；若客户当年销售额未超过10000万元，则甲公司可获得10万元的奖励。甲公司预计客户当年销售额超过10000万元的概率为80%。则2×22年1月1日甲公司确认的收入金额为（　　）

   A.500万元　　　　　　B.560万元

   C.548万元　　　　　　D.550万元

4. 2×22年1月1日，甲公司向客户销售商品，商品对价（不含税）包括两部分：一部分是固定对价500万元，另一部分是根据客户当年业绩表现确定。具体如下：

客户当年的销售额为X（万元）	奖励（万元）	概率 %
X ≤ 10 000	10	10
10 000 < X ≤ 15 000	20	30
15 000 < X ≤ 20 000	30	40
X > 20 000	40	20

   则2×22年1月1日甲公司确认的收入金额为（　　）

   A.527万元　　　　　　B.530万元

   C.540万元　　　　　　D.510万元

5. 企业取得合同发生的、预计能够收回的增量成本应记入（　　）科目。

   A. 合同履约成本　　　B.合同取得成本

   C. 主营业务成本　　　D.合同资产

6. 按照《企业会计准则》的规定，下列项目中不应确认为收入的是（　　）。

   A. 出售原材料取得的收入

   B. 设备短期出租收入

   C. 违约金收入

   D. 销售商品收取的不含税价款

7. 企业已收或应收客户对价而应向客户转让商品的义务应记入（　　）科目。

   A. 预收账款　　　　　B. 应付账款

   C. 合同负债　　　　　D. 合同履约成本

8. 在某一时段内履行的履约义务其履约进度能够可靠计量的，资产负债表日，企业应当按（　　）确认当期收入。

   A. 合同的交易价格总额

   B. 合同的交易价格总额乘以履约进度扣除以

前会计期间累计已确认的收入后的金额

C. 合同的交易价格总额乘以履约进度

D. 为履行合同实际发生的履约成本

9. 甲企业为增值税一般纳税人，适用的增值税税率为13%。2×21年5月8日赊销一批产品350件，每件产品的单价为100元，甲企业给予客户10%的优惠，合同规定的现金折扣条件为：2/10、1/20、n/30。该业务属于某一时点履行的履约义务。假设购销双方约定计算现金折扣时考虑增值税，该企业于2×21年5月25日收到这笔款项时，应给予客户的现金折扣为（　　）元。

A. 0　　　B. 315　　C. 355.95　　D. 395.5

10. 某企业为增值税一般纳税人，适用的增值税税率为13%。2×21年8月1日该企业赊销一批商品，售价为120 000元（不含增值税）。合同规定的现金折扣条件为2/10，1/20，n/30，计算现金折扣时考虑增值税。客户于2×21年8月15日付清货款。不考虑其他因素，该企业收款金额为（　　）元。

A. 118 800　　　　　B. 135 600

C. 134 244　　　　　D. 134 400

11. GD公司与乙公司签订合同，向乙公司销售A商品一批，商品售价为400万元，增值税税额为52万元，该批商品的成本为320万元。商品已发出，款项已收到并存入银行，开出增值税专用发票。销售前，该批商品已计提20万元的存货跌价准备。该业务属于某一时点履行的履约义务。对于GD公司发生相关经济业务的下列说法中，正确的是（　　）。

A. 应确认"主营业务收入"科目380万元

B. 应确认"主营业务收入"科目280万元

C. 应确认"主营业务成本"科目320万元

D. 应确认"主营业务成本"科目300万元

12. GD公司2×21年5月主营业务收入为60万元，主营业务成本为45万元，管理费用为5万元，公允价值变动收益为5万元，投资收益为6万元，所得税费用为6万元。假定不考虑其他因素，GD公司2×21年5月的营业利润为（　　）万元。

A. 15　　B. 21　　C. 10　　D. 26

13. A公司销售一批商品给B公司，开出的增值税专用发票上注明的售价为10 000万元。增值税税额为1 300万元。该批商品的成本为8 000万元。货到后B公司发现商品质量有瑕疵，要求在价格上给予3%的折让。B公司提出的销售折让要求符合原合同的约定，A公司同意并办妥了相关手续。假定销售商品后还未确认收入，则A公司应确认销售商品收入的金额为（　　）万元。

A. 11 252　　B. 9 700

C. 11 349　　D. 11 300

14. 随同产品出售且单独计价的包装物，应于包装物发出时结转其成本，记入（　　）科目。

A. 主营业务成本　　B. 其他业务成本

C. 管理费用　　　　D. 财务费用

15. 某企业2×21年6月发生的费用有：计提车间用固定资产折旧10万元，发生车间管理人员薪酬40万元，支付广告费用30万元，计提短期借款利息20万元，计提车船税10万元。则该企业当期的期间费用总额为（　　）万元。

A. 50　　B. 60　　C. 100　　D. 110

16. 下列各项中，属于企业期间费用的是（　　）。

A. 生产车间发生的固定资产维修费

B. 聘请中介机构费

C. 生产车间管理人员工资

D. 企业发生的现金折扣

17. 下列各项费用，不应计入管理费用的是（　　）。

A. 聘请中介机构费

B. 业务招待费

C. 发出商品途中保险费

D. 管理部门固定资产折旧

18. 下列各项中，不应计入其他业务成本的是（　　）。

A. 库存商品盘亏净损失

B. 出租无形资产计提的摊销额

C. 出售原材料结转的成本

D. 出租包装物的成本

19. 企业为购买原材料所发生的银行承兑汇票手续费，应当计入（　　）。

A. 管理费用　　　　B. 财务费用

C. 销售费用　　　　D. 其他业务成本

20. 下列各项业务中，不应通过"营业外收入"科目核算的是（　　）。

A. 现金盘盈

B. 转销无法偿付的应付账款

C. 接受非股东的现金捐赠

D. 出售无形资产获得的收益

21. 某企业全年实现利润总额105万元，其中包括国债利息收入35万元，税收滞纳金20万元，超标的业务招待费10万元。该企业的所得税税率为25%。假设不考虑递延所得税，则计算的本期所得税费用为（　　）万元。

A. 25　　B. 26.25　　C. 35　　D. 31.25

22. 甲企业本期主营业务收入为500万元，主营业务成本为300万元，其他业务收入为200万元，其他业务成本为100万元，销售费用为15万元，资产减值损失为45万元，公允价值变动收益为60万元，投资收益为20万元。假定不考虑其他因素，该企业本期营业利润为（　　）万元。

A. 300　　B. 320　　C. 365　　D. 380

23. 某企业2×21年度利润总额为1 800万元，其中，本年度国债利息收入200万元，已计入营业外支出的税收滞纳金6万元；企业所得税税率为25%。假定不考虑其他因素，该企业2×21年度所得税费用为（　　）万元。

A. 400　　　　　　B. 401.5

C. 450　　　　　　D. 498.5

24. 下列项目中，属于利得的是（　　）。

A. 销售商品流入的经济利益

B. 提供技术服务流入的经济利益

C. 出租写字楼流入的经济利益

D. 获得捐赠流入的经济利益

25. 某工业企业本期营业利润为200万元，管理费用为15万元，投资收益为30万元，营业外支出5万元，所得税费用为30万元。假定不考虑其他因素，该企业本期净利润为（　　）万元。

A. 160　　B. 165　　C. 200　　D. 210

26. 企业因债权人撤销而无法支付应付账款时，应将无法支付的应付账款计入（　　）。

A. 营业外收入　　　　B. 其他应付款

C. 资本公积　　　　D. 其他业务收入

27. 某企业2×21年2月主营业务收入为100万元，主营业务成本为80万元，购买管理用办公用品支出5万元，计提坏账准备2万元，投资收益为10万元。假定不考虑其他因素，该企业当月的营业利润为（　　）万元。

A. 13　　B. 15　　C. 18　　D. 23

28. 下列关于"本年利润"账户的表述中不正确的是（　　）。

A. 贷方登记"营业收入""营业外收入"等科目转入的金额

B. 借方登记"营业成本""营业外支出"等科目转入的金额

C. 年度终了结账后，该账户无余额

D. 全年的任何一个月末都不应有余额

29. 下列各项，不影响企业营业利润的是（　　）。

A. 计提的工会经费

B. 发生的业务招待费

C. 盘亏固定资产确认的净损失

D. 处置投资取得的净收益

30. 2×20年12月1日甲企业与乙企业签订合同，为乙企业拥有的一条铁路更换100根铁轨，该合同构成单项履约义务，且该履约义务满足在某一时段内履行的履约义务，合同总价为80万元（不考虑增值税），当日收到乙企业预付的合同款40万元，截至2×20年12月31日，甲企业共更换铁轨60根，剩余部分预计在2×21年1月31日之前完成。不考虑其他因素，2×20年12月甲企业确认的该业务收入为（　　）万元。

A. 24　　B. 40　　C. 48　　D. 80

31. 下列各项中，不应按照收入准则进行确认计量的是（　　）。

A. 出售商品取得的收入

B. 提供咨询服务取得的收入

C. 出租闲置设备取得的租金收入

D. 出售材料取得的收入

32. 企业确认客户合同收入的前提是（　　）。

A. 合同明确了合同各方与所转让的商品相关的权利和义务

B. 合同具有商业实质

C. 合同的存在

D. 对价很可能收回

33. 甲公司与客户签订合同,向其销售A、B、C三件产品,不含增值税的合同总价款为160 000元。A、B、C产品的不含增值税单独售价分别为50 000元、80 000元和70 000元。不考虑其他因素,A产品应当分摊的交易价格为( )元。

A. 40 000　　　　　B. 50 000

C. 56 000　　　　　D. 64 000

34. 2×21年6月初,甲公司与乙公司签订支付手续费方式的委托代销合同,甲公司委托乙公司销售商品10 000件,商品已经发出,每件商品成本为800元。合同约定乙公司应按每件1 000元对外销售,甲公司按不含增值税的销售价格的10%向乙公司支付手续费。至2×21年6月30日,收到乙公司开具的代销清单,实际对外销售500件,开出的增值税专用发票上注明销售价款500 000元,增值税税额为65 000元。不考虑其他因素,6月甲公司因该事项应确认的收入的金额为( )元。

A. 450 000　　　　　B. 500 000

C. 565 000　　　　　D. 10 000 000

35. 下列各项中,有关企业对不符合收入确认条件的发出商品进行会计处理的表述正确的是( )。

A. 无需进行会计处理

B. 应借记"在途物资"科目

C. 应确认主营业务成本

D. 应借记"发出商品"科目

36. 下列各项中,关于企业采用支付手续费方式委托代销商品会计处理的表述中,正确的是( )。

A. 支付的代销手续费冲减"主营业务收入"科目

B. 支付的代销手续费记入"主营业务成本"科目

C. 支付的代销手续费记入"管理费用"科目

D. 支付的代销手续费记入"销售费用"科目

37. GD公司为一家培训公司,2×21年10月1日,GD公司与甲公司签订一项总金额为100万元的培训合同,期限为6个月,该合同属于某一时段内履行的履约义务,截至12月31日,劳务履约进度

不能合理确定,已实际发生劳务50万元,已收取培训价款50万元。不考虑其他因素,GD公司因该事项应确认的收入金额为( )万元。

A. 40　　　　B. 50　　　　C. 60　　　　D. 100

38. 2×21年11月,某企业签订一项劳务合同,合同收入为1 000万元,预计合同成本为800万元,合同价款在签订合同时已收取,该企业采用履约进度确认收入,2×21年已确认收入200万元,截至2×22年年底,累计完工进度为80%。不考虑其他因素,2×22年企业应确认该项业务的收入为( )万元。

A. 320　　　　B. 600　　　　C. 640　　　　D. 800

39. 甲公司通过竞标赢得一个订单,为取得与该订单合同,甲公司聘请外部律师进行尽职调查支付相关费用2万元,为投标而发生的差旅费1万元,资料费0.5万元,支付销售人员佣金5万元,甲公司预期这些支出未来均能够收回。此外,甲公司根据其年度销售目标、整体盈利情况及个人业绩等,向销售部门经理支付年度奖金2万元。不考虑其他因素,甲公司因该事项应当确认的合同取得成本的金额为( )万元。

A. 5　　　　B. 6.5　　　　C. 8.5　　　　D. 10.5

40. 某企业销售一批库存商品,收到价款1 000万元,该批商品成本为900万元,已计提存货跌价准备90万元,应结转销售成本为( )万元。

A. 810　　　　B. 900　　　　C. 910　　　　D. 1 000

41. 2×21年12月,某工业企业发生有关事项如下:应交城镇土地使用税10万元,转让房产应交土地增值税30万元,应交房产税20万元,应交印花税1万元,应交契税5万元。不考虑其他因素,2×21年12月利润表"税金及附加"项目的本期金额为( )万元。

A. 66　　　　B. 55　　　　C. 36　　　　D. 31

42. 某企业2×21年发生的销售商品收入为1 000万元,销售商品成本为600万元,销售过程中发生委托代销手续费为30万元,出租闲置设备收到租金80万元,该设备当年折旧50万元,书立销售合约支付印花税2万元,管理人员工资费用为60万元,银行承兑汇票手续费为10万元,国债利息收入为40万元,资产减值损失为70万

元，公允价值变动损益为100万元（收益），因自然灾害发生固定资产的净损失为35万元，因违约支付罚款45万元。不考虑其他因素，该企业2×21年的营业利润为（　　）万元。

  A. 318   B. 363   C. 398   D. 400

43. 2×21年12月某企业发生环保罚款支出15万元，固定资产转让损失30万元，报废固定资产的净损失5万元，因违反合同支付违约金8万元。不考虑其他因素，该企业2×21年12月应记入"营业外支出"科目的金额是（　　）万元。

  A. 58   B. 28   C. 23   D. 20

44. 某公司因台风造成损失共计350万元，其中流动资产150万元。非流动资产200万元，获得保险公司赔偿170万元。不考虑其他因素，则计入营业外支出的金额为（　　）万元。

  A. 350   B. 200   C. 180   D. 150

45. 甲企业2×21年应交所得税为120万元，"递延所得税负债"科目年初余额为40万元，年末余额为50万元；"递延所得税资产"科目年初余额为15万元，年末余额为10万元。甲企业2×21年的所得税费用是（　　）万元。

  A. 95   B. 125   C. 135   D. 160

46. 年末将损益类科目结转后，"本年利润"科目贷方反映的是（　　）。

  A. 本年发生的净亏损

  B. 本年实现的净利润

  C. 历年累积未弥补的亏损

  D. 历年累积未分配的利润

二、多项选择题

47. 2×22年5月1日，甲公司与客户签订合同，向乙公司共销售A、B两种商品，A商品的单独售价为20 000元，B商品的单独售价为10 000元，合同价款为24 000元。合同约定，A商品于合同开始日交付，B商品在一个月之后交付，当两项商品全部交付之后，甲公司才有权收取24 000元的合同对价。上述价格均不包含增值税。假定A商品和B商品分别构成单项履约义务，其控制权在交付时转移给客户。2×22年6月1日，

甲公司交付B商品，开具的增税专用发票上注明售价为24 000元，增值税税额为3 120元，2×22年6月15日甲公司收到客户支付的货款存入银行。下列关于甲公司会计处理正确的有（　　）

  A. 2×22年5月1日确认应收账款16 000元

  B. 2×22年5月1日确认主营业务收入16 000元

  C. 2×22年6月1日确认应收账款27 120元

  D. 2×22年6月1日确认主营业务收入24 000元

48. GD公司为增值税一般纳税人，适用税率为13%。12月2日GD公司与乙公司签订合同向乙公司销售产品一批，不含增值税的标价为200万元，由于购买数量多，给予乙公司10%的商业折扣，货款尚未收到，乙公司已收到商品并验收入库。该产品的成本为140万元。GD公司当期有关该经济业务下列计算中，正确的有（　　）。

  A. "主营业务收入"科目的入账金额为180万元

  B. "应收账款"科目的入账金额为203.4万元

  C. "主营业务收入"科目的入账金额为200万元

  D. "应收账款"科目的入账金额为226万元

49. 甲企业2×19年12月10日收到乙公司因质量问题而退回的商品5件，每件商品成本为200元。该批商品系甲公司2×19年9月13日出售给乙公司，每件商品售价为400元，适用的增值税税率为13%，货款尚未收到，甲公司已于2×19年9月13日确认销售商品收入，并开出增值税专用发票。因乙公司提出的退货要求符合销售合同约定，甲公司同意退货。假定发生的销售退回允许扣减当期增值税销项税额。甲公司应在验收退货入库时做的会计处理有（　　）。

  A. 借记"库存商品"科目1 000元，贷记"主营业务成本"科目1 000元

  B. 借记"主营业务收入"科目2 000元，借记"应交税费——应交增值税（销项税额）"科目260元，贷记"应收账款"科目2 260元

  C. 借记"库存商品"科目1 000元，贷记"发出商品"科目1 000元

  D. 借记"应收账款"科目260元，贷记

"应交税费——应交增值税（销项税额）"科目 260 元

50.下列各项中，应计入财务费用的有（　　）。

A.支付银行承兑汇票的手续费

B.期末计算带息商业汇票的利息

C.外币应付账款汇兑损失

D.公司发行股票支付的手续费、佣金等发行费用

51.下列各项中，应计入其他业务成本的有（　　）。

A.出借包装物成本的摊销

B.出租包装物成本的摊销

C.随同产品出售单独计价的包装物成本

D.随同产品出售不单独计价的包装物成本

52.下列各项中，属于期间费用的有（　　）。

A.董事会会费

B.管理部门的劳动保险费

C.销售人员工资

D.季节性停工损失

53.下列各项业务，在进行会计处理时不应该计入管理费用的有（　　）。

A.离退休人员工资

B.出租的无形资产摊销

C.生产车间管理人员的工资

D.计提坏账准备

54.下列各项费用，应计入销售费用的有（　　）。

A.随同产品出售单独计价的包装物的成本

B.业务招待费

C.广告费

D.展览费

55.下列各项中，应在发生时直接确认为期间费用的有（　　）。

A.管理人员工资支出

B.广告费支出

C.固定资产安装工人工资支出

D.专设销售机构的职工工资支出

56.下列各项中，关于期间费用的处理正确的有（　　）。

A.董事会会费应计入管理费用

B.管理部门的劳动保险费属于销售费用核算的内容

57.下列项目中，作为当期营业利润扣除项目的有（　　）。

A.产品广告费

B.转让无形资产所有权的净收益

C.增值税

D.计提的坏账准备

58.下列各项中，影响当期营业利润的有（　　）。

A.所得税费用

B.固定资产减值损失

C.销售商品收入

D.交易性金融资产公允价值变动损益

59.下列各项中，影响企业利润总额的有（　　）。

A.管理费用　　　　B.财务费用

C.所得税费用　　　D.商品的销售成本

60.下列各项中，影响当期利润表中利润总额的有（　　）。

A.交纳税收滞纳金

B.固定资产盘盈

C.交易性金融资产投资收益

D.无形资产出售利得

61.下列各项中，既影响营业利润又影响利润总额的业务有（　　）。

A.计提坏账准备

B.转让无形资产所有权的净收益

C.计提所得税费用

D.转让股票所得收益

62.下列各项中，会计上和税法上核算不一致，需要进行纳税调整的项目有（　　）。

A.超标的业务招待费

B.公司债券的利息收入

C.国债利息收入

D.公司债券转让净收益

63.下列各项中，应计入营业外收入的有（　　）。

A.出售固定资产取得的净收益

B.转让无形资产取得的净收益

C.赔款收入

D.盘盈现金取得的净收益

64.下列科目中，期末余额应转入本年利润的

有（　　）。

A. 财务费用　　　　　B. 主营业务收入

C. 营业外收入　　　　D. 递延收益

65. 下列关于收入的确认和计量的说法中，错误的有（　　）。

A. 合同包括书面形式和口头形式

B. 交易价格是指企业因向客户转让商品预期有权收取的对价金额

C. 履行各单项履约义务确认收入时，应首先判断履约义务是否属于某一时点履行的履约义务

D. 确认和计量任何一项合同收入都应当考虑全部的五个步骤

66. 下列选项均由企业承担，其中不应作为合同取得成本确认为一项资产的有（　　）。

A. 投标费　　　　　　B. 销售佣金

C. 投标资料印刷费　　D. 资产评估费

67. 下列选项中，不应作为合同履约成本确认为一项资产的有（　　）。

A. 非正常消耗的直接材料、直接人工和制造费用

B. 与企业过去的履约活动相关的支出

C. 由企业自行承担的管理费用

D. 无法在尚未履行与已履行的履约义务之间区分的支出

68. 下列各项中，属于制造业企业"营业成本"核算内容的有（　　）。

A. 结转随同商品一起出售不单独计价的包装物的实际成本

B. 生产用固定资产的修理费

C. 出租无形资产的摊销额

D. 出售原材料结转的实际成本

69. 下列各项中，应列入利润表"税金及附加"项目的有（　　）。

A. 销售应税消费品应交的消费税

B. 自建厂房应交的耕地占用税

C. 企业应交的城镇土地使用税

D. 购买车辆的车辆购置税

70. 2×21年12月，某企业发生有关经济业务如下：书立销售合约支付印花税0.5万元，支付销售商品保险费1.5万元，支付广告费50万元，

收到银行存款利息收入3万元，支付律师咨询费2万元。不考虑其他因素，下列各项中，该企业相关会计科目处理正确的有（　　）。

A. 借记"销售费用"科目51.5万元

B. 借记"税金及附加"科目0.5万元

C. 借记"财务费用"科目3万元

D. 借记"管理费用"科目2.5万元

71. 下列各项中，应记入"营业外支出"科目的有（　　）。

A. 无法查明原因的现金盘亏损失

B. 行政罚款支出

C. 预计产品质量保证损失

D. 捐赠支出

72. 下列各项中，关于"表结法"结转本年利润的表述正确的有（　　）。

A. 每月月末均需编制转账凭证，将损益类科目余额结转入"本年利润"科目

B. 减轻了转账环节和工作量

C. 年度终了应将各损益类科目的余额结转至"本年利润"科目

D. 在各月可提供当月及本年累计的利润（或亏损）额

73. 下列各项中，企业期末应将本期发生额结转至"本年利润"科目的有（　　）。

A. 税金及附加　　　　B. 长期待摊费用

C. 管理费用　　　　　D. 制造费用

74. 下列各项中，对于属于某一时段内履行的履约义务的表述正确的有（　　）。

A. 企业应当考虑客户的要求来确定履约进度

B. 在确定履约进度时，应当扣除控制权尚未转移给客户的商品

C. 在确定履约进度时，可以采用产出法或投入法

D. 当履约进度不能合理确定时，不能按照投入法或产出法来确认收入

三、判断题

75. 企业的收入包括主营业务收入、其他业务收入和营业外收入。（　　）

76. 企业已确认销售收入的售出商品发生销售折

让，一般应在发生时冲减销售收入，同时冲减当期营业成本。　　　　　　（　　）

77.工业企业出售产品应交的增值税销项税额，应计入营业成本。　　　　　（　　）

78.管理费用、资产减值损失、税金及附加和营业外收入都会影响企业的营业利润。（　　）

79.利得和损失是指不应计入当期损益、会导致所有者权益发生增减变动的、与所有者投入资本或者向所有者分配利润无关的经济利益的流入或流出。　　　　　（　　）

80.表结法下，每月月末均需编制转账凭证，将在账上结计出的各损益类科目的余额结转入本年利润科目。　　　　　　（　　）

81.年度终了，本年利润科目的本年累计余额即为净利润的金额。　　　　（　　）

82.企业盘盈的固定资产应该直接计入营业外收入。　　　　　　（　　）

83.履行任何一项合同确认收入都必须经过收入确认的五个步骤。　　　（　　）

84.交易价格是指实际收到商品对价的金额。　　　　　　（　　）

85.所谓单项履约义务是指可明确区分商品的承诺以及向客户转让一系列实质相同且转让模式相同的、可明确区分商品的承诺。（　　）

86.客户取得了相关商品的控制权，意味着企业履行了合同履约义务，企业应确认收入。（　　）

87.合同取得成本是指企业取得合同发生的，预计能够收回的成本。　　　（　　）

88.企业向客户转让商品的对价未达到"很可能收回"收入确认条件，在发出商品时，应借记"发出商品"科目。　　　　（　　）

89.商业折扣是指债权人为鼓励债务人在规定的期限内付款而向债务人提供的债务扣除。（　　）

90.销售部门发生的业务招待费应计入销售费用。　　　　　（　　）

91.利得是指由企业非日常活动所形成的、会导致所有者权益增加的、与所有者投入资本无关的经济利益的总流入。　　　（　　）

92.所得税费用包括当期所得税和递延所得税两个部分。　　　　（　　）

第八章 财务报告

考情概要

本章属于比较重要的章节，试题常常会结合前述章节的相关内容，具有很强的综合性，平均分值为 10 分左右。从历年的考试情况来看，本章内容涵盖了所有题型，主要考查资产负债表和利润表的编制，以及利润表有关项目金额的计算。

考纲要求及考查方式

考纲内容	要求	考试题型
资产负债表的作用、内容、结构及其编制方法	掌握	单选题、多选题、判断题
利润表的作用、内容、结构及其编制方法	掌握	单选题、多选题、判断题
现金流量表的编制	掌握	单选题、多选题、判断题、不定项选择题
所有者权益变动表的作用、内容、结构及其编制方法	掌握	单选题、多选题、判断题、不定项选择题
财务报表附注的主要内容	掌握	单选题、多选题、判断题

学习建议

本章知识点难度不大，是对前面知识点的整理，内容包括资产负债表、利润表、所有者权益变动表和附注，其中资产负债表及利润表是重要考查内容，考生在学习过程中，应结合前述章节的内容，掌握资产负债表五种填列方法涉及的项目及关键项目金额的计算方法，熟记利润表的结构及关键项目金额的计算方法。

学习框架

财务报表是对企业财务状况、经营成果和现金流量的结构性表述。一套完整的财务报表**至少**应当包括：

（1）资产负债表（反映企业某一特定日期的财务状况）。

（2）利润表（反映企业某一会计期间的经营成果）。

（3）现金流量表（反映企业某一会计期间的现金流量）。

（4）所有者权益（或股东权益，下同）变动表。

（5）附注。

【例 8-1·判断题·2016】一套完整的财务报表体系由资产负债表、利润表、现金流量表、股东权益变动表及附注组成。　　　　　　　　　　　　　　　　　　　　　　（　）

【答案】√

第一节　概述

一、财务报告概念 ★

（一）财务报告的管理

1.财务报告的概念。

财务报告，是指企业对外提供的反映企业某一特定日期的财务状况和某一会计期间的经营成果、现金流量等会计信息的文件。

2.财务报告管理的意义。

财务报告所提供的关于企业财务状况、经营成果和现金流量等信息是企业投资者、债权人、政府管理者和社会公众等利益相关者评价、考核、监督企业管理者受托经管责任履行状况的基本手段，是企业投资者、债权人等作出投资或信贷决策的重要依据。

（二）财务报告体系

1.财务报告体系。

财务报告包括财务报表和其他应当在财务报告中披露的相关信息和资料。财务报表是财务报告的主体和核心内容，其他应当在财务报告中披露的相关信息和资料是对财务报表的补充和说明，共同构成财务报告体系。

财务报表，又称财务会计报表，是指对企业财务状况、经营成果和现金流量的结构性表述。一套完整的财务报表至少应当包括"**四表一注**"，即资产负债表、利润表、现金流量表、所有者权益变动表和附注。

2.财务报告的分类。

财务报告按照编报时间，分为**年报**和**中期报告**。财务报表相应分为**年度财务会计报表**和**中期财务会计报表**。

财务会计报表按编制主体，分为**个别财务报表**和**合并财务报表**。

二、财务报告编制要求 ★

1. 依据各项会计准则确认和计量的结果编制财务报告。

2. 列报基础。企业应当以持续经营为基础编制财务报表。在编制财务报表的过程中，企业管理层应当全面评估企业的持续经营能力。

3. 权责发生制。除现金流量表按照收付实现制编制外，企业应当按照权责发生制编制其他财务报表。

4. 列报的一致性。财务报表项目的列报应当在各个会计期间保持一致，不得随意变更。

5. 依据重要性原则单独或汇总列报项目。

6. 总额列报。财务报表项目应当以总额列报，资产和负债、收入和费用、直接计入当期利润的利得项目和损失项目的金额不能相互抵销，即不得以净额列报，但另有规定的除外。

🎯 敲黑板

以下三种情况不属于抵销：

（1）一组类似交易形成的利得和损失以净额列示的；

（2）资产或负债项目按扣除备抵项目后的净额列示；

（3）非日常活动产生的利得和损失，以同一交易形成的收益扣减相关费用后的净额列示。

7. 比较信息的列报。企业在列报当期财务报表时，至少应当提供所有列报项目一个可比会计期间的比较数据，以及与理解当期财务报表相关的说明，提高信息在会计期间的可比性。

8. 财务报表表首的列报要求。

第二节 资产负债表

一、资产负债表概述 ★

（一）资产负债表的概念

资产负债表是反映企业在某一特定日期的财务状况的报表，是对企业特定日期的资产、负债和所有者权益的结构性表述。

（二）资产负债表的结构原理 ★ ★

会计恒等式"资产＝负债＋所有者权益"是资产负债表编制的理论依据。

我国企业的资产负债表采用账户式结构，分为左右两方：左方为资产项目，大体按资产的流动性强弱排列（越靠前流动性越强）；右方为负债及所有者权益项目，一般按要求清偿期限长短的先后顺序排列（越靠前清偿时间越短）。

🎓 名师说

流动性，通常按资产的变现或耗用时间长短或者负债的偿还时间长短来确定。

我国一般企业的资产负债表格式见表8-1。

表 8-1   资产负债表   会企 01 表

编制单位：   年 月 日   单位：元

资产	期末余额	上年年末余额	负债和所有者权益（或股东权益）	期末余额	上年年末余额
流动资产：			流动负债：		
货币资金			短期借款		
交易性金融资产			交易性金融负债		
衍生金融资产			衍生金融负债		
应收票据			应付票据		
应收账款			应付账款		
应收款项融资			预收款项		
预付款项			合同负债		
其他应收款			应付职工薪酬		
存货			应交税费		
合同资产			其他应收款		
持有待售资产			持有待售负债		
一年内到期的非流动资产			一年内到期的非流动负债		
其他流动资产			其他流动负债		
流动资产合计			流动负债合计		
非流动资产：			非流动负债：		
债权投资			长期借款		
其他债权投资			应付债券		
长期应收款			其中：优先股		
长期股权投资			永续债		
其他权益工具投资			租赁负债		
其他非流动金融资产			长期应付款		
投资性房地产			预计负债		
固定资产			递延收益		
在建工程			递延所得税负债		
生产性生物资产			其他非流动负债		
油气资产			非流动负债合计		
使用权资产			负债合计		
无形资产			所有者权益（或股东权益）：		
开发支出			实收资本（或股本）		

续表

资产	期末余额	上年年末余额	负债和所有者权益（或股东权益）	期末余额	上年年末余额
商誉			其他权益工具		
长期待摊费用			其中：优先股		
递延所得税资产			永续债		
其他非流动资产			资本公积		
非流动资产合计			减：库存股		
			其他综合收益		
			专项储备		
			盈余公积		
			未分配利润		
			所有者权益（或股东权益）合计		
资产总计			负债和所有者权益（或股东权益）总计		

【例 8-2 · 多选题 · 2022】下列资产负债表项目中，属于非流动资产的有（　　）。

A. 持有待售资产　　　　　　　　　　B. 债权投资

C. 其他债权投资　　　　　　　　　　D. 其他权益工具投资

【答案】BCD

【解析】选项 A，持有待售资产属于流动资产。

【例 8-3 · 多选题 · 2020】下列各项中，属于企业资产负债表所有者权益项目的有（　　）。

A. 库存股　　　　　　　　　　　　　B. 公允价值变动损益

C. 每股收益　　　　　　　　　　　　D. 其他综合收益

【答案】AD

【解析】选项 BC 错误，公允价值变动损益和每股收益均属于利润表的项目。

【例 8-4 · 单选题 · 2019】下列各项中，应列入企业资产负债表"非流动负债"项目的是（　　）。

A. 一年内到期的非流动负债　　　　　B. 递延收益

C. 应付票据　　　　　　　　　　　　D. 合同负债

【答案】B

【解析】选项 ACD，应列入企业资产负债表"流动负债"项目。

【例 8-5 · 多选题 · 2019】下列资产负债表项目中，属于非流动资产的有（　　）。

A. 开发支出　　　　B. 其他应收款　　　　C. 固定资产　　　　D. 在建工程

【答案】ACD

【解析】选项 B 错误，属于流动资产。

【例 8-6 · 多选题 · 2019】下列各项中，属于企业流动负债的有（　　）。

A. 应收客户的购货款项　　　　　　　B. 本期从银行借入的三年期借款

C. 赊购材料应支付的货款　　　　　　D. 销售应税消费品应交纳的消费税

【答案】CD

【解析】选项 A 错误，通过"应收账款"科目核算，属于企业流动资产；选项 B 错误，通过"长期借款"科目核算，属于企业非流动负债；选项 C 正确，通过"应付账款"科目核算，属于企业流动负债；选项 D 正确，通过"应交税费"科目核算，属于企业流动负债。

【例 8-7·单选题·2022】下列属于企业资产负债表负债项目的是（　　）。

A. 递延收益　　　　　　B. 预付账款　　　　　　C. 其他收益　　　　　　D. 其他综合收益

【答案】A

【解析】选项 B 错误，属于资产负债表资产项目；选项 C 错误，属于利润表项目；选项 D 错误，属于资产负债表中所有者权益项目。

（三）资产负债表的作用

通过资产负债表，可以反映企业在某一特定日期所拥有或控制的经济资源、所承担的现时义务和所有者对净资产的要求权，帮助财务报表使用者全面了解企业的财务状况、分析企业的偿债能力等情况，从而为其作出经济决策提供依据。

二、资产负债表的编制★★★

1. "期初余额"栏

资产负债表的"上年年末余额"栏内各项数字，应根据上年年末有关项目的期末余额填列，且通常与**上年年末资产负债表的"期末余额"**栏内所列数字相一致；否则，应按照本年度的规定对上年年末资产负债表各项目的名称和数字进行调整，填入本表"上年年末余额"栏内。

2. "期末余额"栏

"期末余额"栏的填列方法见表 8-2。

表 8-2　　　　　　　　　　　　　　典型项目的计算方法

填列方法	典型项目的计算方法
根据总账科目的余额（直接填列、计算填列）	（1）根据对应科目的期末余额**直接填列**：如"短期借款""应付票据""实收资本（股本）""资本公积""其他综合收益""盈余公积"等
	（2）根据几个相关总账科目的余额**计算填列**： ①"货币资金"项目＝"库存现金"科目＋"银行存款"科目＋"其他货币资金"科目 ②"其他应付款"项目＝"应付股利"科目＋"应付利息"科目＋"其他应付款"科目
根据明细账科目的余额分析计算填列	①"应付账款"项目＝"应付账款"科目贷方余额＋"预付账款"科目贷方余额 ②"预收款项"项目＝"应收账款"科目贷方余额＋"预收账款"科目贷方余额 ③"交易性金融资产"项目：根据"交易性金融资产"相关明细科目的期末余额填列 ④"开发支出"项目：根据"研发支出"科目中所属的"资本化支出"明细科目期末余额计算填列 ⑤"应付职工薪酬"项目：根据"应付职工薪酬"科目的明细期末余额计算填列 ⑥"一年内到期的非流动资产"或"一年内到期的非流动负债"项目：根据有关非流动资产和非流动负债项目的明细科目余额计算填列 🏠 **名师说** "应交税费"下"应交增值税""未交增值税""待抵扣进项税额""待认证进项税额""增值税留抵税额"等明细科目期末借方余额，在"其他流动资产"或"其他非流动资产"项目列示；"应交税费"下"待转销项税额"科目期末贷方余额，在"其他流动负债"或"其他非流动负债"项目列示。

续表

填列方法	典型项目的计算方法
根据总账科目和明细账科目的余额分析计算填列	①"长期借款"项目，根据"长期借款"总账科目余额扣除"长期借款"明细科目中将在资产负债表日起一年内到期且企业不能自主地将清偿义务展期的长期借款后的金额填列。 ②"其他非流动资产"项目，根据有关科目的期末余额减去将于一年内收回数后的金额计算填列。 ③"其他非流动负债"项目，根据有关科目的期末余额减去将于一年内到期偿还数后的金额计算填列。 ④"长期待摊费用"项目，根据"长期待摊费用"科目的期末余额减去将于一年内（含一年）摊销的数额后的金额分析填列
根据有关科目余额减去其备抵科目余额后的净额填列	①"预付款项"项目 ="应付账款"明细科目借方余额 +"预付账款"明细科目借方余额 —"坏账准备"科目期末余额 ②"应收票据"项目 ="应收票据"科目期末余额 —"坏账准备"科目期末余额 ③"应收账款"项目 ="应收账款"科目借方余额 +"预收账款"科目借方余额 —"坏账准备" ④"长期股权投资"项目 ="长期股权投资"科目期末余额 —"长期股权投资减值准备"科目期末余额 ⑤"在建工程"项目 ="在建工程"科目期末余额 +"工程物资"科目期末余额 —"在建工程减值准备"科目期末余额 —"工程物资减值准备"科目期末余额 ⑥"固定资产"项目 ="固定资产"科目期末余额 +"固定资产清理"科目期末余额 —"累计折旧"科目期末余额 —"固定资产减值准备"科目期末余额 ⑦"无形资产"项目 ="无形资产"科目期末余额 —"累计摊销"科目期末余额 —"无形资产减值准备"科目期末余额 ⑧"投资性房地产"项目（成本模式计量）="投资性房地产"科目的期末余额 —"投资性房地产累计折旧"科目的期末余额 —"投资性房地产减值准备"科目的期末余额 ⑨"其他应收款"项目 ="其他应收款"科目期末余额 +"应收利息"科目期末余额 +"应收股利"科目期末余额 —"坏账准备"科目期末余额
综合运用上述方法填列	"存货"项目 ="材料采购"科目期末余额 +"原材料"科目期末余额 +"发出商品"科目期末余额 +"库存商品"科目期末余额 +"周转材料"科目期末余额 +"委托加工物资"科目期末余额 +"生产成本"科目期末余额 +"受托代销商品"科目期末余额 —"受托代销商品款"科目期末余额 —"存货跌价准备"科目期末余额 ± 材料成本差异 ± 商品进销差价

◎ **敲黑板**

本节主要的考点是 5 种填列方法所涉及的项目，以及各项目的计算方法。考生应重点关注，"应收账款 / 预收账款""应付账款 / 预付账款""长期借款""固定资产 / 在建工程""无形资产""存货""其他应收款"等项目的构成及其金额的计算。

【例 8-8·单选题·2021】下列资产负债表项目中，应根据多个总账科目期末余额合计填列的是（　）。

A. 短期借款　　　　B. 货币资金　　　　　C. 应付账款　　　　　D. 资本公积

【答案】B

【解析】选项 A 错误，"短期借款"项目期末余额应根据"短期借款"总账科目的余额直接填列；选项 B 正确，"货币资金"项目，需根据"库存现金、银行存款、其他货币资金"三个总账科目的期末余额的合计数填列；选项 C 错误，"应付账款"项目，应根据"应付账款"和"预付账款"科目所属相关明细科目的期末贷方余额合计数填列；选项 D 错误，"资本公积"项目期末余额应根据"资本公积"总账科目的余额直接填列。

【例 8-9 · 多选题 · 2022】下列各项中，应在资产负债表"其他应收款"项目填列的有（　　）。

A. 为购货方代垫的商品包装费

B. 为职工垫付的房租

C. 确认被投资方已宣告但尚未发放的现金股利

D. 支付的租入包装物押金

【答案】BCD

【解析】"其他应收款"项目应根据"应收利息""应收股利"和"其他应收款"科目的期末余额合计数，减去"坏账准备"科目中相关坏账准备期末余额后的金额填列。选项 BD，计入"其他应收款"；选项 C，计入"应收股利"；选项 A，列示在"应收账款"项目。选项 BCD 符合题意。

【例 8-10 · 单选题 · 2021】某企业年末"应收账款"科目借方余额为 100 万元，其中明细科目借方余额合计为 120 万元、贷方余额合计为 20 万元；年末"坏账准备——应收账款"科目贷方余额为 10 万元。不考虑其他因素，该企业年末资产负债表中"应收账款"项目"期末余额"栏应填列的全额为（　　）万元。

A. 110　　　　　　　B. 100　　　　　　　C. 120　　　　　　　D. 90

【答案】A

【解析】该企业年末资产负债表中"应收账款"项目"期末余额"栏应填列的全额＝明细科目借方余额合计 120 —"坏账准备——应收账款"科目贷方余额 10 ＝ 110 万元。

【例 8-11 · 单选题 · 2021】2020 年 12 月 31 日，某企业"固定资产"科目借方余额为 2000 万元，"累计折旧"科目贷方余额为 600 万元，"固定资产减值准备"科目贷方余额为 400 万元，"固定资产清理"科目借方余额为 100 万元。不考虑其他因素，2020 年 12 月 31 日资产负债表"固定资产"项目的期末余额为（　　）万元。

A. 1 100　　　　　　B. 900　　　　　　　C. 1400　　　　　　D. 1 000

【答案】A

【解析】"固定资产"项目应根据"固定资产"科目的期末余额，减去"累计折旧""固定资产减值准备"科目的期末余额，加上"固定资产清理"科目的期末借方余额后的金额填列。"固定资产"项目的期末余额 ＝ 2000 － 600 － 400 ＋ 100 ＝ 1100 万元。

【例 8-12 · 单选题 · 2021】某企业为增值税一般纳税人。2020 年 12 月 1 日，"应交税费"科目所属各明细科目余额为 0，当月购入材料取得增值税专用发票注明的增值税税额为 78 000 元，销售商品开具增值税专用发票注明的增值税税额为 72 800 元，计提房产税 8 000 元、车船税 2 800 元。不考虑其他因素，2020 年 12 月 31 日资产负债表"应交税费"项目期末余额为（　　）元。

A. 72 800　　　　　　B. 10 800　　　　　　C. 5 200　　　　　　D. 5 600

【答案】D

【解析】2020 年 12 月 31 日资产负债表"应交税费"项目期末余额 ＝ － 78 000 ＋ 72 800 ＋ 8 000 ＋ 2 800 ＝ 5 600 元。

【例 8-13 · 多选题 · 2022 年改编】下列各项中，根据总账科目期末余额直接填列的资产负债项目有（   ）。

    A. 应收票据　　　　　B. 资本公积　　　　　C. 短期借款　　　　　D. 应付账款

【答案】BC

【解析】应收票据根据有关科目余额减去其备抵科目余额后的净额填列；应付账款根据明细账科目余额计算填列。

【例 8-14·判断题·2021】资产负债表中的"开发支出"项目应根据"研发支出"科目所属的"资本化支出"明细科目期末余额填列。（   ）

【答案】√

【例 8-15·判断题·2021】企业资产负债表中"使用权资产"项目应根据"使用权资产"科目的期末余额减去"使用权资产累计折旧"和"使用权资产减值准备"科目的期末余额后的金额填列。（   ）

【答案】√

【解析】"使用权资产"项目，反映资产负债表日承租人企业持有的使用权资产的期末账面价值。本项目应根据"使用权资产"科目的期末余额，减去"使用权资产累计折旧"和"使用权资产减值准备"科目的期末余额后的金额填列。

【例 8-16·单选题·2020】下列各项中，资产负债表中"期末余额"根据总账科目余额直接填列的项目是（   ）。

    A. 开发支出　　　　　B. 在建工程　　　　　C. 应付账款　　　　　D. 短期借款

【答案】D

【解析】选项 AC 错误，应根据明细账科目余额计算填列；选项 B 错误，应根据有关科目余额减去其备抵科目余额后的净额填列。

【例 8-17·单选题·2022 年改编】下列各项中，资产负债表日起一年内到期且企业不能自主将清偿义务展期的长期借款，应列入的资产负债表项目是（   ）。

    A. 其他非流动负债　　　　　　　　　B. 长期借款
    C. 一年内到期的非流动负债　　　　　D. 短期借款

【答案】C

【解析】选项 C 正确，企业在资产负债表日起一年内到期且企业不能自主地将清偿义务展期的长期借款，应列报在资产负债表中的"一年内到期的非流动负债"项目。

【例 8-18·单选题·2022】2020 年 12 月 31 日，甲公司"长期借款"科目余额为 650 万元，其中：从乙银行借入的 50 万元借款距离到期日尚余 8 个月，甲公司不具有自主展期清偿的权利；从丙银行借入的 200 万元借款距离到期日尚余 13 个月；从丁银行借入的 400 万元借款距离到期日尚余 24 个月。不考虑其他因素，甲公司 2020 年 12 月 31 日资产负债表"长期借款"项目的期末余额为（   ）万元。

    A. 650　　　　　　　B. 400　　　　　　　C. 600　　　　　　　D. 50

【答案】C

【解析】"长期借款"项目应根据"长期借款"科目的期末余额，扣除"长期借款"科目所属的明细科目中将在资产负债表日起一年内到期且企业不能自主将清偿义务展期的长期借款后的金额计算填列。甲公司 2020 年 12 月 31 日资产负债表"长期借款"项目的期末余额 = 650 - 50 = 600（万元）。

【例 8-19·单选题·2020】2019 年 12 月 31 日，某公司有关科目余额如下，"在建工程"科目借方余额为 80 万元，"在建工程减值准备"科目贷方余额为 8 万元，"工程物资"科目借方余额为 30 万元，"工程物资减值准备"科目贷方余额为 3 万元。不考虑其他因素，2019 年 12 月 31 日，该公司资产负债表"在建工程"项目期末余额应填列的金额为（　　）万元。

　　A. 72　　　　　　　　　B. 80　　　　　　　　　C. 99　　　　　　　　　D. 110

【答案】C

【解析】"在建工程"项目应根据"在建工程"科目期末余额，减去"在建工程减值准备"科目期末余额，加上"工程物资"科目期末余额，减去"工程物资减值准备"科目期末余额后的金额填列。所以该公司资产负债表"在建工程"项目期末余额 = 80 - 8 + 30 - 3 = 99（万元），选项 C 正确。

【例 8-20·单选题·2020】2019 年 12 月 31 日，某公司有关科目借方余额如下：原材料为 80 万元，周转材料为 10 万元，生产成本为 30 万元，库存商品为 60 万元。不考虑其他因素，2019 年 12 月 31 日，该公司资产负债表"存货"项目期末余额应填列的金额为（　　）万元。

　　A. 150　　　　　　　　　B. 170　　　　　　　　　C. 180　　　　　　　　　D. 140

【答案】C

【解析】"存货"项目应根据"材料采购""原材料""库存商品""周转材料""委托加工物资""发出商品""生产成本""受托代销商品"等科目的期末余额合计数，减去"受托代销商品款""存货跌价准备"科目期末余额后的净额填列。材料采用计划成本核算且库存商品采用计划成本或售价核算的企业，还应再加上（或减去）材料成本差异、商品进销差价后的金额填列。所以该公司资产负债表"存货"项目期末余额 = 80 + 10 + 30 + 60 = 180（万元），选项 C 正确。

【例 8-21·单选题·2020】2019 年 12 月 31 日，某企业有关科目期末借方余额如下，原材料为 55 万元，库存商品为 35 万元，生产成本为 65 万元，材料成本差异为 8 万元。不考虑其他因素，2019 年 12 月 31 日，该企业资产负债表中"存货"项目期末余额填列的金额为（　　）万元。

　　A. 163　　　　　　　　　B. 155　　　　　　　　　C. 90　　　　　　　　　D. 147

【答案】A

【解析】"存货"项目应根据"材料采购""原材料""库存商品""周转材料""委托加工物资""发出商品""生产成本""受托代销商品"等科目的期末余额合计数，减去"受托代销商品款""存货跌价准备"科目期末余额后的净额填列。材料采用计划成本核算且库存商品采用计划成本或售价核算的企业，还应按加或减材料成本差异、商品进销差价后的金额填列。所以该企业资产负债表中"存货"项目期末余额填列的金额 = 55 + 35 + 65 + 8 = 163（万元），选项 A 正确。

【例 8-22·单选题·2020】2019 年 12 月 31 日，甲公司有关科目的期末贷方余额如下：实收资本 80 万元，资本公积 20 万元，盈余公积 35 万元，利润分配——未分配利润 5 万元。不考虑其他因素，2019 年 12 月 31 日，该公司资产负债表中"所有者权益合计"项目期末余额填列的金额为（　　）万元。

　　A. 140　　　　　　　　　B. 80　　　　　　　　　C. 100　　　　　　　　　D. 120

【答案】A

【解析】该公司资产负债表中"所有者权益合计"项目期末余额填列的金额 = 80 + 20 + 35 + 5 = 140（万元），选项 A 正确。

【例 8-23·多选题·2020】在编制资产负债表时，下列各项中，可以直接根据有关总账科目的余额填列的项目有（　　）。

　　A. 短期借款　　　　　　　　　　B. 应付职工薪酬
　　C. 应付票据　　　　　　　　　　D. 货币资金

【答案】AC

【解析】选项 B 错误，属于根据明细账科目余额计算填列；选项 D 错误，属于根据几个总账科目的期末余额计算填列。

【例 8-24·多选题·2020】下列会计科目中，其余额应在资产负债表"无形资产"项目填列的有（　　）。

A.研发支出　　　　　　　　　　　　B.累计摊销

C.无形资产　　　　　　　　　　　　D.无形资产减值准备

【答案】BCD

【解析】"无形资产"项目，应当根据"无形资产"科目的期末余额，减去"累计摊销""无形资产减值准备"等科目的余额后的净额填列，选项 BCD 正确。

【例 8-25·多选题·2020】下列各项中，应在资产负债表"在建工程"项目中列报的有（　　）。

A.在建工程减值准备　　　　　　　　B.工程物资

C.在建工程　　　　　　　　　　　　D.固定资产清理

【答案】ABC

【解析】"在建工程"项目，应根据"在建工程"科目期末余额加上"工程物资"科目期末余额减去"在建工程减值准备"科目期末余额减去"工程物资减值准备"科目期末余额填列，选项 ABC 正确。选项 D 错误，固定资产清理应在"固定资产"项目列报。

【例 8-26·判断题·2020】资产负债表中"短期借款"项目期末余额应根据"短期借款"总账科目的余额直接填列。　　　　　　　　　　　　　　　　　　　　　　　　　　　　　　（　　）

【答案】√

【例 8-27·单选题·2019】2019 年 12 月 31 日，某企业"预付账款"科目所属明细科目的借方余额合计为 120 万元，"应付账款"科目所属明细科目的借方余额合计为 8 万元；"坏账准备"科目中有关预付账款计提的坏账准备余额为 6 万元。不考虑其他因素，该企业年末资产负债表中"预付款项"项目期末余额的列报金额为（　　）万元。

A.122　　　　　　B.118　　　　　　C.120　　　　　　D.128

【答案】A

【解析】"预付款项"项目期末余额 = 120 + 8-6 = 122（万元），选项 A 正确。

【例 8-28·单选题·2019】2019 年 12 月 31 日，某企业"应付票据""应付账款"和"其他应付款"相关明细科目期末贷方余额分别列示如下：商业承兑汇票为 60 万元，应付账款为 15 万元，其他应付款为 5 万元。不考虑其他因素，该企业 2019 年 12 月 31 日资产负债表中"应付账款"项目期末余额为（　　）万元。

A.65　　　　　　B.15　　　　　　C.75　　　　　　D.80

【答案】B

【解析】资产负债表中"应付账款"项目期末余额 = "应付账款"明细科目贷方余额 + "预付账款"明细科目贷方余额 = 15 + 0 = 15（万元），选项 B 正确。

【例 8-29·单选题·2019】某企业一笔长期借款将于 2020 年 7 月 1 日到期，下列各项中，该笔长期借款应列于企业 2019 年 12 月 31 日资产负债表的项目是（　　）。

A.一年内到期的非流动负债　　　　　B.其他非流动资产

C.短期借款　　　　　　　　　　　　D.长期借款

【答案】A

【解析】选项 A 正确，"长期借款"项目，需要根据"长期借款"总账科目余额扣除"长期借款"科目所属的明细科目中将在一年内到期且企业不能自主地将清偿义务展期的长期借款后的金额计算填列。而"长期借款"科目所属的明细科目中将在一年内到期的长期借款的金额应记入"一年内到期的非流动负债"项目。

【例 8-30·单选题·2019】某企业 2018 年 12 月 31 日"固定资产"科目余额为 3 000 万元，"累计折旧"科目余额为 800 万元，"固定资产减值准备"科目余额为 200 万元，"固定资产清理"科目借方余额为 50 万元，"在建工程"科目余额为 200 万元。不考虑其他因素，该企业 2018 年 12 月 31 日资产负债表中"固定资产"项目列示金额为（   ）万元。

    A. 3 000   B. 1 950   C. 2 050   D. 3 200

【答案】C

【解析】"固定资产"项目应根据"固定资产"科目的期末余额，减去"累计折旧""固定资产减值准备"科目的期末余额，加上"固定资产清理"科目的期末借方余额后的金额填列。"固定资产"项目金额 = 3 000 − 800 − 200 + 50 = 2 050（万元）。而"在建工程"科目的金额应列示在"在建工程"项目，选项 C 正确。

【例 8-31·单选题·2019】2018 年 12 月 31 日，某企业"其他应收款"科目借方余额为 1 000 万元，"应收利息"科目借方余额为 200 万元，"应收股利"科目借方余额为 150 万元，"坏账准备"中有关其他应收款计提的坏账金额为 60 万元。不考虑其他因素，该企业 2018 年 12 月 31 日资产负债表中"其他应收款"项目金额为（   ）万元。

    A. 1 350   B. 1 000   C. 940   D. 1 290

【答案】D

【解析】"其他应收款"项目应根据"应收利息""应收股利""其他应收款"科目的期末余额合计数，减去"坏账准备"科目中相关坏账准备期末余额后的金额填列。资产负债表中"其他应收款"项目金额 = 1 000 + 200 + 150 − 60 = 1 290（万元），选项 D 正确。

【例 8-32·单选题·2022】2021 年 12 月 31 日，某企业有关科目余额如下："库存商品"科目借方余额 1 000 万元，"原材料"科目借方余额 580 万元，"材料成本差异"科目借方余额 80 万元，"工程物资"科目借方余额 150 万元，不考虑其他因素，该企业 2021 年 12 月 31 日，资产负债表中"存货"项目"期末余额"栏应填列的金额为（   ）万元。

    A. 1 660   B. 1 580   C. 1 500   D. 1 650

【答案】A

【解析】存货项目"期末余额"栏的金额 = 1 000 + 580 + 80 = 1 660（万元）。"工程物资"科目记入"在建工程"项目。

【例 8-33·判断题·2019】资产负债表中的"货币资金"项目，应根据"库存现金""银行存款"和"其他货币资金"科目期末余额的合计数填列。   （   ）

【答案】√

【例 8-34·判断题·2019】企业资产负债表的"预付款项"项目应根据"预付账款"和"应付账款"所属各明细科目的期末借方余额合计数，减去与预付账款有关的坏账准备的期末借方余额的净额填列。   （   ）

【答案】×

【解析】"预付款项"项目，需要根据"应付账款"科目借方余额和"预付账款"科目借方余额合计数减去与"预付账款"有关的坏账准备贷方余额计算填列。

【例 8-35·多选题·2019】下列各项中，关于资产负债表项目填列正确的有（   ）。

A. "短期借款"项目根据"短期借款"总账科目期末余额直接填列

B. "实收资本"项目根据"实收资本"总账科目期末余额直接填列

C. "开发支出"项目根据"研发支出"科目所属"资本化支出"明细科目期末余额填列

D. "长期借款"项目根据"长期借款"总账科目及其明细账科目期末余额分析计算填列

【答案】ABCD

【解析】选项ABCD均正确。

【例8-36·单选题·2018】2018年12月31日,某企业"应付账款——甲企业"科目贷方余额40 000元,"应付账款——乙企业"科目借方余额10 000元,"预付账款——丙企业"科目借方余额30 000元,"预付账款——丁企业"科目贷方余额6 000元。不考虑其他因素,该企业2018年12月31日资产负债表"应付账款"项目期末余额为( )元。

A. 36 000   B. 40 000   C. 30 000   D. 46 000

【答案】D

【解析】"应付账款"项目期末余额 = "应付账款"科目贷方余额 + "预付账款"科目贷方余额 = 40 000 + 6 000 = 46 000(元),选项D正确。

【例8-37·多选题·2018】资产负债表中,根据总账科目余额与明细科目余额分析计算填列的有( )。

A. 货币资金   B. 长期借款

C. 资本公积   D. 其他非流动资产

【答案】BD

【解析】选项AC错误,根据总账科目的余额填列。

【例8-38·判断题·2018】年末,企业应将于一年内(含一年)摊销的长期待摊费用,列入资产负债表"一年内到期的非流动资产"项目。 ( )

【答案】√

【例8-39·单选题·2017】2016年12月31日,甲企业"预收账款"总账科目贷方余额为15万元,其明细科目余额如下:"预收账款——乙企业"科目贷方余额为25万元,"预收账款——丙企业"科目借方余额为10万元。不考虑其他因素,甲企业年末资产负债表中"预收款项"项目的期末余额为( )万元。

A. 10   B. 15   C. 5   D. 25

【答案】D

【解析】"预收款项"项目应当根据"预收账款"和"应收账款"科目所属各明细科目的期末贷方余额合计数填列。本题中"预收账款——丙公司"科目是借方余额,不需要考虑。所以预收款项期末应当填列的金额为25万元,选项D正确。

【例8-40·单选题·2017】2016年5月31日,某企业"应付账款"总账科目贷方余额为1 250万元,其中,"应付账款——甲公司"明细科目贷方余额为1 255万元。"应付账款——乙公司"明细科目借方余额为5万元。"预付账款"总账科目借方余额为5万元,其中,"预付账款——丙公司"明细科目借方余额为20万元。"预付账款——丁公司"明细科目贷方余额为15万元。不考虑其他因素,该企业5月31日资产负债表中"预付款项"项目期末余额为( )万元。

A. 20   B. 25   C. 18.5   D. 23.5

【答案】B

【解析】"预付款项"根据"预付账款"和"应付账款"科目所属明细账科目的期末借方余额

合计数 = 5 + 20 = 25（万元），选项 B 正确。

【例 8-41・单选题・2017】某企业采用实际成本法核算存货。年末结账后，该企业"原材料"科目借方余额为 80 万元。"工程物资"科目借方余额为 16 万元。"在途物资"科目借方余额为 20 万元。不考虑其他因素。该企业年末资产负债表"存货"项目的期末余额为（　　）万元。

　　A. 100　　　　　　　B. 116　　　　　　　C. 96　　　　　　　D. 80

【答案】A

【解析】年末资产负债表"存货"项目期末余额 = 80 + 20 = 100（万元）；"工程物资"科目借方余额列示于"在建工程"项目，选项 A 正确。

【例 8-42・单选题・2016】期末，某企业"预收账款"科目所属各明细科目借方余额合计 20 万元，"应收账款"科目借方余额合计 60 万元，"坏账准备"科目贷方余额为 30 万元。该企业资产负债表"应收账款"项目期末余额为（　　）万元。

　　A. 80　　　　　　　B. 30　　　　　　　C. 50　　　　　　　D. 60

【答案】C

【解析】"应收账款"项目期末余额 = "应收账款"科目借方余额 + "预收账款"科目借方余额 − "坏账准备" = 60 + 20 − 30 = 50（万元），选项 C 正确。

第三节　利润表

一、利润表概述 ★

（一）利润表的概念

利润表，又称损益表，是反映企业在一定会计期间的经营成果的报表。

（二）利润表的结构原理

会计等式"收入 − 费用 = 利润"及收入与费用的配比原则是利润表编制的理论依据。

利在我国，企业利润表采用的是多步式结构。我国一般企业利润表的格式见表 8-3。

表 8-3　　　　　　　　　　　　　　　利润表　　　　　　　　　　　　　　会企 02 表

编制单位：　　　　　　　　　　　　　　年　月　　　　　　　　　　　　　单位：元

项目	本期金额	上期金额
一、营业收入		
减：营业成本		
税金及附加		
销售费用		
管理费用		
研发费用		
财务费用		
其中：利息费用		

项目	本期金额	上期金额
利息收入		
加：其他收益		
投资收益（损失以"–"号填列）		
其中：对联营企业和合营企业的投资收益		
以摊余成本计量的金融资产终止确认收益（损失以"–"号填列）		
净敞口套期收益（损失以"–"号填列）		
公允价值变动收益（损失以"–"号填列）		
信用减值损失（损失以"–"号填列）		
资产减值损失（损失以"—"号填列）		
资产处置收益（损失以"–"号填列）		
二、营业利润（亏损以"–"填列）		
加：营业外收入		
减：营业外支出		
三、利润总额（亏损总额以"–"填列）		
减：所得税费用		
四、净利润（净亏损以"–"填列）		
（一）持续经营净利润（净亏损以"–"号填列）		
（二）终止经营净利润（净亏损以"–"号填列）		
五、其他综合收益的税后净额		
（一）不能重分类进损益的其他综合收益		
1. 重新计量设定受益计划变动额		
2. 权益法下不能转损益的其他综合收益		
3. 其他权益工具投资公允价值变动		
4. 企业自身信用风险公允价值变动		
……		
（二）将重分类进损益的其他综合收益		
1. 权益法下可转损益的其他综合收益		
2. 其他债权投资公允价值变动		
3. 金融资产重分类计入其他综合收益的金额		
4. 其他债权投资信用减值准备		
5. 现金流量套期		
6. 外币财务报表折算差额		
……		
六、综合收益总额		
七、每股收益		
（一）基本每股收益		
（二）稀释每股收益		

【例8-43·单选题·2020】下列各项中，反映企业在一定会计期间经营成果的财务报表是（　　）。

A.现金流量表　　　　　　　　　　　　B.所有者权益变动表

C.资产负债表　　　　　　　　　　　　D.利润表

【答案】D

【解析】选项D正确，利润表反映企业在一定会计期间的经营成果。

【例8-44·多选题·2019】下列各项中，属于企业利润表列示的项目的有（　　）。

A.每股收益　　　　B.综合收益总额　　　　C.其他收益　　　　D.信用减值损失

【答案】ABCD

【解析】选项ABCD均正确。

【例8-45·单选题·2017】下列各项中，不属于企业利润表项目的是（　　）。

A.综合收益总额　　　　　　　　　　　B.未分配利润

C.每股收益　　　　　　　　　　　　　D.公允价值变动收益

【答案】B

【解析】选项B错误，未分配利润属于资产负债表中的所有者权益项目。

二、利润表的编制 ★★★

利润表内各项目需分别填列"本期金额"和"上期金额"，其中，"本期金额"栏一般应根据损益类科目和所有者权益类有关科目的本年发生额填列；"上期金额"栏应当根据上年同期利润表"本期金额"栏内所列数字填列，具体见表8-4、表8-5。

表8-4　　　　　　　　　　　　　　　利润表中间性环节利润指标的填列方法

项目	填列方法
营业收入	营业收入＝主营业务收入＋其他业务收入
营业成本	营业成本＝主营业务成本＋其他业务成本
营业利润	营业利润＝营业收入－营业成本－税金及附加－销售费用－管理费用－研发费用－财务费用－资产减值损失－信用减值损失＋其他收益＋投资收益＋净敞口套期收益＋公允价值变动收益＋资产处置收益
利润总额	利润总额＝营业利润＋营业外收入－营业外支出
净利润	净利润＝利润总额－所得税费用 按照经营可持续性具体分为"持续经营净利润"和"终止经营净利润"
其他综合收益的税后净额	分为"不能重分类进损益的其他综合收益"和"将重分类进损益的其他综合收益"，并扣除相关所得税的影响
综合收益总额	综合收益总额＝净利润＋其他综合收益的税后净额

表8-5　　　　　　　　　　　　　　　　利润表中各项目的填列

项目	内涵	填列方式
研发费用	反映企业进行研究与开发过程中发生的费用化支出，以及计入管理费用的自行开发无形资产的摊销	根据"管理费用"科目下的"研发费用""无形资产摊销"明细科目的发生额分析填列

续表

项目	内涵	填列方式
财务费用	利息费用反映企业为筹集生产经营所需资金等而发生的应予费用化的利息支出	根据"财务费用"科目的相关明细科目的发生额分析填列
	利息收入反映企业按照相关会计准则确认的应冲减财务费用的利息收入	
信用减值损失	反映企业按照新金融工具准则的要求计提的各项金融工具减值准备所形成的预期信用损失	根据"信用减值损失"科目的发生额分析填列
其他收益	反映计入其他收益的政府补助等 名师说 企业作为个人所得税的扣缴义务人，收到的扣缴税款手续费，在本项目填列。	根据"其他收益"科目的发生额分析填列
资产处置收益	反映企业处置、出售或换出非流动资产产生的利得或损失	根据"资产处置损益"科目的发生额分析填列
营业外收入	反映企业发生的除营业利润以外的收益	根据"营业外收入"科目的发生额分析填列
营业外支出	反映企业发生的除营业利润以外的支出	根据"营业外支出"科目的发生额分析填列

【例 8-46·单选题·2021】下列各项中，制造业企业应在利润表"营业成本"项目填列的是（ ）。

A. 出售固定资产发生的净损失   B. 在建工程领用产品的成本

C. 为取得生产技术服务合同发生的投标费   D. 出租包装物的摊销额

【答案】D

【解析】"营业成本"项目应根据"主营业务成本"和"其他业务成本"科目的发生额分析填列。选项 A 计入资产处置损益，选项 B 计入在建工程，选项 C 计入管理费用，选项 D 计入其他业务成本。

【例 8-47·单选题·2021】甲公司为增值税一般纳税人。2020 年 12 月 22 日销售 M 商品 200件，每件商品的标价为 6 万元（不含增值税）。给予购货方 200 万元的商业折扣。M 商品适用的增值税税率为 13%，开具增值税专用发票，销售商品符合收入确认条件。不考虑其他因素，甲公司 2020 年度利润表中"营业收入"项目"本期金额"栏的填列金额增加为（ ）万元。

A. 1 130   B. 1 000   C. 1 356   D. 1 200

【答案】B

【解析】甲公司 2020 年度利润表中"营业收入"项目"本期金额"栏的填列金额增加金额 = $200 \times 6 - 200 = 1\ 000$（万元）。

【例 8-48·单选题·2021】2020 年 11 月，某企业结转已销商品成本 10 万元、已销原材料成本 2 万元、随同商品出售单独计价包装物成本 1 万元，报废固定资产净损失 3 万元。不考虑其他因素，该企业当月利润表"营业成本"项目填列的本期金额为（ ）万元。

A. 10   B. 16   C. 12   D. 13

【答案】D

【解析】报废固定资产净损失 3 万元应计入营业外支出，该企业当月利润表"营业成本"项目填列的本期金额＝（销商品成本，主营业务成本）10＋（原材料成本，其他业务成本）2＋（包装物成本，其他业务成本）1＝13 万元。

【例 8-49·单选题·2021】下列各项中，应在利润表"研发费用"项目中列报的是（　）

A. 计入制造费用的自行研发无形资产摊销额

B. 尚在自行研发无形资产过程中发生的资本化支出

C. 自行研发无形资产过程中发生的费用化支出

D. 计入管理费用的外购无形资产摊销额

【答案】C

【解析】研发费用是指企业进行研究与开发过程中发生的费用化支出，以及计入管理费用的自行开发无形资产的摊销。

【例 8-50·多选题·2021】下列各项中，应在制造业企业利润表"营业收入"项目列示的有（　　）。

A. 持有交易性金融资产期间取得的利息收入

B. 出售固定资产实现的净收益

C. 销售商品取得的收入

D. 出租无形资产的租金收入

【答案】CD

【解析】选项 A 计入投资收益；选项 B 计入资产处置损益。

【例 8-51·判断题·2021】利润表中"综合收益总额"项目依据企业净利润和其他综合收益（税后净额）的合计金额填列。　　　　　　　　　　　　　　　　　　　　（　　）

【答案】√

【解析】"综合收益总额"项目，反映企业净利润与其他综合收益的税后净额的合计金额。

【例 8-52·判断题·2021】企业将应纳资源税的自产矿产品用于产品生产时，应交纳的资源税在利润表"税金及附加"项目中列示。　　　　　　　　　　　　　　　　（　　）

【答案】×

【解析】自产自用应税产品应交纳的资源税应记入"生产成本""制造费用"等科目，借记"生产成本""制造费用"等科目，贷记"应交税费——应交资源税"科目。

【例 8-53·单选题·2020】下列各项中，属于企业利润表中"营业成本"项目列报内容的是（　　）。

A. 其他业务成本　　　　B. 税金及附加　　　　C. 研发费用　　　　　　D. 管理费用

【答案】A

【解析】选项 A 正确，"营业成本"项目应根据"主营业务成本"和"其他业务成本"科目的发生额分析填列。

【例 8-54·单选题·2020】下列各项中，不应列入利润表"营业成本"项目的是（　　）。

A. 已销商品的实际成本　　　　　　　　　B. 在建工程领用产品的成本

C. 对外提供劳务结转的成本　　　　　　　D. 投资性房地产计提的折旧额

【答案】B

【解析】选项 B 错误，在建工程领用产品成本计入在建工程，期末反映在"在建工程"项目中。

【例 8-55·单选题·2019】2018 年 10 月，某企业"主营业务收入"科目贷方发生额为 2 000 万元，"其他业务收入"科目贷方发生额为 500 万元，"其他收益"科目贷方发生额为 300 万元，本月在结转本年利润前上述科目均没有借方发生额。不考虑其他因素，该企业 2018 年 10 月利润表中"营业收入"项目"本期金额"的列报金额为（　　）万元。

A. 800　　　　　　　B. 2 800　　　　　　C. 2 500　　　　　　D. 2 000

【答案】C

【解析】营业收入=主营业务收入+其他业务收入=2 000+500=2 500（万元），选项C正确。

【例8-56·单选题·2019】下列各项中，应计入利润表营业收入项目核算的是（　　）。

A. 经营租赁租金收入　　　　　　　　B. 出售专利技术净收益

C. 债券利息收入　　　　　　　　　　D. 接受捐赠利得

【答案】A

【解析】营业收入包括主营业务收入和其他业务收入。选项A正确，计入其他业务收入；选项B错误，应计入资产处置损益；选项C错误，应计入投资收益；选项D错误，应计入营业外收入。

【例8-57·单选题·2019】某企业2018年度实现营业收入3 000万元，发生营业成本2 000万元，管理费用150万元，销售费用200万元，税金及附加60万元，取得投资收益100万元。不考虑其他因素，该企业2018年利润表"营业利润"项目"本期金额"的列报金额为（　　）万元。

A. 590　　　　　　　B. 690　　　　　　　C. 650　　　　　　　D. 750

【答案】B

【解析】营业利润不包括除营业外收支所得税费用项目。2018年利润表"营业利润"项目"本期金额"=3 000-2 000-150-200-60+100=690（万元），选项B正确。

【例8-58·多选题·2019】下列各项中，应计入工业企业利润表"营业收入"项目的有（　　）。

A. 销售商品收入　　　　　　　　　　B. 销售原材料收入

C. 出租闲置设备收取的价款　　　　　D. 出售闲置设备收取的价款

【答案】ABC

【解析】选项D错误，出售闲置设备的损益应通过"资产处置损益"科目核算，不属于营业收入。

【例8-59·单选题·2018】下列各项中，不属于利润表"利润总额"项目的内容的是（　　）。

A. 确认的资产减值损失　　　　　　　B. 无法查明原因的现金溢余

C. 确认的所得税费用　　　　　　　　D. 收到政府补助确认的其他收益

【答案】C

【解析】选项C错误，所得税费用影响的是利润表中"净利润"项目。

【例8-60·多选题·2018】下列各项中，应列入利润表"营业成本"项目的有（　　）。

A. 随同商品出售不单独计价的包装物成本　　B. 商品流通企业销售外购商品的成本

C. 随同商品出售单独计价的包装物成本　　　D. 销售材料的成本

【答案】BCD

【解析】营业成本包括主营业务成本和其他业务成本。选项A错误，随同商品出售不单独计价的包装物，应按实际成本计入销售费用。选项B正确，计入主营业务成本。选项CD正确，计入其他业务成本。

【例8-61·多选题·2018】下列各项中，影响利润表"营业成本"项目本期金额的有（　　）。

A. 销售原材料的成本

B. 转销已售商品相应的存货跌价准备

C. 出租非专利技术的摊销额

D. 出售商品的成本

【答案】ABCD

【解析】销售原材料的成本计入其他业务成本，影响利润表"营业成本"项目，选项 A 正确；转销已售商品相应的存货跌价准备计入的是主营业务成本，影响利润表"营业成本"项目，选项 B 正确；出租非专利技术的摊销额，计入其他业务成本，影响利润表"营业成本"项目，选项 C 正确；出售商品的成本，计入主营业务成本，影响利润表"营业成本"项目，选项 D 正确。

【例 8-62·多选题·2018】下列各项中，关于利润表项目本期金额填列表述正确的有（   ）。

A. "税金及附加"项目应根据"应交税费"科目的本期发生额分析填列

B. "营业利润"项目应根据"本年利润"科目的本期发生额分析填列

C. "营业收入"项目应根据"主营业务收入"和"其他业务收入"科目的本期发生额分析填列

D. "管理费用"项目应根据"管理费用"科目的本期发生额分析填列

【答案】CD

【解析】选项 A 错误，应根据"税金及附加"科目的本期发生额分析填列；选项 B 错误，应根据公式计算填列。

【例 8-63·单选题·2017】2016 年 11 月，某企业确认短期借款利息 7.2 万元（不考虑增值税），收到银行活期存款利息收入 1.5 万元。开具银行承兑汇票支付手续费 0.5 万元（不考虑增值税）。不考虑其他因素。11 月企业利润表中"财务费用"项目的本期金额为（   ）万元。

A. 5.7   B. 5.2   C. 7.7   D. 6.2

【答案】D

【解析】11 月企业利润表中"财务费用"项目的本期金额 =7.2 − 1.5 + 0.5 = 6.2（万元），选项 D 正确。

第四节 现金流量表

一、现金流量表概述 ★

（一）现金流量表的概念

现金流量表，是指反映企业在一定会计期间现金和现金等价物流入和流出的报表。它是以资产负债表和利润表等会计核算资料为依据，按照收付实现制会计基础要求对现金流量的结构性表述，揭示企业在一定会计期间获取现金及现金等价物的能力。

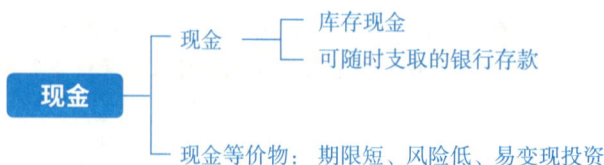

（二）现金流量表的结构原理

1. 现金流量表的结构内容。

现金流量表的基本结构根据"现金流入量—现金流出量 = 现金净流量"公式设计。现金流量包括现金流入量、现金流出量、现金净流量。

根据企业业务活动的性质和现金流量的功能，主要现金流量可以分为三类并在现金流量表中列示，即：经营活动产生的现金流量、投资活动产生的现金流量和筹资活动产生的现金流量。详见表8-6。

表8-6 现金流量的分类

分 类	内 容
经营活动产生的现金流量	与销售商品、提供劳务有关的活动产生的现金流量。如销售商品收到现金、购买商品支付现金、经营性租赁、制造产品、广告宣传、缴纳税款等
投资活动产生的现金流量	与非流动资产的取得或处置有关的活动产生的现金流量，包括企业长期资产的购建和不包括在现金等价物范围内的投资及其处置活动产生的现金流量。如购买股票或债券支付现金、销售长期投资收回现金、购建或处置固定资产、无形资产等
筹资活动产生的现金流量	涉及企业财务规模的更改或财务结构组成变化的活动，也就是指导致企业资本及债务规模和构成发生变动的活动产生的现金流量。如向银行借入款项收到现金、归还银行借款支付现金、吸收投资、发行股票、分配利润等

2. 现金流量表的格式。

现金流量表以权责发生制为基础编制的资产负债表和利润表资料按照收付实现制基础调整计算编制，调整计算方法通常有直接法和间接法两种。对应的，现金流量表的格式分为**直接法格式**和**间接法格式**两种。

直接法是指通过现金收入和现金支出的主要类别列示企业经营活动现金流量的一种方法。

间接法是指将净利润调整为经营活动现金流量的方法。

【例8-64·单选题·2022】下列各项中，应列入企业现金流量表中"经营活动产生的现金流量"项目的是（　　）。

A. 支付的各项税费

B. 取得子公司支付的现金净额

C. 购建固定资产支付的现金

D. 偿还借款支付的现金

【答案】A

【解析】选项BC，属于投资活动产生的现金流量；选项D，属于筹资活动产生的现金流量。

【例8-65·多选题·2022】下列选项中，属于经营活动产生现金流量的项目的是（　　）。

A. 购建固定资产支付的现金　　　　　　B. 购买债券支付的现金

C. 广告宣传支付的现金　　　　　　　　D. 购买商品支付的现金

【答案】CD

【解析】选项AB属于投资活动产生的现金流量。

二、现金流量表的编制 ★★★

（一）现金流量表的编制要求

现金流量表应当分别经营活动、投资活动和筹资活动列报现金流量。现金流量应当分别按照现金流入和现金流出总额列报。

但是，下列各项可以按照净额列报：

（1）代客户收取或支付的现金。

（2）周转快、金额大、期限短项目的现金流入和现金流出。

（3）金融企业的有关项目。

（4）自然灾害损失、保险索赔等特殊项目。

（5）汇率变动对现金的影响额应当作为调整项目，在现金流量表中单独列报"汇率变动对现金及现金等价物的影响"。

（二）直接法

运用直接法编制现金流量表可采用**工作底稿法**或 **T 型账户法**，也可以根据有关会计科目记录分析填列。

1. 工作底稿法

工作底稿法是以工作底稿为手段，以资产负债表和利润表数据为基础，分别对每一项目进行分析并编制调整分录，进而编制现金流量表的一种方法。工作底稿样式见表 8-7。

表 8-7　　　　　　　　　　　　　　工作底稿（样式）

项目	年初数	调整分录		年末数
		借方	贷方	
一、资产负债表项目				
二、利润表项目				
三、现金流量表项目				
四、调整分录合计				

具体步骤和程序如下：

第一步，将资产负债表的期初数和期末数分别过入工作底稿的期初数栏和期末数栏。

第二步，对当期业务进行分析并编制调整分录。

第三步，将调整分录过入工作底稿中的相应部分。

第四步，核对工作底稿中各项目的借方、贷方合计数是否相等。

第五步，根据工作底稿中的现金流量表项目部分编制正式的现金流量表。

【案例 8-1】乙公司为从事商品采购和销售业务的增值税一般纳税人。该公司未发生涉及本位币之外的业务。乙公司根据编制的资产负债表和利润表，编制调整分录如表 8-8：

表 8-8　　　　　　　　　　　　　　乙公司调整分录

业务	调整分录
1. 乙公司 2022 年利润表中列示"营业收入"项目金额为 3 000 万元，资产负债表中列示"应收票据"项目年末增加金额 265 万元，"应收账款"项目年末较年初增加金额 200 万元，"应交税费——应交增值税（销项税额）"金额 390 万元	借：经营活动的现金流量——销售商品收到现金 2925 　　应收票据　　　　　　　　　　　　　265 　　应收账款　　　　　　　　　　　　　200 　贷：营业收入　　　　　　　　　　　　3 000 　　　应交税费——应交增值税　　　　　390

续表

业务	调整分录
2. 乙公司 2022 年利润表中列示"营业成本"项目金额为 1 950 万元，资产负债表及其附注列示"应付账款"项目年末较年初增加金额 108 万元，"存货"项目年末较年初增加金额 49 万元，"应交税费——应交增值税（进项税额）"贷方金额 259.87 万元［（1 950+49）×13%］	借：营业成本　　　　　　　　　　　1 950 　　　存货　　　　　　　　　　　　　　49 　　　应交税费——应交增值税　　　259.87 　　贷：应付账款　　　　　　　　　　　108 　　　经营活动的现金流量——购进商品支付的现金　2150.87
3. 乙公司 2022 年利润表中列示"税金及附加"项目金额为 53 万元	借：税金及附加　　　　　　　　　　　53 　　贷：应交税费　　　　　　　　　　　53
4. 乙公司 2022 年利润表中列示"销售费用"项目金额为 263.54 万元	借：销售费用　　　　　　　　　　263.64 　　贷：经营活动的现金流量——支付的其他经营活动有关的现金　　　　　　　　　263.64
5. 乙公司 2022 年利润表中列示"管理费用"项目金额为 657.36 万元	借：管理货用　　　　　　　　　　657.36 　　贷：经营活动的现金流量——支付的其他经营活动有关的现金　　　　　　　　　657.36
6. 乙公司 2022 年利润表中列示"财务费用"项目金额为 10 万元	借：财务费用　　　　　　　　　　　　10 　　贷：筹资活动的现金流量——分配股利、利润和偿付利息所支付的现金　　　　　　10
7. 乙公司 2022 年利润表中列示"投资收益"项目金额为 205 万元	借：长期股权投资　　　　　　　　　205 　　贷：投资活动的现金流量——投资支付的现金　205 同时： 借：投资活动的现金流量——取得投资收益收到现金　205 　　贷：投资收益　　　　　　　　　　205
8. 乙公司 2022 年利润表中列示"信用减值损失"项目金额为 150 万元	借：信用减值损失　　　　　　　　　150 　　贷：坏账准备　　　　　　　　　　150
9. 乙公司 2022 年利润表中列示"所得税费用"项目金额为 30.25 万元	借：所得税费　　　　　　　　　　30.25 　　贷：应交税费——应交所得税　　30.25
10. 乙公司 2022 年利润表中列示"净利润"项目金额为 90.75 万元	借：净利润　　　　　　　　　　　90.75 　　贷：未分配利润　　　　　　　　90.75
11. 乙公司 2022 年资产负债表附注列示年内计提固定资产折旧 350 万元	借：经营活动的现金流量——支付的其他经营活动有关的现金　　　　　　　　　　350 　　贷：累计折旧　　　　　　　　　　350
12. 乙公司 2022 年资产负债表及其附注列示年内购建固定资产 1 800 万元	借：固定资产　　　　　　　　　　1 800 　　　应交税费——应交增值税　　　234 　　贷：投资活动的现金流量——购建固定资产等长期资产支付的现金　　　　　　　　2 034
13. 乙公司 2022 年计提无形资产摊销 40 万元	借：经营活动的现金流量——支付的其他经营活动有关的现金　　　　　　　　　　　40 　　贷：累计摊销　　　　　　　　　　　40
14. 乙公司 2022 年资产负债表列示年内取得短期借款 665 万元	借：筹资活动的现金流量——取得借款收到的现金 665 　　贷：短期借款　　　　　　　　　　665

业务	调整分录
15. 乙公司 2022 年资产负债表及其附注列示年内应付职工薪酬为 478.8 万元	借：经营活动的现金流量——支付的其他经营活动有关的现金　　478.8 　　贷：应付职工薪酬　　478.8
16. 乙公司 2022 年资产负债表及其附注列示年内应付职工薪酬为 478.8 万元，"应付职工薪酬"项目的年初余额与年末余额的差额为 -42 万元，实际支付职工薪酬为 436.8 万元	借：应付职工薪酬　　436.8 　　贷：经营活动的现金流量——支付给职工以及为职工支付的现金　　436.8
17. 乙公司 2022 年发生"税金及附加"53 万元、增值税销项税额 390 万元、所得税费用 30.25 万元，发生增值税进项税额分别为 259.87 万元和 234 万元，资产负债表中"应交税费"年末余额与年初余额的差额为 -211.15 万元（108.85 -320）。本年实际支付各项税费金额为 190.53 万元	借：应交税费　　190.53 　　贷：经营活动的现金流量——支付的各项税费 190.53
18. 乙公司 2022 年接受资本投入共计 1 400 万元，其中"实收资本"项目增加 1 000 万元，"资本公积"项目增加 400 万元	借：筹资活动的现金流量——吸收投资收到的现金 1 400 　　贷：实收资本　　1 000 　　　　资本公积　　400
19. 乙公司 2022 年计提盈余公积 13.6125 万元	借：未分配利润　　13.6125 　　贷：盈余公积　　13.6125
20. 乙公司 2022 年资产负债表中"货币资金"项目年初数为 500 万元、期末数为 315.6 万元，减少金额 184.6 万元	借：现金及现金等价物净减少额　　184.4 　　贷：货币资金　　184.4

完整的工作底稿如表 8-9。

表 8-9　　　　　　　　　　　　乙公司现金流量表工作底稿

项目	年初数	调整分录		年末数
		借方	贷方	
一、资产负债表项目				
流动资产：				
货币资金	500		（20）184.4	315.6
应收票据		（1）265		（1）265
应收账款	2 000 （坏账准备 100）	（1）200	（8）150	2 050 （坏账准备 250）
存货	1 800	（2）49		1 849
流动资产合计	4 300			4 479.6
非流动资产：				
长期股权投资	1 700	（7）205		1 905
固定资产	5 600 （累计折旧 1400）	（12）1 800	（11）350	7 050 （累计折旧 1 400+350）

续表

项目	年初数	调整分录		年末数
		借方	贷方	
无形资产	400 （累计摊销80）		（13）40	360 （累计摊销120）
非流动资产合计	7 700			9 315
资产总计	12 000			13 794.60
流动负债：				
短期借款	300		（14）365	665
应付账款	500		（2）108	608
应付职工薪酬	35	（16）436.8	（15）478.8	77
应交税费	320	（2）259.87 （12）234 （17）190.53	（1）390 （3）53 （9）30.25	108.85
流动负债合计	1 155			1 458.85
非流动负债：				
长期借款				
应付债券				
非流动负债合计	0			0
负债合计	1 155			1 458.85
所有者权益：				
实收资本	8 000		（18）1 000	9 000
资本公积	2 000		（18）400	2 400
盈余公积	800		（19）13.6125	813.6125
未分配利润	45	（19）13.6125	（10）90.75	122.1375
所有者权益合计	10 845			12 335.75
负债及所有者权益总计	12 000			13 129.60
二、利润表项目				
营业收入			（1）3000	3 000
减：营业成本		（2）1 950		1 950
税金及附加		（3）53		53
销售费用		（4）263.64		263.64
管理费用		（5）657.36		657.36
研发费用				
财务费用		（6）10		10
加：其他收益				
投资收益			（7）205	205
公允价值变动收益				
信用减值损失		（8）150		150

续表

项目	年初数	调整分录		年末数
		借方	贷方	
资产减值损失				
资产处置收益				
营业外收入				
营业外支出				
减：所得税费用		（9）30.25		30.25
净利润		（10）90.75		90.75
三、现金流量表项目				
（一）经营活动产生的现金流量：				
销售商品、提供劳务收到的现金		（1）2 925		2 925
收到的其他与经营活动有关的现金				
现金流入量小计				2 925
购买商品、接受劳务支付的现金			（2）2 150.87	2 150.87
支付给职工以及为职工支付的现金			（16）436.8	436.8
支付的各项税费			（17）190.53	190.53
支付的其他与经营活动有关的现金		（11）350 （13）40 （15）478.80	（4）263.64 （5）657.36	52.2
经营活动现金流出量小计				2 830.4
经营活动产生的现金流量净额	3 793.8	3 699.2		94.6
（二）投资活动产生的现金流量：				
收回投资所收到的现金				
取得投资收益收到现金		（7）205		205
处置固定资产、无形资产和其他长期资产收回的现金净额				
处置子公司及其他营业单位收到的现金				
收到其他与投资活动有关的现金				
投资活动现金流入量小计				205
购建固定资产、无形资产和其他长期资产支付的现金			2 034	2 034
投资支付的现金			（7）205	205
取得子公司及其他营业单位支付的现金				
支付其他与投资活动有关的现金				
投资活动现金流出量小计				2 239

续表

项目	年初数	调整分录		年末数
		借方	贷方	
投资活动产生的现金流量净额		205	2 239	−2 034
（三）筹资活动产生的现金流量：				
吸收投资所收到的现金		（18）1 400		1 400
取得借款所收到的现金		（14）365		365
发行债券收到的现金				
收到其他与筹资活动有关的现金				
筹资活动现金流入量小计				1 765
偿还债务所支付的现金				
分配股利、利润和偿付利息所支付的现金			（6）10	10
支付其他与筹资活动有关的现金				
筹资活动现金流出量小计				10
筹资活动产生的现金流量净额		1 765	10	1 755
（四）现金及现金等价物净减少额		（20）184.4		184.4
四、调整分录借贷合计		12 807.012 5	12 807.012 5	

2. T型账户法

T型账户法是以T型账户为手段，以资产负债表和利润表数据为基础，分别对每一项目进行分析并编制调整分录，进而编制现金流量表的一种方法。具体步骤和程序如下：

第一步，为所有非现金项目（包括资产负债表项目和利润表项目）分别开设T型账户，并将各项目的期末期初变动数额过入各该账户。如果某项目的期末数大于期初数，则将其差额过入和该项目余额相同的方向；反之，过入相反的方向。

【案例 8-2】乙公司 2020 年 12 月 31 日资产负债表中"固定资产"项目期末数为 7 050 万元（累计折旧 1 750 万元），年初数为 5 600 万元（累计折旧 1 400 万元），因此应过入借方，如图 8-1 所示。

固定资产

期初金额 5 600 （累计折旧 1 400 万元） 调整分录：1 800 万元	调整分录：350 万元
期末金额 7 050 （累计折旧 1 750 万元）	

图 8-1 "固定资产"T型账户

第二步，开设一个大的"现金及现金等价物"T型账户，分设"经营活动""投资活动""筹资活动"三个二级T型账户，左方为借方登记现金流入，右方为贷方登记现出，借方余额为现金流入净额，贷方余额为现金流出净额，如图8-2所示。

现金及现金等价物——经营活动

销售商品收到的现金	（1）2 925	购买商品支付现金	（2）2 150.87
支付的其他与经营活动有关的现金	（11）350	支付给职工的现金	（16）436.8
	（13）40	支付的各项税费	（17）190.53
	（15）478.8		
		支付的其他与经营活动有关的现金	
			（4）263.64
			（5）657.36
经营活动的现金流入量 3 793.8		经营活动的现金流出量 3 699.2	
经营活动的现金流净额 94.6			

图 8-2 "经营活动产生的现金流量"T型账户

注：上述数据均来源于表 8-8

第三步，对当期业务进行分析并编制调整分录。

第四步，将调整分录过入各T型账户并进行核对。

第五步，根据T型账户编制正式的现金流量表。

（三）间接法

企业采用间接法编制现金流表的基本步骤如下：

第一步，将报告期利润表中净利润调节为经营活动产生的现金流量。

第二步，分析调整不涉及现金收支的重大投资和筹资活动项目。

第三步，分析调整现金及现金等价物净变动情况。

第四步，编制正式的现金流量表补充资料。如表8-10所示。

表 8-10   现金流量表补充材料（样式）

补充资料	本期金额	上期金额
1. 将净利润调节为经营活动现金流量：		
净利润		
加：资产减值准备		
信用损失准备		
固定资产折旧、油气资产折耗、生产性生物资产折旧		
无形资产摊销		
长期待摊费用摊销		

加回：没有付现的费用

续表

	补充资料	本期金额	上期金额
加回没有付现的费用或减去没有收现的收益	处置固定资产、无形资产和其他长期资产的损失（收益以"–"号填列）		
	固定资产报废损失（收益以"–"号填列）		
	公允价值变动损失（收益以"–"号填列）		
	财务费用（收益以"–"号填列）		
	投资损失（收益以"–"号填列）		
	递延所得税资产减少（增加以"–"号填列）		
	递延所得税负债增加（减少以"–"号填列）		
	存货的减少（增加以"–"号填列）		
加上或减去经营性应收应付项目变动	经营性应收项目的减少（增加以"–"号填列）		
	经营性应付项目的增加（减少以"–"号填列）		
	其他		
	经营活动产生的现金流量净额		
	2. 不涉及现金收支的重大投资和筹资活动：		
	债务转为资本		
	一年内到期的可转换公司债券		
	融资租入固定资产		
	3. 现金及现金等价物净变动情况：		
	现金的期末余额		
	减：现金的期初余额		
	加：现金等价物的期末余额		
	减：现金等价物的期初余额		
	现金及现金等价物净增加额		

【例 8–66·判断题·2022】企业出售固定资产收到的现金属于投资活动的现金流量。（ ）

【答案】√

【例 8–67·多选题·2022】下列项目中，应作为现金流量表补充资料中"将净利润调节为经营活动现金流量"调增项目的有（ ）。

A. 固定资产折旧

B. 资产减值准备

C. 无形资产摊销

D. 长期待摊费用摊销

【答案】ABCD

【解析】上述选项均属于净利润中没有实际支付现金的费用，在报告期内不需要支付现金，应予以加回。

【例 8-68·多选题】下列各项应收应付款项中，将净利润调节为经营活动现金流量时应加回的有（　　）。

　　A. 应收账款的增加额（年末余额高于年初余额的差额）

　　B. 应付账款的减少额（年末余额低于年初余额的差额）

　　C. 应收票据的减少额（年末余额低于年初余额的差额）

　　D. 坏账准备的增加额（年末余额高于年初余额的差额）

【答案】CD

【解析】应收票据的减少额，表明企业在本期净利润之外收到以前期间的现金流量；坏账准备的增加额，表明企业本期净利润已扣除的信用减值损失增加，但这部分没有产生现金流量。

第五节　所有者权益变动表

一、所有者权益变动表的基本原理 ★

（一）所有者权益变动表的概念

所有者权益变动表是指反映构成所有者权益各组成部分当期增减变动情况的报表。

（二）所有者权益变动表的内容

在所有者权益变动表中，企业至少应当单独列示反映如下信息的项目：

（1）综合收益总额；

（2）会计政策变更和差错更正的累积影响金额；

（3）所有者投入资本和向所有者分配利润等；

（4）提取的盈余公积；

（5）实收资本、其他权益工具、资本公积、其他综合收益、专项储备、盈余公积、未分配利润的期初和期末余额及其调节情况。

（三）所有者权益变动表的结构

1. 纵向结构

上年年末余额 + 会计政策变更、前期差错更正及其他变动 = 本年年初余额

本年年初余额 + 本年增减变动金额 = 本年年末余额

本年增减变动金额 = 综合收益总额 ± 所有者投入和减少资本 ± 利润分配 ± 所有者权益内部结转

2. 横向结构

横向结构采用比较式结构，分为"本年金额"和"上年金额"两栏，每栏的具体结构按照所有者权益构成内容逐项列示，即：

实收资本（或股本）+ 其他权益工具 + 资本公积 − 库存股 + 其他综合收益 + 未分配利润 = 所有者权益合计

二、所有者权益变动表的填列方法 ★

所有者权益变动表各项目均需填列"本年金额"和"上年金额"两栏。

所有者权益变动表"上年金额"栏内各数字，就根据上年度所有者权益变动表"本年金额"栏内所列数字填列。

所有者权益变动表"本年金额"栏内各数字一般根据"实收资本（股本）""其他权益工具""资本公积""库存股""其他综合收益""专项储备""盈余公积""利润分配""以前年度损益调整"科目的发生额分析填列。

名师说

企业的净利润及其分配情况作为所有者权益变动的组成部分，不需要单独编制利润分配表列示。

敲黑板

本节主要的考点是所有者权益变动表中应当单独列示的项目，所有者权益变动表的概念也偶有考查，各位考生应当重点关注。

【例 8-69·单选题·2021】下列各项中反映企业净利润及其分配情况的财务报表是（　　）。

A. 现金流量表 　　　　　　　　　　B. 所有者权益变动表

C. 资产负债表 　　　　　　　　　　D. 利润表

【答案】B

【解析】企业的净利润及其分配情况作为所有者权益变动的组成部分，不需要单独编制利润分配表列示。

【例 8-70·单选题·2022】下列选项中，属于所有者权益变动表中单独列示的项目的是（　　）。

A. 营业利润　　　　B. 净利润　　　　C. 利润总额　　　　D. 综合收益总额

【答案】D

【解析】在所有者权益变动表上，企业至少应当单独列示反映下列信息的项目：综合收益总额（选项 D）；会计政策变更和差错更正的累积影响金额；所有者投入资本和向所有者分配利润等；提取的盈余公积；实收资本、其他权益工具、资本公积、其他综合收益、专项储备、盈余公积、未分配利润的期初和期末余额及其调节情况。选项 ABC 属于利润表应列示的项目。

【例 8-71·判断题·2022】企业的净利润分配结果需要在所有者权益变动表中进行列报。（　　）

【答案】√

【例 8-72·多选题·2021】下列各项中，在企业所有者权益变动表中单独列示反映的信息有（　　）。

A. 所有者投入资本 　　　　　　　　B. 会计差错更正的累积影响金额

C. 向所有者分配利润 　　　　　　　D. 会计政策变更的累积影响金额

【答案】ABCD

【解析】在所有者权益变动表上，企业至少应当单独列示反映下列信息的项目：

（1）综合收益总额；

（2）会计政策变更和差错更正的累积影响金额（选项 B、D）；

（3）所有者投入资本和向所有者分配利润等（选项 A、C）；

（4）提取的盈余公积；

（5）实收资本、其他权益工具、资本公积、其他综合收益、专项储备、盈余公积、未分配利润的期初和期末余额及其调节情况。

【例 8-73·单选题·2020】2019 年年初，某公司所有者权益合计为 500 万元。本年度所有者权益变动表有关项目情况如下：综合收益总额为 360 万元，提取盈余公积为 30 万元，分配现金股利为 100 万元。不考虑其他因素，该公司 2019 年度所有者权益变动表中"所有者权益合计"项目的本年年末余额为（　　）万元。

A. 860　　　　　　　B. 830　　　　　　　C. 760　　　　　　　D. 730

【答案】C

【解析】该公司所有者权益变动表中"所有者权益合计"项目的本年年末余额 = 500 + 360 − 100 = 760（万元），选项 C 正确。

【例 8-74·单选题·2020】2019 年 1 月初，某企业所有者权益总额为 1 120 万元，当年该企业实现综合收益总额为 300 万元，用盈余公积转增资本 200 万元，向所有者分配现金股利 15 万元。不考虑其他因素，该企业 2019 年度所有者权益变动表中所有者权益合计"本年年末余额"的列报金额为（　　）万元。

A. 1 250　　　　　　B. 1 420　　　　　　C. 1 220　　　　　　D. 1 405

【答案】D

【解析】盈余公积转增资本不影响所有者权益总额，所以，2019 年度所有者权益变动表中所有者权益合计"本年年末余额"的列报金额 = 1 120 + 300 − 15 = 1 405（万元），选项 D 正确。

【例 8-75·多选题·2020】下列各项中，属于所有者权益变动表"本年增减变动金额"项目的有（　　）。

A. 盈余公积转增资本　　　　　　　　B. 提取盈余公积

C. 盈余公积弥补亏损　　　　　　　　D. 资本公积转增资本

【答案】ABCD

【解析】选项 ABCD 表述均正确。

【例 8-76·单选题·2019】下列各项中，不在所有者权益变动表中列示的项目是（　　）。

A. 综合收益总额　　　　　　　　　　B. 所有者投入和减少资本

C. 利润分配　　　　　　　　　　　　D. 每股收益

【答案】D

【解析】选项 D 错误，每股收益是利润表反映的项目，不属于所有者权益变动表列示的项目。

【例 8-77·判断题·2019】所有者权益变动表中，"综合收益总额"项目反映净利润和其他综合收益扣除所得税影响后的净额相加后的合计金额。　　　　　　　　　　　　（　　）

【答案】√

【例 8-78·判断题·2018】企业年报中所有者权益变动表中，"未分配利润"项目本年年末余额应与资产负债表中"未分配利润"项目年末余额相一致。　　　　　　　　　　（　　）

【答案】√

【例 8-79·判断题·2017】所有者权益变动表是反映企业当期所有者权益各组成部分增减变动情况的报表。　　　　　　　　　　　　　　　　　　　　　　　　　　　　（　　）

【答案】√

第六节 财务报表附注及财务报告信息披露要求

一、附注概述 ★

附注是对在资产负债表、利润表、现金流量表和所有者权益变动表等报表中列示项目的文字描述或明细资料，以及对未能在这些报表中列示项目的说明等。

二、附注的主要内容 ★

（1）企业的基本情况。

（2）财务报表的编制基础。

（3）遵循《企业会计准则》的声明。

（4）重要会计政策和会计估计。

（5）会计政策和会计估计变更以及差错更正的说明。

（6）报表重要项目的说明。

（7）或有和承诺事项、资产负债表日后非调整事项、关联方关系及其交易等需要说明的事项。

（8）有助于财务报表使用者评价企业管理资本的目标、政策及程序的信息。

【例 8-80·判断题·2022】企业在财务报表附注中披露存货增减变动情况，可使财务报表使用者了解资产负债表中未单列的存货分类信息。（   ）

【答案】√

【例 8-81·多选题·2022】下列各项中，属于企业财务报表附注中应披露的信息的是（   ）。

A. 重要会计政策　　　　　　　　　　B. 财务报表的编制基础

C. 会计差错更正的说明　　　　　　　D. 报表重要项目的说明

【答案】ABCD

【解析】附注是财务报表的重要组成部分。根据企业会计准则的规定，企业应当按照如下顺序披露附注的内容：

（1）企业简介和主要财务指标。

（2）财务报表的编制基础（选项 B）。

（3）遵循企业会计准则的声明。

（4）重要会计政策和会计估计（选项 A）。

（5）会计政策和会计估计变更以及差错更正的说明（选项 C）。

（6）报表重要项目的说明（选项 D）。

（7）或有和承诺事项、资产负债表日后非调整事项、关联方关系及其交易等需要说明的事项。

【例 8-82·判断题·2020】企业采用的重要会计政策和会计估计属于财务报表附注披露的内容。（   ）

【答案】√

【解析】企业在附注中应当披露采用的重要会计政策和会计估计。

【例 8-83·多选题·2019】下列各项中，应在企业财务报表附注中披露的内容有（   ）。

A. 财务报表的编制基础　　　　　　　B. 会计政策和会计估计变更以及差错更正的说明

C. 重要会计政策和会计估计　　　　　D. 遵循企业会计准则的声明

【答案】ABCD

【解析】选项 ABCD 正确。

【例 8-84·判断题·2018】企业在财务报表附注中应当披露采用的重要会计政策和会计估计，不重要的会计政策和会计估计可以不披露。　　　　　　　　　　　　　　（　　）

【答案】√

【例 8-85·单选题·2015】下列各项中，关于财务报表附注的表述不正确的是（　　）。

A. 附注中包括财务报表重要项目的说明

B. 对未能在财务报表列示的项目在附注中说明

C. 如果没有需要披露的重大事项，企业不必编制附注

D. 附注中包括会计政策和会计估计变更以及差错更正的说明

【答案】C

【解析】选项 C 错误，附注是财务报告的组成部分，是不可或缺的。

【例 8-86·判断题·2010】财务报表附注是对在资产负债表、利润表、现金流量表和所有者权益变动表等报表中列示项目的文字描述或明细资料，以及对未能在这些报表中列示项目的说明等。（　　）

【答案】√

三、财务报告信息披露要求

（一）财务报告信息披露的概念

财务报告信息披露，又称会计信息披露，是指企业对外发布有关其财务状况、经营成果、现金流量等财务信息的过程。按照我国会计准则的规定，披露主要是指会计报表附注的披露。广义的信息披露除财务信息外，还包括非财务信息。

（二）财务报告信息披露的基本要求（财务报告信息披露的基本质量）

主要有真实、准确、完整、及时和公平五个方面。

第七节　财务报告的阅读与应用（2023 年新增）

财务报告的阅读与应用是利用财务报告资料获取企业财务状况、经营情况和现金流量等会计信息，评价企业经营业绩、预测经济前景、参与经济决策的过程。财务报告的阅读与应用是会计核算和会计监督职能的拓展与延伸

一、资产负债表的阅读与应用 ★

资产负债表的阅读与应用是获取企业财务状况的信息、考察企业资金的构成及来龙去脉、评价企业财务状况、预测企业财务状况发展趋势的过程，其主要内容有资产的存在状态及其分布、负债及所有者权益的构成状况，整体财务状况三方面。具体见表 8-11。

表 8-11   资产负债表的阅读与应用

分析项目	阅读项目	具体分析内容
资产的存在状态及其分布	阅读资产资料，获取企业拥有或控制的经济资源总量及配置状况的结构性信息	（1）分析资产的存在状况： ①获取流动资产总额； ②获取非流动资产总额。 （2）分析流动资产的具体存在状态和配置状况。 （3）分析非流动资产的具体存在状态和配置状况。 （4）分析资产负债表附注中关于资产的内容
负债的规模及其构成状况	阅读负债资料，获取企业在一定时期内需要偿还的债务的总量和债务状况的结构性信息，了解并掌握企业拥有或控制资产中运用负债获取资金来源的状况	（1）分析负债占比，看资金的主要来源渠道。 （2）分析负债的结构状态： ①流动负债总额； ②非流动负债总额。 （3）分析流动负债的具体存在状态和配置状况。 （4）分析非流动负债的具体存在状态和配置状况。 （5）分析资产负债表附注中关于负债的内容
所有者权益的规模及其构成状况	阅读所有者权益资料，获取企业股权融资和盈利积累资金的总量以及所有者权益状况的结构性信息，了解并掌握企业拥有或控制资产中运用股权融资和盈余积累获取资金来源的状况	（1）分析由所有者权益形成资金来源总规模的信息： ①实收资本（股本）为企业在登记管理机构登记注册的由股东投资的资本总额； ②实收资本（股本）和资本公积合计为股东实际缴纳的投资额的总和； ③盈余公积和未分配利润合计为公司历年盈利积累形成的留存收益，是公司重要的资金来源。 （2）分析资产负债表附注中关于所有者权益的内容
整体财务状况的阅读与应用	阅读资产负债表资料，获取企业整体财务状况的结构性信息，厘清企业资金的来龙去脉，对企业财务状况作出基本评价，预测企业财务状况的基本变化趋势和发展前景	

二、利润表的阅读与应用 ★

利润表的阅读与应用是获取企业经营情况的结构化信息、考察企业利润构成、评价经营业绩、预测企业盈利前景的过程。其内容主要有盈利水平、利润的构成情况和利润质量三方面。具体见表 8-12。

表 8-12   利润表的阅读与应用

分析项目	阅读项目	具体分析内容
净利润和综合收益总额	阅读净利润和综合收益总额资料，获取企业经营成果和实现经济效益的信息，评价企业一定会计期间的经营情况	（1）根据净利润的正负，判断企业是盈利性企业还是亏损性企业。 （2）根据销售净利率分析盈利水平。 （3）根据综合收益总额分析经济效益

续表

分析项目	阅读项目	具体分析内容
利润的构成情况	阅读营业利润、利润总额、净利润等项目资料	（1）利润的基本构成情况： ①营业利润总额； ②利润总额； ③净利润金额； ④特殊项目。 （2）分析主营业务收入和主营业务成本的构成情况，判断实现营业收入的主要贡献是什么。 （3）分析营业利润的构成情况：分析具体项目对营业利润的贡献，分析营业利润的质量情况

三、现金流量表的阅读与应用 ★

现金流量表的阅读与应用是获取企业现金流量的结构化信息、考察企业现金流量净额及其构成、评价企业现金收付能力和财务成果质量、预测企业现金流量前景的过程。其内容主要有持有现金、现金流量的构成情况和经营活动及其财务成果质量三方面。具体见表8-13。

表8-13　　　　　　　　　　　　　现金流量表的阅读与应用

分析项目	阅读项目	具体分析内容
现金流量及其结构	阅读现金及现金等价物净增加额项目，阅读现金流量表中经营活动、投资活动、筹资活动产生现金流量净额以及汇率变动对现金及现金等价物的影响项目	（1）分析现金及现金等价物净增加额，获得现金增减净额信息，评价企业现金支付能力。 （2）分析现金流量的基本结构性信息，看现金净增加额的主要来源和主要去向
经营活动产生的现金流量及其结构	阅读经营活动产生的现金流量及其具体项目	（1）分析经营活动产生的现金流量净额。 （2）分析经营活动现金流量具体结构： ①经营活动现金流入量的构成； ②经营活动现金流出量的构成
投资活动产生的现金流量及其结构	阅读投资活动产生的现金流量及其具体项目	（1）分析投资活动产生的现金流量净额。 （2）分析投资活动现金流量具体结构： ①投资活动现金流入量的构成； ②投资活动现金流出量的构成
筹资活动产生的现金流量及其结构	阅读筹资活动产生的现金流量及其具体项目	（1）分析筹资活动产生的现金流量净额。 （2）分析筹资活动现金流量具体结构： ①筹资活动现金流入量的构成； ②筹资活动现金流出量的构成

续表

分析项目	阅读项目	具体分析内容
现金流量表补充资料	阅读现金流量表补充资料	（1）分析经营活动产生现金流量的补充性结构信息： ① 将净利润调节为经营活动现金流量的信息； ② 不涉及现金收支的重大投资和筹资活动的信息； ③ 分析现金及现金等价物净变动情况的信息。 （2）利润质量： ① 如果经营活动现金流量净额大于同期净利润额，表明利润的质量好，通常会提高企业资产的流动性，进而改善企业的财务状况，增强抵御财务风险的能力； ② 如果经营活动现金流量净额小于同期净利润额，则表明利润的质量较差

本章习题精练

一、单项选择题

1. 下列关于财务报表的说法中，错误的是（ ）
   A. 财务会计报表按编制主体，分为个别财务报表和合并财务报表
   B. 所有的财务会计报表均按照权责发生制为基础编制
   C. 企业在列报当期财务报表时，至少应当提供所有列报项目一个可比会计期间的比较数据
   D. 企业处于非持续经营状态时，应当采用清算价值等其他基础编制财务报表

2. 下列事项中，使得企业的现金流量净额发生增减变动的是（ ）。
   A. 收到被投资企业的现金股利
   B. 用现金购买三个月到期的国库券
   C. 向投资者分配股票股利
   D. 以固定资产换入某企业的投资性房地产

3. 甲公司采用直接法编制现金流量表，以资产负债表和利润表为基础编制调整分录，利润表中"营业收入"项目金额为5 000万元，资产负债表中列示"应收账款"项目年末较

年初增加400万元。已知甲公司销售商品适用13%的税率，则甲公司编制的调整分录，处理错误的是（ ）
   A. 借记经营活动产生的现金流量——销售商品收到的现金4 600万元
   B. 借记经营活动产生的现金流量——支付的各项税费650万元
   C. 贷记营业收入5 000万元
   D. 贷记应收账款400万元

4. 甲公司采用直接法编制现金流量表，以资产负债表和利润表为基础编制调整分录，利润表中列示"营业成本"项目金额为3 000万元，资产负债表中列示"应付账款"项目年末较年初增加226万元，"存货"项目年末较年初减少金额600万元，则甲公司编制的调整分录，处理错误的是（ ）
   A. 借记应交税费——应交增值税390万元
   B. 借记营业成本3 000万元
   C. 贷记存货600万元
   D. 贷记经营活动产生的现金流量——购进商品支付的现金2 174万元

5. 甲公司出售一子公司，收到现金1 000万元。该子公司的现金及现金等价物为1 020万元。甲公司当期期末编制的合并报表中，下列会

计处理正确的是（ ）。

A. 支付其他与投资活动有关的现金净额为20万元

B. 处置子公司及其他营业单位收到的现金净额为-20万元

C. 处置子公司及其他营业单位收到的现金净额为1 000万元

D. 支付其他与投资活动有关的现金净额为1 020万元

6. 下列属于企业资产负债表项目的是（ ）。

A. 投资收益   B. 递延收益

C. 其他收益   D. 资产处置收益

7. 下列资产负债表项目中，属于非流动负债的是（ ）。

A. 合同负债   B. 应付票据

C. 应付账款   D. 应付债券

8. 资产负债表中，根据有关科目余额减去其备抵科目余额后的净额填列的是（ ）。

A. 预收款项   B. 货币资金

C. 短期借款   D. 应收账款

9. 某企业"应付账款"科目月末贷方余额40 000元。其中"应付账款——甲公司"科目贷方余额35 000元，"应付账款——乙公司"科目贷方余额5 000元；"预付账款"科目月末贷方余额30 000元。其中："预付账款——A工厂"科目贷方余额50 000元，"预付账款——B工厂"科目借方余额20 000元。该企业月末资产负债表中"应付账款"项目的金额为（ ）元。

A. 90 000   B. 30 000

C. 40 000   D. 70 000

10. 下列各项中，不属于资产负债表中"货币资金"项目的是（ ）。

A. 交易性金融资产   B. 银行结算户存款

C. 信用卡存款   D. 外埠存款

11. 2×21年12月31日，某企业"预收账款"科目所属明细科目的贷方余额合计为350万元，"应收账款"科目所属明细科目的贷方余额合计为50万元。不考虑其他因素，该企业年末资产负债表"预收款项"项目期

末余额的列报金额为（ ）万元。

A. 50   B. 300   C. 350   D. 400

12. 2×21年12月10日，甲公司购入乙公司股票10万股作为交易性金融资产核算，支付价款249万元，另支付交易费用0.6万元。12月31日，交易股票公示价值为258万元，2×21年甲公司利润表中"公允价值变动收益"项目的本年金额为（ ）万元。

A. 9   B. 9.6   C. 8.4   D. 0.6

13. 下列各项中，不在所有者权益变动表中列示的项目是（ ）。

A. 综合收益总额

B. 所有者投入和减少资本

C. 利润分配

D. 长期待摊费用

14. 2×21年12月31日，甲公司"生产成本"账户借方余额300万元，"原材料"账户借方余额200万元，"材料成本差异"账户贷方余额50万元，"发出商品"账户借方余额800万元，"存货跌价准备"账户贷方余额30万元，"工程物资"账户借方余额200万元。不考虑其他因素，该企业2×21年12月31日资产负债表中"存货"项目金额为（ ）万元。

A. 1 200   B. 1 220   C.1 320   D. 1 420

15. 某公司2×21年12月31日，"固定资产"科目借方余额5 000万元，"累计折旧"科目贷方余额2 000万元，"固定资产减值准备"科目贷方余额100万元，"固定资产清理"科目借方余额300万元。2×20年12月31日，该公司资产负债表中"固定资产"项目期末余额应列报的金额为（ ）万元。

A.2 600   B. 3 000

C. 3 200   D. 3 300

16. 某企业年末结账后，"长期待摊费用"科目借方余额为180万元，其中，将在一年内摊销的金额为80万元。不考虑其他因素。该企业年末资产负债表"长期待摊费用"项目的期末余额为（ ）万元。

A.180   B.100   C.80   D.260

17.2×21年企业实现主营业务收入1 500万元，其

他业务收入300万元，营业外收入50万元。不考虑其他因素，该企业2×20年利润表中"营业收入"项目的金额是（   ）万元。

A. 1 500　　　　B. 1 550

C. 1 800　　　　D. 1 850

18. 某企业2×21年度实现营业收入5 000万元，发生营业成本2 500万元，管理费用300万元，销售费用500万元，财务费用350万元，税金及附加100万元，取得投资收益200万元，公允价值变动损失80万元。不考虑其他因素，该企业2×21年利润表"营业利润"项目"本期金额"的列报金额为（   ）万元。

A. 1 250　　　　B. 1 350

C. 1 370　　　　D. 1 450

19. 财务报表体系中反映企业财务状况的报表是（   ）。

A. 资产负债表　　B. 利润表

C. 现金量表　　　D. 所有者权益变动表

20. 下列资产负债表项目中，应根据总账科目余额计算填列的是（   ）。

A. 应付账款　　　B. 盈余公积

C. 其他应付款　　D. 长期借款

21. 2×21年12月1日，某企业"银行存款"科目余额为150万元，"库存现金"科目余额为0.8万元，"其他货币资金"科目余额为80万元。当月发生如下交易或事项：①存出的保证金5万元；②收到银行承兑汇票2万元；③向证券公司存出投资款10万元。不考虑其他因素，2×21年12月31日该企业资产负债表中"货币资金"项目填列的金额为（   ）万元。

A. 217.8　　B. 225.8　　C. 227.8　　D. 230.8

22. 2×21年12月31日，甲公司"预收账款"总账科目贷方余额为120万元，其明细科目如下："预收账款——乙企业"科目贷方余额为125万元，"预收账款——丙企业"科目借方余额为5万元；"应收账款"总账科目借方余额为800万元，其明细科目如下："应收账款——丁企业"科目借方余额为900万元，"应收账款——戊企业"科目贷方余额为100万元；"坏账准备"科目中计提的与应收账款

有关的坏账准备余额为45万元。不考虑其他因素，该企业年末资产负债表中"应收款项"项目期末余额的列报的金额为（   ）万元。

A. 900　　B. 860　　C. 855　　D. 755

23. 2×21年12月31日，甲公司"应收票据"科目的余额为500万元；"应付票据"科目的余额为300万元；"坏账准备"科目中有关应收票据计提的坏账准备余额为25万元。不考虑其他因素，2×20年12月31日，甲公司资产负债表中"应收票据"期末余额列报的金额为（   ）万元。

A. 25　　B. 175　　C. 275　　D. 475

24. 2×21年12月31日，甲公司"无形资产"科目借方的余额为1 000万元，"累计摊销"科目的贷方余额为300万元，"无形资产减值准备"科目贷方余额为50万元。不考虑其他因素，2×21年12月31日，甲公司资产负债表中"无形资产"期末余额列报的金额为（   ）万元。

A. 650　　B. 700　　C. 950　　D. 1 000

25. 2×21年12月31日，甲公司"长期借款"科目的余额为450万元；其中有200万元将于一年内到期，甲公司不具有自主展期清偿的权利。不考虑其他因素，期末甲公司资产负债表中"长期借款"期末余额列报的金额为（   ）万元。

A. 450　　B. 250　　C. 200　　D. 150

26. 2×21年12月31日，甲公司"应付职工薪酬"科目明细项目为：工资、奖金、津贴、补贴100万元，社会保险费10万元，工会经费和职工教育经费8万元。不考虑其他因素，期末甲公司资产负债表中"应付职工薪酬"期末余额列报的金额为（   ）万元。

A. 118　　B. 110　　C. 108　　D. 100

27. 甲公司计划出售一项固定资产，2×21年5月30日被划分为持有待售固定资产，其账面价值为300万元，至2×21年12月31日，"持有待售资产减值准备"科目贷方余额为50万元。不考虑其他因素，期末甲公司资产负债表中"持有待售资产"项目期末余额列

报的金额为（ ）万元。

  A. 350 B. 300 C. 250 D. 50

28.下列交易和事项中，应计入利润表营业收入项目核算的是（ ）。

  A. 出售股票的收入

  B. 收到的政府补助收入

  C. 出售固定资产的收入

  D. 出租无形资产的收入

29.2×21年甲公司发生如下的交易和事项：① 3月20日，甲公司以100万元购入A公司股票作为交易性金融资产核算，另支付交易费用0.25万元；② 7月4日，A公司宣告发放现金股利，甲公司应分得现金股利3万元；③ 12月31日，甲公司购入的作为交易性金融资产核算的公司债券，在持有期间已到付息期但尚未领取的债券利息5万元。不考虑其他因素，甲公司2×21年利润表"投资收益"项目"本年金额"的列报金额为（ ）万元。

  A. 2.25 B. 7.75 C. 8 D. 8.25

30.某公司2×21年发生如下交易或事项：固定资产盘亏损失50万元，存货发生的一般经营性损失10万元，公益性捐赠支出30万元，罚没支出20万元。不考虑其他因素，该公司2×20年利润表"营业外支出"项目"本年金额"的列报金额为（ ）万元。

  A. 60 B. 80 C. 100 D. 110

31.2×21年12月，某企业结转销售商品成本为500万元，出租闲置设备的折旧额为2万元，结转随同商品出售不单独计价的包装物成本为50万元，对外捐赠支出为1万元。不考虑其他因素，该企业2×21年12月利润表"营业成本"项目的本期金额为（ ）万元。

  A. 502 B. 550 C. 552 D. 553

32.（1）下列各项现金流量中，不属于投资活动产生的现金流量的是（ ）。

  A. 为购建固定资产支付的专门借款利息120万元

  B. 长期股权投资取得现金股利500万元

  C. 购买其他债权工具支付的价款1 600万元

  D. 因固定资产毁损收取的保险公司赔偿120万元

（2）有关现金流量表填列的项目正确的是（ ）。

  A. 以银行存款向税务部门缴纳税费350万元填列"支付的各项税费"项目

  B. 以银行存款支付生产车间的制造费用580万元填列"购买商品——接受劳务支付的现金"项目

  C. 投资性房地产收到的租金收入450万元填列"取得投资收益收到的现金"项目

  D. 除税费返还外的其他政府补助收入1 500万元填列"收到其他与筹资活动有关的现金"项目

二、多项选择题

33.将净利润调节为经营活动现金流量时，需要调增的项目是（ ）。

  A. 坏账准备

  B. 长期待摊费用摊销

  C. 公允价值变动收益

  D. 经营性应收项目的减少

34.一套完整的财务报表体系由（ ）及附注组成。

  A. 资产负债表   B. 利润表

  C. 现金流量表   D. 股东权益变动表

35.下列各项资产项目中，直接根据总账科目余额填列的有（ ）。

  A. 固定资产   B. 在建工程

  C. 资本公积   D. 短期借款

36.资产负债表中，根据总账科目余额与明细科目余额分析计算填列的有（ ）。

  A. 一年内到期的非流动资产

  B. 长期借款

  C. 短期借款

  D. 其他非流动负债

37.资产负债表中的"应收账款"项目应根据（ ）分析计算填列。

  A. 应收账款所属明细账借方余额合计

  B. 应收票据借方余额合计

  C. 按应收账款余额一定比例计提的坏账准备

科目的贷方余额

　　D. 应收账款总账科目借方余额

38. 利润表"营业成本"项目应根据（　　）科目的发生额分析填列。

　　A. 税金及附加　　　　B. 主营业务成本

　　C. 管理费用　　　　　D. 其他业务成本

39. 下列属于企业财务报告附注中应被披露的内容有（　　）。

　　A. 企业基本情况

　　B. 财务报表的编制基础

　　C. 会计估计变更的说明

　　D. 遵循企业会计准则的声明

40. 下列各项中，应在资产负债表"存货"项目中列示的有（　　）。

　　A. 委托加工物资　　　B. 受托代销商品款

　　C. 工程物资　　　　　D. 材料成本差异

41. 下列有关科目的期末余额应列入资产负债表"在建工程"项目的有（　　）。

　　A. 固定资产清理

　　B. 工程物资

　　C. 在建工程减值准备

　　D. 在建工程累计折旧

42. 下列各项中, 属于企业利润表项目的有（　　）。

　　A. 未分配利润　　　　B. 所得税费用

　　C. 递延收益　　　　　D. 研发费用

43. 下列各项中，影响企业利润表中"营业利润"项目的有（　　）。

　　A. 确认的所得税费用

　　B. 龙卷风引起的厂房的倒塌

　　C. 出售无形资产的处置收益

　　D. 报批的因管理不善导致存货霉烂变质的损失

44. 下列各项中，应列入利润表"资产处置收益"项目的有（　　）。

　　A. 出售办公楼取得的收入

　　B. 出售交易性金融资产取得的收入

　　C. 出售土地使用权取得的收益

　　D. 固定资产报废取得的净收益

45. 下列各项中应列入利润表"营业成本"项目的有（　　）。

A. 随同商品出售不单独计价的包装物成本

B. 出租闲置设备的折旧额

C. 出租包装物收取的押金

D. 销售商品的成本

46. 下列各项中，应在所有者权益变动表中单独列示的项目有（　　）。

　　A. 综合收益总额　　　B. 其他综合收益

　　C. 净利润　　　　　　D. 盈余公积

47. 下列各项中，必须在企业财务报表附注中披露的内容有（　　）。

　　A. 企业的基本情况

　　B. 差错更正的说明

　　C. 关联方关系及其交易

　　D. 会计政策和会计估计

48. 下列各项中，应列入企业资产负债表"非流动资产"项目的有（　　）。

　　A. 一年内到期的非流动资产

　　B. 开发支出

　　C. 合同资产

　　D. 长期待摊费用

49. 下列事项中，应列入资产负债表"应付职工薪酬"项目的有（　　）。

　　A. 应提供给职工受赡养人的补贴

　　B. 解雇员工将要支付的补偿金

　　C. 待支付的职工培训费

　　D. 待支付的工会经费

50. 下列交易或事项中，导致企业资产负债表"存货"项目期末余额增加的有（　　）。

　　A. 在存货清查中发生存货盘盈

　　B. 发出委托外单位加工的原材料

　　C. 收到委托代销商品

　　D. 用银行存款支付委托加工单位加工费

51. 下列企业应交纳的税金中，导致利润表"税金及附加"项目期末余额发生变动的有（　　）。

　　A. 房产税

　　B. 销售商品应交的消费税

　　C. 增值税

　　D. 印花税

52. 下列各项中，应列入利润表"资产减值损失"项目的有（　　）。

A. 原材料的减值损失

B. 固定资产的减值损失

C. 无形资产的减值损失

D. 应收账款的减值损失

53. 某公司 2×21 年度"管理费用"科目发生额为 1 000 万元。其中,"研发费用"明细科目的发生额为 600 万元,与其相关的"无形资产摊销"明细科目发生额为 200 万元。不考虑其他因素,下列选项中表述正确的有( )。

A. 该公司 2×21 年"管理费用"项目列报的金额为 400 万元

B. 该公司 2×21 年"管理费用"项目列报的金额为 200 万元

C. 该公司 2×21 年"研发费用"项目列报的金额为 600 万元

D. 该公司 2×21 年"研发费用"项目列报的金额为 800 万元

54. 下列选项中,不应列入利润表"营业外收入"项目的有( )。

A. 报批后现金的盘盈利得

B. 报批后存货的盘盈利得

C. 报批后固定资产的盘盈利得

D. 接受非股东无偿捐赠利得

三、判断题

55. 一套完整的财务报表至少应当包括四表,即资产负债表、利润表、现金流量表、所有者权益变动表,不包括附注。 ( )

56. 期末,企业"预付账款"科目明细账中借方余额为 0,期末编制资产负债表时"预付款项"项目的列报金额为 0。 ( )

57. 将于一年内到期的应付债券,按照规定,应在资产负债表中作为流动负债反映。 ( )

58. 摊销期限不足一年的长期待摊费用应在资产负债表上的"一年内到期的非流动资产"项目列示。 ( )

59. 会计报表提供的信息不是仅供外部的投资者和债权人使用。 ( )

60. 财务报告是指企业对外提供的反映企业某一会计期间的财务状况和某一特定日期的经营成果,现金流量等会计信息的文件。 ( )

61. 资产负债表中的"其他应收款"项目,应根据"其他应收款""应收利息""应收股利"科目期末余额的合计数填列。 ( )

62. "交易性金融资产"项目应根据"交易性金融资产"科目的总账期末余额填列。 ( )

63. 同一合同下的合同资产和合同负债不得以净额列示。 ( )

64. "固定资产"项目应根据"固定资产"科目的期末余额,减去"累计折旧"和"固定资产减值准备"科目的期末余额后的金额填列。 ( )

65. "开发支出"项目根据"研发支出"科目所属"资本化支出"明细科目期末余额填列。 ( )

66. 企业作为个人所得税的扣缴义务人,收到的扣缴税款手续费,应列示于"税金及附加"项目。 ( )

67. 利润表"所得税费用"项目本期金额应根据"应交税费"科目的本期发生额分析填列。 ( )

68. "研发费用"项目应根据"管理费用"科目下"研发费用""无形资产摊销"明细科目的发生额分析填列。 ( )

69. "每股收益"项目,包括基本每股收益和稀释每股收益两项指标。 ( )

70. 企业的净利润及其分配情况需要单独编制利润分配表列示。 ( )

71. 企业在财务报表附注中应当披露采用的所有会计政策和会计估计。 ( )

不定项选择题
专项练习

第三章 流动资产

一、甲公司是一家制造业企业，为增值税一般纳税人。确认销售收入同时结转销售成本。2020 年"应收账款"科目所属各明细科目年初借方余额合计数为 10 万元，2020 年发生相关经济业务如下：

（1）9 月 1 日，向乙公司销售商品一批。开具的增值税专用发票上注明价款 20 万元。增值税税额 2.6 万元，款项尚未收到，满足收入确认条件。该批商品实际成本 15 万元。

（2）9 月 15 日，收到乙公司寄来的面值为 22.6 万元、期限为 2 个月的不带息银行承兑汇票，用于抵付 9 月 1 日货款。11 月 15 日，票据到期，承兑银行按票面金额支付票款。

（3）12 月 1 日，向乙公司销售批原材料，开具的增值税专用发票上注明的价款 5 万元。增值税税额 0.65 万元，款项尚未收到，满足收入确认条件。该批原材料实际成本为 3 万元。

（4）12 月初"坏账准备"科目贷方余额为 0.2 万元。12 月 31 日，经测试确认，"坏账准备"科目应保持的贷方余额为 0.5 万元。

要求：根据上述资料，不考虑其他因素，分析回答下列小题。（答案中的金额单位用万元表示）

1. 根据资料（1），下列各项中，甲公司销售商品的会计处理正确的是（　　）。
   A. 借：应收票据　　　　22.6
   　　　贷：主营业务收入　　　　22.6
   B. 借：应收账款　　　　22.6
   　　　贷：主营业务收入　　　　20
   　　　　　应交税费——应交增值税（销项税额）　　　　2.6
   C. 借：应收账款　　　　22.6
   　　　贷：主营业务收入　　　　22.6
   D. 借：主营业务成本　　　　15
   　　　贷：库存商品　　　　15

2. 根据资料（2），下列各项中，甲公司收到银行承兑汇票会计处理正确的是（　　）。

A. 借记"银行存款"科目 22.6 万元
B. 借记"应收票据"科目 22.6 万元
C. 贷记"其他货币资金"科目 20 万元
D. 贷记"应收账款"科目 22.6 万元

3. 根据资料（3），下列各项中，甲公司销售材料相关会计处理结果正确的是（　　）。
   A. 原材料减少 3 万元
   B. 其他业务收入增加 5 万元
   C. 应收账款增加 5 万元
   D. 其他业务成本增加 3 万元

4. 根据资料（4），下列各项中，甲公司计提坏账准备的会计科目处理正确的是（　　）。
   A. 贷记"应收账款"科目 0.5 万元
   B. 借记"信用减值损失"科目 0.3 万元
   C. 借记"坏账准备"科目 0.3 万元
   D. 贷记"坏账准备"科目 0.5 万元

5. 根据期初资料、资料（1）至（4），2020 年 12 月 31 日甲公司资产负债表"应收账款"项目的期末余额是（　　）万元。
   A. 15.35　　　　　　　B. 15.15
   C. 27.75　　　　　　　D. 27.95

二、【2020】甲公司为增值税一般纳税人，2019 年发生交易性金融资产相关经济业务如下：

（1）4 月 15 日，从上海证券交易所购入乙公司股票 100 万股，支付价款 2 500 万元，其中包含已宣告但尚未发放的现金股利 50 万元，另支付相关交易费用 0.5 万元，取得与交易费用相关的增值税专用发票上注明的增值税税额为 0.03 万元，甲公司将该股票投资确认为交易性金融资产。4 月 25 日，收到乙公司发放的现金股利并存入投资款专户。

（2）6 月 30 日，持有上述乙公司股票的公允价值为 2 550 万元。

（3）7 月 31 日，将持有的乙公司股票全部转让，取得价款 2 700 万元，存入投资款专户，确认转让该金融商品应交增值税为 11.32 万元。

要求：根据上述资料，不考虑其他因素，分析回答下列小题。（答案中的金额单位用万

元表示）

1. 根据资料（1），甲公司购入乙公司股票记入"交易性金融资产——成本"科目的金额是（　　）万元。

   A. 2 450.5　　　　　　B. 2 500

   C. 2 500.5　　　　　　D. 2 450

2. 根据资料（1），下列各项中，甲公司收到现金股利相关会计处理正确的是（　　）。

   A. 借：其他货币资金——存出投资款50

   　　　贷：投资收益　　　　　　　　50

   B. 借：其他货币资金——存出投资款50

   　　　贷：应收股利　　　　　　　　50

   C. 借：其他货币资金——存出投资款50

   　　　贷：交易性金融资产——成本　50

   D. 借：银行存款　　　　　　　　　50

   　　　贷：交易性金融资产——成本　50

3. 根据资料（1）和资料（2），下列各项中，甲公司6月30日相关会计处理表述正确的是（　　）。

   A. 贷记"投资收益"科目50万元

   B. 借记"交易性金融资产——成本"科目50万元

   C. 借记"交易性金融资产——公允价值变动"科目100万元

   D. 贷记"公允价值变动损益"科目100万元

4. 根据资料（1）至资料（3），下列各项中，甲公司出售乙公司股票相关会计处理结果表述正确的是（　　）。

   A. 其他货币资金增加2 700万元

   B. 投资净收益增加250万元

   C. 交易性金融资产（成本）减少2 500万元

   D. 转让金融商品应交增值税税额增加11.32万元

5. 根据资料（1）至资料（3），该股票投资业务导致甲公司2019年度利润表"营业利润"项目本期金额增加的金额是（　　）万元。

   A. 238.68　　　　　　B. 150

   C. 238.18　　　　　　D. 250

三、【2020】甲公司为增值税一般纳税人，主要生产和销售M和N产品。2019年8月份发生有关经济业务如下：

（1）本月完工入库M产品一批。为推销该产品共发生支出568 000元，其中电视广告费500 000元、参加推介会的展览费60 000元、专设销售机构人员薪酬8 000元。全部款项以银行存款支付，取得增值税专用发票上注明的增值税税额33 600元。

（2）本月发出M产品委托乙公司进一步加工为N产品，发出M产品实际成本为400 000元，支付加工费50 000元，增值税专用发票上注明的增值税税额为6 500元，由受托方代收代缴消费税110 000元。收回加工完成的N产品直接对外销售。相关款项以银行存款支付。

（3）销售M产品一批，开具增值税专用发票上注明的价款为500 000元、增值税税额为65 000元，收到客户出具一张面值为565 000元、期限3个月的商业承兑汇票结算全部款项；该批产品生产成本为360 000元。

（4）月末，经计算本期应交城市维护建设税1 743元、教育费附加747元。

要求：根据上述资料，不考虑其他因素，分析回答下列小题。

1. 根据资料（1），下列各项关于甲公司推销产品有关支出的会计处理中，正确的是（　　）。

   A. 支付展览费60 000元，记入"销售费用"科目的借方

   B. 支付广告费500 000元，记入"管理费用"科目的借方

   C. 支付增值税进项税额33 600元，记入"应交税费"科目的借方

   D. 支付专设销售机构人员薪酬8 000元，记入"销售费用"科目的借方

2. 根据资料（2），下列各项关于甲公司委托加工物资代收代缴消费税的会计处理表述

中，正确的是（　　）。

　　A.记入"税金及附加"科目的借方

　　B.记入"应交税费——应交消费税"科目的贷方

　　C.记入"委托加工物资"科目的借方

　　D.记入"应交税费——应交消费税"科目的借方

3. 根据资料（2），甲公司委托加工完成的N产品实际成本是（　　）元。

　　A. 560 000　　　　　　B. 450 000

　　C. 566 500　　　　　　D. 400 000

4. 根据资料（3），下列各项关于甲公司销售M产品的会计处理表述中，正确的是（　　）。

　　A.结转销售成本，记入"主营业务成本"科目的借方

　　B.确认销售收入，记入"主营业务收入"科目的贷方

　　C.确认增值税销项税额，记入"应交税费"科目的贷方

　　D.按商业汇票的面值，记入"其他货币资金"科目的借方

5. 根据资料（1）至资料（4），甲公司利润表中"税金及附加"项目本期金额是（　　）元。

　　A. 2 490　　　　　　　B. 110 000

　　C. 112 490　　　　　　D. 137 390

四、【2020】甲企业为增值税一般纳税人，销售产品适用的增值税税率为13%，"应交税费"科目期初余额为0。采用实际成本进行存货的日常核算。2019 年 12 月该企业发生与存货相关的经济业务如下：

（1）6日，从乙企业采购一批原材料，取得增值税专用发票注明的价款为 100 万元，增值税税额为 13 万元，原材料验收入库。甲企业开具一张面值为 113 万元的银行承兑汇票，同时支付承兑手续费 0.533 万元，取得的增值税专用发票注明的增值税税额为 0.032 万元。

（2）10日，甲企业向丙企业销售一批不需用的原材料，开具的增值税专用发票注明的价款为 500 万元，增值税税额为 65 万元，收到一张面值为 565 万元、期限为 2 个月的商业承兑汇票。该批原材料的实际成本为 400 万元。

（3）27日，领用一批自产产品作为福利发给 300 名职工，其中，专设销售机构人员 100 名，总部管理人员 200 名。该批产品不含增值税的售价为 30 万元，实际成本为 21 万元。

要求：根据上述资料，不考虑其他因素，分析回答下列小题。（答案中的金额单位用万元表示）

1. 根据资料（1），下列各项关于甲企业采购原材料的会计处理中，正确的是（　　）。

　　A. 借：财务费用　　　　　　　0.533
　　　　　　应交税费——应交增值税（进项税额）　　　　0.032
　　　　　　贷：银行存款　　　　　　0.565

　　B. 借：材料采购　　　　　　　100
　　　　　　应交税费——应交增值税（进项税额）　　　　13
　　　　　　贷：其他货币资金　　　　113

　　C. 借：原材料　　　　　　　　100
　　　　　　应交税费——应交增值税（进项税额）　　　　13
　　　　　　贷：应付票据　　　　　　113

　　D. 借：原材料　　　　　　　　113
　　　　　　贷：应付票据　　　　　　113

2. 根据资料（2），下列各项关于甲企业销售原材料的会计处理表述中，正确的是（　　）。

　　A.贷记"其他业务收入"科目 500 万元

　　B.贷记"应交税费——应交增值税（销项税额）"科目 65 万元

　　C.借记"其他业务成本"科目 400 万元

　　D.借记"其他货币资金"科目 565 万元

3. 根据资料（3），下列各项关于甲企业发放非货币性职工福利的会计处理表述中，正确的是（　　）。

A. 贷记"应交税费——应交增值税（销项税额）"科目 3.9 万元

B. 贷记"主营业务收入"科目 30 万元

C. 借记"管理费用"科目 22.6 万元

D. 借记"销售费用"科目 7 万元

4. 根据资料（1）至资料（3），甲企业12月应交纳增值税的金额是（　）万元。

A. 68.9　　　　　　　B. 65

C. 55.868　　　　　　D. 55.9

5. 根据资料（1）至资料（3），上述业务导致甲企业12月31日资产负债表"存货"项目变动金额是（　）万元。

A. 321　　　　　　　B. 300

C. 400　　　　　　　D. 421

五、【2019】甲公司为增值税一般纳税人，存货按实际成本进行日常核算，2019 年 12 月初"应收账款"科目借方余额为 800 000 元（各明细科目均无贷方余额），"应收票据"科目借方余额为 300 000 元，"坏账准备——应收账款"科目贷方余额为 80 000 元。

2019 年 12 月甲公司发生如下经济业务：

（1）10 日，采用委托收款方式向乙公司销售一批商品，发出的商品满足收入确认条件，开具的增值税专用发票上注明价款 500 000 元，增值税税额为 65 000 元；用银行存款为乙公司垫付运费 40 000 元，收到向甲公司开具的增值税专用发票，增值税税额为 3 600 元，上述全部款项至月末尚未收到。

（2）18 日，购入一批原材料，取得并经税务机关认证的增值税专用发票上注明的价款为 270 000 元，增值税税额为 35 100 元，材料已验收入库。甲公司背书转让面值为 300 000 元，不带息的银行承兑汇票结算购料款，不足部分以银行存款补付。

（3）25 日，因丙公司破产，应收丙公司账款 40 000 元不能收回，经批准确认为坏账并予以核销。

（4）31 日，经评估计算，甲公司"坏账准备——

应收账款"科目的贷方余额为 102 400 元。

要求：根据上述资料，不考虑其他条件，分析回答下列小题。

1. 根据资料（1），甲公司销售商品确认的应收账款的金额是（　）元。

A. 608 600　　　　　B. 605 000

C. 540 000　　　　　D. 565 000

2. 根据资料（2），下列各项关于甲公司采购材料的相关会计科目处理中，正确的是（　）。

A. 贷记"银行存款"科目 5 100 元

B. 贷记"应收票据"科目 30 000 元

C. 贷记"应收票据"科目 305 100 元

D. 借记"原材料"科目 270 000 元

3. 根据资料（3），下列各项关于甲公司核销坏账的会计处理中，正确的是（　）。

A. 借：信用减值损失——计提的坏账准备
　　　　　　　　　　　　　　40 000
　　贷：应收账款——丙公司　　40 000

B. 借：坏账准备——应收账款　40 000
　　贷：信用减值损失——计提的坏账准备
　　　　　　　　　　　　　　40 000

C. 借：信用减值损失——计提的坏账准备
　　　　　　　　　　　　　　40 000
　　贷：坏账准备——应收账款　40 000

D. 借：坏账准备——应收账款　40 000
　　贷：应收账款——丙公司　　40 000

4. 根据期初资料、资料（1）至资料（4），下列各项关于甲公司12月末坏账准备会计处理表述中，正确的是（　）。

A. 计提坏账准备前，"坏账准备——应收账款"科目贷方余额为 80 000 元

B. 本年末应计提坏账准备的金额为 62 400 元

C. 计提坏账准备前，"坏账准备——应收账款"科目贷方余额为 40 000 元

D. 本年末应计提坏账准备的金额为 102 400 元

5. 根据期初资料、资料（1）至资料（4），12月31日甲公司资产负债表"应收账款"项目

期末余额应列示的金额是（　　）元。

A.1 408 600 　　　　　B.1 306 200

C.1 266 200 　　　　　D.1 328 600

六、【2019】某企业为增值税一般纳税人，采用实际成本法核算存货。2019 年 11 月 30 日，资产负债表"存货"项目的"期末余额"栏为 200 000 元。12 月发生存货相关业务如下：

（1）10 日，购入原材料 2 000 千克，采购单价为 100 元，取得经税务机关认证的增值税专用发票注明的价款为 200 000 元，增值税税额为 26 000 元；由销售方代垫运费，取得经税务机关认证的向购货方开具的增值税专用发票，注明运费为 2 000 元，增值税税额为 180 元；全部款项以银行存款支付。12 日，原材料验收入库，发现短缺 10 千克，经查属于运输途中的合理损耗。

（2）20 日，企业行政管理部门领用周转材料（低值易耗品）一批，实际成本为 9 000 元，采用分次摊销法进行摊销。该批周转材料估计使用 3 次，此次为第 1 次摊销。

（3）25 日，委托外单位加工一批应交消费税的材料，发出材料并支付加工费。发出材料的成本为 80 000 元，取得经税务机关认证的增值税专用发票注明的加工费为 15 000 元，增值税税额为 1950 元，由受托加工单位代收代缴消费税 5 000 元。全部款项以银行存款支付。月末材料加工完成后收回并验收入库，将用于直接对外销售。

要求：根据上述资料，不考虑其他因素，分析回答下列小题。

1. 根据资料（1），下列各项关于企业购入原材料的相关会计处理中，正确的是（　　）。

A. 运输途中发生合理损耗不应调整原材料单位成本

B. 价款已付但尚未验收入库的原材料采购成本记入"在途物资"科目

C. 销售方代垫运费 2 000 元应计入原材料采购成本

D. 销售方代垫运费的增值税税额作为可抵扣

的进项税额入账

2. 根据资料（1），该批原材料的采购成本是（　　）元。

A. 200 000 　　　　　B. 201 000

C. 199 000 　　　　　D. 202 000

3. 根据资料（2），下列各项中，关于行政部门领用并摊销周转材料的会计处理正确的是（　　）

A. 借：周转材料——低值易耗品——在用　　　　　　　　　　　9 000

　　贷：周转材料——低值易耗品——在库　　　　　　　　　　　9 000

B. 借：管理费用　　　　　　3 000

　　贷：周转材料——低值易耗品——摊销　　　　　　　　　3 000

C. 借：管理费用　　　　　　9 000

　　贷：周转材料——低值易耗品——在库　　　　　　　　　9 000

D. 借：周转材料——低值易耗品——摊销　　　　　　　　　3 000

　　贷：周转材料——低值易耗品——在用　　　　　　　　　3 000

4. 根据资料（3），下列各项中，构成企业委托加工成本的是（　　）。

A. 材料成本 80 000 元　B. 增值税 1 950 元

C. 加工费 15 000 元　　D. 消费税 5 000 元

5. 根据期初资料、资料（1）至资料（3），2019 年 12 月 31 日，该企业资产负债表"存货"项目"期末余额"栏的列报金额为（　　）元。

A. 410 000 　　　　　B. 414 000

C. 499 000 　　　　　D. 419 000

七、【2018】某企业为增值税一般纳税人，适用的增值税税率为 13%。2019 年 12 月 1 日，该企业"原材料——甲材料"科目期初结存数量为 2 000 千克，单位成本为 15 元，未计提存货跌价准备。12 月发生有关原材料的收发业务或事项如下：

（1）10 日，购入甲材料 2 020 千克，增值税专用发票上注明的价款为 32 320 元，增值税税额为 4 201.6 元，销售方代垫运杂费 2 680 元（不考虑增值税），运输过程中发生合理损耗 20 千克。材料已验收入库，款项尚未支付。

（2）20 日，销售甲材料 100 千克，开出的增值税专用发票上注明的价款为 2 000 元，增值税税额为 260 元，材料已发出但款项尚未收到。

（3）25 日，本月生产产品耗用甲材料 3 000 千克，生产车间一般耗用甲材料 100 千克。

（4）31 日，该企业采用月末一次加权平均法计算并结转发出甲材料的成本。

（5）31 日，预计库存甲材料可变现净值为 12 800 元。

要求：根据上述资料，不考虑其他因素，分析回答下列小题。

1. 根据资料（1），下列会计处理核算中，正确的是（　　）
   A. 借记"原材料"科目 32 320 元
   B. 借记"应交税费——应交增值税（进项税额）"科目 4 201.6 元
   C. 借记"销售费用"科目 2 680 元
   D. 原材料的单位成本为 17.5 元

2. 根据资料（2），下列说法中，正确的是（　　）。
   A. 增加应收账款 2 260 元
   B. 增加银行存款 2 260 元
   C. 增加应收票据 2 260 元
   D. 增加其他货币资金 2 260 元

3. 根据资料（3），下列各项关于该企业发出材料会计处理的表述中，正确的是（　　）。
   A. 生产产品耗用原材料应计入制造费用
   B. 生产产品耗用原材料应计入生产成本
   C. 生产车间一般耗用原材料应计入管理费用
   D. 生产车间一般耗用原材料应计入制造费用

4. 根据期初资料、资料（1）至资料（4），下列各项关于结算销售材料成本的会计处理结果中，正确的是（　　）。
   A. 甲材料加权平均单位成本 15.58 元

B. 主营业务成本增加 1 625 元
C. 其他业务成本增加 1 625 元
D. 甲材料加权平均单位成本 16.25 元

5. 根据期初资料、资料（1）至资料（5），下列各项关于该企业 12 月末原材料的会计处理结果表述中，正确的是（　　）。
   A. 12 月末应计提存货跌价准备 200 元
   B. 12 月末列入资产负债表"存货"项目的"原材料"金额为 12 800 元
   C. 12 月末甲材料的成本为 13 000 元
   D. 12 月末甲材料成本高于其可变现净值，不计提存货跌价准备

八、【2018】甲公司为增值税一般纳税人，2018 年发生有关交易性金融资产的业务如下：

（1）1 月 3 日，向证券公司存出投资款 2 000 万元。同日，委托证券公司购入乙上市公司股票 50 万股，支付价款 505 万元（其中包含已宣告但尚未发放的现金股利 5 万元），另支付相关交易费用 1.25 万元，支付增值税 0.075 万元，甲公司将该股票投资确认为交易性金融资产。

（2）3 月 20 日，收到乙上市公司发放的现金股利并存入银行的投资款专户，3 月 31 日，持有的乙上市公司股票公允价值为 480 万元。

（3）4 月 30 日，全部出售乙上市公司股票 50 万股，售价为 600 万元，款项已收到；转让该金融商品应交增值税为 5.38 万元。

要求：根据上述资料，假定该企业取得的增值税专用发票均已经税务机关认证。不考虑其他因素，分析回答下列小题。（答案中的金额单位用万元表示）

1. 根据资料（1），甲公司购买股票时应记入"交易性金融资产——成本"科目的金额是（　　）万元。
   A. 505　　　　　　　B. 501.25
   C. 500　　　　　　　D. 501.325

2. 根据资料（1）和（2），3 月 20 日甲公司收到乙上市公司发放现金股利的会计处理中，

正确的是（　　）。

A. 借：银行存款　　　　　　　5
　　　贷：应收股利　　　　　　　　5
B. 借：其他货币资金——存出投资款　5
　　　贷：投资收益　　　　　　　　5
C. 借：银行存款　　　　　　　5
　　　贷：投资收益　　　　　　　　5
D. 借：其他货币资金——存出投资款　5
　　　贷：应收股利　　　　　　　　5

3. 根据资料（1）和资料（2），甲公司3月31日相关科目的会计处理中，正确的是（　　）。
A. 借记"公允价值变动损益"科目20万元
B. 贷记"交易性金融资产——成本"科目15万元
C. 贷记"交易性金融资产——公允价值变动"科目20万元
D. 借记"投资收益"科目15万元

4. 根据资料（1）至资料（3），下列各项关于甲公司4月30日出售乙上市公司股票时的会计处理结果中，正确的是（　　）。
A. 增值税（销项税额）减少5.38万元
B. 投资收益增加114.62万元
C. 其他货币资金（存出投资款）增加600万元
D. 交易性金融资产（成本）减少500万元

5. 根据资料（1）至资料（3），该股票投资对甲公司2018年度营业利润的影响金额是（　　）万元。
A.93.37　　　　　　　　　B.100
C.98.75　　　　　　　　　D.114.62

第四章　非流动资产

一、【2022】甲公司为增值税一般纳税人，2021年度该公司发生与固定资产相关的业务如下：
（1）1月8日，购入一台需要安装的M设备，取得的增值税专用发票上注明的价款为500 000元，增值税税额为65 000元，另支付安装费取得的增值税专用发票上注明的价款为40 000元，增值税税额为3 600元，全部款项以银行存款支付。该设备预计可使用5年，预计净残值为30 000元，采用年限平均法计提折旧。1月10日M设备达到预定可使用状态并交付生产车间使用。

（2）6月30日，委托外单位对本公司设备进行日常维护修理，其中行政管理部门设备的修理费为30 000元，销售部门设备修理费为10 000元，取得的增值税专用发票上注明的价款为40 000元，增值税税额为5200元，全部款项以银行存款支付。

（3）12月5日，报废一台N设备，该设备原值为800 000元，已计提折旧760 000元，未发生资产减值损失。设备报废取得变价收入20 000元，开具的增值税专用发票上注明的增值税税额为2 600元，报废过程中发生清理费用6 000元，全部款项均已通过银行办理结算。

（4）12月31日，对固定资产进行减值测试，发现2021年1月购入的M设备存在减值迹象，其可收回金额为440 000元。

要求：根据上述资料，不考虑其他因素，分析回答下列小题。

1. 根据资料（1），下列各项中，甲公司购入M设备的入账价值是（　　）元。
A. 540 000　　　　　B. 605 000
C. 565 000　　　　　D. 50 000

2. 根据资料（1），下列各项中，甲公司购入M设备计提折旧的表述正确的是（　　）。
A. 自2021年1月开始计提折旧
B. 2021年计提折旧93 500元
C. 自2021年2月开始计提折旧
D. 每月折旧额为8 500元

3. 根据资料（2），下列各项中，甲公司支付设备修理费的会计处理正确的是（　　）。
A. 确认管理费用40 000元
B. 确认制造费用40 000元
C. 确认销售费用10 000元
D. 确认管理费用30 000元

4. 根据资料（3），下列各项中，甲公司报废

N设备会计处理正确的是（　　）。

A. 支付清理费用时：

借：固定资产清理　　　　　　6 000
　　　贷：银行存款　　　　　　　　6 000

B. 转入清理时：

借：固定资产清理　　　　　 40 000
　　累计折旧　　　　　　　 760 000
　　　贷：固定资产　　　　　　 800 000

C. 取得变价收入时：

借：银行存款　　　　　　　 22 600
　　　贷：固定资产清理　　　　 20 000
　　　　应交税费——应交增值税（销项税
　　　　额）　　　　　　　　　 2 600

D. 结转报废净损失时：

借：资产处置损益　　　　　 26 000
　　　贷：固定资产清理　　　　 26 000

5. 根据资料（1）和（4），下列各项中，12月
31日关于M设备期末计量和报表填列正确的
是（　　）。

A. M设备应计提减值准备6 500元

B. 期末M设备在资产负债"固定资产"项
目填列的金额为446 500元

C. M设备的减值损失在以后会计期间不得
转回

D. 期末M设备在资产负债表"固定资产"
项目填列的金额为440 000元

二、甲公司为增值税一般纳税人，2020年12
月发生经济业务如下：

（1）1日，向乙公司销售M产品一批，开具
的增值税专用发票注明的价款为500万元，
增值税纳税额65万元，该批产品实际成本
为350万元。乙公司收到产品并验收入库，
同时开出一张面值为565万元商业承兑汇票
结算全部款项。甲公司销售M产品符合收
入确认条件。确认收入的同时结转销售成本

（2）5日，以银行存款支付下列款项，专设
销售机构的办公设备日常维修费5.5万元、
增值税0.715元，中介机构服务费3万元、
增值税0.18万元，所支付的款项均已取得

增值税专用发票。维修费和中介机构服务费
全部计入当期损益。

（3）20日，因自然灾害造成一批库存商品
毁损，实际成本为7万元。根据保险合同的
约定，由保险公司赔偿4万元，赔偿款尚未
收到。

（4）31日，将一项专利权转让给丙公司实现
净收益10万元。

要求，根据上述资料，不考虑其他因素，分
析回答下列小题。（答案中的金额单位用万
元表示）。

1. 根据资料（1），下列各项中，甲公司销售
M产品的会计处理正确的是（　　）。

A. 借：应收票据　　　　　　　565
　　　贷：主营业务收入　　　　　　500
　　　　应交税费——应交增值税（销项
　　　　税额）　　　　　　　　　 65

B. 借：主营业务成本　　　　　350
　　　贷：库存商品　　　　　　　　350

C. 借：其他业务成本　　　　　350
　　　贷：库存商品　　　　　　　　350

D. 借：应收票据　　　　　　　565
　　　贷：其他业务收入　　　　　　500
　　　　应交税费——应交增值税
　　　　（销项税额）　　　　　　 65

2. 根据资料（2），下列各项中，甲公司支付
维修费及中介机构服务费的会计处理正确的
是（　　）。

A. 确认销售费用5.5万元

B. 确认管理费用8.5万元

C. 确认管理费用3万元

D. 确认销售费用6.215万元

3. 根据资料（3），下列各项中，甲公司库存
商品毁损的会计处理表述正确的是（　　）。

A. 库存商品损毁的净损失为7万元

B. 发生库存商品损毁时应借记"待处理财
产损溢"科目

C. 库存商品损毁的净损失应计入营业外支出

D. 尚未收到的保险公司公司赔偿款应计入

应收账款

4. 根据资料（4），下列各项中，甲公司转让专利权的净收益应记入的会计科目是（　　）。
A.资产处置损益　　B.营业外收入
C.投资收益　　D.其他业务收入

5. 根据资料（1）至（4），甲公司2020年12月份实现的利润总额是（　　）万元。
A.151.5　　B.150
C.141.5　　D.148.5

三、某企业为增值税一般纳税人，2020年发生固定资产相关业务如下：

（1）2月28日，购入一台不需要安装的M设备，支付设备价款122万元，增值税15.86万元，另付设备运输费3万元，增值税0.27万元，已取得购入设备及运输费的增值税专用发票，全部款项以银行存款支付。当日，M设备交由行政管理部门使用，预计使用寿命为10年，预计净残值率为4%，采用年限平均法计提折旧。

（2）10月5日，对M设备进行日常修理，从仓库领用维修材料0.5万元，另支付修理费2万元，增值税专用发票上注明的增值税税额为0.26万元，全部款项以银行存款支付。

（3）12月15日，M设备因自然灾害发生毁损。清理过程中取得报废残值变价收入9万元，增值税专用发票注明的增值税税额为1.17万元，全部款项已收到并存入银行，M设备未发生资产减值。12月31日，结转M设备的清理净损益。

要求：根据上述资料，不考虑其他因素，分析回答下列小题。（答案中的金额单位用万元表示）

1. 根据材料（1），M设备的入账价值是（　　）。
A.122　　B.125
C.137.86　　D.141.13

2. 根据资料（1），下列各项中，M设备计提折旧的会计处理表述正确的是（　　）。

A.年折旧率为9.6%
B.预计净残值为4.88万元
C.月折旧额为1万元
D.计提的折旧应计入管理费用

3. 根据资料（2），下列各项中，M设备日常修理的会计处理正确的是（　　）。
A.领用维修材料时，
借：管理费用　0.5
　贷：原材料　0.5
B.支付维修费及其增值税时，
借：管理费用　2
　应交税费——应交增值税（进项税额）
　0.26
　贷：银行存款　2.26
C.领用维修材料时，
借：在建工程　0.5
　贷：原材料　0.5
D.支付维修费及其增值税时，
借：在建工程　2
　应交税费——应交增值税（进项税额）
　0.26
　贷：银行存款　2.26

4. 根据资料（1）至（3），下列各项中，M设备报废清理的会计科目处理表述正确的是（　　）。
A.结转报废净损失时，借记"营业外支出"科目
B.结转报废净损失时，借记"资产处置损益"科目
C.将报废设备转入清理时，借记"固定资产清理"科目
D.收到报废残值变价收入时，贷记"固定资产清理"科目

5. 根据资料（1）至（3），M设备相关业务导致企业2020年利润总额减少的金额是（　　）万元。
A.116　　B.106
C.108.5　　D.118.5

四、某公司为增值税一般纳税人，采用年限平均法计提固定资产折旧。2020年该公司中央冷却系统的压缩机老化，公司决定予以更新，有关经济业务或事项如下：

（1）3月3日，停止使用中央冷却系统，更新改造工程开工。该系统原价（含压缩机）2 400万元，预计使用年限为20年，预计净残值为0，已计提122个月的折旧，累计折旧金额1 220万元（含本月应计提折旧），未计提资产减值准备。不单独计价核算的压缩机原值为480万元。

（2）3月10日，购入新压缩机作为工程物资入账，取得增值税专用发票注明的价款为600万元，增值税税额为78万元；支付运费，取得增值税专用发票注明的运输费为10万元，增值税税额为0.9万元；全部款项以银行存款付讫。3月15日，工程安装新的压缩机，替换下的旧压缩机报废且无残值收入。同日，工程领用原材料一批，该批材料成本30万元，相关增值税专用发票上注明的增值税税额为3.9万元，该批材料市场价格（不含增值税）34万元。

（3）4月2日，以银行存款支付工程安装费，取得的增值税专用发票上注明的安装费为36万元，增值税税额为3.24万元。同日工程完工达到预定可使用状态并交付使用。

要求：根据上述资料，不考虑其他因素，分析回答下列小题。（答案中的金额全部用万元表示）

1. 根据资料（1），下列各项中，中央冷却系统停止使用转入更新改造的会计处理正确的是（　　）。
   A. 贷记"固定资产"科目2 400万元
   B. 借记"累计折旧"科目1 220万元
   C. 借记"固定资产清理"科目1 210万元
   D. 借记"在建工程"科目1 180万元

2. 根据资料（1）和（2）。下列各项中，终止确认旧压缩机的会计处理正确的是（　　）。
   A. 借记"固定资产清理"科目244万元

B. 借记"营业外支出"科目236万元
C. 贷记"在建工程"科目236万元
D. 贷记"固定资产"科目480万元

3. 根据资料（1）和（2），下列各项中，更新改造过程中安装压缩机和领用原材料的会计处理正确的是（　　）。
   A. 领用原材料时，
   借：在建工程　　　　　34
   　　应交税费——应交增值税
   　　（进项税额）　　　4.42
   　　贷：原材料　　　　38.42
   B. 领用原材料时：
   借：在建工程　　　　　30
   　　贷：原材料　　　　30
   C. 领用原材料时，
   借：在建工程　　　　　33.9
   　　贷：原材料　　　　30
   　　　　应交税费——应交增值税
   　　　　（进项税额转出）　3.9
   D. 安装新压缩机时
   借：在建工程　　　　　610
   　　贷：工程物资　　　610

4. 根据资料（3），下列各项中，支付工程安装费的会计处理正确的是（　　）。
   A. 借记"在建工程"科目39.24万元
   B. 借记"在建工程"科目36万元
   C. 借记"应交税费－应交增值税（进项税额）"科目3.24万元
   D. 贷记"银行存款"科目39.24万元

5. 根据资料（1）至（3），中央冷却系统更新改造后的入账价值是（　　）万元。
   A. 1 698.9　　　　　B. 1 620
   C. 1 584　　　　　　D. 1 856

五、【2020】某企业为增值税一般纳税人，2019年年初，该企业"无形资产"科目余额为150万元。"累计摊销"科目余额为120万元。2019年发生与无形资产相关的经济业务如下：
（1）1月10日，该企业开始自行研发用于产品生产的非专利技术，截至 5 月 31 日，共发生研发支出 300 万元。经测试，该项研发活动已完成研究阶段。

（2）6 月 1 日上述非专利技术研发活动进入开发阶段，截至 12 月 1 日，该项研发活动全部结束，共发生开发支出 200 万元，其中符合资本化条件的开发支出为 180 万元，确认可抵扣的增值税税额为 23.4 万元。该开发项目已达到预定用途并形成非专利技术。该非专利技术预计可使用年限为 5 年，预计净残值为 0，采用直线法摊销。

（3）除上述非专利技术外，该企业其他无形资产当年计提的累计摊销金额为 12 万元。

要求：根据上述资料，不考虑其他因素，分析回答下列小题。（答案中的金额单位用万元表示）

1. 根据资料（1）和资料（2），下列各项关于企业自行研究开发无形资产的相关表述中，正确的是（　　）。
   A. 研究阶段的支出应全部费用化
   B. 开发阶段满足资本化条件的支出计入无形资产成本
   C. 无法可靠区分研究阶段和开发阶段的支出应全部费用化
   D. 开发阶段的支出应全部费用化

2. 根据资料（1）和资料（2），该企业自行研发无形资产的入账价值是（　　）万元。
   A. 300　　　　　　　　B. 180
   C. 203.4　　　　　　　D. 480

3. 根据资料（1）和资料（2），下列各项关于该企业非专利技术摊销的相关表述中，正确的是（　　）。
   A. 应当自可供使用的当月起开始摊销
   B. 摊销方法应当反映与该项非专利技术有关的经济利益的预期实现方式
   C. 该项非专利技术属于使用寿命有限的无形资产，应当按月进行摊销
   D. 应当自可供使用的下月起开始摊销

4. 根据资料（1）和资料（2），下列各项关于该企业 12 月非专利技术摊销的会计处理中，正确的是（　　）。
   A. 借：管理费用　　　　　　3
   　　　贷：累计摊销　　　　　　　　3
   B. 借：制造费用　　　　　　3
   　　　贷：累计摊销　　　　　　　　3
   C. 借：其他业务成本　　　　3
   　　　贷：无形资产　　　　　　　　3
   D. 借：销售费用　　　　　　3
   　　　贷：无形资产　　　　　　　　3

5. 根据期初资料、资料（1）至资料（3），该企业 2019 年 12 月 31 日资产负债表"无形资产"项目期末余额的填列金额是（　　）万元。
   A. 195　　　　　　　　B. 198
   C. 330　　　　　　　　D. 210

六、【2020】某企业为增值税一般纳税人，2019 年发生与固定资产有关的经济业务如下：

（1）6 月 28 日，购入一台不需要安装的生产设备 N 并投入使用，增值税专用发票上注明的价款为 120 万元，增值税税额为 15.6 万元。购进设备发生保险费 2 万元，增值税税额为 0.12 万元，已取得增值税专用发票，全部款项以银行存款支付。该设备预计使用年限为 10 年，预计净残值为 2 万元，采用年限平均法计提折旧。

（2）9 月 30 日，该企业自行建造厂房一栋，达到预定可使用状态。建造该厂房领用本企业自产产品的实际成本为 30 万元，分配工程人员薪酬为 40 万元，支付工程费用为 200 万元、增值税税额为 18 万元，已取得增值税专用发票。预计该厂房可使用 50 年，预计净残值为 0，采用年限平均法计提折旧。

（3）12 月 20 日，设备 N 因自然灾害毁损，清理设备 N 支付拆卸费 1 万元，增值税税额为 0.09 万元，全部款项以银行存款支付，已确认应收保险公司赔款 50 万元。

要求：根据上述资料，不考虑其他因素，分析回答下列小题。（答案中的金额单位用万元表示，计算结果保留两位小数）

1. 根据资料（1），设备N的入账价值是（　　）万元。
   A. 120　　　　　　　B. 137.72
   C. 122　　　　　　　D. 135.6

2. 根据资料（1），下列各项关于设备N计提折旧的表述中，正确的是（　　）。
   A. 2019 年 7 月开始计提折旧
   B. 计提的折旧费计入制造费用
   C. 2019 年 6 月开始计提折旧
   D. 每月计提折旧额为 1 万元

3. 根据资料（2），下列各项关于该企业自行建造厂房的会计处理中，正确的是（　　）。
   A. 领用企业自产产品时：
   　借：在建工程　　　　　　30
   　　贷：库存商品　　　　　　　30
   B. 分配应负担工程人员薪酬时：
   　借：在建工程　　　　　　40
   　　贷：应付职工薪酬　　　　　40
   C. 工程完工结转固定资产成本时：
   　借：固定资产　　　　　　270
   　　贷：在建工程　　　　　　270
   D. 支付工程费用时：
   　借：在建工程　　　　　　218
   　　贷：银行存款　　　　　　218

4. 根据资料（1）和资料（3），下列各项关于设备N毁损的相关会计处理表述中，正确的是（　　）。
   A. 将设备账面价值转入固定资产清理，借记"固定资产清理"科目 116 万元
   B. 应收保险公司赔款，借记"其他应收款"科目 50 万元
   C. 支付清理费用，借记"固定资产清理"科目 1 万元
   D. 结转设备毁损净损失，借记"营业外支出"科目 65 万元

5. 根据资料（1）至资料（3），上述业务导致年末资产负债表"固定资产"项目期末余额增加的金额是（　　）万元。
   A. 270　　　　　　　B. 384.65

   C. 268.65　　　　　　D. 392

七、【2020】甲公司为增值税一般纳税人，2019 年 9 月，该公司发生有关经济业务资料如下：
   （1）当月收到乙公司作为资本投入的不需要安装的生产设备，投资合同约定设备价值为 400 万元（与公允价值相符），取得增值专用发票注明增值税税额为 52 万元（已由乙公司支付）。按合同约定，乙公司在甲公司注册资本中享有的份额为 300 万元。
   （2）当月报废生产设备一台，原价为 80 万元，截至 9 月末累计计提折旧 76 万元，设备零部件作价 0.4 万元，作为维修材料入库。
   （3）当月以银行存款购入一项管理用非专利技术取得增值税专用发票注明的价款为 90 万元，增值税税额为 5.4 万元；该项非专利技术预计使用年限为 5 年，预计残值为 0，采用年限平均法摊销。
   要求：根据上述资料，不考虑其他因素，分析回答下列小题。（答案中的金额单位用万元表示）

1. 根据资料（1），下列各项关于甲公司接受设备投资的会计处理中，正确的是（　　）。
   A. 借：固定资产　　　　　　400
   　　应交税费——应交增值税（进项税额）　　52
   　　贷：实收资本——乙公司　　300
   　　　　资本公积——资本溢价　　152
   B. 借：固定资产　　　　　　452
   　　贷：实收资本——乙公司　　452
   C. 借：固定资产　　　　　　400
   　　应交税费——应交增值税（进项税额）　　52
   　　贷：实收资本——乙公司　　452
   D. 借：固定资产　　　　　　452
   　　贷：实收资本——乙公司　　300
   　　　　资本公积——资本溢价　　152

2. 根据资料（2），甲公司报废固定资产发生的净损失是（　　）万元。

A. 4.4　　　　　　　B. 4.8

C. 4　　　　　　　　D. 3.6

3. 根据资料（3），下列各项关于甲公司非专利技术的会计处理结果中，正确的是（　　）。

　　A. 非专利技术当月摊销额为 1.59 万元

　　B. 非专利技术入账成本为 95.4 万元

　　C. 非专利技术入账成本为 90 万元

　　D. 非专利技术应当按月进行摊销

4. 根据资料（1）至资料（3），上述业务对甲公司2019年9月利润表中"管理费用"项目本期金额的影响是（　　）万元。

　　A.19.08　　　　　　B.1.5

　　C.18　　　　　　　D.1.59

5. 根据资料（1）至资料（3），下列各项关于甲公司相关会计处理结果的表述中，正确的是（　　）。

　　A. 固定资产账面价值增加 400 万元

　　B. 无形资产账面价值 88.5 万元

　　C. 所有者权益账面价值增加 452 万元

　　D. 固定资产账面价值增加 396 万元

八、【2020】甲企业为增值税一般纳税人，2019年发生与无形资产相关的经济业务如下：

（1）1月7日，自行研发一项管理用M非专利技术。截至4月30日，以银行存款共支付研究费用50 000元，其中，相关业务取得增值税专用发票注明的增值税税额为2 600元，研究阶段的相关活动已结束。

（2）5月3日，M非专利技术研发活动进入开发阶段。该阶段共发生研发人员薪酬500 000元、其他研发费用100 000元，所有支出均符合资本化条件，取得增值税专用发票注明的增值税税额为13 000元。9月10日，M非专利技术研发活动结束，经测试达到预定技术标准并投入使用。M非专利技术预计使用年限为5年，无残值，采用直线法摊销。

（3）12月1日，将M非专利技术经营出租给乙企业，双方约定的租赁期限为3年。月末，甲企业收取当月租金20 000元，增值

税额为1 200元，并开具增值税专用发票，款项已存入银行。

要求：根据上述资料，不考虑其他因素，分析回答下列小题。

1. 根据资料（1），下列各项关于甲企业支付和结转研究费用的相关会计处理表述中，正确的是（　　）。

　　A. 支付时记入"研发支出——资本化支出"科目

　　B. 支付时记入"研发支出——费用化支出"科目

　　C. 支付时记入"管理费用"科目

　　D. 期末将"研发支出——费用化支出"科目的余额转入"管理费用"科目

2. 根据资料（1）和资料（2），甲企业自行研发M非专利技术的入账金额是（　　）元。

　　A. 650 000　　　　　B. 665 600

　　C. 613 000　　　　　D. 600 000

3. 根据资料（1）至资料（3），2019年12月，下列各项关于甲企业出租M非专利技术的会计处理中，正确的是（　　）。

　　A. 收取租金时：

　　借：银行存款　　　　　　　　21 200

　　　　贷：其他业务收入　　　　　　20 000

　　　　　　应交税额——应交增值税（销项税额）　　　　　　　　　　　　1 200

　　B. 计提摊销时：

　　借：管理费用　　　　　　　　10 000

　　　　贷：累计摊销　　　　　　　　10 000

　　C. 计提摊销时：

　　借：其他业务成本　　　　　　10 000

　　　　贷：累计摊销　　　　　　　　10 000

　　D. 收取租金时：

　　借：银行存款　　　　　　　　21 200

　　　　贷：营业外收入　　　　　　　20 000

　　　　　　应交税费——应交增值税（销项税额）　　　　　　　　　　　　1 200

4. 根据资料（1）至资料（3），2019年度甲企业

M非专利技术累计摊销的金额是（　　）元。

A. 32 500 　　　　　　B. 43 333

C. 40 000 　　　　　　D. 30 650

5. 根据资料（1）至资料（3），下列各项关于M非专利技术业务影响2019年利润表有关项目的表述中，正确的是（　　）。

A. 营业收入增加 20 000 元

B. 营业成本增加 10 000 元

C. 营业利润增加 70 000 元

D. 研发费用增加 80 000 元

九、【2020】甲公司为增值税一般纳税人，12月初该公司资产总额为 3 500 万元。当月该公司发生如下经济业务：

（1）5 日，收到乙公司作为资本投入的原材料一批并验收入库，合同约定的不含增值税的价值为 50 万元、增值税税额为 6.5 万元（由乙公司支付税款并开具增值税专用发票）。合同约定的价值与公允价值相符，公司投入的原材料按合同约定在甲公司注册资本中占有的份额为 50 万元。

（2）20 日，购入需要安装的设备一台，价款为 80 万元，增值税税额为 10.4 万元；另发生安装费 0.5 万元，增值税税额 0.045 万元，当日设备安装完毕并交付使用，全部款项本月尚未支付，已取得全部可抵扣的增值税专用发票。

（3）25 日，购入一项行政管理用非专利技术，取得的增值税专用发票上注明的价款为 120 万元，增值税税额为 7.2 万元，款项尚未支付。该项非专利技术预计可使用年限为 5 年，预计净残值为 0，采用直线法摊销。

要求：

根据上述资料，不考虑其他因素，分析回答下列小题。（答案中的金额单位用万元表示）

1. 根据资料（1），下列各项中，甲公司接受投资相关会计处理结果正确的是（　　）。

A. 资产总额增加 50 万元

B. 资产总额增加 56.5 万元

C. 所有者权益总额增加 50 万元

D. 所有者权益总额增加 56.5 万元

2. 根据资料（2），下列各项中，甲公司购入设备会计处理正确的是（　　）。

A. 购入设备时：

借：在建工程　　　　　　　　　80

　　应交税费——应交增值税（进项税额）

　　　　　　　　　　　　　　　10.4

　　　贷：应付账款　　　　　　90.4

B. 发生安装费时：

借：在建工程　　　　　　　　　0.5

　　应交税费——应交增值税（进项税额）

　　　　　　　　　　　　　　　0.045

　　　贷：应付账款　　　　　　0.545

C. 设备安装完毕交付使用时：

借：固定资产　　　　　　　　　80.5

　　　贷：在建工程　　　　　　80.5

D. 设备安装完毕交付使用时：

借：固定资产　　　　　　　　　90.945

　　　贷：在建工程　　　　　　90.945

3. 根据资料（3），下列各项中，甲公司购入非专利技术会计处理表述正确的是（　　）。

A. 借记"无形资产——非专利技术"科目127.2 万元

B. 贷记"应付账款"科目127.2 万元

C. 借记"应交税费——应交增值税（进项税额）"科目7.2 万元

D. 借记"无形资产——非专利技术"科目120 万元

4. 根据资料(3)，下列各项中，甲公司2019年12月无形资产摊销的会计处理表述正确的是（　　）。

A. 摊销额为 2 万元

B. 摊销额计入管理费用

C. 当月不应摊销

D. 贷记"累计摊销"科目

5. 根据期初资料、资料（1）至资料（3），2019年12月31日甲公司资产总额是（　　）万元。

A. 3 755.7 B. 3 757.7

C. 3 750.5 D. 3 748.5

十、【2019】某企业为增值税一般纳税人，2019年12月发生的有关经济业务如下：

（1）2日，企业自行开发的一项行政部门管理用的非专利技术M的研发活动结束并达到预定用途。其中，研究阶段自本年1月1日开始至6月30日结束，共发生支出600 000元，不符合资本化确认条件；开发阶段自本年7月1日开始至12月2日结束，达到预定可使用状态时共发生支出300 000元，全部符合资本化确认条件。企业预计非专利技术M的受益年限为5年，残值为0，企业采用直线法进行摊销。

（2）10日，购入一台不需要安装的生产设备N，取得经税务机关认证的增值税专用发票注明的价款为800 000元，增值税税额为104 000元，款项尚未支付。

（3）12日，生产设备N运达并交付使用。企业以银行存款支付N设备运输费，并取得经税务机关认证的增值税专用发票，注明运输费为3 000元，增值税税额为270元。

要求：根据上述资料，不考虑其他因素，分析回答下列小题。

1. 根据资料（1），下列各项关于非专利技术M研发支出的会计科目处理表述中，正确的是（   ）。

   A. 12月2日，一次性将"研发支出——费用化支出"科目归集金额600 000元转入"管理费用"科目

   B. 6月30日之前发生的研发支出在发生时记入"研发支出——费用化支出"科目，共计600 000元

   C. 12月2日，一次性将"研发支出——资本化支出"科目归集金额300 000元转入"无形资产"科目

   D. 7月至12月发生的研发支出在发生时记入"研发支出——资本化支出"科目，共计300 000元

2. 根据资料（1），下列各项关于非专利技术M摊销的会计处理表述中，正确的是（   ）。

   A. 应自2019年12月起开始计提摊销

   B. 计提的摊销额应计入管理费用

   C. 2019年12月非专利技术M的摊销金额为5 000元

   D. 应自2020年1月起开始计提摊销

3. 根据资料（2）和资料（3），下列各项关于设备N的会计处理表述中，正确的是（   ）。

   A. 支付的运输费3 000元应记入"固定资产"科目借方

   B. 月末，将"在建工程"科目借方金额3 000元转入"固定资产"科目

   C. 支付的运输费3 000元应记入"在建工程"科目的借方

   D. 购进设备价款80 000应记入"固定资产"科目的借方

4. 根据资料（2）和资料（3），下列各项关于购进设备N的增值税会计处理中，正确的是（   ）。

   A. 借记"应交税费——应交增值税（进项税额）"科目62 562元

   B. 借记"应交税费——应交增值税（进项税额）"科目104 270元

   C. 借记"应交税费——应交增值税（进项税额）"科目104 000元

   D. 借记"应交税费——待抵扣进项税额"科目41 708元

5. 根据资料（1）至资料（3），2019年12月31日，该企业资产负债表中"固定资产"项目和"无形资产"项目期末余额增加的金额分别是（   ）。

   A. 800 000元和295 000元

   B. 803 000元和295 000元

   C. 800 000元和300 000元

   D. 803 000元和300 000元

十一、【2018】某企业为增值税一般纳税人，2019年12月初，固定资产账面余额3 500

万元，累计折旧 1 200 万元，未发生减值准备。2019 年至 2020 年该企业发生有关固定资产的业务如下：

（1）2019 年 12 月 22 日，购入一台不需要安装的生产用设备 M，增值税专用发票上注明的价款为 120 万元，增值税税额为 15.6 万元。发生保险费用 2 万元，增值税税额为 0.12 万元，款项均以银行存款支付。该企业预计设备可使用 10 年，预计净残值为 2 万元，按照年限平均法计提折旧。

（2）2020 年 3 月 1 日，该企业准备自建一栋库房。3 月 5 日，购入工程物资，取得增值税专用发票上注明的价款为 200 万元，增值税税额为 26 万元，款项以银行存款支付，该批物资于当日全部用于工程建筑。3 月 15 日，领用本企业生产的钢材一批，市场售价为 60 万元，实际成本为 30 万元。6 月 30 日，确认 3 月至 6 月累计支付的工程人员薪酬 40 万元。

（3）2020 年 6 月 30 日，自建库房工程完工达到预定可使用状态，预计该库房可以使用 50 年，预计净残值为 0。

（4）2020 年 12 月 25 日，M 设备因自然灾害意外毁损，以银行存款支付不含税清理费用 1 万元，应收保险公司赔款 50 万元。

要求：根据上述资料，假定该企业取得的增值税专用发票已经税务机关认证。不考虑其他因素，分析回答下列小题。（答案中的金额单位用万元表示，计算结果保留两位小数）

1　根据资料（1），该企业购入设备 M 的入账价值是（　　）万元。

A. 135.6　　　　　　B. 120

C. 122　　　　　　　D. 137.72

2. 根据期初资料和资料（1），下列各项关于设备计提折旧的会计处理表述中，正确的是（　　）。

A. 设备 M 计提的折旧费计入制造费用

B. 2020 年设备 M 计提折旧额为 12 万元

C. 设备 M 年折旧率为 9.84%

D. 2020 年 1 月设备 M 开始计提折旧

3. 根据资料（2），下列各项关于企业自行建造库房的会计处理中，正确的是（　　）。

A. 6 月 30 日，确认累计支付的工程人员薪酬：

借：在建工程　　　　　　　　　40

　　贷：应付职工薪酬　　　　　　　40

B. 3 月 5 日，购入工程物资：

借：工程物资　　　　　　　　　200

　　应交税费——应交增值税（进项税额）

　　　　　　　　　　　　　　　　26

　　　贷：银行存款　　　　　　　226

C. 3 月 5 日，购入工程物资：

借：工程物资　　　　　　　　　226

　　贷：银行存款　　　　　　　226

D. 3 月 15 日，领用本企业生产的钢材：

借：在建工程　　　　　　　　　30

　　贷：库存商品　　　　　　　　30

4. 根据期初资料、资料（1）与资料（4），下列各项关于该企业设备M毁损的会计处理结果中，正确的是（　　）。

A. 转入固定资产清理的设备 M 账面价值为 110 万元

B. 按支付的清理费，借记"固定资产清理"科目 1 万元

C. 毁损的设备 M 导致企业营业外支出增加 60 万元

D. 按应收保险公司的赔偿款，借记"其他应收款"科目 50 万元

5. 根据期初资料、资料（1）至（4），2020 年 12 月 31 日该企业"固定资产"科目余额是（　　）。

A. 3 890　　　　　　B. 3 600

C. 3 500　　　　　　D. 3 770

第五章　负　债

一、某企业为增值税一般纳税人，每月月初发放上月工资。2020 年 12 月初"应付职工薪酬——工资"科目的贷方余额为 320 万元。

12月份该企业发生有关职工薪酬业务如下：

（1）7日，结算并发放上月应付职工薪酬320万元，其中代扣职工个人应缴纳的住房公积金25万元，代扣职工个人应缴纳的社会保险费30万元（不含基本养老保险和失业保险），通过银行转账发放货币性职工薪酬265万元。

（2）28日，以其生产的一批取暖器作为非货币性福利发放给行政管理人员，该批取暖器的生产成本为25万元，市场不含税售价为40万元，企业销售取暖器适用的增值税税率为13%。

（3）31日，计提专设销售机构主管人员免费使用汽车的折旧费1万元，计提车间管理人员免费使用汽车的折旧费4万元。

（4）31日，分配本月货币性职工薪酬300万元，其中车间生产工人140万元，车间管理人员50万元，行政管理人员60万元，专设销售机构人员50万元。

要求：

根据上述资料，不考虑其他因素，分析回答下列问题。（答案中的金额单位用万元表示）。

1. 根据期初资料和资料（1），下列各项中，该企业结算并发放职工薪酬的会计科目处理正确的是（　　）。

A. 通过银行转账发放货币性职工薪酬时，贷记"银行存款"科目265万元

B. 代扣职工个人应缴纳的住房公积金时，贷记"其他应付款——住房公积金"科目25万元

C. 代扣职工个人应缴纳的社会保险费时，贷记"应付职工薪酬——社会保险费"科目30万元

D. 结算并发放上月的应付职工薪酬时，借记"应付职工薪酬——工资"科目320万元

2. 根据资料（2），下列各项中，关于企业非货币性福利的会计处理正确的是（　　）

A. 将非货币性福利确认为费用时：

借：管理费用　　　　　　　　　　25

　　贷：应付职工薪酬——非货币性福利

　　　　　　　　　　　　　　　　25

B. 将非货币性福利确认为费用时：

借：管理费用　　　　　　　　　45.2

　　贷：应付职工薪酬——非货币性福利

　　　　　　　　　　　　　　　45.2

C. 发放非货币性福利时：

借：应付职工薪酬——非货币性福利 25

　　贷：库存商品　　　　　　　　25

D. 发放非货币性福利时：

借：应付职工薪酬——非货币性福利

　　　　　　　　　　　　　　　45.2

　　贷：主营业务收入　　　　　　40

　　　　应交税费——应交增值税（销项税额）　　　　　　　　　　15.2

3. 根据资料（3），下列各项中，关于企业非货币性福利的会计处理正确的是（　　）。

A. 确认销售费用1万元

B. 确认管理费用5万元

C. 确认制造费用4万元

B. 确认管理费用1万元

4. 根据资料（4），下列各项中，分配本月货币性职工薪酬的会计处理正确的是（　　）。

A. 行政管理人员薪酬60万元应计入管理费用

B. 车间生产工人薪酬140万元应计入生产成本

C. 专设销售机构人员薪酬50万元应计入销售费用

D. 车间管理人员薪酬50万元应计入管理费用

5. 根据资料（1）至（4），该企业2020年12月31日资产负债表中"应付职工薪酬"项目"期末余额"栏应填列的金额是（　　）万元。

A. 300　　　　　　　　B. 350.2

C. 305　　　　　　　　D. 380.2

二、【2020】某企业为增值税一般纳税人，2019

年 12 月初"应付职工薪酬"科目贷方余额为 210 万元。本月该企业发生的有关职工薪酬的经济业务如下：

（1）以银行存款发放上月应付职工薪酬，并按规定代扣职工个人所得税 18 万元，扣除已垫付职工房租 12 万元，实发薪酬 180 万元。

（2）分配本月货币性职工薪酬 240 万元（未包括累积带薪缺勤相关的职工薪酬），其中基本生产车间生产工人薪酬为 120 万元，车间管理人员薪酬为 50 万元，企业行政管理人员薪酬为 40 万元，专设销售机构人员薪酬为 30 万元。

（3）将自制的 200 台加湿器作为本月生产车间生产工人的职工福利发放，加湿器的成本为每台 0.04 万元，市场不含税售价为每台 0.05 万元，适用的增值税税率为 13%。

（4）该企业实行累积带薪缺勤制度，期末预计 10 名部门经理人员和 20 名销售人员将在下一年度休完本年未使用的带薪休假，预期支付的金额分别为 1.5 万元和 1.8 万元。

要求：根据上述资料，不考虑其他因素，分析回答下列小题。（答案中的金额单位用万元表示）

1. 根据期初资料和资料（1），下列各项关于该企业支付职工薪酬的会计处理表述中，正确的是（ ）。
   A. 贷记"应交税费"科目 18 万元
   B. 贷记"其他应收款"科目 30 万元
   C. 贷记"银行存款"科目 180 万元
   D. 借记"应付职工薪酬"科目 210 万元

2. 根据资料（2），下列各项关于该企业分配职工薪酬的会计处理表述中，正确的是（ ）。
   A. 车间管理人员薪酬 50 万元计入管理费用
   B. 企业行政管理人员薪酬 40 万元计入管理费用
   C. 专设销售机构人员薪酬 30 万元计入销售费用
   D. 基本生产车间生产工人薪酬 120 万元计

入生产成本

3. 根据资料（3），下列各项关于该企业确认和发放非货币性福利的会计处理中，正确的是（ ）。
   A. 结转发放非货币性福利的产品成本时：
   借：主营业务成本　　　　　　　8
   　　贷：库存商品　　　　　　　　　8
   B. 发放非货币性福利时：
   借：应付职工薪酬　　　　　　11.3
   　　贷：主营业务收入　　　　　　　10
   　　　　应交税费——应交增值税（销项税额）　　　　　　　　　　　　1.3
   C. 发放非货币性福利时：
   借：应付职工薪酬　　　　　　　9.3
   　　贷：库存商品　　　　　　　　　8
   　　　　应交税费——应交增值税（销项税额）　　　　　　　　　　　　1.3
   D. 确认非货币性福利时：
   借：生产成本　　　　　　　　11.3
   　　贷：应付职工薪酬　　　　　　11.3

4. 根据资料（4），下列各项关于该企业累积带薪缺勤的会计处理中，正确的是（ ）。
   A. 借：管理费用　　　　　　　　1.5
   　　　　销售费用　　　　　　　　1.8
   　　　　贷：其他应付款　　　　　　3.3
   B. 借：生产成本　　　　　　　　3.3
   　　　　贷：应付职工薪酬　　　　　3.3
   C. 借：管理费用　　　　　　　　1.5
   　　　　销售费用　　　　　　　　1.8
   　　　　贷：应付职工薪酬　　　　　3.3
   D. 借：管理费用　　　　　　　　3.3
   　　　　贷：应付职工薪酬　　　　　3.3

5. 根据资料（2）至（4），2019年12月该企业应计入产品成本的职工薪酬金额是（ ）万元。
   A. 181.3　　　　　　B. 254.6
   C. 173.3　　　　　　D. 170

三、【2019】某企业为增值税一般纳税人，主要业务是生产销售家电。2018 年 12 月该企业专设销售机构发生与职工薪酬有关的业务如下：

（1）3日，以银行存款支付当月职工宿舍房租16 500元。该宿舍专供销售人员免费居住。

（2）10日，以银行存款发放上月销售机构人员职工薪酬465 000元。应付上月销售人员职工薪酬总额为480 000元，按税法规定应代扣代缴的职工个人所得税共计12 000元。发放时收回代职工家属缴纳的医药费3 000元。

（3）17日至21日，销售机构职工张某休探亲假5天，按照规定，确认为非累积带薪缺勤。

（4）31日，确认12月销售机构人员应实际支付的工资为560 000元，按国家规定的计提标准应缴纳的基本养老保险费为112 000元，基本医疗保险费、工伤保险费等共计53 200元，计提工会经费和职工教育经费共计25 200元。

要求：

根据上述资料，不考虑其他因素，分析回答下列小题。

1. 根据资料（1），下列各项中，该企业确认并支付职工宿舍租金的会计科目处理表述正确的是（　　）。

A.借记"销售费用"科目，贷记"应付职工薪酬"科目

B.借记"主营业务成本"科目，贷记"应付职工薪酬"科目

C.借记"应付职工薪酬"科目，贷记"银行存款"科目

D.借记"销售费用"科目，贷记"银行存款"科目

2. 根据资料（2），下列各项中，该企业发放11月销售机构人员职工薪酬的会计处理正确的是（　　）。

A.代扣款项：

借：应付职工薪酬　　　　　3 000
　　贷：其他应收款——代垫医药费　3 000

B.发放职工薪酬：

借：应付职工薪酬　　　　465 000
　　贷：银行存款　　　　　　465 000

C.代扣个人所得税：

借：应付职工薪酬　　　　　12 000
　　贷：应交税费——应交个人所得税 12 000

D.发放职工薪酬：

借：销售费用　　　　　　465 000
　　贷：银行存款　　　　　　465 000

3. 根据资料（3），下列各项中，关于该企业非累积带薪缺勤的会计处理表述正确的是（　　）。

A.本期尚未用完的带薪缺勤权利不能结转下期

B.视同职工出勤不额外作账务处理

C.确认非累积带薪缺勤时借记"管理费用"科目

D.本期尚未用完的带薪缺勤权利可以结转下期

4. 根据资料（4），该企业12月31日应记入"应付职工薪酬——设定提存计划"科目的金额是（　　）元。

A.25 200　　　　　　　B.165 200

C.112 000　　　　　　D.53 200

5. 根据资料（1）至（4），该企业12月销售费用增加的金额是（　　）元。

A.750 400　　　　　　B.1 246 900

C.766 900　　　　　　D.725 200

四、【2017】甲企业为增值税一般纳税人，适用的增值税税率为13%，每月月初发放上月工资。2019年12月1日，"应付职工薪酬"科目贷方余额为33万元。该企业2019年12月发生职工薪酬的业务如下：

（1）5日，结算上月应付职工薪酬33万元。其中代扣代缴的职工个人所得税1.5万元，代扣为职工垫付的房租0.5万元，实际发放职工薪酬31万元。

（2）31日，企业以其生产的M产品作为非货币性福利发放给车间生产人员。该批产品不含税的市场售价为50万元，实际生产成本为40万元。

（3）31日，对本月职工工资分配的结果如

下：车间生产人员 14 万元，车间管理人员 5 万元，企业行政管理人员 2 万元，专设销售机构人员 9 万元。

（4）31 日，企业计提本月基本养老保险费、基本医疗保险费等社会保险费共计 17.7 万元，计提本月住房公积金 8.85 万元。

要求：根据上述资料，不考虑其他因素，分析回答下列小题。（答案中的金额单位用万元表示）

1. 根据期初资料和资料（1），下列各项关于企业结算职工薪酬的会计处理中，正确的是（　　）。

A. 代扣个人所得税时：
借：其他应付款　　　　　　1.5
　　贷：应交税费——应交个人所得税　1.5

B. 代扣为职工垫付的房租时：
借：应付职工薪酬　　　　　0.5
　　贷：应收账款　　　　　　　0.5

C. 代扣个人所得税时：
借：应付职工薪酬　　　　　1.5
　　贷：应交税费——应交个人所得税　1.5

D. 代扣为职工垫付的房租时：
借：应付职工薪酬　　　　　0.5
　　贷：其他应收款　　　　　　0.5

2. 根据资料（2），下列各项关于企业发放非货币性福利的会计处理中，正确的是（　　）。

A. 发放非货币性福利时，借记"应付职工薪酬——非货币性福利"科目 50 万元

B. 发放非货币性福利时确认收入，贷记"主营业务收入"科目 50 万元

C. 确认非货币性福利时，借记"生产成本"科目 56.5 万元

D. 发放非货币性福利时结转成本，借记"主营业务成本"科目 56.5 万元

3. 根据资料（3），下列各项关于企业分配工资的会计处理中，正确的是（　　）。

A. 专设销售机构人员工资，借记"销售费用"科目 9 万元

B. 车间生产人员工资，借记"生产成本"

科目 14 万元

C. 车间管理人员和企业行政管理人员工资，借记"管理费用"科目 7 万元

D. 全部人员工资，贷记"应付职工薪酬"科目 30 万元

4. 根据资料（1）至资料（4），下列各项关于职工薪酬的表述中，正确的是（　　）。

A. 为职工垫付的房租不属于职工薪酬

B. 计提的住房公积金属于其他长期职工福利

C. 计提的基本医疗保险费属于短期薪酬

D. 计提的基本养老保险费属于短期薪酬

5. 根据期初资料和资料（1）至资料（4），甲企业2019年12月31日资产负债表中"应付职工薪酬"项目的期末余额是（　　）万元。

A. 56.55　　　　　　B. 106.55

C. 96.55　　　　　　D. 113.05

第六章　所有者权益

一、【2022】2021 年 1 月 1 日，某股份有限公司所有者权益各项目金额分别为股本 10 000 万元（每股面值为 1 元），资本公积（股本溢价）50 000 万元，盈余公积 3 000 万元，未分配利润 1 000 万元（贷方余额）。2021 年该公司发生的相关业务资料如下：

（1）4 月 25 日，经股东大会批准，用盈余公积向普通股股东转增股本 400 万元，宣告分配现金股利 200 万元。5 月 24 日，支付全部现金股利。

（2）5 月 18 日，经股东大会批准，以现金回购方式回购本公司股票 1 000 万股并注销，每股回购价 3 元。

（3）12 月 31 日，全年实现净利润 2 000 万元，按净利润的 10% 提取法定盈余公积，并结转至未分配利润。

要求：根据上述资料，不考虑其他因素，分析回答下列小题。

1. 根据期初资料和资料（1），下列各项中，关于该公司转增资本、发放并支付现金股利的会计处理正确的是（　　）。

A. 支付现金股利时：

借：利润分配——未分配利润 200

　　贷：银行存款　　　　　　　　200

B. 支付现金股利时：

借：应付股利　　　　　　　200

　　贷：银行存款　　　　　　　　200

C. 用盈余公积转增股本时：

借：盈余公积　　　　　　　400

　　贷：股本　　　　　　　　　　400

D. 宣告分配现金股利时：

借：利润分配——应付现金股利或利润

　　　　　　　　　　　　　　　200

　　贷：应付股利　　　　　　　　200

2. 根据期初资料和资料（2），下列各项中，关于该公司回购并注销本公司股票会计处理正确的是（　　）。

A. 借记"盈余公积"2 000万元

B. 贷记"银行存款"3 000万元

C. 借记"股本"1 000万元

D. 借记"资本公积"2 000万元

3. 根据资料，下列各项中，关于该公司结转净利润、提取法定盈余公积及结转未分配利润的会计处理正确的是（　　）。

A. 结转未分配利润时：

借：利润分配——提取法定盈余公积 200

　　贷：利润分配——未分配利润　　200

B. 结转净利润时：

借：本年利润　　　　　　　2 000

　　贷：利润分配——未分配利润　2 000

C. 提取法定盈余公积时：

借：利润分配——提取法定盈余公积 200

　　贷：盈余公积　　　　　　　　200

D. 结转未分配利润时：

借：利润分配——未分配利润　　200

　　贷：利润分配——提取法定盈余公积

　　　　　　　　　　　　　　　200

4. 根据期初资料、资料（1）至（3）2021年末该公司"利润分配——未分配利润"科目余额是（　　）万元。

A. 2 800　　　　　　　　B. 3 000

C. 2 600　　　　　　　　D. 2 000

5. 根据期初资料、资料（1）至（3），2021年末该公司所有者权益总额是（　　）万元。

A. 63 800　　　　　　　B. 66 000

C. 62 800　　　　　　　D. 64 000

二、【2021】甲有限责任公司（简称"甲公司"）由两位投资者各出资750万元设立。2020年1月初甲公司资产负债表所有者权益项目金额如下：实收资本1 500万元，资本公积500万元，盈余公积300万元，未分配利润100万元，2020年甲公司发生如下经济业务：

（1）1月10日，经股东会批准，按股东原出资比例将资本公积300万元转增资本。

（2）9月20日，为扩大经营规模，经股东会批准，引入新投资人加入甲公司，并将甲公司注册资本增加至2 000万元，按投资协议，新投资人出资资金300万元，占甲公司注册资本的比例为10%。

（3）12月31日，经计算本年度实现净利润400万元，经股东会批准，按净利润的10%提取法定盈余公积；按净利润的30%以现金方式向投资者分配利润。

要求：根据上述资料，不考虑其他因素，分析回答下列小题（答案中的金额单位用万元表示）

1. 根据资料（1），下列各项中，甲公司以资本公积转增资本的会计处理正确的是（　　）。

A. 借记"资本公积"科目300万元

B. 贷记"盈余公积"科目300万元

C. 借记"实收资本"科目300万元

D. 贷记"实收资本"科目300万元

2. 根据资料（2），下列各项中，甲公司吸收新投资人投资的会计处理正确的是（　　）。

A. 借：银行存款　　　　　300

　　贷：实收资本　　　　　　　200

　　　　资本公积　　　　　　　100

B. 借：银行存款　　　　　300

   贷：实收资本   200

    盈余公积   100

  C. 借：银行存款   300

   贷：实收资本   200

    营业外收入   100

  D. 借：银行存款   300

   贷：实收资本   300

3. 根据资料（3），下列各项中，甲公司年末结转净利润及利润分配的会计处理正确的是（ ）。

  A. 年末结转净利润：

  借：利润分配——未分配利润 400

   贷：本年利润   400

  B. 年末结转净利润：

  借：本年利润   400

   贷：利润分配——未分配利润 400

  C. 提取法定盈余公积：

  借：利润分配——提取法定盈余公积

           40

   贷：盈余公积   40

  D. 向投资者分配利润：

  借：利润分配——应付现金股利或利润

          120

   贷：应付股利   120

4. 根据期初资料、资料（1）至（3），下列各项中，12月31日甲公司"利润分配——未分配利润"科目的期末余额是（ ）万元。

  A. 240   B. 460

  C. 500   D. 340

5. 根据期初资料、资料（1）至（3），下列各项中，2020年12月31日甲公司资产负债表中相关项目，"期末余额"栏填列正确的是（ ）。

  A."盈余公积"项目 340 万元

  B."资本公积"项目 300 万元

  C."实收资本"项目 2000 万元

  D."所有者权益合计"项目 2980 万元

三、【2020】2019 年年初，某股份有限公司股

东权益共计 8 600 万元，其中，股本 5 000 万元，资本公积 1 000 万元，盈余公积 2 000 万元，未分配利润 600 万元，2019 年度该公司发生有关股东权益的业务如下：

（1）2月1日，经批准增发普通股股票 500 万股，每股面值为 1 元，每股发行价格为 4 元，按照发行收入的 3% 支付手续费和佣金。股票已全部发行完毕，所收股款存入该公司开户银行。

（2）10月8日，经股东大会批准，该公司以每股 3 元的价格回购本公司股票 600 万股（每股面值 1 元），并在规定时间内注销回购的股票。

（3）2019 年度实现净利润 1 000 万元。年末，按净利润的 10% 提取法定盈余公积；经股东大会批准，按净利润的 5% 提取任意盈余公积。并宣告发放现金股利 100 万元。

要求：根据上述资料，不考虑其他因素，分析回答以下小题。（答案中的金额单位用万元表示）

1. 根据资料（1），该公司发行股票计入"资本公积——股本溢价"科目的金额是（ ）万元。

  A. 1 500   B. 2 000

  C. 1 940   D. 1 440

2. 根据期初资料、资料（1）和资料（2），下列各项关于该公司注销股票的会计处理结果中，正确的是（ ）。

  A. 冲减资本公积 1 800 万元

  B. 冲减股本 600 万元

  C. 冲减盈余公积 1 200 万元

  D. 冲减资本公积 1 200 万元

3. 根据期初资料和资料（3），下列各项关于该公司利润分配的会计处理表述中，正确的是（ ）。

  A."应付股利"科目贷方增加 100 万元

  B."资本公积"科目贷方增加 750 万元

  C."盈余公积"科目贷方增加 150 万元

  D."利润分配——未分配利润"科目贷方增加 750 万元

4. 根据期初资料、资料（1）至资料（3），下

列各项中，不影响股东权益总额的业务是
（　　）。

A. 注销回购的股票 600 万股

B. 按净利润的 5% 计提任意盈余公积

C. 向投资者宣告发放现金股利 100 万元

D. 按净利润的 10% 计提法定盈余公积

5. 根据期初资料、资料（1）至资料（3），2019
年 12 月 31 日该公司资产负债表中股东权益总
额是（　　）万元。

A. 9 640　　　　　　B. 9 740

C. 9 700　　　　　　D. 11 440

四、【2020】某股份有限公司为增值一般纳税
人，2019 年年初，所有者权益总额为 54 000
万元。其中未分配利润金额为 6 000 万元。
2019 年该公司发生与所有者权益相关的经济
业务如下：

（1）4 月 1 日，经股东大会批准，宣告发放
现金股利 1 600 万元。4 月 29 日，以银行存
款实际支付现金股利。

（2）5 月 8 日，经批准以增发股票的方式募
集资金，共增发普通股 500 万股，每股面值
为 1 元，每股发行价值为 5 元。证券公司代
理发行费用为 80 万元，取得的增值税专用
发票注明的增值税税额为 4.8 万元，从发行
收入中扣除。股票已全部发行完毕，收到的
股款已存入银行。

（3）全年实现利润总额为 6 035 万元，其中，
当年实现国债利息收入 45 万元，支付税收
滞纳金 10 万元。除上述事项外，无其他纳
税调整和递延所得税事项，该公司适用的所
得税税率为 25%。

要求：根据上述资料，不考虑其他因素，分
析回答下列小题。（答案中的金额单位用万
元表示）

1. 根据资料（1），下列各项关于该公司宣告
和支付现金股利的相关会计处理表述中，正
确的是（　　）。

A. 宣告时借记"利润分配——应付现金股利

或利润"科目 1 600 万元

B. 支付时贷记"银行存款"科目 1 600 万元

C. 宣告时贷记"应付股利"科目 1 600 万元

D. 支付时借记"利润分配——未分配利润"
科目 1 600 万元

2. 根据资料（2），下列各项关于该公司增发
普通股的相关会计处理表述中，正确的是
（　　）。

A. 借记"财务费用"科目 80 万元

B. 贷记"股本"科目 500 万元

C. 借记"银行存款"科目 2 415.2 万元

D. 贷记"资本公积——股本溢价"科目 1 920
万元

3. 根据资料（3），该公司 2019 年度所得税费
用的金额是（　　）万元。

A. 1 517.5　　　　　B. 1 500

C. 1 508.75　　　　　D. 1 497.5

4. 根据期初资料、资料（1）至资料（3），该
公司 2019 年 12 月 31 日未分配利润的金额是
（　　）万元。

A. 4 400　　　　　　B. 8 935

C. 10 535　　　　　　D. 6 000

5. 根据期初资料、资料（1）至资料（3），
该公司 2019 年 12 月 31 日所有者权益总额是
（　　）万元。

A. 60 955　　　　　　B. 54 000

C. 59 355　　　　　　D. 54 820

五、【2019】2018 年 1 月 1 日，某股份有限公司
所有者权益各项目金额分别为：股本 10 000
万元（每股股票面值为 1 元），资本公积——
股本溢价 50 000 元，盈余公积 3 000 万元，
未分配利润 1 000 万元（贷方余额）。2018 年
该公司发生的相关业务资料如下：

（1）4 月 25 日，经股东大会批准，用盈余公
积向普通股股东转增股本 400 万元，宣告分
配现金股利 200 万元。5 月 24 日，支付全部
现金股利。

（2）5月18日，经股东大会批准，以现金回购方式回购本公司股票1 000万股并注销，每股回购价为3元。

（3）12月31日，全年实现净利润2 000万元，按净利润的10%提取法定盈余公积，并结转至未分配利润。

要求：根据上述资料，不考虑其他因素，分析回答下列小题。（答案中的金额单位用万元表示）

1. 根据期初资料和资料（1），下列各项关于该公司转增股本、发放并支付现金股利的会计处理中，正确的是（　　）。

A.用盈余公积转增股本时：

借：盈余公积　　　　　　　　400

　　贷：股本　　　　　　　　　400

B.支付现金股利时：

借：应付股利　　　　　　　　200

　　贷：银行存款　　　　　　　200

C.支付现金股利时：

借：利润分配——未分配利润　200

　　贷：银行存款　　　　　　　200

D.宣告分配现金股利时：

借：利润分配——应付现金股利或利润

　　　　　　　　　　　　　　200

　　贷：应付股利　　　　　　　200

2. 根据期初资料和资料（2），下列各项关于该公司回购并注销本公司股票会计处理中，正确的是（　　）。

A.借记"盈余公积"科目2 000万元

B.借记"股本"科目1 000万元

C.贷记"银行存款"科目3 000万元

D.借记"资本公积"2 000万元

3. 根据资料（3），下列各项关于该公司结转净利润、提取盈余公积——法定盈余公积及结转未分配利润的会计处理中，正确的是（　　）。

A.提取法定盈余公积时：

借：利润分配——提取法定盈余公积200

　　贷：盈余公积——法定盈余公积　200

B.结转未分配利润时：

借：利润分配——未分配利润　　200

　　贷：利润分配——提取法定盈余公积

　　　　　　　　　　　　　　　200

C.结转净利润时：

借：本年利润　　　　　　　　2 000

　　贷：利润分配——未分配利润　2 000

D.结转未分配利润时：

借：利润分配——提取法定盈余公积200

　　贷：利润分配——未分配利润　　200

4. 根据期初资料、资料（1）至资料（3），2018年年末该公司"利润分配——未分配利润"科目余额是（　　）万元。

A. 2 600　　　　　　　B. 2 800

C. 2 6000　　　　　　 D. 3 000

5. 根据期初资料、资料（1）至资料（3），2018年末该公司所有者权益总额是（　　）万元。

A. 63 800　　　　　　 B. 66 000

C. 62 800　　　　　　 D. 64 000

六、【2018】2017年1月1日，某股份有限公司资产负债表中股东权益各项目年初余额分别为：股本3 000万元，资本公积4 000万元，盈余公积400万元，未分配利润2 000万元。2017年公司发生相关业务资料如下：

（1）经股东大会批准，宣告发放2016年度现金股利1 500万元。

（2）经股东大会批准已履行相应增资手续，将资本公积4 000万元转增股本。

（3）经批准增资扩股，委托证券公司发行普通股400万股，每股面值1元，每股发行价6元，按照发行总价的3%向证券公司支付相关发行费用（不考虑增值税）。

（4）当年实现净利润3 000万元。提取法定盈余公积和任意盈余公积的比例分别为10%和5%。

要求：根据上述资料，不考虑其他因素分析回答下列小题。（答案中的金额单位用万元表示）

1. 根据期初资料和资料（1），下列各项关于宣告发放现金股利对该公司股东权益和负债项目影响结果的表述中，正确的是（ ）。

A."负债合计"项目增加1 500万元

B."未分配利润"项目减少1 500万元

C."股东权益合计"项目减少1 500万元

D."盈余公积"项目减少1 500万元

2. 根据资料（2），下列各项关于该公司以资本公积转增资本的会计处理结果中，正确的是（ ）。

A.股东权益总额减少4 000万元

B.股东权益总额不变

C.留存收益减少4 000万元

D.股本增加4 000万元

3. 根据资料（3），该公司增发股票计入资本公积的金额是（ ）万元。

A.2 000　　　　　B.2 328

C.1 928　　　　　D.1 940

4. 根据期初资料和资料（4），下列各项关于该公司盈余公积的计算结果中，正确的是（ ）。

A.本年增加盈余公积450万元

B.期末盈余公积余额为1 100万元

C.本年增加盈余公积300万元

D.期末盈余公积余额为850万元

5. 根据期初资料和资料（1）至资料（4），下列各项关于2017年12月31日该公司资产负债表"股东权益"有关项目期末余额的计算结果中，正确的是（ ）

A."股本"为7 400万元

B."股东权益合计"17 626万元

C."资本公积"为5 928万元

D."未分配利润"为3 050万元

第七章　收入、费用和利润

一、【2022】甲公司为一施工服务企业，该企业发生的施工服务符合在某一时段内履行的履约义务，甲企业对竞标合同过程中发生的合同取得成本按照履约进度进行摊销。2021年

7月至12月，发生的有关经济业务如下：

（1）7月31日，通过竞标取得一项为期2年的施工合同，合同总价款为1 000万元，施工费每半年支付250万元。为取得该合同，2021年7月甲公司以银行存款支付投标费2万元；投标人员差旅费1万元；销售人员佣金6万元，预期该支出未来均能收回。

（2）截至2021年12月31日，为该项合同累计发生施工成本120万元，预计还将发生施工成本480万元。甲公司按照实际发生的成本占预计总成本的比例确定履约进度。

（3）2021年12月31日，甲公司按照合同约定收到施工费250万元。

要求：

根据上述资料，不考虑相关税费等其他因素，分析回答下列小题。

1. 下列各项中，关于合同取得成本的表述正确的是（ ）。

A.合同取得成本是所签订合同的对象或内容本身所直接发生的费用

B.企业发生合同取得成本时应借记"合同取得成本"科目

C.企业发生合同取得成本时应借记"合同资产"科目

D.合同取得成本是企业为取得合同发生的预期能够收回的增量成本

2. 根据资料（1），下列各项表述正确的是（ ）。

A.因订立该合同增加期间费用9万元

B.投标人员差旅费1万元应计入管理费用

C.投标费2万元应计入合同取得成本

D.销售人员佣金6万元应计入合同取得成本

3. 根据资料（2）和（3），下列各项关于甲公司12月31日相关会计处理表述正确的是（ ）。

A.主营业务收入增加200万元

B.甲公司的履约进度为20%

C.主营业务成本增加120万元

D.合同负债增加50万元

4. 根据期初资料、资料（1）和（2），下列关于甲公司12月31日合同取得成本摊销的会计处理正确的是（　　）。

A. 借：销售费用　　　　　 18 000
　　　贷：合同取得成本　　　　 18 000

B. 借：销售费用　　　　　 16 000
　　　贷：合同取得成本　　　　 16 000

C. 借：管理费用　　　　　 16 000
　　　贷：合同取得成本　　　　 16 000

D. 借：销售费用　　　　　 12 000
　　　贷：合同取得成本　　　　 12 000

5. 根据期初资料、资料（1）至（3），上述业务对甲公司2021年"营业利润"的影响金额为（　　）万元。

A. 78.2　　　　　　　　 B. 71

C. 75.8　　　　　　　　 D. 73.4

二、【2022】甲公司为增值税一般纳税人，适用的增值税税率为13%，甲公司发生经济业务均属于某一时点履行的履约义务，确认收入的同时结转成本，2021年4月甲公司发生的有关经济业务如下：

（1）4月1日，甲公司向乙公司销售商品一批共200件，开具的增值专用发票上注明的价款为200 000元，增值税税额为26 000元，代垫运费2 000元，取得增值税专用发票上注明增值税税额为180元，全部款项已通过银行转账结算完毕，销售商品符合收入确认条件。该批商品的实际成本为160 000元。

（2）4月6日，甲公司向丙公司销售原材料一批。开具增值税专用发票上注明的价款为100 000元，增值税税额为13 000元。全部款项存入银行。该批材料已于当日发出，丙公司已验收入库。该批原材料的实际成本为80 000元。

（3）4月30日，因商品质量出现问题，收到乙公司退回的商品20件，甲公司同意退货并于当日付了退货款，向乙公司开具增值税专用发票（红字）上注明的价款为20 000元，增值税税额为2600元，该部分商品的

实际成本为16 000元。

要求：根据上述资料，不考虑其他因素，分析回答下列小题。

1. 根据资料（1），甲公司销售商品处理正确的是（　　）。

A. 贷记"应交税费——应交增值税（销项税额）"科目26 180元

B. 贷记"主营业务收入"科目202 000元

C. 贷记"主营业务收入"科目200000元

D. 借记"主营业务成本"科目160 000元

2. 根据资料（2），甲公司销售原材料会计科目处理正确的是（　　）。

A. 借记"主营业务成本"科目80 000元

B. 贷记"其他业务收入"科目100 000元

C. 贷记"原材料"科目80 000元

D. 借记"其他业务成本"科目80 000元

3. 根据资料（1）和（3），商品销售退回的会计处理结果正确的是（　　）。

A. "库存商品"科目增加16 000元

B. "主营业务收入"科目减少20 000元

C. "主营业务成本"科目减少16 000元

D. "银行存款"科目减少22 600元

4. 根据资料（1）至（3），关于甲公司2021年利润表"营业收入"和"营业成本"项目影响结果表述正确的是（　　）。

A. 营业收入增加280 000元

B. 营业成本增加240 000元

C. 营业收入增加300 000元

D. 营业成本增加224 000元

5. 根据资料（1）至（3），甲公司2021年4月末资产负债表"应交税费"项目增加金额为（　　）元。

A. 36 400　　　　　　　 B. 23 400

C. 36 580　　　　　　　 D. 39 000

三、【2021】甲公司为制造业增值税一般纳税人，销售商品适用的增值税税率为13%，确认收入时结转成本。2020年12月发生如下

经济业务。

（1）1日，向乙公司销售 M 商品 5 000 件并开具增值税专用发票，每件商品的标价为 80 元（不含增值税），每件商品的成本为 50 元，由于是成批销售，甲公司给予乙公司 10% 的商业折扣，销售 M 商品符合收入确认条件。全部款项尚未收到。6日，甲公司收到乙公司支付的全部款项，存入银行。

（2）10日，销售一批原材料，开具的增值税专用发票注明售价为 50 000 元，增值税税额为 6 500 元，全部款项以银行汇票结算，该批材料的实际成本为 35 000 元，销售材料符合收入确认条件，同时为包装出售的原材料，领用不单独计价的包装物一批，实际成本为 600 元。

（3）20日，乙公司要求退回 12 月 1 日所购的 M 商品 200 件，经过协商，甲公司同意退货，于当日支付了退货款，按规定已向乙公司开具了增值税专用发票（红字），25日该批退回的 M 商品验收入库。

根据上述资料，不考虑其他因素，分析回答下列小题。

1. 根据期初资料、资料（1），下列各项中，甲公司销售M商品会计处理正确的是（　　）。

A. 1日，确认商品销售收入时：

借：应收账款　　　　406 800
　　贷：主营业务收入　　　　360 000
　　　　应交税费——应交增值税
　　　　（销项税额）　　　　46 800

B. 6日，收回销售款项时：

借：银行存款　　　　406 800
　　贷：应收账款　　　　406 800

C. 1日，结转商品销售成本时：

借：主营业务成本　　　250 000
　　贷：库存商品　　　　250 000

D. 1日，确认商品销售收入时：

借：应收账款　　　　452 000
　　贷：主营业务收入　　　　400 000
　　　　应交税费——应交增值税

（销项税额）　　　　52 000

2. 根据资料（2），下列各项中，甲公司销售原材料会计处理结果正确的是（　　）。

A. 确认主营业务成本 35 000 元
B. 确认其他业务成本 35 000 元
C. 确认其他业务收入 50 000 元
D. 确认主营业务收入 50 000 元

3. 根据资料（2），下列各项中，甲公司领用包装物借记的会计科目是（　　）。

A. 原材料
B. 主营业务成本
C. 销售费用
D. 其他业务成本

4. 根据期初资料、资料（1）和（3），下列各项中，甲公司发生销售退回会计处理结果正确的是（　　）。

A. 冲减主营业务收入 16 000 元
B. 冲减主营业务成本 10 000 元
C. 冲减主营业务收入 14 400 元
D. 冲减增值税销项税额 2 080 元

5. 根据资料（1）至（3），下列各项中，上述业务对甲公司2020年12月利润表相关项目金额的影响表述正确的是（　　）。

A. 营业收入增加 395 600 元
B. 营业利润增加 120 600 元
C. 营业利润增加 120 000 元
D. 营业成本增加 275 000 元

四、【2020】甲公司为增值税一般纳税人，主要开展咨询和商品销售业务，适用的增值税税率分别为 6% 和 13%，2019 年 12 月发生如下相关经济业务：

（1）1日，接受乙公司委托为其提供技术咨询服务，签订一项服务期限为 5 个月、总价款为 20 万元的咨询服务合同。合同签订时收取合同款 10 万元，其余款项于服务期满时一次收取。截至 12 月 31 日，甲公司履行合同实际发生劳务成本 2 万元（均为职工薪酬），估计还将发生劳务成本 8 万元，履约进度按时间的进度能够合理确定。

（2）2 日，向丙公司销售商品一批，开具的增值税专用发票上注明价款为 50 万元、增值税税额为 6.5 万元，该批商品实际成本为 36 万元，丙公司于当日收到该批商品并验收入库。12 日收到丙公司支付全部款项。

（3）20 日，收到丙公司退回当月所购商品中有质量问题的商品验收入库，其成本 3.6 万元。甲公司于当日支付退货款 5 万元、增值税 0.65 万元，并按规定向丙公司开具了增值税专用发票（红字）。

要求：根据上述资料，不考虑其他因素，分析回答下列小题。（答案中的金额单位用万元表示）

1. 根据资料（1），下列各项中，甲公司提供咨询服务相关会计处理正确的是（　　）。

 A. 签订合同收取款项时：

借：银行存款　　　　　　　　　10

  贷：合同负债　　　　　　　　　10

 B. 发生劳务成本时：

借：合同取得成本　　　　　　　2

  贷：应付职工薪酬　　　　　　　2

 C. 签订合同收取款项时：

借：银行存款　　　　　　　　　10

  贷：应收账款　　　　　　　　　10

 D. 发生劳务成本时：

借：合同履约成本　　　　　　　2

  贷：应付职工薪酬　　　　　　　2

2. 根据资料（1），下列各项关于甲公司提供咨询服务的相关会计处理中，正确的是（　　）。

 A. 31 日确认劳务收入，贷记"主营业务收入"科目 4 万元

 B. 31 日确认劳务成本，借记"主营业务成本"科目 10 万元

 C. 31 日结转劳务成本，借记"主营业务成本"科目 2 万元

 D. 31 日确认劳务收入，贷记"主营业务收入"科目 10 万元

3. 根据资料（2），下列各项关于甲公司销售商品的会计处理中，正确的是（　　）。

 A. 2 日，销售商品时确认销售商品收入：

借：应收账款　　　　　　　　　56.5

  贷：主营业务收入　　　　　　　50

   应交税费——应交增值税（销项税额）　　　　　　　　　6.5

 B. 12 日，收回销售款项：

借：银行存款　　　　　　　　　56.5

  贷：应收账款　　　　　　　　　56.5

 C. 12 日，收到货款时确认商品销售收入：

借：银行存款　　　　　　　　　56.5

  贷：主营业务收入　　　　　　　50

   应交税费——应交增值税（销项税额）　　　　　　　　　6.5

 D. 2 日，销售商品时结转销售商品成本：

借：主营业务成本　　　　　　　36

  贷：库存商品　　　　　　　　　36

4. 根据资料（2）和资料（3），下列各项关于甲公司发生销售退回业务时的会计处理表述中，正确的是（　　）。

 A. 冲减主营业务收入 5 万元

 B. 冲减增值税销项税额 0.65 万元

 C. 冲减主营业务成本 3.6 万元

 D. 减少银行存款 5.65 万元

5. 根据资料（1）至资料（3），下列各项关于上述业务对甲公司2019年12月利润表相关项目影响结果的表述中，正确的是（　　）。

 A. 营业利润增加 14.6 万元

 B. 营业收入增加 49 万元

 C. 营业成本增加 34.4 万元

 D. 营业利润增加 15.12 万元

五、【2020】甲公司为增值税一般纳税人。2019 年 10 月，甲公司发生的有关经济业务如下：

（1）1 日，将一台暂时闲置的生产设备出租给乙公司。双方合同约定租期为 6 个月，每月不含增值税的租金 5 万元，租金一次性收取且提供后续服务。甲公司开具的增值税专用发票上注明的价款为 30 万元，增值税税

额为 3.9 万元。该设备每月应计提折旧费 4 万元。

（2）8 日，销售 M 产品 10 000 件，每件标价为 0.1 万元（不含增值税），每件生产成本为 0.08 万元，由于是成批销售，给予购买方 10% 的商业折扣，开具增值税专用发票上注明的价款为 900 万元，增值税税额为 117 万元；全部款项已收到并存入银行。

（3）8 日，销售 M 产品时领用单独计价的包装物一批，随同 M 产品出售。甲公司开具的增值税专用发票上注明的包装物价款为 2 万元，增值税税额为 0.26 万元；全部款项已收到并存入银行，包装物的实际成本为 1 万元。

（4）16 日，销售一批不需用的原材料，甲公司开具增值税专用发票上注明的价款为 4 万元，增值税税额为 0.52 万元，款项已收到并存入银行。该批原材料的实际成本为 3 万元。

要求：根据上述资料，不考虑其他因素，分析回答下列小题。（答案中的金额单位用万元表示）

1. 根据资料（1），甲公司 2019 年 10 月出租生产设备的相关会计处理表述中，正确的是（　　）。
   A. 应确认其他业务收入 5 万元
   B. 应确认其他业务收入 30 万元
   C. 计提的折旧费应计入管理费用 4 万元
   D. 计提的折旧费应计入其他业务成本 4 万元

2. 根据资料（2），下列各项关于甲公司确认销售商品收入并结转售出商品成本的会计处理中，正确的是（　　）。
   A. 借：主营业务成本　　　　　720
   　　　贷：库存商品　　　　　　　720
   B. 借：银行存款　　　　　　1 130
   　　　贷：主营业务收入　　　　 1 000
   　　　　　应交税费——应交增值税（销项税额）　　　　　　130
   C. 借：银行存款　　　　　　1 017
   　　　贷：主营业务收入　　　　　900

　　　　　应交税费——应交增值税（销项税额）　　　　　　117
   D. 借：主营业务成本　　　　　800
   　　　贷：库存商品　　　　　　　800

3. 根据资料（3），下列各项中，甲公司结转随同 M 产品销售的包装物成本时，借记的会计科目是（　　）。
   A. 其他业务成本　　　　B. 管理费用
   C. 主营业务成本　　　　D. 销售费用

4. 根据资料（4），下列各项关于甲公司销售原材料和结转成本的会计处理结果中，正确的是（　　）。
   A. "主营业务成本"科目借方增加 3 万元
   B. "其他业务收入"科目贷方增加 4 万元
   C. "其他业务成本"科目借方增加 3 万元
   D. "主营业务收入"科目贷方增加 4 万元

5. 根据资料（1）至资料（4），甲公司 2019 年 10 月利润表"营业成本"项目的本期金额是（　　）万。
   A. 807　　　　　　B. 808
   C. 727　　　　　　D. 728

第八章　财务报告

一、【2022】甲公司为电器的生产和销售企业，2021 年有关资料如下：

（1）当年实现现金销售收入 3 000 万元，收到上年的赊销款 50 万元，因为销售退回支付现金 20 万元。

（2）当年预付资金 1 050 万元，其中工程物资 300 万元，原材料 750 万元。另支付承包商工程款 450 万元，当年采购原材料支付 2 100 万元，支付上年原材料款项 2 400 万元，以上款项均通过银行存款支付。

（3）支付职工工资及奖金如下：其中生产经营人员 600 万元，在建工程人员 200 万元。

要求：根据上述资料，不考虑其他条件，分析回答下列小题。

1. 以下属于现金流量表中"现金及现金等价

物"的是（　　）。

A. 库存现金

B. 三个月内到期的债券投资

C. 银行存款

D. 权益性投资

2. 根据资料（1），"销售商品、提供劳务收到的现金"项目本期金额是（　　）万元。

A. 3050　　　　　　　B. 3030

C. 2970　　　　　　　D. 3000

3. 根据资料（2），"购买商品、接受劳务支付的现金"项目本期金额是（　　）万元。

A. 3150　　　　　　　B. 4500

C. 5250　　　　　　　D. 2850

4. 根据资料（2）和（3），"购建固定资产、无形资产和其他长期资产支付的现金"项目本期金额是（　　）万元。

A. 3350　　　　　　　B. 1550

C. 950　　　　　　　D. 750

5. 根据资料（1）至（3），经营活动产生的现金流量净额为（　　）。

A. 减少 3020 万元　　B. 减少 2820 万元

C. 增加 3030 万元　　D. 减少 5250 万元

二、【2016】甲公司为增值税一般纳税人，2019 年 5 月初货币资金为 1 000 万元，其他有关业务资料如下：

（1）当月实现销售 A 商品收入 160 万元，应交增值税销项税额为 20.8 万元，以相应金额的银行汇票结算款项。

（2）5 月 4 日，购买一批原材料，其价款为 30 万元，增值税税额为 3.9 万元，以相应金额的银行汇票结算款项。12 日，用银行存款支付购进建造仓库的工程物资款 50 万元，增值税 6.5 万元。20 日，按照合同用银行存款预付购买原材料款 15 万元。

（3）5 月 5 日，从证券交易所购入乙公司股票 10 万股，每股面值 1 元，购买价格为每股 10 元，另支付相关交易费用 0.3 万元，增值税额为 0.018 万元，甲公司将其划分为

交易性金融资产。

（4）当月分配职工薪酬 26 万元，其中生产工人工资 12 万元，奖金、津贴等薪酬 3 万元；在建工程人员工资 5 万元，奖金津贴等薪酬 1 万元；行政管理人员工资 4 万元，奖金津贴等薪酬 1 万元，当月职工薪酬 26 万元已发放。

要求：根据上述资料，不考虑其他因素，分析回答下列小题。（答案中金额单位用万元表示）

1. 根据资料（1）下列各项中，关于甲公司会计处理正确的是（　　）。

A. 银行存款科目借方增加 160 万元

B. 主营业务收入科目贷方增加 180.8 万元

C. 银行存款科目借方增加 180.8 万元

D. 主营业务收入科目贷方增加 160 万元

2. 根据资料（2）下列各项中关于甲公司的会计处理正确的是（　　）。

A. 其他货币资金减少 33.9 万元

B. 预付账款增加 15 万元

C. 购进工程物资成本为 56.5 万元

D. 应付票据增加 33.9 万元

3. 根据资料（3）甲公司购买股票相关交易费用计入的会计科目是（　　）。

A. 管理费用　　　　　B. 交易性金融资产

C. 财务费用　　　　　D. 投资收益

4. 根据资料（4）下列各项中，关于甲公司职工薪酬的会计处理结果正确的是（　　）。

A. 计入生产成本的职工薪酬总额为 12 万元

B. 计入在建工程的职工薪酬总额为 6 万元

C. 计入生产成本的职工薪酬总额为 15 万元

D. 计入管理费用的职工薪酬总额为 5 万元

5. 根据所给资料，下列资产负债表项目计算正确的是（　　）。

A. "在建工程"项目 6 万元

B. "预付款项"项目 15 万元

C. "交易性金融资产"项目 100 万元

D. "货币资金"项目 949.082 万元

全真模拟
测试卷

模拟测试卷（一）

一、单项选择题（本类题共 20 小题，每小题 2 分，共 40 分。每小题的备选答案中，只有一个符合题意的正确答案。多选、错选、不选均不得分。）

1. 下列各项中要求企业提供的会计信息应当清晰明了，便于财务会计报告使用者理解和使用的会计信息质量要求是（　）。
   - A. 可靠性　　　　　B. 可理解性
   - C. 可比性　　　　　D. 相关性

2. 甲企业采用托收承付结算方式销售商品一批，取得增值税专用发票上注明的价款为500 万元，增值税税额为 65 万元，代购货方垫付包装费为 2 万元，运输费为 3 万元（含增值税），已办妥托收手续。甲企业为增值税一般纳税人，销售商品业务适用的增值税税率为 13%。不考虑其他因素，甲企业应确认的应收账款的金额为（　）万元。
   - A. 565　　　　　　　B. 505
   - C. 570　　　　　　　D. 567

3. 甲商品流通企业采用毛利率法核算存货成本。W 类库存商品月初成本总额为 125 万元，当月购入商品的成本总额为 180 万元，当月销售收入为 250 万元，W 类商品上期毛利率为 20%。不考虑其他因素，该类商品 5 月末库存成本总额为（　）万元。
   - A. 55　　　　　　　B. 255
   - C. 105　　　　　　D. 96.67

4. 2×21 年 1 月 1 日，甲公司将其一项专利技术出租，每月租金 10 万元，租赁期 2 年。该无形资产于 2×18 年 3 月 31 日研发成功并达到预定可使用状态，成本为 200 万元，预计使用年限为 10 年，采用直线法摊销，预计净残值为 0。不考虑其他因素，上述事项对 2×21 年甲公司年度损益的影响金额为（　）万元。
   - A. 120　　　　　　　B. 100
   - C. 140　　　　　　　D. 20

5. 下列关于交易性金融资产的相关表述中，错误的是（　）。
   - A. 购入交易性金融资产时实际支付的价款中包含的已宣告但尚未发放的现金股利或已到付息期但尚未领取的债券利息，不计入交易性金融资产的取得成本
   - B. 资产负债表日，企业应将交易性金融资产的公允价值变动计入当期损益
   - C. 企业购入交易性金融资产所支付的手续费等相关交易费用，应计入交易性金融资产的初始成本
   - D. 交易性金融资产在持有期间取得的现金股利，应确认为投资收益

6. 2×19 年 12 月甲企业购入一台设备，初始入账价值为 400 万元。设备于当月交付使用，预计使用寿命为 5 年，预计净残值为 4 万元，采用年数总和法计提折旧。不考虑其他因素，2×21 年该设备应计提的折旧额为（　）万元。
   - A. 79.2　　　　　　B. 96
   - C. 132　　　　　　D. 105.6

7. 2×21 年 7 月 1 日，甲公司从证券交易所购入乙公司股票，支付价款 2 100 万元（含已宣告但尚未发放的现金股利 40 万元），将其划分为交易性金融资产，另支付交易费用 20 万元。2×21 年 12 月 31 日，该交易性金融资产的公允价值为 2 200 万元。不考虑其他因素，2×21 年 12 月 31 日，甲公司该交易性金融资产的账面价值为（　）万元。
   - A. 2 080　　　　　　B. 2 200
   - C. 2 120　　　　　　D. 2 060

8. 下列资产负债表项目中，应根据多个总账科目余额计算填列的是（　）。
   - A. 应付账款　　　　　B. 盈余公积
   - C. 货币资金　　　　　D. 长期借款

9. 2×21 年 9 月 1 日，甲企业向银行借入资金 350 万元用于生产经营，借款期限为 3 个月，年利率为 6%。根据与银行签署的借款协议，该项借款的利息按月计提，到期一次还本付息，下列各项与该项借款有关的会计处理中，正确的是（　）。
   - A. 借入款项时，借记"短期借款"科目 350 万元

B. 每月预提借款利息时，贷记"财务费用"科目 5.25 万

C. 每月预提借款费用时，借记"应付利息"科目 1.75 万元

D. 借款到期归还本息时，贷记"银行存款"科目 355.25 万元

10. 企业按规定计提代扣代缴职工个人所得税时，应借记的会计科目是（ ）。

  A. 管理费用   B. 税金及附加

  C. 营业外支出   D. 应付职工薪酬

11. 下列各项中，会导致企业所有者权益总额增加的事项是（ ）

  A. 以盈余公积发放现金股利

  B. 以盈余公积弥补以前年度亏损

  C. 资本公积转增资本

  D. 结转当年实现净利润

12. 下列各项中，不会影响本期所得税费用的是（ ）。

  A. 期末在产品成本

  B. 结转本期应交所得税

  C. 本期递延所得税资产借方发生额

  D. 本期递延所得税负债借方发生额

13. 下列各项中，制造业企业应记入"其他业务成本"科目的是（ ）。

  A. 经营性出租固定资产计提的折旧费

  B. 库存存货盘亏净损失

  C. 台风造成的财产净损失

  D. 公益性捐赠支出

14. 某企业 6 月发生如下经济业务事项：赊购 10 000 元办公用品交付使用；预付第三季度办公用房租金 45 000 元；支付第二季度短期借款利息 6 000 元，其中 4 月至 5 月累计计提利息 4 000 元。不考虑其他因素，该企业 6 月应确认的期间费用为（ ）元。

  A. 10 000   B. 6 000

  C. 12 000   D. 27 000

15. 下列各项中，不在所有者权益变动表中列示的项目为（ ）。

  A. 综合收益总额   B. 所有者投入资本

  C. 利润分配   D. 每股收益

16. 2×21 年 12 月 31 日甲公司相关会计科目余额如下："固定资产"科目借方余额 1 000 万元，

"累计折旧"科目贷方余额 400 万元，"固定资产减值准备"科目贷方余额 80 万元，"固定资产清理"科目借方余额 20 万元。2×21 年 12 月 31 日，该公司资产负债表中"固定资产"项目应列报的金额为（ ）万元。

  A. 540   B. 600

  C. 520   D. 620

17. 下列各项中，不会对利润表中"利润总额"项目产生影响的是（ ）

  A. 确认的资产减值损失

  B. 结转无法查明原因的现金溢余

  C. 确认的所得税费用

  D. 收到政府补助而确认的其他收益

18. 下列各项中，适用于单件小批生产企业的产品成本计算方法是（ ）。

  A. 逐步结转分步法   B. 品种法

  C. 分批法   D. 平行结转分步法

19. 在信息化环境下账务处理的基本流程中，下列说法错误的是（ ）。

  A. 凭证编制人员根据审核无误的原始凭证编制记账凭证

  B. 经济业务发生时，由业务人员将原始凭证提交会计部门

  C. 在记账人员的记账指令发出后，系统自动对已审核凭证进行记账，更新科目汇总文件等信息，并对相关凭证做记账标记

  D. 内部和外部使用者需要的内部分析表和财务报表，由会计部门编制生成

20. 某企业按照产品的定额消耗量比例分配材料费用。2018 年 8 月，该企业为生产 M、N 两种产品耗用某材料 1 680 千克，每千克 10 元。每月投产 M 产品 100 件、N 产品 200 件。M 产品的材料消耗定额为 6 千克，N 产品的材料消耗定额为 4 千克。不考虑其他因素，本月 M 产品应分配的材料费用为（ ）元。

  A. 9 000   B. 5 600

  C. 9 600   D. 7 200

二、多项选择题（本类题共 10 小题，每小题 2 分，共 20 分。每小题的备选答案中，有

两个或两个以上符合题意的正确答案。请至少选择两个答案，全部选对得满分，少选得相应分值，多选、错选、不选均不得分。）

1. 下列关于会计职能的表述中，正确的有（ ）
   A. 监督职能是核算职能的保障
   B. 核算职能是监督职能的基础
   C. 预测经济前景参与经济决策和评价经营业绩是拓展职能
   D. 核算职能和监督职能是基本职能

2. 下列各项中，属于"其他应收款"科目核算的有（ ）。
   A. 收取的出租包装物的押金
   B. 应支付的包装物的租金
   C. 应向保险公司收取的赔款
   D. 为职工代垫的水电费

3. 甲公司为增值税一般纳税人，只生产一种产品。甲公司2×19年4月5日以3 900万元购入一项专利权用于生产产品，为使该项无形资产达到预定用途；另支付相关费用100万元。为推广由该专利权生产的产品，甲公司发生广告宣传费25万元。该专利权预计使用年限为10年，预计净残值为0，采用直线法摊销。不考虑其他因素，下列关于该专利权会计处理结果的表述中正确的有（ ）
   A. 广告宣传费25万元记入"销售费用"科目
   B. 2×19年该项专利权的摊销额为300万元
   C. 2×19年4月5日该项专利权的入账价值为3 900万元
   D. 2×19年年末该项专利权的账面价值为3 700万元

4. 一般纳税人企业发生的下列交易或事项中，应通过"其他货币资金"科目核算的有（ ）。
   A 企业将款项汇往外地开立的采购专用账户
   B. 用银行本票购买办公用品
   C. 销售商品收到商业汇票
   D. 用银行汇票购入原材料

5. 下列各项中，属于短期薪酬的有（ ）。
   A. 医疗保险费　　　B. 工伤保险费
   C. 住房公积金　　　D. 职工教育经费

6. 某公司由甲、乙两名投资者分别出资100万元设立。两年后，为扩大经营规模，该公司的注册资本由200万元增加到250万元，其中，丙公司以其银行存款出资100万元并享有该公司20%的注册资本。不考虑其他因素，下列关于该公司接受丙公司出资的会计处理中，正确的有（ ）。
   A. 贷记"实收资本"科目100万元
   B. 贷记"盈余公积"科目100万元
   C. 贷记"资本公积"科目50万元
   D. 借记"银行存款"科目100万元

7. 甲公司自2×19年1月1日起研究开发一项管理用无形资产，12月1日达到预定用途。其中，研究阶段发生职工薪酬30万元，计提专用设备折旧40万元；进入开发阶段后，符合资本化条件前发生职工薪酬30万元，计提专用设备折旧30万元，符合资本化条件后发生职工薪酬100万元，计提专用设备折旧200万元。2×19年12月1日，该无形资产研发成功并达到预定用途，预计使用年限为10年，采用直线法摊销。不考虑净残值等因素，甲公司2×19年因研发该项无形资产而进行的下列会计处理中，正确的有（ ）。
   A. 研发阶段确认的管理费用为130万元
   B. 该项无形资产达到预定用途时确认的成本为300万元
   C. 上述事项对2×19年当期损益的影响金额为130万元
   D. 2×19年年末该项无形资产的账面价值为300万元

8. 使用权资产应当按照成本进行初始计量，其成本包括（ ）。
   A. 租赁负债的初始计量金额
   B. 在租赁期开始日或之前支付的租赁付款额
   C. 承租人发生的初始直接费用
   D. 承租人为拆卸及移除租赁资产、复原租赁资产所在场地或将租赁资产恢复至租赁条款约定状态预计将发生的成本

9. 下列各项关于利润表项目"本期金额"填列方法的表述中，正确的有（ ）。
   A. "研发费用"项目应根据"管理费用"科目下的"研发费用"明细科目的发生额以及

"管理费用"科目下"无形资产摊销"明细科目的额分析填列

B. "营业利润"项目应根据"利润总额"科目的本期发生额分析填列

C. "税金及附加"项目应根据"应交税费"科目的本期发生额分析填列

D. "营业收入"项目应根据"主营业务收入"和"其他业务收入"科目的本期发生额分析填列

10. 对适用《小企业会计准则》的企业，在（ ）情形下，可确认坏账损失。

A. 债务人依法宣告破产、关闭、解散、被撤销，或者被依法注销、吊销营业执照，其清算财产不足清偿的

B. 债务人死亡，或者依法被宣告失踪、死亡，其财产或者遗产不足清偿的

C. 债务人逾期 3 年以上未清偿，且有确凿证据证明已无力清偿债务的

D. 因自然灾害导致无法收回的

三、判断题（本类题共 10 小题，每小题 1 分，共 10 分。每小题答题正确的得 1 分，错误、不答均不得分，也不扣分。）

1. 会计人员误将财务费用确认为制造费用，通过试算平衡表无法查出该差错。　　（ ）

2. 银行存款余额调节表可以作为调整企业银行存款账面余额的记账依据。　　（ ）

3. 企业提前解除劳动合同给予职工解除劳动关系的补偿，应通过"应付职工薪酬——辞退福利"科目核算。　　（ ）

4. 小规模纳税人销售货物采用销售额和应纳增值税合并定价的方法向客户结算款项时，应按照不含税销售额确认收入。　　（ ）

5. 企业对外提供的财务报告中，附注是不可或缺的组成部分。　　（ ）

6. 直接分配法是只将辅助生产费用直接分配给辅助生产车间以外的各受益单位的辅助生产费用分配方法。　　（ ）

7. 企业日常核算中不设置预付账款账户的情况下，期末编制资产负债表时，其预付的款项不需要填列在"预付款项"项目。（ ）

8. 管理会计报告是管理会计活动成果的重要表现形式，单位可以根据管理需要和管理会计活动性质设定报告期间。　　（ ）

9. 债权投资是指既以收取合同现金流量为目标又以特定日期出售该金融资产为目标管理的金融资产投资。　　（ ）

10. 政府预算收入是指报告期内导致政府会计主体净资产增加的，含有服务潜力或经济利益的经济资源的流入。　　（ ）

四、不定项选择题（本类题共 15 小题，每小题 2 分，共 30 分。每小题的备选答案中，有一个或者一个以上符合题意的正确答案。每小题全部选对得满分，少选得相应分值，多选、错选、不选均不得分。）

（一）一般纳税人企业甲公司是一家生产多种产品的制造企业，适用的增值税税率为 13%，原材料采用实际成本核算，材料发出成本采用月末一次加权平均法计算。2×19 年 12 月 1 日，M 材料库存数量为 500 千克，每千克实际成本为 200 元，该公司 12 月发生与存货相关业务如下：

（1）2 日，以面值为 250 000 元的银行汇票购买 M 材料 800 千克，并支付由销货方代垫运杂费 3 000 元（不考虑增值税）。已知所购 M 材料不含增值税购买价格为 250 元/千克，价款共计 200 000 元，增值税专用发票上注明的增值税税额为 26 000 元，材料已验收入库，银行汇票多余款项通过银行退回并已收妥。

（2）10 日，收到乙公司作为资本投入的 M 材料 3 000 千克，该批材料已验收入库。投资合同中约定：该批材料不含增值税价格为 600 000 元，增值税进项税额为 78 000 元（由投资方支付价款，并提供或开具增值税专用发票），合同约定的资产价值与其公允价值相符；乙公司在甲公司实收资本中享有份额的金额为 580 000 元。

（3）31 日，发料凭证汇总表中列明 M 材料的耗用情况如下：生产产品领用 1 600 千克；车间管理部门领用 300 千克；行政管理部门

领用 200 千克；专设销售机构领用 100 千克。

（4）31 日，财产清查中盘亏 M 材料的成本为 15 000 元，确认应转出增值税进项税额为 1 950 元。经查，上述损失中应由材料保管人员赔偿的金额为 6 000 元，其余损失部分属管理不善造成由公司承担，款项尚未收到。

要求：依据上述材料，不考虑其他因素，分析回答下列小题。（答案保留两位小数）

1. 根据资料（1），下列各项会计处理中正确的是（　　）。

A. 收到退回的银行汇票多余款项时：

借：银行存款　　　　　　　21 000
　　贷：其他货币资金　　　　　　21 000

B. 用银行汇票购买材料时：

借：原材料　　　　　　　203 000
　　应交税费——应交增值税（进项税额）
　　　　　　　　　　　　26 000
　　贷：银行存款　　　　　　229 000

C. 收到银行盖章退回的申请书存根联时：

借：其他货币资金　　　　250 000
　　贷：银行存款　　　　　　250 000

D. 用银行汇票购买材料时：

借：原材料　　　　　　　203 000
　　应交税费——应交增值税（进项税额）
　　　　　　　　　　　　26 000
　　贷：其他货币资金　　　　229 000

2. 根据资料（2），下列关于甲公司会计处理的表述中正确的是（　　）。

A. "资本公积——资本溢价（或股本溢价）"科目贷方登记 98 000 元

B. "原材料"科目借方登记 600 000 元

C. "应交税费——应交增值税（进项税额）"科目借方登记 78 000 元

D. "实收资本"科目贷方登记 678 000 元

3. 根据资料（1）至资料（2），甲公司当月发出 M 材料的平均单价是（　　）元／千克。

A. 205.35　　　　　　B. 210

C. 209.3　　　　　　D. 204.65

4. 根据资料（3），下列甲公司会计处理结果的表述中，正确的是（　　）。

A. 车间管理部门领用材料的成本记入"制造费用"科目

B. 生产产品领用材料的成本记入"生产成本"科目

C. 专设销售机构领用材料的成本记入"销售费用"科目

D. 行政管理部门领用材料的成本记入"管理费用"科目

5. 根据资料（4），下列关于甲公司会计处理结果的表述中，正确的是（　　）。

A. 应收账款增加 6 000 元

B. 原材料减少 15 000 元

C. 其他应收款增加 6 000 元

D. 管理费用增加 15 000 元

（二）一般纳税人企业甲公司执行新收入准则，销售商品适用的增值税税率为 13%，安装服务适用的增值税税率为 9%。假定甲公司当期销售商品原材料和提供劳务等事项均符合收入确认条件，其成本在确认收入时逐笔结转，商品原材料售价中不含增值税。2×20 年甲公司发生如下交易或事项：

（1）1 月 5 日，向乙公司销售商品一批，商品售价为 900 万元。该批商品实际成本为 700 万元，货款尚未收到。

（2）2 月 20 日，该批商品出现严重质量问题，乙公司将该批商品全部退回至甲公司。甲公司同意退货，于退货当日支付了退货款并按规定向乙公司开具了增值税专用发票（红字）。

（3）3 月 15 日，向丁公司销售自产商品一批，售价为 200 万元，增值税为 26 万元，成本为 120 万元；同日，因同行业丙公司急需原材料，向丙公司出售原材料一批，售价为 120 万元，增值税税额为 15.6 万元，成本为 80 万元，上述款项均已收到。

（4）9 月 5 日，甲公司承接了一项安装服务，合同中规定的服务期限为 6 个月，合同总收入为 200 万元，已预收价款 120 万元，安装完成时收回剩余款项。甲公司采用完工百分比法确认收入，完工率按照已发生成本占预估总成本的比例确定，至 2×20 年 12 月 31 日已发生成本为 80 万元，预计完成劳务还将发生成本 40 万元。假定该项安装服务构成单项履约义务，并属于在某一时段内履行的履约义务，甲企业于确认收入时发生增值税纳税义务。

要求：根据上述资料，不考虑其他因素，分析回答下列小题。（答案保留两位小数）

1. 根据资料（1），下列关于甲公司会计处理结果的表述中，正确的是（　　）

 A. 甲公司应确认销售商品收入 900 万元

 B. 甲公司应确认销售商品成品 700 万元

 C. 甲公司应确认应收账款 900 万元

 D. 甲公司应减少库存商品 700 万元

2. 根据资料（2），下列关于甲公司会计处理结果的表述中，正确的是（　　）。

 A. 冲减主营业务收入 900 万元

 B. 增加库存商品 700 万元

 C. 冲减应交税费——应交增值税（销项税额）117 万元

 D. 冲减主营业务成本 700 万元

3. 根据资料（3），下列关于甲公司会计处理结果的表述中，正确的是（　　）。

 A. 确认主营业务收入 320 万元

 B. 确认主营业务收入 200 万元

 C. 确认其他业务收入 120 万元

 D. 确认其他业务收入 135.6 万元

4. 根据资料（4），2×20 年 12 月 31 日，甲公司因该项劳务合同应确认的劳务收入是（　　）万元。

 A. 133.34　　　　　B. 120

 C. 80　　　　　　　D. 200

5. 根据资料（4），甲公司 2×20 年与该安装服务相关的会计处理的表述中，正确的是（　　）。

 A. 因预收劳务款而确认预收账款 120 万元

 B. 因发生劳务成本而确认合同履约成本 80 万元

 C. 根据完工百分比法确认的合同履约进度为 66.67%

 D. 该安装服务合同的交易价格为 133.34 万元

（三）甲公司在 2020 年至 2021 年发生如下交易或事项：

 （1）2020 年 1 月 1 日，甲公司以 15 000 万元自乙公司原股东处购入乙公司 2 500 万股，占乙公司 20% 的股权，另支付审计费等相关费用 100 万元。当日，甲公司向乙公司派出一名董事参与乙公司生产经营决策。

 （2）2020 年 12 月 31 日，乙公司经审计的年度利润表显示，当年实现净利润 8 000 万元。

 （3）2020 年 12 月 31 日，乙公司经审计的年度利润表显示，除净损益、利润分配和其他综合收益外的所有者权益增加 500 万元。

 （4）2021 年 3 月 20 日，乙公司经股东大会批准，宣告发放现金股利 1 000 万元，股票股利每 100 股配 2 股，当日股票公允价为 5 元/股。甲公司于 2021 年 4 月 20 日收到乙公司发放的现金股利。

 要求：根据上述资料，不考虑其他因素，分析回答下列小题。

1. 根据资料（1），甲公司购入乙公司股票的会计处理正确的有（　　）。

 A. 借：长期股权投资——投资成本　15 100
　　　贷：银行存款　　　　　　　　　 15 100

 B. 借：长期股权投资　　　　　　　 15 000
　　　管理费用　　　　　　　　　　　 100
　　　贷：银行存款　　　　　　　　　 15 100

 C. 借：交易性金融资产　　　　　　 15 000
　　　投资收益　　　　　　　　　　　 100
　　　贷：银行存款　　　　　　　　　 15 100

 D. 借：其他权益工具投资　　　　　 15 100
　　　贷：银行存款　　　　　　　　　 15 100

2. 根据资料（2），下列关于甲公司会计处理的表述正确的有（　　）。

 A. 长期股权投资增加 1 600 万元

 B. 投资收益增加 1 600 万元

 C. 不作会计处理

 D. 长期股权投资增加 8 000 万元

3. 根据资料（3），下列关于甲公司会计处理的表述中正确的有（　　）。

 A. 长期股权投资增加 100

 B. 资本公积（股本溢价）增加 100

 C. 资本公积（其他资本公积）增加 100

 D. 其他综合收益增加 100

4. 根据资料（4），下列会计处理中正确的有

（　　）。

　　A. 借：应收股利　　　200
　　　　　贷：投资收益　　　　　200
　　B. 借：应收股利　　　200
　　　　　贷：长期股权投资——损益调整　200
　　C. 借：银行存款　　　200
　　　　　贷：应收股利　　　　　200

　　D. 借：银行存款　　　325
　　　　　贷：应收股利　　　　　325

5. 根据资料（1）（2）（3）（4），2021 年在 3 月 20 日长期股权投资的账面价值为（　　）万元。
　　A. 15 000　　　　　　　B. 16 500
　　C. 16 600　　　　　　　D. 16 800

模拟测试卷（二）

一、单项选择题（本类题共 20 小题，每小题 2 分，共 40 分。每小题的备选答案中，只有一个符合题意的正确答案。多选、错选、不选均不得分。）

1. 下列各项中，不属于会计监督职能内容的是（　　）。
　　A. 财务收支的合理性审查
　　B. 不定期进行的财产清查
　　C. 经济业务的合法性审查
　　D. 经济业务的真实性审查

2. 下列各项中，不通过"其他货币资金"科目核算的是（　　）。
　　A. 银行汇票存款　　　B. 银行承兑汇票
　　C. 外埠存款　　　　　D. 银行本票存款

3. 下列各项关于周转材料的会计处理中，不正确的是（　　）。
　　A. 多次使用的包装物应根据使用次数分次进行摊销
　　B. 低值易耗品金额较小的可在领用时一次计入成本费用
　　C. 随同商品销售的出借包装物，其折旧摊销额应计入管理费用
　　D. 随同商品出售单独计价的包装物，其摊销额应计入其他业务成本

4. 甲公司对原材料采用计划成本法核算。月初结存材料的计划成本为 200 万元，材料成本差异为节约 20 万元；当月购入材料一批，实际成本为 135 万元，计划成本为 150 万元；当月领用材料的计划成本为 180 万元。当月结存材料的实际成本为（　　）万元。
　　A. 153　　　　　　　　B. 162
　　C. 170　　　　　　　　D. 187

5. 企业从职工工资中代扣代缴的个人所得税，应借记的会计科目是（　　）。
　　A. 其他应付款
　　B. 应付职工薪酬
　　C. 银行存款
　　D. 应交税费——应交个人所得税

6. 某企业研发一项非专利技术，共发生研发支出 250 万元，其中研究阶段支出 160 万元，开发阶段支出 90 万元（其中符合资本化条件的支出为 80 万元），假定研发成功并投入使用，则该非专利技术的入账价值为（　　）万元。
　　A. 80　　　　　　　　B. 90
　　C. 250　　　　　　　　D. 240

7. 下列选项中不通过"待处理财产损溢"科目核算的是（　　）。
　　A. 存货盘亏　　　　　B. 固定资产盘亏
　　C. 现金盘盈　　　　　D. 固定资产盘盈

8. 甲公司为增值税小规模纳税人，2×19 年 10 月 1 日销售产品一批，开出的增值税普通发票中注明货款为 51 500 元，已知增值税征收率为 3%。不考虑其他因素，则甲公司应交增值税（　　）元。
　　A. 1 545　　　　　　　B. 1 569
　　C. 1 500　　　　　　　D. 1 524

9. 下列各项中，应在"其他应付款"科目核算的是（　　）。

A. 应付股东的现金股利

B. 应收取的包装物的租金

C. 应付购买工程物资款

D. 收取的包装物押金

10. A 公司 2×19 年 12 月 31 日的股本是 500 万股，每股面值为 1 元，资本公积（股本溢价）为 1 000 万元，盈余公积为 800 万元，经股东大会批准，A 公司以现金回购本公司股份 500 万股，如果按每股 4 元回购，则应冲减的盈余公积是（　　）万元。

A. 0 　　　　　　　　　　B. 500

C. 1 500 　　　　　　　　D. 2 000

11. 某企业 2×19 年 12 月发生如下事项：销售 A 材料的成本为 20 万元，销售 A 材料的同时出售单独计价包装物的成本为 5 万元；生产车间固定资产的修理费用为 6 万元；计提的投资性房地产的摊销额为 1 万元，出借包装物的摊销额为 1 万元。该企业 2×19 年 12 月应计入其他业务成本的金额为（　　）万元。

A. 1 　　　　　　　　　　B. 2

C. 7 　　　　　　　　　　D. 26

12. 甲公司 2×19 年度发生的有关交易或事项如下：①持有的交易性金融资产公允价值上升 60 万元；②因正常处置固定资产产生净收益 30 万元；③收到非股东现金捐赠 60 万元；④因收发差错造成存货净损失 10 万元；⑤管理用机器设备发生日常维护支出 40 万元；⑥办公楼折旧 300 万元；⑦因出租房屋取得租金收入 120 万元；⑧因存货市价上升转回上年计提的存货跌价准备 100 万元。上述交易或事项对甲公司 2×19 年营业利润的影响是（　　）万元。

A. −10 　　　　　　　　　B. −100

C. −70 　　　　　　　　　D. −40

13. 甲企业 2×17 年 6 月 1 日从银行借入期限为 3 年的长期借款 800 万元，编制 2×19 年 12 月 31 日资产负债表时，此项借款应填入的报表项目是（　　）。

A. 短期借款

B. 长期借款

C. 其他长期负债

D. 一年内到期的非流动负债

14. 甲企业采用先进先出法计算发出 A 材料的成本。2×19 年 2 月 1 日，结存 A 材料 200 千克，每千克实际成本为 100 元；2 月 10 日购入 A 材料 300 千克，每千克实际成本为 110 元；2 月 15 日发出 A 材料 450 千克。2 月末，结存 A 材料的实际成本为（　　）元。

A. 5 500 　　　　　　　　B. 10 000

C. 11 000 　　　　　　　D. 11 600

15. 某企业有甲、乙两个辅助生产车间，采用交互分配法分配辅助生产费用。2017 年 5 月，在分配辅助生产费用前，甲车间通过"生产成本——辅助生产成本"科目归集辅助生产费用 21.6 万元；当月交互分配时，甲车间由乙车间分入辅助生产费用 1.4 万元，向乙车间分出辅助生产费用 1.8 万元。不考虑其他因素，由甲车间向其他部门分配的辅助生产费用为（　　）万元。

A. 21.6 　　　　　　　　　B. 21.2

C. 22 　　　　　　　　　　D. 23

16. 甲公司与乙信托合资设立丙公司，其中甲公司持股比例为 30%，乙信托持股比例为 70%，甲公司与乙信托签订的合同约定：丙公司的生产经营决策由甲公司决定，每年按照乙信托投入资金体量的 9% 来计算应支付乙信托的投资收益；丙公司清算时，首先支付乙信托投入的本金及相关合同收益，丙公司净资产不足以支付的部分由甲公司提供担保。依据上述条款，甲公司在编制合并财务报表时，将丙公司纳入合并范围，并将应付乙信托的金额在合并报表中确认为负债，甲公司该会计处理体现的会计信息质量要求是（　　）。

A. 重要性 　　　　　　　B. 实质重于形式

C. 可比性 　　　　　　　D. 可理解性

17. 下列各项中，不影响利润表中营业利润的是（　　）。

A. 企业销售商品发生的现金折扣

B. 行政管理部门的办公费

C. 报废固定资产的净损失

D. 出售原材料的成本

18. 甲公司为增值税一般纳税人，2×18 年 6 月 15 日购入一项无需安装的设备，当日即投入使用，取得的增值税专用发票上注明的价款为 200 万，公司预计设备的使用年限为 5 年，净残值为 10 万元，公司采用双倍余额递减法计提折旧，则 2×20 年公司应计提折旧额为（　　）万元。

A. 28.8　　　　　　B. 38.4

C. 40　　　　　　　D. 48

19. 在信息化环境下，处于不同阶段的企业具有不同的目标，下列企业中其目标是逐步实现资金管理、资产管理、预算控制、成本管理等财务管理信息化的是（　　）。

A. 处于财务管理信息化阶段的企业

B. 处于会计核算信息化阶段的企业

C. 分公司、子公司数量多，分布广的大型企业

D. 企业集团

20. 下列选项，不属于企业的长期投资的有（　　）。

A. 债权投资　　　　B. 其他债权投资

C. 其他权益工具　　D. 交易性金融资产

二、多项选择题（本类题共 10 小题，每小题 2 分，共 20 分。每小题的备选答案中，有两个或两个以上符合题意的正确答案。请至少选择两个答案，全部选对得满分，少选得相应分值，多选、错选、不选均不得分。）

1. 下列各项业务中，应记入"坏账准备"科目贷方的有（　　）。

A. 当期确认的坏账损失

B 冲回多提的坏账准备

C. 当期应补提的坏账准备

D. 已转销的坏账当期又收回

2. 下列关于"应付股利"科目的表述中，正确的有（　　）。

A. 应付股利是指企业根据董事会或类似机构审议批准的利润分配方案，确定分配给投资者的现金股利或利润

B. 企业通过"应付股利"科目核算企业确定

或宣告支付但尚未实际支付的现金股利或利润

C. 该科目借方登记应支付的现金股利或利润，贷方登记实际支付的现金股利或利润

D. 该科目期末贷方余额反映企业应付未付的现金股利或利润

3. 下列关于收入的计量，表述正确的有（　　）。

A. 交易价格是指企业因向客户转让商品已经收取的对价

B 企业代第三方收取的款项，应当作为负债进行会计处理

C. 企业应当按照分摊至单项履约义务的交易价格计量收入

D. 企业预期将退还给客户的款项，应当先作为收入进行会计处理

4. 下列科目中，属于成本类科目的有（　　）。

A. 清算资金往来　　B. 合同取得成本

C. 合同履约成本　　D. 研发支出

5. 期末，企业通过比较发现存货的成本高于可变现净值，则可能（　　）。

A. 按差额首次计提存货跌价准备

B. 补提存货跌价准备

C. 冲减存货跌价准备

D. 不进行账务处理

6. 下列各项中，应在资产负债表"预付款项"项目列示的有（　　）。

A. "应付账款"科目所属明细账科目的借方余额

B. "应付账款"科目所属明细账科目的贷方余额

C. "预付账款"科目所属明细账科目的借方余额

D. "预付账款"科目所属明细账科目的贷方余额

7. 甲、乙公司均为增值税一般纳税人，适用增值税率为 13%，乙公司接受甲公司投入商品一批，账面价值为 50 000 元，投资合同约定价值为 60 000 元。假设投资合同约定价值与公允价值相符，该投资未产生资本溢价，则乙公司会计处理正确的有（　　）。

A. 乙公司库存商品入账价值为 50 000 元

B. 乙公司库存商品入账价值为 60 000 元

C. 乙公司实收资本应增加 56 500 元

D. 乙公司实收资本应增加 67 800 元

8. 下列各项中，投资企业应确认为投资收益的有（　　）。

A 出售交易性金融资产应交的增值税

B. 企业处置交易性金融资产的净损益

C.交易性金融资产持有期间被投资单位宣告发放的现金股利

D.资产负债表日，交易性金融资产公允价值变动收益

9. 甲上市公司发行普通股 5 000 万股，每股面值 1 元，每股发行价格 3 元，支付手续费 100 万元，支付佣金 80 万元。下列说法中，正确的有（   ）。

A. 股本的金额为 5 000 万元

B. 股本的金额为 15 000 万元

C. 资本公积的金额为 14 820 万元

D. 资本公积的金额为 9 820 万元

10. 下列各项中，影响企业废品净损失的有（   ）。

A. 应由责任人赔偿的废品损失

B. 可修复废品的修复费用

C. 不可修复废品的生产成本

D. 回收的废品残料价值

三、判断题（本类题共 10 小题，每小题 1 分，共 10 分。每小题答题正确的得 1 分，错误、不答均不得分，也不扣分。）

1. 编制试算平衡表时，也应当包括只有期初余额而没有本期发生额的账户。（   ）

2. 企业在资产负债表中单独列示 1 年内到期的长期负债，体现了会计信息质量的重要性。（   ）

3. 增值税一般纳税人企业的存货盘亏，应将增值税进项税额转出。（   ）

4. 如果不存在纳税调整事项和递延所得税，利润表中的"所得税费用"项目金额可以直接根据"利润总额"项目金额乘以所得税税率计算得到。（   ）

5. 会计的基本目标是保证会计资料真实、完整，加强经济管理和财务管理，提高经济效益，维护社会主义市场经济秩序。（   ）

6. 转销法是采用一定的方法按期确定预期信用损失计入当期损益，作为坏账准备，待坏账损失实际发生时，冲销已计提的坏账准备和相应的应收款项。（   ）

7. 当出现减值迹象时，企业需对消耗性生物资产进行减值测试。（   ）

8. 企业持有投资性房地产的目的主要是赚取租金。（   ）

9. 在租赁期开始日，承租人应当对所有的租赁确认使用权资产和租赁负债（   ）。

10. 事业单位对以名义金额计量的固定资产不计提折旧。（   ）

四、不定项选择题（本类题共 15 小题，每小题 2 分，共 30 分。每小题备选答案中，有一个或者一个以上符合题意的正确答案。每小题全部选对得满分，少选得相应分值，多选错选不选均不得分。）

（一）甲公司为一家上市公司，在二级市场上购入 A 上市公司股票，相关的资料如下：

（1）2×19 年 1 月 1 日，购入 A 上市公司股票 4 000 万股，每股 8 元（含已宣告但尚未发放的现金股利 0.5 元），另支付相关的交易费用 30 万元，增值税税额 1.8 万元，甲公司持有的目的为近期出售赚取差价，将其划分为交易性金融资产进行核算。

（2）2×19 年 1 月 30 日，甲公司收到包含在买价中的现金股利 2 000 万元。

（3）2×19 年 7 月 1 日，A 公司召开股东大会，宣告发放现金股利，9 月 1 日，甲公司收到现金股利 1 000 万元。

（4）2×19 年 12 月 31 日，该股票在公开市场上的公允价值为每股 9.8 元。

（5）2×20 年 3 月 20 日，因疫情影响，股票市场上价格波动剧烈，A 公司股票在公开市场上的报价为每股 6.8 元。

（6）2×20 年 6 月 1 日，甲公司将所持有的该股票全部出售，所得价款为 40 000 万元，款项已存入银行。

要求：根据上述资料，回答下列问题（答案中金额单位用万元表示）。

1. 根据资料（1），下列说法中正确的是（   ）。

A. 购入时发生的交易费用应当计入交易性金融资产的入账成本

B. 购入交易性金融资产时发生的交易费用计入投资收益

C. 交易性金融资产的入账价值是 30 000 万元

D. 交易性金融资产的入账价值是 32 000 万元

2. 2×19 年 1 月 30 日，甲公司收到现金股利时，应当贷记（　　）科目。

A. 投资收益

B. 应收股利

C. 公允价值变动损益

D. 交易性金融资产

3. 2×19 年 7 月 1 日，甲公司宣告发放现金股利时，应作会计分录为（　　）。

A. 借：应收股利　　　　　　　1 000
　　贷：投资收益　　　　　　　　　1 000

B. 借：应收股利　　　　　　　1 000
　　贷：公允价值变动损益　　　　　1 000

C. 借：应收股利　　　　　　　1 000
　　贷：交易性金融资产　　　　　　1 000

D. 借：交易性金融资产　　　　1 000
　　贷：应收股利　　　　　　　　　1 000

4. 2×19 年年末，下列关于该项交易性金融资产的说法中，正确的是（　　）。

A. 交易性金融资产按公允价值进行后续计量

B. 该交易性金融资产的账面价值是 39 200 万元

C. 确认公允价值变动损益 9 200 万元

D. 确认投资收益 9 200 万元

5. 下列关于 2×20 年该项金融资产的会计处理中，正确的是（　　）。

A. 2×20 年因股票价格波动，该项交易性金融资产应确认公允价值变动收益 12 000 万元

B. 处置前该项金融资产的账面价值为 27 200 万元

C. 处置时应确认的投资收益是 10 000 万元

D. 处置时应确认的投资收益是 12 800 万元

（二）甲公司为增值税一般纳税人，使用的增值税税率为 13%，2×20 年发生的有关交易和事项如下：

（1）2×20 年 4 月 1 日，甲公司与乙公司签订合同，委托乙公司销售 A 商品 400 件，A 商品已经发出，每件成本为 1 000 元。合同约定乙公司应按每件 1 600 元对外销售，甲公司按不含增值税的销售价格的 10% 向乙公司支付手续费。未销售出去的 A 商品乙公司有权退还给甲公司，甲公司也有权将委托乙公司销售的 A 商品销售给其他客户。2×20 年 4 月，乙公司对外实际销售 100 件，开出的增值税专用发票上注明的销售价格为 160 000 元，增值税税额为 20 800 元，款项已经收到。2×20 年 4 月 30 日，甲公司收到乙公司开具的代销清单时，向乙公司开具一张相同金额的增值税专用发票。假定除上述情况外，不考虑其他因素。

（2）2×20 年 4 月 15 日，甲公司与零售商丙公司签订销售合同，向其销售 1 万台 B 商品，每台合同价为 1 800 元，单位成本为 1 440 元。当日开具增值税专用发票，并于 4 月 16 日收到丙公司支付的全部款项。由于丙公司的仓储能力有限，无法在 2×20 年 4 月底前接收该批电脑，双方约定甲公司在 2×20 年 5 月至 12 月期间按照丙公司的指令按时发货，并将 B 商品运送至丙公司指定的地点。2×20 年 4 月 30 日，甲公司共有上述 B 商品库存数量为 10 500 台，其中包括将要销售给丙公司的 B 商品 1 万台，这 1 万台 B 商品和其余 500 台 B 商品统一存放和管理，且彼此之间可以互相替换。

（3）2×20 年 4 月 20 日，甲公司为取得新客户的合同发生如下支出：①聘请外部律师进行尽职调查的支出为 18 000 元；②因投标发生的差旅费为 12 000 元；③销售人员佣金为 6 000 元，甲公司预期这些支出未来能够收回。此外，甲公司根据其年度销售目标、整体盈利情况及个人业绩等，向销售部门经理支付年度奖金 12 000 元。

要求：根据上述资料回答下列问题：

1. 根据资料（1），甲公司 2×20 年 4 月 1 日的会计处理中，正确的是（　　）。

A. 库存商品减少 400 000 元

B. 库存商品减少 640 000 元

C. 合同资产增加 640 000 元

D. 发出商品增加 400 000 元

2. 根据资料（1），甲公司 2×20 年 4 月 30 日收到代销清单时的会计处理中，正确的是（　）。

A. 主营业务收入增加 144 000 元

B. 主营业务收入增加 160 000 元

C. 销售费用增加 16 000 元

D. 主营业务成本增加 100 000 元

3. 根据资料（1），乙公司 2×20 年 4 月对外销售时的会计处理中，正确的是（　）。

A. 主营业务成本增加 100 000 元

B. 主营业务成本增加 160 000 元

C. 受托代销商品减少 160 000 元

D. 应交税费——应交增值税（销项税额）增加 20 800 元

4. 根据资料（2），下列甲公司的会计处理中，正确的是（　）。

A. 主营业务收入增加 18 000 000 元

B. 库存商品减少 14 400 000 元

C. 银行存款增加 20 340 000 元

D. 合同负债增加 18 000 000 元

5. 根据资料（3），甲公司的合同取得成本为（　）。

A. 6 000 元　　　　　B. 18 000 元

C. 30 000 元　　　　　D. 48 000 元

（三）甲公司为制造业企业，对投资性房地产采用公允价值模式进行后续计量。有关投资性房地产的事项如下：

（1）2021 年 2 月 1 日，甲公司计划购入一栋写字楼用于对外出租。2 月 10 日，甲公司董事会就该事项作出书面决议。3 月 1 日，甲公司与乙公司签订了经营租赁合同，约定自写字楼购买日起将该栋写字楼出租给乙公司，为期 5 年，年租金为 600 万元。4 月 2 日，甲公司实际购入写字楼，支付价款 10 000 万元（与当日公允价值一致），支付评估费 50 万元、相关税费 300 万元。假设乙

公司每年 1 月 1 日支付上年租金，甲公司与每年年末确认租金收入。

（2）2021 年 12 月 31 日，该写字楼的公允价值为 10 300 万元。

要求：根据上述资料，不考虑其他因素，分析回答下列小题。

1. 下列关于投资性房地产的说法中正确的有（　）。

A. 如果某项建筑物部分用于赚取租金或资本增值，部分用于生产商品、提供劳务或经营管理，能够分开核算的则分开核算，不能够分开核算的全部作为固定资产核算

B. 以经营租赁方式租入土地使用权再转租给其他单位的，应在转租当天将该土地使用权确认为投资性房地产

C. 企业对不同的投资性房地产可采用不同后续计量模式

D. 投资性房地产可以从成本模式变更为公允价值模式

2. 根据资料（1），甲公司将写字楼确认为投资性房地产的时点为（　）。

A.2021 年 2 月 1 日　　B.2021 年 2 月 10 日

C.2021 年 3 月 1 日　　D.2021 年 4 月 2 日

3. 根据资料（1），甲公司购入的写字楼的入账金额为（　）万元。

A.10 000　　　　　B.10 050

C.10 300　　　　　D.10 350

4. 根据资料（1）和资料（2），关于甲公司 2021 年确认租金的会计处理表述正确的有（　）。

A. 应当确认其他业务收入 600 万元

B. 应当确认其他业务收入 450 万元

C. 应当确认其他业务成本 50 万元

D. 不应当确认其他业务成本

5. 根据资料（1）和资料（2），该事项影响甲公司 2021 年的损益金额为（　）万元。

A.400　　　　　B.550

C.600　　　　　D.450